全国交通土建高职高专规划教材

Gonglu Sheji Jishu

公路设计技术

（第二版）

金仲秋　夏连学　主编
郭忠印［同济大学］　主审

人民交通出版社

内 容 提 要

本书以最新的标准规范为依据，深入浅出地介绍了公路设计的内容。全书分公路勘测设计和路基路面设计技术两篇，主要包括：公路平纵横设计、公路选线定线、新建公路勘测、原有公路改建、公路交叉设计、路基稳定性分析、路基路面排水技术、公路挡土墙设计、路面结构层设计、公路沥青路面设计、公路水泥混凝土路面设计等内容。

本书可作为交通土建高职高专道路桥梁工程技术专业教材，亦可供公路设计人员学习参考。

图书在版编目（CIP）数据

公路设计技术/金仲秋，夏连学主编. —2 版. —北京：人民交通出版社，2007.9

ISBN 978-7-114-06855-3

Ⅰ.公… Ⅱ.①金…②夏… Ⅲ.道路工程－设计 Ⅳ.U412

中国版本图书馆 CIP 数据核字(2007)第 150453 号

书　　名：全国交通土建高职高专规划教材
公路设计技术（第二版）
著 作 者：金仲秋　夏连学
责任编辑：卢仲贤　岑　瑜
出版发行：人民交通出版社股份有限公司
地　　址：（100011）北京市朝阳区安定门外外馆斜街 3 号
网　　址：http://www.ccpress.com.cn
销售电话：（010）59757973
总 经 销：人民交通出版社股份有限公司发行部
经　　销：各地新华书店
印　　刷：北京市密东印刷有限公司
开　　本：787×1092　1/16
印　　张：23
字　　数：576 千
版　　次：2002 年 8 月　第 1 版
2007 年 9 月　第 2 版
印　　次：2021 年 7 月　第 14 次印刷　总第 24 次印刷
书　　号：ISBN 978-7-114- 06855-3
印　　数：77001－78000 册
定　　价：36.00 元

总　序

针对高职高专教材建设与发展问题，教育部在《关于加强高职高专教材建设的若干意见》中明确指出：先用2至3年时间，解决好高职高专教材的有无问题。再用2至3年时间，推出一批特色鲜明的高质量的高职高专教育教材，形成**一纲多本、优化配套**的高职高专教育教材体系。

2001年7月，由人民交通出版社发起组织，15所交通高职院校的路桥系主任和骨干教师相聚昆明，研讨交通土建高职高专教材的建设规划，提出了28种高职高专教材的编写与出版计划。后在交通部科教司路桥工程学科委员会的具体指导下，在人民交通出版社精心安排、精心组织下，于2002年7月前完成了28种路桥专业高职高专教材出版工作。

这套教材的出版发行，首先解决了交通高职教育教材的有无问题，有力支持了路桥专业高职教育的顺利发展，也受到了全国各高职院校的普遍欢迎。

随着高职教育教学改革的深入发展、高职教学经验的丰富与积累，以及本行业有关技术标准、规范的更新，本套教材在使用了2至3轮的基础上，对教材适时进行修订是十分必要的，时机也是成熟的。

2004年8月，人民交通出版社在新疆乌鲁木齐召开了有19所交通高职院校领导、系主任、骨干教师共41人参加的教材修订研讨会。会议商定了本套教材修订的基本原则、方法和具体要求。会议决定本套教材更名为"交通土建高职高专统编教材"，并成立了以吉林交通职业技术学院张洪滨为主任委员的"交通土建高职高专统编教材编审委员会"，全面负责本套教材的修订与后续补充教材的建设工作。

2005年6月，编委会在长春召开了同属交通土建大类、与路桥专业链接紧密的"工程监理专业、工程造价专业、高等级公路维护与管理专业"主干课程教材研讨会，正式规划和启动了这三个专业教材的编写出版工作。

2005年12月，教育部高等教育司发布了"关于申报普通高等教育'十一五'国家级规划教材"选题的通知(教高司函[2005]195号)，人民交通出版社积极推荐本套教材参加了"十一五"国家级规划教材选题的评选。

2006年6月，经教育部组织专家评选、网上公示，本套教材中有十五种入选为"十一五"国家级规划教材，2008年1月，又有六种教材在"十一五"国家级规划教材补报中列选，共计21种，标志着广大参与本套教材编写的教师的辛勤劳动得到了社会的认可、本套教材的编写质量得到了社会的认同。

2006年7月，交通土建高职高专统编教材编审委员会及时在银川召开会议，有24所各省区交通高职院校或开办有交通土建类专业的高等学校系部主任、专业带头人、骨干教师以及人民交通出版社领导共39位代表出席了本次会议。会议就全面落实教育部"十一五"国家级规划教材的编写工作进行了研讨。与会代表一致认为必须以入选的十五种国家级规划教材为基本标准，进一步全面提升本套教材的编写质量，编审委员会将严格按照国家级规划教材的要求审稿把关，并决定本套教材更名为**"全国交通土建高职高专规划教材"**，原编委会相应更名为**"全国交通土建高职高专规划教材编审委员会"**。以期在全国绝大多数交通高职院校和开办有交通土建类专业的高等院校的参与、统筹、规划下，本套教材中有更多的进入"十一五"国家级规划教材行列。

2007年5月，编委会在湖南长沙召开工作会议，就“十一五”国家级规划教材主参编人员的确定和教材的编写原则作出了具体安排，全面启动“十一五”国家级规划教材的编写与出版工作。

2008年4月，编委会在广东珠海召开工作会议，研讨了**“工学结合”**高职高专教材编写思路，决定在“十一五”国家级规划教材编写过程中，注重高职教学改革新方向，注重工程实践经验的引入，倡导**“工学结合”**。

本套高职高专规划教材具有以下特色：

——顺应交通高职院校人才培养模式和教学内容体系改革的要求，按照专业培养目标，进一步加强教材内容的针对性和实用性，适应学制转变，合理精简和完善内容，调整教材体系，贴近模块式教学的要求；

——实施开放式的教材编审模式，聘请高等院校知名教授和生产一线专家直接介入教材的编审工作，更加有利于对教材基本理论的严格把关，有利于反映科研生产一线的最新技术，也使得技能培训与实际密切结合；

——全面反映2003年以来的公路工程行业已颁布实施的新标准、规范；

——服务于师生、服务于教学，重点突出，逐章均配有思考题或习题，并给出本教材的参考教学大纲；

——注重学生基本素质、基本能力的培养，教材从内容上、形式上力求更加贴近实际；

——为加强学生的实际动手能力，针对《工程测量》、《道路建筑材料》等课程，本套教材特别配套有实训类辅导教材；

——为方便教学，本套教材配套有《道路工程制图多媒体教材》、《公路工程试验实训多媒体教材》、《路基路面施工与养护技术多媒体教材》、《桥涵设计多媒体教材》、《桥涵施工技术多媒体教材》、《现代道路测量仪器与技术多媒体教材》等。

本套教材的出版与修订再版，始终得到了交通部科教司路桥工程学科委员会和全国交通职教路桥专业委员会的指导与支持，凝聚了交通行业专家、教师群体的智慧和辛勤劳动。愿我们共同向精品教材的目标持续努力。

向所有关心、支持本套教材编写出版的各级领导、专家、教师、同学和朋友们致以敬意和谢意。

全国交通土建高职高专规划教材编审委员会

人民交通出版社

2008年5月

第二版前言

本书第一版《公路设计》于2002年8月由人民交通出版社出版发行，是根据2001年7月在昆明召开的全国交通土职业教育路桥专业教学与教材建设研讨会上讨论的《公路设计》教材编写大纲编写的，其出版填补了交通高等职业教育土建专业无相应教材的空白。

经过近5年的试用，第一版教材的全面性和实用性得到了各相关院校师生的肯定，同时各相关院校和工程单位也提出了很多有益的修改意见和建议。与此同时，为进一步贯彻落实《国务院关于大力推进职业教育改革与发展的决定》，使职业教育质量适应经济社会发展的需要，进一步深化教育教学改革，根据市场和社会需求，高职教育应当不断更新教学内容，改进教学方法。

针对以上情况，在全国交通土建高职高专规划教材编审委员会的统一部署下，在充分尊重各使用院校和工程单位意见的基础上对本书进行了重新编写，并更名为《公路设计技术》。

本教材以交通部近年来相继颁布的一系列新标准和新规范，如《公路工程技术标准》（JTG B01—2003）（正文里简称《标准》）、《公路路线设计规范》（JTG D20—2006）（正文里简称《规范》）、《公路路基设计规范》（JTG D30—2004）、《公路沥青路面设计规范》（JTG D50—2006）、《公路水泥混凝土路面设计规范》（JTG D40—2002）、《公路沥青路面施工技术规范》（JTG F40—2004）等为依据，以发展为主题，以提高质量为核心，以巩固成果、深化改革为原则，结合公路设计的新理念和新技术，以及公路科技进步等情况，对传统教材的内容、结构进行了调整、更新和充实，并在每章之后附有本章小结和复习思考题，便于学生更好地了解掌握本章核心内容。因此，本教材不仅适合交通土建类专业高职高专学生学习，也适合生产一线有关技术人员参考使用。

本书总论和第一篇公路勘测设计技术由浙江交通职业技术学院金仲秋主编，第二篇路基路面设计技术由河南交通职业技术学院夏连学主编，全书由全国交通土建高职高专规划教材编审委员会特邀上海同济大学郭忠印教授担任主审。参加本教材编写人员如下：总论、第一篇第二、三、四、五、七章由浙江交通职业技术学院金仲秋编写，第一篇第一、六、八章由浙江交通职业技术学院王建林编写；第二篇第一、五、六、七章由河南交通职业技术学院夏连学编写；第二篇第二章、第三、四、八章由河南交通职业技术学院王玮编写。

本教材在编写过程中，得到人民交通出版社卢仲贤编审及附于本书之后参考书目作者的大力支持和帮助，在此一并致以诚挚谢意。

限于编著者的学识水平和实践经验，书中难免有疏漏和错误之处，恳请读者批评指正。

编　者

2007年8月

第一版前言

公路是交通运输的主要组成部分。它以灵活、迅速、方便及建设投资少、周期短、社会效益显著等特点在交通运输体系中起着举足轻重的作用。随着市场经济的飞速发展,我国公路交通建设正朝着“高速和快速”的方向稳步发展。公路设计是道路工程的基本工作和公路建设的重要环节,是公路交通建设从业者必备的技术。

本教材是为满足交通高等职业技术教育之急需,根据交通部科教司路桥工程学科委员会高职教材联络组2001年7月昆明会议决议,按照《交通高等职业技术教育路桥专业课程设置框架》的要求编写的,是交通高等职业技术教育路桥专业综合化课程改革配套教材。本书集原《道路勘测设计》和《路基路面工程》之设计内容于一体,主要论述公路勘测设计、路基路面设计的基本原理与使用方法,包括:汽车行驶理论,公路等级与技术标准确定,可行性研究,交通量与通行能力,选线与定线,平面、纵断面、横断面设计,公路交叉,高速公路简介,路基路面排水,防护支挡,路基稳定性验算,路面结构层及柔性与刚性路面设计等内容。

本书总论和第一篇公路勘测设计由浙江交通职业技术学院金仲秋主编,第二篇路基路面设计由河南交通职业技术学院夏连学主编,全书由陕西交通职业技术学院程兴新主审。具体编写情况如下:总论、第一篇第一、三、六、十章由浙江交通职业技术学院金仲秋编写;第一篇第四、五、八章由河北交通职业技术学院张广一编写;第一篇第二、七、九章由浙江交通职业技术学院王建林编写;第二篇第一、五、六章由河南交通职业技术学院夏连学编写;第二篇第二、三、七章由烟台师范学院交通学院郭兰英编写;第二篇第四、八章由河南交通职业技术学院王玮编写。

教材初稿完成后,经主编统稿,主审审核后于2002年4月21日~4月24日在杭州市召开了教材审稿会。参加审稿的人员有:人民交通出版社卢仲贤、王霞,内蒙古大学交通职业技术学院柴金义,烟台师范学院交通学院郭兰英,浙江交通职业技术学院金仲秋、王建林,陕西交通职业技术学院程兴新,河南交通职业技术学院夏连学、王玮,河北交通职业技术学院苏建林、张广一等。

作为交通高等职业技术教育综合化课程改革配套教材,本书有如下特点:

1. 本教材全面贯彻素质教育思想,注重学生个性与创新精神及实践动手能力的培养,教材内容编写以实用、实际、实效为原则,紧密跟踪公路设计的发展,采用了最新标准、规范、规程。

2. 编写格式与体例上,从实用人才培养原则出发,内容全面、重点突出、资料新颖、数据准确、层次分明。在理论体系、组织结构和文字论述方面等均有新的尝试,每章后附有习题,以便学生更好地了解掌握本章核心内容。

教学进程安排建议为两个学期,即总论和第一篇为一个学期,第二篇为一个学期。

本教材编写过程中,得到人民交通出版社卢仲贤、贵州交通职业技术学院张润虎、安徽交通职业技术学院俞高明、四川交通职业技术学院李全文、吉林交通职业技术学院张洪滨、南京交通职业技术学院陆春其、广东交通职业技术学院李加林、新疆交通职业技术学院郭发忠等精心指导及附于本书参考书目作者的大力支持，在此一并致以诚挚谢意。

由于我国高等职业技术教育起步较晚，其教学思想、教学模式、课程体系、教学方式方法等尚在探索之中，加之编者水平有限，教材内容编排不当或遗漏之处在所难免，敬请读者指正。

编　者

2002年5月

目　录

第二篇　路基路面设计技术

总 论

公路是一条带状的三维空间实体，它包括路基、路面、桥涵、隧道等工程结构物。本课程主要任务是学习公路勘测设计、路基路面设计的基本内容。

公路勘测设计主要讲述公路平、纵、横三个基本几何组成部分的设计原理、原则、方法和步骤，研究选线、定线的一般原则、基本操作方法和内容，并以基本理论、基本知识和基本技能为主要内容。

路基路面主要讲述路基路面强度及稳定性，路基排水设计，路基设计原理和方法，路基防护与加固；路面的结构组成和材料要求，强度形成原理，柔性路面和刚性路面的设计原理与计算方法等，使路基路面结构在汽车荷载和自然条件影响作用下，在设计年限内保持其使用质量。

对于三维空间体的公路，几何设计时既要把它分解为公路的平面、纵断面和横断面分别研究处理，同时也要把路基、路面结构设计结合起来作整体考虑。因此，本课程是道路桥梁工程专业综合性和实践性都很强的一门主干课程。在学习过程中应理论联系实际，认真完成课程设计和参加野外教学与生产实习，以加深对理论知识的理解，提高运用基本理论解决实际问题的能力。

第一节 公路发展概况及其主要组成部分

一、公路的特点

(一)公路运输特点

交通运输是国民经济的动脉，是国家经济发展的基础产业之一，随着交通运输的发展和人民生活水平的提高，它在联系工业与农业、城市与乡村、生产与消费等各个领域起着十分重要的作用。

现代交通运输由铁路、公路、水运、航空及管道运输五种运输方式所组成。这些运输方式在技术经济上各有特点，它们根据运输的需要合理分工、相互衔接、互为补充，形成完整的国家综合运输体系。铁路运输对于中、远程的大宗货物及人流运输具有运输量大、成本低的特点；水运在通航地区具有运量大、运价低廉的特点；航空运输具有速达作用，但成本高，能耗大；管道运输则多用于运输液体和气态或散装物品。与其他运输方式相比，公路运输具有如下特点：

(1)机动灵活性高，能迅速集中和分散货物，可以深入到城市、乡村及工矿企业，实现“门到门”的直达运输而不需要中转，节约时间和费用，减少货损，经济效益高。

(2)可适应于小批量运输和大宗运输，也适应近距离运输和远距离运输，适应性强，服务面广。

(3)建设投资相对较省，但见效快，经济效益和社会效益显著。

(4)由于公路运输服务人员多，单位运量小，故汽车运输费用比铁路和水运为高。

(二)公路工程的特点

公路是在天然地表面上按照线形设计要求开挖或堆填而成的工程结构物，其中路基和路面作为不可分割的整体，共同承受着汽车荷载的重复作用和自然条件的长期影响。由于公路沿线地形起伏，地质、地貌、气象特征多变，再加上沿线城镇经济发达程度与交通繁忙程度不一，因此工程技术人员必须掌握广博的知识，善于处理各种变化的环境因素，从而设计出理想的线形和路基与路面工程。

公路是一种线形结构物，其长度可延续数百公里甚至上千公里，因而工程数量十分可观例如，微丘区的三级公路，每公里土石方数量约 8 000 ~ 16 000m^3，山岭、重丘区的三级公路每公里可达 20 000 ~ 60 000m^3，对于高速公路，数量将更为可观。路面工程在公路造价中所占比重很大，一般都要达到 30% 以上。因此精心设计，精心施工，使公路工程能长期具备良好的使用性能，对节约投资，提高运输效益，具有十分重要的意义。

现代化公路运输，不仅要求公路能全天候通行车辆，而且要求车辆能以一定的速度，安全、舒适而经济地在道路上运行，这就要求公路具有良好的使用性能，提供良好的行驶条件和服务水平。为了保证公路最大限度地满足车辆运行的要求，提高车速、增强安全性和舒适性，降低运输成本和延长道路使用年限，要求公路具有平顺的线形，坚固的结构，平整坚实、少尘的路面。

二、公路的主要组成部分

公路是一种承受行车荷载的线形带状结构物，它主要由路基、路面、桥涵、隧道、排水系统、防护工程和交通服务设施所组成。

1. 公路路基

公路路基是在天然地面上填筑成路堤（填方路段）或挖成路堑（挖方路段）的带状结构物，主要承受路面传递的行车荷载，是支撑路面的基础。设计时必须保证路基具有足够的强度、稳定性和足够的抗变形能力，并防止水分及其他自然因素对路基本身的侵蚀和损害。

2. 公路路面

公路路面是用各种材料或混合料，分单层或多层铺筑在路基顶面供车辆行驶的层状结构物。设计时必须保证路面具有足够的强度、刚度和良好的使用性能，以满足车辆在其表面能安全、迅速、舒适地行驶。

3. 桥涵

桥梁是为公路跨越河流、山谷或人工建筑物而建筑的构造物。涵洞是为了排泄地面水流或满足农田灌溉需要而设置的横穿路基的小型排水构造物。

4. 隧道

隧道是公路根据设计需要为穿越山岭、地下或水域而建造的构造物。

5. 公路排水系统

公路排水系统是为了排除地面水和地下水而设置的，由各种拦截、汇集、输送及排放等排水设施所组成的构造物。除桥梁、涵洞外，排水系统主要有路基边沟、截水沟、排水沟、暗沟、渗沟、渗井、排水隔离层、暗管、跌水与急流槽、渡槽等路基排水构造物。

6. 防护工程

防护工程是为了加固路基边坡，确保路基稳定而修建的结构物。按其作用不同，可分为坡面防护、冲刷防护和支挡构造物等三大类。路基边坡坡面防护一般有植物防护、坡面处治及护坡与护面墙等；冲刷防护除上述防护外，为调节水流流速及流向，防护路基免受水流冲刷，在沿河路基可设置顺坝、丁坝、格坝等导流结构物；支挡构造物一般是指填（砌）石边坡、挡土墙、护脚及护面墙等。

7. 交通服务设施

交通服务设施一般是指公路沿线设置的交通安全、养护管理、服务、环境保护等设施，一般有交通标志、标线、护栏、护墙、护柱、中央分隔带、声屏障、隔离栅、照明设备、停车场、加油站、汽车修理站、养护管理房屋和绿化美化设施等。

三、公路的发展概况

（一）公路的发展

我国公路建设有着悠久的发展历史。早在公元2000年前，就有了可以行驶牛、马车的道路。到清代全国已形成了层次分明、功能较完善的“官马大路”、“大路”、“小路”等道路系统，分别为京城到各省城、省城到重要城市及重要城市到一般市镇的三级道路。其中“官马大道”就达4000余里。但由于封建统治对生产力的束缚，使我国公路建设事业发展缓慢，交通运输工具也很少改进，长期停留在人力、兽力拉车的水平。直到1949年，全国才修建了13万km的公路，能勉强维持通车的公路仅有8.1万km，而且标准低、质量差、分布也极不合理，大部分公路都集中在东部沿海地区，占全国土地面积三分之二的山区和边疆少数民族地区几乎没有公路。

新中国成立以后，为了恢复和发展国民经济、改善人民生活、巩固国防、促进民族团结，党和国家对公路建设作出了很大的努力，取得了显著成就。改革开放以来，特别是改革开放以来，我国社会经济飞速发展，经济结构发生很大变化，社会需求趋于个性化、多样化，对公路交通提出了更高的要求。多品种、多用户、小批量产品的运输需求迅速增加，运输的方便性、及时性和可靠性要求增加，使适合公路运输的货运量迅速增长。加之人民生活水平的提高和生活节奏的加快，使以商业、探亲、旅游、购物等为目的的出行快速增长使得公路建设高速发展。截至2006年底，全国公路总里程达到345.70万km，其中等级公路总里程为228.29万km，居世界第4位，实现了县县通公路，98.3%的乡（镇）和86.4%以上的建制村通了汽车。

我国高速公路的建设最早开始于台湾省。自台湾高雄起，经台南、台中、台北到基隆止，全长373.4km。该线1968年开始设计，1978年竣工，历时近十年。1988年10月，长度为18.5km的上海至嘉定高速公路建成通车，中国大陆高速公路实现了零的突破。至1988年底，全国高速公路通车总里程达到6 258km，跃居世界第八；至1999年底，突破1万km，位居世界第四；至2000年底，达到1.6万km，居世界第三；截至到2006年底已有30个省、市、自治区修建了高速公路，通车总里程已达45 335 km，比2005年新增4 334 km，居世界第二。在高速公路建设方面，我国用短短的10多年时间，完成了发达国家40年走的历程，已跨入了世界先进行列。

我国公路建设虽然得到了快速发展，但仍不能完全适应国民经济发展对公路运输的要求，而且与世界上发达国家相比，仍存在着较大的差距。公路网标准低、基础设施薄弱，密度小，通行能力差，抗灾能力弱，服务水平不高和布局不尽合理仍是当前存在的突出问题，而且全国还有672个乡镇和89 975个建制村不通公路。从高速公路在各地区分布情况看，东、中、西各地区高速公路总量以及所占比重都存在较明显的差异。据2006年底统计，东部地区共有高速公路20 279km，占全国高速公路总里程的44.73%；中部地区13 339km，占29.42 %；西部地区11 717km，仅占全国高速公路总里程的25.85%。公路密度低，高等级公路总量不足，仍影响西部地区经济发展水平的进一步提高。据2005年底统计，在通车里程中，我国二级及二级以上的高等级公路里程为35.33万km只占等级公路总里程的15.48%（其中东部为7.85%，中部为5.42%，西部仅为4.19%），达不到技术标准的等外公路117.41万km占全国公路总里程345.70万km的33.96%，高级路面里程99.65万km只占等级公路总里程228.29万km的43.65%。因此，加快公路网新线建设，对原有公路进行技术改造，逐步提高技术标准和通行能力，仍然是我国当前的主要任务。

（二）公路的发展规划

根据交通部规划，从“八五”开始，我国将用几个五年计划的时间，建设主要由高速公路组成的全国公路主骨架，这就是国道主干线系统。国道主干线系统将贯通首都和省会，连通所有100万人口以上的特大城市和93%的50万人口以上的大城市，串联的城市超过200个，覆盖人口约6亿。由12条线路组成的“五纵七横”国道主干线，全长3.5万km，其中2.2万km为高速公路。

根据经济社会发展的要求和交通加快发展的新形势，2004年交通部提出并经国务院审议通过了《国家高速公路网规划》。我国高速公路网规划采用放射线与纵横网格相结合的布局方案，形成由中心城市向外放射以及横连东西、纵贯南北的大通道，由7条首都放射线、9条南北纵向线和18条东西横向线组成，简称为“7918网”，总规模约8.5万km，其中：主线6.8万km，地区环线、联络线等其他路线约1.7万km。具体是：

首都放射线：7条：北京—上海、北京—台北、北京—港澳、北京—昆明、北京—拉萨、北京—乌鲁木齐、北京—哈尔滨。

南北纵向线：9条：鹤岗—大连、沈阳—海口、长春—深圳、济南—广州、大庆—广州、二连浩特—广州、包头—茂名、兰州—海口、重庆—昆明。

东西横向线：18条：绥芬河—满洲里、珲春—乌兰浩特、丹东—锡林浩特、荣成—乌海、青岛—银川、青岛—兰州、连云港—霍尔果斯、南京—洛阳、上海—西安、上海—成都、上海—重庆、杭州—瑞丽、上海—昆明、福州—银川、泉州—南宁、厦门—成都、汕头—昆明、广州—昆明。

根据交通部“十一五”规划，到2010年，全国所有乡镇公路通达率将达到100%，建制村公路通达率也将达到100%，95%的乡镇和80%的建制村通沥青（水泥）路；基本形成国家高速公路网骨架，“五纵七横”国道主干线和西部开发省际通道全部建成，高速公路里程达6.5万km。我国高速公路网将连接所有人口在20万以上的319个城市，包括所有的省会城市以及港澳台。那时，我国汽车的经济运距将大幅度提高，东部、中部和西部地区平均上高速的时间可缩短为半小时、1小时和2小时，大城市间、省际间和经济区域间，逐步形成400～500km内当日往返，800～1 000km内朝发夕至的现代高等级公路网。我国的公路交通必将出现一个崭新的局面。

第二节　公路的分级与技术标准

一、道路的分类

道路是供行人和各种车辆等行驶用的统称。道路按其服务对象的不同可分为公路、城市道路、厂矿道路、林区道路及乡村道路等。但根据它们的服务功能、对象和特点，则可把道路分成公路与城市道路两大类。位于城市郊区及城市以外的道路称为公路，而位于城市范围内的道路称为城市道路。

公路是指连接城市、乡村和工矿基地等，主要供汽车行驶，具备一定技术和设施的道路。公路按其重要性、使用性质和行政等级又可划分为：国家干线公路（简称国道）、省干线公路（简称省道）、县公路（简称县道）、乡村道路（简称乡道）以及专用公路等。

国道是指在国家干线网中，具有全国性的政治、经济、国防意义的主要干线公路，包括重要的国际公路，国防公路、连接首都与各省、自治区、直辖市首府的公路，连接各大经济中心、港站枢纽、商品生产基地和战略要地的公路。

省道是指在省（自治区、直辖市）公路网中，具有全省性的政治、经济、国防意义，并由省级公路主管部门负责修建、养护和管理的省级公路干线。

县道是指具有全县政治、经济意义，连接县城和县内主要乡（镇）、主要商品生产和集散地的公路，以及不属于国道、省道的县际间公路。县道由县、市公路主管部门负责修建、养护和管理。

乡道是指直接或主要为乡村经济、文化、生产、生活服务以及乡村与外部联系的公路。乡道由县统一规划，由县、乡组织修建、养护和使用。由于乡村道路主要为农业生产服务，一般不列入国家公路等级标准。

专用公路是指专供或主要供厂矿、林区、农场、油田、旅游区、军事要地等与外部联系的公路。专用公路由专用单位负责修建、养护和管理。也可委托当地公路部门修建、养护和管理。专用公路的技术要求应按其专门制定的技术标准或参照公路工程技术标准执行。

在城市范围内，供车辆及行人通行的，具备一定技术条件和设施的道路叫城市道路。城市道路的功能除了把城市各部分联系起来为城市各种交通服务外，还起着形成城市结构布局的骨架，提供通风、采光，反映城市面貌和建筑风格，保持城市生活环境空间以及为防火、绿化提供场地的作用。

按照城市道路在城市道路网中的地位、交通功能以及对沿线建筑物的服务功能等，城市道路分为快速路、主干路、次干路、支路四类。

各类道路由于其位置、交通性质及服务功能均不相同，在设计时其依据、标准及具体要求也不相同，应特别注意。

二、公路分级与技术标准

公路是为汽车运输或其他交通服务的工程结构物。交通部2004年颁布的《公路工程技术标准》（JTG B01—2003）（以下简称《标准》），根据公路的使用任务、功能和适应的交通量分为五个等级：高速公路、一级公路、二级公路、三级公路和四级公路。

1. 高速公路

为专供汽车分向、分车道行驶并应全部控制出入的多车道公路。它具有四个或四个以上车道，设有中央分隔带，全部立体交叉，并具有完善的交通安全设施、管理设施和服务设施。

四车道高速公路应能适应将各种汽车折合成小客车的年平均日交通量为25 000～55 000辆；六车道高速公路应能适应将各种汽车折合成小客车的远景年限年平均日交通量为45 000～80 000辆；八车道高速公路应能适应将各种汽车折合成小客车的年平均日交通量为60 000～100 000辆。

2. 一级公路

为供汽车分向、分车道行驶，并可根据需要控制出入的多车道公路。当作为集散公路时，纵横向干扰较大，为保证供汽车分道、分向行驶，可设慢车道供非汽车交通行驶；当作为干线公路时，为保证运行速度、交通安全和服务水平，应根据需要采取控制出入措施。

四车道一级公路应能适应将各种汽车折合成小客车的年平均日交通量15 000～30 000辆；六车道一级公路应能适应将各种汽车折合成小客车的年平均日交通量25 000～55 000辆。

3. 二级公路

为供汽车行驶的双车道公路。为保证汽车的行驶速度和交通安全，在混合交通量大的路段，可设置慢车道供非汽车交通行驶。

双车道二级公路应能适应将各种汽车折合成小客车的年平均日交通量5 000～15 000辆。

4. 三级公路

为供汽车行驶的双车道公路。同时也允许拖拉机、畜力车、人力车等非汽车交通使用车道，其混合交通特征明显，设计速度应在 40km/h 以下。

双车道三级公路应能适应将各种车辆折合成小客车的年平均日交通量 2 000 ~ 6 000 辆。

5. 四级公路

为主要供汽车行驶的双车道或单车道公路。同时也允许拖拉机、畜力车、人力车等非汽车交通使用车道，其混合交通特征明显，设计速度应在 20km/h 以下。

双车道四级公路应能适应将各种车辆折合成小客车的年平均日交通量 2 000 辆以下；单车道四级公路应能适应将各种车辆折合成小客车的年平均日交通量 400 辆以下。

以上五个等级的公路构成了我国的公路网。其中高速公路、一级公路为公路网骨干线，二、三级公路为公路网内基本线，四级公路为公路网的支线。

公路工程技术标准是国家颁布的法定技术准则，反映了我国公路建设的方针、政策和技术要求，是公路设计、修建和养护的依据。因此，在公路设计、施工和养护中，必须严格遵守。同时，在符合《标准》要求和不过分增加工程造价的前提下，根据技术经济原则尽可能采用较高的技术指标，以充分提高公路的使用质量和效益。

我国《标准》规定的各级公路主要技术指标见表 0-0-1。

各级公路的主要技术指标汇总表 表 0-0-1

<table>
<tr><td colspan="2">公路等级</td><td colspan="9">高速公路、一级公路</td></tr>
<tr><td colspan="2">设计速度(km/h)</td><td colspan="3">120</td><td colspan="3">100</td><td colspan="2">80</td><td>60</td></tr>
<tr><td colspan="2">车道数</td><td>8</td><td>6</td><td>4</td><td>8</td><td>6</td><td>4</td><td>6</td><td>4</td><td>4</td></tr>
<tr><td colspan="2">行车道宽度(m)</td><td>2 × 15.00</td><td>2 × 11.25</td><td>2 × 7.50</td><td>2 × 15.00</td><td>2 × 11.25</td><td>2 × 7.50</td><td>2 × 11.25</td><td>2 × 7.50</td><td>2 × 7.00</td></tr>
<tr><td rowspan="2">路基宽度(m)</td><td>一般值</td><td>45.00</td><td>34.50</td><td>28.00</td><td>44.00</td><td>33.50</td><td>26.00</td><td>32.00</td><td>24.50</td><td>23.00</td></tr>
<tr><td>最小值</td><td>42.00</td><td>—</td><td>26.00</td><td>41.00</td><td>—</td><td>24.50</td><td>—</td><td>21.50</td><td>20.00</td></tr>
<tr><td rowspan="2">平曲线最小半径(m)</td><td>极限值</td><td colspan="3">650</td><td colspan="3">400</td><td colspan="2">250</td><td>125</td></tr>
<tr><td>一般值</td><td colspan="3">1 000</td><td colspan="3">700</td><td colspan="2">400</td><td>200</td></tr>
<tr><td colspan="2">停车视距(m)</td><td colspan="3">210</td><td colspan="3">160</td><td colspan="2">110</td><td>75</td></tr>
<tr><td colspan="2">最大纵坡(%)</td><td colspan="3">3</td><td colspan="3">4</td><td colspan="2">5</td><td>6</td></tr>
<tr><td colspan="2">车辆荷载</td><td colspan="9">公路—I 级</td></tr>
<tr><td colspan="2">公路等级</td><td colspan="9">二级公路、三级公路、四级公路</td></tr>
<tr><td colspan="2">设计速度(km/h)</td><td colspan="2">80</td><td colspan="2">60</td><td>40</td><td colspan="2">30</td><td colspan="2">20</td></tr>
<tr><td colspan="2">车道数</td><td colspan="2">2</td><td colspan="2">2</td><td>2</td><td colspan="2">2</td><td colspan="2">2 或 1</td></tr>
<tr><td colspan="2">行车道宽度(m)</td><td colspan="2">2 × 7.00</td><td colspan="2">2 × 7.00</td><td>2 × 7.00</td><td colspan="2">2 × 6.50</td><td colspan="2">2 × 6.00(单车道时为 3.5)</td></tr>
<tr><td rowspan="2">路基宽度(m)</td><td>一般值</td><td colspan="2">12.00</td><td colspan="2">10.00</td><td>8.50</td><td colspan="2">7.50</td><td>6.50
(双车道)</td><td>4.50
(单车道)</td></tr>
<tr><td>最小值</td><td colspan="2">10.00</td><td colspan="2">8.50</td><td>—</td><td colspan="2">—</td><td colspan="2">—</td></tr>
<tr><td rowspan="2">平曲线最小半径(m)</td><td>极限值</td><td colspan="2">250</td><td colspan="2">125</td><td>60</td><td colspan="2">30</td><td colspan="2">15</td></tr>
<tr><td>一般值</td><td colspan="2">400</td><td colspan="2">200</td><td>100</td><td colspan="2">65</td><td colspan="2">30</td></tr>
<tr><td colspan="2">会车视距(m)</td><td colspan="2">220</td><td colspan="2">150</td><td>80</td><td colspan="2">60</td><td colspan="2">40</td></tr>
<tr><td colspan="2">最大纵坡(%)</td><td colspan="2">5</td><td colspan="2">6</td><td>7</td><td colspan="2">8</td><td colspan="2">9</td></tr>
<tr><td colspan="2">车辆荷载</td><td colspan="9">公路—II 级</td></tr>
</table>

三、公路等级的选用

公路等级的选用应根据公路的使用功能、公路网规划、交通量,从全局出发,并充分考虑项目所在地区的综合运输体系、社会经济、远期发展等因素,经综合论证后确定。在确定公路等级时,应明确以下几个问题。

(1)确定一条公路的等级,应首先确定该公路的功能是干线公路,还是集散公路,即属于直达还是连接,以及是否需要控制出入等,根据预测交通量初拟公路等级;然后再结合地形、交通组成等,确定设计速度、路基宽度。

(2)一条公路可根据预测的交通量等情况分段采用不同的公路等级。各级公路所能适应的年平均日交通量,是指设计交通量。高速公路和具有干线功能的一级公路的设计交通量应按20年预测;具集散功能的一级公路,以及二级公路、三级公路的设计交通量应按15年预测;四级公路可根据实际情况确定。设计交通量预测的起算年应为该项目可行性研究报告中的计划通车年。设计交通量的预测应充分考虑走廊带范围内远期社会、经济的发展规划和综合运输体系的影响。

(3)同一条公路,可分段选用不同的公路等级、不同的设计速度和路基宽度,但不同公路等级、设计速度、路基宽度间的衔接应协调,要结合地形的变化设置过渡段,使主要技术指标随之逐渐过渡,避免出现突变。不同设计路段相互衔接的地点,应选择在驾驶人员能够明显判断路况发生变化而需要改变行车速度的地点,如村镇、车站、交叉道口或地形明显变化等处,并应设置相应的标志。

(4)一级公路既可作为干线公路,也可作为集散公路。当作为集散公路时,纵横向干扰较大,为保证供汽车分道、分向行驶,可设慢车道供非汽车交通行驶;作为干线公路时,为保证运行速度、交通安全和服务水平,应根据需要采取控制出入措施。

(5)干线公路宜选用二级及二级以上公路。当干线公路采用二级公路标准时,应采取增大平面交叉间距,采用主路优先交通管理方式,以及渠化平面交叉等措施以减小横向干扰,其平面交叉间距不应小于500m。

(6)当集散公路采用二级公路标准时,非汽车交通量大的路段,可采取设置慢车道,采用主路优先或信号等交通管理方式,以及渠化平面交叉等措施以减小纵、横向干扰,其平面交叉间距不应小于300m。

(7)设计路段的长度不宜过短,一般情况下,高速公路不宜小于15km;一级公路、二级公路不宜小于10km;三级、四级公路可根据实际情况适当缩短。

(8)支线公路或地方公路可选用三级公路、四级公路,允许各种车辆在车道内混合行驶。

第三节　公路设计的基本要求

公路是一种线形带状的三维空间结构物,包括路基、路面、桥涵、隧道等工程实体。因此,公路设计是由线形设计和结构设计两大内容组成。

公路设计是以满足汽车行驶的要求为前提的,因而公路设计要满足行车安全、迅速、经济、舒适的基本要求。

一、对公路线形的基本要求

公路线形是公路的骨架,它支配着整个公路的规划、设计、施工及以后的养护和营运,直接影响公路构造物设计、排水设计、土石方数量、路面工程等,对汽车行驶的安全、舒适、经济以及公路的通行能力等起着重要的作用,而且在公路建成以后,对公路沿线的经济发展、居民生活、土地利用以及自然景观、环境协调等都将产生很大的影响。因此在公路设计中,通常将线形设计的质量作为一条公路总体效果评价的主要标志。对线形设计的基本要求如下。

1. 满足汽车行驶的力学要求

公路线形应满足汽车的行驶力学要求,即汽车在公路上行驶时应满足行车安全、经济及旅客舒适的要求。因此,在线形设计中要注意合理运用平、纵、横各项技术指标,应根据具体条件,在不过分增加工程量的情况下,尽量采用较高的技术指标。为使汽车行驶时速度均衡,要注意公路平、纵面线形要素的连续性,避免线形产生突变。

2. 满足驾驶员视觉和心理要求

公路线形应使公路具有视觉的舒顺性,使驾驶员在行驶过程中不易疲劳,有良好的视觉和心理诱导作用。因此,在设计中应注意线形要素之间以及与其他设施之间的相互平衡协调。如直线、圆曲线、缓和曲线的组合协调;平曲线与竖曲线的组合协调;路线与公路构造物、沿线设施的协调等。此外,还应注意保证行车视距,以创造良好的行车视野,增加行车安全和舒适。

3. 与周围地形、地物、环境相协调

公路线形要结合沿线地形、地貌等条件,合理运用各种线形要素进行线形组合,使线形与沿线地形、地物相适应,从而设计出技术合理、行车安全舒适、经济节约的线形。此外,线形设计还应注意使线形与周围环境相协调,使公路建设不破坏环境的自然景观,减少对环境的干扰,尽量利用环境,改造环境,使之协调、融为一体。

4. 与沿线自然、经济、社会条件等相适应

公路是社会空间的一个组成部分,它与沿线的自然资源及经济的开发、工农业的发展、居民条件、区域规划的关系十分密切。因此,在线形设计中,一方面必须要符合国家有关土地、环境保护、水土保持、资源开发等法规的有关要求;另一方面还必须注意少占农田、少拆建筑物、少破坏原有植物、地貌和减少噪声、废气等对环境的污染,以使公路建成后能发挥最大的社会综合效益。

二、对路基的基本要求

路基是公路的重要组成部分,它与路面共同承受行车荷载和自然因素的影响,所以它既是路线的主体又是路面的基础,其本身的强度与稳定性直接影响路面的使用寿命和公路的使用质量。为保证公路的使用质量,对路基的基本要求如下。

1. 具有足够的稳定性

在地表面上修筑路基,必然产生填筑或开挖,这种不填即挖的结果,改变了原地表面的天然平衡状态,其结果使原先处于稳定状态的地基由于受力状态的改变,有可能导致路基失稳。如产生路堤的沉陷、边坡的塌方,路基的翻浆以及路基沿山坡滑动等变形与病害,从而导致交通阻断或行车事故。因此,为保证路基的安全与稳定,必须正确采用路基的断面形式与尺寸,采取有效的路基排水、工程防护与加固等措施,确保路基在最不利的行车荷载与自然因素条件下具有足够的稳定性。

2. 具有足够的强度和抗变形能力

路基及路基以下的地基,在自重和自行荷载作用下会产生变形。当地基软弱、路基填土不密实或过分潮湿时,所产生的沉陷、固结变形和不均匀变形会使路面结构出现过量变形和应力

增大，从而导致路面过早损坏，影响公路的使用质量。因此，对路基要采取选择合适的填料，进行充分的压实，改善和调节水温状况，加固软弱地基等工程措施，以保证在外力因素作用下，不产生超过允许范围的变形，具有足够的强度和抗变形能力，确保路面的使用寿命和服务水平。

三、对路面的基本要求

路面是用各种筑路材料或混合料分层铺筑在公路路基上供车辆行驶的层状构造物。其主要功能承受行车和各种自然因素如风、霜、雨、雪、日照等的共同作用，使之能有足够的强度、稳定性和良好的使用性能，以保证车辆能全天候地在路上安全、舒适、快速行驶。因此，对路面有以下基本要求。

1. 承载能力

行驶在公路上的车辆，通过车轮把垂直力、水平力以及车辆产生的振动力和冲击力传给路面，使路面结构内部产生应力、应变和位移。如果路面结构整体或某一组成部分的强度或抗变形能力不足，则路面就会出现断裂、沉陷、波浪或车辙等，影响路基路面的正常使用。因此要求路面结构整体及其各组成部分都必须具有与行车荷载相适应的承载能力。

结构承载能力包括强度和刚度两方面。路面结构应具有足够的强度以抵抗车轮荷载引起的各个部位的各种应力，如压应力、拉应力、剪应力等，保证不发生压碎、拉断、剪切等各种破坏。路面整体结构或各个结构层应具有足够的刚度，使得在车轮荷载作用下不发生过量的变形，不发生沉陷、波浪或车辙等病害。

2. 稳定性

所谓路面结构的稳定性是指结构处于外在因素的影响下，能较好地保持其工程设计要求的几何形态及物理力学的性能。路面结构的稳定性应具有整体稳定性、水稳定性、温度（高温或低温）稳定性、时间稳定性（亦称耐久性）等。

大气降水会使路面结构内部的湿度状态发生变化。如水泥混凝土路面，如果不能及时将水分排出结构层，会发生唧泥现象；水泥混凝土路面接缝渗入的水，在车轮荷载反复作用下，会冲刷基层，导致结构层提前破坏。沥青混凝土路面，由于水分的侵蚀，会引起沥青结构层剥落或松散。砂石路面，在雨季会因雨水冲刷和渗入结构层，而导致强度下降，产生沉陷、松散等病害。因此，加强防水、排水是确保路面水稳定性的重要措施。

气温周期性的变化对路面结构的稳定性有重要影响。高温季节沥青路面软化，在车轮荷载作用下会产生较大的变形。水泥混凝土路面面板在高温季节会翘曲变形，在车轮荷载的反复作用下，则容易产生裂缝或造成断板。北方在低温冰冻季节，沥青路面、水泥混凝土路面、半刚性基层由于低温会产生大量收缩裂缝，最终失去承载能力。在严重冰冻地区，地下水水位较高的路段，低温会引起路基冻胀，其上的路面结构也会随之产生断裂裂缝。春天融冻季节，在交通繁重的路段，有时会引发路基翻浆，使路基路面发生严重的破坏。

3. 表面平整度

路面表面平整度是影响行车安全，行车舒适性以及运输效益的重要使用性能。表面平整度是以不平整度值作为指标来衡量，相对来说，是一项宏观控制指标。不平整的路表面会增大行车阻力，并使车辆产生附加的振动作用。这种振动会造成行车颠簸，影响行车的速度和安全、驾驶的平稳和乘客的舒适感。同时，振动作用还会对路面施加冲击力，从而加剧路面和汽车机件的损坏和轮胎的磨损，并增大油料的消耗。而且，不平整的路面还会积滞雨水，加速路面的破坏。

优良的路面平整度，要依靠优良的施工装备，精细的施工工艺，严格的施工质量控制以及经常和及时的养护来保证。同时，路面的平整度与整个路面结构和路基顶面的强度、抗变形能力有关，与结构层所用材料的强度、抗变形能力以及材料的均匀性有很大关系。

4. 表面抗滑性能

表面抗滑性能亦称粗糙度，是指路面能够提供汽车车轮在其上安全行驶所需足够附着力（或称摩擦力）的性能。通常用摩擦系数或构造深度来表示，相对来说，是一项微观控制指标。路面表面要求平整，但不宜光滑。汽车在光滑的路面上行驶，车轮与路面之间缺乏足够的附着力，雨天高速行车，紧急制动或突然起动，爬坡或转弯时，车轮易产生空转或打滑。

5. 少尘性及低噪声

汽车在砂石路面上行驶时，车身后面所产生的真空吸引力会将表层较细材料吸出而飞扬尘土，甚至于导致路面松散、脱落和坑洞等破坏。路面扬尘会加速汽车机件的损坏，影响行车视距，降低行车速度，而且对乘客和沿线居民的环境卫生以及货物和路旁农作物都带来不良影响。因此，要求路面在行车过程中尽量减少扬尘。

汽车在路面上行驶时，除发动机等噪声外，路面不平整引起车身的振动是噪声的又一来源。为降低噪声，应提高路面施工的平整度工艺。

第四节　公路勘测设计的依据、程序和内容

一、设计依据

路线设计是按勘测设计程序、已批准的计划任务书和《标准》等进行的。无论是新建公路或是改建公路，都应有充分的技术经济依据，其中最基本的设计依据是设计车辆、交通量和设计速度。

1. 设计车辆

行驶在公路上的车辆主要有机动车和非机动车两类，其中机动车有摩托车、小汽车、公共汽车、载重汽车、拖拉机和大型集装箱车等，非机动车有自行车、三轮车、板车和兽力车等。根据公路的使用任务和性质，高速公路、一级公路为机动车服务，二、三、四级公路为混合车型（含非机动车）服务。

车辆的外廓尺寸是公路几何设计的重要依据，如路幅组成、弯道加宽、视距、交叉口设计等都与车辆的外廓尺寸密切相关。规范对各种车辆进行归类，将其尺寸标准化称为设计车辆。我国《标准》将设计车辆分为小客车、载重汽车和鞍式列车三类。各类设计车辆的基本尺寸见表0-0-2和图0-0-1。

设计车辆外廓尺寸表　　表0-0-2

车辆类型 \ 尺寸(m) \ 项目	总长	总宽	总高	前悬	轴距	后悬
小客车	6	1.8	2	0.8	3.8	1.4
载重汽车	12	2.5	4	1.5	6.5	4
鞍式列车	16	2.5	4	1.2	4+8.8	2

注：自行车的外廓尺寸采用宽0.75m，高2.00m。

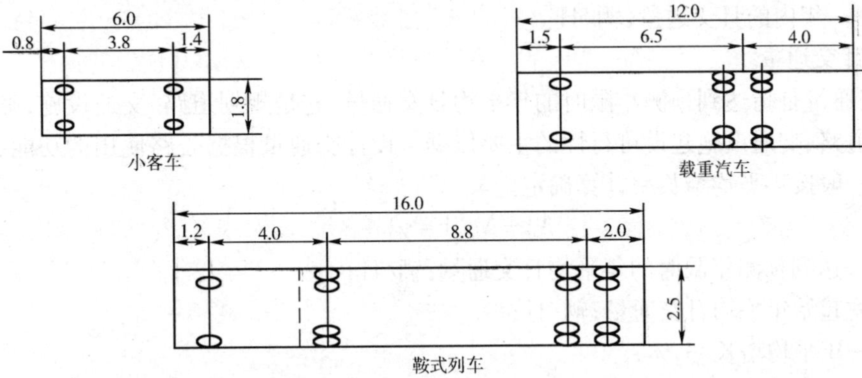

图 0-0-1　各种设计车辆的平面尺寸和横向布置图(尺寸单位:m)

2. 设计速度

设计速度是指在气候和交通量正常的情况下,汽车运行只受公路自身条件(几何要素、路面、附属设施等)影响时,具有中等驾驶技术的人员能够安全、顺适驾驶车辆的速度。

设计速度是决定公路几何线形的基本要素。曲线半径、超高、视距、合成坡度、路幅宽度和竖曲线设计等都直接与计算行车速度有关,所以它是体现公路等级的一项重要指标。

设计速度与运行速度有密切的关系,但它们是不同的两个概念。运行速度是指汽车在公路上的实际行驶速度,它受气候、地形、交通密度以及公路本身条件的影响,同时与驾驶员的技术也有很大的关系。在设计速度低的路段上,当行车条件(交通密度、气候、地形等)比较好时,行车速度常接近或超过计算行车速度。设计速度愈低,出现这种现象的几率愈大。考虑到这一特点,同一等级的公路按不同的条件采用不同的设计速度是合适的。同时,超过计算行车速度的情况是危险的,所以在地形良好,线形顺适,视野开阔容易产生超速行驶(超过计算行车速度)的路段,要特别注意曲线半径、超高、纵坡等方面的合理配置。

《标准》从工程难易、工程量大小及技术经济的合理性考虑,规定了各级公路的设计速度。高速公路、一级公路由于在设计、施工、运营管理上与一般公路不同,其设计速度不与地形条件直接挂钩,而将设计速度分别定为120km/h、100km/h、80km/h 和 100km/h、80km/h、60km/h,供设计时结合交通需求的变化,考虑技术经济的合理性,更好地与地形、景观相配合,做出合理的设计。

我国《标准》规定的各级公路的设计速度见表 0-0-1。

3. 交通量

公路的交通量是指单位时间内(每日或每小时)通过公路上某一横断面处的往返车辆总数,其单位为辆/日或辆/小时。交通量与社会经济发展速度、气候、物产、文化生活水平等多方面因素有关,且随着时间、地点的不同而随机变化。其具体数值通过交通调查和交通预测确定。

(1)年平均日交通量

公路交通量通常用年平均日交通量(简称 ADT 表达),即一年 365 天交通量观测结果的平均值,其表达式为:

$$N = \frac{1}{365}\sum_{i=1}^{365} Q_i \qquad (0\text{-}0\text{-}1)$$

式中:N——年平均日交通量,辆/日;

Q_i——一年内的日交通量,辆/日。

(2)设计交通量

设计交通量是指达到预测年限时的年平均日交通量,它是规划道路、交通设施,确定道路等级,论证道路、交通设施建设可行性的主要依据。设计交通量根据公路使用的功能、任务和性质,目前一般按年平均增长率计算确定。

$$N_d = N_0(1-\gamma)^{t-1} \tag{0-0-2}$$

式中:N_d——达到预测年限时的年平均日交通量,辆/日;

N_0——起始年平均日交通量,辆/日;

γ——年平均增长率,%;

t——预测年限。

(3)设计小时交通量

设计小时交通量是以小时为时段的交通量,用于确定公路等级、车道数和车道宽度或评价公路运行状态和服务水平的重要参数。我们知道,一年中的每月、每日、每小时交通量的变化是相当大的,如果用一年中最大的高峰小时交通量作为设计依据,必然造成浪费,但如果采用日平均小时交通量则不能满足实际需要,甚至造成交通阻塞。因此,必须选择适当的小时交通量作为设计小时交通量。研究认为,取一年中的排序第 30 位最大小时交通量为设计小时交通量最合适,即将一年中测得的 8 760h 交通量按大小顺序排列,取序号为第 30 位的小时交通量作为设计小时交通量。如图 0-0-2 所示,在第 30 位小时交通量以上,曲线斜率急剧加大,第 30 位以下,曲线变化明显变缓,采用第 30 位小时交通量作为设计依据,每年只有 29 个小时的交通量超过设计小时交通量,保证率达 99.67%。目前许多国家包括我国均采用第 30 位小时交通量作为设计依据。

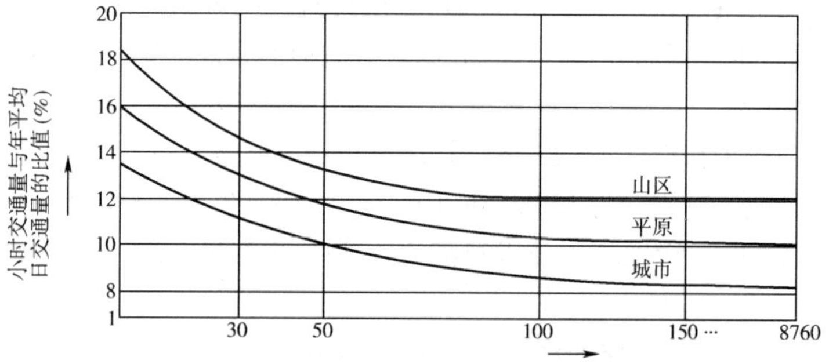

图 0-0-2　第 30 位最大小时交通量示意图

设计小时交通量按下式计算:

$$N_h = N_d \cdot K \cdot D \tag{0-0-3}$$

式中:N_h——设计小时交通量,辆/h;

N_d——达到预测年限时的年平均日交通量,辆/日;

K——设计小时交通量系数,即第 30 位小时交通量与年平均日交通量的比例,一般平原区 K 取 13%,山区 K 取 15%;

D——方向不均匀系数,一般可取 $D=0.6$。

(4)交通量换算

在确定设计交通量时,应将在公路上行驶的各种车辆,按规定折算为标准车型。我国公路设计时是以小客车为标准车型。设计时应将公路行驶的各种车辆(含非机动车辆)按规定折合成小客车的年平均日交通量。各种汽车的折算是为了有统一尺度才能比较交通量的大小。确定公路等级的各汽车代表车型和车辆折算系数，如换表 0-0-3 所示。

各汽车代表车型与车辆折算系数　　表 0-0-3

汽车代表车型	车辆折算系数	说　明
小客车	1.0	≤19 座的客车和载质量≤2t 的货车
中型车	1.5	>19 座的客车和载质量 >2t ~ ≤7t 的货车
大型车	2.0	载质量 >7t ~ ≤14t 的货车
拖挂车	3.0	载质量 >14t 的货车

注：1. 畜力车、人力车、自行车等非机动车，在设计交通量换算中按路侧干扰因素计。

2. 一、二级公路上行驶的拖拉机按路侧干扰因素计；三、四级公路上行驶的拖拉机每辆折算为 4 辆小客车。

3. 公路通行能力分析所要求的车辆折算系数应针对路段、交叉口等形式，按不同的地形条件和交通需求，采用相应的折算系数。

二、设计程序和内容

（一）工程可行性研究

工程可行性研究是公路基本建设前期工作的一项重要内容，是建设项目决策和编制设计（计划）任务书的依据。工程可行性研究的目的是对建设项目的必要性、技术的可行性、经济的合理性、实施可能性以及宏观和微观经济效益，作出科学的评价和评估，并拟出多种比较方案，作为决策的依据。

公路工程可行性研究一般应包括以下内容：

（1）概述。主要论述任务依据和历史背景、研究范围、研究的主要结论、主要存在问题和建议。

（2）现有公路技术状况及问题。主要阐述现有公路技术现状和适应程度，拟建项目在交通网中的作用、存在的主要问题。

（3）运输量和交通量发展预测。主要阐述项目所在地的经济特性、经济增长与客货运输增长的关系，交通调查情况和交通量发展预测。

（4）公路建设规模及标准。主要论证公路等级和桥梁的结构规模、征地范围、技术标准等重要指标。

（5）建设条件与方案选择。主要阐述地理位置、自然条件对工程方案、施工条件和工程造价的影响；社会环境及地方经济对建设项目的影响；工程方案的比选与推荐意见。

（6）投资估算及资金筹措。根据主要工程数量、建设用地、拆迁数量作出投资估算，并说明资金来源和筹集办法。

（7）实施方案。提出设计和施工的安排、工期和投资安排、工程管理和技术管理等方面的意见。

（8）经济评价。主要是作出直接经济效益计算、经济投资费用计算、经济与社会效益分析等。

对上述内容进行研究后写出工程可行性研究报告，作为工程项目的决策依据。工程可行性研究报告批准后，不得随意修改和变更。

（二）设计（计划）任务书

公路勘测与设计工作是根据批准的设计任务书进行的，设计任务书由提出计划的主管部门下达或由下级单位编制后按规定上报审批。设计任务书包括以下基本内容：

(1)建设依据和意义；

(2)公路的建设规模和修建性质；

(3)路线基本走向和主要控制点；

(4)工程技术标准和主要技术指标；

(5)按几阶段设计，各阶段完成的时间；

(6)建设期限和投资估算，分期修建的应提出每期的建设规模和投资估算；

(7)施工力量的原则安排；

(8)路线示意图、工程数量、三材数量及投资估算表等。

(三)设计阶段

公路工程基本建设项目的勘测设计阶段可分为“一阶段设计”、“两阶段设计”和“三阶段设计”三种。通常情况，勘测设计采用两阶段设计，即初步设计和施工图设计。对技术简单、方案明确的小型建设项目，可采用一个阶段设计，即一阶段施工图设计。当技术复杂而又缺乏经验的建设项目或建设项目中的个别路段、特殊大桥、互通式立体交叉、隧道等，必要时可采用三阶段设计，即初步设计、技术设计和施工图设计。

一阶段设计是根据批准的设计任务书(或测设合同)的要求，进行定线测量，编制施工图设计文件和施工预算，作为公路施工的依据。

两阶段设计应根据批准的设计任务书(或测设合同)的要求，经过初步测量，编制初步设计文件和设计概算，再根据批准的初步设计，进行定线测量，编制施工图设计文件和施工预算，作为施工的依据。

三阶段设计是在初步设计文件和设计概算批准后，通过补充测量，然后编制技术设计文件和修正概算，最后根据批准的技术设计文件经过定线测量(或补充定测)，编制施工图设计文件和施工预算，作为公路施工的依据。

在采用一阶段设计、两阶段设计或三个阶段设计时，不论是新建公路还是改建公路，在公路勘测设计之前，均必须进行视察和工程可行性研究工作。视察和工程可行性研究虽不独立作为一个设计阶段，但它们是勘测设计工作之前都必须进行的一个重要步骤。

本章小结

1. 公路勘测设计主要讲述公路平、纵、横三个基本几何组成部分的设计原理、原则、方法和步骤，分析选线、定线的一般原则、基本操作方法和内容，并以基本理论、基本知识和基本技能为主要内容。因此，在学习过程中应理论联系实际，认真完成课程设计和参加野外教学与生产实习，以加深对理论的理解，提高运用基本理论解决实际问题的能力。

2. 公路等级根据公路的使用任务、功能和适应的交通量分为高速公路、一级公路、二级公路、三级公路和四级公路。其中高速公路、一级公路为公路网骨干线，二、三级公路为公路网内基本线，四级公路为公路网的支线，构成了我国的公路网。

《公路工程技术标准》是国家颁布的法定技术准则，是公路设计、修建和养护的依据。因此，在公路设计、施工和养护中，必须严格遵守。同时，要求在不过分增加工程造价的前提下，根据技术经济原则尽可能采用较高的技术指标，以充分提高公路的使用质量和效益。

公路等级的选用公路等级的选用应根据公路的使用功能、公路网规划、交通量，从全局出发，并充分考虑项目所在地区的综合运输体系、远期发展等，经综合论证后确定。

3. 公路不论是新建公路或是改建，都应有充分的技术经济依据，其中最基本的设计依据是设计车辆、交通量和设计速度。

设计车辆是公路几何设计（如路幅组成、弯道加宽、视距、交叉口设计等）的重要依据；设计速度是决定公路几何线形（如曲线半径、超高、视距、合成坡度、路幅宽度和竖曲线设计等），它是体现公路等级的一项重要指标；交通量是确定公路等级的主要依据。

4. 工程可行性研究是公路基本建设前期工作的一项重要内容，是建设项目决策和编制设计（计划）任务书的依据，而公路勘测与设计工作是根据批准的设计任务书进行的。公路勘测设计一般按两阶段进行设计，即初步设计和施工图设计；对于技术上复杂而又缺乏设计经验的项目或建设项目中的个别路段、特殊构造物等，必要时进行三阶段设计，即初步设计、技术设计和施工图设计。

复习思考题

1. 现代交通运输方式有哪些特点？与这些运输方式比较，公路运输有哪些特点？
2.《公路工程技术标准》（JTG B01—2003）的主要技术指标有哪些？
3. 公路的主要组成部分有哪些？公路设计主要包括哪些内容？
4. 简述公路设计的基本要求。
5. 公路勘测设计的依据有哪些？何谓设计速度？
6. 公路勘测设计可分为哪几个阶段？简述各阶段的主要任务。

第一篇　公路勘测设计技术

第一章　平 面 设 计

第一节　概　　述

公路线形的研究，主要是指道路中心线的空间线形。为研究方便和直观起见，对该空间线形进行三视图投影。路线在水平面上的投影称作路线的平面。沿中线竖直剖切并展开构成纵断面线形。中线上任一点的法向切面构成横断面线形。公路线形的设计实际上是确定平面、纵断面及横断面线形的尺寸和形状，也就是通常所指的平面设计、纵断面设计和横断面设计。三者之间既相互联系又相互制约，因此在路线设计时，必须综合考虑。

公路的平面线形，由于其位置受社会经济、自然地理和技术条件等因素的制约，公路从起点到终点在平面上不可能是一条直线，而是由许多直线段和曲线段（包括圆曲线和缓和曲线）组合而成。对平面线形而言，一般可分解为直线、圆曲线及缓和曲线，因此我们对线形的研究，实际上是对直线、圆曲线和缓和曲线三要素的研究，同时对此三要素进行恰当组合，切合实际地在实地上的综合应用，以保证汽车在公路上能安全、顺适的运行。怎样把直线和缓和曲线连接起来？如何保证汽车在平面上能安全、迅速、舒适以及经济地行驶？平面线形各几何元素的合理配置与计算行车速度的关系是怎样的？这些原理和方法即为本章所研究的主题。

第二节　圆　曲　线

一、汽车转弯行驶时力的平衡

1. 汽车转弯行驶时的受力特点与力的平衡

汽车转弯时，人乘坐在车中会感到向弯道外侧偏倒，从物理学可知，这是由于离心力所引起的。

离心力对在弯道上行驶的汽车来说影响很大，它可能使汽车向外侧滑移或向外侧倾覆。为了减小离心力的作用，使汽车平稳地通过弯道，就必须靠向内侧倾斜的横坡和路面对车轮的附着力来提供稳定条件。由此可知，汽车在弯道上作等速圆弧行驶时，作用在汽车横截面上的力除水平方向的离心力 F 外，还有汽车重力 G 和轮胎与路面的横向附着力等。如图 1-1-1 所示。

离心力的作用点在汽车的重心，方向水平，并与圆心方向相反。计算公式为：

$$F = \frac{G}{g} \cdot \frac{v^2}{R} \quad (1\text{-}1\text{-}1)$$

式中：F——离心力，N；

R——圆曲线半径，m；

v——汽车的行驶速度，m/s。

将作用在汽车上的离心力 F 和汽车重力 G 分解为平行于路面的横向力 X 和垂直于路面的竖向力 Y，则有：

$$X = F\cos\alpha \pm G\sin\alpha$$

$$Y = G\cos\alpha \mp F\sin\alpha$$

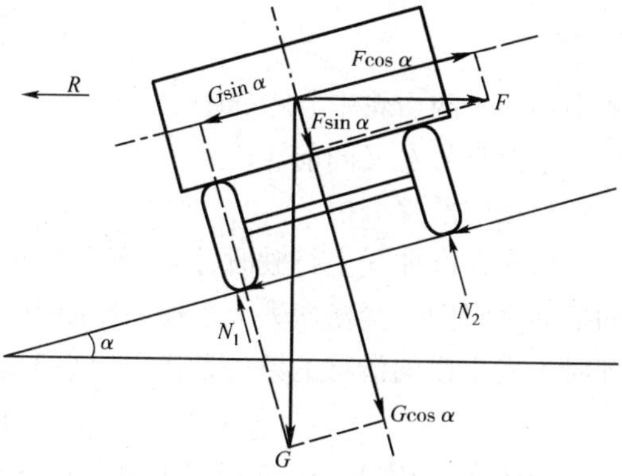

图 1-1-1　汽车在弯道内侧行驶时力的平衡

因为 α 很小，所以 $\cos\alpha \approx 1$；$\sin\alpha \approx \tan\alpha = i$（$i$ 为路面横坡度）。由此可得：

$$X = F \pm Gi = \frac{G}{g} \cdot \frac{v}{R} \pm Gi \quad (1\text{-}1\text{-}2)$$

式中："+"——指汽车在圆曲线外侧车道上行驶；

"−"——指汽车在圆曲线内侧车道上行驶。

横向力和竖向力是反映汽车行驶稳定性的两个重要因素，横向力是不稳定因素，竖向力是稳定因素。但大小相等的横向力作用在不同的汽车上有不同的稳定程度，例如，5 000N 的横向力作用在小汽车上，可会使其产生横向倾覆，而作用在重型载重汽车上则安然无恙。为了准确地衡量汽车在圆曲线上行驶时的稳定、安全和舒适程度，采用横向力与竖向力的比值，称为横向力系数，它近似地可看作单位车重上受到的横向力，以 μ 表示，即：

$$\mu = \frac{X}{Y} \approx \frac{X}{G} \quad (1\text{-}1\text{-}3)$$

将式(1-1-2)代入式(1-1-3)，则得：

$$\mu = \frac{X}{G} = \frac{v^2}{gR} \pm i \quad (1\text{-}1\text{-}4)$$

式中：μ——横向力系数；

其余符号意义同前。

从式(1-1-4)可知，横向力系数与车速成正比，而与圆曲线半径成反比，在一定的车速下，横向力系数愈大，汽车在平曲线上行驶的稳定性愈差。同时，也可看出汽车在圆曲线内侧路横坡上行驶时，对汽车的稳定性是有利的。因此，式(1-1-4)是确定圆曲线半径、圆曲线超高以及评价汽车行驶的安全性、经济性与舒适性指标的重要理论公式。

2. 横向倾覆分析

汽车在具有横坡的圆曲线上行驶时，由于离心力的作用，当横向力增加很大，就有可能使汽车绕外侧车轮边缘旋转而产生倾覆的危险。要使汽车不产生倾覆，就必须使倾覆力矩 $X \cdot h$ 小于或等于稳定力矩 $Y \cdot \frac{b}{2}$，即：

$$X \cdot h \leqslant Y\frac{b}{2}$$

因

$$Y \approx G, X \approx \mu G$$

故 $$\mu \leqslant \frac{b}{2h} \tag{1-1-5}$$

式中：b——两后轮中心距，m；

其余符号意义同前。

3. 横向滑移分析

汽车在圆曲线上行驶时，同时存在着使汽车向外侧滑移的横向力和阻止汽车向外侧滑移的横向摩阻力。当横向力大于横向摩阻力时，汽车将发生横向滑移。因此，汽车在圆曲线上行驶时不发生横向滑移的条件是横向力小于或等于横向摩阻力，即：

$$X \leqslant Y \cdot \varphi \tag{1-1-6}$$

由于 $X \approx \mu G$，$Y \approx G$，式(1-2-6)可写为：

$$\mu \leqslant \varphi \tag{1-1-7}$$

式中：φ——轮胎与路面之间的横向摩阻系数，与车速、路面种类及状态、轮胎状态等有关，在干燥路面上约为0.4～0.8；在潮湿的黑色路面上汽车高速行驶时，降低到0.25～0.40；路面结冰和积雪时降到0.2以下；在光滑的冰面上可降到0.06(不加防滑链)。

由于现代汽车重心比较低，一般 $b \approx 2h$，即 $\mu \approx 1$，而 $\varphi < 0.5$，所以汽车在产生倾覆之前，首先发生横向滑移，故在路线设计中主要是考虑汽车不产生横向滑移，从而保证汽车行驶的横向稳定性。但在汽车运输过程中，若由于载货过重、过高或重心偏移，使 μ 值过大，也会导致倾覆，甚至倾覆还可能发生在滑移之前。

二、圆曲线半径的计算公式与影响因素

根据汽车行驶在曲线上力的平衡式(1-1-4)可知，圆曲线半径计算公式为：

$$R = \frac{v^2}{127(\mu \pm i)} \tag{1-1-8}$$

式中：v——各级公路的设计速度，km/h；

μ——最大横向力系数；

i——路拱横向坡度，以小数计。

从上式可知，圆曲线半径越大，横向力系数就越小，汽车行驶就越稳定。但有时因受地形、地质、地物等因素的限制，圆曲线半径不可能设置得很大，往往会采用小半径的圆曲线，这时如果半径选用的太小，又会使汽车行驶不安全，甚至翻车。所以必须综合考虑汽车安全、迅速、舒适和经济，并兼顾美观，使确定的最小半径能满足某种程度的行车要求。这种最起码的半径数值，就是圆曲线的最小半径限制值。《标准》根据各级公路的不同要求，规定了圆曲线最小半径有三类：极限最小半径、一般最小半径和不设超高的最小半径。其中极限最小半径主要满足行车安全，适当考虑舒适性；一般最小半径已具有较好的安全性和舒适性；不设超高的最小半径是考虑即使不设超高也能保证其安全性和舒适性。

在一定车速 v 的条件下，要满足三类最小半径不同要求的安全性和舒适性，关键在于横向力系数 μ 值的合理确定。

1. 行车安全性分析

汽车在弯道上安全行驶的必要条件是轮胎不会在路面上产生滑移。即要求横向力系数 μ 要小于或等于轮胎与路面间的横向摩阻力系数 φ，即：

$$\mu \leqslant \varphi \tag{1-1-9}$$

式中：φ——轮胎与路面的横向摩阻系数，见公式(1-1-7)。

2. 舒适性分析

根据国内外大量资料分析，乘客随μ值的变化其心理反应如下：

当$\mu<0.1$时，不感到有曲线存在，很平稳，近似于在直线上行驶；

当$\mu=0.15$时，感到有曲线存在，但尚平稳；

当$\mu=0.2$时，感到有曲线存在，略感不平稳；

当$\mu=0.35$时，感到明显不平稳；

当$\mu>0.4$时，感到非常不平稳，有倾倒的危险感。

由此可知，从乘客的舒适性出发，μ值以不超过0.10为宜，最大不超过0.15～0.20。

3. 经济性分析

在确定μ值时，还应考虑汽车运营的经济性。根据试验分析，汽车在弯道上行驶与直线相比，存在着以下关系：

横向力系数μ	燃料消耗(%)	轮胎磨损(%)
0	100	100
0.10	110	220
0.15	115	300
0.20	120	390

综上分析，μ值大小与行车安全、经济与舒适等密切相关。研究指出，μ值的选用应根据行车速度、圆曲线半径及超高横坡度的大小，按高、低速路的不同在0.10～0.16的范围内选择。

三、圆曲线最小半径确定

1. 极限最小半径

极限最小半径是路线设计中各级公路所能允许的极限值，其μ值的选用，主要满足安全要求，兼顾舒适性，因此在非特殊困难的情况下，一般不轻易采用。

极限最小半径可按下式计算：

$$R_{\min}=\frac{v^2}{127(\mu_{\max}+i_{b\max})} \tag{1-1-10}$$

式中：$R_{\min}$——极限最小半径，m；

$\mu_{\max}$——极限最小半径所对应的横向力系数，见表1-1-1；

$i_{b\max}$——最大超高横坡度，见表1-1-1。

极限最小半径横向力系数及超高横坡度取用表 表1-1-1

设计速度(km/h)	120	100	80	60	40	30	20
$\mu_{\max}$	0.10	0.12	0.13	0.15	0.15	0.16	0.17
$i_{b\max}$(%)	8	8	8	8	8	8	8

2. 一般最小平曲线半径

为避免在路线设计时只考虑节约投资，不考虑线形的整体协调和今后提高公路等级而过多采用极限最小半径的片面倾向，同时也要考虑在地形比较复杂的情况下不会过多地增加工程量，而且也具有充分的舒适感。为此，《标准》推出了"一般最小半径"。一般最小半径可按下式计算：

$$R_{一般}=\frac{v^2}{127(\mu+i_b)} \tag{1-1-11}$$

式中：$R_{一般}$——一般最小半径，m；

i_b——路拱超高横坡度，见表 1-1-2；

μ——一般最小半径所对应的横向力系数，见表 1-1-2。

一般最小圆曲线半径横向力系数及超高横坡度取用表 表 1-1-2

设计速度(km/h)	120	100	80	60	40	30	20
μ	0.05	0.05	0.06	0.06	0.06	0.05	0.05
i_b(%)	6	6	7	8	7	6	6

3. 不设超高的最小圆曲线半径

当路面不设超高时，路拱为双向横坡度，与直线段的路拱横坡度相同，当路线某一半径大于一定值时，即使汽车在圆曲线外侧行驶也能获得足够的安全性和很好的舒适性。不设超高的最小圆曲线半径可按下式计算：

$$R_{免}=\frac{v^2}{127(\mu-i_1)} \tag{1-1-12}$$

式中：$R_{免}$——不设超高最小半径，m；

i_1——路拱横坡度，二级及以上等级公路时，取 $i_1=0.01\sim0.02$，二级以下公路时，取 $i_1=0.03\sim0.04$；

μ——不设超高横向力系数，一般取 $\mu=0.035\sim0.06$。

其中："－"表示汽车在公路圆曲线外侧行驶。

根据公式计算并结合我国的具体情况，《标准》规定了各级公路的圆曲线半径，如表 1-1-3 所示。

各级公路的圆曲线最小半径 表 1-1-3

设计速度(km/h)		120	100	80	60	40	30	20
极限值(m)		650	400	250	125	60	30	15
一般值(m)		1 000	700	400	200	100	65	30
不设超高最小半径(m)	路拱≤2.0%	5 500	4 000	2 500	1 500	600	350	150
	路拱>2.0%	7 500	5 250	3 350	1 900	800	450	200

《标准》规定了各级公路的三种圆曲线最小半径。具体应用时，需考虑以下几方面的要求：

(1)在选用圆曲线半径时，应与设计速度相适应，并应尽可能选用较大的圆曲线半径；

(2)一般情况下尽量选用大于或等于一般最小半径，只有受地形限制及其他特殊困难时，才可采用极限最小半径；

(3)桥位处两端设置圆曲线时，一般大于一般最小半径；

(4)隧道内必须设置圆曲线时，应大于不设超高的最小半径；

(5)长直线或陡坡尽头，不得采用小半径圆曲线；

(6)不论偏角大小，均应设置圆曲线；

(7)改建公路工程中利用现有公路路段，设计速度为40km/h的最小圆曲线半径可采用50m；设计速度为30km/h的最小圆曲线半径可采用25m。

(8)半径过大也无实际意义，故一般宜小于10 000m。

【例1-1-1】 某二级公路，设计速度$v=80\text{km/h}$，试问该等级公路的极限最小半径为多少？

解：按表1-1-1可知，横向力系数$\mu=0.12$，$i_b=0.08$。

根据公式(1-1-1)极限最小半径为：

$$R=\frac{v^2}{127(\mu_{\max}+i_{b\max})}=\frac{80^2}{127(0.12+0.08)}=251.97\text{m}$$

《标准》规定为250m(见表1-1-3)。

【例1-1-2】 某三级公路，其设计车速$v=30\text{km/h}$，试问该公路的一般最小半径为多少？

解：按表1-1-2可知，横向力系数$\mu=0.05$，$i_b=0.06$。

根据公式(1-1-1)一般最小半径为：

$$R=\frac{v^2}{127(\mu+i_b)}=\frac{30^2}{127(0.05+0.06)}=64.42\text{m}$$

所以，《标准》规定为65m(见表1-1-3)。

【例1-1-3】 已知某高速公路，其设计速度$v=120\text{km/h}$，设该公路的路面横坡度采用$i_1=1.5\%$，试计算该等级公路不设超高的最小半径为多少？并与《标准》进行比较。

解：已知$i_1=0.015$，设$\mu=0.035$。

根据公式(1-1-5)不设超高的最小半径公式：

$$R=\frac{v^2}{127(\mu-i)}=\frac{120^2}{127(0.035-0.015)}=5\,569.29\text{m}$$

由表1-1-3可知，不设超高最小半径当$i_1\leqslant 2.0$时，$R=5\,500\text{m}$，与《标准》规定相符合。

第三节　缓和曲线

缓和曲线是设置在直线与圆曲线之间或大圆曲线与小圆曲线之间，由较大圆曲线向较小圆曲线过渡的线形，是道路平面线形要素之一。它的主要特征是曲率均匀变化。《标准》规定，除四级公路可不设缓和曲线外，其他各级公路，当平曲线半径小于不设超高的最小半径时，应设缓和曲线。本节主要讨论缓和曲线的作用、性质、参数、长度和设计方法。

一、缓和曲线的作用与性质

(一)缓和曲线的作用

1.便于驾驶员操纵方向盘

汽车从直线进入圆曲线，或从大半径圆曲线驶入小半径圆曲线时。插入缓和曲线，可使汽车前轮转向角逐渐从$0°\sim\alpha$转向，从而有利于驾驶员操纵方向盘，保证安全行驶。

2.满足乘客乘车的舒适与稳定，减小离心力变化

离心力的大小与汽车行驶的曲率半径大小成反比，在直线段中，离心力为零，在圆曲线上，离心力最大。当插入缓和曲线时，因为缓和曲线的曲率是逐渐变化的，可以消除离心力的突变，从而保证乘客乘车舒适与稳定。

3. 满足超高、加宽缓和段的过渡，利于平稳行车

当圆曲线上有超高与加宽时，由直线段上无超高及加宽过渡到主圆曲线的全超高及全加宽时，必须有一个缓和段，而设置了缓和曲线，可以通过缓和曲线完成超高及加宽的逐渐过渡。

4. 与圆曲线配合得当，增加线形美观

圆曲线与直线径向连接，在连接处曲率突变，在视觉上有不平顺的感觉，设置缓和曲线后，使线形连续圆滑，增加线形的美观，同时有良好的视觉效果和心理效果。

（二）缓和曲线的性质

当汽车逐渐由直线驶入圆曲线，为简便可作两个假定：一是汽车作匀速行驶；二是驾驶员操纵方向盘作匀角速转动，即汽车的前轮的转向角由直线上的0°均匀地增加到圆曲线上 α 角值，如图1-1-2所示。通过理论推导得出弧长和曲率半径的关系为：

$$S=\frac{d}{k\omega}\frac{v}{\rho}=\frac{1}{\rho}\frac{d}{k\omega}v$$

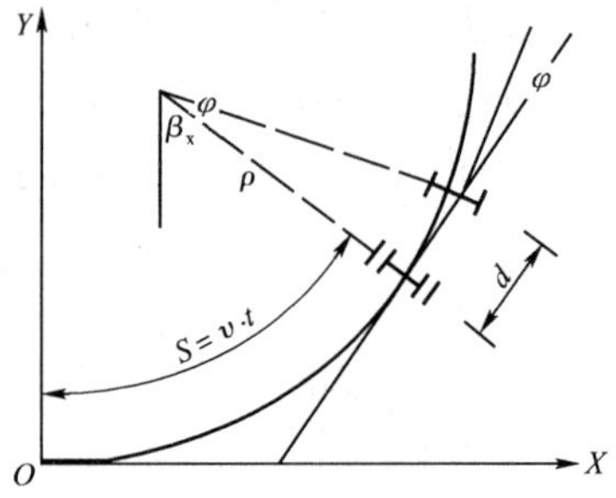

图1-1-2　汽车行驶轨迹图

式中：S——汽车从曲线起点行驶至所求点之距离，m；

k——系数，小于1；

ω——方向盘转动的角速度，rad/s；

d——汽车前后轮距，m；

v——汽车匀速行驶速度，m/s；

ρ——曲线上所求点处的曲率半径，m。

因 d、ω、k 均为常数，可令：

$$\frac{d}{k\omega}v=A^2$$

则得：

$$S=\frac{A^2}{\rho} \tag{1-1-13}$$

式中：S——汽车从曲线起点行驶至所求点之距离，m；

A——参数；

ρ——曲线上所求点处的曲率半径，m。

式（1-1-13）为汽车转弯时的理论轨迹方程，从中可以得出两个结论：一是该曲线上任一点的曲率半径与该点至曲线起点距离成反比，它符合于汽车在道路上的行驶轨迹；二是参数 A 对某一曲线来说，是一个常数，但在整个公路线形而言，其实质为一个放大倍数，它适应于不同的情况。因此，需建立一个数学模型作为缓和曲线。

二、回旋线基本方程

从回旋线的数学定义可知，其曲率半径 ρ 随曲线上某一点至该曲线起点之距离成反比（即回旋线为曲率半径 ρ 随曲线长度增长而减小的曲线）。即：

$$\rho=\frac{C}{S} \tag{1-1-14}$$

式中：C——曲率与曲线长度的比例常数；

其余符号意义同前。

因 C 为常数，可令：

$$C=A^2$$

则 $$S=\frac{A^2}{\rho} \tag{1-1-15}$$

式中：符号意义同前。

式(1-1-15)即为回旋线(图1-1-3)的基本方程，它与式(1-1-13)中汽车转弯时的理论行驶轨迹完全吻合，即用回旋线作为缓和曲线的数学模型，有充分的理论依据。

令 $$S=l_h$$

$$\rho=R$$

则由式(1-1-15)得：$$l_h=\frac{A^2}{R} \tag{1-1-16}$$

式中：符号意义同前。

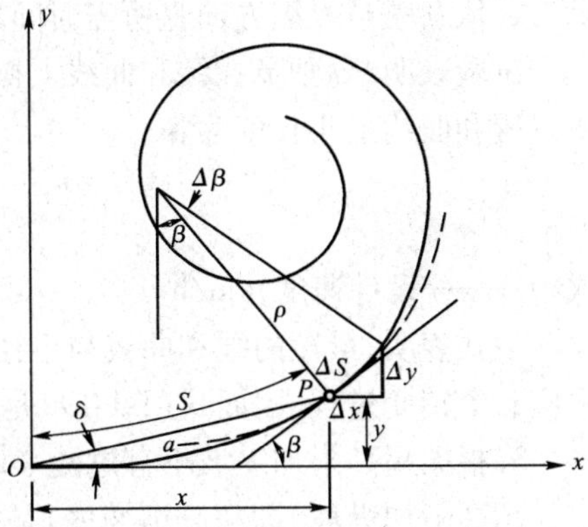

图 1-1-3 回旋线

三、缓和曲线最小长度

汽车在缓和曲线上行驶时，要有足够的缓和曲线长度，以保证驾驶员操纵方向盘所需的时间、限制离心加速度的增长及满足设置超高与加宽过渡的要求。

1. 根据离心加速度变化率求缓和曲线最小长度

为了保证乘客乘车的舒适性，就需控制离心力的变化率。

在缓和曲线起点处：

$$\rho=\infty, a_1=0$$

在缓和曲线终点处：

$$\rho=R, a_2=\frac{v_2^2}{\rho}=a_{\max}$$

如果汽车从缓和曲线起点行驶到终点的行程时间为 t，则：

$$t=\frac{l_h}{v}$$

离心加速度平均增长率为：

$$a_s=\frac{\Delta a}{t}=\frac{a_2-a_1}{t}=\frac{a_{\max}}{t}=\frac{v^3}{l_h R}$$

$$=\frac{v^3}{47 l_h R}$$

则 $$l_h \geqslant \frac{v^3}{47 R a_s} \tag{1-1-17}$$

式中：l_h——缓和曲线最小长度；

v——设计速度，km/h；

R——圆曲线半径，m；

Δa——离心加速度的变化率，m/s^3；

t——汽车在曲线上行驶的时间，s，一般取用 $t=3s$。

确定缓和曲线的最小长度，我国公路设计中采用 $a_s \leqslant 0.6$，则：

$$l_h \geqslant 0.035\frac{v^3}{R} \tag{1-1-18}$$

2. 依驾驶员操纵方向盘所需时间求缓和曲线长度

试验表明，驾驶员在缓和曲线上操纵方向盘的最合适时间为 $t=3\sim5\text{s}$，我国采用 $t=3\text{s}$，所以缓和曲线最小长度为：

$$l_h=\frac{v}{3.6}t=\frac{v}{1.2} \tag{1-1-19}$$

式中：v——设计速度，km/h。

上式表明，最短的缓和曲线与半径的大小无关，即使平曲线半径较大，当汽车高速行驶时，也应有个转变过程，因而式(1-1-19)是高等级公路设置缓和曲线的校核式。

3. 根据超高附加纵坡不宜过陡来确定缓和曲线最小长度

超高附加纵坡(即超高渐变率)是指缓和曲线上设置超高缓和段后，因路基外侧由双向横坡逐渐变成单向超高横坡后，所产生的附加纵坡。当附加纵坡过小时，不利于排水；当附加纵坡过大时，路容不美观。

为了保证适中的超高渐变率，就需确定合适的缓和曲线长度。由超高缓和段长度计算公式知：

$$l_c=\frac{h_c}{p}$$

即

$$l_h\geqslant\frac{h_c}{p} \tag{1-1-20}$$

式中：l_c——超高缓和段长度，m；

l_h——缓和曲线长度，m；

h_c——路基外侧的全超高断面处的全超高值，m；

p——超高渐变率。

4. 从视觉上应有平顺感的要求计算缓和曲线最小长度

根据视觉的要求，缓和曲线的起点和终点的切线角 β 最好在3°～29°之间，这样获得良好视觉效果。由图1-1-4可知，切线角 β 为：

$$\beta=\frac{l_h}{2R}$$

而

$$R=\frac{A^2}{l_h}$$

则

$$\beta=\frac{l_h^2}{2A^2}$$

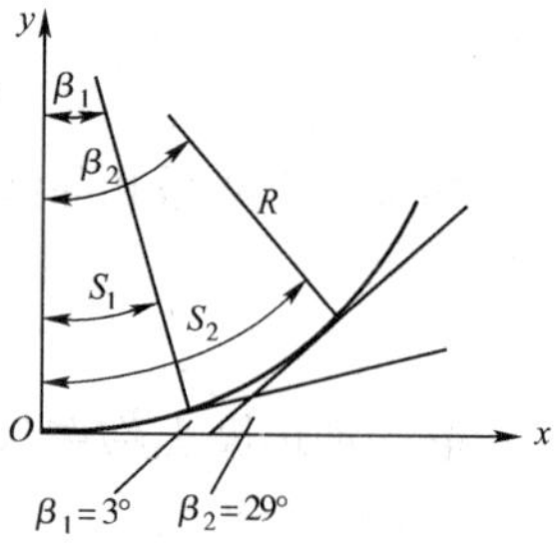

图1-1-4　按视觉要求的回旋线长度范围

将 $\beta=3°$ 及 $\beta=29°$ 代入上式，则得：

$$\frac{R}{3}\leqslant A\leqslant R\quad 或\quad S_1\leqslant l_h\leqslant S_2 \tag{1-1-21}$$

按上述四点要求，计算缓和曲线长度公式与行车速度关系最大，与半径的关系则有差异，其中第2、3两点与半径无关，第1、4两点则算得结果相反。为此，《标准》(JTG B01—2003)规定：回旋线参数及其长度应根据线形设计以及对安全、视觉、景观等的要求，选用较大的数值。各级公路最短缓和曲线长度见表1-1-4。

各级公路缓和曲线最小长度　　表1-1-4

设计速度(km/h)	120	100	80	60	40	30	20
最小长度(m)	100	85	70	60	40	30	20

注：四级公路为超高加宽缓和段长度。

四、直角坐标及要素计算

(一)回旋线切线角

1. 缓和曲线上任意点的切线角 β_x

缓和曲线的切线角,是指缓和曲线上任一点的切线与该缓和曲线起点的切线所成夹角。如图 1-1-5 所示,设缓和曲线所在直角坐标系 XOY,O 为原点,在缓和曲线上任意一点 P 处取一微分弧段 dS,则:

$$d\beta_x = \frac{dS}{\rho}$$

$$\beta_x = \int d\beta_x = \int \frac{dS}{\rho}$$

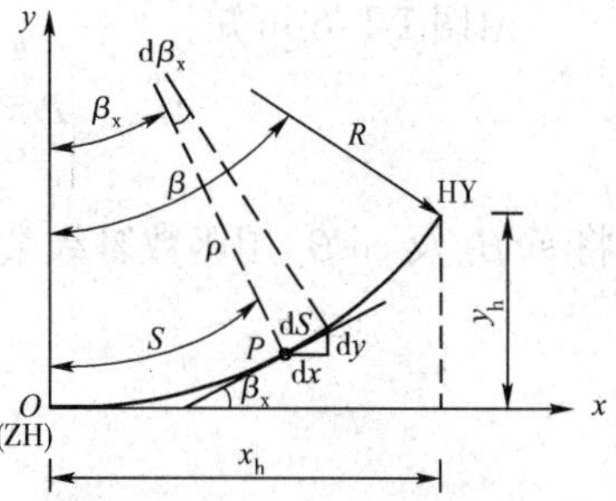

图 1-1-5　缓和曲线上任意点的切线解 β_x

将 $\rho = A^2/S$ 代入并积分得:

$$\beta_x = \frac{SdS}{A^2} = \frac{S^2}{2A^2} = \frac{S^2}{2Rl_h} \qquad (1\text{-}1\text{-}22)$$

式中:符号意义见图 1-1-5。

2. 缓和曲线的总切线角 β_h

在 l_h 终点处 $S = l_h$,$\rho = R$ 代入式(1-2-20),则得:

$$\beta_h = \frac{l_h}{2R} \cdot \frac{180}{\pi} \qquad (1\text{-}1\text{-}23)$$

(二)缓和曲线直角坐标

在图 1-1-5 中,任意一点 P 处取一微分弧段 ds,其所对应的中心角为 dβ_x,则:

$$\begin{cases} dx = dS \cdot \cos\beta_x \\ dy = dS \cdot \sin\beta_x \end{cases}$$

将 $\sin\beta_x$ 及 $\cos\beta_x$ 用函数幂级数展开可得:

$$\begin{cases} dx = dS\left(1 - \dfrac{\beta_x^2}{2!} + \dfrac{\beta_x^4}{4!} - \dfrac{\beta_x^6}{6!} + \cdots\cdots\right) \\ dy = dS\left(\beta_x - \dfrac{\beta_x^3}{3!} + \dfrac{\beta_x^5}{5!} - \dfrac{\beta_x^7}{7!} + \cdots\cdots\right) \end{cases}$$

积分后略去高次项并化简得:

$$y = \frac{S^3}{6Rl_h} - \frac{S^7}{336R^3 l_h^3}$$
$$x = S - \frac{S^5}{40R^3 l_h^2} \qquad (1\text{-}1\text{-}24)$$

当 $S = l_h$ 时,则缓和曲线终点的坐标为:

$$Y_h = \frac{l_h^2}{6R} - \frac{l_h^4}{336R^3}$$
$$X_h = l_h - \frac{l_h^3}{40R^2} \qquad (1\text{-}1\text{-}25)$$

式中:符号意义见图 1-1-5。

(三)缓和曲线常数

为了能在直线与圆曲线之间插入缓和曲线,必须将原有圆曲线向内移动一定的距离 p。

圆曲线的向内移动有两种方法：一种是圆心不变，使圆曲线半径减小，从而使圆曲线向内移动；另一种是半径不变，而圆心沿分角线方向内移，使圆曲线向内移动，由于后者是不平行移动，圆曲线上的各点的内移值不相等，测设工作麻烦，因此采用第一种方法。

采用圆心不动的平行移动方法，可以假设平曲线在未设置缓和曲线时的圆曲线半径为 $R+p$，而该平曲线要插入缓和曲线，向内移动距离 p 后，圆曲线半径正好减小一个 p 值，即为 R。如图 1-1-6 所示。

1. 主曲线的内移值 p 及切线增长值 q

由图 1-1-6 可知：

$$p = X_h + R\cos\beta_h - R = X_h - R(1 - \cos\beta_h)$$

$$q = X_h - R\sin\beta_h$$

将 $\sin\beta_x$ 及 $\cos\beta_x$ 用函数幂级数展开可得：

$$p = \frac{l_h^2}{24R} \tag{1-1-26}$$

$$q = \frac{l_h}{2} - \frac{l_h^3}{240R^2} \tag{1-1-27}$$

式中：符号意义见图 1-1-6。

2. 起、终点的切线交点距起、终点之距 T_d 及 T_k

由图 1-1-7 可知：

$$T_d = X_h - \gamma_h\cot\beta$$

$$T_k = \gamma_h\csc\beta_h$$

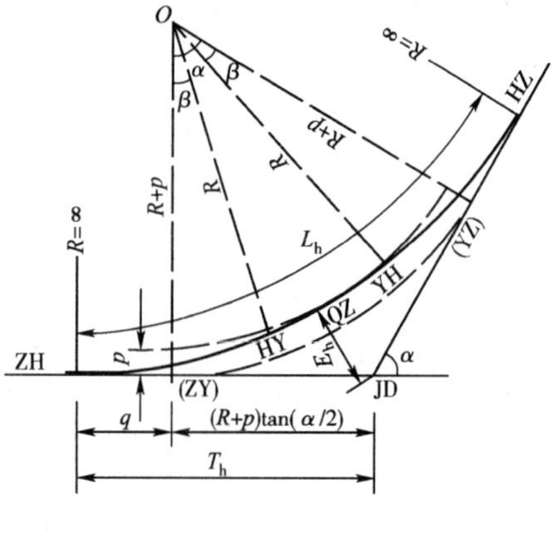

图 1-1-6　圆心不动的平行移动方法

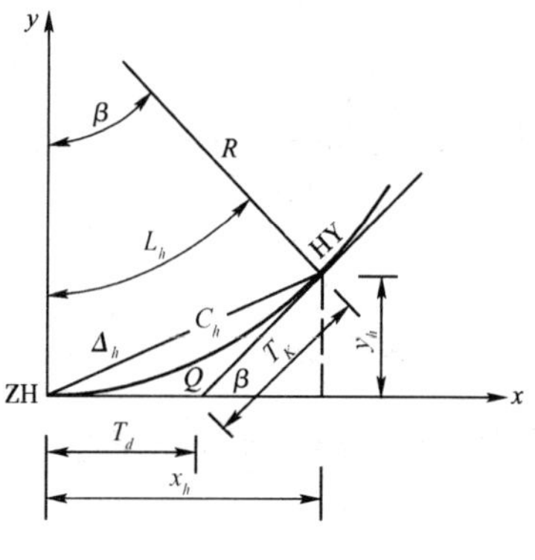

图 1-1-7　切线交点距起、终点的距离

同理将 $\cot\beta$、$\csc\beta$ 级数展开并化简得：

$$\left.\begin{aligned} T_d &= \frac{2}{3}l_h + \frac{11l_h^3}{360R^2} \\ T_k &= \frac{1}{3}l_h + \frac{l_h^3}{126R^2} \end{aligned}\right\} \tag{1-1-28}$$

3. 缓曲线的总偏角及总弦长

如图 1-1-7 可知，缓和曲线的弦长 C_h（又称动径）及该弦与横轴之夹角即总偏角 Δ_h。因为 Δ_h 很小，则 $\sin\Delta_h \approx \tan\Delta_h \approx \Delta_h$。

则
$$\Delta_h \approx \tan\Delta_h = \frac{X_h}{Y_h} \approx \frac{Y_h}{l_h}$$

因 $$Y_h \approx \frac{l_h^2}{6R}(\text{取公式的前一项})$$

又 $$\beta_h = \frac{l_h}{2R}$$

则 $$\Delta_h = \frac{l_h^2/6R}{l_h} = \frac{l_h}{6R} = \frac{\beta_h}{3} \tag{1-1-29}$$

同理,由图 1-1-7 知,可得:

$$C_h = X_h \sec\Delta_h \tag{1-1-30}$$

将 $\sec\Delta_h$ 用级数展开得:

$$\sec\Delta_h \approx 1 + \frac{\Delta_h^2}{2}(\text{取级数的前两项})$$

将上式代入式(1-1-30)并简化得:

$$C_h = l_h - \frac{l_h^3}{90R^2} \tag{1-1-31}$$

(四)缓和曲线要素计算

《标准》规定,当平曲线半径小于不设超高的最小半径时,必须设置缓和曲线。缓和曲线长度应视平曲线半径及线形需要按表 1-1-4 取值。

如图 1-1-8 所示。

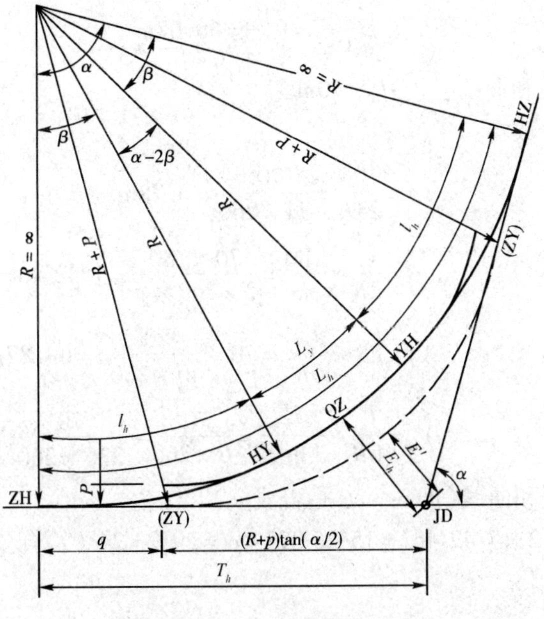

图 1-1-8 缓和曲线要素

切线长:

$$T_h = T + p = (R + p)\tan\frac{\alpha}{2} + q \tag{1-1-32}$$

外距:

$$E_h = E + p = (R + p)\sec\frac{\alpha}{2} - R \tag{1-1-33}$$

曲线长:

$$L_h = \frac{\pi}{180}R(\alpha - 2\beta) + 2l_h = \frac{\pi}{180}\alpha R + l_h \tag{1-1-34}$$

主圆曲线长：

$$L_y = L_h - 2l_h \tag{1-1-35}$$

曲切差：

$$D_h = 2T_h - L_h \tag{1-1-36}$$

在平曲线中设置了缓和曲线后，整个平曲线有 5 个基本桩，即：

(1) ZH——第一段缓和曲线的起点（直缓点）；

(2) HY——第一段缓和曲线的终点（缓圆点）；

(3) QZ——平曲线的中点（曲中点）；

(4) YH——第二段缓和曲线的终点（圆缓点）；

(5) HZ——第二段缓和曲线的起点（缓直点）。

【例 1-1-4】 某二级公路，设计速度为 80km/h，今有一弯道，其平曲线半径 $R = 260$m，交点 JD 桩号为 K16 + 721.26，其交点偏角为 $\alpha = 29°23'24''$，试计算该曲线上设置缓和曲线后的五个基本桩号。

解：

1. 确定缓和曲线长度

由题意可知，因为设计速度 $v = 80$km/h，则：

$$l_h \geqslant 0.035\frac{v^3}{R} = 0.035 \times \frac{80^3}{260} = 68.92\text{m}$$

$$l_h \geqslant \frac{v}{1.2} = \frac{80}{1.2} = 66.67\text{m}$$

查表 1-1-4，取该缓和曲线长度：$l_h = 70$m。

2. 计算缓和曲线常数

$$p = \frac{l_h^2}{24R} = \frac{70^2}{24 \times 260} = 0.78\text{m}$$

$$\beta = \frac{l_h}{2R} \times \frac{180}{\pi} = \frac{70 \times 180}{2 \times 260 \times \pi} = 7°42'46''$$

$$X_h = l_h - \frac{l_h^3}{40R^2} = 70 - \frac{70^3}{40 \times 260^2} = 69.87\text{m}$$

$$Y_h = \frac{l_h^2}{6R} - \frac{l_h^4}{336R^3} = \frac{70^2}{6 \times 260} - \frac{70^4}{336 \times 260^3} = 3.14\text{m}$$

3. 判断能否设置缓和曲线（即 $\alpha > 2\beta$ 是否成立）

$$2\beta = 2 \times 7°42'46'' = 15°25'32'' < \alpha = 29°23'24''\text{（符合要求）}$$

4. 曲线要求计算

切线长：

$$q = \frac{l_h}{2} - \frac{l_h^3}{240R^2} = \frac{35}{2} - \frac{70^3}{240 \times 260^2} = 34.98\text{m}$$

$$T_h = (R + p)\tan\frac{\alpha}{2} + q = (260 + 0.78)\tan\frac{29°23'24''}{2} + 34.98 = 103.37\text{m}$$

曲线长度：

$$L_h = \alpha R\frac{\pi}{180} + l_h = 29°23'24'' \times 260 \times \frac{\pi}{180} + 70 = 203.36\text{m}$$

外距：

$$E_h = (R + p)\sec\frac{\alpha}{2} - R = (260 + 0.78)\sec\frac{29°23'24''}{2} - 260 = 39.30\text{m}$$

圆曲线长度：

$$L_y = L_h - 2l_h = 203.36 - 140 = 63.36\text{m}$$

曲切差：

$$D_h = 2T_h - L_h = 2 \times 103.37 - 203.36 = 3.38\text{m}$$

5. 基本桩桩号计算

JD	K16 + 721.26
$-T_h$	103.37
ZH	+617.89
$+l_h$	70.00
HY	+687.89
$+L_y$	63.36
YH	+751.25
$+l_h$	70.00
HZ	+821.25
$-L_h/2$	101.68
QZ	+719.57
$+D_{h/2}$	1.69
JD	K16 + 721.26(计算无误)

6. 实地敷设步骤

(1)在 JD 处沿两切线方向分别量取 103.37m 得平曲线起点(ZH)和终点(HZ)的位置；

(2)在 JD 处沿分角线方向量取 39.30m 平曲线中点(QZ)的位置；

(3)分别以 HZ(或 ZH)为坐标原点，沿切线方向分别以 X_h 和 Y_h 用切线支距法定出 YH(或 HY)的位置。

第四节　平曲线超高

一、超高及其作用

当汽车在弯道上行驶时，要受到离心力的作用，横向力是引起汽车不稳定行驶的主要因素。所以在平曲线设计时，常将弯道外侧边缘抬高，构成与内侧车道同坡度的单向坡，这种设置称为平曲线超高。其作用是为了使汽车在圆曲线上行驶时能获得一个指向内侧的横向分力，用以克服离心力，减少横向力，从而保证汽车行驶的稳定性及乘客的舒适性。

二、超高横坡度的确定

超高横坡度的大小与公路等级、平曲线半径及公路所处的环境、自然条件、路面类型、车辆组成等因素有关。

圆曲线半径与超高值

表 1-1-5

设计速度（km/h）	120			100			80			60				40				30				20			
最大超高（%）	10	8	6	10	8	6	10	8	6	10	8	6	4	8	6	4	2	8	6	4	2	8	6	4	2
超高（%） 2	<5500 (7550) ~2950	<5500 (7550) ~2860	<5500 (7550) ~2730	<4000 (5250) ~2180	<4000 (5250) ~2150	<4000 (5250) ~2000	<2500 (3350) ~1460	<2500 (3350) ~1410	<2500 (3350) ~1360	<1500 (1900) ~900	<1500 (1900) ~870	<1500 (1900) ~800	<1500 (1900) ~610	<600 (800) ~470	<600 (800) ~410	<600 (800) ~330	<600 (800) ~75	<350 (450) ~250	<350 (450) ~230	<350 (450) ~150	<350 (450) ~40	<150 (200) ~140	<150 (200) ~110	<150 (200) ~70	<150 (200) ~20
3	<2950 ~2080	<2860 ~1990	<2730 ~1840	<2180 ~1520	<2150 ~1480	<2000 ~1320	<1460 ~1020	<1410 ~960	<1360 ~890	<900 ~620	<870 ~590	<800 ~500	<610 ~270	<470 ~310	<410 ~250	<330 ~130		<250 ~170	<230 ~140	<150 ~60		<140 ~90	<110 ~70	<70 ~30	
4	<2080 ~1590	<1990 ~1500	<1840 ~1340	<1520 ~1160	<1480 ~1100	<1320 ~920	<1020 ~770	<960 ~710	<890 ~600	<620 ~470	<590 ~430	<500 ~320	<270 ~150	<310 ~220	<250 ~150	<130 ~70		<170 ~120	<140 ~80	<60 ~35		<90 ~70	<70 ~40	<30 ~15	
5	<1590 ~1280	<1500 ~1190	<1340 ~970	<1160 ~920	<1100 ~860	<920 ~630	<770 ~610	<710 ~550	<600 ~400	<470 ~360	<430 ~320	<320 ~200		<220 ~160	<150 ~90			<120 ~90	<80 ~50			<70 ~50	<40 ~30		
6	<1280 ~1070	<1190 ~980	<970 ~710	<920 ~760	<860 ~690	<630 ~440	<610 ~500	<550 ~420	<400 ~270	<360 ~290	<320 ~240	<200 ~135		<160 ~120	<90 ~60			<90 ~60	<50 ~35			<50 ~40	<30 ~15		
7	<1070 ~910	<980 ~790		<760 ~640	<690 ~530		<500 ~410	<420 ~320		<290 ~240	<240 ~170			<120 ~80				<60 ~40				<40 ~30			
8	<910 ~790	<790 ~650		<640 ~540	<530 ~400		<410 ~340	<320 ~250		<240 ~190	<170 ~125			<80 ~55				<40 ~30				<30 ~15			
9	<790 ~680			<540 ~450			<340 ~280			<190 ~150															
10	<680 ~570			<450 ~360			<280 ~220			<150 ~115															

注:括号内值为路拱大于2%时的不设超高最小半径。

由公式(1-1-8)可知,超高横坡度可按下式计算,即:

$$i_b = \frac{v^2}{127R} - \mu \tag{1-1-37}$$

上式中横向力系数的取值,主要考虑设置超高后抵消离心力的剩余横向力系数,其值的大小在 $0 \sim \mu_{max}$ 之间,也与多种因素有关,如车速的大小、考虑快慢车的不同要求、乘客的舒适与路容之间的矛盾等。因此,对应于确定的行车速度,最大超高值的确定主要取决于曲线半径、路面粗糙度以及当地气候条件。

《规范》规定,高速公路、一级公路最大超高值为8%和10%,正常情况下采用8%;对设计速度高,或经验算运行速度高的路段宜采用10%。二、三、四级公路限定最大超高为8%是适宜的。但对于积雪冰冻地区,考虑我国以货车为主的特点,限定最大超高为6%比较安全。

《标准》规定,当平曲线半径小于不设超高的最小半径时,必须设置超高。超高值的计算结果见表1-1-5所示。

三、设置超高的一般规定和要求

(1)各级公路当圆曲线半径小于表1-1-3所列不设超高的最小半径时,应在曲线上设置超高。一般地区的圆曲线最大超高值宜采用8%。

(2)超高横坡度的大小按公路等级、圆曲线半径大小及公路所处的环境、自然条件、路面类型、车辆组成等因素合理确定。

(3)各级公路圆曲线部分最小超高应与该公路直线部分的正常路拱横坡度一致,以利于排水。

(4)分向行驶的多车道公路位于纵坡较大的路段,其上、下坡的运行速度会有明显的差异,故可采用不同的超高值,以策安全。

(5)二、三、四级公路混合交通量大且接城镇路段,或通过城镇作为街道使用的路段,当车速受到限制,按规定设置超高有困难时,可按表1-1-6规定设置超高。

(6)位于曲线上的行车道、硬路肩,均应根据设计、圆曲线半径、自然条件等按表1-1-6规定设置超高值。

市区路段全超高横坡度 表1-1-6

设计速度(km/h)	80	60	40、30、20
超高横坡度(%)	6	4	2

(7)在有纵坡的弯道上设置超高时,应考虑合成纵坡:

$$i_k = \sqrt{i_{纵}^2 + i_b^2} \tag{1-1-38}$$

式中:$i_{纵}$——道路纵坡,%;

i_k——合成纵坡,%。

(8)回旋线过长,超高渐变率过小,将导致曲线段路面排水不畅。因此应按排水要求超高渐变率不得小于0.3%,即1/330。

四、超高缓和段

(一)超高缓和段的过渡形式

从直线上的路拱双向坡断面,过渡到圆曲线上具有超高横坡度的单向坡断面,要有一个逐渐变化的区段,这一变化段称为超高缓和段,如图1-1-9所示。

超高缓和段的形成过程，根据不同的旋转基线可有两种情况（无中间带和有中间带公路）共六种形式，如图 1-1-10 所示。

1. 无中央分隔带公路

（1）绕路面未加宽时的内侧边缘旋转（简称内边轴旋转）

在缓和段起点之前，先将路肩横坡逐渐变为路拱横坡，再以路中线为旋转轴，逐渐抬高外侧路面与路肩，使之达到与路拱坡度一致的单向横坡后，整个断面再绕未加宽前的内侧车道边缘旋转，直至达到超高横坡度为止，如图 1-1-10a）。一般新建公路多采用这种形式。

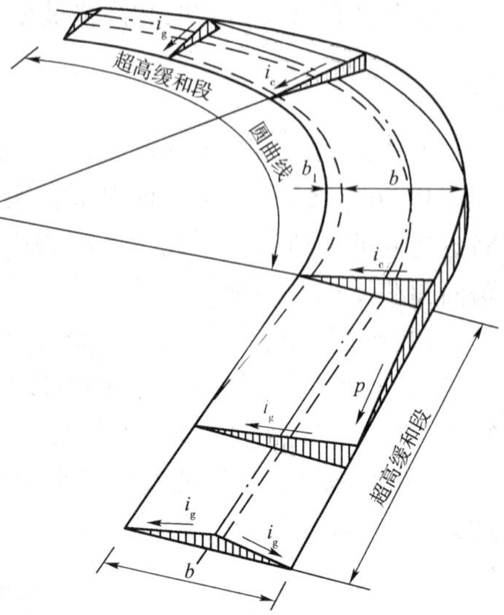

图 1-1-9　曲线的超高缓和段

（2）绕路面中心线旋转（简称中轴旋转）

在超高缓和段之前，先将路肩横坡逐渐变为路拱横坡，再以路中线为旋转轴，使外侧车道和内侧车道变为单向的横坡度后，整个断面一同绕中线旋转，使单坡横断面直至达到超高横坡度为止，如图 1-1-10b）。一般改建公路常采用这种形式。

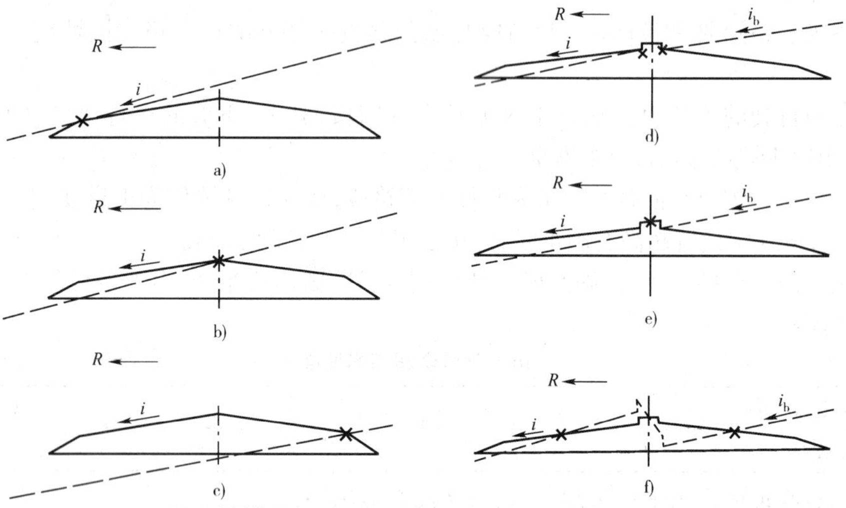

图 1-1-10　超高缓和段的过渡形式

（3）绕路面外侧边缘旋转（简称外边轴旋转）

先将外侧车道绕外边缘旋转，与此同时，内侧车道随中线的降低而相应降坡，待达到单向横坡后，整个断面仍绕外侧车道边缘旋转，直至达超高横坡为止，如图 1-1-10c）。此种方法仅在路基外缘高程受限制或路容美观有特殊要求时采用此种形式。

2. 有中央分隔带的公路

（1）绕中央分隔两侧边缘分别旋转

将两侧行车道分别绕中央分隔带边缘旋转，使之各自成为独立的单向超高断面，此时中央分隔带维持原水平状态，如图 1-1-10d）。各种宽度不同的中间带均可选用此种方式。

(2)绕中央分隔带中心旋转

先将外侧行车道绕中间带的中心旋转，待达到与内侧行车道构成单向横坡后，整个断面一同绕中心线旋转，直至超高横坡值。此时，中央分隔带呈倾斜状，如图 1-1-10e)。采用窄中间带的公路可选用此方式。

(3)绕各自行车道中心旋转

将两侧行车道分别绕各自的中线旋转，使之各自成为独立的单向超高断面。此时中央分隔带边缘分别升高与降低而成为倾斜断面，如图 1-1-10f)。单向车道数大于四条的公路可采用此种方式。

对于分离式断面的公路，其超高的设置及过渡形式可视为两条无中间带的公路分别予以处理。

(二)超高缓和段长度

为了满足行车舒适、路容美观及排水的要求，超高缓和段必须有一定的长度。超高缓和段长度的确定一般以"超高渐变率"来控制。所谓超高渐变率，是指在超高缓和段上由于路基抬高，外侧路缘纵坡较原来设计纵坡增加了一个附加纵坡。超高渐变率过大，会使行车不舒适，路容不美观；但过小，则易在路面内侧积水。我国《规范》规定的超高渐变率见表 1-1-7 所示。

超高渐变率 表 1-1-7

设计速度(km/h)	超高旋转轴位置		设计速度(km/h)	超高旋转轴位置	
	中轴	边轴		中轴	边轴
120	1/250	1/200	40	1/150	1/100
100	1/225	1/175	30	1/125	1/75
80	1/200	1/150	20	1/100	1/50
60	1/175	1/125			

1. 绕内边轴旋转的超高缓和段长度计算

由图 1-1-11 可知，路面外缘最大抬高值为：

$$h = bi_b$$

则
$$L_c = \frac{h}{p} = \frac{b}{p}i_b \quad (1\text{-}1\text{-}39)$$

式中：符号意义见图 1-1-11。

2. 绕中轴旋转的超高缓和段长度计算

从图 1-1-12 可知，路面外缘最大抬高值为：

$$h = \frac{b}{2}i_1 + \frac{b}{2}i_b = \frac{b}{2}(i_1 + i_b)$$

则
$$L_c = \frac{h}{p} = \frac{b}{2} \times \frac{i_1 + i_b}{p} \quad (1\text{-}1\text{-}40)$$

式中：符号意义见图 1-1-12。

由式(1-1-39)及式(1-1-40)进行归纳得出一般式为：

$$L_c = \frac{b'}{p}\Delta i \quad (1\text{-}1\text{-}41)$$

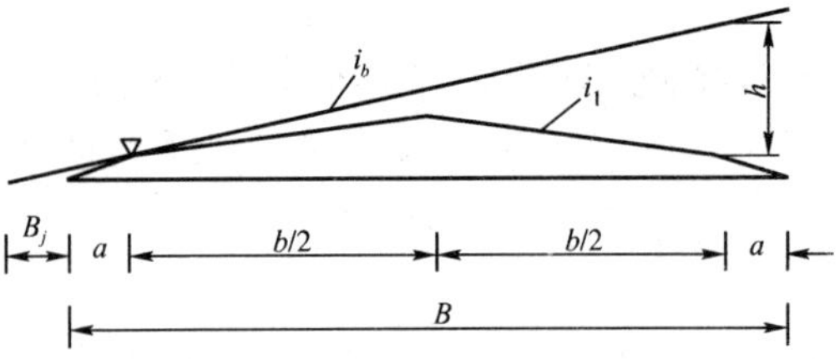

图 1-1-11　内边轴旋转时图

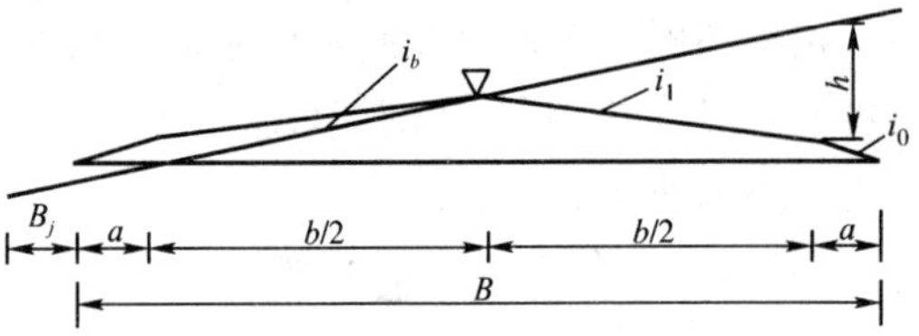

图 1-1-12　中轴旋转时图

式中：b'——超高旋转轴至路面外侧边缘之间的距离，m；

Δi——超高旋转轴外侧的最大超高横坡度与原路面横坡度的代数差；

p——超高渐变率，m/m，见表 1-1-7；

L_c——内边轴旋转或中轴旋转时的超高缓和段长度，由上式计算的超高缓和段长度取 5m 的整倍数，并不小于 20m 的长度值，m。

【例 1-1-5】 某三级公路，设计速度为 $v=30\text{km/h}$，有一半径 $R=125\text{m}$ 的弯道，求超高为绕内边轴旋转的缓和段长度。

解：由 $v=30\text{km/h}$，$b=6\text{m}$，$R=125\text{m}$，查表 1-1-5 可得 $i_b=4\%$，查表 1-1-7 可得 $p=1/75$，则：

$$L_c=\frac{b}{p}i_b=\frac{6}{1/75}\times 4\%=18\text{m}\approx 20\text{m}$$

【例 1-1-6】 某二级公路，已知设计速度 $v=60\text{km/h}$，有一半径 $R=200\text{m}$ 的弯道，求超高为绕中轴旋转的缓和段长度。

解：按题意，查表 1-1-5 可得：$i_b=7\%$，查表 1-1-7 可得 $p=1/75$，按《标准》可知，$b=7\text{m}$，并取路拱横坡度 $i_1=3\%$。则：

$$L_c=\frac{b}{p}\times\frac{i_1+i_b}{2}=\frac{7}{1/175}\times\frac{7\%+3\%}{2}=61.25\approx 60\text{m}$$

（三）圆曲线上全超高值的计算

为便于道路的施工放样，在设计中一般要计算出路基的左、中、右实际高程，或实际高程与设计高程的差值，这一差值即为“超高值”。全超高值的计算与超高方式有关。

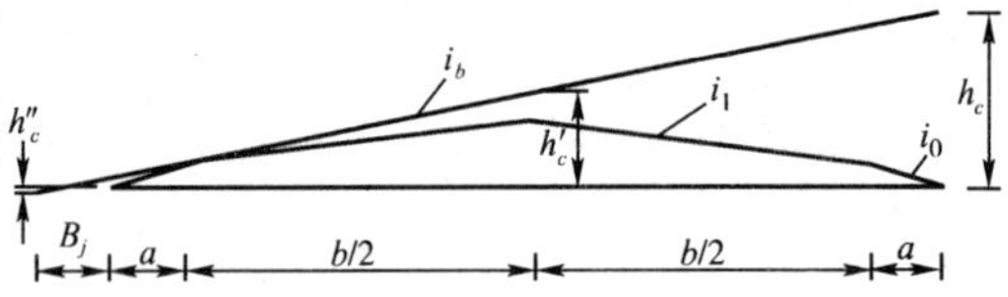

图 1-1-13　绕内边轴旋转的全超高断面

1. 绕内边轴旋转

如图 1-1-13 所示，路基左、中、右经超高后，其三个超高值 h_c、h'_c、h''_c 为：

$$\left.\begin{aligned}h_c&=ai_0+(a+b)i_b\\h'_c&=ai_0+\frac{b}{2}i_b\\h''_c&=ai_0-(a+B_j)i_b\end{aligned}\right\}\qquad(1\text{-}1\text{-}42)$$

式中：a——土路肩宽度，m；

i_0——土路肩横坡度，%；

b——路面宽度，m；

i_1——路拱坡度，它与路面类型有关；

B_j——圆曲线部分的全加宽值。

2. 绕中轴旋转

如图 1-1-14 所示，路基左、中、右经超高后，其三个超高值 h_c、h'_c、h''_c 为：

$$\left.\begin{aligned} h_c &= ai_0 + \frac{b}{2}i_1 + \left(a + \frac{b}{2}\right)i_b \\ h'_c &= ai_0 + \frac{b}{2}i_1 \\ h''_c &= ai_0 + \frac{b}{2}i_1 - \left(a + \frac{b}{2} + B_j\right)i_b \end{aligned}\right\} \tag{1-1-43}$$

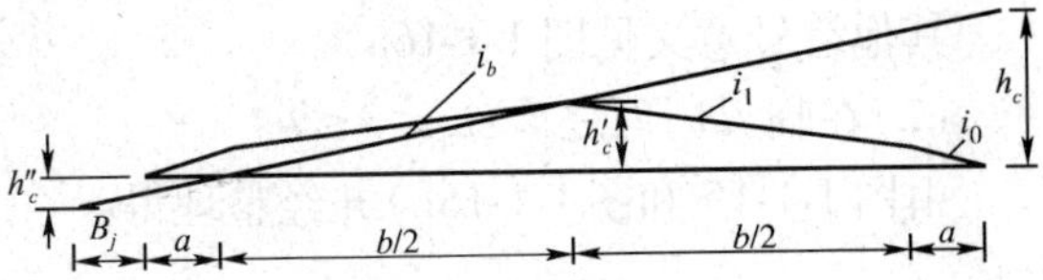

图 1-1-14　绕中轴旋转的超高

(四)超高缓和段上超高值的计算

1. 绕内边轴旋转

绕边轴旋转的超高过程见图 1-1-15。

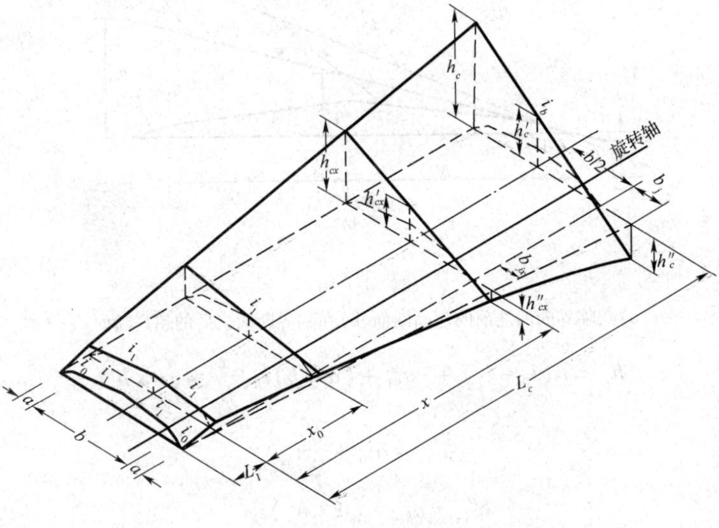

图 1-1-15　绕内边轴旋转的超高缓和段

(1)在临界断面之前：$0 \leqslant x \leqslant L_1$。

$$L_1 = \frac{i_1}{i_b} \times L_c$$

式中：i_1——路拱横坡度，%；

i_b——超高横坡度，%；

L_c——超高缓和段长度，m。

由图 1-1-16a)并经整理得：

$$h_{cx} = a(i_0 - i_1) + [ai_1 + (a+b)i_b]\frac{x}{L_c} \approx \frac{x}{L_c} \times h_c \tag{1-1-44}$$

$$h'_{cx} = ai_0 + \frac{b}{2}i_1 \tag{1-1-45}$$

$$h_{cx}'' = ai_0 - (a + b_{jx})i_1 \tag{1-1-46}$$

式中：b_{jx}——缓和段上加宽值，$b_{jx} = \frac{x}{L_c}b_j$，m；

B_j——圆曲线上全加宽值，按《标准》取用，m；

x——缓和段上任一断面至缓和段起点之距，m；

其他符号意义见图 1-1-16a)。

(2)在临界断面之后：$L_1 \leqslant x \leqslant L_c$。

由图 1-1-15 和图 1-1-16b)并经整理得：

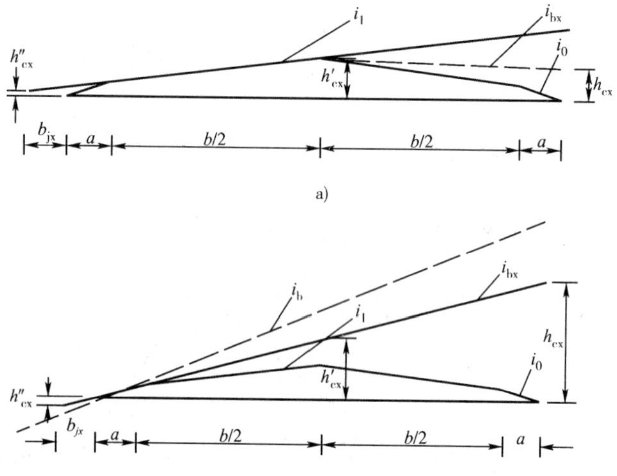

图 1-1-16

a)在临界断面之前的超高断面；b)在临界断面之后的超高断面

$$h_{cx} = a(i_0 - i_1) + [ai_1 + (a+b)i_b]\frac{x}{L_c} \approx \frac{x}{L_c} \times h_c \tag{1-1-47}$$

$$h'_{cx} = ai_0 + \frac{b}{2}i_{bx} \tag{1-1-48}$$

$$h''_{cx} = ai_0 - (a + b_{jx})i_{bx} \tag{1-1-49}$$

式中：i_{bx}——临界断面之后，在缓和段上任一断面的超高横坡度，可按 $i_{bx} = \frac{x}{L_c}i_b$ 计算；

其他符号意义见图 1-1-16b)。

2. 绕中轴旋转

根据绕中轴旋转超高的过程见图 1-1-17 所示，同理可以建立其相应的超高值计算公式，见表 1-1-8。

绕中轴旋转的超高值计算公式 表 1-1-8

<table>
<tr><th rowspan="2">超 高 值</th><th colspan="2">计 算 公 式</th><th rowspan="2">备 注</th></tr>
<tr><th>$0 \leqslant x \leqslant L_1$</th><th>$L_1 \leqslant x \leqslant L_c$</th></tr>
<tr><td>h_{cx}</td><td colspan="2">$h_{cx} = a(i_0 - i_1) + \left(a + \frac{b}{2}\right)(i_1 + i_b)\frac{x}{L_c}$ 或 $h_{cx} = \frac{x}{L_c}h_c$</td><td rowspan="3">各超高值均与未加宽超高前路基边缘高程(设计高程)比较。其中：
$L_1 = \frac{2i_1}{i_1 + i_b}L_c$
$b_{jx} = \frac{x}{L_c}b_j$
$i_{bx} = \frac{x}{L_c}(i_1 + i_b) - i_1$</td></tr>
<tr><td>h'_{cx}</td><td colspan="2">$h'_{cx} = ai_0 + \frac{b}{2}i_1$</td></tr>
<tr><td>h''_{cx}</td><td>$h''_{cx} = ai_0 - (a + b_{jx})i_1$</td><td>$h''_{cx} = ai_0 + \frac{b}{2}i_1 - \left(a + \frac{b}{2} + b_{jx}\right)i_{bx}$</td></tr>
</table>

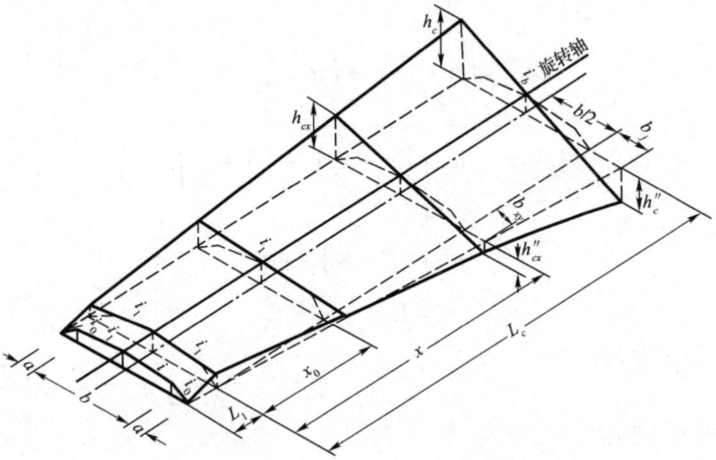

图 1-1-17　绕中轴旋转的超高缓和段

第五节　平曲线加宽

一、加宽及其作用

从图 1-1-18 可知，汽车在曲线上行驶，4 个车轮的轨迹半径不同，其中前轴外轮半径最大，后轴内轮的轨迹半径最小，因而需要比直线上更大的宽度。此外，汽车在曲线上行驶时，其行驶轨迹并不完全与理论行驶轨迹相吻合，而是有一定的摆动偏移，故需要路面加宽来弥补，以策安全。这种在曲线上适当拓宽路面的形式称为平曲线加宽。

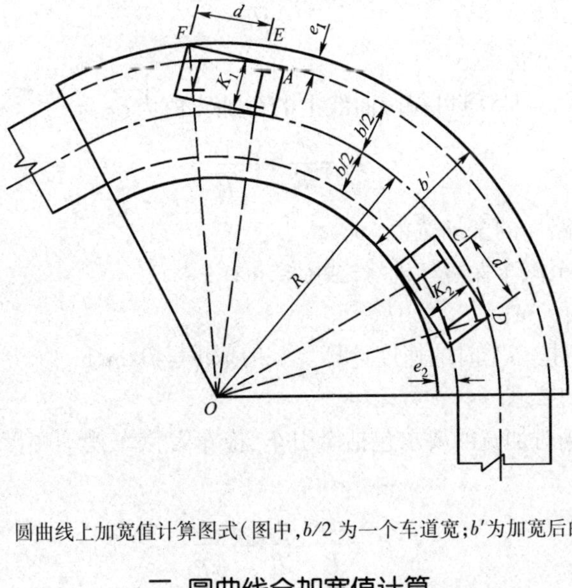

图 1-1-18　圆曲线上加宽值计算图式（图中，$b/2$ 为一个车道宽；b' 为加宽后的路面宽）

二、圆曲线全加宽值计算

路面加宽值与平曲线半径、车型尺寸及会车时的行车速度有关。

1. 根据汽车交会时相对位置所需的加宽值

如图 1-1-18 所示假设汽车尺寸相同，且 $K_1 = K_2 = b/2$，汽车后轴至前保险杠之距为 d，则由

三角形 AOB 得：

$$d^2+\left(R+\frac{b}{2}\right)^2=\left(R+\frac{b}{2}+e_1\right)^2$$

$$e_1=\sqrt{d^2+\left(R+\frac{b}{2}\right)^2}-\left(R+\frac{b}{2}\right)$$

故由三角形 COD 得：

$$d^2+(R-e_2)^2=R^2$$

$$e_2=R-\sqrt{R^2-d^2}$$

故得双车道上的加宽值为：

$$e=e_1+e_2$$

实际上，$e_2>e_1$，现安全地取 $e=2e_2$。

则
$$e=2\left(R-\sqrt{R^2-d^2}\right)$$

即
$$e=\frac{d^2}{R-e/4}$$

由于 e 与 R 相比，相对很小。所以得：

$$e\approx\frac{d^2}{R} \tag{1-1-50}$$

式中：符号意义见图 1-1-18。

2. 根据不同车速摆动偏移所需的加宽值

以上仅考虑汽车在圆曲线上的几何布置，还应引入一个由于速度变化的修正值。根据试验和行车调查，行车速度引起的汽车摆动幅度的变化值为：

$$e'=\frac{0.1v}{\sqrt{R}} \tag{1-1-51}$$

3. 圆曲线上的全加宽值

由式（1-1-50）及式（1-1-51）可得圆曲线上的全加宽值为：

$$B_j=\frac{d^2}{R}+\frac{0.1v}{\sqrt{R}} \tag{1-1-52}$$

式中：B_j——圆曲线上路面的全加宽值，m；

d——汽车后轴至汽车保险杠前缘之距离，m；

R——圆曲线半径，m；

v——设计速度，按会车时的速度计算。一般取 $v=40$km/h。

4. 半挂车对加宽的要求

半挂车等大型车辆对加宽的要求包括牵引车、拖车及汽车摆动幅度的变化值有三部分组成。可按下式计算：

$$B_j=\frac{d_1^2}{R}+\frac{d_2^2}{R}+\frac{0.1v}{\sqrt{R}} \tag{1-1-53}$$

式中：d_1——牵引车后轴至保险杠前缘之距离，m；

d_2——拖车后轴至牵引车后轴之距，m；

其余符号意义同前。

5. 加宽的有关规定与要求

我国《规范》规定，二级公路、三级公路、四级公路的圆曲线半径小于或等于250m时，应设置加宽。双车道公路路面加宽值规定如表1-1-9，单车道公路路面加宽值按表列数值折半。圆曲线的加宽应设置在圆曲线的内侧，而且各级公路的路面加宽后，路基也应相应加宽。

双车道路面加宽值　　表1-1-9

加宽类别	加宽值　圆曲线半径(m) 汽车轴距加前悬(m)	250~200	<200~150	<150~100	<100~70	<70~50	<50~30	<30~25	<25~20	20~15
1	5	0.4	0.6	0.8	1.0	1.2	1.4	1.8	2.2	2.5
2	8	0.6	0.7	0.9	1.2	1.5	2.0	—	—	—
3	5.2+8.8	0.8	1.0	1.5	2.0	2.5	—	—	—	—

注：单车道公路路面加宽值应为表1-1-9规定值的一半。

圆曲线加宽类别应根据该公路的交通组成确定。二级公路以及设计速度为40km/h的三级公路有集装箱半挂车通行时，应采用第3类加宽值；不经常通行集装箱半挂车时，可采用第2类加宽值。四级公路和设计速度为30km/h的三级公路可采用第1类加宽值。

由三条以上车道组成的行车道，其路面的加宽值应另行计算。对于分道行驶的公路，若平曲线半径较小，其内侧车道的加宽应大于外侧车道的加宽值，设计时应通过计算确定其差值。

三、加宽缓和段

1. 加宽缓和段长度计算

在平曲线上加宽时，应在圆曲线上全加宽，在主曲线的两端设置加宽缓和段，其长度一般与超高缓和段或缓和曲线长度相同；当圆曲线不设超高仅有加宽时，其长度不应小于20m，但加宽缓和段长度和全加宽值的比例应按其加宽渐变率1:15计算，且取5m的整数倍。

2. 加宽值的计算

(1)对于二、三、四级公路设置加宽缓和段时，采用在加宽缓和段全长范围内按其长度成正比例增加的方法。即：

$$b_{jx}=\frac{x}{L_{\mathrm{j}}}\times b_j \tag{1-1-54}$$

式中：b_{jx}——缓和段上加宽值，m；

x——缓和段上任意点至缓和段起点之间的距离，m；

L_j——加宽缓和段长度，可取缓和曲线长度超高缓和段长度。

(2)高速、一级公路设置加宽缓和段时，应采用高次抛物线过渡，如图1-1-19a)所示。任一点的加宽值可按下式计算：

$$b_{jx}=(4k^3-3k^4)b_j \tag{1-1-55}$$

式中：k——加宽值参数，$k=x/l_h$；

l_h——缓和曲线长度，m；

其余符号意义同前。

(3)在城郊路段、桥梁、高架桥、挡土墙、隧道等结构物及各种安全防护设施的地段，可插入缓和曲线过渡,如图 1-1-19b)。

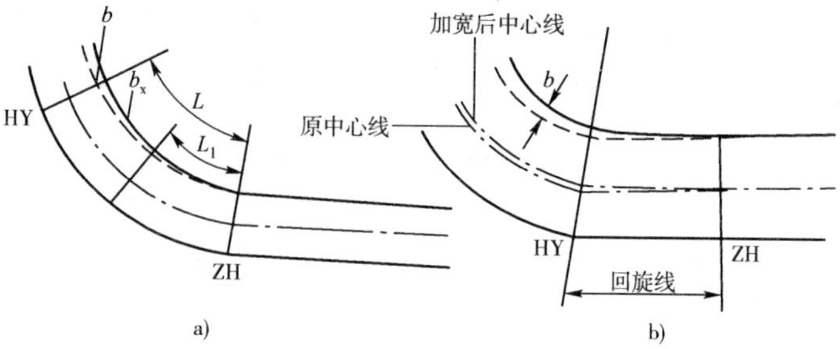

图 1-1-19

a)高次抛物线加宽形式;b)回旋线加宽形式

第六节 行车视距

为了保证行车安全,驾驶员应能看到前方一定距离内的公路路面,以便及时发现障碍物或对向来车,使汽车在一定的车速下及时刹车或绕过。汽车在这段时间内沿路面所行驶的最短距离称为行车视距。行车视距将直接关系到汽车行驶的安全与迅速,它是公路主要技术指标之一。因此,无论在公路的平面或纵断面上,都应保证必要的行车视距。在平面设计中,行车视距包括停车视距、会车视距和超车视距。

在双向混合的公路上,往往有可能两辆对向行驶的车辆,会产生相互碰撞的可能,至使双向采取措施进行制动直至停止时两辆汽车同时所行驶的距离,即会车视距。根据计算,会车视距约为两倍的停车视距。

在双向行驶的道路上,若公路上的车辆相对比较密集时,后车会超越前车,从开始驶离原车道起算,至可见逆行车并能超车后安全驶回原车道时,所需的安全距离,即为超车视距。在本章中,主要讲述的是平面视距,对于纵面视距,将在纵断面设计中讲述。

一、停车视距

汽车在单车道或有分隔带的多车道公路上行驶时,遇到障碍物或路面破坏处,驾驶员只有采取制动的方法,使汽车在障碍物前完全停车,以保证行车安全。因此,离路面 1.2m 高的驾驶员视线看到障碍物,从开始采取制动措施到完全停车,这一必须保证的最短视距,称为停车视距。停车视距由三部分组成,见图 1-1-20 。

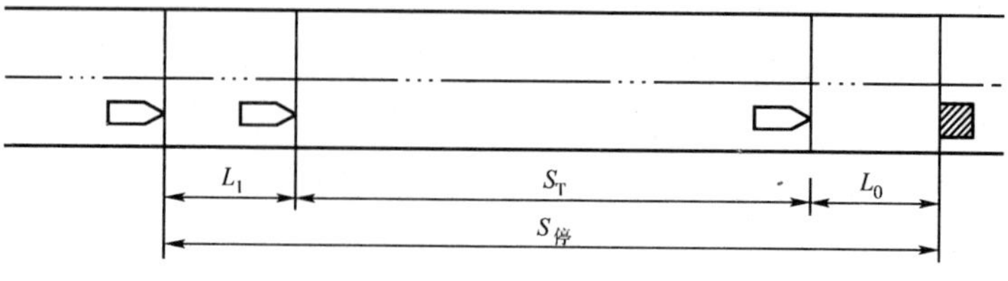

图 1-1-20 停车视距

$$S_{停} = L_1 + S_T + L_0 \tag{1-1-56}$$

式中:$S_{停}$——汽车的停车视距,m;

L_1——汽车驾驶员的反应距离,m;

S_T——汽车的制动距离，m；

L_0——安全距离，m。

汽车驾驶员反应时间是从发现障碍物开始，经判断是否采取制动措施，到决定制动，及制动开始生效的所需时间，称为反应时间。这一反应时间内汽车所行驶的距离为反应距离。反应距离可按下式计算：

$$l_1 = \frac{v}{3.6}t \tag{1-1-57}$$

式中：l_1——反应距离，m；

v——设计速度，km/h；

t——反应时间，一般取 1 ~ 2s。

汽车从制动生效到汽车完全停止，这段时间内所行驶的距离为制动距离。制动距离的大小与汽车的制动性能、车速有关，同时，也与汽车的质量、驾驶员的技术高低等有关，因此，还需考虑汽车制动方面的使用系数。其计算公式为：

$$S_T = \frac{Kv^2}{254(\varphi \pm i)} \tag{1-1-58}$$

式中：S_T——汽车的制动距离，m；

v——计算行车速度，km/h；

φ——纵向摩阻系数；

i——公路纵坡，以小数计；

K——制动使用系数，一般取 1.2 ~ 1.4。

安全距离一般可取 5 ~ 10m，以保证汽车在障碍物前停车而不发生冲撞。

从上所述，停车视距的计算公式为：

$$S_{停} = \frac{v}{3.6}t + \frac{Kv^2}{254(\varphi \pm i)} + L_0 \tag{1-1-59}$$

式中：符号意义同前。

高速公路、一级公路的视距应满足停车视距的要求；二级公路、三级公路、四级公路的视距应满足会车视距要求，其长度应不小于停车视距的 2 倍。地形条件或其他特殊情况受限制而采取分道行驶措施的地段，可采用停车视距。我国《标准》所采用的停车视距，见表 1-1-10。

高速公路、一级公路以及大型车比例高的二级公路、三级公路的下坡路段，应采用下坡段货车停车视距对相关路段进行检验。

各级公路停车视距 表 1-1-10

设计速度（km/h）	120	100	80	60	40	30	20
停车视距（m）	210	160	110	75	40	30	20

二、超车视距

在对向混合行驶的双车道公路，各种车辆的行驶速度不同，快速行驶的车辆追上慢速行驶的车辆并超车，需占用对向一定长度的车道。为保证车辆行驶的安全，驾驶员必须看见前面足够长度的车流空隙，以便顺利完成超车，并在超车过程中不影响被超车的行驶状态及其他车流。如图 1-1-21 所示。

超车视距可由 4 部分组成：

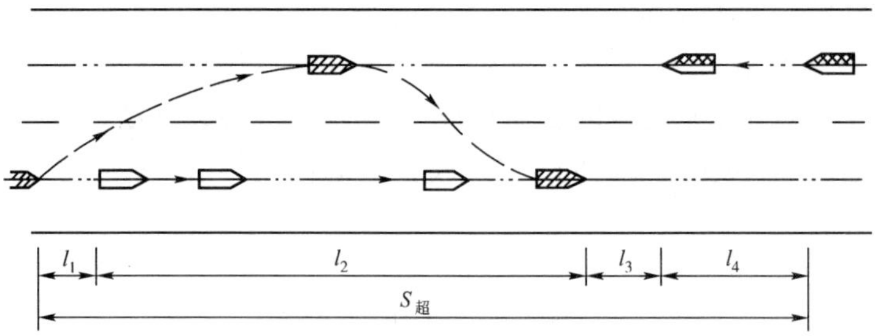

图 1-1-21　超车视距

$$S_{超}=l_1+l_2+l_3+l_4 \tag{1-1-60}$$

式中：l_1——加速行驶距离，m；

l_2——超车车辆在对向车道行驶的距离，m；

l_3——超车完成以后超车汽车与对向车之间的安全距离，一般取 15～100m；

l_4——超车汽车从开始超车至超车完成后对向汽车的行驶距离，m。

以上为理想的超车视距长度。当地形困难时，超车视距也可按下式计算：

$$S_{超}=\frac{2}{3}l_2+l_3+l_4 \tag{1-1-61}$$

式中：符号意义同前。

《标准》所规定的超车视距见表 1-1-11。

各级公路超车视距　　表 1-1-11

设计速度(km/h)	80	60	40	30	20
一般值(m)	550	350	200	150	100
最小值(m)	350	250	150	100	70

我国《规范》规定，二、三、四级公路除应符合停车视距的规定外，还应当在适当间隔内设置满足表 1-1-11 所列超车视距"一般值"的超车路段。当地形及其他原因不符合要求时，超车视距长度可适当缩短，最小不应小于表 1-1-11 所列的"最小值"。具干线功能的二级公路宜在 3min 的行驶时间内，提供一次满足超车视距要求的超车路段。其他双车道公路可根据情况间隔设置具有超车视距的路段。

三、平面视距保证

当汽车在弯道上行驶时，弯道内侧树木、路堑边坡及建筑物等可能会阻挡行车视线。因此，要保证汽车的平面视距，必须清除弯道内侧一定范围内的障碍物，如图 1-1-22 所示。

设汽车行驶轨迹线至驾驶员视线间的距离为 h，障碍物线至行车轨迹线之间的距离为 h_0，S 为平面视距长度，图中阻碍驾驶员视线的阴影部分为清除范围。

则由图 1-1-22 可知：

(1) 当 $h<h_0$ 时，视距能保证；

(2) 当 $h>h_0$ 时，视距不能保证，应进行障碍物清除。

为了保证汽车行驶的平面视距，需通过计算确定最大横净距值 h，而 h_0 值则可在公路横断面图上量取，如图 1-1-23 所示。

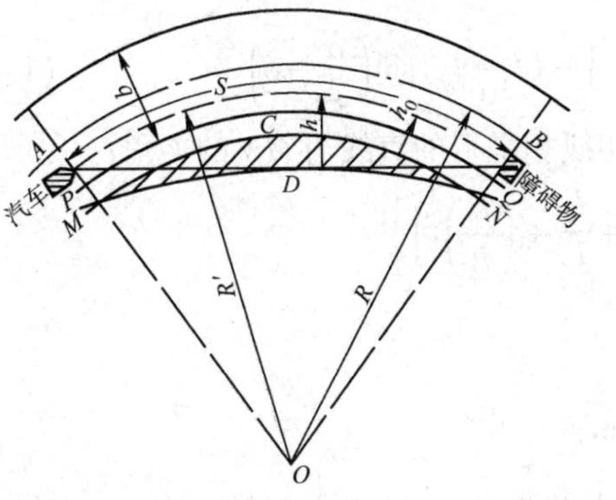

图 1-1-22　平面视距

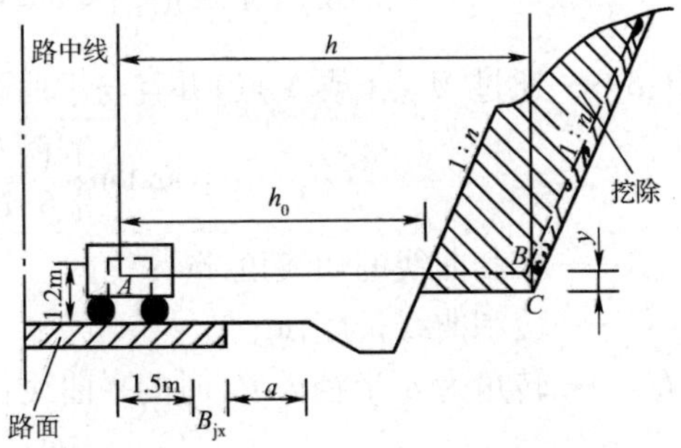

图 1-1-23　视距台

对最大横净距值确定，可按有无缓和曲线以及视距与汽车行驶轨迹长度的关系分以下几个方面进行计算。

1. 无缓和曲线时的横净距计算

(1) 当视距 S 小于曲线长度 L_S 时，由图 1-1-24a) 可知：

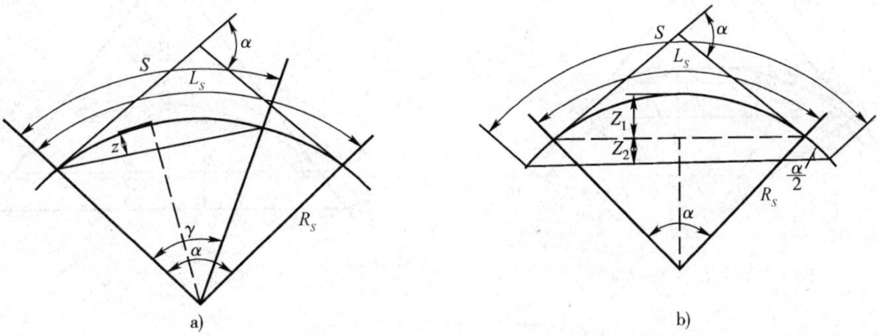

图 1-1-24　视距 S 小于曲线长度 L_S

a) $L>S$; b) $L<S$

$$h=R_S-R_S\cos\frac{\gamma}{2}=R_S\left(1-\cos\frac{\gamma}{2}\right)=\frac{S^2}{8R_S} \tag{1-1-62}$$

式中：R_S——汽车行驶轨迹半径，为路面未加宽前内侧边缘加 1.5 的半径；

h——最大横净距，m；

S——行车视距，m；

γ——视距 S 所对应的圆心角，rad。

(2) 当视距 S 大于曲线长度 L_S 时，如图 1-2-24b) 可知：

$$h=h_1+h_2=R_S\left(1-\cos\frac{\alpha}{2}\right)+\frac{S-L_S}{2}\sin\frac{\alpha}{2}$$

$$h=\frac{L}{8R_S}(2s-L) \tag{1-1-63}$$

式中：符号意义见图 1-1-24b)。

2. 有缓和曲线时横净距计算

(1) 当视距长度 S 小于主圆曲线长度 L_S 时，得：

$$h=R_S\left(1-\cos\frac{r}{2}\right)=\frac{S^2}{8R_S} \tag{1-1-64}$$

（2）当 $L_Y \leqslant S \leqslant L'_S$ 时，如图 1-2-25：

$$h = h_1 + h_2 = R_S\left(1 - \cos\frac{\alpha - 2\beta}{2}\right) + (l_h - l_0)\sin\left(\frac{\alpha}{2} - \delta\right) \tag{1-1-65}$$

式中：δ——通过 M 点（或 N 点）并且与平曲线的切线相平行的直线与 MN 的夹角；

$$\delta = \arctan\left\{\frac{1}{6}\frac{l_h}{R_S}\left[1 + \frac{l_0}{l_h} + \left(\frac{l_0}{l_h}\right)^2\right]\right\}$$

β——缓和曲线的切线角，rad；

l_h——缓和曲线长度，m；

L'_S——转角为 α 半径为 R_S 时的平曲线长度，m；

l_0——汽车计算位置（M 或 N）到缓和曲线起点的距离，m，$L_0 = \frac{1}{2}(L'_S - S)$；

其余符号见图 1-1-25。

（3）当 $S > L'_S$，如图 1-1-26：

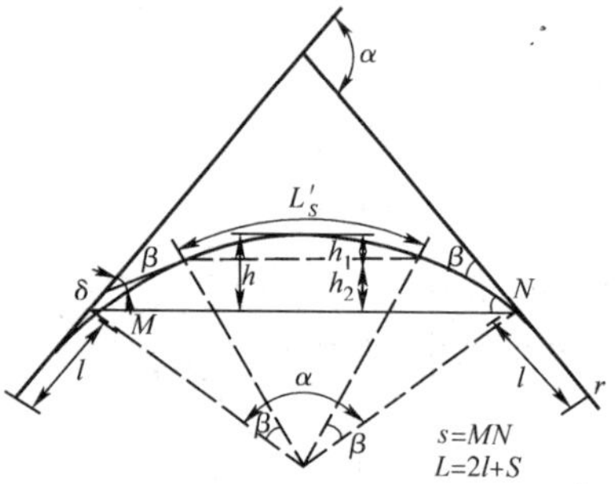

图 1-1-25　$L_Y \leqslant S \leqslant L'_S$

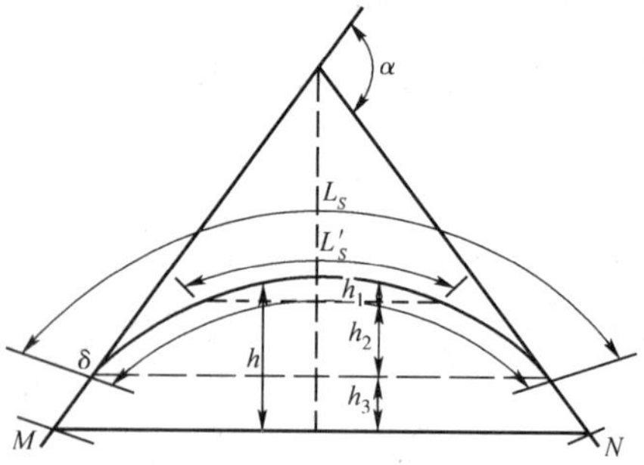

图 1-1-26　$S > L'_S$

$$\begin{aligned} h &= h_1 + h_2 + h_3 \\ &= R_S\left(1 - \cos\frac{\alpha - 2\beta}{2}\right) + l_h\sin\left(\frac{\alpha}{2} - \delta\right) + \frac{S - L'_S}{2}\sin\frac{\alpha}{2} \end{aligned} \tag{1-1-66}$$

式中：符号意义同前。

3. 视距保证的方法与步骤

如图 1-1-27 所示，绘制视距包络图及确定视距清除范围的具体方法如下：

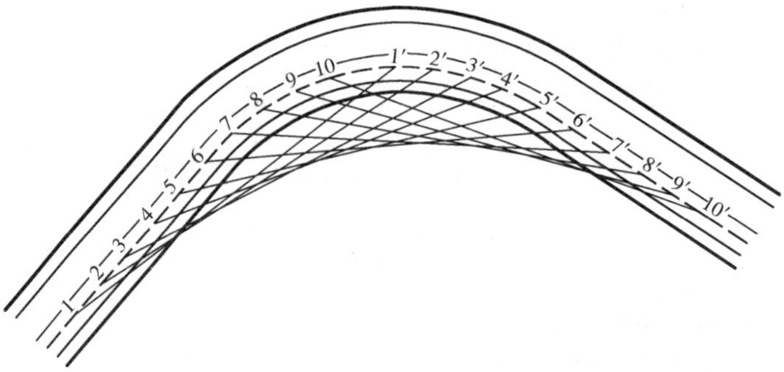

图 1-1-27　视距包络图

（1）按比例绘制弯道平面图。

(2)确定 R_S 并计算 h 值。

(3)丈量(或量取)行车轨迹线至障碍物线之间的距离 h_0 值,如图 1-1-27 所示。

(4)判断视距是否保证,若视距不能保证,则需进行下列工作。

(5)在平面图上距曲线起点(或终点)处分别向直线方向两端量取 S 长度得 0 点及 n 点。

(6)由 0 ~ n 长度范围内进行平分若干等分,得 0、1、2、3、4、…、n 各点;

(7)由 1 点开始,沿轨迹线方向每隔等距离量取 S 得 1′、2′、3′、4′、…、n'各点,并连接 1-1′、2-2′、3-3′等,用一光滑曲线外切各连线,该光滑曲线即为视距包络线。

(8)图中的阴影部分即为视距切除范围。

(9)根据平面图与横断面图中相对应的桩号分别在平面图上量取 h_0,如图 1-1-27 即为视距切除范围。

第七节　平面设计要点

一、直线的运用

直线是两点间距离最短的线形。一般情况下,它测设、施工简单,视线良好,运行距离短而降低了汽车的运营成本,因而在公路设计中被广泛运用。

但由于直线线形的灵活性差,受地形、环境等条件限制大,并且直线线形很容易导致驾驶员的思想麻痹,经常性超车,从而易发生交通事故。所以,在设计中不能片面强调直线线形,直线的长度不宜过长。直线的理论长度(极限最大长度)一般很难从理论上进行论述,但在实际应用时根据地形、安全及景观,按以下几个方面考虑。

1. 适宜采用直线的路段

(1)不受地形、地物限制的平坦地区和山间的开阔地段。

(2)城镇及其近郊或规划方正的农耕区等以直线条为主体的地区。

(3)特长、长隧道或结构特殊的桥梁等构造物所处的路段,以及路线交叉点前后的路段宜采用直线线形。

(4)双车道公路为超车所提供的路段。

2. 当采用长直线线形时

(1)纵坡不宜过大,一般应小于 3%。

(2)同大半径凹形竖曲线组合为宜。

(3)两侧地形过于空旷时,应注意同地形、环境的协调与配合,宜采取种植不同树种等措施。

(4)长直线或长下坡尽头的平曲线,除曲线半径、超高、视距等必须符合规定要求外,还必须采用设置标志、增加路面抗滑能力等安全措施。

3. 最小直线长度的限制

直线长度不宜过长,但也不宜过短,特别是在同向的平曲线间不应设置短直线,以免产生视觉上的错觉而危及行车安全。当设计速度 $v \geq 60$km/h 时,同向曲线间的直线长度(以 m 计)应以不小于该公路设计速度(以 km/h 计)的 6 倍为宜;反向曲线间的直线长度(以 m 计)以不小于设计速度(以 km/h 计)的 2 倍为宜。当设计速度 $v \leq 40$km/h 时,可参照上述规定执行。

二、圆曲线的运用

直线线形与圆曲线一样也是公路的基本线形,在路线设计中若能配合地形选用恰当的圆曲线半径，则能取得良好的线形效果，所以，在选用圆曲线半径时，应尽量选用较大半径并应考虑以下几方面因素：

（1）设置圆曲线时应与地形相适应，以采用超高为2% ~4%的圆曲线半径为宜。

（2）当条件受限制时，也应采用大于或接近于圆曲线最小半径的“一般值”；只有当地形条件特殊困难而不得已时，方可采用圆曲线最小半径的“极限值”。

（3）设置圆曲线时，应同相衔接路段的平、纵线形要素相协调，不宜悬殊过大，使之构成连续、均衡的曲线线形，并避免小半径圆曲线与陡坡相重合的线形。

（4）圆曲线半径过大也无实际意义，故一般不宜大于10 000m。

（5）各级公路不论 α 大小如何，均应设置平曲线。

（6）圆曲线应同前后相邻的平面线形相协调，使之构成连续、均衡的曲线线形。

三、缓和曲线的运用

1. 一般规定与要求

缓和曲线是平面线形中的一种主要线形。对缓和曲线的运用，具体有以下几方面要求：

（1）回旋线在线形设计中应作为主要线形要素加以运用。

（2）在确定回旋线参数时，应在下述范围内选定：

$$\frac{R}{3} \leqslant A \leqslant R$$

式中：A——缓和曲线参数；

R——与缓和曲线相连接的圆曲线半径，m。

（3）当 R 接近于100m时，取 A 等于 R；当 R 小于100m时，则取 A 等于或大于 R；当 R 较大或接近于3 000m时，取 A 等于 $R/3$；当 R 大于3 000m时，则取 A 小于 $R/3$。

2. 平面线形的组合形式

平面线形包括直线、缓和曲线和圆曲线。

（1）基本型

按直线—回旋线—圆曲线—回旋线—直线的顺序组合起来的形式称基本型，如图1-1-28所示。基本型的两个回旋线参数应符合上述（1）、（2）条的规定外，回旋线—圆曲线—回旋线的长度组合以大致接近为宜。两个回旋线的参数可根据地形条件设计成对称的或非对称的曲线。当非对称曲线组合时，$A_1 : A_2$ 不应大于2.0。

（2）S 形

两个反向圆曲线用回旋线连接组合的线形为S形，如图1-1-29所示。

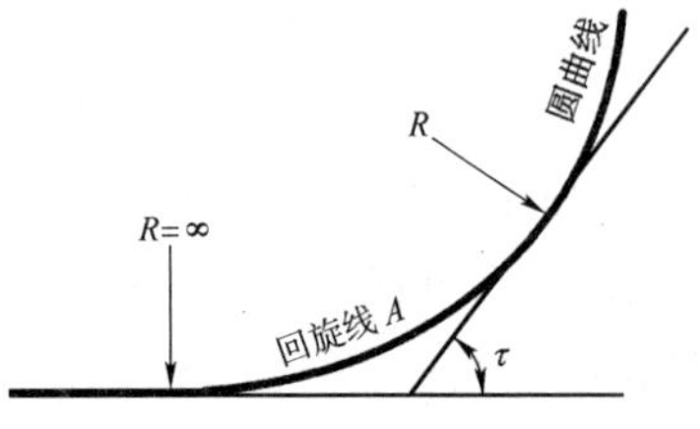

图1-1-28　基本型

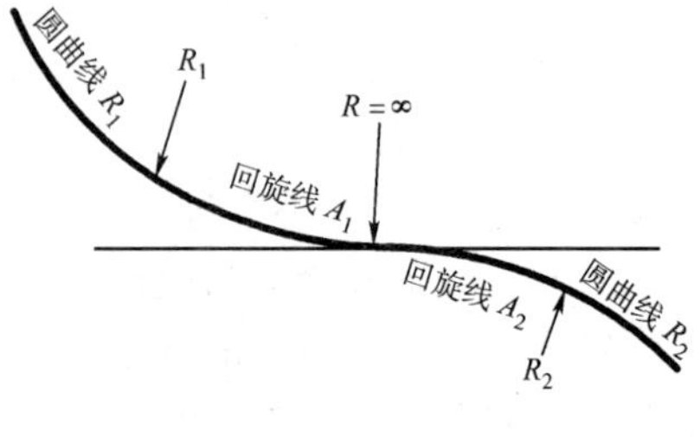

图1-1-29　S形

S 形相邻两个回旋线参数 A_1 与 A_2 宜相等。当采用不同参数时，A_1 与 A_2 之比应小于2.0，有条件时以小于1.5为宜。当 $A_2 \leqslant 200$m时，A_1 与 A_2 之比应小于1.5。

S 形的两个反向回旋线以径向衔接为宜，当地形条件限制两反向圆曲线径相衔接或插入的直线长度不足时，可用回旋线将两反向圆曲线连接组合为 S 形曲线。

两相邻反向圆曲线的半径之比不宜过大，以 $R_1/R_2 \leqslant 2$ 为宜（R_1 为大圆曲线；R_2 为小圆曲线）。

(3)卵形

用一个回旋线连接两个同向圆曲线的组合的平面线形称之卵形，如图 1-1-30 所示。卵形回旋线的参数应符合下式规定的范围：

$$\frac{R_2}{2} \leqslant A \leqslant R_2 \tag{1-1-67}$$

式中：A——回旋线参数；

R_2——小圆的圆曲线半径，m。

两相邻圆曲线半径之比，以 $R_2/R_1 = 0.2 \sim 0.8$ 为宜。

两圆曲线的间距，以 $D/R_2 = 0.003 \sim 0.03$ 为宜（D 为两圆曲线间的最小间距）。

(4)凸形

两个同向回旋线间无圆曲线而竟相衔接的平面线形称之凸形，如图 1-1-31 所示。

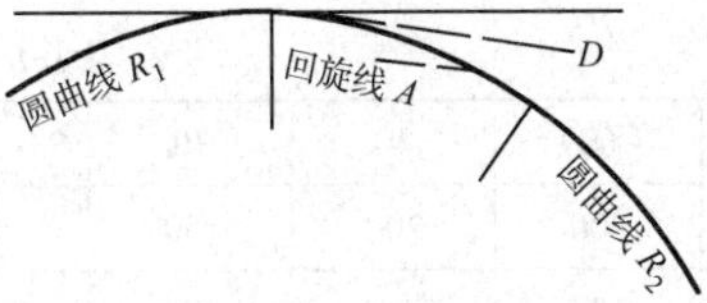

图 1-1-30　卵形

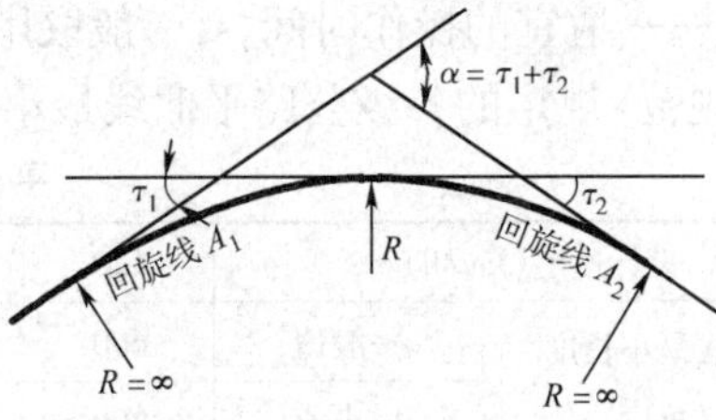

图 1-1-31　凸形

凸形回旋线参数及其连接点的曲率半径，应分别符合容许最小回旋线参数和圆曲线一般最小半径的规定；对接点附近的 $0.3v$（v 为设计速度）长度范围内，应保持以对接点的曲率半径确定的路拱横坡度。一般情况下，凸形曲线只有在路线严格受地形限制，且对接点的曲率半径相当大时方可采用。

(5)复合型

受地形条件限制时，大半径圆曲线与小半径圆曲线相衔接处，采用两个或两个以上同向回旋线在曲率相同处径相连的形式为复合型，如图 1-1-32 所示。复合曲线的两个回旋线参数之比以小于 1.5 为宜。

复合型仅在受地形条件限制，或互通式立体交叉的匝道设计中可采用。

(6)C 形

同向曲线的两回旋线在曲率为零处竟相衔接（即连接处曲率为 0，$R=\infty$）的形式，如图1-1-33。

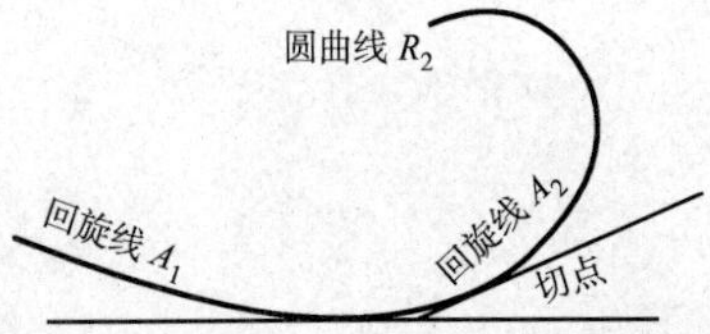

图 1-1-32　复合型

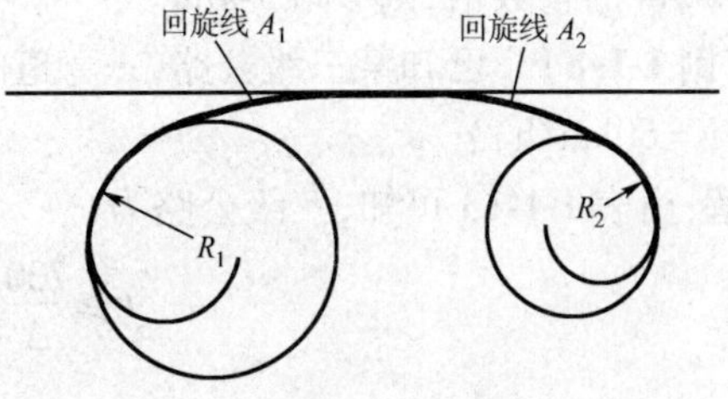

图 1-1-33　C 形

C 形曲线仅限于地形条件特殊困难,路线严格受限制时方可采用。

四、平曲线最小长度

公路平曲线包括圆曲线和缓和曲线。当平曲线不设缓和曲线只有圆曲线时,超高缓和段或加宽缓和段不计入平曲线之内。平曲线最小长度的取值,主要应从满足驾驶员操作方向盘的时间以及从乘客的心理考虑。此外,对小偏角的弯道,从驾驶员的视角及心理考虑,平曲线长度也不宜过短。所以,平曲线长度的取值应由下列因素确定。

1. 保证驾驶员操作方向盘所需时间

曲线过短,驾驶员操作困难。根据经验至少要有 6s 的行驶时间。因此,最短平曲线最小长度可按下式计算:

即
$$L \geqslant \frac{v}{3.6}t \tag{1-1-68}$$

式中:L——平曲线最小长度,m;

v——计算行车速度,km/h;

t——适宜的操作时间,s,一般取用 6s。

《规范》规定的各级公路平曲线最小长度如表 1-1-12。

平曲线最小长度 表 1-1-12

设计速度(km/h)		120	100	80	60	40	30	20
平曲线最小长度(m)	一般值	600	500	400	300	200	150	100
	最小值	200	170	140	100	70	50	40

注:"一般值"为正常情况下的采用值;"最小值"为条件受限制时可采用的值。

2. 小偏角平曲线最小长度的取值

当路线交点偏角很小时,驾驶员行车特别是高速行车,一般会把平曲线长度看成比实际的小,对公路产生急转弯的错觉,从而侵入其他车道,造成车祸,而且这种错觉在偏角越小时就越明显,因此,不宜使用偏角小于7°的小偏角曲线,所以,《规范》规定,当路线转角等于或小于 7°时,应设置较长的平曲线,其长度规定见表 1-1-13。

公路转角等于或小于 7°时的平曲线长度 表 1-1-13

设计速度(km/h)	120	100	80	60	40	30	20
平曲线长度(m)	1 400/Δ	1 200/Δ	1 000/Δ	700/Δ	500/Δ	350/Δ	280/Δ

注:表中 Δ 角为路线转角值,°,当 $\Delta < 2°$时,按 $\Delta = 2°$计算。

【例 1-1-7】 求某二级公路的平曲线最小长度为多少($v = 80$km/h,$t = 6$s)?

解:由式 1-1-68 得:$L = \frac{1}{3.6} \times 80 \times 6 = 133.3\text{m}$

取 5m 的整数倍,则 L 取 140m。

【例 1-1-8】 已知某三级公路,一弯道的偏角为 $\alpha = 2°30'$,求该弯道最小平曲线半径应为多少($v = 60$km/h)?

解:由表 1-1-13 可知,三级公路为:

$$L \geqslant \frac{700}{\Delta} = \frac{700}{2.5°} = 280\text{m}$$

$$L = \frac{\alpha R \pi}{180}$$

则
$$R=\frac{180L}{\pi\alpha}=\frac{180\times280}{\pi\times2.5°}=6\ 417\text{m}$$

取 100m 的整数倍，则 $R=6\ 500$m，才能保证该平曲线的最小长度。

五、平面线形的组合与衔接

平面线形设计在保证直线、缓和曲线及圆曲线三要素的合理取用外，还应考虑三者之间的相互配合，即直线的最大长度及曲线间直线的最短长度取用，直线与圆曲线间的缓和曲线的设置都应综合考虑该设计公路等级的设计速度、地形、地物及地质等自然条件，考虑立体线形的视觉效果，保证公路线形的行车安全与舒适。设计时一般要考虑以下几个方面：

(1)平面线形应直捷、连续、均衡，并与地形相适应，与周围环境相协调。

(2)两相邻的同向圆曲线间应设有足够长度的直线段，不得以短直线连接，否则应调整线形使之成为单曲线或复曲线或运用回旋线组合成卵形、凸形、复合型等曲线形式，以免产生断背曲线；两反向圆曲线间不应设置短直线段，否则应调整线形设置为 S 形曲线；六车道及其以上的高速公路，同向或反向圆曲线间插入的直线长度，还应符合路基外侧边缘超高过渡渐变率规定的要求。

(3)设计速度等于或小于 40km/h 的双车道公路，两相邻反向圆曲线无超高时可径相衔接，无超高有加宽时应设置长度不小于 10m 的加宽过渡段；两相邻反向圆曲线设有超高时，地形条件特殊困难路段的直线长度不得小于 15m，否则应调整线形或组合成 S 形曲线，使其连续均匀。

(4)设计速度等于或小于 40km/h 的双车道公路，应避免连续急弯的线形。地形条件特殊困难不得已而设置时应在曲线间插入规定的直线长度或回旋线。

(5)在路线交叉前后应尽可能采用技术指标较高的线形，保证行驶安全和提高公路的通行能力。

(6)平面线形应在地形、地物、地质等各种具体条件的基础上，选用相应技术指标进行组合设计，应合理运用直线和曲线(包括圆曲线、回旋线)线形要素，不得片面强调以直线或以曲线为主，或必须高于某一比例。

(7)应解决好线形与桥、隧道轴线之间的关系，原则上对于大桥或特大桥或隧道，以路线服从为主，即尽可能采用直线线形，但应视具体情况及其他条件选用适当的曲线线形，并应满足视距要求。

第八节　平面设计成果

完成路线平面设计以后应提供各种图纸和表格。其中主要的图纸有：路线平面设计图、路线总体布置图、路线交叉设计图、道路用地图、纸上移线图等；主要的表格有：直线、曲线及转角表、路线交点坐标表(或含在直线、曲线及转角表中)、逐桩坐标表、路线固定表、总里程及断链表等。各种图纸和表格的样式可参照交通部所颁布的“设计文件图表示例”。这里主要介绍“直线、曲线及转角表”与“路线平面设计图”。

一、直线、曲线及转角表

“直线、曲线及转角表”为平面设计的主要成果，它反映了路线的平面位置和路线平面线形的各项指标。路线平面设计只有根据这一成果才能进行后面的一系列设计，如路线平面设计图、逐桩坐标表等，同时也为路线纵断面设计、横断面设计提供设计依据，如表 1-1-14 所示。

直线、曲线及转角表

表 1-1-14

点号	交点坐标		交点桩号	转角值	曲线要素值(m)							曲线主点桩号					直线长度及方向			备注
	N(X)	E(Y)			半径	缓和曲线长度	缓和曲线参数	切线长度	曲线长度	外距	校正值	第一缓和曲线起点	第一缓和曲线终点或圆曲线起点	曲线中点	第二缓和曲线起点或圆曲线终点	第二缓和曲线终点	直线段长(m)	交点间距(m)	计算方位角	
1	2	3	4	5	6	7	8	9	10	11	12	13	14	15	16	17	18	19	20	21
JD0	3901970.247	66589.4895	K8 +500														323.0793	1124.911	109°43′06.5″	
JD1	3901590.704	67648.4377	K9 +624.911	72°32′02.8″(Y)	900	278	500.2	801.832	1417.363	220.69	186.3	K8 + 823.079	K9 + 101.079	K9 + 531.761	K9 + 962.442	K10 + 240.442	1186.563	3331.702	182°15′09.2″	
JD2	3898261.576	67517.4867	K12 +770.313	35°20′58.9″(Z)	3900	202.3280	888.3020	1343.308 1243.519	2507.342	193.45	79.485	K11 + 427.005	K11 + 629.333	K12 + 781.840	K13 + 934.347		−0.0001	2201.233	146°54′10.3″	
JD3	3896417.502	68719.492	K14 + 892.061	30°36′24.4″(Z)	3500			957.714	1869.661	128.67	45.767		K13 + 934.347	K14 + 869.177	K15 + 804.008		0.0001	957.7139	116°17′45.9″	
JD4	3895993.225	69578.0984	K15 + 804.008																	

编制：　　　　　　　　复核：

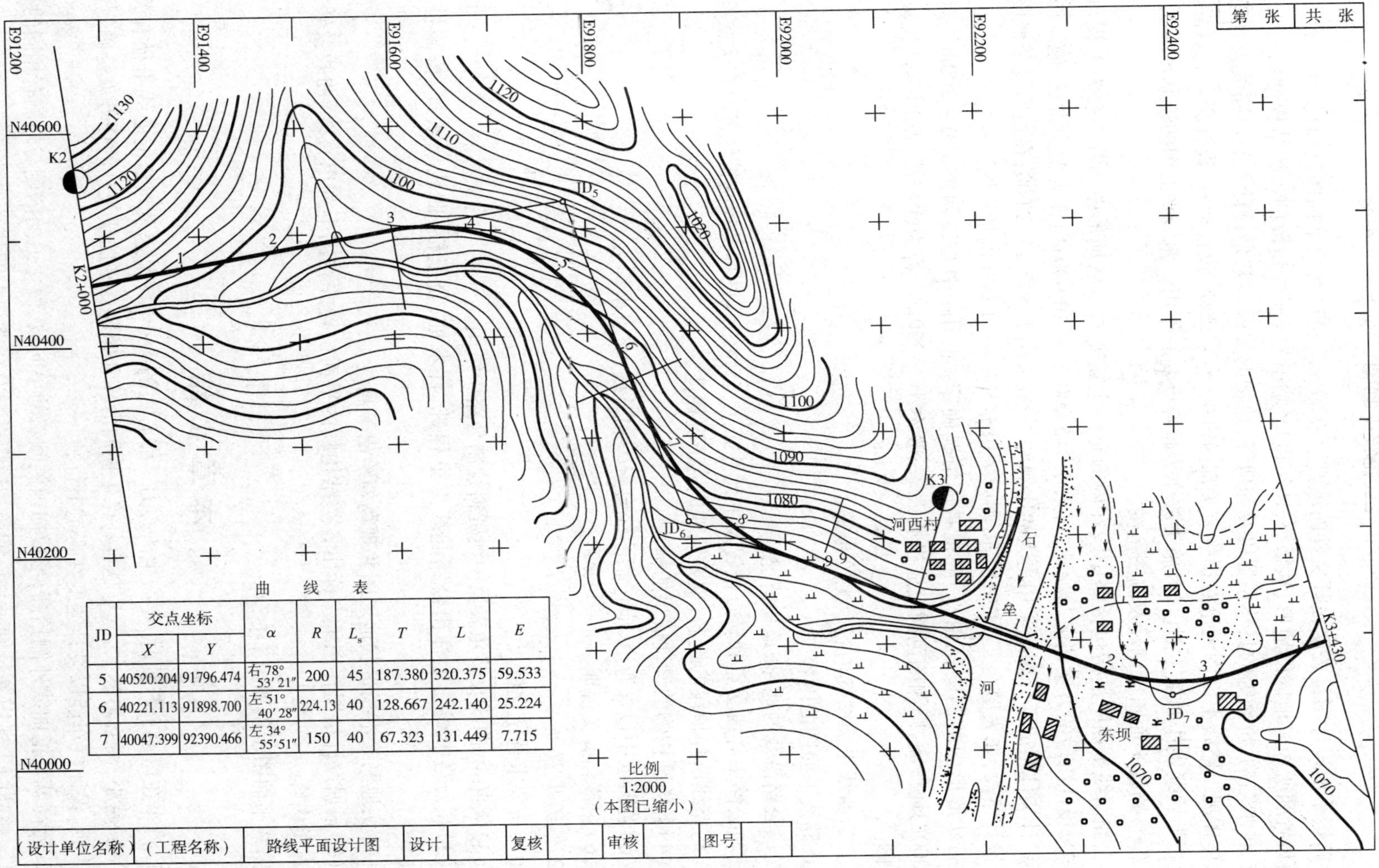

曲　线　表

JD	交点坐标		α	R	L_s	T	L	E
	X	Y						
5	40520.204	91796.474	右 78° 53′21″	200	45	187.380	320.375	59.533
6	40221.113	91898.700	左 51° 40′28″	224.13	40	128.667	242.140	25.224
7	40047.399	92390.466	左 34° 55′51″	150	40	67.323	131.449	7.715

图 1-1-34　路线平面图示例

二、路线平面图

路线平面设计图是公路设计文件的重要组成部分。通过路线平面图,可以反映出公路的平面位置和所经过地区的地形、地物等,还可以反映出路线所经地段的各种结构物如挡土墙、边坡、排水结构、桥涵等的具体位置以及和地形、地物的关系。它是设计人员对路线设计意图的总体体现。路线平面图无论对提供有关部门审批、专家评议、设计初审、设计会审、工程施工以及指导后续工作如施工图设计、施工放样等起着重要的作用。路线平面图的绘制步骤如下。

(一)路线平面图比例尺及测图范围

公路路线平面图是指包括路中线在内的有一定宽度的带状地形图。若一般为工程可行性、初步设计阶段的方案研究与比选,可采用1:5 000或1:10 000;但作为初步设计、施工图设计等设计文件组成部分则应采用更大的比例尺,一般采用1:500~1:2 000;在地形复杂地段或重要设计路段,如大型交叉、大中桥等,则应采用1:500~1:1 000的地形图。

带状地形图的测图范围,一般视具体情况确定,常用路中心线两侧100~200m。对于1:5 000的地形图,则测图范围应适当放大,一般不小于250m。若为比较线,则须包括比较线的范围。

(二)路线平面图的内容及测绘步骤

1. 路线平面图的内容

(1)公路沿线的地形、地物情况。

(2)公路中心线交点和转点位置及里程桩标注、公路沿线的各类控制桩位置及有关数据。

(3)路线所经地段的地名,重要地理位置情况标注。

(4)各类结构物的设计成果的标注。

(5)若图纸中包含弯道,应包括曲线要素表和导线、交点坐标表。

(6)图签和有关说明。

2. 测绘步骤

(1)按要求选定比例尺。

(2)依直线、曲线及转角表及中线资料绘制公路中线图。

(3)在公路中线图上标出公路起终点里程桩、百米桩、公里桩、曲线要素桩、桥涵桩及位置。

(4)实地测绘沿线带状地形图并现场勾绘出等高线。

(5)根据设计情况在图纸上标出各类结构物的平面位置并在图上列出直线、曲线及转角表等有关内容。

路线平面图示例如图1-1-34。

本 章 小 结

1. 汽车在弯道上行驶时,要产生离心力。离心力的大小,与车速及弯道的曲线半径有关。曲线半径越小,离心力越大,汽车越容易产生横向滑移和倾覆。平曲线设计的任务就是确定合适的半径,保证汽车能以设计速度在弯道上行驶。

2. 超高就是把曲线外侧抬高,形成向内侧倾斜的单向坡,使弯道的内侧与外侧有相同的行车条件,超高的主要内容是确定合适的超高横坡度以及在弯道上的超高值计算。

3. 为保证汽车在弯道上安全行驶,需在曲线内侧加宽,其主要任务是确定合适的加宽值。

4. 缓和曲线的目的是消除离心力的突变和使汽车沿汽车行驶轨迹由直线进入圆曲线。缓和曲线采用回旋线。缓和曲线的主要任务是确定合理的缓和曲线长度，以及缓和曲线常数计算公式及带缓和曲线的曲线要素计算。

5.《规范》要求：当半径小于规范要求时，主圆曲线上全超高与全加宽，缓和曲线上（或超高与加宽缓和段）逐渐超高，以保证路容的美观与平顺，且保证公路排水畅通。

6. 为保证汽车安全行驶，应有一个保证驾驶员看到前面的车辆或障碍物而及时刹车或避让的最短距离，即行车视距。行车视距有停车视距、会车视距与超车视距。弯道内侧的建筑物、树木、路堑边坡等凡阻碍视线的均应清除。按绘制的视距包络线可以确定障碍物清除范围。

7. 平面线形设计时应综合考虑，即平面线形三要素（直线、圆曲线、缓和曲线）的合理设计以及它们之间的相互协调，特别对于同向曲线间与反向曲线间经平曲线设置完以后的直线段距离应综合考虑，做到平面顺直与视线正确诱导及路线与环境的恰当配合。

复习思考题

1. 如何确定圆曲线的极限最小半径、一般最小半径及不设超高的最小半径？

2. 设置缓和曲线的理论根据是什么？确定缓和曲线最小长度的理论根据又是什么？

3. 为什么要在圆曲线内设置超高和加宽？超高横坡度如何合理确定？在什么情况下要加宽？加宽值如何确定？

4. 超高缓和段长度及加宽缓和段长度是如何确定？超高的方式有哪几种？

5. 行车视距有哪几种？平面视距如何保证？

6. 平面线形如何连接？《公路工程技术标准》(JTG B01—2003)对平面线形有何要求？

7. 平面设计的主要成果有哪些？如何获得这些成果？

8. 某弯道半径 $R=100\text{m}$，偏角 $\alpha=90°$，超高横坡度 $i_b=0.06$，$b=7.0\text{m}$，$a=0.75\text{m}$，$i_1=2\%$，路肩横坡度 $i_0=3\%$，超高缓和段长度 $L_c=30\text{m}$，JD 桩号为 K0+900，全加宽值 $B_j=0.9\text{m}$，试分别以内侧边轴超高方式与中轴超高方式计算 K0+780 及 K0+800 两桩号的超高值。

9. 什么是超高渐变率？如何确定超高渐变率？

10. 平曲线交点 JD 桩号里程为 K5+567.38，$\alpha=31°10'$，$R=300\text{m}$，$l_h=70\text{m}$，试计算主点的里程桩号。

11. 已知某二级公路，设计速度 $v=40\text{km/h}$，圆曲线半径 $R=60\text{m}$，试按离心加速度增长率和行程时间分别计算缓和曲线最小长度（采用整 5m 倍数）。

第二章 纵断面设计

第一节 概 述

通过公路中线的竖向剖面称为路线纵断面图。由于地形、地物、地质、水文等自然因素的影响以及满足经济性的要求,公路路线在纵断面上不可能从起点至终点是一条水平线,而是一条有起伏的空间线。纵断面设计的主要任务就是根据汽车的动力性能、公路等级和性质、当地的自然地理条件以及工程经济等,来研究这条空间线形的纵坡大小及其长度,它是公路设计的重要内容之一,而且将直接影响到行车的安全和迅速、工程造价、运营费用和乘客的舒适程度。

图 1-2-1 为公路路线纵断面示意图。在纵断面图上,通过路中线的原地面上各桩点的高程,称为地面高程,相邻地面高程的起伏折线的连线,称为地面线。设计公路的路基边缘相邻高程的连线,称为设计线,设计线上表示路基边缘各点的高程,称为路基设计高程。在同一横断面上设计高程与地面高程之差,称为施工高度。当设计线在地面线以上时,路基构成填方路堤;当设计线在地面线以下时,路基构成挖方路堑。施工高度的大小直接反映了路堤的高度和路堑的深度。

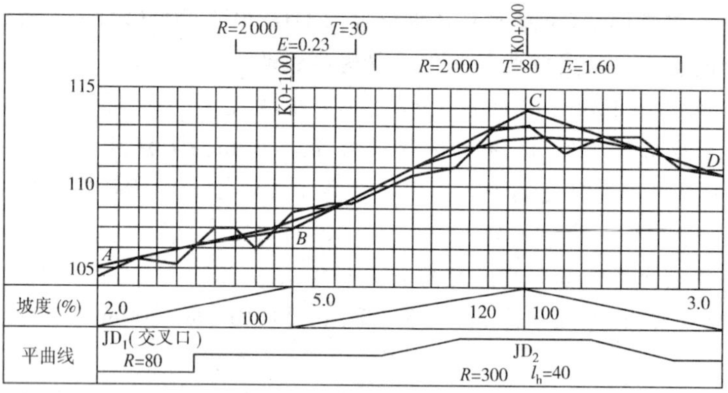

图 1-2-1 路线纵断面简图

新建公路的路基设计高程:高速公路和一级公路宜采用中央分隔带的外侧边缘高程;二级公路、三级公路、四级公路宜采用路基边缘高程,在设置超高、加宽路段为设超高、加宽前该处边缘高程。改建公路的路基设计高程:宜按新建公路的规定执行,也可视具体情况而采用中央分隔带中线或行车道中线高程。

公路纵断面设计线由直线和竖曲线两种线形要素所组成,它是根据汽车的动力性能、地形条件、路基临界高度以及运输与工程经济等方面的要求,通过技术、经济以及视觉效果等多方面的比较后定出来的,反映了公路路线的起伏变化情况。直线有上坡和下坡,是用高差、水平长度及纵坡度表示的。纵坡度 i 表征匀坡路段坡度的大小,用高差 h 与水平长度 l,之比量度,即 $i=h/l$ (%)。在直线的纵坡转折处为了平顺过渡,须设置一定长度的竖曲线来进行缓和调节。

第二节　汽车行驶对公路设计的要求

公路设计是以满足汽车行驶要求为前提的。因此，在公路设计时，首先需要研究汽车的动力性能以及对公路设计的具体要求，综合考虑人、车、路和环境等方面的各种因素，通过合理设计来达到汽车行驶的安全、迅速、经济、舒适和美观的要求。

一、汽车的牵引力

汽车在公路上行驶，必须要有足够的牵引力来克服各种行驶阻力。汽车行驶的牵引力来自它的内燃机发动机，在发动机里的热能转化为机械能，产生有效功率 N，从而使发动机的曲轴上在旋转过程中产生扭矩 M。

发动机曲轴上的扭矩 M 经过离合器、变速箱、传动轴、主传动器、差速器和半轴等一系的变速和传动，传给汽车的两驱动轮，产生有效扭矩 M_k 驱动汽车行驶。

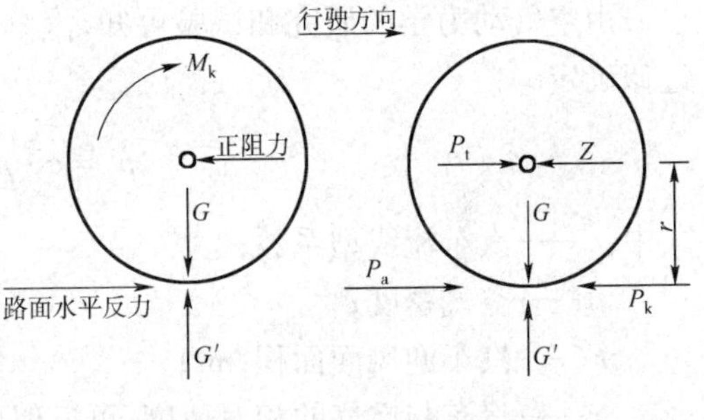

图 1-2-2　汽车驱动轮受力分析

如图 1-2-2 所示，作用在驱动轮上的扭矩 M_k 可化为一对力偶 P_t 和 P_k，P_k 作用在轮胎与路面的接触点处，在 M_k 的作用下使车轮对路面产生一周缘力，周缘力 P_k 是车轮对路面的作用力。当车轮与路面之间有足够的附着力时，则会产生与此周缘力 P_k 大小相等、方向相反的路面对车轮的切向反作用力 P_a。P_t 作用在轮轴上推动汽车向前行驶，它是驱动汽车行驶的外力，与汽车行驶阻力 Z 抗衡，通常称为汽车的牵引力，其值为：

$$P_t = \frac{M_k}{r_k} = \frac{M \cdot i_k \cdot i_o \cdot \eta_m}{r_k} \tag{1-2-1}$$

式中：P_t——汽车的牵引力；

r_k——车轮工作半径，m，即变形半径，一般为未变形半径 r 的 0.93～0.96 倍；

M_k——汽车驱动轮扭矩，N·m；

M——发动机曲轴扭矩，N·m；

i_k——随排挡而变的变速箱变速比；

i_o——主传动器变速比；

η_m——传动系统的机械效率，一般载重汽车为 0.8～0.85，客车为 0.85～0.95。

此时相应的车速为：

$$v = 2\pi r_k \cdot \frac{n}{i_k i_o} \cdot \frac{60}{1\,000} = 0.377\frac{n r_k}{i_k i_o} \tag{1-2-2}$$

式中：v——汽车行驶速度，km/h；

n——发动机转速，r/min；

其余符号意义同上。

由式(1-2-1)可知，如果要获得较大的牵引力 P_t，则必须有较大的变速比 i_k 和 i_o 与其相对应。但由式(1-2-2)可知，i_k 与 i_o 增大，则车速要降低，因此对同一发动机，牵引力与较高的车速是不可兼得的。为此，在汽车构造设计时设置了若干个排挡，每一排挡都有固定的变速比以及该排挡相对应的最大和最小车速。当采用低排挡时，变速比取值大，扭矩 M_k 及牵引力 P_t 就增大，但车速 v 则降低；反之，则扭矩 M_k 及牵引力 P_t 减小，而车速 v 则提高。

二、汽车的行驶阻力

汽车行驶时需要不断克服运动中所遇到的各种阻力。这些阻力有的来自汽车周围的空气介质，有的来自汽车行驶的路面，有的来自汽车上下坡行驶，也有的来自汽车加减速行驶，这些阻力分别称为空气阻力、滚动阻力、坡度阻力和惯性阻力。

1. 空气阻力

汽车在空气介质中行驶，由于迎面风压力、车前后的空气压力差以及空气质点与车身表面的摩擦等阻碍汽车前进，称为空气阻力。

由空气动力学的研究和试验可知，汽车在空气介质中运动时所产生的空气阻力可按下式近似确定

$$p_w = c \cdot \rho \cdot F \cdot v^2 = \frac{kFv^2}{13} \tag{1-2-3}$$

式中：c——汽车流线型系数；

ρ——空气密度；

F——汽车迎风面面积，m^2；

v——汽车与空气的相对速度，可近似地取汽车的行驶速度；

k——空气阻力系数，$k = c \cdot \rho$，其值由试验测得。

2. 滚动阻力

汽车的轮胎具有弹性，当车轮滚动时，将会连续反复地发生弹塑性变形，这种变形使其材料内部发生摩擦要消耗一部分功率；当汽车在柔性路面上行驶时，不仅轮胎产生变形，而且路面也会产生变形，其接触面之间产生摩擦也消耗一部分功率。此外，当汽车在不平整的路面上行驶时，由于轮胎的震动和撞击，也会引起功率的消耗。

当汽车在纵坡度倾角为 α 的公路上行驶时，滚动阻力与汽车总重力成正比，其值可按下式计算：

$$P_f = Gf\cos\alpha$$

由于公路纵坡的坡度倾角 α 很少超过 5°，故可认为 $\cos\alpha \approx 1$，则：

$$P_f = G \cdot f \tag{1-2-4}$$

式中：P_f——滚动阻力，N；

G——汽车的总重力，N；

f——滚动阻力系数，它与路面的类型、行驶速度以及轮胎的构造、材料、气压等有关，一般由试验确定。

3. 坡度阻力

汽车在纵坡度倾角为 α 的公路上行驶时，车重力 G 在平行于路面方向产生分力 $G\sin\alpha$。当汽车上坡时，此分力与汽车前进方向相反而阻碍汽车行驶；下坡时，其分力与汽车前进方向相同而形成坡度阻力。坡度阻力可按下式计算：

$$P_i = G \cdot \sin\alpha$$

由于公路纵坡的坡度倾角一般较小，可认为 $\sin\alpha \approx \tan\alpha \approx i$，则：

$$p_j = \pm G \cdot i \tag{1-2-5}$$

式中：p_j——坡度阻力，N；

G——汽车总重力，N；

i——公路纵坡度，"+"号表示上坡，"-"号表示下坡。

4. 惯性阻力

汽车变速行驶时，需要克服其质量变速运动时产生的惯性力和惯性力矩，称为惯性阻力。汽车的质量分为平移质量和旋转质量（如飞轮、离合器、齿轮、传动轴和车轮等）两部分。汽车变速行驶时，平移质量产生惯性力，旋转质量产生惯性力矩。

汽车旋转质量产生的惯性力矩组成内容较多，计算复杂。为简化计算，一般以平移质量惯性力乘以一个大于 1 的系数 δ 来代替旋转质量惯性力矩的影响。即：

$$p_j = \delta \cdot \frac{G}{g} \cdot \frac{\mathrm{d}v}{\mathrm{d}t} \tag{1-2-6}$$

式中：p_j——惯性阻力，N；

G——汽车总重力，N；

g——重力加速度，$\mathrm{m/s^2}$；

$\mathrm{d}v/\mathrm{d}t$——汽车的加速度，加速为正，减速为负，$\mathrm{m/s^2}$；

δ——汽车旋转质量换算系数，主要与汽车车轮、发动机飞轮及传动系的变速比有关。

三、汽车行驶的条件

1. 汽车行驶的必要条件

为使汽车能向前行驶，汽车的牵引力必须与汽车行驶时所遇到的各项行驶阻力之和相平衡，其牵引平衡方程式为：

$$p_t = p_w + p_f \pm p_i \pm p_j = \frac{kFv^2}{13} + G(f \pm i) + \delta \frac{G}{g} \cdot \frac{\mathrm{d}v}{\mathrm{d}t} \tag{1-2-7}$$

式中：符号意义同上。

汽车在公路上行驶，牵引力等于各项行驶阻力之和时，汽车作等速行驶；当牵引力大于各项行驶阻力之和时，汽车作加速行驶；当牵引力小于各项行驶阻力之和时，汽车就作减速行驶，直至停车。因此，要使汽车向前行驶，牵引力必须大于或等于各项行驶阻力之和，这是汽车行驶的必要条件，即：

$$p_t \geqslant p_w + p_f \pm p_i \pm p_j \tag{1-2-8}$$

式中：p_w——空气阻力；

p_f——滚动阻力；

p_i——坡度阻力；

p_j——惯性阻力。

2. 汽车行驶的充分条件

汽车行驶的必要条件只有在驱动轮与路面之间不发生滑转现象时才有效。如果驱动轮与路面之间的附着力不够大，车轮将会在路面上打滑空转而不能行进。因此，汽车行驶除受牵引条件制约时外，还受轮胎与路面之间的附着条件制约。即汽车的牵引力必须小于或等于轮胎与路面之间的附着力，这是汽车行驶的充分条件，即：

$$p_t \leqslant G_z \cdot \varphi \tag{1-2-9}$$

式中：G_z——汽车驱动轮上的荷载；

φ——附着系数，与路面的粗糙程度和潮湿泥泞程度、轮胎花纹和气压、车速和荷载因素等有关。

将公式（1-2-8）与公式（1-2-9）结合起来考虑，则有：

$$p_w + p_f \pm p_i \pm p_j \leqslant p_t \leqslant G_z \cdot \varphi \tag{1-2-10}$$

式中：符号意义同上。

这就是汽车行驶的必要和充分条件，亦称汽车运动的驱动与附着条件。

根据以上汽车行驶的两个条件，在公路设计工作中对路面提出了，一是要求路面平整坚实，以尽量减小路面的滚动阻力；二是要求路面粗糙，以增大附着力。

四、汽车行驶对公路纵坡的要求

根据前述的汽车动力特性分析可知，汽车上坡时，若道路纵坡较缓，汽车的行驶阻力的代数和小于或等于汽车所用排挡牵引力，汽车就能用该排挡以等速或加速走完该段纵坡的全长。若汽车所用的排挡愈高，行驶速度愈快，但爬坡能力愈差。因此，公路纵坡设计总是力求纵坡较缓为好，特别是等级较高的公路更是如此。

当道路的纵坡较陡，汽车上坡时的行驶阻力的代数和大于汽车所用排挡的牵引力时，在坡段较短的情况下，只要在上坡之前加大汽车加速踏板，提高汽车的初速，利用动力冲坡的惯性原理，在车速降到临界速度之前即使不换挡也能冲过此段纵坡；但如果道路纵坡既陡又长，汽车利用动力冲坡无法冲过坡顶，此时就必须在车速下降到某一程度时（如临界车速），换到较低的排挡来获得较大的动力因数，从而增大牵引力，汽车才能继续走完全程，但排挡愈低，汽车的行驶速度愈慢。

汽车使用低挡的行程时间越长或换挡次数频繁，会增长行程时间，增加汽车燃料消耗和机件磨损。此外，从汽车的动力特性可知，道路纵坡对车速的影响极大，因为纵坡越陡，需要的动力因素越大，从而导致采用的挡位越低，行驶速度越慢。为了使汽车能保持较高的车速行驶，少用低挡和减少换挡次数，对道路纵坡提出如下要求：

（1）纵坡度力求平缓；

（2）陡坡宜短，长陡坡的纵坡度应加以严格限制；

（3）纵坡度变化不宜太多，尤其应避免急剧的起伏变化，力求纵坡均匀。

第三节　纵坡设计的一般规定与要求

一、纵坡设计的一般要求

为使纵坡设计达到经济合理的目的，在设计之前必须全面掌握勘测资料，并结合选（定）线时的纵坡考虑意图，经综合分析、比较后定出设计纵坡。纵坡设计应满足以下几点要求：

（1）纵坡设计必须满足《标准》中的各项规定。

（2）为保证汽车能以一定的车速安全舒顺地行驶，纵断面应具有一定的平顺性，起伏不宜过大及过于频繁。平原地形的纵坡应均匀、平缓；丘陵地形的纵坡应避免过分迁就地形而起伏过大；山区的沿河线，应采用平缓的纵坡，坡长不宜超过规定的限值，纵坡不宜大于6%；山区的越岭线尽量避免采用极限纵坡值，缓和坡段应自然地配合地形设置，在连续采用极限长度的陡坡之间,不宜插入最短的缓和坡段,以争取较均匀的纵坡。垭口附近的纵坡应尽量放缓一些。连续上坡或下坡路段,应避免设置反坡。

(3)纵坡设计时,应对沿线的地形、地质、水文、气候等自然条件综合考虑,根据不同的具体情况妥善处理,以保证公路的畅通和稳定。

(4)地下水位较高的平原微丘区和潮湿地带的路段,应满足最小填土高度的要求,以保证路基稳定。

(5)纵坡设计在一般情况下应考虑填挖平衡,并尽量利用挖方运作就近路段填方,减少借方和废方,以降低工程造价。

(6)纵坡设计时,应照顾当地民间运输工具、农业机械、农田水利等方面的特殊要求。

二、最大纵坡与最小纵坡

(一)最大纵坡

最大纵坡是指各级公路容许采用的最大坡度值,它是公路纵断面设计的重要控制指标。在山岭地区,纵坡的大小将直接影响路线的长度、使用质量、运输成本和工程造价。因此,纵坡大小的取值必须要通过全面分析,综合考虑后合理确定。

1. 确定最大纵坡应考虑的因素

(1)汽车的动力特性:要根据公路上主要行驶车辆的牵引性能,在一定的行驶速度条件下确定。

(2)设计速度:设计速度愈高,要求的行车速度愈快,但从汽车的动力特性可知其爬坡能力愈低,因此不同设计速度的公路有不同的最大纵坡值。

(3)自然因素:公路所经地区的地形、气候、海拔高度等自然因素,对汽车的行驶条件和爬坡能力也有很大的影响。

2. 最大纵坡的确定

最大纵坡的确定主要取决于汽车的动力性能、设计速度和自然因素,但另一方面还必须保证行车安全。从实际调查中可知,汽车在陡坡路段下坡时,由于制动次数增多,易使制动器发热失效而导致事故。如东风 EQ—140 载重汽车及解放 CA—140 载重汽车上坡时,均可用 II 挡顺利地通过 12% 以上的纵坡,但在下坡时很不安全。因此,确定最大纵坡不能只考虑汽车的爬坡性能,还要从行驶的快速、安全及经济等方面综合分析,同时兼顾汽车拖挂车,民间运输工具的特殊要求等。实践证明,四级公路为了达到其相应的行车速度一般情况下最大纵坡不宜超过 8%,只有在工程特殊困难的山岭地区,经技术论证合理最大纵坡可增加 1%,但在海拔 2 000m以上或积雪冰冻地区,为考虑安全,最大纵坡不应大于 8%。我国《标准》规定各级公路的最大纵坡如表 1-2-1 所示。

各级公路最大纵坡 表 1-2-1

设计速度(km/h)	120	100	80	60	40	30	20
最大纵坡(%)	3	4	5	6	7	8	9

设计速度为 120km/h、100 km/h、80km/h 的高速公路受地形条件或其他特殊情况限制时,经技术经济论证,最大纵坡可增加 1%。

位于市镇附近非汽车交通比例较大的路段,纵坡可根据具体情况适当放缓:平原、微丘区一般宜不大于 2% ~3%;山岭、重丘区一般宜不大于 4% ~5%。

小桥涵处的纵坡可按表 1-2-1 的限值设计,但大、中桥上的纵坡不宜大于 4%,桥头引道纵坡不大于5%，引道紧接桥头部分的线形应与桥上线形相配合，其长度不宜小于3s的设计速度行程长度；位于市镇附近非汽车交通量较大的路段，桥上及纵坡均不得大于3%。

隧道内的纵坡不应大于3%，并不小于0.3%；独立的明洞和长度小于100m的隧道其纵坡不受此限；紧接隧道洞口的路线纵坡应与隧道内纵坡相同。

3. 高原地区纵坡折减

在海拔3 000m以上的高原地区，因空气密度下降而使汽车发动机的功率和汽车的牵引力降低，导致汽车爬坡能力下降；此外，在高原地区，汽车水箱中的水容易开锅而破坏冷却系统。故《规范》规定在海拔3 000m以上的高原地区，各级公路的最大纵坡值应按表1-2-2的规定予以折减。最大纵坡折减后若小于4%，则仍采用4%。

高原纵坡折减值 表1-2-2

海拔高度(m)	3 000～4 000	>4 000～5 000	5 000以上
折减值(%)	1	2	3

（二）最小纵坡

一般来说，为使公路上汽车行驶快速和安全，纵坡设计得小一些总是有利的。但在挖方路段，设置边沟的低填路段和横向排水不畅路段，为保证排水的要求，防止积水渗入路基而影响其稳定性，一般在这些路段应避免采用平坡，以免因为排水而将边沟挖得过深。故《规范》规定，在各级公路的长路堑路段，以及其他横向排水不畅的路段，应采用不小于0.3%的纵坡。当必须设计平坡(0%)或小于0.3%纵坡时，其边沟应作纵向排水设计。

干旱地区以及横向排水良好的路段，其最小纵坡可不受上述限制。

三、坡长限制与缓和坡段

（一）坡长限制

坡长限制包括最小坡长和最大坡长两个方面的内容。

1. 最小坡长限制

最小坡长的限制是从汽车行驶平顺性、乘客的舒适性、纵面视距和相邻两竖曲线的布置等方面考虑的。如果坡长过短，转坡过多，使纵坡线形呈锯齿形状，对路容也不美观。此外，当相邻坡段的纵坡相差较大，而坡长又较短时，汽车运行中换挡频繁也增加了驾驶员的操作劳动强度。因此，纵坡的坡长应有一定的最短长度。

我国综合考虑了设计速度和地形条件等情况，规定最小坡长如表1-2-3所示：

最 小 坡 长 表1-2-3

设计速度(km/h)		120	100	80	60	40	30	20
最小坡长(m)	一般值	400	350	250	200	160	130	80
	最小值	300	250	200	150	120	100	60

2. 最大坡长限制

最大坡长限制是指比较大的纵坡对正常行车的影响。根据汽车的动力性能可知，公路纵坡的大小及其坡长对汽车的行驶影响很大，特别是长距离的陡坡对汽车行驶非常不利。实际调查资料表明，当纵坡的坡段太长，汽车因克服行驶阻力而使行驶速度显著降低，在提高汽车功率时又易使水箱开锅，导致汽车爬坡无力，甚至熄火；下坡时制动次数增加易使制动器发热而失效，造成车祸。所以我国《标准》规定，各级公路不同纵坡时的最大坡长可按

表 1-2-4 选用。

不同纵坡的最大坡长(m)　　表 1-2-4

设计速度(km/h)		120	100	80	60	40	30	20
纵坡坡度(%)	3	900	1 000	1 100	1 200	—	—	—
	4	700	800	900	1 000	1 100	1 100	1 200
	5	—	600	700	800	900	900	1 000
	6	—	—	500	600	700	700	800
	7	—	—	—	—	500	500	600
	8	—	—	—	—	300	300	400
	9	—	—	—	—	—	200	300
	10	—	—	—	—	—	—	200

在实际纵坡设计中,当某一坡度的坡长还未达到其规定的限制坡长时,可变化坡度(应为连续上坡或连续下坡),但其长度应按坡长限制的规定进行折算。例如,某山岭区公路(设计速度 $v=30\text{km/h}$)的第一坡段纵坡为 8.0%,长度为 180m,即占坡长限制值 300m 的 3/5,若相邻坡段的纵坡为 7.0%,则其坡长不应超过 $500\times2/5=200\text{m}$。也就是说 8.0% 的纵坡设计了长度为 180m 以后,还可接着设计坡度为 8.0% 的 200m 坡长,但此时坡长限制值已用完。

(二)缓和坡段

缓和坡段的作用主要是为了改善汽车在连续陡坡上行驶的紧张状况,避免汽车长时间低速行驶或汽车下坡产生不安全因素。因此,当陡坡的长度达到限制坡长时,应安排一段缓坡,用以恢复在陡坡上行驶所降低的速度。汽车在缓坡上行驶的长度,从理论上应满足汽车加速或减速行驶过程的需要。

我国《标准》规定,当公路连续上坡(或下坡)时,以利提高车速和行驶安全,应在不大于表 1-2-4 所规定的纵坡长度范围内设置缓和坡段。缓和坡段的纵坡应不大于 3%,其长度应符合表 1-2-3 纵坡长度的规定。

四、平均纵坡

平均纵坡是指一定长度路段的高差与水平距离之比,以百分率(%)表示。它是衡量纵断面线形设计质量的一个重要限制性指标。

在山区越岭线纵坡设计中,有时虽然公路纵坡的设计完全符合最大纵坡、坡长限制和缓和坡段的规定,但也不一定能保证使用质量。当极限长度的陡纵坡与缓和坡段交替频繁使用,同样会使汽车在坡段上长时间地低速行驶,易导致车辆水箱开锅,下坡则因制动过热、失效而导致交通事故发生。这说明汽车短时间内在陡坡路段上坡或下坡,问题尚不严重,但如果长时间地连续在陡坡连缓和坡段的路段上行驶,就相当危险。因此有必要从行车顺利和安全考虑来控制设计纵坡的平均值。

我国《规范》规定,为了合理运用最大纵坡、坡长和缓和坡段,以利汽车安全顺利行驶,二级公路、三级公路、四级公路越岭路线连续上坡(或下坡)的路段,相对高差为 200 ~ 500m 时平均纵坡不应大于 5.5%;相对高差大于 500m 时平均纵坡不应大于 5%,且任意连续 3km 路段的平均纵坡不应大于5.5%。

五、合成坡度

合成坡度是指在设有超高的平曲线上，路线纵坡与超高横坡或路面横坡组合而成的最大坡度。其方向为流水方向，又称流水线坡度。合成坡度的计算公式为：

$$i_{合} = \sqrt{i_{纵}^2 + i_{横}^2} \tag{1-2-11}$$

式中：$i_{合}$——合成坡度，%；

$i_{纵}$——路线纵坡度，%；

$i_{横}$——超高横坡度或路面横坡度，%。

汽车在有合成坡度的路段行驶时，如果合成坡度过大，由于离心力的作用，可能引起汽车向合成坡度方向的倾斜和侧向滑移，给汽车行驶带来危险。因此，应将合成坡度控制在一定的范围之内。我国《规范》规定各级公路的最大容许合成坡度值如表1-2-5所示。

公路最大容许合成坡度　　表1-2-5

公路等级	高速公路			一级公路			二级公路		三级公路		四级公路
设计速度（km/h）	120	100	80	100	80	60	80	60	40	30	20
合成坡度值（%）	10.0	10.0	10.5	10.0	10.5	10.5	9.0	9.5	10.0	10.0	10.0

当陡坡与小半径平曲线相重叠时，在条件许可的情况下，以采用较小的合成坡度为宜。特别是在下述情况下，其合成坡度必须小于8%：

(1)冬季路面有积雪、结冰的地区。

(2)自然横坡较陡峻的傍山路段。

(3)非汽车交通比例高的路段。

各级公路的最小合成坡度不宜小于0.5%。在超高过渡的变化处，合成坡度不应设计为0%。当合成坡度小于0.5%时，则应采取综合排水措施，以保证路面排水畅通。

合成坡度的临界线图及其各种设计速度所对应平曲线半径的关系如图1-2-3所示。

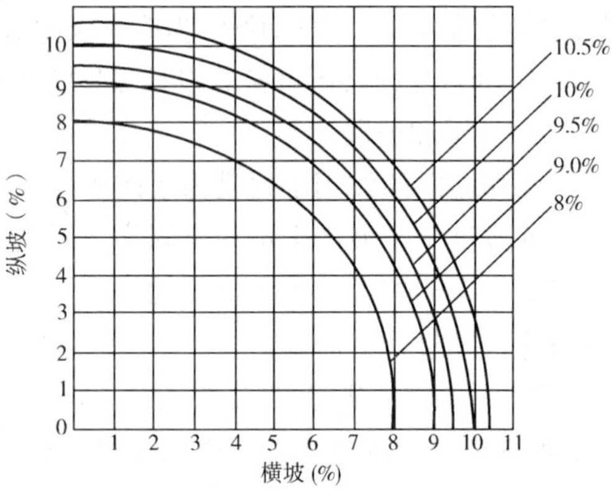

图1-2-3　合成坡度临界线图

六、爬坡车道

爬坡车道是指在陡坡路段正线行车道右侧设置的专供载重汽车行驶的专用车道。

在确定高速公路和一级公路的最大纵坡时，一般是以小客车行驶速度为标准的，当公路纵坡较大时载重汽车因爬坡时需克服较大的坡度阻力，只有降低车速才能通过。当载重汽车所占比例较大时，小客车的行驶速度受到影响，超车频率增加，导致爬坡路段的通行能力下降，甚至产生堵塞交通的现象。为了不使爬坡速度低的载重汽车影响爬坡速度高的小客车行驶，就需要在陡坡路段的上坡方向增设爬坡车道，把载重汽车从正线车流中分离出去，来保证道路的通行能力。

《标准》规定，高速公路和一级公路、以及二级公路的连续上坡路段，当通行能力运行安全受到影响时，应设置爬坡车道，爬坡车道宽度应为3.5m。《规范》中规定，四车道高速公路、四车道一级公路以及二级公路连续上坡路段，符合下列情况之一者，宜在上坡方向行车道右侧设置爬坡车道，其宽度一般为 3.5m。

(1)沿上坡方向载重汽车的行驶速度降低到表 1-2-6 的容许最低速度以下时，宜设置爬坡车道。

(2)上坡路段的设计通行能力小于设计小时交通量时，宜设置爬坡车道。

(3)经设置爬坡车道与改善主线纵坡不设爬坡车道技术经济比较论证，设置爬坡车道的效益费用比和行车安全性较优。

上坡方向容许最低车速 表 1-2-6

设计速度(km/h)	120	100	80	60	40
容许最低速度(km/h)	60	55	50	40	25

纵坡设计中，对需设置爬坡车道的路段，应与减小主线纵坡不设爬坡车道的方案进行比较；对隧道、大桥、高架构造物及深挖方路段等特殊工程，当因设置爬坡车道使工程费用增加很大时，爬坡车道可暂不设置，视交通量增长对行车速度的影响程度在改建公路时再考虑是否设置爬坡车道；对双向六车道以上的高速公路，行车影响干扰的程度已不大，可不另行设置；对小客车较多的旅游公路或交通量很大、重载汽车比例较大的其他等级公路，也可参照上述条件，从工程建设目的、服务水平、工程投资规模综合分析后确定是否设置爬坡车道。

爬坡车道的宽度包括左侧路缘带 0.5m 在内(如图 1-2-4 所示)。由于爬坡车道上的车速要比主线上的车速低，故超高横坡度可相应减小，超高的旋转轴为爬坡车道内侧边缘，其超高横坡度如表 1-2-7 所示。

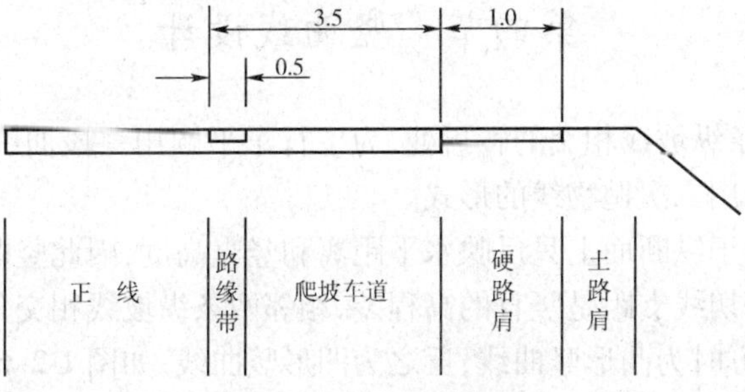

图 1-2-4 爬坡车道的宽度(尺寸单位：m)

爬坡车道的超高横坡度 表 1-2-7

行车道超高坡度(%)	10	9	8	7	6	5	4	3	2
爬坡车道的超高坡度(%)	5		4					3	2

爬坡车道的加宽按主线行车道加宽的有关规定进行。

爬坡车道的长度与起、终点按下述规定进行：

(1)爬坡车道的长度应与主线相应纵坡长度一致。

(2)爬坡车道起点、终点处应按规定设置分流、合流渐变段，其长度规定如表 1-2-8 所示。

(3)为使载重汽车车速恢复到容许最低速度，在爬坡车道终点处应设置表 1-2-9 规定的附加长度 L_2，以便载重汽车加速后顺利驶入主线行车道。该附加长度包括终点渐变段长度 60m

在内，如图 1-2-5 所示。

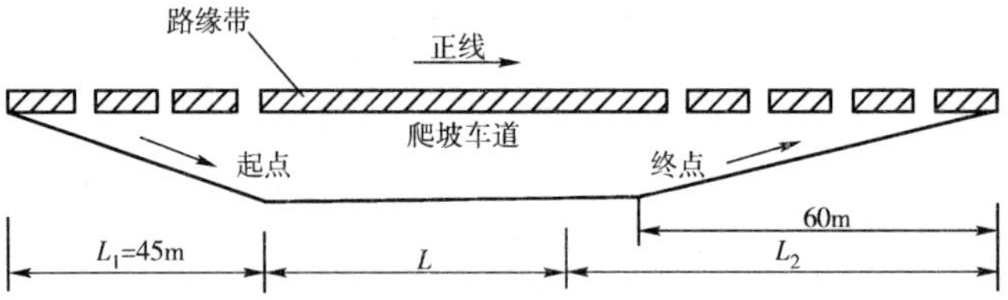

图 1-2-5　爬坡车道的长度

渐变段长度　　表 1-2-8

公路等级	分流渐变段长度(m)	合流渐变段长度(m)
高速公路、一级公路	100	150 ~ 200
二级公路	50	90

爬坡车道终点附加长度　　表 1-2-9

附加段的纵坡(%)	下坡	平坡	上坡			
			0.5	1.0	1.5	2.0
附加长度(m)	100	150	200	250	300	350

(4)设计爬坡车道时，应综合考虑爬坡车道与主线线形设计的关系，其起、终点应设在通视良好、便于辨认和过渡顺适的地点。

(5)高速公路、一级公路爬坡车道长度大于 500 m 时，应在其右侧应按规定设置应急停车带。

第四节　竖曲线设计

纵断面上相邻两条纵坡线相交的转折处，为了行车平顺用一段曲线来缓和，称为竖曲线。竖曲线的形状，通常采用二次抛物线的形式。

在纵坡设计时，由于纵断面上只反映水平距离和竖直高度，因此竖曲线的切线长与弧长是其在水平面上的投影，切线支距是竖直的高程差，相邻两条纵坡线相交角用转坡角表示。当竖曲线转坡点在曲线上方时为凸形竖曲线，反之为凹形竖曲线，如图 1-2-6 所示。

一、竖曲线要素计算公式

如图 1-2-7 所示，设转坡处相邻两纵坡度分别为 i_1 和 i_2，转坡角以 ω 表示，则转坡角 ω 为 i_1 与 i_2 的代数差，即 $\omega = i_1 - i_2$。

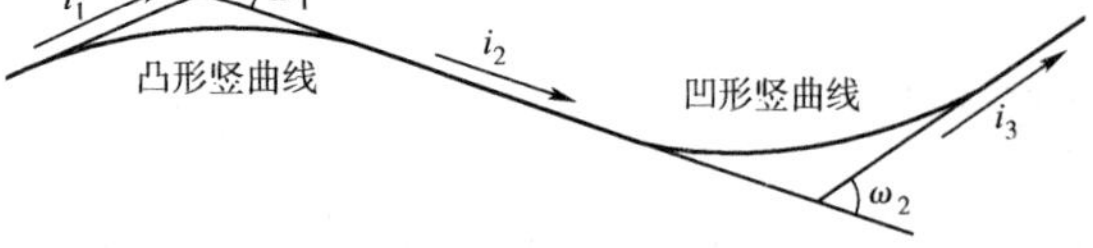

图 1-2-6　凹形竖曲线

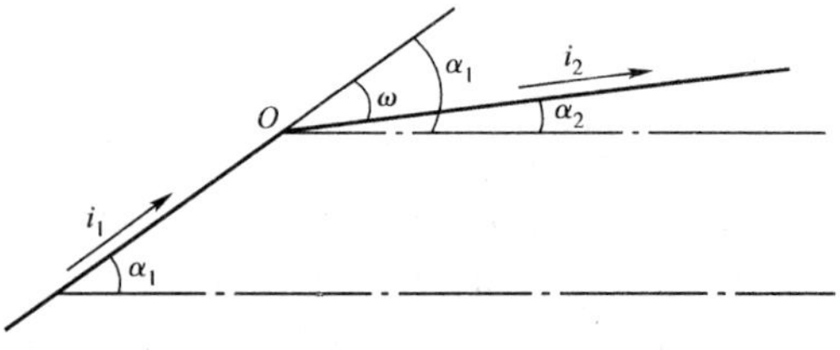

图 1-2-7　竖曲线要素计算

当 ω 为正值时，则为凸形竖曲线，当 ω 为负值时，则为凹形竖曲线。

（一）竖曲线基本方程式

二次抛物线作为竖曲线的基本线形是我国目前常用的一种形式。二次抛物线的基本方程为 $x^2=2Py$。由图1-2-8可知，若原点设在 O 点，则二次抛物线的参数（即原点的曲率半径）$P=R$，则：

$$x^2=2Ry$$

即
$$y=\frac{x^2}{2R} \tag{1-2-12}$$

式中：R——二次抛物线的参数（原点的曲线率半径），通常称为竖曲线半径，m；

其余符号意义同上。

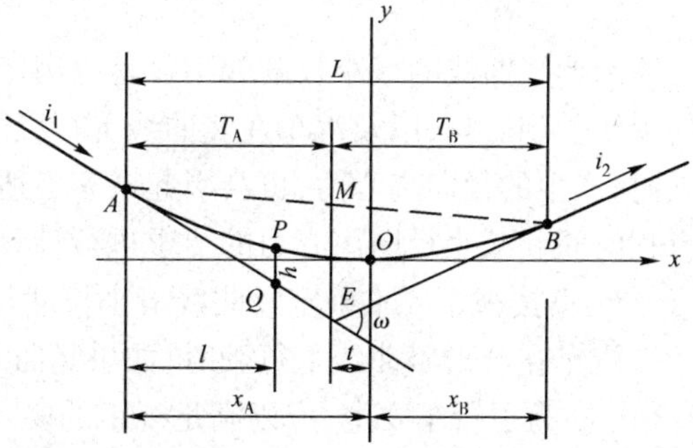

图1-2-8　二次抛物线的基本形式

（二）竖曲线要素计算公式

1. 切线上任意一点与竖曲线间的竖距 $h(PQ)$

$$PQ=y_p-y_q=\frac{1}{2R}(x_A-l)^2-(y_A-li_1)$$
$$=\frac{1}{2R}(x_A^2-2x_A\cdot l+l^2)-\left(\frac{x_A^2}{2R}-l\frac{x_A}{R}\right)$$

∴
$$h=PQ=\frac{l^2}{2R} \tag{1-2-13}$$

式中：h——切线上任意点至竖曲线上的竖向距离，m；

l——竖曲线上任意点 P 至切点 A 或 B 的水平距离，m；

其余符号意义见图1-2-8。

2. 曲线长 L

$$AB=x_B-x_A=Ri_2-Ri_1=R(i_2-i_1)$$

∴
$$L=R(i_2-i_1)=R\omega \tag{1-2-14}$$

式中：符号意义同上。

3. 切线长 T

$$T=T_B=T_A=\frac{L}{2}=\frac{1}{2}R\omega \tag{1-2-15}$$

式中：符号意义同上。

4. 外距 E

$$E=\frac{T_A^2}{2R}=\frac{T_B^2}{2R}$$

∴
$$E=\frac{T^2}{2R} \tag{1-2-16}$$

综上所述，竖曲线的要素计算公式为：

$$\left.\begin{aligned}L&=R\omega\\T&=\frac{L}{2}=\frac{1}{2}R\omega\\E&=\frac{T^2}{2R}\\h&=\frac{l^2}{2R}\end{aligned}\right\} \tag{1-2-17}$$

二、凸形竖曲线的最小长度和半径

凸形竖曲线的最小长度和半径是以满足汽车平顺地由直坡段过渡到竖曲线,不使驾驶员的视线受到影响,以及汽车在竖曲线上行程时间不宜过短来考虑的。此外,汽车在竖曲线上行驶时,产生的径向离心力,也会引起乘客不适。所以,凸形竖曲线的最小长度与半径是按视距、行程时间和减小径向离心力的要求进行计算的。

(一)按视距要求确定竖曲线最小长度与半径

汽车在凸形竖曲线上行驶时,如果竖曲线半径太小,会阻挡驾驶员视线而产生盲区(见图1-2-9)。为了行车安全,应以满足视距的要求,按竖曲线长度 L 和停车视距 $S_停$ 的关系分两种情况。

1. 当竖曲线长度 L 小于停车视距 $S_停$

如图1-2-10所示,设驾驶员眼睛离路面的高度 $h_1=1.2$m,前方障碍物离路面的高度 $h_2=0.1$m。

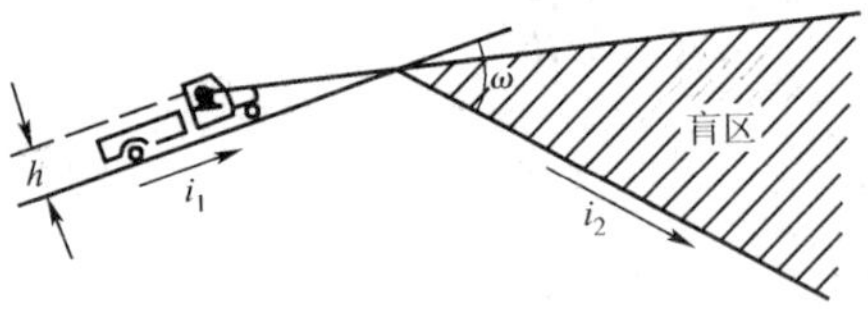

图1-2-9 盲区

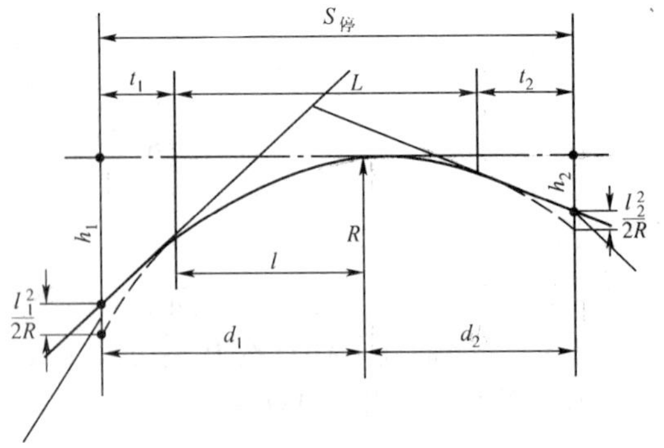

图1-2-10 竖曲线长度 L 小于停车视距 $S_停$

将竖曲线延长至 h_1 与 h_2 的竖直方向上,则可求得:

$$h_1=\frac{d_1^2}{2R}-\frac{t_1^2}{2R} \text{ 则 } d_1=\sqrt{2Rh_1+t_1^2}$$

$$h_2=\frac{d_2^2}{2R}-\frac{t_2^2}{2R} \text{ 则 } d_2=\sqrt{2Rh_2+t_2^2}$$

$$t_1=d_1-l=\sqrt{2Rh_1+t_1^2}-l$$

则

$$t_1=\frac{Rh_1}{l}-\frac{l}{2}$$

因

$$t_2=d_2-(L-l)=\sqrt{2Rh_2+t_2^2}-(L-l)$$

则

$$t_2=\frac{Rh_2}{L-l}-\frac{L-l}{2}$$

停车视距长度为:

$$S_停=t_1+L+t_2=\frac{Rh_1}{L}+\frac{L}{2}+\frac{Rh_2}{L-l} \tag{1-2-18}$$

为求得 $S_停$ 为最小值时的 l,可令 $\mathrm{d}S_停/\mathrm{d}l=0$,则:

$$\frac{dS_{停}}{dl}=-\frac{lh_1}{l^2}+\frac{Rh_2}{(L-l)^2}=0$$

解得 $l=\frac{\sqrt{h_1}}{\sqrt{h_1}+\sqrt{h_2}}\cdot L$,代入式(1-2-18),则:

$$S_{停}=\frac{R}{L}(\sqrt{h_1}+\sqrt{h_2})^2+\frac{L}{2}=\frac{1}{\omega}(\sqrt{h_1}+\sqrt{h_2})^2+\frac{L}{2}$$

凸形竖曲线最小长度为:

$$L_{\min}=2S_{停}-\frac{4}{\omega} \tag{1-2-19}$$

凸形竖曲线最小半径为:

$$R_{\min}=\frac{L_{\min}}{\omega}=\frac{1}{\omega}\left(2S_{停}-\frac{4}{\omega}\right) \tag{1-2-20}$$

式中:$L_{\min}$——凸形竖曲线最小长度,m;

$R_{\min}$——凸形竖曲线最小半径,m;

$S_{停}$——停车视距,m;

ω——转坡角,%。

2. 当竖曲线长度 L 大于停车视距 $S_{停}$

如图 1-2-11 所示,则有:

$$h_1=\frac{d_1^2}{2R} \qquad 则 \qquad d_1=\sqrt{2Rh_1}$$

$$h_2=\frac{d_2^2}{2R} \qquad 则 \qquad d_2=\sqrt{2Rh_2}$$

$$S_{停}=d_1+d_2=\sqrt{2R}(\sqrt{h_1}+\sqrt{h_2})$$

$$=\sqrt{\frac{2L}{\omega}}(\sqrt{h_1}+\sqrt{h_2})$$

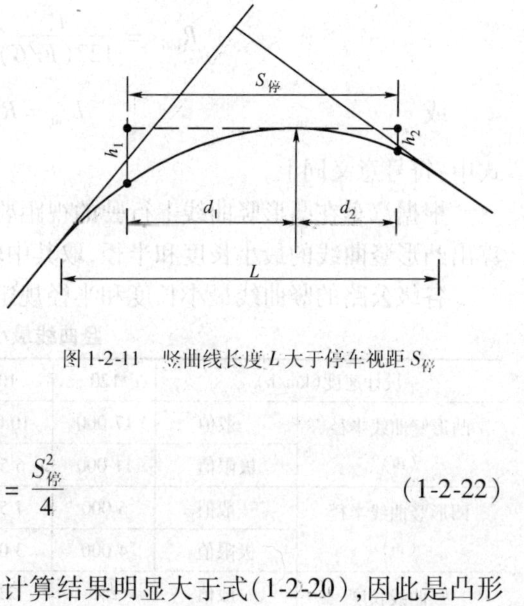

图 1-2-11 竖曲线长度 L 大于停车视距 $S_{停}$

凸形竖曲线最小长度为:

$$L_{\min}=\frac{S_{停}^2\cdot\omega}{4} \tag{1-2-21}$$

凸形竖曲线最小半径为:

$$R_{\min}=\frac{L_{\min}}{\omega}=\frac{S_{停}^2}{4} \tag{1-2-22}$$

式中:符号意义同前。

从以上两种情况的计算公式可知,式(1-2-22)计算结果明显大于式(1-2-20),因此是凸形竖曲线上满足视距要求的计算公式。

(二)按行程时间求竖曲线最小长度和半径

汽车从直坡段驶入竖曲线时,当竖曲线的转坡角很小,即使半径较大,如果其竖曲线长度过短,汽车倏忽而过,冲击力大,旅客会感到不舒适,太短的竖曲线长度从视觉上也会感到线形突然转折。因此,应限制汽车在竖曲线上的行程时间不宜过短,以此来控制竖曲线的最小长度和半径,即:

$$L_{\min}=\frac{v}{3.6}t$$

$$或\ R_{min} = \frac{L_{min}}{\omega} = \frac{v}{3.6\omega}t \tag{1-2-23}$$

式中：v——计算行车速度，km/h；

t——汽车在竖曲线上行程时间，一般取 $t=3s$。

（三）按径向离心力求竖曲线最小长度和半径

汽车在竖曲线上行驶时，产生径向离心力。这个力在凸形竖曲线上是减少重力，在凹形竖曲线上是增加重力，如果这种离心力达到某种程度时，旅客就会有不舒适的感觉，同时对汽车的悬挂系统也有不利影响。因此，应对径向离心力加以控制。汽车在竖曲线上行驶时其径向离心力为：

$$F = \frac{G}{g} \cdot \frac{v^2}{R} = \frac{Gv^2}{127R} \tag{1-2-24}$$

式中：F——径向离心力，N；

G——汽车的总重力，N；

g——重力加速度，m/s^2；

v——计算行车速度，km/h；

R——竖曲线半径，m。

为保证车辆在竖曲线上行驶的安全和舒适，根据试验得知，一般应将 F/G 控制在 0.025 以内，则得竖曲线最小半径为：

$$R_{min} = \frac{v^2}{127(F/G)} = \frac{v^2}{127 \times 0.025} = \frac{v^2}{3.2} \tag{1-2-25}$$

或

$$L_{min} = R_{min} \cdot \omega = \frac{v^2}{3.2}\omega \tag{1-2-26}$$

式中：符号意义同上。

根据汽车在凸形竖曲线上行驶的视距要求、行程时间及径向离心力三种影响因素，分别计算出凸形竖曲线的最小长度和半径，取其中较大者作为确定依据。

各级公路的竖曲线最小长度和半径规定如表 1-2-10 所示。

竖曲线最小半径和最小长度 表 1-2-10

设计速度(km/h)		120	100	80	60	40	30	20
凸形竖曲线半径(m)	一般值	17 000	10 000	4 500	2 000	700	400	200
	极限值	11 000	6 500	3 000	1 400	450	250	100
凹形竖曲线半径(m)	一般值	6 000	4 500	3 000	1 500	700	400	200
	极限值	4 000	3 000	2 000	1 000	450	250	100
竖曲线长度(m)	一般值	250	210	170	120	90	60	50
	极限值	100	85	70	50	35	25	20

三、凹形竖曲线的最小长度与半径

确定凹形竖曲线的最小长度与半径的影响因素（即视距的要求、行程时间和径向离心力）与凸形竖曲线基本相同，主要异同点是：

（1）凹形竖曲线的径向离心力和行程时间的计算公式与凸形竖曲线完全相同，但凹形竖曲线与凸形竖曲线所产生的径向离心力，前者是增重作用，后者是减重作用，当这种径向离心力增大到一定程度时,都会使乘客感到不适。具体可参见凸形竖曲线。

(2)凸形竖曲线最不利的情况是以满足视距要求作为主要控制因素的,而凹形竖曲线最不利的情况是以径向离心力产生的冲击力不应过大作为主要控制因素,因为这种冲击力在相同的条件下,对凹形竖曲线更为严重。

(3)在公路等级和地形条件相同的条件下,凸形竖曲线的最小半径值较之凹形竖曲线的最小半径值为高,这主要是凸形竖曲线的视距要求更高所致,将其值取得大一些才更为合理。见表1-2-10所示。

(4)凹形竖曲线的视距是以保证夜间行车安全,前灯照明应有足够的视距,如图1-2-12所示。设车前灯高度为 h,车前灯光束扩散角为 δ,则按竖曲线长度 L 与停车视距 $S_{停}$ 分两种情况:

①竖曲线长度 L 小于停车视距 $S_{停}$ 时,如图1-2-12所示。

$$S_{停} = L + l \quad 则\ l = S_{停} - L$$

$$h + S_{停}\tan\delta = \frac{(L+l)^2}{2R} - \frac{l^2}{2R} = \frac{\omega(2S_{停} - L)}{2}$$

解得:

$$L_{\min} = 2\left(S_{停} - \frac{h + S_{停}\tan\delta}{\omega}\right) \tag{1-2-27}$$

②竖曲线长度 L 大于停车视距 $S_{停}$ 时,如图1-2-13所示。

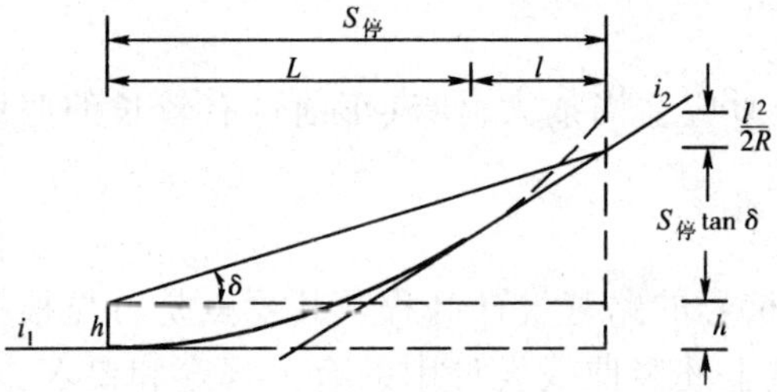

图1-2-12 车前灯照射距离($L<S_{停}$)

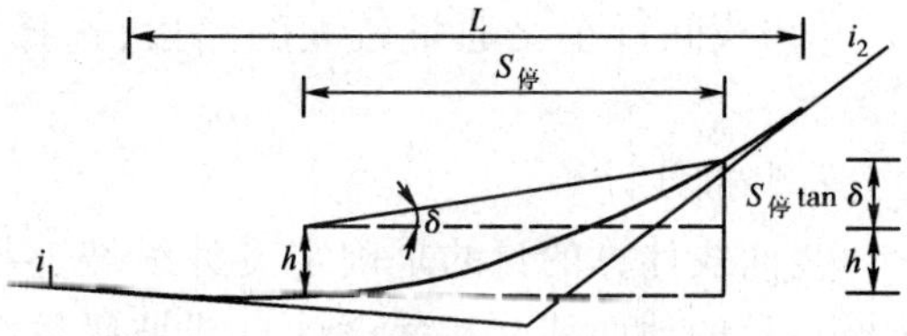

图1-2-13 车前灯照射距离($L \geqslant S_{停}$)

$$h + S_{停}\tan\delta = \frac{S_{停}}{2R} = \frac{S_{停}^2\,\omega}{2L} \tag{1-2-28}$$

$$L_{\min} = \frac{S_{停}^2\,\omega}{2(h + S_{停}\tan\delta)}$$

式中:h——车前灯高度,一般 $h = 0.75\mathrm{m}$;

δ——车前灯光束扩散角,一般 $\delta = 1.5°$;

其余符号意义同前。

根据汽车在凹形竖曲线上行驶的三种影响因素,并以径向离心力为主要控制,即可确定凹形竖曲线的最小长度和半径。《标准》规定的各级公路的凹形竖曲线最小长度和最小半径如表1-2-10所示。

四、竖曲线设计与计算

1.竖曲线设计

竖曲线设计,首先要合理地确定竖曲线半径和长度。如表1-2-10所示,表中规定的一般最小半径约为极限最小半径的1.5～2.5倍。因此，当条件许可时应尽量采用大于一般最小半径，只有当地形受到限制或其他特殊困难时，方可采用极限最小半径。对设计速度较高的公路，为了使公路的线形获得理想的视觉效果，还宜从视觉观点确定最小半径值，如表1-2-11所示。

视觉所需要的最小竖曲线半径值 表1-2-11

设计速度(km/h)	竖曲线半径(m)	
	凸　形	凹　形
120	20 000	12 000
100	16 000	10 000
80	12 000	8 000
60	9 000	6 000
40	3 000	2 000

竖曲线半径选择主要考虑以下因素：

(1)同向竖曲线间，特别是同向凹形竖曲线之间，当竖曲线半径小于10 000m，如果直线坡段不长，应合并为单曲线或复曲线，以避免出现断背曲线。

(2)反向竖曲线之间，为使汽车的增重与减重之间有一过渡段，应尽量在中间设置一段直线坡段，以利于汽车行驶的过渡。直线坡段的长度一般以不小于3s的行程时间为宜。当插入直线段有困难时，也可直接连接。

(3)在不过分增加土石方数量情况下，为使行车舒适，应尽量采用较大半径。

(4)根据竖曲线范围内的纵断面地面线起伏情况和高程控制要求，尽量考虑土石方填挖平衡，确定合适的外距值，按外距控制选择半径。

(5)夜间行车交通量较大的路段，选择半径时应适当加大，使汽车前灯有较长的照射距离。

2. 竖曲线计算

竖曲线计算的目的是确定设计纵坡上指定桩号的路基设计高程。其要点是首先根据转坡点处的地面线与相邻设计直线坡段情况，按上述竖曲线设计中的有关规定和要求，合理地选定竖曲线半径。其次，根据转坡点相邻纵坡度 i_1、i_2 和已确定的半径 R，计算出竖曲线的基本要素 ω、L、T、E 及竖曲线起、终点桩号。第三，分别计算出指定桩号的切线设计高程，指定桩号至竖曲线起(或终)点间的平距 l 和指定桩号的竖距 h。则指定桩号的路基设计高程为：

$$凸形竖曲线:路基设计高程 = 切线设计高程 - h$$

$$凹形竖曲线:路基设计高程 = 切线设计高程 + h$$

其中竖曲线的起、终点桩号为：

$$竖曲线起点桩号 = 转坡点桩号 - 切线长\ T$$

$$竖曲线终点桩号 = 转坡点桩号 + 切线长\ T$$

切线设计高程和竖距 h 分别为：

$$切线设计高程 = 转坡点高程 \pm (切线长\ T - 平距\ l) \cdot i$$

$$竖距\ h = \frac{l^2}{2R}$$

【例1-2-1】 某山岭区二级公路，转坡点设在K6+140桩号处，其高程为428.90m，两相邻坡段的前坡 $i_1 = +4.0\%$，后坡 $i_2 = -5.0\%$，选用竖曲线半径 $R = 2\,000$m。试计算竖曲线要素及桩号K6+080和K6+180处的路基设计高程。

1. 计算竖曲线要素

转坡角：$\omega = i_1 - i_2 = 0.04 - (-0.05) = 0.09 \quad \omega > 0$，为凸形竖曲线。

曲线长：$L = R\omega = 2\,000 \times 0.09 = 180\text{m}$

切线长：$T = L/2 = \frac{180}{2} = 90\text{m}$

外　距：$E = \frac{T^2}{2R} = \frac{90^2}{2 \times 2\,000} = 2.03\text{m}$

2. 计算竖曲线起、终点桩号

竖曲线起点桩号 $= (\text{K6} + 140) - 90 = \text{K6} + 050$

竖曲线终点桩号 $= (\text{K6} + 140) + 90 = \text{K6} + 230$

3. 计算路基设计高程

桩号 K6 +080 处

平距 $l = (\text{K6} + 080) - (\text{K6} + 050) = 30\text{m}$

竖距 $h = \frac{l^2}{2R} = \frac{30^2}{2 \times 2\,000} = 0.23\text{m}$

切线高程 $= 428.9 - 60 \times 0.04 = 426.50\text{m}$

设计高程 $= 426.50 - 0.23 = 426.27\text{m}$

桩号 K6 +160 处

平距 $l = (\text{K6} + 230) - (\text{K6} + 160) = 70\text{m}$

竖距 $h = \frac{l^2}{2R} = \frac{70^2}{2 \times 2\,000} = 1.23\text{m}$

切线高程 $= 428.9 - 20 \times 0.05 = 427.90\text{m}$

设计高程 $= 427.90 - 1.23 = 426.67\text{m}$

第五节　平面和纵面线形组合设计

公路平面和纵面线形组合设计是指在满足汽车运动学和力学要求的前提下，结合地形、地物、景观、视觉和经济性等，研究如何满足驾驶员在视觉和心理方面的连续性、舒适性以及与周围环境相协调，以保证汽车行驶的安全、舒适与经济。

一、平面和纵面线形组合原则

公路平面和纵面线形组合应遵循以下设计原则：

(1)应在视觉上能自然地诱导驾驶员的视线，并保持视觉的连续性。

(2)平面、纵断面线形的技术指标应大小均衡，避免出现平面高标准，纵断面低标准，或与此相反的情况，使线形在视觉上、心理上保持协调。

(3)选择组合得当的合成坡度，以利于路面排水和行车安全。

(4)平、纵面线形组合应注意与周围环境相配合，充分利用公路周围的地貌、地形、天然树林、建筑物等，尽量保持自然景观的连续，以消除景观单调感，使公路与大自然融为一体。

二、平曲线与竖曲线组合

(1)平曲线与竖曲线相互重合，使平曲线稍长于竖曲线，并将竖曲线的起、终点分别放在平曲线的两个缓和曲线的中间，这是平、纵面最好的组合，如图1-2-14所示。如果做不到平曲线与竖曲线较好的组合，而两者的半径均较小时（一般指平曲线半径小于一般最小半径值），宁可把平曲线、竖曲线错开相当距离，使竖曲线位于平面的直线上，但如果平曲线与竖曲线半径都很大，则平、竖曲线的位置可不受上述限制。

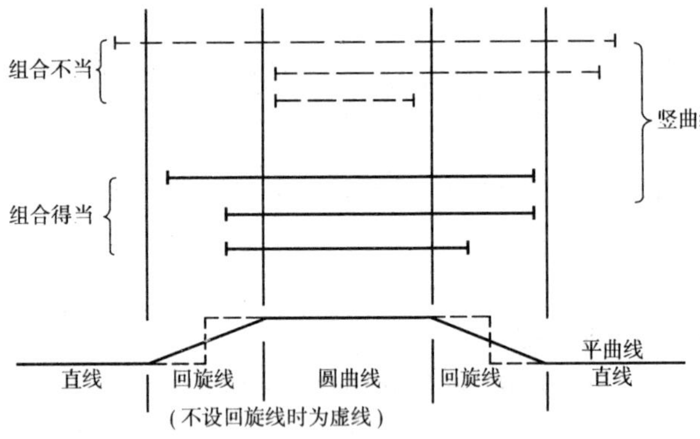

图1-2-14 平、纵面最好的组合

（2）平面曲线与竖曲线的大小应保持均衡。如果其中一方大而平缓时，则另一方也要与之相适应，不能变化过多。一个平曲线内含有两个以上的竖曲线或与此相反的情况，总给人一种不舒服的感觉。

平曲线与竖曲线重合时，如果平曲线不大于1 000m，当竖曲线半径为平曲线半径的10～20倍时，可在视觉上获得满意的效果。

（3）在下列情况下，平曲线与竖曲线应避免组合：

①凸形竖曲线的顶部和凹形竖曲线的底部，应避免插入小半径平曲线；凸形竖曲线的顶部，不得与反向平曲线的拐点重合。

如果在凸形竖曲线的顶部设有小半径的平曲线，驾驶员须驶近坡顶才能发现平曲线，会导致紧急制动并急转方向盘而易发行车危险；在凹形竖曲线的底部设有小半径平曲线，会因汽车高速下坡时急转弯，同样可能发生行车危险。

凸形竖曲线的顶部，不得与反向平曲线的拐点重合。主要是因为这样的组合除存在上述所列情况外，还因组合后的扭曲使线形很不美观。

②小半径竖曲线不宜与缓和曲线相互重叠。

（4）线形设计中应避免的组合如下：

①小半径的平曲线起、讫点不得设在或接近凸形竖曲线的顶部和凹形竖曲线的底部。

②长平曲线内不得设置短的竖曲线；长竖曲线内也不得设置短的平曲线。

③凸形竖曲线的顶部和凹形竖曲线的底部，不得与反向平曲线的拐点重合。

④直线上的纵面线形应避免出现驼峰、暗凹、跳跃、断背等使驾驶者视觉中断的线形。

⑤直线段内不得插入短的竖曲线。

⑥小半径竖曲线不宜与回旋曲线相互重叠。

⑦避免在长直线上设置坡陡或曲线长度短、半径小的凹形竖曲线。

⑧应避免急弯与陡坡相重合。

⑨应避免短的平曲线与短的凸形竖曲线组合。

⑩应避免驾驶者视线距离内存在两个以上的平曲线或竖曲线。

⑪应避免平曲线与竖曲线错位的组合。

三、平面与纵坡的组合

平面与纵坡组合时，在平面的长直线上不宜设置陡坡，并应避免在长陡坡下端设置小半径平曲线。有条件时，应将合成坡度的控制与线形组合设计相结合，一般最大合成坡度不宜大于8%，最小合成坡度不小于0.5%。特别应避免急弯与陡坡相重合的线形、以策安全。

在直线上的纵面线形应避免出现驼峰、暗凹、跳跃等使驾驶员视觉中断的线形。特别是在短直线上反复变坡更会加剧上述现象的发生，使线形既不美观也不连贯。所以，只要路线有起伏，就不要采用长直线，最好使平面线形随纵坡的变化略加转折，同时注意平、纵曲线的合理组合。但应避免纵坡有3次以上的较大起伏，而使驾驶员视觉中断。

平、纵面线形的组合，必要时还应绘制透视图进行分析研究。各种直线和曲线组合的立体线形要素如图1-2-15所示。

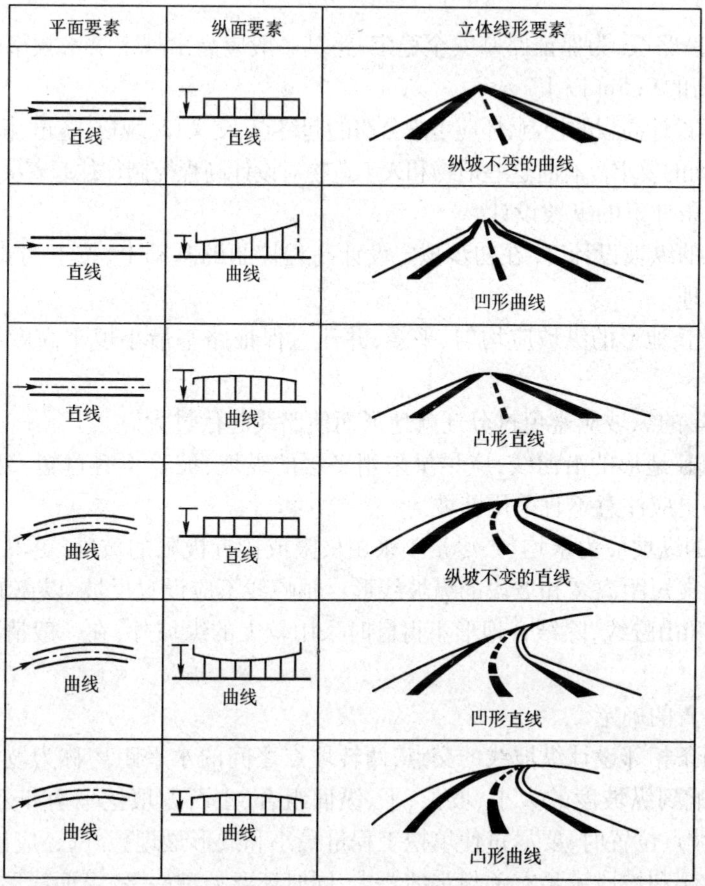

图1-2-15　立体线形要素

第六节　纵断面设计

纵断面设计的主要内容是根据公路等级和相应的有关规定，以及路线自然条件和拟建构造物的高程要求等，确定路线适当的高程、各坡段的纵坡和坡长，并设计竖曲线。

一、纵断面设计要点

纵断面设计首先涉及的内容是纵断面线形布置,它包括不同地形条件下的设计高程控制,各坡段的纵坡设计和转坡点位置确定等。

1. 各种地形条件下的高程控制

所谓设计高程的控制,是指在纵坡设计时将路线安排走在哪一个高度上最为合适。

(1)在平原区,地形平坦,河沟纵横交错,地面水源多,地下水位较高,因此,路线设计高程主要由保证路基稳定的最小填土高度所控制。

(2)在丘陵地区,地面有一定的高差,除局部地段外路线在纵断面上克服高差不很困难。因此,设计高程的选定,主要由土石方平衡和降低工程造价所控制。

(3)在山岭地区,地形变化频繁,地面自然坡度大,布线有一定的困难。因此,设计高程主要由纵坡度和坡长所控制,但也要从土石方尽量平衡及路基防护工程经济性等方面考虑,力求降低工程造价。

(4)沿溪(河)路段,为保证路基安全稳定,路基一般应高出规定洪水频率的计算水位加壅水高、波浪侵袭高的0.5m以上。

此外,纵断面设计高程的控制,还应考虑公路的起终点、交叉口、垭口、隧道、桥梁、排灌涵洞、地质不良地段等方面的要求。有时这些地物和人工造物对设计高程控制往往起着决定性的作用。

2. 各种地形条件下的纵坡设计

对不同地形的纵坡设计,要在初步拟定设计高程控制的基础上,按下列要求和规定进行,以求纵坡设计合理:

(1)平原、微丘地形的纵坡应均匀、平缓,并注意保证路基最小填土高度和最小排水纵坡的要求。

(2)丘陵地形的纵坡应避免过分迁就地形而使路线起伏过大。

(3)山岭、重丘地形的沿河线,应尽量采用平缓的纵坡,坡长不宜过短,纵坡度不宜过大,较高等级的公路更应注意不宜采用陡坡。

(4)越岭线的纵坡应力求均匀,尽量不采用极限或接近极限的坡度,更不宜连续采用极限长度的陡坡之间夹短距离缓和坡段的纵坡线形。越岭线不应设置反坡,以免浪费高程。

(5)山脊线和山腰线,除结合地形不得已时采用较大的纵坡外,在一般情况下应采用平缓的纵坡。

3. 转坡点位置的确定

转坡点是两条相邻设计纵坡线的交点,两转坡点之间的水平距离称为坡长。转坡点位置的确定,直接影响到纵坡度的大小、坡长、平、纵面组合、土石方填挖平衡和公路的使用质量。因此,在确定转坡点位置时,要尽量使填挖工程量最小和线形最理想外,还应使最大纵坡、最小纵坡、坡长限制、缓和坡段满足有关规定的要求,同时还要处理好平、纵面线形的相互配合和协调。此外,为方便设计和计算,转坡点的位置一般应设在10m的整数桩号处。

二、纵断面设计方法与步骤

公路的纵坡是通过公路定线和室内设计两个阶段来实现的。在定线阶段,选线人员在现场或纸上定线时结合平面线形、地形等已对公路纵坡做了全面的考虑,所以纵断面设计由选线人员在室内根据选线时的记录,以及桥涵、地质等方面对路线的要求,综合考虑工程技术与经济的因素，最后定出路线的纵坡。

纵断面设计一般按以下方法与步骤进行。

（一）准备工作

纵坡设计（俗称拉坡）前首先应搜集和研究地形、地质、水文、筑路材料的各项记录、图表等野外资料，熟悉领会设计意图和各项具体要求。然后，在纵断面图上点绘出里程、桩号、地面高程和地面线、直线与平曲线，并将桥梁、涵洞、隧道、交叉、地质、土质等与纵坡设计有关的资料在纵断面图上标明，以便供拉坡时参考。

（二）纵坡设计

1. 标注控制点

控制点是指影响纵坡设计的高程控制点。如路线的起终点、垭口、桥涵、地质不良地段、最小填土高度、最大挖深、沿河线的洪水位、隧道进出口、路线交叉点以及受其他因素限制路线必须通过的高程控制点等，都应作为控制坡度的依据。

对于山岭重丘区公路，除上述控制点外，还有根据路基填挖平衡关系控制路中心填挖值的高程点，称为经济点，如图 1-2-16 所示。其含义是指如果纵坡设计线刚好通过该经济点，则在相应横断面上填方和挖方基本平衡。经济点的位置是用“路基断面透明模板”在横断面图上得到的。如图 1-2-17 所示，路基断面透明模板可用透明胶片或透明描图纸制作，在其上按比例绘制路基宽度和各种不同边坡坡度线。使用时将透明模板扣在横断面图上，中心线与路基中心线重合，上下移动透明模板，使填、挖面积大致相等，此时透明模板上路基顶面至地面线之间的高差即为经济填挖值，将这些值点绘到纵断面相应的桩号上即为经济点。

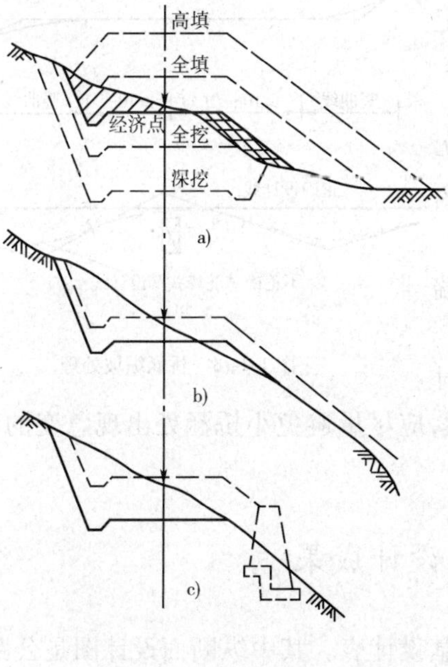

图 1-2-16 横断面上的经济点

a）半填半挖；b）多挖少填；c）全挖路基

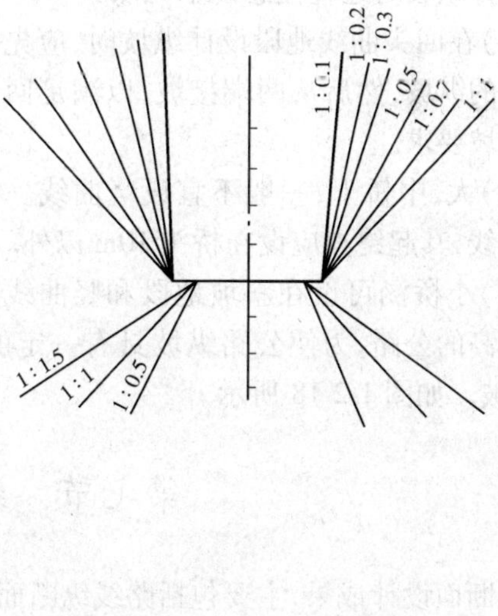

图 1-2-17 路基断面透明模板

控制点和经济点在纵断面图上的标记，通常可用不同的符号表示，如经济点用“⊙”；必须通过的控制点用“×”；路线只能上不能下的控制点用“♂”；只能下不能上的控制点用“♀”；设置挡土墙时用“△”等。

2. 试定纵坡

在已标出控制点与经济点的纵断面图上，以控制点为依据，尽量照顾经济点为原则，根据定线意图,结合地面起伏情况,在控制点与经济点之间进行插点穿线,试定出纵坡。在试定纵坡时,每定一个转坡点,均需全面考虑前后几个转坡点的情况,要前后照顾,标出转坡点的位置。一般来说,如果试定的纵坡线既能符合技术标准,又能满足控制点要求,而且土石方工程量又较省,则这样的设计纵坡是最理想的,关键是要反复比较,全局考虑,抓住主要矛盾。

3. 调整纵坡

试定纵坡之后,首先将所定的坡度与定线时所考虑的坡度进行比较,两者应基本相符,若有较大差异,应全面分析,找出原因,决定取舍。然后检查纵坡度、坡长、合成坡度等是否符合《规范》规定,平、纵面组合是否合理,若有问题应进行调整。

调整纵坡的方法一般有抬高、降低、延长、缩短坡线和加大、减小纵坡度等。调整时应以少脱离控制点,尽量减少填挖量,与自然条件协调为原则,使调整后的纵坡与试定纵坡基本相符,以避免因纵坡调整产生填挖不合理等现象。

4. 与横断面进行核对

根据已调整的纵坡线,选择有控制意义的重点横断面,如高填深挖、挡土墙、重要桥涵等横断面,在纵断面图上直接估读出填挖高度,对照相应的横断面图进行认真的核对和检查。若出现填挖工程量过大、填方坡脚落空以及挡土墙工程量过大等情况,应再次调整纵坡线,直到满足为止。

5. 确定纵坡

纵坡线经调整核对无误后,即可确定纵坡。方法是从起点开始,按纵坡度和坡长分别计算出各转坡点的设计高程。公路的起终点设计高程是根据接线的需要事先确定的。转坡点设计高程确定后,公路纵坡设计线也随之确定。

设计纵坡时还应注意以下几点:

(1)在回头曲线地段设计纵坡时,应先确定回头曲线上的纵坡,然后从两端接坡,以满足回头曲线的特殊纵坡要求。

(2)大、中桥上,一般不宜设竖曲线。桥头两端的竖曲线,其起终点应设在桥头10m以外。

(3)小桥涵可设在斜坡地段和竖曲线上。但对等级较高的公路,为使公路纵坡具有一定的平顺性,应尽量避免小桥涵处出现急变的“驼峰式”纵坡。如图1-2-18所示。

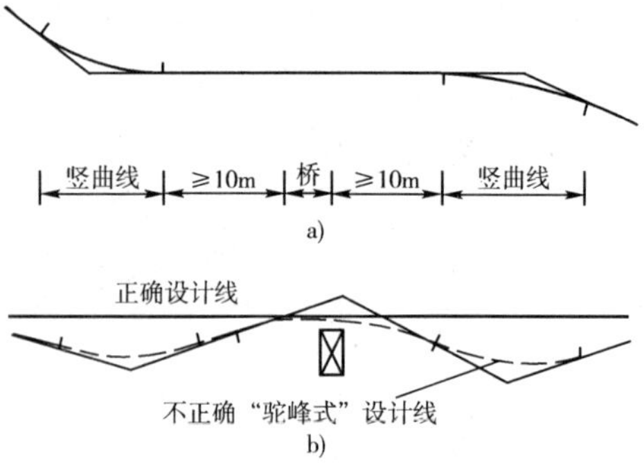

图1-2-18 桥涵纵坡处理

第七节 纵断面设计成果

纵断面设计成果,主要包括路线纵断面图和路基设计表。其中纵断面设计图是公路设计的重要文件之一,它反映路线所经范围的中心地面起伏情况与设计纵坡之间的关系。把纵断面线形与平面线形组合起来,就能反映出公路线形在空间的位置。

一、纵断面图的绘制

纵断面图采用直角坐标,以横坐标表示里程桩号,纵坐标表示高程。为了清楚地反映路中

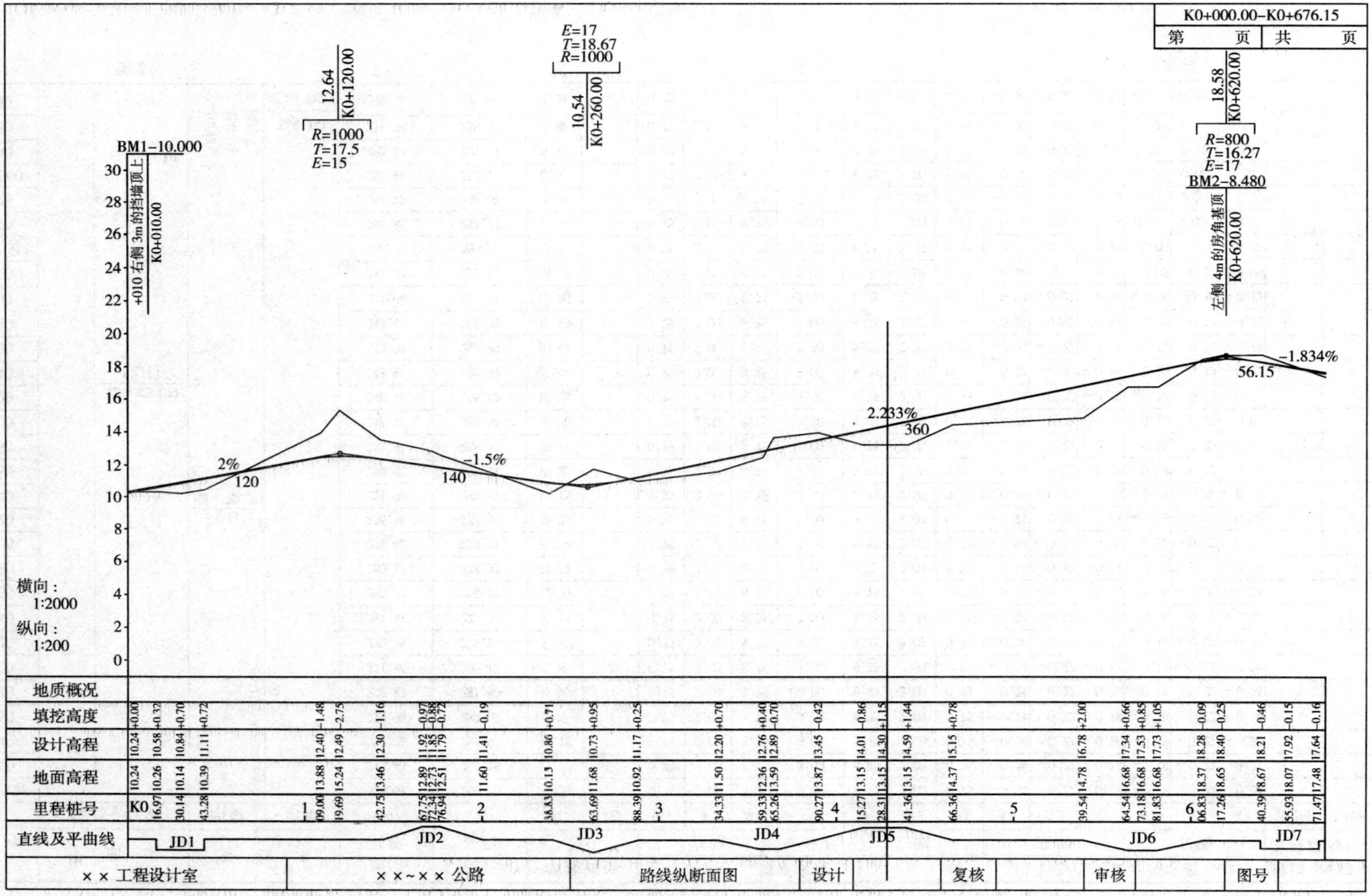

图 1-2-19　纵断面图标准格式

路基设计表

表 1-2-12

桩号	平曲线		竖曲线		地面高程(m)	设计高程(m)	填挖高度(m)		路基宽度(m)							以下各点与设计高之差(m)						拔口、拔脚至中桩距离(m)		备注
									左侧			中分带	右侧			左侧			右侧					
	左偏	右偏	凹型	凸型			填	挖	W1	W2	W3	W0	W3	W2	W1	A1	A2	A3	A3	A2	A1	左侧	右侧	
K8+500					276.01	286.53	10.53		0.75	2.00	8.75	3.00	8.75	2.00	0.75	-0.24	-0.22	-0.18	-0.18	-0.22	-0.24			
+520					273.48	285.25	11.77		0.75	2.00	8.75	3.00	8.75	2.00	0.75	-0.24	-0.22	-0.18	-0.18	-0.22	-0.24			
+540					271.79	283.97	12.18		0.75	2.00	8.75	3.00	8.75	2.00	0.75	-0.24	-0.22	-0.18	-0.18	-0.22	-0.24			
+560					272.90	282.69	9.78		0.75	2.00	8.75	3.00	8.75	2.00	0.75	-0.24	-0.22	-0.18	-0.18	-0.22	-0.24			
+580			-6.41%	580	272.83	281.40	8.58		0.75	2.00	8.75	3.00	8.75	2.00	0.75	-0.24	-0.22	-0.18	-0.18	-0.22	-0.24			
+600					271.84	280.12	8.28		0.75	2.00	8.75	3.00	8.75	2.00	0.75	-0.24	-0.22	-0.18	-0.18	-0.22	-0.24			
+620					270.58	278.84	8.26		0.75	2.00	8.75	3.00	8.75	2.00	0.75	-0.24	-0.22	-0.18	-0.18	-0.22	-0.24			
+640					267.41	277.56	10.14		0.75	2.00	8.75	3.00	8.75	2.00	0.75	-0.24	-0.22	-0.18	-0.18	-0.22	-0.24			
+660					263.29	276.27	12.99		0.75	2.00	8.75	3.00	8.75	2.00	0.75	-0.24	-0.22	-0.18	-0.18	-0.22	-0.24			
+680					260.11	274.99	14.88		0.75	2.00	8.75	3.00	8.75	2.00	0.75	-0.24	-0.22	-0.18	-0.18	-0.22	-0.24			
+700					258.42	273.71	15.29		0.75	2.00	8.75	3.00	8.75	2.00	0.75	-0.24	-0.22	-0.18	-0.18	-0.22	-0.24			
+720			QD		256.18	272.42	16.25		0.75	2.00	8.75	3.00	8.75	2.00	0.75	-0.24	-0.22	-0.18	-0.18	-0.22	-0.24			
+740			K8+729.310		251.99	271.15	19.15		0.75	2.00	8.75	3.00	8.75	2.00	0.75	-0.24	-0.22	-0.18	-0.18	-0.22	-0.24			
+760					250.68	269.91	19.22		0.75	2.00	8.75	3.00	8.75	2.00	0.75	-0.24	-0.22	-0.18	-0.18	-0.22	-0.24			
+780					248.99	268.70	19.71		0.75	2.00	8.75	3.00	8.75	2.00	0.75	-0.24	-0.22	-0.18	-0.18	-0.22	-0.24			
+800					248.78	267.54	18.76		0.75	2.00	8.75	3.00	8.75	2.00	0.75	-0.24	-0.22	-0.18	-0.18	-0.22	-0.24			
+820		K8+823.079			248.14	266.42	18.28		0.75	2.00	8.75	3.00	8.75	2.00	0.75	-0.24	-0.22	-0.18	-0.18	-0.22	-0.24			
+840		(ZH)			243.91	265.34	21.44		0.75	2.00	8.75	3.00	8.75	2.00	0.75	-0.24	-0.22	-0.18	-0.15	-0.19	-0.21			
+860					243.89	264.30	20.41		0.75	2.00	8.75	3.00	8.75	2.00	0.75	-0.24	-0.22	-0.18	-0.13	-0.16	-0.18			
+880					245.47	263.30	17.83		0.75	2.00	8.75	3.00	8.75	2.00	0.75	-0.24	-0.22	-0.18	-0.10	-0.13	-0.15			
+900					244.94	262.34	17.40		0.75	2.00	8.75	3.00	8.75	2.00	0.75	-0.24	-0.22	-0.18	-0.08	-0.10	-0.12			
+920					245.14	261.41	16.28		0.75	2.00	8.75	3.00	8.75	2.00	0.75	-0.24	-0.22	-0.18	-0.05	-0.07	-0.09			
+947.663					246.50	260.21	13.71		0.75	2.00	8.75	3.00	8.75	2.00	0.75	-0.24	-0.22	-0.18	-0.02	-0.02	-0.05			
+970					246.88	259.29	12.41		0.75	2.00	8.75	3.00	8.75	2.00	0.75	-0.24	-0.22	-0.18	0.01	0.001	-0.01			
+975					251.71	259.09	7.38		0.75	2.00	8.75	3.00	8.75	2.00	0.75	-0.24	-0.22	-0.18	0.02	0.02	-0.00			
K9+000					251.83	258.13	6.30		0.75	2.00	8.75	3.00	8.75	2.00	0.75	-0.24	-0.22	-0.18	0.05	0.06	0.04			
+040					250.27	256.73	6.45		0.75	2.00	8.75	3.00	8.75	2.00	0.75	-0.24	-0.22	-0.18	0.10	0.12	0.10			
+060			R-10000 T-350.69 B-6.15	249.33	251.59	256.09	4.50		0.75	2.00	8.75	3.00	8.75	2.00	0.75	-0.24	-0.22	-0.18	0.12	0.15	0.13			
+080				K9+080	248.24	255.48	7.24		0.75	2.00	8.75	3.00	8.75	2.00	0.75	-0.24	-0.22	-0.18	0.15	0.18	0.16			

编制　　　　复核：　　　　审核：

心线上地面起伏情况，通常将横坐标的比例尺采用1∶2 000，纵坐标采用1∶200。

纵断面图由两部分内容组成。图的上半部主要是用来绘制地面线和纵坡设计线，同时根据需要标注竖曲线位置及其要素；沿线桥涵及人工构造物的位置、结构类型、孔径与孔数；与公路、铁路交叉的桩号及路名；沿线跨越河流名称、桩号；现有水位及最高洪水位；水准点位置、编号和高程；断链桩位置、桩号及长短链关系等。图的下半部主要是用来填写有关数据，自下而上分别填写直线与平曲线；里程桩号；地面高程；设计高程；填挖高度；土壤地质说明等。

绘制的纵断面图，应按规定采用标准图纸和统一格式，以便装订成册。如图1-2-19所示。

二、路基设计表

路基设计表是公路设计文件的组成内容之一。表中填写路线平、纵面等主要测设与设计资料；里程桩号；填、挖宽度（包括加宽）；超高值等有关内容，为公路横断面设计提供基本数据，同时也可作为路基施工的依据之一。路基设计表如表1-2-12所示。

本章小结

1. 公路纵坡设计是以满足汽车行驶的要求为前提的。因此，在公路线形设计时，首先需要研究汽车的牵引力和行驶阻力、汽车的动力特性以及汽车动力特性对纵坡设计的影响等具体要求。

通过对汽车动力特性图分析，可以求得汽车在某一条件下（即道路附着系数φ为某一定值时）行驶时所能保持的速度v以及某一排挡行驶时汽车所能克服的坡度等，从而建立各级公路的设计车速与设计纵坡的对应关系，所以汽车动力特性是公路纵坡设计的理论基础。

2. 纵坡设计的一般规定与要求主要讲述了最大纵坡与最小纵坡、坡长限制与缓和坡段、平均纵坡、合成坡度、爬坡车道的合理确定以及纵坡设计的一般要求等，这是进行纵坡设计的理论依据，必须很好地理解和掌握。

3. 竖曲线设计时，从理论上确定凸形竖曲线和凹形竖曲线的最小长度与半径的影响因素（即视距的要求、行程时间和径向离心力）是不同的，设置凸形竖曲线主要是为了保证视距，设置凹形竖曲线主要是为了缓和径向离心力的冲击，在公路等级和地形条件相同的条件下，凸形竖曲线的最小半径值较之凹形竖曲线的最小半径值为高，因而将其值取得大一些才更为合理。

在实际确定竖曲线半径和长度时，要从满足《标准》的技术要求、线形的衔接、行车舒适以及尽量考虑土石方填挖平衡和降低土石方工程数量等因素考虑。

4. 公路是由公路的平面线形和纵面线形所组成的空间立体形状。平面线形设计、纵面线形设计和平纵线形组合设计的过程，最终是以平、纵组合的立体线形展现出来的。汽车在行驶过程中，驾驶员所选择的实际行驶速度，是由他对立体线形的判断作出的，因此，设计中仅仅满足平面、纵面线形标准还是不够的，还应充分考虑驾驶者在视觉和心理上的要求，使这条空间线形能尽量做到线形连续、指标均衡、视觉良好、景观协调、安全舒适。

5. 在纵断面设计时，应根据技术指标，具体结合地形反复研究，所拟定的纵断面设计线，有时会有几个方案，此时应进行反复比较，最后选定设计线。在实践工作中，为了使所定设计线更符合选线的意图及实际情况，应在设计线拟定后，拿图纸到实地复核，并进行局部修正最后决定。同学们可结合教材所介绍的要点，在学习中总结提高。

复习思考题

1. 公路纵坡设计应考虑哪些技术指标的限定要求?

2. 简述公路纵坡设计的方法与步骤。

3. 公路平、纵面线形组合设计的原则有哪些?为了满足这些原则,平曲线与竖曲线、平面与纵坡应满足哪些要求?

4. 简述平原区、丘陵区、山岭区纵断面设计高程控制的主要因素。

5. 决定转变点位置时应考虑哪些问题?

6. 某山岭区三级公路,转坡点设在 K6 +770 桩号处,其高程为 396.67m,两相邻坡段的前坡 $i_1 = +3.0\%$,后坡 $i_2 = -1.0\%$,选用竖曲线半径 $R = 3\ 000$m。试计算竖曲线要素、竖曲线起、终点桩号及竖曲线上每隔整 10m 桩号的设计高程。

第三章　横断面设计

第一节　公路横断面的组成

公路中线的法线方向剖面图称为公路横断面图简称横断面,它是由横断面设计线与横断面地面线所围成的图形。在横断面上的内容包括:行车道、中间带、路肩、边坡、边沟、截水沟、护坡道以及专门设计的取土坑、弃土堆、环境保护等设施,高速公路和一级公路上还有加(减)速车道、爬坡车道等。各部分的位置、名称如图 1-3-1 所示。

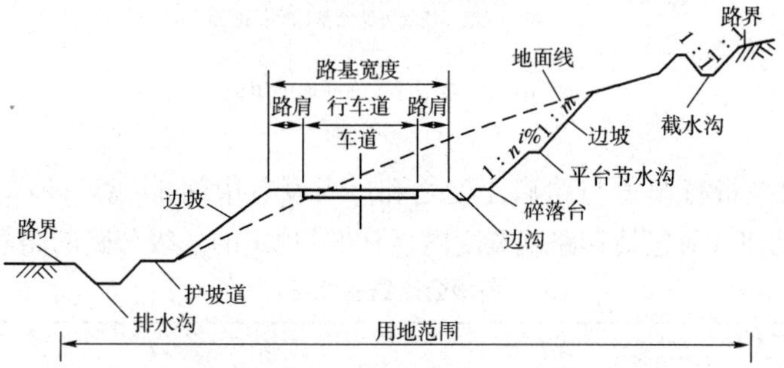

图 1-3-1　路基横断面的组成

横断面设计是路线设计的重要组成部分,它和纵断面设计、平面设计相互影响,所以在设计中应对平、纵、横三个方面结合起来综合考虑,反复比较和调整后,才能达到各元素之间的协调一致,做到组成合理、用地节省、工程经济和有利于环境保护。

横断面设计的主要内容是:确定横断面的形式,各组成部分的位置和尺寸以及路基土石方的计算和调配。

一、路基标准横断面

路基标准横断面是根据设计交通量、交通组成、设计车速、通行能力和满足交通安全的要求,按公路等级、断面的类型、路线所处地形规定的路基横断面各组成部分横向尺寸的技术标准。各级公路的路基标准横断面如图 1-3-2 所示。

1. 横断面组成

高速公路、一级公路的路基标准横断面分为整体式路基和分离式路基两类。上下行公路的横断面由一个路基形成称为整体式,由两个路基分别独立形成为分离式。整体式路基的标准横断面应由车道、中间带(中央分隔带、左侧路缘带)、路肩(右侧硬路肩、土路肩)等部分组成。分离式路基的标准横断面应由车道、路肩(右侧硬路肩、左侧硬路肩、土路肩)等部分组成。

二级公路路基的标准横断面应由车道、路肩(右侧硬路肩、土路肩)等部分组成。三级公路、四级公路路基的标准横断面应由车道、路肩等部分组成。如图 1-3-2 所示。

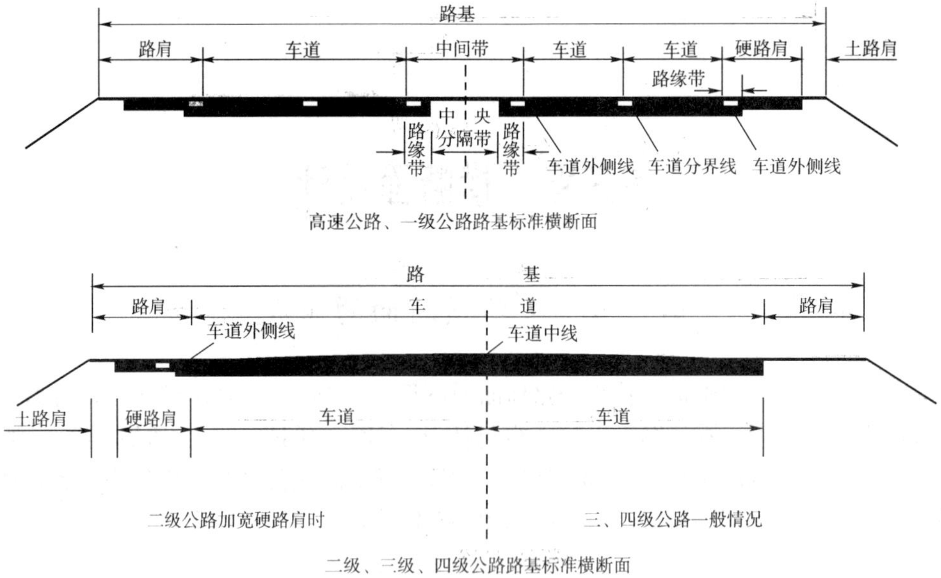

图 1-3-2 路基标准横断面的组成

2. 路基宽度

路基宽度一般是指行车道与路肩宽度之和。当设有中间带、紧急停车带、爬坡车道、加(减)速车道、错车道时,应包括在路基宽度内,《标准》规定的各级公路的路基宽度如表1-3-1。

各级公路路基宽度 表 1-3-1

<table>
<tr><td colspan="2">公路等级</td><td colspan="8">高 速 公 路</td></tr>
<tr><td colspan="2">设计速度(km/h)</td><td colspan="3">120</td><td colspan="3">100</td><td colspan="2">80</td></tr>
<tr><td colspan="2">车 道 数</td><td>8</td><td>6</td><td>4</td><td>8</td><td>6</td><td>4</td><td>6</td><td>4</td></tr>
<tr><td rowspan="2">路基宽度(m)</td><td>一般值</td><td>42.00</td><td>34.50</td><td>28.00</td><td>41.00</td><td>33.50</td><td>26.00</td><td>32.00</td><td>24.50</td></tr>
<tr><td>最小值</td><td>40.00</td><td>—</td><td>26.00</td><td>39.50</td><td>—</td><td>24.50</td><td>—</td><td>21.50</td></tr>
<tr><td colspan="2">公路等级</td><td colspan="8">一 级 公 路</td></tr>
<tr><td colspan="2">设计速度(km/h)</td><td colspan="3">100</td><td colspan="3">80</td><td colspan="2">60</td></tr>
<tr><td colspan="2">车 道 数</td><td colspan="2">6</td><td>4</td><td colspan="2">6</td><td>4</td><td colspan="2">4</td></tr>
<tr><td rowspan="2">路基宽度(m)</td><td>一般值</td><td colspan="2">33.50</td><td>26.00</td><td colspan="2">32.00</td><td>24.50</td><td colspan="2">23.00</td></tr>
<tr><td>最小值</td><td colspan="2">—</td><td>24.50</td><td colspan="2">—</td><td>21.50</td><td colspan="2">20.00</td></tr>
<tr><td colspan="2">公路等级</td><td colspan="3">二 级 公 路</td><td colspan="3">三 级 公 路</td><td colspan="2">四 级 公 路</td></tr>
<tr><td colspan="2">设计速度(km/h)</td><td colspan="2">80</td><td>60</td><td colspan="2">40</td><td>30</td><td colspan="2">20</td></tr>
<tr><td colspan="2">车 道 数</td><td colspan="2">2</td><td>2</td><td colspan="2">2</td><td>2</td><td colspan="2">2 或 1</td></tr>
<tr><td rowspan="2">路基宽度(m)</td><td>一般值</td><td colspan="2">12.00</td><td>10.00</td><td colspan="2">8.50</td><td>7.50</td><td>6.50
(双车道)</td><td>4.50
(单车道)</td></tr>
<tr><td>最小值</td><td colspan="2">10.00</td><td>8.50</td><td colspan="2">—</td><td>—</td><td colspan="2">—</td></tr>
</table>

注:①"一般值"为正常情况下的采用值;"最小值"为条件受限制时采用的值。

②八车道高速公路路基宽度"一般值"为设置左侧硬路肩、内侧车道采用 3.50m 时的宽度;八车道高速公路路基宽度"最小值"为不设置左侧硬路肩、内侧车道采用 3.75m 时的宽度。

二级公路因交通量、交通组成等需设置慢车道的路段,设计速度为 80km/h 时,其路基宽度可采用 15.00m；设计速度为 60km/h 时可采用 12m。四级公路宜采用双车道路基宽度，交通量小的路段，可采用单车道 4.50m 的路基宽度，但应在适当距离内设置错车道，如图1-3-3所示。

3. 车道数及车道宽度

在公路上提供每一纵列车辆安全行驶的路面，称为一个车道。公路的车道数主要根据该路的预测交通量和一个车道的设计通行能力来确定，行车道的基本数目应在一个较大的路线长度内保持不变。《标准》根据公路等级和设计速度将车道数分为单车道、双车道、四车道、六车道和八车道。

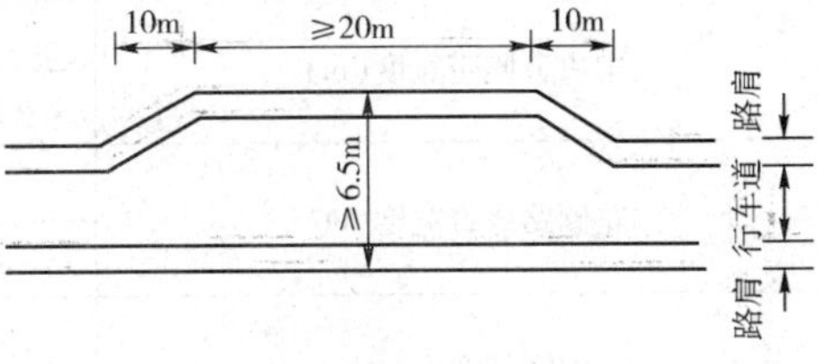

图 1-3-3　错车道

一条车道的宽度必须能满足设计车辆在有一定横向偏移的情况下运行，并能为相邻车道上的车流提供余宽，所以汽车所需车道的宽度受车速、交通量、驾驶员的驾驶能力、会车等影响。我国《标准》规定的各级公路的车道宽度见表 1-3-2。

各级公路车道宽度　　表 1-3-2

设计速度(km/h)	120	100	80	60	40	30	20
车道宽度(m)	3.75	3.75	3.75	3.50	3.50	3.25	3.00

注：设计速度为 20km/h 且为单车道时，车道宽度应采用 3.50m；高速公路为八车道，内侧车道宽度可采用 3.50m。

4. 路面宽度

路面宽度应是在保证要求车速及道路通行能力的情况下，安全行车所必需的宽度。路面宽度取决于设计车辆的几何尺寸、汽车行驶速度、交通量以及车辆之间或车辆与路肩之间的安全间隙。我国设计车辆宽度规定为 2.5m。余宽分同向车之间的余宽、对向车之间的余宽和车辆与行车道边缘所需的余宽三种情况，根据行车调查及测定资料确定，一般采用 1 ~1.25m。

5. 中间带宽度

中间带由两条左侧路缘带和中央分隔带组成，是分隔公路上对向行车道的地带。高速公路、一级公路整体式路基必须设置中间带。

中间带的功能是分离不同方向的交通流，减少车辆的对向干扰，以防止无序的交叉运行和转弯运行，同时为设置公路标牌、提供绿化带、遮挡对向车灯的眩光和埋设管线等设施等提供场地。

路缘带既可以是硬路肩的一部分，又可以是中间带的一部分，主要取决于它的位置，如图 1-3-2。在中间带范围内的路缘带是中间带的组成部分；在路肩范围内的路缘带属路肩的组成部分，它的主要功能是诱导驾驶员视线和提供部分侧向余宽。当汽车越出行车道时，能加强行车安全。

公路工程一般多采用窄分隔带高出行车道表面的中央分隔带，称为凸型；也有宽度大于 4.5m 的凹型，表面采用植草、栽灌木或铺面。中间带可不等宽，也不一定等高，但应与地形、景观等配合。不等宽的中间带应逐步过渡，避免突变。中央分隔带每隔 2km 设置一处开口，供紧急特殊情况使用。中间带宽度见表 1-3-3 所示，正常情况下采用一般值，当遇特殊情况时可以采用低限值。

《标准》规定的各级公路中间带宽度规定如表 1-3-3。

6. 路肩宽度

路肩位于行车道外缘至路基边缘之间，是具有一定宽度的带状结构物，其主要作用是保护行车道，供行人、自行车通行、临时停放车辆，同时作为增加路幅的富余宽度，对提高行车道通行能力也有辅助作用。路肩按在其上铺筑的材料不同可分为土路肩和硬路肩。

中 间 带 宽 度

表 1-3-3

设计速度(km/h)		120	100	80	60
中央分隔带宽度(m)	一般值	3.00	2.00	2.00	2.00
	最小值	1.00	1.00	1.00	1.00
左侧路缘带宽度(m)	一般值	0.75	0.75	0.50	0.50
	最小值	0.75	0.50	0.50	0.50
中间带宽度(m)	一般值	4.50	3.50	3.00	3.00
	最小值	2.50	2.00	2.00	2.00

《标准》规定的各级公路路肩宽度如表 1-3-4。

各级公路路肩宽度

表 1-3-4

设计速度(km/h)		高速公路			一级路			二级公路		三级公路		四级公路
		120	100	80	100	80	60	80	60	40	30	20
右侧硬路肩宽度(m)	一般值	3.00 或 3.50	3.00	2.50	3.00	2.50	2.50	1.50	0.75	—	—	—
	最小值	3.00	2.50	1.50	2.50	1.50	1.50	0.75	0.25			
土路肩宽度(m)	一般值	0.75	0.75	0.75	0.75	0.75	0.50	0.75	0.75	0.75	0.50	0.25(双车道) 0.50(单车道)
	最小值	0.75	0.75	0.75	0.75	0.75	0.50	0.50	0.50			

注:①表中所列"一般值"为正常情况下的采用值;"最小值"为条件受限制时可采用的值。

②设计速度为 120km/h 的四车道高速公路,右侧硬路肩宜采用 3.50m;六车道、八车道高速公路,宜采用 3.00m。

③高速公路、一级公路应在右侧硬路肩宽度内设右侧路缘带,其宽度为 0.50m。

7. 加(减)速车道

当车辆在公路行驶需要加速合流或减速分流时,应根据公路的等级、使用性质等增加一段供车辆速度过渡的车道,使变速车辆不致因速度的变化而影响其他车辆的正常行驶。在高速公路、一级公路的互通式立体交叉、服务区、停车区、公共汽车停靠站、管理与养护设施等与主线相衔接处,应设置加速车道和减速车道。加(减)速车道宽度应为 3.50m。加(减)速车道的长度与速度变化范围、车辆特性等因素有关,可经计算确定。

8. 错车道

四级公路路基宽度采用 4.5m 时,路面只能设一个车道。错车道是为了解决双向行车的错车而设置的。错车道应设在有利地点,使驾驶员能够看清相邻两错车道间的车辆,错车路段的路基宽度不小于 6.5m,有效长度不小于 20m,如图 1-3-3 所示。错车道的间距应根据错车时间、视距、交通量等确定,一般应不大于 300m。

9. 紧急停车带

紧急停车带是车辆发生故障时紧急停车的区域。高速公路、一级公路的右侧硬路肩宽度小于 2.50m 时,应设紧急停车带。紧急停车带的间距不宜大于 2 km,紧急停车带的宽度一般为 5.00m,有效长度一般为 50m,并设置 100m 和 150m 左右的过渡段。

高速公路、一级公路的特长桥梁、隧道,根据需要可设置紧急停车带,其间距不宜大于

750m。二级公路根据需要可设置紧急停车带,其间距按实际情况确定。

10. 路拱及路肩横坡度

路拱的基本形式很多,各有特点,常用路拱的基本形有抛物线形、直线形和折线形三种。在设计道路横断面时,路拱及路肩横坡度应根据车行道宽度、路面结构类型、排水和当地的自然条件等要求按表1-3-5选择。

路拱横坡度 表1-3-5

路面类型	路拱坡度(%)	路面类型	路拱坡度(%)
沥青混凝土、水泥混凝土	1~2	碎、砾石等粒料路面	2.5~3.5
其他沥青路面	1.5~2.5	低级路面	3~4
半整齐石块	2~3		

注:路肩横坡度一般应比路拱横坡度大1%~2%。

二、路基典型横断面

经常采用的横断面称典型横断面。在典型横断面中,我们把高于原地面的填方路基称为路堤,低于原地面的挖方路基称为路堑,在一个断面内,部分要填,另一部分要挖的路基称为半填半挖路基,如图1-3-4所示。由于自然地形、地质条件的多样性,由此可派生出一系列类似的断面形式,它们在公路设计中经常被采用,如图1-3-5所示。此外,为了保证路基稳定和行车安全,根据实际需要设置取土坑、弃土堆、护坡道、碎落台、堆料坪等,这些都是路基主体工程不可缺少的部分。有关典型横断面的选用范围简述如下:

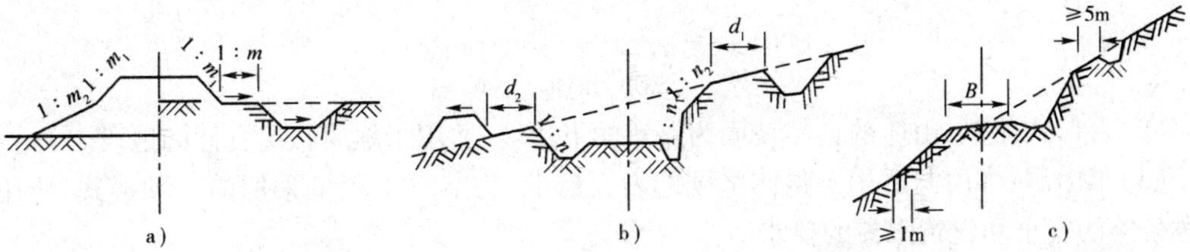

图1-3-4 路基横断面基本形式

1. 路堤

常用的各种路堤形式如图1-3-5a)所示。

(1)一般路堤:填土高度大于1m小于20m的路堤。

(2)矮路堤:填土高度小于1m,为排水常需设置边沟的路堤。

(3)沿河路堤:路堤浸水部分的路堤边坡采用1:2,并视水流冲刷情况采用一定加固防护措施的路堤。

(4)陡坡护脚路堤:当路堤的坡脚伸出较远且不稳定或坡脚占用耕地较多时,用护脚取代坡脚的路堤。

(5)利用挖渠土填筑路基:这是农田水利建设与公路建设相结合的形式,但需要考虑渠道的水流是否影响公路的正常使用,以及路基在渠道设计水位的影响下强度、稳定性是否满足要求。

2. 路堑

常用的路堑形式如图1-3-5b)所示。

(1)一般路堑:路堑必须设置边沟,以排除路面积水;为拦截山坡上方的地面水流向路基,在坡顶外至少5m处设置截水沟。路堑挖出的废弃土石方,置于地形下侧的路堑坡顶以外至少3m,形成弃土堆。详细设计参见本教材路基路面部分。

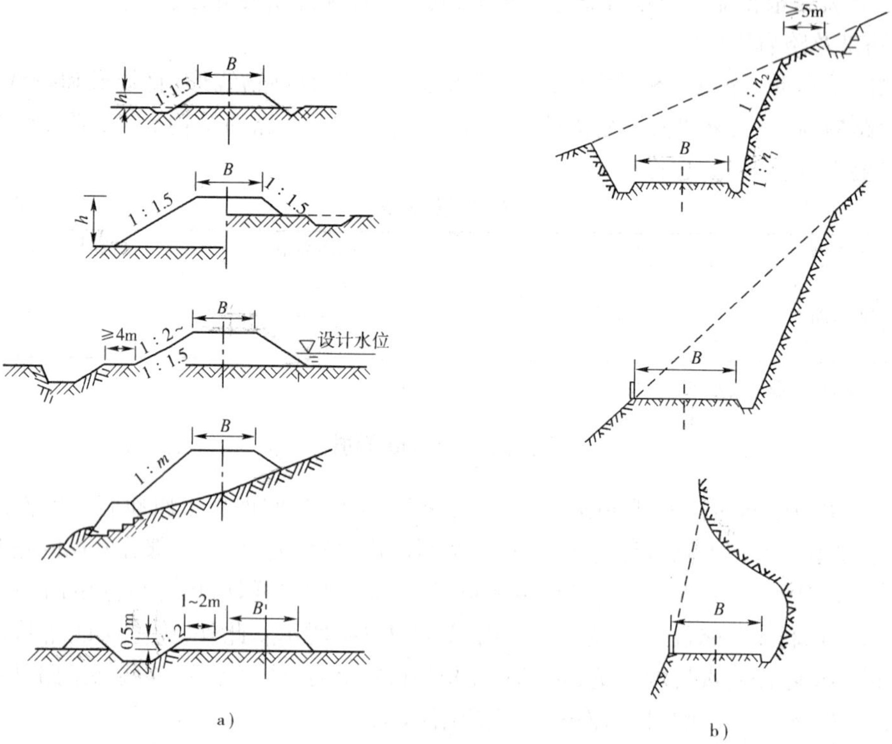

图 1-3-5 填方路基、挖方路基典型横断面

a)填方路基(路堤);b)挖方路基(路堑)

(2)台口式路堑:山体的自然坡面为路堑的下边坡,适用于地质状况良好的地段。

(3)半山洞:半山洞适用于整体坚硬的岩石层上,为节省工程量采用的一种形式,应用时注意公路的安全和建筑限界的要求。

3. 半填半挖路基

常用的半填半挖路基如图 1-3-6 所示。

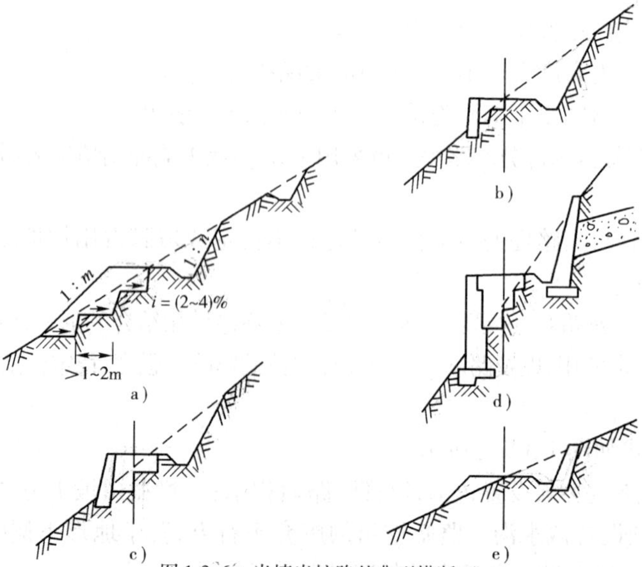

图 1-3-6 半填半挖路基典型横断面

)一般半填半挖路基;b)护肩路基;c)砌石路基;d)挡土墙路基;e)矮墙路基

(1)一般半填半挖路基:半填半挖路基是比较经济的断面形式,注意当原地面横坡大于1:5时,将原地面挖成台阶,以保证填土的稳定。

(2)护肩路基:用于填土高度不大,但坡脚太远不易填筑时的情况,护肩高度一般不超过2m。

(3)砌石路基:用于地面横坡太陡,坡脚落空,不能填筑时。

(4)挡土墙路基:挡墙是不依靠路基独立稳定的结构物,它也能支当填方,稳定路基。

(5)矮墙路基:用于挖方边坡土质松散,易产生碎落的情况。

各种典型路基横断面要结合实际地形选用,且应以路基稳定、行车安全、工程量小和经济适用为前提。

4. 取土坑与弃土堆

公路土石方数量在调配过程中,不可避免地会在公路沿线附近借土或弃土。在公路沿线挖取土方填筑路基或作为养护材料所留下的整齐土坑,称为取土坑;将开挖路基所废弃的土,按一定的规则形状堆放于公路沿线一定距离内称为弃土堆。无论借土或取土,首先要选择合理的地点。一般应从土质、数量、占地及运输等方面考虑选点;其次要结合农田水利,改地造田,少占或不占良田,维护自然生态平衡合理选点,从而做到"借之有利,弃之无害"。

取土坑一般设置在地势较高的一侧,其深度和宽度应视取土数量、施工方法及用地许可条件而定。平原区一般深度为1.0m。为防止坑内积水,路基坡脚与坑之间,当堤顶与坑底高差超过2m时,需设宽度1.0m的护坡道,坑底设纵横排水坡及相应设施如图1-3-7所示。

河流淹没地段的桥头引道两侧一般不设取土坑。河滩上的取土坑,应与调治构造物的位置相适应,一般距河流水位界10m以外,并不得长期积水危害路基或构造物的稳定。

开挖路基的废方,应妥善处理,充分利用;如用于公路、农田水利、基建等,做到变废为宝,弃而不乱,对无法加以利用的弃土,应防止乱弃而造成水土流失,危害路基及农田水利,淤塞河道。

废方一般选择在沿线附附近低洼荒地或路堑下坡一侧堆放。沿河路基的废石方,条件允许时,可以部分占用河道,但不能造成河道上游壅水,危及路基及附近农田。如需在路堑上侧弃土,要求堆弃平整,顶面具有适当横坡,并设置平台三角土埂及排水沟渠,如图1-3-8所示,积砂或积雪地段的弃土堆,为有利防砂防雪,一般设在迎风一侧。路堑深度大于1.5m时,弃土堆距坡顶至少20m。浅而开阔的路堑两旁不得设弃土堆。

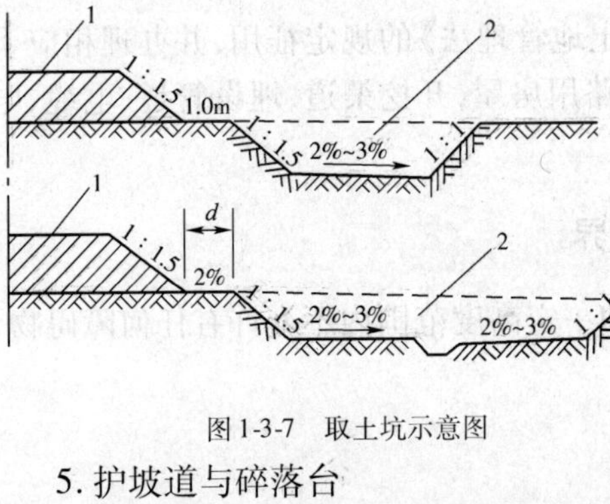

图1-3-7 取土坑示意图

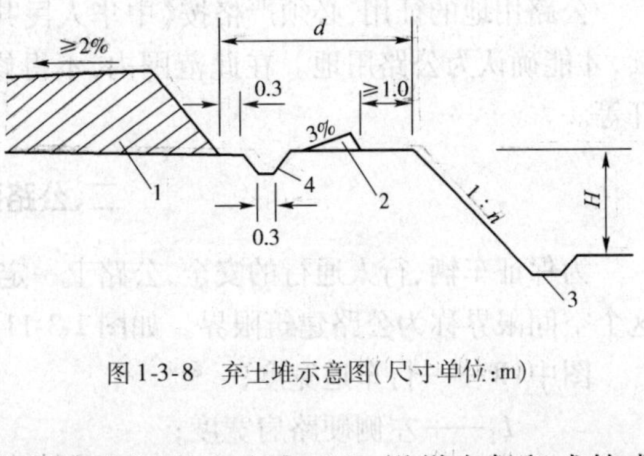

图1-3-8 弃土堆示意图(尺寸单位:m)

5. 护坡道与碎落台

当路堤较高时,为保证边坡稳定,在取土坑与坡脚之间或边坡坡面上,沿纵向保留或筑成有一定宽度的平台称为护坡道。其目的是加宽边坡横距,减缓边坡平均坡度,护坡道愈宽,愈有利于边坡稳定，但工程量随之增加，根据实际情况，宽度至少为1.0m并随填土高度增加面增大。一般情况下，护坡道宽度 d 为：$h<3.0m$，$d=1.0m$；$h=3\sim6m$，$d=2m$；$h=6\sim12m$，$d=2\sim4m$。

碎落台通常设置在路堑边坡坡脚与边沟外侧边缘之间，有时也设在边坡中部，如图1-3-9所示，其作用是防止零星土石碎落物落入边沟，碎落台宽度一般为1.0～1.5m。对风化严重的岩石边坡或不良土质边坡，一般为1.0～1.5m，其顶部宽度大于0.5m，墙高1～2m。

6. 堆料坪

为避免在路肩上堆放路面养护用料，在用地条件许可时，可在路肩外缘或边沟外缘设置堆料坪，一般每隔50～100m设置一个，其长度为5～8m，宽度为2m左右，如图1-3-10所示。

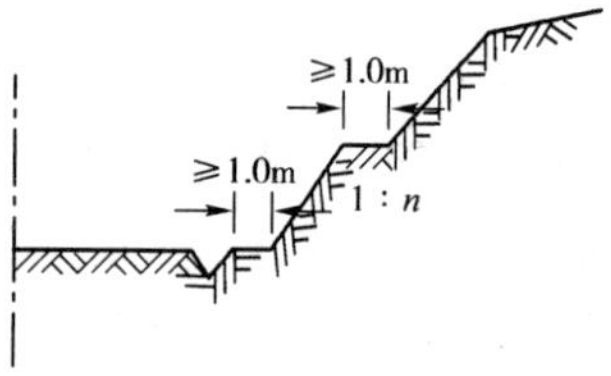

图1-3-9 碎落台示意图

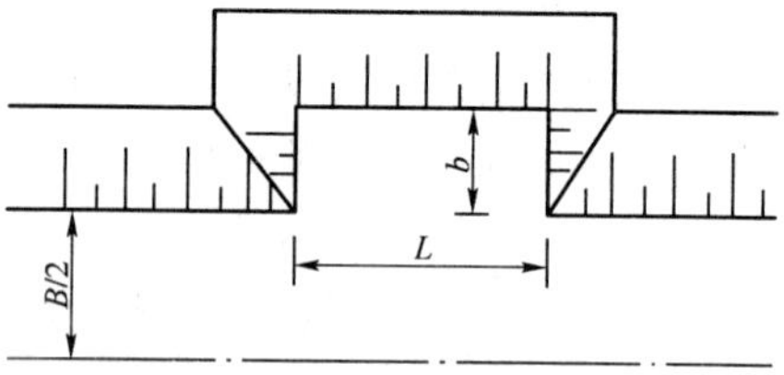

图1-3-10 堆料坪示意图

第二节 公路建筑限界与公路用地

一、公路用地范围

公路用地是指为修建、养护公路及其设置沿线设施，依照国家规定所征用的地幅。公路用地应遵照保护、开发土地资源，合理利用土地，切实保护耕地，促进社会经济可持续发展的原则，合理拟定公路建设规模、技术指标、设计施工方案，确定公路用地范围。

公路直接用地指公路路堤两侧排水沟外边缘（无排水沟时为路堤或护坡道坡脚）以外，或路堑坡顶截水沟外边缘（无截水沟为坡顶）以外不小于1m范围内的土地。在有条件的地段，高速公路、一级公路不小于3m、二级公路不小于2m范围内的土地为公路路基用地范围。对于改建路段参照新建公路规定具体确定。沿线房屋、料场、苗圃、防护林以及防沙防雪、特殊地质地段设施等应根据需要确定其用地范围。

公路用地的征用，必须严格按《中华人民共和国土地管理法》的规定征用，并办理相应手续，才能确认为公路用地。在此范围内，不得修建非路用房屋，开挖渠道，埋设管道、电缆、电杆等。

二、公路建筑限界

为保证车辆、行人通行的安全，公路上一定宽度和一定高度范围内不允许有任何障碍物，这个空间限界称为公路建筑限界。如图1-3-11。

图中：W——行车道宽度；

L_1——左侧硬路肩宽度；

L_2——右侧硬路肩宽度；

S_1——左侧路缘带宽度；

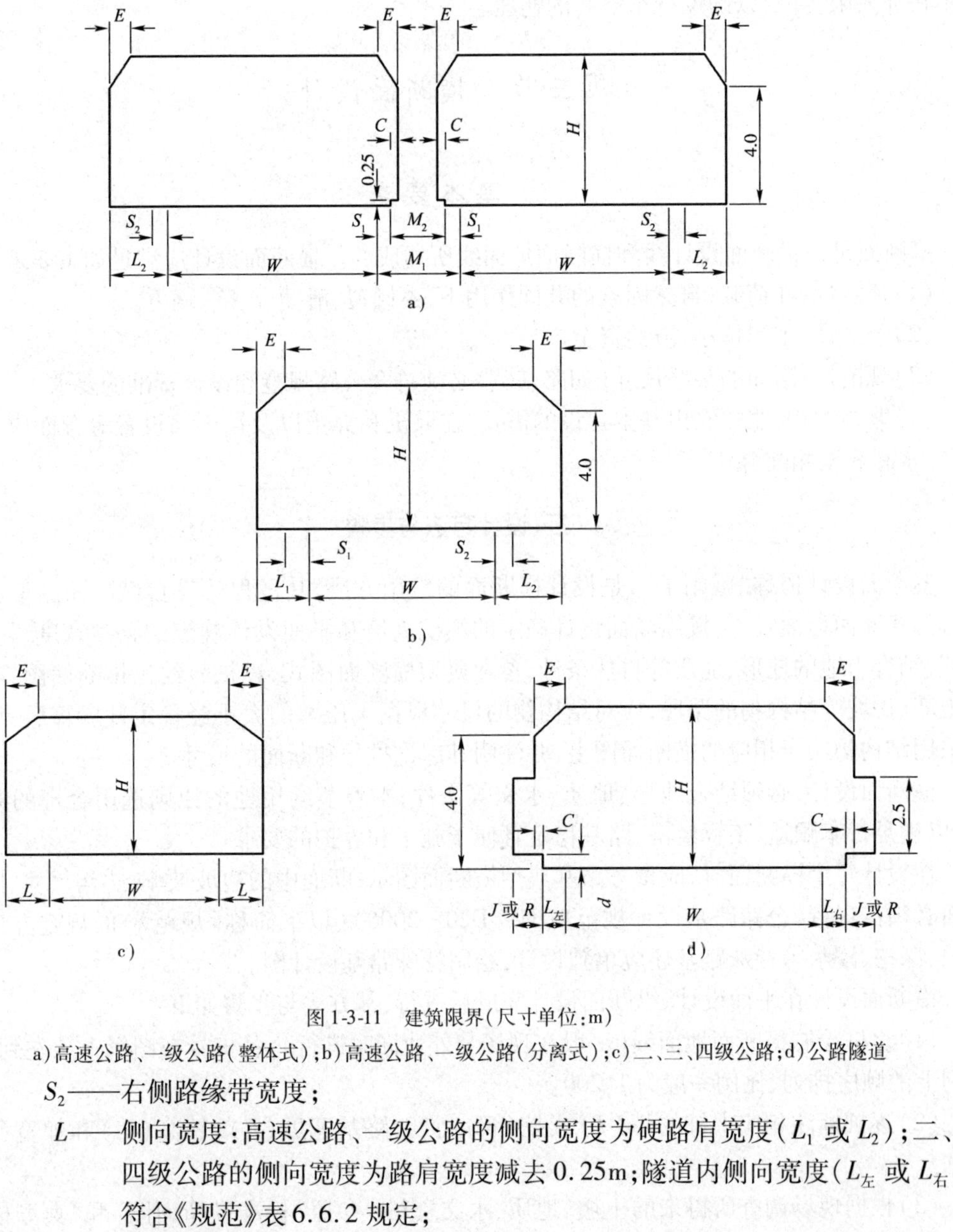

图 1-3-11　建筑限界（尺寸单位：m）

a）高速公路、一级公路（整体式）；b）高速公路、一级公路（分离式）；c）二、三、四级公路；d）公路隧道

S_2——右侧路缘带宽度；

L——侧向宽度：高速公路、一级公路的侧向宽度为硬路肩宽度（L_1 或 L_2）；二、三、四级公路的侧向宽度为路肩宽度减去 0.25m；隧道内侧向宽度（$L_左$ 或 $L_右$）应符合《规范》表 6.6.2 规定；

C——当设计速度大于 100km/h 时为 0.5m，等于或小于 100km/h 时为 0.25m；

M_1——中间带宽度；

M_2——中央分隔带宽度；

J——隧道内检修道宽度；

R——隧道内人行道宽度；

D——隧道内检修道或人行道高度；

E——建筑限界顶角宽度：当 $L \leqslant 1\text{m}$ 时，$E = L$；当 $L > 1\text{m}$ 时，$E = 1\text{m}$；

H——净空高度。

公路建筑限界是一个空间概念，不同等级的公路其公路建筑限界的大小不同。在公路建筑限界的空间范围内不允许设置公路标志牌、护栏、照明等各种设施，甚至粗细树枝及矮林等也不得伸入限界内，以确保行车空间的畅通。

第三节　横断面设计

一、基本要求

横断面是由横断面设计线和横断面地面线所构成的。横断面设计应满足如下要求：

(1)稳定性：在荷载、自然因素的共同作用下，不倾覆、滑动、沉陷、塌方。

(2)经济性：工程量小，节约资金。

(3)规范性：断面的某些尺寸(如路基宽)必须符合公路规范和设计标准的要求。

(4)兼顾性：要兼顾农田基本建设的需要，在取土和弃土以及挡土墙设置等方面应与农田改造、水利灌溉相配合。

二、设计方法与步骤

横断面设计俗称“戴帽子”，是设计横断面的常用方法，其过程就是在横断面测量所得各桩号的横断面地面线上，按纵断面设计确定的填挖高度和平面设计确定的路基宽度、超高、加宽值，结合当地的地形、地质等自然条件，参考典型横断面图式，逐桩号绘出横断面图；对采用挡土墙、护坡等结构物的路段，应对结构物的尺寸根据土压力的大小经稳定性验算后，将确定所采用结构物绘于相应的横断面图上，并注明其起讫桩号和断面的尺寸。

横断面设计，必须结合地形、地质、水文等条件，本着节约用地的原则选用合理的断面形式，以满足行车顺适、工程经济、路基稳定且便于施工和养护的要求。

在设计每个横断面时，应参考路基典型横断面图示，断面中的边坡坡率、边沟尺寸、挡土墙断面必须按现行《公路路基设计规范》(JTG D20—2006)(以下简称《规范》)的规定办理。对高填、深挖、浸水等特殊路基还应单独设计，绘制特殊路基设计图。

横断面设计在平面设计、纵断面设计完成后进行，其方法与步骤如下：

(1)逐桩绘制横断面地面线(一般在现场与外业同时进行)，各桩号在图纸上从左到右，从下到上的顺序排列，比例一般为1∶200。

(2)逐桩标注相应中桩的填(T)或挖(W)高度、路基宽度(B)、超高(h_c)和加宽(b_j)的数据。

(3)根据现场调查所得来的土壤、地质、水文资料，参照“标准横断面图”和“典型横断面图”，标出各断面土石分界线，确定边坡坡度和边沟形状、尺寸。

(4)用三角板(也可用“帽子板”)逐桩绘出路基横断面设计线，通常用左右路肩边缘的连线代替路面的路拱横坡线(即不必绘出路拱，但必须绘出超高和加宽)，然后再按边坡坡度绘出边坡线，与地面线相交得坡脚点(路堤)或坡顶点(路堑)。

(5)有超高时，应按旋转方式绘出有超高横坡度的路肩边缘连线；有加宽时，按加宽后的路基宽度绘出左右路肩边缘的连线；两者都存在时，按上述方法同时考虑超高、加宽绘出横断面设计线。

(6)根据综合排水设计，绘制护坡道、边沟、取土坑、截水沟、挡土墙等横断面设计内容。

(7)分别计算各桩号断面的填方面积(A_T)和挖方面积(A_w)并标注于图上。

在以上横断面设计时，尽管在横断面图上按比例绘出了边沟、截水沟、护脚、挡土墙等设施，但一般不标注详细尺寸，仅注明其起讫桩号。

此外，近年来计算机辅助设计(CAD)在工程技术领域中应用也很广泛。利用计算机辅助设计系统进行路线设计，不但可提高手工绘制的工作效率，准确绘制横断面图，而且能自动解算横断面面积。在设计完成时可以利用绘图机输出各设计阶段所需的相应图纸，是路基横断面设计的理想手段。

第四节　路基土石方计算与调配

路基土石方是公路工程的一项主要工程量，在整个工程项目中所占比例较大，它直接影响公路的造价、工期、用地等许多方面，是主要技术经济指标之一。土石方的数量及其调配，关系着取土或弃土地点、公路用地范围，同时对工程造价、所需劳动力和机具设备的数量以及施工期限有一定影响。

土石方计算与调配的主要任务是计算每公里路段的土石数量和全线总土石方工程数量，设计挖方的利用和填方的来源及运距，为编制工程预(概)算、确定合理的施工方案以及计量支付提供依据。

由于自然地面起伏多变，填挖体积不可能是一个简单的几何体，若依实际地面起伏变化情况来进行土石方数量的计算，不仅繁杂，而且实用意义不大。因此，在公路的测设过程中，土石方的计算通常采用近似方法，计算精度按工程的要求而定。一般情况下，横断面的面积以 m^2 为单位，取小数后一位，土石方的体积以 m^3 为单位，取至整数。

一、横断面面积计算

路基填挖的断面积是指断面图中地面线与路基设计线所围成的面积，一般常用的计算方法有积距法、坐标法、几何图形法和混合法。

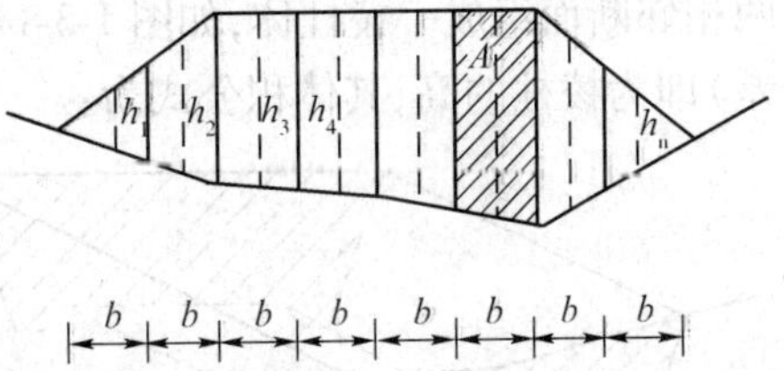

图 1-3-12　积距法

1. 积距法

积距法的原理是把断面面积垂直分割成宽度相等的若干条块，由于每一条块的宽度相等，所以在计算面积时，只需量取每一条块的平均高度，然后乘以宽度，即可得出每一条块的面积，如图 1-3-12。其计算公式为：

$$A=\sum A_i=b\times h_1+b\times h_2+b\times h_3+\cdots+b_i\times h_i=b\sum_{i=1}^{n}h_i \tag{1-3-1}$$

式中：A——横断面面积，m^2；

b_i——横断面所分成的三角形或梯形条块的宽度，通常用 1m 或 2m；

h_i——横断面所分成的三角形或梯形条块的平均高度，m。

由此可见，积距法求面积就是在实际操作中转化为量取 h_i 的累加值，这种操作可以用分规按顺序连续量取每一条块的平均高度 h_i，分规最后的累计高就是 $\sum h_i$，将条块宽度乘以累计高度 $\sum h_i$，即为填或挖的面积。积距法也可以用厘米格纸拆成窄条作为量尺，每量一次 h_i 在窄条上画好标记，从开始到最后标记的累计距离就是 $\sum h_i$，然后乘以条块宽度 b，即为所求面积。

2. 坐标法

如图1-3-13建立坐标系，给定多边形各顶点的坐标，由解析几何可得多边形面积的计算公式为：

面积计算公式如下：

$$A=\frac{1}{2}\sum_{i=1}^{n}(x_iy_i-x_{i+1}y_i) \qquad (1\text{-}3\text{-}2)$$

式中：x_i、y_i——分别为设计线和地面线围成面积的各折点的坐标，m。

坐标法精度较高，方法较繁，适用计算机计算。

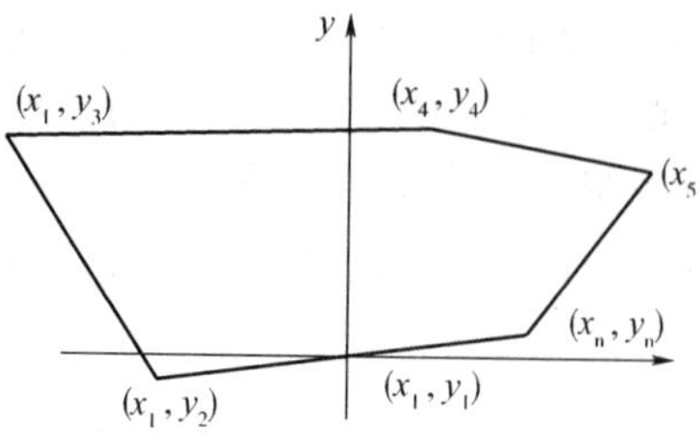

图1-3-13　坐标法

3. 几何图形法

当横断面的地面线较规则且横断面面积较大，可将路基横断面分为几个规则的几何图形，分别计算各图形面积后相加得到总面积。

4. 混合法

在一个较大的横断面中，几何图形法和积距法共用，以加快计算速度。

在横断面面积计算中应注意以下几个问题：

(1)填方和挖方的面积应分别计算。

(2)填方或挖方中的土石也应分别计算，因为其工程造价不同。

(3)有些情况下横断面上的某一部分面积可能既是挖方面积，又要算作填方面积，例如，遇淤泥既要挖除，又要回填其他材料。

二、填挖方体积计算

为简化计算，目前一般采用平均断面法计算填挖方体积。平均断面法的基本原理是假定两相邻断面组成一棱柱体，如图1-3-14，两断面即为棱柱体的上底下底，中线距离(两桩号里程差)即为棱柱的高，其体积公式为：

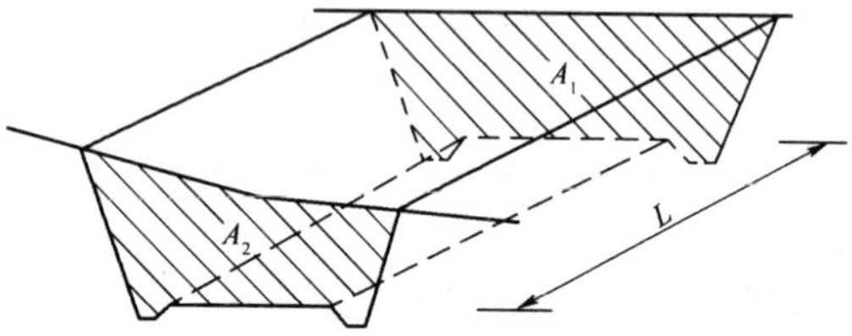

图1-3-14　填挖方体积计算

$$V=\frac{1}{2}(A_1+A_2)L \qquad (1\text{-}3\text{-}3)$$

式中：A_1、A_2——两相邻断面的断面面积，m^2；

L——两相邻断面的间距，m，即两相邻断面的桩号差。

平均断面法计算简便、实用，是公路上目前常采用的方法。但其精度较差，该法只有当两相邻断面面积A_1、A_2相差不大时才较准确。当A_1、A_2相差较大时，则按棱台体公式则更为接近，其公式如下：

$$V=\frac{1}{3}(A_1+A_2)L\left(1+\frac{\sqrt{m}}{1+m}\right) \qquad (1\text{-}3\text{-}4)$$

式中：$m=A_1/A_2$，其中$A_1>A_2$；

其余符号意义同上。

后一种计算公式精度较高，特别适用于计算机编程计算。

用上述方法计算的土石方体积中，是包含了路面体积的。若所设计的纵断面有填有挖基本平衡，则填方断面中多计算的路面面积与挖方断面中少计算的路面面积相互抵消，其总体积与实施体积相差不大。但若路基是以填方为主或以挖方为主，则最好是在计算断面面积时将路面部分计入，也就是填方要扣除、挖方要增加路面所占的那一部分面积，特别是路面厚度较大时更不能忽略。

计算路基土石方数量时，应扣除大、中桥及隧道所占路线长度的体积；桥头引道的土石方，可视需要全部或部分列入桥梁工程项目中，但应注意不要遗漏或重复；小桥涵所占的体积一般可不扣除。

三、路基土石方的调配

在路基的施工过程中，就某一断面的土石方而言，会发生三种情况：一是挖去多余的土，形成路基，或者本桩有填有挖，利用了本桩的土后，还有多余，需要调走(挖余)；二是借其他地方的土，形成路基，或者本桩有填有挖，利用了本桩的土后，还不够，需要借土(填缺)；三是本桩有填有挖，利用本桩的土填挖平衡(本桩利用)。

针对上述情况，"挖余"有两种处理方法：调至其他断面利用或弃土废方。"填缺"也有两种解决办法：从其他断面调土或从路外借土。因此，土石方调配的目的是为确定填方用土的来源、挖方土的去向，以及计价土石方的数量和运量等。通过调配合理地解决各路段土石方平衡与利用问题，从路堑挖出的土石方，在经济合理的调运条件下以挖作填，尽量减少路外借土和弃土，少占用耕地以求降低公路造价。

1. 调配原则

(1)先横向后纵向，填方首先考虑本桩利用，以减少借方和调运方数量。

(2)综合考虑不同的施工方法、运输条件、地形情况等因素，采用合理的经济用距。

(3)保护生态环境，避免或防止由于取土或弃土导致水土流失、河道堵塞、塌方等生态环境的恶化，要把保护生态环境放在重要的位置。这样工程造价可能有所提高，但远低于由于生态破坏后为恢复生态环境所付出的代价。

(4)土和石应分别调配。不同性质的土石应分别调配，以便分层填筑，分别计价。

(5)考虑到施工的因素，土石方一般不跨深沟或上坡调运；借土、废方要考虑借土还田，整地造田，排灌养殖，使公路建设和其他相关方面形成良性循环。

2. 土石方调配计算中的几个问题

(1)平均运距

调土一般是分段进行的，从挖方段体积重心到填方段体积重心之间的距离，称为平均运距。判断调土是免费运距还是经济运距，只需和平均运距比较即可。为了简化计算，通常用挖方段的中心到填方段的中心，来表示平均运距。在纵向调运中，当其平均运距超过免费运距时，应按其超运运距计算土石方运量。

(2)免费运距

土方作业包括挖、装、运、卸等工序，这里的"运"是指在规定的距离范围内，只按土石方数计价，计价中包括了挖、装、运、卸的所有工作，而不再计算运费，这个不再计算运费所规定的距离就是免费运距。施工方法不同，免费运距也不同，如人工作业时，人工运输的免费运距为20m，铲运机的免费运距为100m，各种作业方法的免费运距可以在《公路工程概算定额》和《公路工程预算定额》中查到。在纵向调运中，当其平均运距超过定额规定的免费运距，应按其超运运距计算土石方运量。

(3)经济运距

填方用土来源，一是路上纵向调土，二是路外就近借土。一般情况下，调运路堑挖方来填筑距离较近的路堤是比较经济的，但如果调运距离过长，以至运价超过了在填方附近借土所需费用时，这种以挖作填就不如在附近借土经济，因此，采用“调”还是“借”，有个限度距离，这个限度距离称为“经济运距”，可按下式计算：

$$L_{经} = \frac{B}{T} + L_{免} \tag{1-3-5}$$

式中：$L_{经}$——经济运距，m；

B——借方单价，元/m^3；

T——超运运费单价，元/m^3 · m；

$L_{免}$——免费运距。

这个公式的含意是在考虑了免费运距之后，调土的费用和借土的费用相等时的距离称为经济运距，换言之，纵向调土超过了经济运距，就不如借土合算了。在计算运距时注意预算定额的规定：土石方的运距，第一个 20m（指人工运输）为免费运距，如不足 20m 也按规定 20m 计，此后每增加 10m 为一个超运运距单位，尾数不满 5m 时不计，满 5m 时按 10m 计。这个超运运距单位称为“级”。

（4）运量

调配土石方的数量与调运距离的乘积称为运量。在这里调运距离是指超运运距，而不包括免费运距，而且运距在计价中是按“级”来计算的，所以运量为：

$$W = Q \times N \tag{1-3-6}$$

式中：W——运量，m^3；

Q——调配土石方数量，m^3；

N——平均超运距单位，m；$N = (L - L_m)/T$；

L——平均运距，m；

L_m——免费运距，m；

T——超运运距单位，m。

（5）计价土石方数量

在土石方计算与调配中，所有挖方均应计价，但填方则应按土的来源决定是否计价，如果是路外借土就应计价，如果是移“挖”作“填”的纵向调配利用方，则不应再计价，否则形成双重计价（即路堑挖方和路堤填方两次计价）。计价土石方数量为：

$$V_{计} = V_{挖} + V_{借} \tag{1-3-7}$$

式中：$V_{计}$——计价土石方数量，m^3；

$V_{挖}$——挖方数量，m^3；

$V_{借}$——借方数量，m^3。

3. 调配方法

路基土石方数量计算表调配法是土石方调配常用的方法之一，它具有简捷、方便、清晰、精度符合要求的特点，如表 1-3-6 所示。调配的方法与步骤如下：

（1）填表计算：在完成了路基土石方数量计算并复核无误后，计算并填写路基土石方计算表中的“本桩利用”、“填缺”、“挖余”各栏，其闭合式为：

填方 = 本桩利用 + 填缺

挖方 = 本桩利用 + 挖余

表 1-3-6

路基土石方数量计算表

桩号	横断面面积 (m^2)		距离 (m)	总数量	挖方分类及数量(m^3)												填方数量(m^3)			利用方数量及调配(m^3)							备注
					土						石									木桩利用		填缺		挖余		远运利用及纵向调配示意	
					I		II		III		IV		V		VI												
	挖方	填方			%	数量	%	数量	%	数量	%	数量	%	数量	%	数量	总数量	土	石	土	石	土	石	土	石		
1	2	3	4	5	6	7	8	9	10	11	12	13	14	15	16	17	18	19	20	21	22	23	24	25	26	27	28
AK0+000	5.88	0.00	11.85	202.8			30	60.8			50	101.4	20	40.6			1.0	1.0		1.0				59.7	14.19		
AK0+011.854	3.14	0.16	8.15	123.4			30	37.0			50	61.7	20	24.7			2.4	2.4		2.4				34.2	86.4		
AK0+020	1.97	0.44	20.00	246.8			30	74.0			50	123.4	20	49.4			4.4	4.4		4.4				69.0	172.8	土 230.3（79m）石 558.4（113m）	
AK0+040	0.00	2.49	20.00	158.0			30	47.4			50	79.0	20	31.6										47.4	110.6		
AK0+060	0.00	6.91	20.00	65.5			30	19.7			50	32.8	20	13.1										19.7	45.9		
AK0+080	0.00	11.73	1.85	1.2			30	0.4			50	0.6	20	0.2										0.4	0.8		
AK0+081.854	0.00	12.21	18.15	3.6			30	1.1			50	1.8	20	0.7			39.7	37.0	2.7	0.9	2.7	36.1					
AK0+100	0.00	16.98	20.00				30				50		20				144.1	144.1				144.1					
AK0+120	0.00	22.63	20.00				30				50		20				261.2	18.4	242.9			18.4	242.9				
AK0+140	0.00	28.69	20.00				30				50		20				386.6	7.8	378.8			7.8	378.8				
AK0+160	0.00	35.16	3.53				30				50		20				81.8	28.3	53.5			28.3	53.5				
AK0+163.531	0.00	36.35	16.47				30				50		20				435.4	150.6	284.8			150.6	284.8				
AK0+180	0.00	41.73	20.00				30				50		20				652.2	225.6	426.7			225.6	426.7				
AK0+200	0.00	48.70	20.00				30				50		20				786.3	271.9	514.3			271.9	514.3				
AK0+220	0.00	55.13	13.53				30				50		20				605.6	209.5	396.2			209.5	396.2			土 7851.5 石 11777.2 就地取土	
AK0+233.531	0.00	59.59	6.47				30				50		20				312.7	108.1	204.5			108.1	204.5				
AK0+240	0.00	62.28	20.00				30				50		20				1702.4	588.8	1113.6			588.8	1113.6				
AK0+260	0.00	133.16	20.00				30				50		20				2583.9	893.7	1690.2			893.7	1690.2				
AK0+280	0.00	150.43	20.00				30				50		20				3168.6	1095.9	2072.7			1095.9	2072.7				
AK0+300	0.00	191.63	20.00				30				50		20				4081.7	1411.7	2670.0			1411.7	2670.0				
AK0+320	0.00	241.74	20.00				30				50		20				5136.9	1776.7	3360.2			1776.7	3360.2				
AK0+340	0.00	297.15	460.00				30				50		20														
AK0+800	0.00	190.76	20.00				30				50		20				2922.6	2922.6				2922.6					
AK0+820	0.00	126.70	20.00	399.3			30	119.8			50	199.6	20	79.9			1146.6	842.8	303.8	103.3	303.8	739.5				土 4248.0（51m）	
AK0+840	27.33	0.56	20.00	3804.9			30	1141.5			50	1902.4	20	761.0			5.6	5.6		5.6				1134.9	2663.4		
AK0+860	327.96	0.00	20.00	10528.2			30	3158.5			50	5264.1	20	2105.6										3158.5	7369.7		
AK0+880	699.66	0.00																									
小计				15534				4660				7767		3107			24462	10747	13715	118	307	10629	13408	4524	10592		
累计				15534				4660				7767		3107			24462	10747	13715	118	307	10629	13408	4524	10592		

编制：　　　　　　　　　　　　复核：

(2)分析判断:根据“填缺”、“挖余”的分布情况,分析调土的方向和大致的数量,然后按施工方法、运输方式,选定经济运距,并以此综合其他因素确定最大调运距离,确定调配方向和数量。经纵向调运后如有填方不足,应考虑借方,本桩利用后又未调运的挖方按废方计。

(3)表格填写:在分析的基础上进行计算,并把结果填入相应栏中。在“远运利用纵向调配示意”栏内,用箭线表示调配方向,并标注调运土石方数量及超运运距的级数(一级记为①,二级记为②,以此类推),在“借方数量及运距”和“废方数量及运距”栏内分别填入本桩路外借土的数量和本桩的废方,分母填入相应的级数,最后计算总运量。总运量是本桩废方、借方、调运数量与级数乘积的总和。

(4)复核:调配完成后按下式分页核算:

填缺 = 远运利用 + 借方

挖余 = 远运利用 + 废方

每公里核算:(跨公里调入方) + 挖方 + 借方 = (跨公里调出方) + 填方 + 废方

每公里土石方数量计算与调配完成后,填写《路基每公里土石方数量表》,并进行全线总计和复核。

第五节　横断面设计成果

横断面设计成果主要是横断面设计图和路基土石方数量计算与调配表。

一、横断面图

横断面设计图所需的各桩号横断面地面线可以在外业实测后直接绘制在图纸上,也可按实测记录到室内绘制在图纸上。在图纸上绘制横断面地面线时,必须从图纸的左下方开始,按顺序逐个桩号向图纸上方排列,换列时仍然由下向上排列,直至图纸的右上方为本页图纸的最后一个桩号的横断面地面线。

横断面设计图比例尺一般用1∶200,每页图纸的右上角应标明横断面图的总页数和本页图纸的编码数,在横断面图上要标注桩号、填(挖)高度、填(挖)面积、边坡坡度,在有超高、加宽的断面还要标明其相应数值。

二、路基土石方数量计算表

路基土石方数量计算和调配是计算工程数量的主要环节,它直接影响到工程数量正确与否和工程投资,务须正确计算和周密调配。因此,在填表和计算中要注意每一栏的相互关系,做到填表、计算、复核三个环节统一,以保证数据的准确性。

路基土石方数量计算表目前各省虽有图例规定,但仍未统一,其原理基本相同,如表1-3-6所示。另外,由于目前大多采用招标承包工程,土石方调配时尽量科学合理地处理各标段交接点的调配。

本章小结

1. 公路的横断面,是指中线上各点的法向切面,它是由横断面设计线和地面线所围成的图形。其内容主要包括行车道、路肩、分隔带、加(减)速车道、爬坡车道、边沟、边坡、截水沟、护坡道以及取土坑、弃土堆、环境保护等设施。本章主要的学习内容是:确定横断面的形式,各组成部分的位置和尺寸以及路基土石方的计算和调配。

2. 要准确合理地设计公路横断面图，必须了解和熟悉路基标准横断面图和路基典型横断面图。其中路基标准横断面是交通部根据设计交通量、交通组成、设计车速、通行能力和满足交通安全的要求中，按公路等级、断面的类型、路线所处地形规定的路基横断面各组成部分横向尺寸的行业标准，在设计中必须遵守。而路基典型横断面是指在实际设计时经常采用的横断面图式，可供设计者根据设计路段的实际自然地形、地质条件等参考使用。

3. 公路用地是指为修建、养护公路及其沿线设施而依照国家规定所征用的地幅。公路用地的征用应遵守国家有关的土地法规。确定公路用地既要根据公路建设的需要，保证必需的用地，又要考虑农业生产及照顾群众利益尽可能节省用地。在公路用地范围内不得修建非路用建筑物。

4. 路基土石方是公路工程的一项主要工程量，它直接影响公路的造价、工期、用地等许多方面，是主要技术经济指标之一。路基土石方的数量与调配的主要任务是计算每公里路段的土石数量和全线总土石方工程数量，设计挖方的利用和填方的来源及运距，为编制工程预(概)算、确定合理的施工方案以及计量支付提供依据。因此，要通过合理地设计横断面、计算横断面面积、土石方数量和调配各路段土石方平衡与利用问题，尽量减少路外借土和弃土，少占用耕地以求降低公路造价。

由于自然地面起伏多变，填挖体积不可能是一个简单的几何体，为简化起见一般横断面面积以 m^2 为单位，取小数后一位，土石方的体积以 m^3 为单位，取至整数。

5. 公路横断面设计成果主要是路基横断面设计图和路基土石方数量表。其中横断面设计图所需的各桩号横断面地面线可以在外业实测后直接绘制在图纸上，也可按实测记录到室内绘制在图纸上。绘制横断面地面线的一般规定顺序是：从图纸左下方开起，自下而上、由左向右，依次按桩号绘制，每页图纸的右上角应标明横断面图的总页数和本页图纸的编码数。在填表和计算路基土石方数量表时要注意每一栏的相互关系，做到填表、计算、复核三个环节统一，以保证数据的准确性。

复习思考题

1. 路基横断面图上包括哪些内容？它们各自的功能是什么？
2. 各种典型横断面分别适用于什么情况？
3. 简述路基横断面的设计步骤。
4. 简述路基土石方调配的原则和方法？
5. 横断面设计成果主要有哪些？如何获得这些成果？

第四章 选 线

第一节 概 述

公路从宏观上看是一条空间曲线,无论在形状、尺寸、位置,还是在经济、技术、环保等方面都有特定的要求,如何根据公路的等级、路线基本走向和技术标准,结合地形、地质、地物及其沿线条件,综合平、纵、横三方面因素,在实地或纸上选定路中线的平面位置并把它有机地安排在地面上,这个过程就是选线。选线应包括确定路线基本走向、路线走廊带、路线方案至选定线位的全过程。

选线是公路设计的重要环节,选线的质量直接关系到公路的造价及今后使用的适用性、安全性、可靠性和寿命。从选线过程看,选线是一个综合判断选择的过程,既要考虑地形、地质条件的变化,又要权衡路线本身平、纵、横三方面的相互影响和制约,因此,选线是一项具有很强技术性、经济性和政策性的综合工作。

一、选线原则

公路选线应在工程可行性研究报告所选定的路线走向和主要控制点的基础上进行。因此,选线要在广泛搜集与路线方案有关的规划、计划、统计资料,相关部门的各种地形图、地质、气象等资料的基础上,深入调查、勘察,并运用遥感、航测、GPS、数字技术等新技术,确保其勘察工作的广度、深度和质量,以免遗漏有价值的比较方案。在选线时要注意掌握以下原则:

(1)选线是一项技术性、综合性强的复杂工作,即使我们主观上有完美的设想,也难免使实际线路存在不足,发现优劣的最佳途径,就是比较选择。在路线设计的各个阶段,应针对路线所经地域的生态环境、地形、地质的特性与差异,按拟定的各控制点由面到带、由带到线,由浅入深、由轮廓到具体,进行比较、优化与论证,在多方案论证比选的基础上,选定路线最优方案。同一起、终点的路段内有多个可行路线方案时,应对各设计方案进行同等深度的比较。

影响选择控制点的因素多且相互关联、又相互制约,应根据公路功能和使用任务,全面权衡、分清主次,处理好全局与局部的关系,并注意由于局部难点的突破,而引起的关系转换给全局带来的影响。

(2)公路的选线必须考虑在正常使用的情况下,不会有大的破坏。影响公路的自然因素很多,应对路线所经区域、走廊带及其沿线的工程地质和水文地质进行深入调查、勘察,查清其对公路工程的影响程度。遇有滑坡、崩塌、岩堆、泥石流、岩溶、软土、泥沼等不良工程地质的地段应慎重对待,视其对路线的影响程度,分别对绕、避、穿等方案进行论证比选。当必须穿过时,应选择合适的位置,缩小穿越范围,并采取切实可行的工程措施。

(3)公路的造价随公路功能和技术指标的变化而变化。例如,为了良好的线形有些地段就需要多占农田;纵坡坡度设计较小,就需要增加填挖方数量等,我们总是在道路的功能和指标与道路的造价和代价之间寻求一个平衡点,使对立的两个方面达到统一。不同时期人们有不同的均衡观念,例如,现在许多人认识到在公路设计中,应充分考虑环境,并同当地自然景观相协调。

(4)公路不仅具有使用上的功能,而且具有美学和景观上的要求,协调是美的基本要素,公路内部之间以及内部与外部之间的协调是保证人们在生理上有安全感、舒适感的重要因素。其中内部协调是指纵面、平面线形视觉的连续性和纵面、平面立体协调;外部协调是指公路与周围环境景观的协调和宏观的路线位置与自然的协调。

(5)选线应重视环境保护,应尽量减小由于公路修筑以及汽车运行所产生的影响与污染。如路线对自然景观与资源的影响,噪声对居民的影响等。

二、自然因素对路线的影响

自然条件对路线的影响因素很多,主要有:地形、地质、气候、水文、土壤及植物覆盖等,这些因素可能引起公路的塌方、滑坡等,造成水土流失,土壤质量和地质条件的不稳定,因此,要分析这些因素对公路的影响,以确保公路的安全和自然环境的良好。

1. 自然条件对路线的影响

地形对路线的线形、技术标准和工程造价的影响较大,特别是在山区,由于高差大,坡急弯陡,为了满足公路的技术标准,就必然产生填挖土石方,人工构造物等,如高填方、隧道、挡土墙等,这在很大程度上影响了路线的走向和线形。

地质条件也是影响线路的重要因素。公路的安全首先来自公路的稳定,公路的稳定又直接受地质构造的影响,如遇不良地质现象(软土、泥沼等)就需要付出更大的代价,以保证路基的稳定。此外,不同的土石类型决定了土石方工程施工的难易程度和筑路材料的来源。

水文地质反映了地下水的活动规律,地下水位的高度影响路基的干湿状态,也影响桥涵地基的稳定,特别是在桥位选择、孔径确定和防护工程、排水系统等方面,水文情况往往起着关键因素。

土壤的性质又决定了路基的形状和尺寸,路基的边坡坡度应根据土的物理力学性质结合其他因素综合考虑,例如,粉质土和黏质土的物理力学性质不同,它们的密实程度不同,路堑所选择的边坡坡度就不同。同理,岩石的种类和风化程度不同,公路的工程量也会随之变化。

地面植物覆盖影响暴雨的径流和水土流失程度,而流量的大小是控制桥涵孔径和其他排水设施设计的因素之一。

2. 公路对自然环境的影响

公路的施工和养护都需要大量的水,并且对水的质量还有一定的要求,例如,路基压实、混凝土拌和、构造物的养护等,在我国一些水资源供需矛盾突出的地方,公路的施工对水资源会产生一定的影响。公路的修建会形成对原有水分循环路径的阻隔,如河道改置,从而造成下游来水减少,引起生态的变化。路线经过的河道也有可能受到路线的影响,产生冲刷、积水、漫淹,进而损坏农田。

公路对土壤退化的影响主要原因是水土流失。在公路建设中,取地、借地、弃地会使土壤发生水迁移,机械迁移,植被受到破坏,这些变化会引起土壤质量的下降,造成土壤的理化特性和净化能力的减弱。自然条件与路线的相互影响是相辅相成的,彼此密切联系,并经常处于相互作用和不断变化的过程中,因此,我们在选线时应周密调查,综合分析各种因素,使它们的相互作用向着一个良性循环的方向发展。

三、选线的方法与步骤

选线是一个由总体到具体，由浅入深的过程，一条公路的起终点和中间控制点确定以后，可用多种方法把它们连接起来，为了选出一条最合理的路线，选线一般经过全面布局、逐段安排、具体定线三个步骤。

1. 全面布局

全面布局主要是解决路线的基本走向，即在起点、终点和中间大控制点之间按选线原则寻求最合理的路线走向。例如，沿溪线可以走不同的河岸；越岭线可以展线或隧道穿越，每一种布局事实上就是提出了一种路线的基本走向，这一工作一般在视察时确定。路线布局是关系到公路“方向”的根本问题，否则，线路选得再好，技术指标定得再恰当，仍然是一条不理想的线路。因此，布局前一定要认真分析和研究周围的地形、地质等自然条件，通过踏勘，在头脑中形成完整的立体自然模型，为全面布局提供必要的条件。

2. 逐段安排

逐段安排是在路线的基本走向确定以后，进一步加密控制点，解决路线局部性方案的工作。即在大控制点间结合地形、地质、水文、气候等条件，逐步确定小控制点的过程。通过逐段安排，进一步选定能提高路线标准和降低工程造价的有利路线带，从而解决路线的局部方案。例如，沿溪线是一次跨河还是多次跨河；越岭线从垭口那一侧展线下山等，这一工作是通过初步测量完成的。

3. 具体定线

这是在逐段安排小控制点之间，根据技术标准，结合自然条件，综合考虑平纵横三个方面因素，适当移动交点，进行穿线，具体定出路线中线位置的工作，具体定线在详测时进行。

由此可见，选线是一个由粗到细的过程，只有布局合理，才能逐段安排到位；只有逐段安排恰当，才有具体定线的结果，从而形成一个统一的整体，它是根据技术指标、自然条件、建筑材料、施工条件、工程造价、养护条件、营运效益等综合考虑的结果。

第二节　路线方案选择

一、影响路线方案选择的因素

路线方案比较是选线中确定路线总体布局的有效方法。其目的在可能布局的多种方案中，通过方案比较决定取舍，选择出技术合理、费用经济、切实可行的最优方案。路线方案的取舍是路线设计中的重要问题。方案是否合理，不仅直接关系到道路本身的工程投资和运输效率，更重要的是影响到路线在道路网中的作用，直接关系到是否满足国家政治、经济及国防的要求和长远利益。路线方案选择时应综合考虑以下因素：

(1)路线在政治、经济、国防上的意义，国家或地方建设对路线使用任务、性质的要求，以及战备、支农、综合利用等重要方针的贯彻和体现程度。

(2)路线在铁路、公路、航道等网系中的作用，与沿线工矿、城镇等规划关系以及与沿线农田水利建设的配合及用地情况。

(3)沿线地形、地质、水文、气象、地震等自然条件对道路的影响，要求的路线等级与实际可能达到的技术标准及其对路线使用任务、性质的影响，路线长度、筑路材料来源、施工条件以及工程量、三材(钢材、木材、水泥)用量、造价、工期、劳动力等情况及其对运营、施工、养护的影响,以及施工期限长短等。

(4)工程费用和技术标准情况。

(5)其他,如少占耕地,与沿线历史文物、革命史迹、旅游风景区的联系。

影响路线方案选择的因素是多方面的,而各种因素又多是互相联系和互相影响的,比选时应在满足使用任务和性质要求的前提下,综合考虑自然条件、技术标准和技术指标、工程投资、施工期限和施工设备等因素,精心选择,反复比较,才能提出合理的推荐方案。

二、路线方案选择的方法和步骤

路线方案是通过许多方案的比较淘汰而确定的。一条较长的路线可能有很多种方案,不可能对每一方案都进行实地视察和比选,但应事先尽可能收集已有资料,尽可能提出不同的方案在室内进行研究筛选,然后就较佳的、而且优劣难辨的有限方案进行实地视察和比选,直到选出最佳方案。路线方案选择的方法和步骤是:

1. 搜集资料

搜集与路线方案有关的规划、计划、统计资料及各种比例尺的地形图、航测图。水文、地质、气象等资料。

2. 在地形图上布线、初拟方案

根据已确定的路线总方向和公路等级,先在小比例尺(1∶50 000或1∶100 000)的地形图上,结合所搜集的资料,初步研究各种可能的路线走向,重点研究地形、地质复杂的路段,分析路线沿哪些溪沟、越哪个垭口较为适宜;路线经城镇或工矿区时,是穿过、靠近、还是避让而以支线连接等。在室内研究的基础上,在地形图上研究各种可能的路线方案,并标明正线和比较线,算出大致里程和衔接关系,研究并提出现场视察的重点。

当采用不同的设计速度、技术指标或设计方案对工程造价、自然环境、社会经济效益等有明显差异时,应作同等深度的技术经济论证。

3. 室内初步比选,确定可比方案

按室内初步拟定的方案进行实地视察,确定大控制点的具体位置,明确控制点是否变动以及变动的理由,通过调查比较,选定路线必经的控制点,如越岭的垭口、大桥的桥位、与铁路或其他公路的交叉点等;对应绕避的城镇及地质不良地段,确定其范围,提出具体布线方法;对全线地形进行分析,分段提出采用的技术标准和主要技术指标;估算工程量、主要材料(钢材、水泥、木材)用量、征用土地数量;对材料来源、运输条件、路网规划、生态环境等也要一并调查,以备进一步比选方案。

4. 实地视察、踏勘测量

实地视察、踏勘测量岭的垭口、大桥的桥位、与铁路或其他公路的交叉点等;对应绕避的城镇及地质不良地段,确定其范围,提出具体布线方法;对全线地形进行分析,分段提出采用的技术标准和主要技术指标;估算工程量、主要材料(钢材、水泥、木材)用量、征用土地数量;对材料来源、运输条件、路网规划、生态环境等也要一并调查,以备进一步比选方案。

5. 进一步比选、确定推荐方案

在路线视察和充分研究勘测资料的基础上,对初步拟定的路线方案(包括比较线)作出技术经济论证和评价,完成路线方案的比较并填写方案比较表,对其他相关质量性指标进行论证,提出推荐方案的理由,确定推荐方案。

【**例 1-4-1**】 图 1-4-1 为某公路干线两控制点间的基本走向，根据公路网规划要求按二级路标准进行修建，视察后共拟定了南、北线两个方案，各方案的主要技术经济指标汇总如表 1-4-1所示。

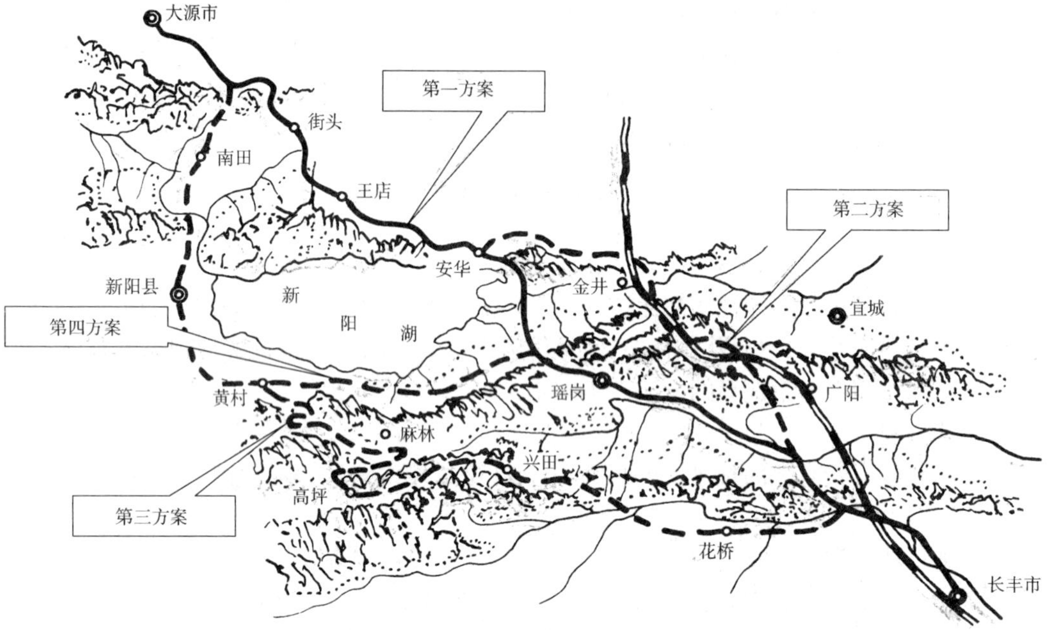

图 1-4-1　路线方案比选图

某公路南、北线方案主要指标比选表　　表 1-4-1

指　　标		单位	南线方案	北线方案
路线长度		公里	118	141
其中:新建		公里	112	—
改建		公里	6	141
工程数量	土　　方	万立方米	83	103
	石　　方	万立方米	15	10
	路　　面	千平方米	708	594
	桥　　梁	米/座	110/8	84/15
	涵　　洞	道	236	292
	防　　护	立方米	6 300	1 300
比较结果				推荐方案

单纯从表 1-4-1 所列指标还不足以决定方案取舍，需要进一步分析和论证。如路线方案只以强寨、安渡两地作为控制，则南线要近 23km，显然便捷得多。但从战备和公路网系规划需要考虑安渡通往某市，则经南线通往某市反而绕远 11km，远不如经北线便捷。

南线垭口海拔为 2 000m，北线垭口海拔为 2 300m。南线虽较北线距离短，但越岭地形较陡，需要展线 6.5km。同时南线越岭以东有一段线形指标低，工程集中，且有岩堆、崩塌、风积沙等病害需要处理。而北线沿线地形平坦，越岭不需展线，线形指标较高，一般略填高路堤即可基本解决。

北线另一有利因素，是全线均有旧路或便道可以利用，其中作巴至江寨的旧路，比起南线

(几乎都是新建)工程经济上较省,施工也较方便。

综合以上论证比选,选择推荐了北线方案。

第三节　平原区选线

一、路 线 特 征

平原是指地形宽广平坦或略有起伏,地面自然坡度很小的地区,一般自然坡度都在3°以下,除泥沼、盐渍、草原、戈壁、沙漠外,一般多为耕地,农田水系渠网发达,在城镇区则地上建筑较多;具有湖泊、水塘、河汊多等特点。

从地质和水文条件来看,平原区一般不良地质现象较少,有时会遇软土和沼泽地段;另外,平原区地面平坦,地面容易积水,河流较宽阔,河床低浅,泥沙容易淤积,河床低浅,洪水易泛滥。

由于平原的上述特征,使得平原地区地形对路线的约束限制不大,路线平、纵、横三方面的几何条件很容易达到标准,路线的布置主要是考虑地物障碍问题,其路线特征是:平面线形顺直,以直线为主体线形,弯道转角较小,平曲线半径较大;在纵面上坡度平缓,以低路堤为主。路线布设除考虑地物障碍外,一般没有太大困难。

二、布 线 要 点

1. 以平面为主安排路线

选线时,首先在起、讫点间把经过的城镇、厂矿、农场及风景文物点作为大的控制点,在控制点间通过实地视察进一步根据地形条件和水文条件选择中间控制点,除一般较大的建筑群、水电设施、跨河桥位、洪水泛滥线范围以外以及其他必须绕过的障碍物外均可作为中间控制点。在安排平面线形时,既要使路线短捷顺直,又要注意避免过长的直线,可能条件下多采用转角小、半径大的长缓平曲线线形,并且相邻曲线的要素不宜相差太大,使线形满足设计要求。纵面线形应综合考虑桥涵、通道、交叉等结构物的要求,要尽可能使用较高的技术指标,合理确定路基高度,注意避免纵坡起伏过于频繁。

2. 正确处理公路与农业的关系

平原区选线不可避免要占用一些农田,这要从公路的作用、工程数量及造价、运营费用等方面因素全面分析比较确定,既不能片面求直占用大量农田,也不能片面为不占农田,使路线的总体指标明显下降,在新阳至宜城高速公路方案示例中,A方案虽然占地多于C案,但最终推荐了A方案,就是基于如上考虑,但一般情况下,要尽量做到少占良田,如图1-4-2路线若从

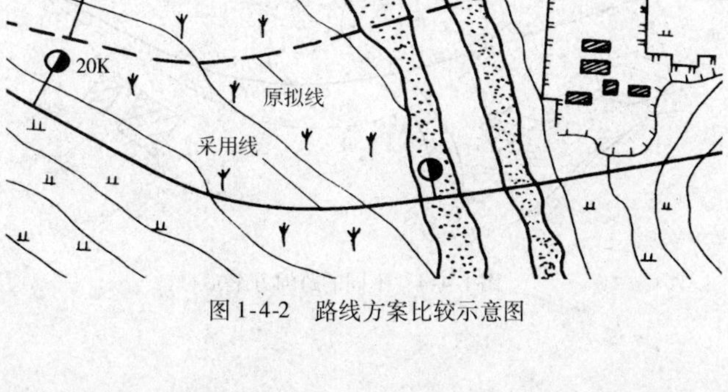

图1-4-2　路线方案比较示意图

田中间穿过(虚线方案),路线短,线形好,但多占良田,若将路线移至坡脚,(实线方案),虽然路线略有增长,线形指标略低,但避免了占用大片高产田,而且沿坡脚布线,路基设计为半填半挖,节省了大量土方。

3. 处理好路线与农田水利的关系

线路布置要尽可能和农田灌溉系统配合,对原有灌溉系统一般不要破坏,布线要注意与干渠平行,减少路线与渠道相交。沿渠道布线,注意堤路结合,桥闸结合。

路线跨水塘时,应设于水塘一侧,从水塘的另一侧取土,既拓宽水塘,又解决了借土问题。路线在靠近河边低洼村庄或农田通过时,可考虑沿河岸布线,围滩造田并保护村庄免受洪水侵害,如图1-4-3是某县的沿河路线,采用堤路结合方式,使百亩滩地变为水田,村庄的安全得到了保障。

图1-4-3 沿河岸布线

4. 处理好公路与城镇的联系

公路对于城镇具有双重作用,一方面它服务于城镇,成为城镇与其他地方物资交流、人员来往的桥梁;另一方面它也干扰城镇,成为交通拥挤、环境污染、城市服务功能下降的原因。所以要正确处理好服务与干扰、穿越与绕避、拆迁与保留的关系,一般原则是:

(1)国防与高等级干线公路,应尽量避免直穿城镇、工矿区和居民密集区,以减少相互干扰。但考虑到公路对这些地区的服务性能,路线又不宜相离太远,必要时还应考虑支线联系。做到近村不进村,利民不扰民,既方便运输,又保证安全,布线时注意与地区规划相结合。

(2)对于一般沟通县、区、村直接为农业运输服务的公路,经地方同意可穿越城镇,但要注意有足够的视距和行车道宽度(应考虑行人的需要)及必要的交通设施,以保证行人和行车的安全。

5. 处理好路线与桥位的关系

大、中桥位往往是路线的控制点,应在服从路线总方向的原则下,路、桥综合考虑,选择有利桥位,布设路线。既要防止只顾路线顺直,不管桥位条件,使桥跨困难;又要防止片面强调桥位,使路线绕线过长,标准过低。一般情况下,桥位中线应尽可能与洪水主流流向正交,桥梁和引道都在直线上,桥位应选在水文、地质及跨河条件较好的河段。如图1-4-4,三个跨河方案,II方案强调了桥位(正交),忽视了线形,不利行车,III方案注重了线形(直接顺直),轻视了桥位(河曲处易冲刷),I方案是兼顾两者的布线,桥位略斜,但河道顺直,路线略长,但基本顺直。

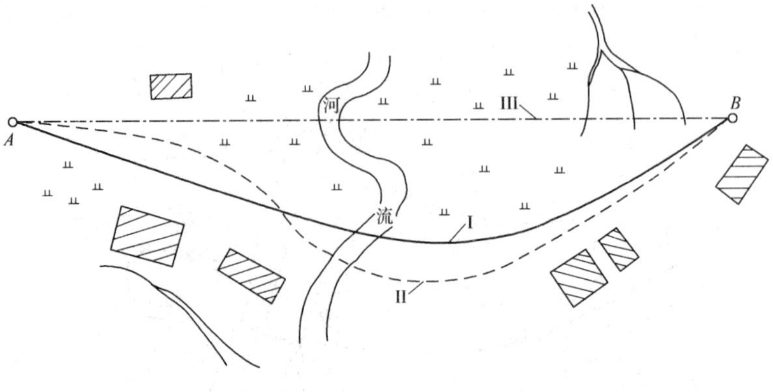

图1-4-4 不同的跨河方案

小桥涵位置原则上应服从路线走向，但遇到斜交过大（夹角小于45°时）或河沟过于弯曲时，可考虑采取改沟或改移路线的办法，调整交角，布线时应通过比选确定。

路线采用渡口跨河时，应在路线基本走向确定后选定渡口位置，渡口位置要注意避开浅滩、暗礁等不良河段，选择合适的地形作为码头，然后，将路线与码头按线形要求平顺连接。

6. 注意土壤地质水文条件，确保路基稳定

在平原的河网湖区，地势低洼，地下水位高，要注意路基最小填土高度，保证路基基底处于干燥或中湿状态，个别挖方地段要注意排水。

路线要避免穿过较大的湖塘、泥沼地带，必须穿越时，应选择相对地质条件较好的地方通过，这包括基底坡面平缓、淤泥少、下层无软土的地方；不言而喻，最窄、最浅的地方是首先考虑穿越的地方，但当地质条件和此相矛盾时，就要结合线形、工程量和造价等多种因素合理选择了。

沿河布线时，应布线于洪水泛滥线以外，必须通过泛滥区时，应保持路基、桥梁应有的足够高度，以免被洪水淹没，并应对路基边坡防护加固。

第四节　山岭地区选线

一、路线特征

山岭地区山水相隔，峰峦重叠，山高坡陡，谷深流急，地形曲折复杂，它一般包括分水岭、山脊、山谷、山坡等。选线要摸清山脉水系的走向和变化规律，使各种地形对路线的影响有一个清晰的概念，即山区高差大，复杂的地形使公路路线坡陡弯急；石多土薄，地质复杂（如滑坡、崩塌、碎落等），直接影响路线的位置和路基的稳定；山区河流曲折，比降大，水流急，雨季暴雨集中，洪水猛长猛落，流量大，流速快，冲刷和破坏力大；气候多变，冬季多冰雪，昼夜温差大，雾大，能见度低，对车辆的安全通行有很大影响。

但事物都有双重性，地势对线路选择也提供有利的因素，山脉水系清晰，给山区公路走向提供了依据，鲜明的地质水文特征，为准确定位路基高、防护措施和桥位提供了资料，丰富的石材为公路建设提供了原材料。

综上所述，由于山岭地区自然条件复杂，地形变化很大，使得路线在平、纵、横三方面受到很大限制，因而技术指标一般多采用低限。在山岭地区所有自然条件中，高差急变是主导因素，因此在路线布设时，一般多以纵面线形为主安排路线，其次是横面和平面。在选线时要注意分析平、纵、横三方面因素，结合影响路线的主要自然因素，综合考虑，求得协调合理。山区地区按地形布线可分为沿溪线、越岭线、山坡线、山脊线等。

二、沿　溪　线

（一）路线特点

沿河（溪）线是沿河（溪）岸布置的路线，其特点是傍山临水，如图1-4-5所示。

图1-4-5　沿溪线

沿溪线的主要优点是路线走向明确，河床的纵坡一般比路线的纵坡小，加之在河边一般都有台地可以利

用，除个别悬崖陡壁和跌水地段，路线的平、纵线形一般均能满足设计要求；沿溪线傍山临河，砂、石等原材料比较丰富，对施工、养护、营运有利；山区的两岸大多有居民点沿河分布，沿溪线如能结合河岸地形布设，更能充分发挥沿溪线公路的作用。

沿溪线的不利条件主要是路线临水很近，受洪水威胁比较大，洪水频繁发生，经常破坏公路，沿溪线需要增设大量防护工程来抵抗洪水的侵害，导致破坏自然景观和环境，并使工程造价加大；公路反复受水淹没，会使路基强度降低，最终使公路提前破坏，不能达到投资的预期目的；压缩河道、弃土等，对防洪构成威胁；如遇长距离的陡壁，施工工期无法保证，开挖数量大，难以施工，桥涵及防护工程数量大，地质条件又不允许做成半山洞，这时要从造价、工期等多方面考虑该方案的可行性；在施工和运行阶段，还会对沿线溪河造成水污染的问题。因此，在路线布线时，要结合地形克服不利影响，发挥沿溪线的优势，使公路更好地为社会服务。

（二）路线布局

沿溪线的路线布局主要解决三个问题：路线选择走河的哪一岸；路线线位放在什么高度；路线选在什么合适地点跨河。这三个问题是相互联系、相互影响的，选线时要抓住主要矛盾，结合路线性质等级和对自然界的影响，因地制宜地去解决。

1. 河岸选择

沿溪线可以选择仅在一岸布线或在两岸跨河布线，但首先要选择好布线的河岸，这就需要对两岸的情况进行比较，从自然条件到路线的线形，从社会环境因素到道路的功能，进行综合比较分析，经过技术经济比较决定。

在地形地质条件方面，路线应选在地形宽坦，支沟较少，水文地质条件良好的一岸，这样可以减少防护工程，节约费用。但这些有利的条件往往交错出现在两岸，这时就需要深入调查，综合比较，决定取舍，如图1-4-6，乙方案为避让河左岸的两处陡崖，跨河利用右岸的较好地形，但仅3km后，也遇到了更长的悬崖，不得不再回到左岸，两次跨河，须建中桥两座。而甲方案一直走左岸，虽要开挖一段石方，但较建两座中桥经济，因此，不宜跨河换岸。

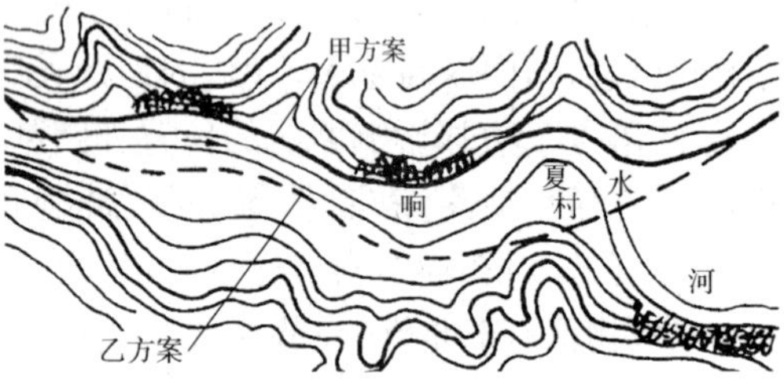

图1-4-6　跨河换岸比较图

在积雪和冰冻地区，河岸的阳坡和阴坡即迎风面和背风面气候相差很大，在不影响路线整体布局的前提下，尽量选择阳坡和迎风的一岸，以减少积雪、涎流冰等病害。有时即使阳坡工程量大一些，但为了良好的行车环境和行车安全，也应选择阳坡方案。

线路应选择村镇较多，人口较密，风景、名胜古迹集中的一岸，这样可以充分发挥道路的运输功能，促进地方经济和旅游的发展。

2. 桥位选择

（1）跨河问题

跨河布线要明确两个问题：第一是为什么要跨河，第二是桥位的选择。一般情况下，如果起讫点在同岸，且距离很近，一般不考虑跨河的方案，以避免因跨河建桥使费用增加。只有当跨河布线或跨河建桥比开挖防护直接布线更为经济时，就需要考虑跨河的问题，跨河布线常见的原因有：

①中间主要控制点的需要。当路线起讫点在河岸两侧，至少必须跨河一次。有时起讫点在同一岸，中间控制点在对岸，这时可以采用两次跨河方案或支线跨河连接方案，如图1-4-7。

②避让严重不良地质地段的需要。对于严重的地质病害，无法穿越时，可考虑跨河绕避，例如，我国云南某公路，70km 内三次跨河，就是为了避让大塌方地段。

③避让艰巨工程而跨河。在峡谷中，河谷两岸适宜布线的地形往往交替出现，为了利用有利地形，避开艰巨的石方工程，提高施工、养护、营运的条件，常采用两岸交替布线，这种情况需要进行不同方案的技术经济比较，以选择最优方案。

④避让其他地物。如遇铁路、大型水利工程、重要建筑发生严重干扰时，应跨河避让。此外，对生态环境和珍稀濒危动植物栖息环境产生严重影响时，也应避让。

⑤线形标准的需要。在高等级公路中，为了线形的顺直，河沟较小、工程量不大时，采用跨河方案，既可缩短线路，又能改善线形，如图 1-4-8。

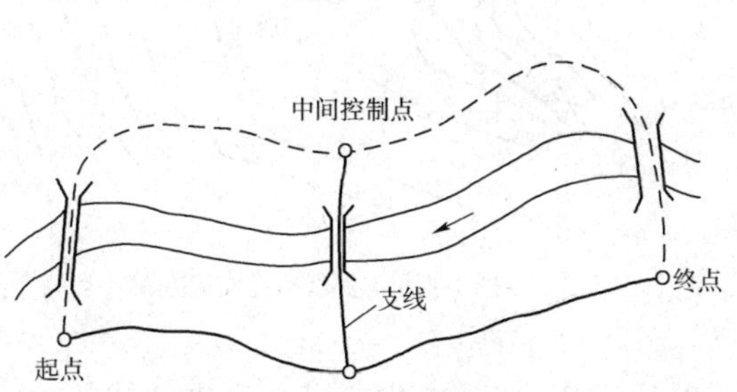

图 1-4-7　连接中间点的跨河方案

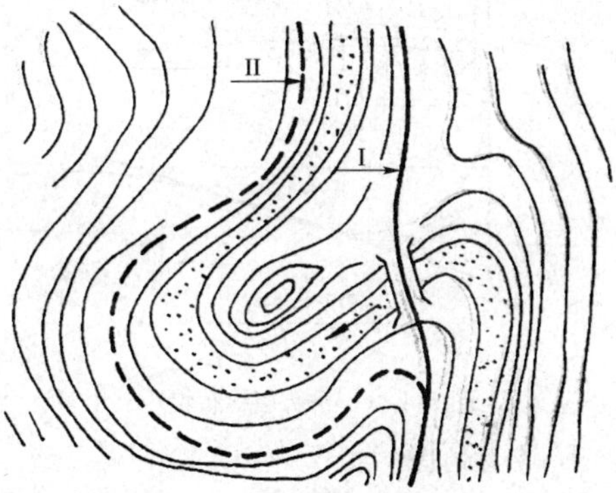

图 1-4-8　跨河改善线形

(2)桥位选择

跨河可分为跨支流和跨主流两类桥位，跨支流的桥位选择，一般属于局部方案问题，而跨主河的桥位选择多属于路线布局的问题。在桥位选择上，除了考虑地质水文情况外，要特别注意处理好桥位与线路的关系。对于跨越主河的桥位，当路线走向与河流接近平行的情况下，如何利用地形并使桥头路线平顺，是选择桥位考虑的重要因素之一，常见有以下几种情况。

利用"S"形河段跨河，如图 1-4-9，在其腰部跨河，原本与河道平行的路线，几乎垂直跨越河道，桥头线形显著改善。

在河弯附近选择有利位置跨越，如图 1-4-10 利用河曲跨河，避免了路线在桥头处多次转弯，提高了线形质量。但应注意河湾水流对桥头的影响，采取相应的防护措施。

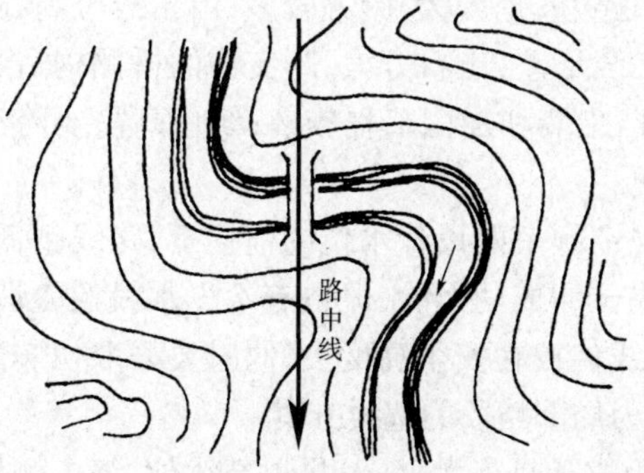

图 1-4-9　"S"形河段跨河

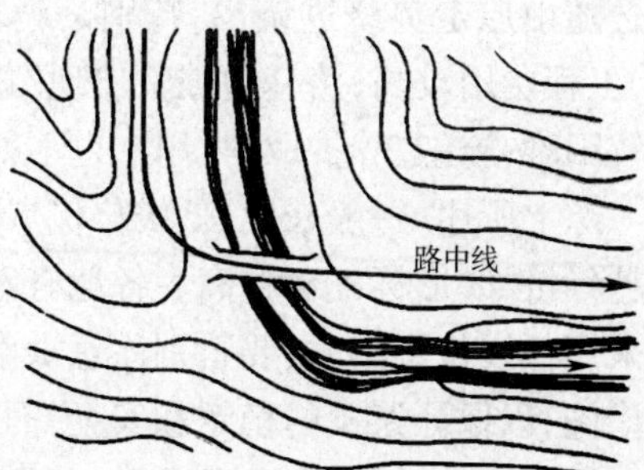

图 1-4-10　利用河曲跨河

路线平行河道时，对中小桥可以考虑设置斜桥，以改善桥头线形。对大桥和不宜设斜桥时，可以把桥头引线布置一段弯引线，如图1-4-11，以取得较大的半径，以利行车。

路线跨越支流的桥位，有两种方案可以选择。如图1-4-12所示，直跨方案的路线短、线形好、标准较高，但工程量较大。绕线进支流上游跨越方案的路线较长、桥跨孔径小、基础条件好、跨桥工程量较小，但线形差、标准低。具体采用何种方案，要根据路线等级和桥位处的地质、地形条件，经技术经济比较后确定。

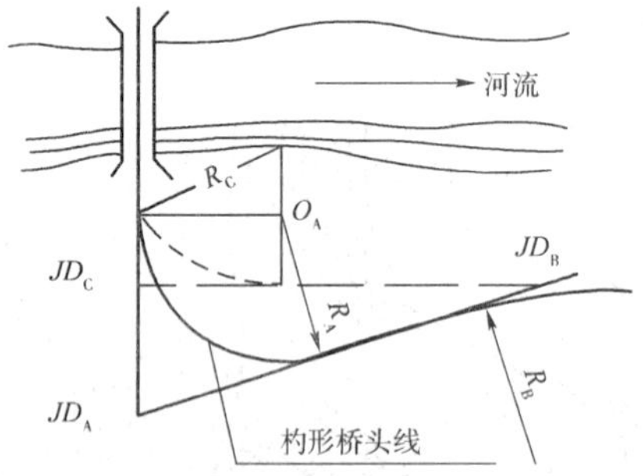

图1-4-11 桥头引线布置

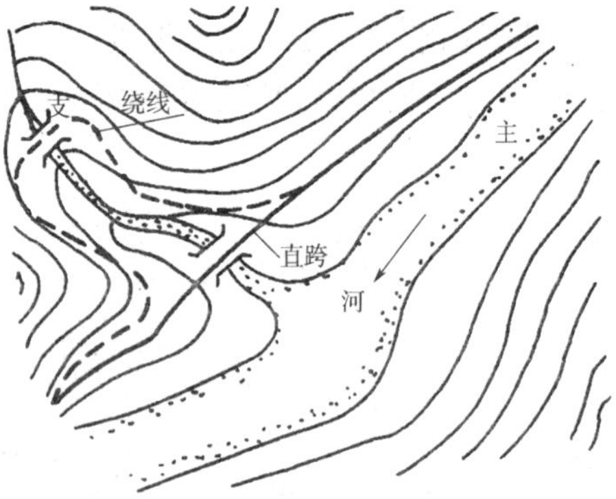

图1-4-12 路线跨越支流方案

3. 路线高度

线位的高低是路线纵面线形布局的问题。路线沿岸高程，首先应考虑洪水的威胁。不管是高线位还是低线位，均应在设计洪水位以上一定安全高度。因此，在选线中应认真做好洪水位调查工作，以确保路线必需的最低线位高度。

低线位是指路基高出设计洪水位不多，路基上侧临水很近的布线方案。其主要优点是：一般情况有台地可以利用；地形较好，平面线较顺适，纵面切割不大，容易达到标准；路线低，填方边坡低，土石方数量少，边坡较稳定，路线活动余地稍大，跨河利用有利条件和避让不利条件较容易；养护、施工用水、取材较方便；从国防来看，路基破坏后因线位低抢修也很快。低线位的主要缺点是：线位低，受洪水威胁大，通常防护工程较多；低线位多在沟口附近跨越支沟，桥涵孔径较大，基础工程也较困难；路线与农田矛盾较大，处理废方比较困难。

高线位指路线高出洪水位较多，完全不受洪水威胁的布线方案。其路线特征与山坡线相近。其主要优点是：无洪水影响，防护工程较少，废方处理问题不突出；当采用台口路基时，路基比较稳定。高线位的主要缺点是：路基多用台口路基，挖方大，废方较多；由于线位高，路线势必随山形走势绕进绕出，特别是鸡爪地形地段，线形差，土石方大，跨支沟的桥涵构造物较多，工程费用较高；路基边坡常出现“缺口”，因而挡土墙和加固工程较多；线位高需要跨河时比较困难；施工、养护取料、用水也不如低线位方便。

综上所述，一般来说，低线位优点多，在满足规定频率的设计水位的前提下，路线越低，工程越经济，线形标准也越高。各地有不少采用低线位的成功经验，但也有不少水毁的教训，因此采用低线位方案时，要特别注意洪水调查，把低线位放在安全高度上，同时要采取切实的防洪措施，以保证路基的稳定和安全，而把高线位作为局部路段的选线方案。

图1-4-13所示沿河线的几个方案，方案I是为避让悬崖峭壁，及早提高线位，绕走侧坡悬崖顶部布线。如果悬崖集中地段位于大河湾的支脊凸部，则在支脊内必有低垭口，可及早提高线位越支垭口，见图1-4-13中方案II。第III方案是跨河走对岸，此时要求选择适宜的桥位。

如果岩性坚硬、地质构造稳定和工程艰巨地段不长，也可开挖半山洞或短隧道，或临河劈岩，开挖部分路基直接穿越石壁，如图 1-4-13 中第 IV 方案所示。不论采用哪种方案，都应通过调查研究，结合具体条件，经过技术经济比较后，决定取舍。

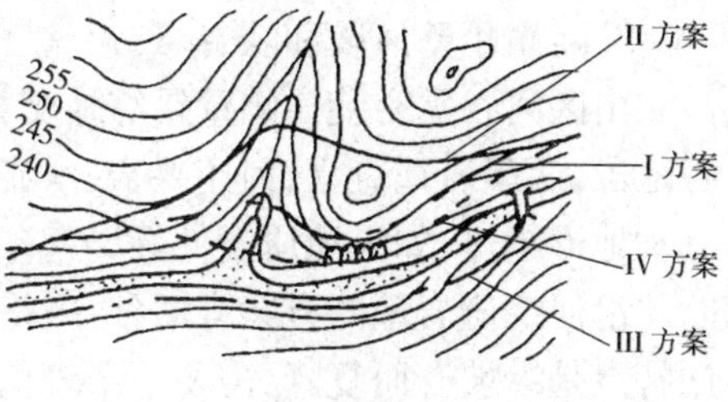

图 1-4-13　沿溪线的几种方案示意图

（三）几种河谷地形条件下的布线

山区河谷大体可分为以下几类，即开阔、半开阔河谷；河道弯曲、较狭窄的河谷；陡崖峭壁河段和峡谷；河床纵坡陡峻的河段。河谷地形不同，布线也应有所差异。

1. 开阔河谷

宽谷是指河岸到山坡之间台地较宽的地段，两岸多为农田，附近地形平缓，布线一般根据路线的大方向，可以靠近河边布线，或傍山坡脚设线，如图 1-4-14 所示，不宜使路线在河谷台地的中间直穿通过，以免占用大片耕地和破坏农田灌溉设施。路线沿河布线，有利于保田、保村和筑路治河的综合处理。傍脚布线，在较高台地的内缘，对于修建路基较为有利，不占或少占良田，又避免洪水威胁，是常采用的一种沿河线布线方案。还应注意，路线不要过于迁就地形，因完全顺坡脚扭曲会降低线形标准和增加里程长度。

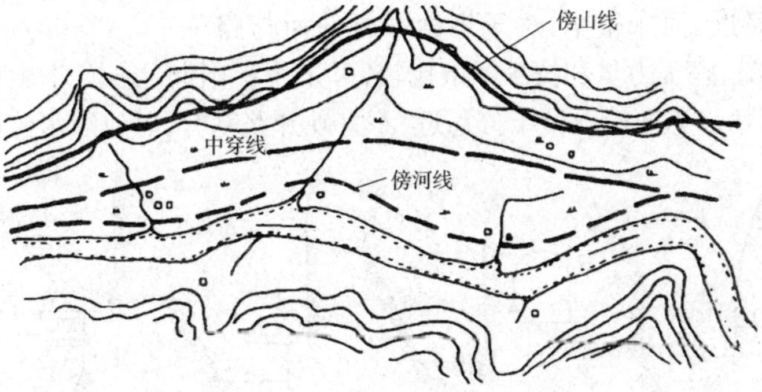

图 1-4-14　开阔河谷布线方案示意图

2. 河道弯曲，较狭窄的河谷

如果河谷河湾曲折迂回，山嘴河湾交替出现，凹岸陡峻，凸岸则多有一定宽度的浅滩，有时也有凸出山嘴，选线时要作全面分析，首先要判断路线设在哪一岸有利。一般情况下，路线可选择工程量较小的一岸，并沿河岸自然地形、绕山嘴河湾布线。技术等级较高的路线，宜裁弯取直。如果河谷不宽，遇河湾也可考虑往返跨河或改移河道，如图 1-4-15 所示；遇有突出山嘴，可以采用隧道或深路堑通过，也可切嘴填湾，如图 1-4-16 所示。切嘴填湾时要力求土石方纵向平衡，以免废方过多，侵占河道。

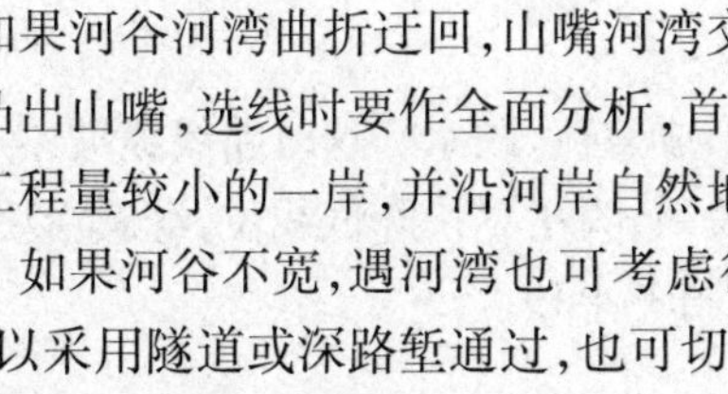

图 1-4-15　河湾路线方案示意图

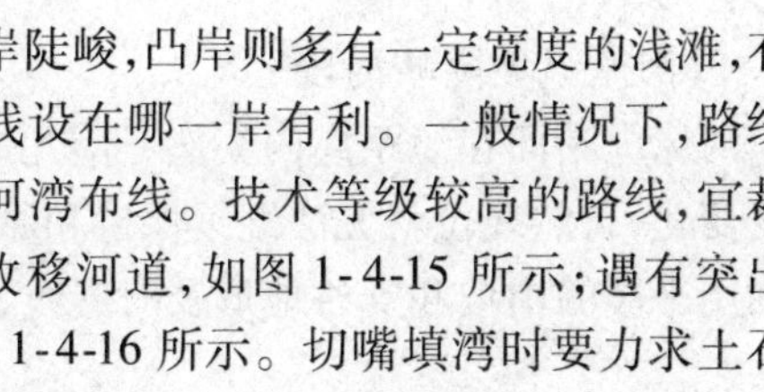

图 1-4-16　切嘴填湾的路线方案示意图

3. 陡崖峭壁河段和峡谷

山区河谷常有陡崖峭壁错综地交替出现，或两岸陡崖峭壁对峙的河段，即为峡谷。某些峡谷地段，两岸岩壁直立，河床狭窄，水流湍急。对于此类河谷，路线一般宜选在陡岩顶部的平缓有利地形越过，如果地质条件好，岩壁不长，也可考虑在石壁上强行通过。

沿河绕避岩壁的方案有两种：一是在陡壁顶部通过；二是越过更高山脊的垭口通过。其共同特点是纵坡升而复降，需要一个较长的过渡坡段，线位高差越大，过渡地段就越长。因此，崖顶过高，就不宜采用绕避方案。

直穿峡谷路线的方案有两种：一是侵占河床填筑路基；二是硬开石壁。

1. 侵占河床填筑路基

如果河床较宽，水流不深，压缩部分河床不致引起洪水位过于抬高，此时路线可在崖脚下侵占部分河床，选用低线通过。如果河床较狭，因填筑路基压缩河床，致使洪水位过于提高，威胁附近农田和路基，则应清理对岸河床，挖去漂石和突出的山嘴，使路基占用河床而压缩的泄水面积，能从清理河床得到补偿，见图 1-4-17。

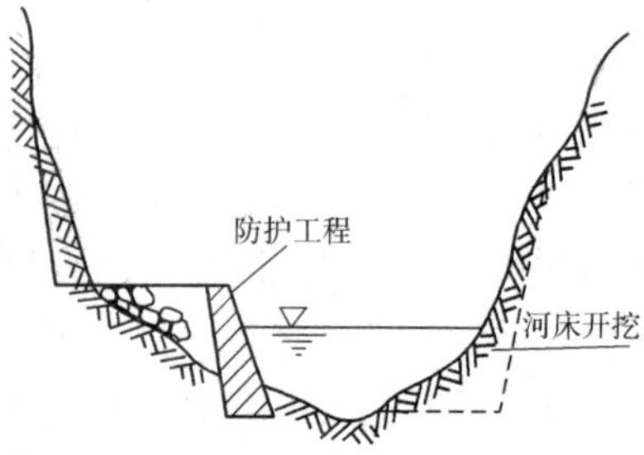

图 1-4-17　路基部分侵占河床示意图

2. 硬开石壁

当两岸峭壁逼近，河床很窄，难于容纳并行的河与路时，可根据地质情况、施工力量和技术经济比较，可采用半山洞、隧道、半山桥有悬出路台等措施，如图 1-4-18 所示。当两岸石壁十分逼近，不宜硬开路基时，可建顺水桥通过。

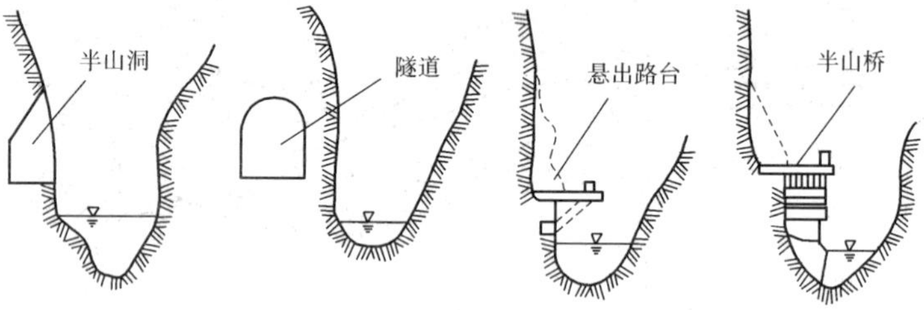

图 1-4-18　几种特殊措施通过陡崖峭壁布线示意

3. 河床纵坡陡峻河段

河床纵断面在短距离内突然下落几米至几十米，形成急流、跌水。这时路线纵坡不可能大幅度变化，自然线位就无法继续保持和原河道的相对关系，为了尽快降低线位，继续沿溪而行，要利用平缓的山坡和支谷地形及时展线，降低线位，如图 1-4-19。

三、越　岭　线

（一）路线特点

越岭线是翻越山岭布设的路线。其主要特征是两个主要控制点分别位于山脊的两侧，路线从山的一侧升坡到山脊，在山脊上呈马鞍状的明显下凹处（称为垭口）穿过，在山脊的另一侧降坡而下。其主要特点是：路线需要克服较大的高差，路线的长度和位置主要取决于路线纵坡的安排。因此，在越岭线的选线中，以路面的纵断面设计为主导。

越岭线的主要有利因素有：布线灵活，可选方案多。越岭线不受河岸的限制，有较多的布线方案，遇不良地质或艰巨工程及重要地物限制时，避让比较容易。由于没有洪水的威胁，路

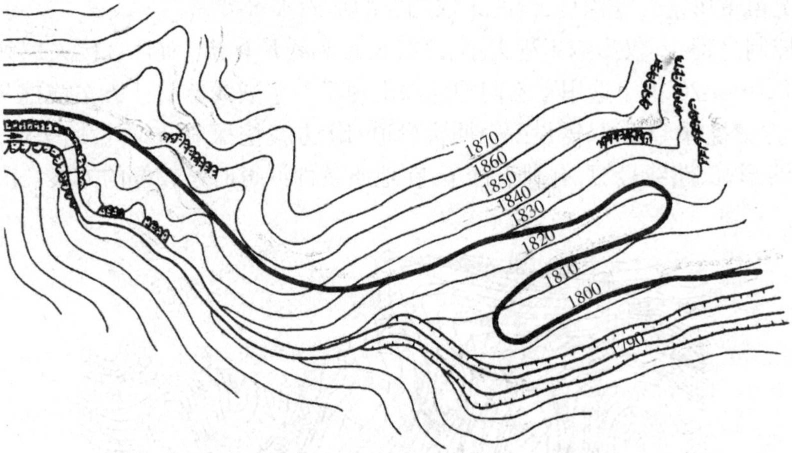

图 1-4-19 河床纵坡陡峻河段展线示意

基稳定,桥涵及防护工程比沿溪线少。

越岭线的主要不利因素有:线形差,指标低。路线受坡度的限制,越岭时必须升坡展线,从而使路线增长,在地形复杂的山区,常使路线弯急坡陡,路线指标下降。越岭线线位高,远离河谷,施工用水、砂石等材料的运输不方便,回头展线的地方,施工相互影响,爬坡急转的地方,车速低,运输成本高。施工、养护、运营条件差。

(二)路线布局

越岭线布局主要是解决垭口的位置、过岭高程的选择和垭口两侧路线的展线方法。垭口是路线布局的重要控制点,它确定了路线的走向;过岭高程,控制着纵坡的大小;展线的方法决定了路线的长度,这三个方面互相联系、互相影响,布局时要综合考虑。

1. 垭口位置选择

垭口是分水岭山脊上的凹形地带(又叫鞍部),是越岭线的重要控制点。垭口位置的选择首先应在地形图上分析,然后结合实地勘查,从若干个垭口中选择符合路线布线要求的垭口,在选择中要从垭口的位置、高程、地形条件、地质情况和展线条件多方面综合考虑。

垭口的位置应在路线基本走向范围内,高差小,展线降坡后能和山下控制点顺直衔接的垭口是首选垭口,因为这样的垭口不延长线路、工程量小、纵坡不大、行车条件好。其次要考虑稍偏离路线方向,但展线线形好,填挖数量小,纵坡坡度小的垭口,这种垭口虽使路线长度增加,但相比它带来的好处,足以抵消它的不足,就应予以考虑。

2. 过岭高程的确定

过岭高程是越岭线布局的重要控制因素。路线翻越垭口,一般有浅挖低填、深挖垭口和隧道穿过等三种方式。一般情况下(除宽厚垭口或地质条件很差外)常用深挖方式过岭,当挖深在 20m 以上时,则应与隧道方案进行比较。

一般情况下,多用深挖方式过岭,当深挖超过 20m 以上时,应和隧道方案比较。但地质条件是选择过岭高程的又一重要因素,如松软土侵蚀型垭口,这种沉积形成的土层,土质松软,容易引起塌方;软弱岩层垭口,软岩层经雨水和风化作用形成的垭口,一般外形不对称,这种垭口渗水性强,稳定性差,常引起顺层滑坡,不易深挖;构造破碎带垭口是由地层褶曲和断层经侵蚀风化形成的垭口,其特点是岩层破碎,地表水容易渗透,开挖后易碎落和坍塌,深挖后路基从此经过,基底和边坡稳定性差,一般应避让,必须通过时,不能深挖,并结合岩层破碎风化程度,及地下水的状况慎重决定开挖深度,同时采取相应的加固排水措施。

不同的控制高程,不仅影响工程大小、路线长短和线形标准,而且直接关系到垭口两端的展线布局,如图1-4-20由于选用了不同的挖深出现了三个展线方案:I方案浅挖9m,需设两个回头弯道;II方案挖深13m,只需设一个回头弯道;III方案挖深20m,不设回头弯道,顺山势展线。IV方案线形好,路线最短,有利于行车,在地质条件许可时是较好的方案。决定过岭高程的因素如下:

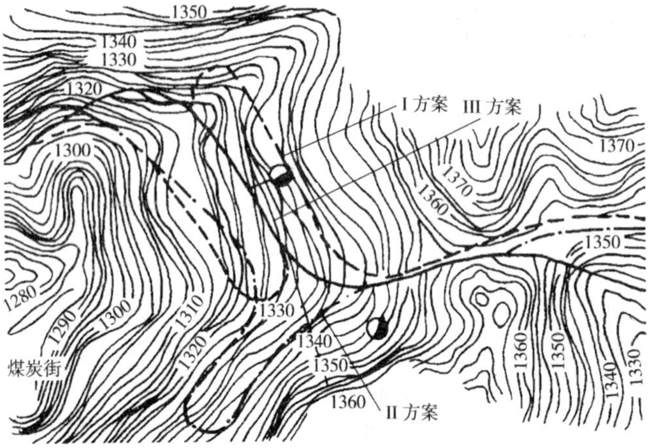

图1-4-20 垭口的高程与展线

(1)垭口及两侧的地形。当过岭地段山坡平缓,垭口又宽厚时,一般宜多展线,用浅挖或低填方式。

(2)垭口的地质条件。这是决定垭口能否深挖的决定因素,当地质构造薄弱和有不良地质现象的山脊凹陷地带,选线时要特别注意。

(3)结合施工及国防考虑。深挖垭口,工程集中、废方大、施工面狭窄,因而工期较长,同时,战时修复也较慢。因此,对于工期紧迫和国防性公路,不宜采用深挖。

3. 垭口两侧路线的展线

(1)放坡展线

越岭线的高差主要是通过垭口两侧的山坡展线来克服的。在确定了垭口和山麓的主要控制点以后,就需要试坡展线,定出中间控制点,在控制点之间逐段展线,最后形成路线的整体。控制点有固定和活动之分,一种是位置和高程都不能改变,例如,地形严格限定的回头地点,必须通过的桥梁等;另一种是位置固定,高程可以调整,如垭口,重要桥位等;第三种是高程和位置都可以适当调整。对地形应分段了解坡度的大小,适合展线或回头的位置以及避让不良地质地段的位置。

试坡由垭口开始,由上而下,这样视野开阔,便于选择有利地形,用手水准测定两控制点的倾斜角度(垭口处以开挖以后的高度计),在安排好纵坡的前提下,定好路线的位置。相邻两个控制点之间的坡度不得超过最大坡度或过于平缓,并将放线长度、试坡高差和控制点可活动的范围等记录下来,供最后定线参考。如果某控制点不能满足试坡线的要求,则应返回与之相邻的控制点,适当调节路线位置重新试坡,或者修改控制点的高程或位置,直到合适为止。经试坡修改后的路线纵断面或线形仍不理想,则宜另选新线,重新展线试坡。

(2)展线方式

展线是采用延长路线、减小路线坡度的一种布线方式,常用的展线方式主要有自然展线、回头展线和螺旋展线。

①自然展线是顺着自然地形的弯延，绕山嘴、沿山凹，以小于或等于平均纵坡（5%～5.5%）均匀升坡展线至垭口。这种方式平面线形好、里程短、纵坡和缓均匀，对行车、施工、养护均有利。自然展线对地形有一定的要求，如遇艰巨工程和不良地质的地段很难避让，如遇陡崖、深谷，而不得不采用其他展线方式。

②回头展线是当控制点之间的高差大，地面自然坡度大于路线的平均纵坡，或因地质条件限制不宜自然展线时，可利用合适的地形，以回头的方式展线升坡到垭口。

回头曲线的转角在180°左右，它是小半径并伴有纵坡的平曲线，是展线方式中较差的一种线形。但由于受山区地形的限制，还是经常用于工程中。回头曲线的设置地点对线形、工程量、行车都有较大的影响，一般应选择地形平缓、有利展线的位置回头，常见的适宜回头的地形有山包回头、山脊平面回头、垭口回头以及平缓山沟、山坡回头、山坳回头等。如图1-4-21所示。

图1-4-21　适宜布设回头曲线的地形

如图1-4-22，这种回转形曲线对于克服高差，避让地质不良地段较为有效，但其平曲线半径小，线形差，回头曲线在同一坡面上下距离较近，对施工、行车和养护都不利。所以，选线时尽可能少用或不用。

（3）螺旋展线是一种路线转角大于360°的展线形式，当路线受地形、地质条件限制，需要在很短的平面距离内，迅速提高或降低高度时，螺旋展线可利用山包或山谷旋转提升路线高度，如图1-4-23，但因在路线上下相交的地方需建桥或隧道，将使工程造价偏高，故一般较少采用。

一条较长的越岭线，由于地形的变化，常常是各种展线方法的综合运用，布线时要根据地形特点，选用沿溪、越岭等合适的方式，按小于或等于规定的平均纵坡布设路线，并注意它们之间的过渡和衔接。选线原则中的"均衡原则"在山区选线中尤为重要，因此，要均衡各种因素，全面分析，综合考虑，合理布线。

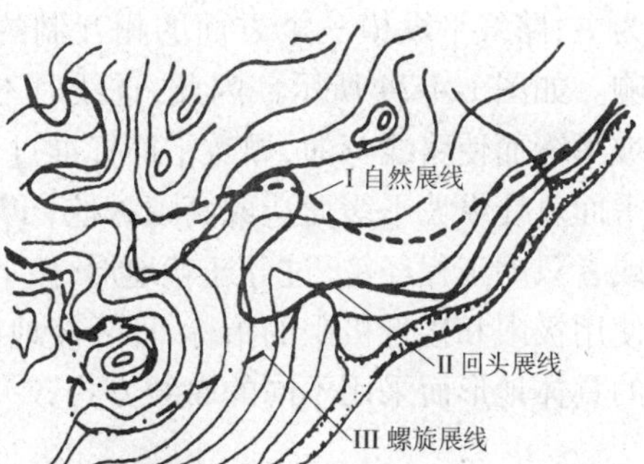

图1-4-22　越岭线展线方式

a)

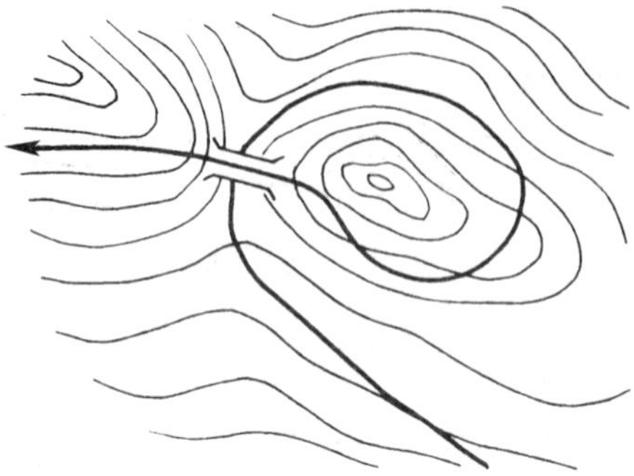

b)

图 1-4-23　螺旋展线

a）立体图；b）平面图

第五节　丘陵地区选线

一、路线特征

丘陵是介于平原和山岭区之间的地形，它包括微丘和重丘两种。微丘是指丘岗低矮、顶部浑圆、地面自然坡度平缓（20°以下）相对高差不大（100m 以内）的地区；重丘是指丘岗较高，地面起伏较大，但无明显的山岭自然形态要素（山顶、山坡、山脚），地面自然坡度较陡（20°以上），相对高差不大的地区。它们的总体特征是地势平缓起伏，山丘连绵交错，岗坳迂回曲折，横坡平缓自然，形态要素朦胧，地形、地貌多变。

丘陵地区农业比较发达，土地种植面积广，种类多，小型水利设施也较多，居民点、建筑群、风景区、文物点时有出现，这些都是在布线时需要考虑的因素。

图 1-4-24　丘陵地区路线

丘陵地区多变的地面形态，决定了丘陵地区的路线特征是：局部方案多；且为了充分适应地形，路线纵断面将会有起伏，平面也必将是以曲线为主；路线平纵横三个方面的相互制约和相互影响。如图 1-4-24 所示。因此，选线时不应只顾纵坡平缓而使路线弯曲，导致平面标准过低；或只顾平面直捷纵坡平缓而造成高填深挖，工程量过大；或者只顾工程经济，过分迁就地形，使平纵面过多使用极限和接近极限的指标，即丘陵地区的线路布设应综合考虑，布线方法应随路线行经地带的具体地形而采用不同的布线方式。

二、路线布设方式及要点

丘陵地区选线主要是解决平纵横三个方面与地形之间的矛盾，结合地形合理选用技术指标，从而使平面线形流畅，纵面起伏不大，横断面稳定经济。根据选线实践经验，可概括为三类地形地带和相应的三种布线方式，其要点是：

1. 平坦地带——走直线

两个已知控制点间,地势平坦,应按平原区以方向为主导的原则办理。如其间无地物、地质障碍或应考虑的风景、文物、城镇,一般以直线布线,否则,应加设中间控制点以小转角、长缓的曲线布线。走直线时,要注意有关规范对长直线长度的限制。

2. 具有较陡横坡的地带——走匀坡线

在具有较陡横坡的地带,如无地形、地物、或地质上的障碍,路线应按匀坡线布设。“匀坡线”是指两控制点之间沿自然地形,以均匀坡度确定的地面点的连线,如图1-4-25,在斜坡地带走均坡线时,容易使线形与地形吻合,而且对减小工程量也有好处。两个已定控制点之间若有障碍,则在障碍处加设中间控制点,分段按匀坡线控制。

3. 起伏地带——走直连线与匀坡线之间(即走中间)

所谓“走中间”就是在匀坡线和直线中间进行布线,选择平面顺适、纵面均衡的路线通过起伏地带。如图1-4-26,若路线沿匀坡线会增长很多,平面线形差;如果路线走连直线,路线虽然最短,但纵面起伏大,其结果不是路线起伏不平,就是高填深挖,增大工程量。将路线布设于匀坡线和直线之间,如图1-4-26,其纵面上比沿直线布线起伏小,平面上比沿匀坡线布线路线短,线形好,兼顾了平纵两方面的要求,可显著提高路线使质量和降低工程造价。所以在起伏不平的地带将路线布设在直线和匀坡线之间是合理的。

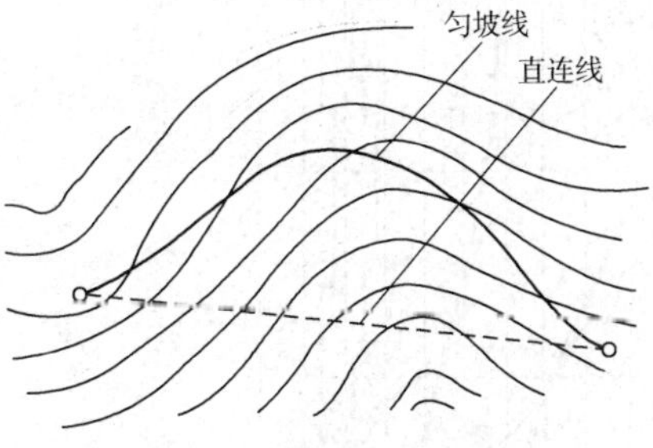

图1-4-25　匀坡线示意

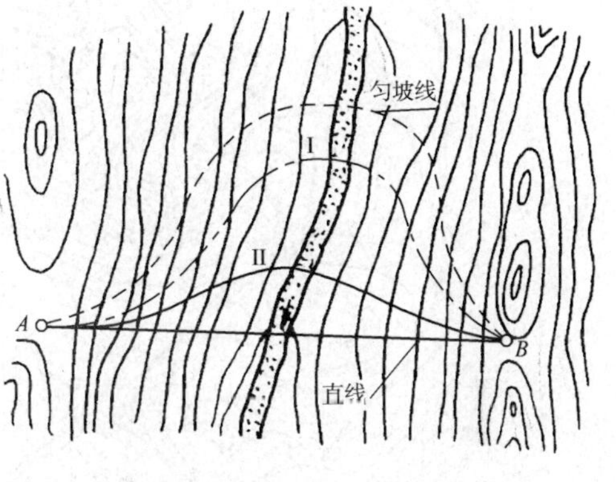

图1-4-26　起伏地带路线方案示意

至于在直连线和匀坡线之间的具体位置,要根据公路的等级,结合地形具体分析确定。一般等级高的公路为了线形的要求,可以接近直线布线,等级低的公路为了减少工程量,可按接近匀坡线布线。如图1-4-27,*AB*之间是平缓的山坡,*BG*之间有*CE*两处山梁和*DF*两处山谷,*B*、*E*等多处有村庄。*K*处是沿河的耕地,地下水丰富,整个地形是由*A*到*G*逐步升高,地质条件良好,*K*点 决定了路线沿溪而行的路线方向;*B*点决定了路线沿山坡丘陵布线的方法。经*K*处的方案指标高,容易布线,但占用耕地多,且路线经过地带低湿,不能保证路基最小填土高度,如果提高路基,不但工程量大,而且因借土使这一带的农业生产和生态平衡受到严重影响;经*B*处的方案提高了线位,避免了和农业生产的冲突,路基稳定,但路线沿丘陵布线,经过两处山梁和山谷,在起伏地带通过,整体线形不如经*K*处的方案。经比较,推荐经*B*处的方案。

路线基本走向的控制点确定后,还要根据地形和线形的要求,加设一些控制点,这样路线方案才能具体确定下来,根据“起伏地形走直线和匀坡线之间”的布线要点,通过试坡的方法确定了*C*、*D*、*E*、*G*、*F*各点,其中*E*点的具体位置考虑了避让村庄,局部*CE*之间标示出了中间线、直连线和匀坡线。其中直连线方案由于填方数量太大而放弃,匀坡线方案工程量虽小,但线形较差,与相邻路段不协调,故最终选择了“走中间”的方案。

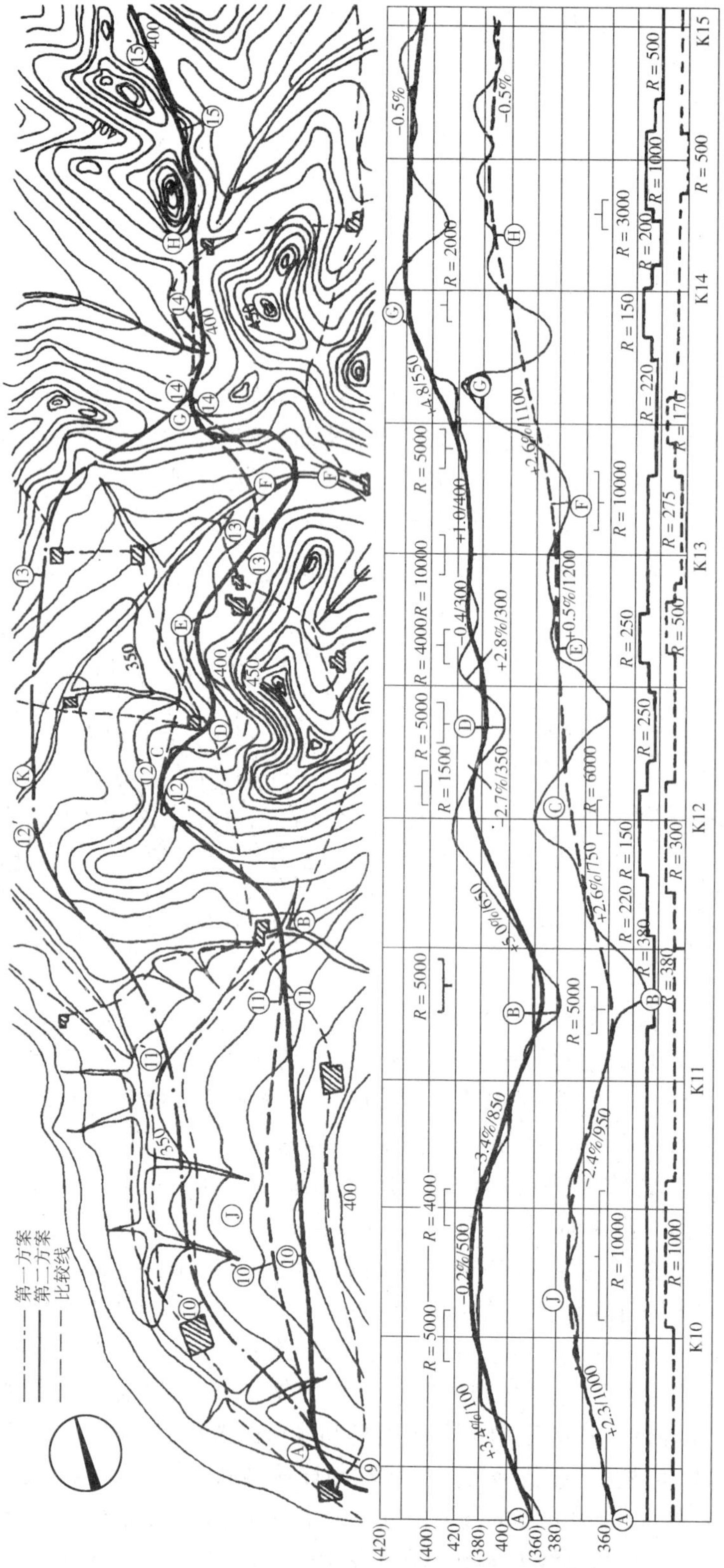

图1.4-27　丘陵地区路线平纵面图

第六节　山脊线与山坡线

一、山　脊　线

山脊线是指公路沿分水岭方向所布设的路线，一般分水岭平缓、起伏不大、岭脊宽厚的山脊是布设山脊线的理想地形。但一般连续而又平缓的山脊很少，大多数山脊起伏不平，从而沿山脊方向形成多个高度不同的垭口，如果路线沿山脊方向布线，一些较低的垭口和山脊线的高差大，路线纵坡无法满足要求，这时可把山脊线移至山腰上，使路线沿分水岭的侧坡和垭口之间穿行，成为山坡线，所以，山坡线和山脊线是密切相关的。

山脊线的特点是里程短，土石方工程小，水文地质条件好，路基稳定，地面排水好。桥涵构造物和防护工程少。不利因素是线位高，远离居民点，服务性差。在冬季云雾、积雪、结冰等季节对行车养护不利。

能否采用山脊线方案主要考虑下列因素：

(1)路线总方向和分水岭(山脊)的方向基本一致。

(2)分水岭在平面上能满足线形要求，不过分迂回；在纵面上能满足纵坡的要求，特别是垭口之间的高差不过分悬殊。

(3)没有岩堆、软弱岩层等不良地质现象。

山脊线一般沿分水岭布设，基本方向明确，因此，路线布局主要是解决如何连贯山脊上的各个控制垭口和选择条件好而接近分水岭的侧坡问题。路线布局的主要内容如下：

1. 控制垭口的选择

在山脊线上往往是峰峦、垭口相间排列，满足路线总方向可供山脊线通过的垭口不止一个，如图1-4 28，可有 B、C、E 三个不同的垭口选择，当分水岭方向直顺，起伏不大时，几乎每个垭口都可考虑布线。如地形复杂，起伏较大，各垭口高低悬殊，则两个高垭口之间的低垭口是路线的控制点，在有支脉横隔的情况下，对相距不远的并排几个垭口均可布线，选择其中一个垭口前后布线条件较好的作为首选方案。控制垭口的选择还必须和分水岭两侧的布线条件联系起来考虑，在侧坡选择和试坡布线中，对初选的控制垭口加以取舍，确定推荐方案。

2. 侧坡的选择

分水岭的侧坡是山脊线的主要布线地带，要选择坡面整齐、横坡平缓、地质情况好、无支脉横隔的阳坡较为理想，以取得平纵线形好，工程量小和路基稳定的效果。

3. 试坡布线

在两个控制点之间布线，应力求距离短捷，坡度平缓。如果控制垭口中间没有地形地质上的障碍，应以均匀坡度沿侧坡布线，连接两垭口，当有障碍或难点工程时，要加设中间控制点，以调整避让。

如图1-4-28，AB、BD 两段是一上一下的陡坡，若在 B 处适当挖深，可获得5%和 -5.5%的坡度，但需两次跨冲沟，防护工程大；为此，选择穿支脉的路线，支脉上有 C、E 两个垭口，因 C 离路线总方向近，所以首先考虑 C，经试坡，其位置过高，即使合理下挖后，仍不能满足两侧路线纵坡的要求，不能采用。垭口 E 的两侧自然坡度较小，但偏离路线总方向较远，为了尽量保证路线纵坡符合要求，又能尽量缩短路线距离，用试坡的方法，从低垭口 D 按5%的坡度沿山坡向垭口 E 试坡，得到 E'，AE'之间因 A 点较高，实际试坡坡度仅为3%，这样乙线增加了路线长度，但减小了防护工程，且施工容易，由此可见，路线穿过支脉时，控制点不一定要恰好在垭口上。

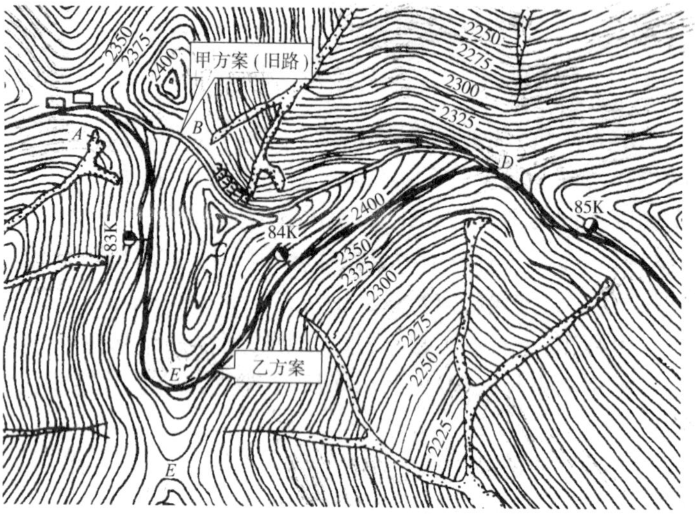

图 1-4-28　山脊线的布线比较示意图

综上所述，山脊线的布线过程要从选择控制垭口到选择侧坡，再到试坡布线，彼此互相联系，互相影响，其中多个垭口间的自然坡度是重要控制因素，当它满足路线平均纵坡的要求时，可以沿侧坡以均匀坡度布线；当有支脉时，也可选择沿支脉布线，这样就需要在路线长度和工程量、线形等方面比较后确定；当其高差大，无法按路线的平均纵坡布线时，就要根据具体地形、地质条件，采用填挖、旱桥、隧道等措施，提高过低垭口处的高程或降低过高垭口处的高程，以满足路线纵坡的要求，此外，利用地形设置回头展线或螺旋展线的方法，也可以减小路线纵坡，如图 1-4-29 所示。

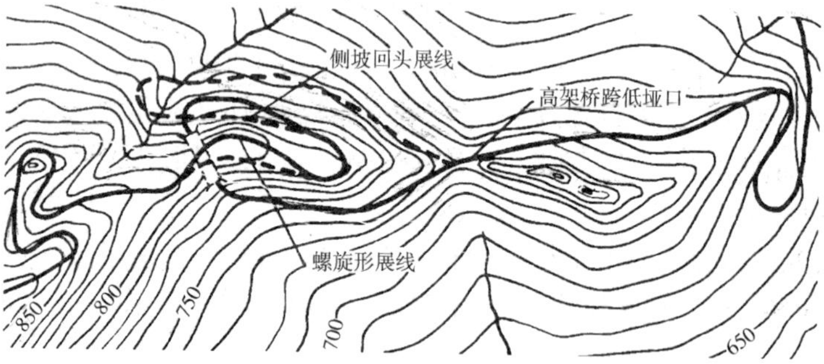

图 1-4-29　山脊布线示意图

二、山　坡　线

山坡线也称山腰线，它的高度在沿溪线之上，山脊线之下，沿山腰布设的路线。地质条件良好的平缓山坡对布线比较有利，路线不仅线形式好，工程量也小。但遇到沟谷密布或鸡爪形地形时，路线就变得曲折，出现陡坡急弯，多雨地区的山坡线还要增加大量防护工程和小桥涵构造物，因此，是否在山坡上布线，首先要做好地形地质的调查工作，要查明适合布线的山坡是一段还是全部；山坡线和两端的线形是否能够衔接；有无不良地质地段等。具体要注意以下几点：

(1)山坡一般下部比上部平缓,如对耕地影响不大,布线要选择平缓的地方;山坡有阳坡和阴坡之分,对寒冷冰雪地区路线应布置在阳坡上,这样有利行车和养护,对永冻地区则布置在阴坡上对路基的稳定更有利。

(2)注意避让不良地质地形,岩层松散和破碎严重的山坡不宜布线,山坡坡度大于45°时,路基稳定性受到影响,也不宜布线。

(3)按地形布设,注意线形质量。山坡线主要按地形布设,减少填挖方数量,但不应过于迁就局部地形而影响线形和纵坡。

(4)横断面设计时,当山坡的横坡大于20°以上时,宜设计为半填半挖,且断面挖方宜大于填方,当坡度为30°以上时,宜设计为路堑,这主要从路基的稳定性考虑,防止路基沿山坡下滑。防护工程方面,在布线时要考虑挡土墙、护面墙等防护工程的位置、形式和结构,以便确定路中线位置时,为布置防护工程预留足够的宽度。

本章小结

1. 公路勘测设计是公路基本建设的必要步骤,而选线是决定道路前进方向,在公路测设的整个过程中具有举足轻重的作用。一条公路的设计好坏、工程造价等与公路选线、定线有直接影响。但公路选线是一件灵活性很大的工作,影响因素很多,具有较强的经验性。本章主要说明公路选线的一般原则、方法及注意事项。

公路选线的基本要求就是根据公路使用任务和性质,综合考虑沿线区域国民经济发展情况与远景规划,深入调查,充分利用自然条件,合理选定路线,使建筑费用、运营费用与使用质量得到合理的统一。

2. 对于平原地区,地形平坦,纵坡限制少,但居民点多、建筑物多、耕地多、河网交叉,湖泊、水塘、河汊多,选线时要综合考虑路线与城镇、路线与农田水利、路线与桥位的关系,注意土壤地质水文条件,根据不同情况,抓住主要矛盾,充分利用自然条件,合理选定路线。

3. 沿溪(河)线是沿着山岭区内溪河的两岸布设路线。这种路线在平面随溪河的地形而变动。选线时要综合解决路线选择走河的哪一岸、路线线位放在什么高度、路线选在什么合适地点跨河等三个问题,而这三个问题又互相联系、互相影响、互相制约,选线时要抓住主要矛盾,要根据公路等级并结合具体地形因地制宜地解决。

4. 越岭线是路线走向与山脉方向大致垂直而必须在垭口穿越时,常常采用的一种路线。其主要特点是路线需要克服较大的高差,路线的长度和位置主要取决于路线纵坡的安排。因此,在越岭线的选线中,以路面的纵断面设计为主导。越岭线布局主要是解决垭口的位置、过岭高程的选择和垭口两侧路线的展线。垭口是路线布局的重要控制点,它确定了路线的走向;过岭高程,控制着纵坡的大小;展线的方法决定了路线的长度,这三个方面互相联系、互相影响,布局时要综合考虑。

5. 丘陵地形介于平原和山岭之间,它具有平缓的外形和连绵不断的丘岗,地面起伏较多。由于丘陵区地形形态复杂,受地形限制小,路线的可能方案较多。选线时要根据具体地形和公路等级分别对待,做到使用质量和工程经济的正确统一,平、纵、横三方面综合考虑,协调一致,防止不顾工程,硬拉直线和不顾技术标准,随弯就弯和随坡上下的倾向。

6. 山坡线是在山坡半腰上布置的路线,它介于越岭线与沿溪(河)线之间。这种路线是随着山坡而行,平面线形可能弯曲较多;纵坡比较平缓;路基多为半填半挖形式,有时需要修建挡土墙。在山岭地区路线从沿溪(河)线过渡到越岭线时经常使用。

复习思考题

1. 选线的基本原则有哪些？选线主要步骤有哪些？
2. 如何处理好各种自然条件对公路设计的影响？
3. 何谓沿河(溪)线、山腰线、越岭线、山脊线？
4. 平原地区选线的主要控制因素是什么？有哪些东西作为控制点？
5. 平原区选线如何考虑合理的路线方案？
6. 沿溪线选线时应注意哪些主要问题？
7. 越岭线的主要控制因素是什么？如何选择垭口？
8. 怎样利用自然地形进行公路展线？
9. 丘陵地区公路选线时应考虑哪些主要因素？

第五章　定　　线

公路定线是指在选线布局中确定的“路线带”范围内，根据技术标准结合地形、地质等条件，综合考虑平、纵、横三方面的合理安排，最终确定公路中线的准确位置。

公路定线是公路测设中的关键，它不仅要解决工程技术、经济方面的问题，还要解决公路与周围环境的协调，以及工程技术标准、国家政策等因素的影响。因此，要求定线人员在把握定线技巧的基础上，应充分了解公路的使用任务、性质和要求，熟悉路线所经地区的地形、地质情况，通过几个设计方案的比选、反复试线才能在众多相互制约的因素中，定出一条最佳的路线设计方案。

公路定线根据公路等级、要求和条件，一般有纸上定线、实地定线和航测定线三种方法。对高速公路、一级公路的选线应采用纸上定线，并采用现场核定的方法把纸上所定的路线敷设到实地上；实地定线就是省略了纸上定线的这一步，直接在现场实地定线，一般适用于受条件限制的二级公路、三级公路和地形等条件简单的路线；航测定线是利用航摄像片、影像地图等航测资料，借助于航测仪器建立与实地完全相似的立体光学模型，在模型上直接定线。

第一节　纸 上 定 线

纸上定线是指在大比例尺（一般以 1∶1 000 和 1∶2 000）地形图上确定公路中线的位置。

公路定线按不同的地形条件，所要解决的重点不同。如平原微丘区的地形比较平缓，路线的纵坡一般不受高程限制，定线的重点是如何正确地绕越平面上的障碍，使控制点间的路线顺直短捷；山岭重丘地形复杂，高差大，横坡陡，定线的重点是如何利用有利地形，安排好纵坡，避免工程艰巨和不良地质地段。现以路线平、纵、横面受限制越岭线为例，对纸上定线的方法与步骤阐述如下。

1. 拟定线路走向

在大比例尺地形图上，根据路线的起、终点和中间控制点，仔细分析控制点间的地形、地质及地物情况，选择地势平缓、山坡顺直、河谷开阔及有利于回头展线的地点等，拟定路线各种可能的走向，完成路线的总体布局。

2. 放坡试线

设等高线间距为 h，则等高线平距 $a=h/i_{均}$。如图 1-5-1 所示，从垭口 A 点开始，使两脚规的开度等于 a（比例与地形图相同），自上而下依次在等高线上截取 a、b、c 等点，直至 D 点附近。如果放到 D 点时其位置和高程均接近 D 点，说明放坡试线方案成立，否则应调整或修改走向重新放坡试线，直至方案成立。将已定 A、a、b、c、…、D 各点连成折线，称为均坡线。

3. 定导向线

根据已得到的均坡线，分析所行经地带的地形、地物及工程艰巨情况，选择出避让或绕越的中间控制点。如图 1-5-1 中均坡线在 B 处陡崖中间穿过，而且有利于设置回头曲线的 C 点也没有利用，为此必须将 B 和 C 两处定为中间控制点，调整 B、C 两处前后路线的纵坡，仿照上

法在等高线上截取 a'、b'、c'等各点，将 A，a'、b'、c'、…、D 各点连成折线，称为导向线。

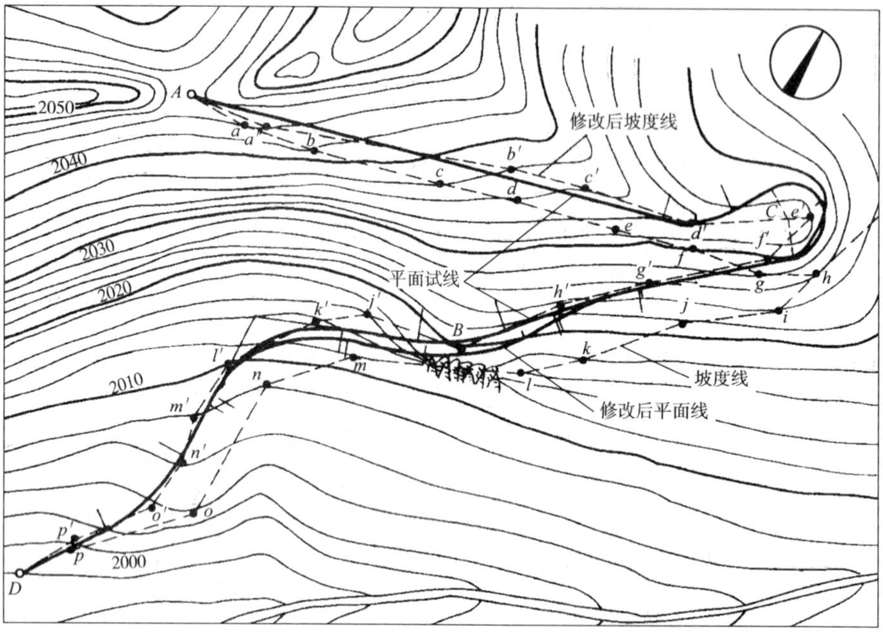

图 1-5-1　定导向线

4. 修正导向线

(1)根据导向线初步拟定出平面试线，注明平曲线半径，量出地形变化特征点桩号及地面高程，绘制概略纵断面图，设计纵坡，计算出各桩号概略设计高程。

(2)在平面试线各桩号的横断面方向上，根据各桩号的概略设计高程，绘制横断面地面线，用路基模板在横断面图上绘出路基中线不填不挖、工程最经济或起控制作用的最佳位置，以及路基中线可以活动的范围，如图 1-5-2 所示。将用上述方法取得的最佳位置点，用不同的

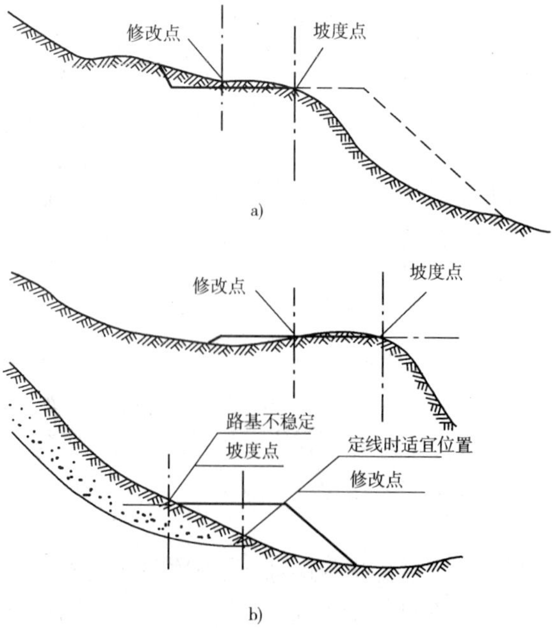

图 1-5-2　修正导向线

符号标在横断面图上,这些点的连线称为修正导向线,可作为最后定线的依据。

5. 定线

纸上定线是在已定修正导向线的基础上,按规定的技术标准进行最后定线,具体操作有两种做法:

(1)直线型法:在修正导向线上,按照弃少就多,保证重点的原则,先用直线尺绘出与较多地形相适应的各个直线段,然后用半径适当的圆曲线把相邻直线连接起来。当地形复杂、转折较多或弯道处控制较严时,也可先确定圆曲线,然后用直线把圆曲线连接起来。

(2)曲线型法:此法适用于以曲线为主的连续线形。具体定线时仍以修正导向线为基础,但定线的过程与直线型法相反,即根据导向线受地形、地物控制的宽严程度,先用不同的圆弧分别去吻合曲线地段,定出圆曲线部分,然后在相邻曲线之间用合适的缓和曲线顺滑连接。若相邻圆曲线之间相距较远,可根据需要插入直线段,形成一条以曲线为主的连续平面线形。

6. 纵断面设计

路线确定以后,量出路中心线穿过每一等高线的桩号及高程,绘制纵断面图,点绘地面线,进行纵坡设计。

纸上定线是一个反复试定线路的过程,平面试线的修改次数越多,最后所定路线的设计质量越高,直到认为再修改已得不到显著效果时,纸上定线工作才算完成。

第二节　实地定线

实地定线是指设计人员在现场直接完成定线,定线的原则与纸上定线相同,但定线条件改变。实地定线时,由于定线人员直接面对实际地形、地物、地质及水文等具体情况,因此要求定线人员有一定的选线经验,要不怕辛苦,不怕麻烦,要多跑、多看、多问,摸清路线所经地带的地形、地质等变化情况,反复试定线路,才能定出好的路线。现仍以山区越岭线为例,阐述实地定线的方法和步骤。

1. 分段安排路线

在路线全面布局中所拟定的主要控制点之间,根据地形、地质、水文等情况,自上而下用粗略试坡的方法确定中间控制点,确定路线轮廓方案。

2. 放坡

放坡是解决越岭线中的纵坡合理分配问题,实质上就是对路线设计的限制因素,如最大纵坡、最大与最小坡长及平均纵坡等进行合理的处理。放坡是越岭线定线的一个重要的环节,它对争取高程,处理好平、纵、横之间的关系起着重要作用。

目前越岭放坡一般常采用带角手水准仪,如图 1-5-3 所示。使用时用手水准横丝瞄准前方相等视线高的目标,旋转刻度盘,使气泡居中,此时刻度盘上指针所指的度数,即为视线高至目标间的倾斜角度。将此读数乘以 1.75 即为纵坡度。

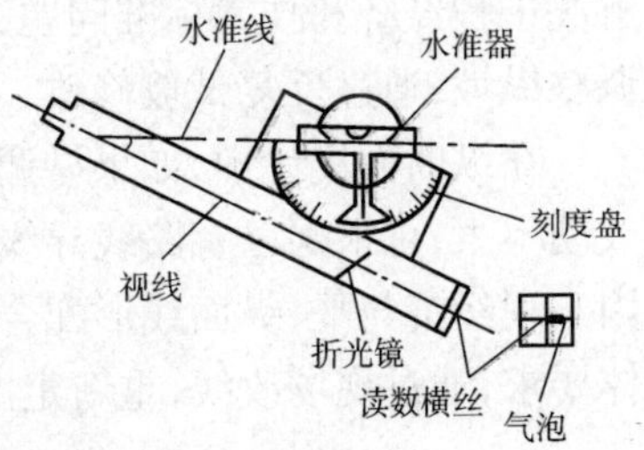

图 1-5-3　手水准仪

放坡时可采用平均坡度和设计坡度两种放坡方式。

(1)按平均坡度放坡:视具体地形确定适当的纵坡度,然后实地放坡。按平均坡度放坡只起到在一定长度范围内控制高差和水平距离的作用,优点是放坡速度快,但没有反映公路等级对平均纵坡的不同要求以及地形、地质变化的情况。

(2)按设计坡度放坡:结合地形、地质、水文等具体情况分段、合理地拟定纵坡,使放出的坡度基本上就是以后纵断面的设计纵坡。此法放坡时工作量大，但能使实地定线的准确性提高，一般的越岭线常用此法放坡。

放坡一般从最高控制点（如垭口）开始，一人用带角手水准仪，对好选用纵坡的相应倾斜角度，立于控制点处，指挥前点人员手持花杆在山嘴、山坳等地形变化处、计划变坡处及顺直山坡上每隔一定距离定点，插上坡度旗，并在旗上注明选用的纵坡值。照上述方法定出的这些坡度点的连线，与纸上定线的导向线作用相同，也称导向线。放坡传递坡度时，要估计平曲线的大概位置及半径，以便考虑纵坡折减。对拟定要跨的山沟和要穿的山嘴或山脊放坡时要“跳”过去，否则会使放出的坡度与设计纵坡误差太大，若准备对山沟或山嘴进行绕越，则坡度要放缓，距离要打一定的折扣。

3. 与横断面进行核对

放坡定出的坡度线（即导向线）主要是从纵坡安排方面考虑的，对路基稳定特别是横断面上的填挖方数量考虑较少，因此，还应根据路基设计的要求，在坡度线上，选择横坡较陡或高填、深挖的特征点位置，定出横断面方向上相应特征点（如经济点、控制点和路中线最合适的位置点）等，并插上标志。

4. 穿线定交点

根据放坡所定的导向线和插上标志的特征点进行实地穿线。穿线时应在满足平面线形要求的前提下，尽可能多地靠近或穿过导向线和各特征点，特别要注意穿过控制性严的点，裁弯取直，使路线平、纵、横三个面配合协调，穿出与地形相适应的若干直线，延伸相邻两条直线定出交点，即为路线的导线。穿线交点这一步工作很重要，定线人员必须反复试插，多次修改，才能定出理想的路线。

5. 设置平曲线

路线导线确定以后，即可根据交点偏角及附近地形、地质等情况，确定合适的圆曲线半径并敷设平曲线。

6. 纵断面设计

根据有关外业资料，绘制纵断面图，进行纵坡设计，详见第二章第五节。

实地定线的纵坡设计，一般都是在平面已经确定的基础上进行的。虽然实地定线时，已充分考虑了纵面及横面的具体要求，但限于定线的经验、视野以及对所经地形、地质的了解程度，定出的路线难免会顾此失彼，存在着一定的局限性。因此，实地定线的室内纵坡设计，不仅要解决工程经济和技术标准问题，还要实现平、纵面线形的配合和协调，这就要求设计人员不断调整纵坡，通过反复试坡修改，才能取得满意的结果。

在纵断面设计中，如果靠调整纵坡无法满足要求时，则应考虑调整平面线形。若平面线形改动不大，可根据已有路线导线和横断面资料，绘制带状平面图，通过纸上移线的办法解决；若因工程经济与平、纵面线形配合矛盾很大时，平面线形必须作重大的改动，此时应按定线的具体要求，通过现场改线，重新定出路线。

第三节　纸 上 移 线

一、纸上移线的条件

在实地定线过程中，往往由于定线时考虑不周、地形条件限制或其他原因，难免产生因平面中线位置不当致使工程过大、标准或线形不够理想等缺点。此时可在分析研究已定路线平、纵、横图纸资料的基础上，考虑移动路线，使设计达到经济合理的要求，它对提高设计质量，降低工程费用起着一定的作用。当路线设计出现以下情况时，应考虑纸上移线：

(1) 当平曲线半径选择过小，以致影响纵坡折减或平面线形前后不协调，或平、纵线形配合矛盾突出时，应采取调整交点位置，加大半径或减少弯道的方法进行移线。

(2) 因路线中线位置不当而使工程量过大、边坡过高，或须设置高挡墙和砌石工程太大时，仅靠调整纵坡无法达到目的，应考虑纸上移线，如图 1-5-4 所示。

(3) 增加工程量不大，但能显著提高平、纵线形标准时。

纸上移线应在实测横断面的范围内进行。对纸上移线原因与情况，应在纸上移线平面图上作扼要说明。

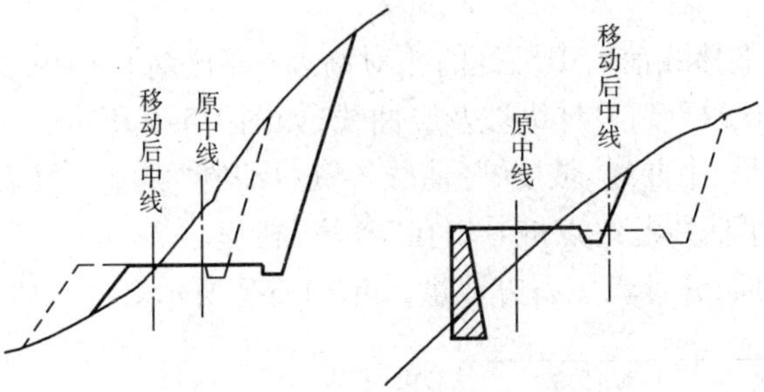

图 1-5-4　纸上移线

二、纸上移线的方法和步骤

(1) 绘制移线路段大比例尺（一般采用 1∶200 ~ 1∶500）路线平面图，注出交点编号、曲线起、终点以及各桩位置，如图 1-5-5 所示。

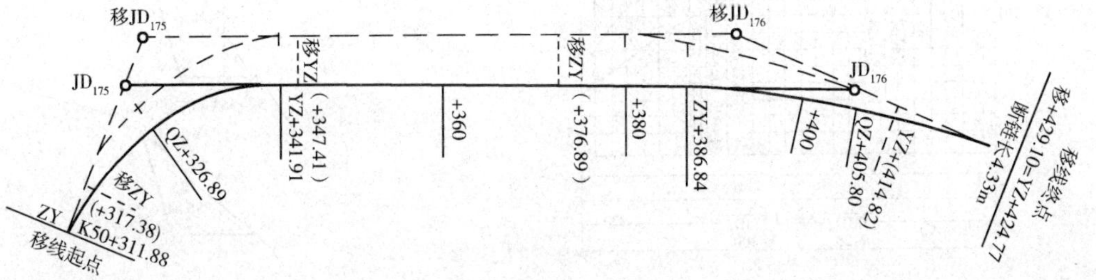

原曲线表

JD	α_z	α_y	R	T	L	E
175		68°49′	25	17.12	30.03	5.30
176		21°44′	100	19.20	37.93	1.83

移线曲线表

JD	α_z	α_y	R	T	L	E
175		68°49′	25	17.12	30.03	5.30
176		21°44′	100	19.20	37.93	1.83

原桩号	移线桩号	移距	
		左	右
K50+311.88	K50+311.88	0	0
+326.89	+327.80	2.7	
+341.91	+345.30	4.9	
+360	+363.40	5.0	
+380	+383.40	4.8	
+386.84	+390.20	4.2	
+400	+404	2.4	
+405.80	+410	1.8	
+424.77	+429	0	0

注：此段移线原因为土石方数量过大，线位偏右。将 JD175 与 JD175 间直线平行左移5m两曲线要素不变，断链长4.33m，土石方减少4 000m³左右。

图 1-5-5　纸上移线平面图

(2)根据移线目的,在纵断面图上试定合理纵坡,读取各桩的填挖值。

(3)根据纵断面图上各桩填挖值,在横断面图上找出各桩最经济或控制性的路基中心线位置。量出偏移原中心线的距离(即移距),见图1-5-5中的移动后中线与原中线之间的距离,分别用不同的符号标记在路线平面图上。然后在保证重点照顾一般的原则下,参照路线平面图上标记,经反复试定修改,定出改移后的导线,即图1-5-6中的虚线。

(4)用正切法算出各交点偏角,并使移线与原线的角度闭合,否则需进行调整,首先调整短边和角值小的转角。拟定半径、计算曲线要素并给出平曲线。量出原线各相邻桩横断方向线切割移线的实际长度,据以推算移线上的新桩号,量出原线各桩移距,连同新老桩号一并记入移距表中。算出断链长度,表注在接线桩处。

(5)按各桩在平面图上的移距,在相应各横断面图上绘出移线后的中桩位置,并注明新桩号,读取新老桩比高。

(6)根据横断面图上移线前后中桩处的相对高差(即比高),用虚线在原纵断面图上点绘出移线后地面线和平曲线,重新设计纵坡及竖曲线,如图1-5-6所示。

(7)按移线后的桩号、平曲线、坡度、竖曲线等资料编制"路基设计表",表中地面高程仍为原中桩高程,移线后的平曲线起终点桩号填在"备注"栏里。

(8)设计路基横断面,并计算土石方数量,如图1-5-7所示。

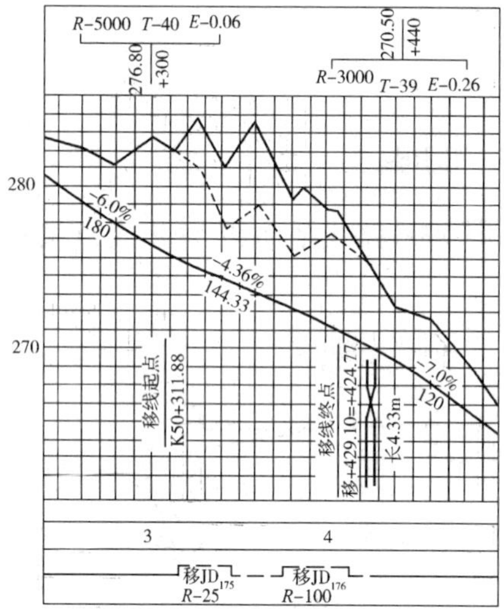

图1-5-6 纸上移线纵断面图

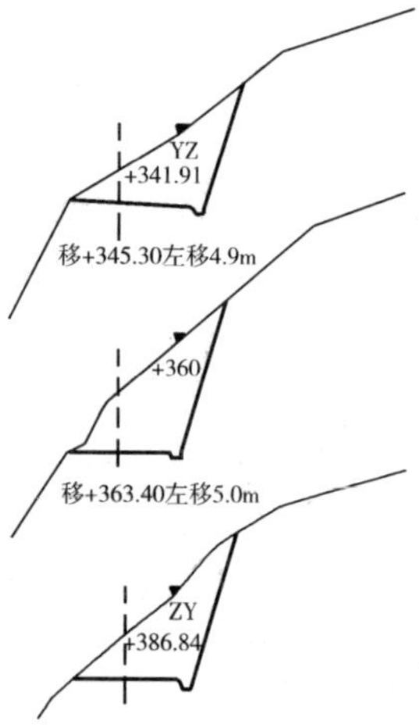

图1-5-7 纸上移线横断面图

纸上移线的资料主要从原线的横断面上取得,由于一般横断面施测范围有限,且离中线愈远误差愈大,故移距一般以小于3~5m为好。当移距较大时,应在定出移改导线后,实地放线重测。

第四节 平曲线半径及长度的选定

无论是纸上定线还是实地定线,在路线定线后,定线人员还要根据路线交点实际情况,酌情选定圆曲线半径。《标准》规定:各级公路不论转角大小均应设置圆曲线。在选用圆曲线半径时应与计算行车速度相适应,并应尽可能地选用较大的圆曲线半径,一般情况下,宜选用大于技术标准所规定的不设高程的平曲线半径,只有当受地形地物或其他条件限制时,方可采用小于一般最小半径，不要轻易采用极限最小半径。

圆曲线半径的选定，除要与弯道本身所在位置的地形、地物条件相适应，使曲线沿理想的位置通过外，还要考虑与弯道前后的线形标准相协调，如在长而陡的坡道下端和长直线中间不宜插设小半径圆曲线，以及在陡坡上设小半径圆曲线要考虑纵坡折减的影响等。对平曲线交点的选定，在本章定线中已有阐述，现将圆曲线半径选定的方法归纳如下。

一、根据外距控制半径

(1)在交点附近有地物，平曲线线位受地形、地物制约时，其半径的选定通常可以用单交点法或双交点法解决，平曲线预期通过的理想线位，一般是结合现场实际予以首先确定，然后按圆曲线要素几何关系来推算适应上述线位要求的相应半径值。对于转角不大，线位受限制不严的平曲线弯道，通常多采用单交点法，控制点位取曲线中点(QZ)，根据预期中点线位至交点的实测距离 $E_{控}$ 按下式计算：

$$R=\frac{E_{控}}{\mathrm{Sec}\,\frac{\alpha}{2}-1} \tag{1-5-1}$$

式中：$E_{控}$——实测控制外距的外距，m。

上式求得的 R 值，一般应取 5m 或 10m 倍数的整数值。

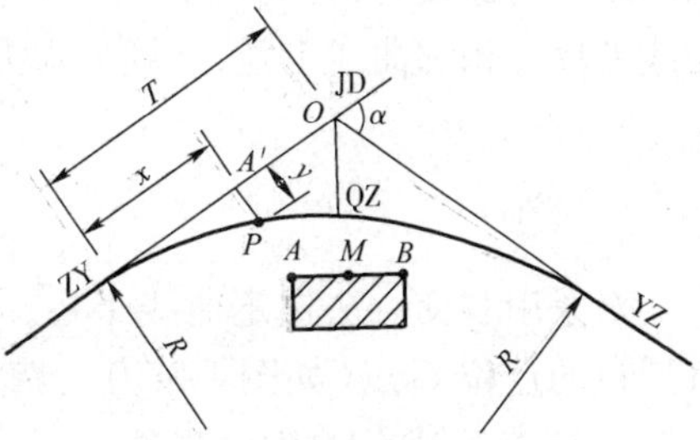

图 1-5-8　例 1-5-1 图

【例 1-5-1】　如图 1-5-8 为山岭区某三级公路，路线交点受一建筑物限制，已知交点偏角 $\alpha=46°38'$。试求在不拆建筑物的条件下能够设多大的平曲线半径。

根据以上要求，首先应测出交点(JD)到建筑物间(QZ)的距离 b，实测结果为 14.62m，已知该弯道路基横断面如图 1-5-8 所示，若弯道加宽暂定 1m，则控制平曲线最大外距应不大于下列数值：

$$E_{控}=14.62-(7.5/2+1.0+1.2+2)=6.92\mathrm{m}$$

$$R=\frac{E_{控}}{\mathrm{Sec}\,\frac{\alpha}{2}-1}=\frac{6.92}{1.089-11}=77.8\mathrm{m}$$

取整　$R=80\mathrm{m}$。

当 $R=80\mathrm{m}$，$\alpha=46°38'$时，外距 $E=7.11\mathrm{m}$，路面加宽值查《规范》为 1m，能满足要求。

如果单凭曲线中点(QZ)难以判断整个曲线是否与地形、地物全部吻合时，应补点进行复核。如上例应验核建筑物左上角是否阻碍路线，此时可自 A 点作切线的垂线交于 A'点，量得 A'至曲线起点(ZY)的距离 x，然后按已定的圆曲线半径 R 值，按切线支距近似公式 $y=x^2/2R$ 求得相应 y 值，从而绘出曲线上对应点位 P 点，再根据 PA 间实测距离，即可判断路线能否通过，如有妨碍，则应重新调整半径，使之满足要求。

(2)用外距控制线位高低或工程数量

当路线相邻直线的等高线线位高程基本相同，此时平曲线部分的线位能与相邻直线大致在同一高程上最为合适，若按此求得的圆曲线半径值符合《标准》规定，则即为所求。此外，当路线绕越山嘴时，可按外距值的大小选择平曲线半径。其中 E 值越大，工程数量越大，具体选定半径可根据公路等级高低合理确定。

二、用切线长控制半径

圆曲线半径的选定，除受地形、地物制约外，有时还应考虑如何适应前后线形的要求。如当同向或反向曲线间直线长度较短时，为解决曲线敷设与衔接，通常采用限制切线长度的方法来推求圆曲线半径，如图 1-5-9a)。当桥梁或隧道两端的曲线起、终点到桥头或隧道口应留有一定长度的直线段，如图 1-5-9b)，此时圆曲线半径也应根据切线来选定。

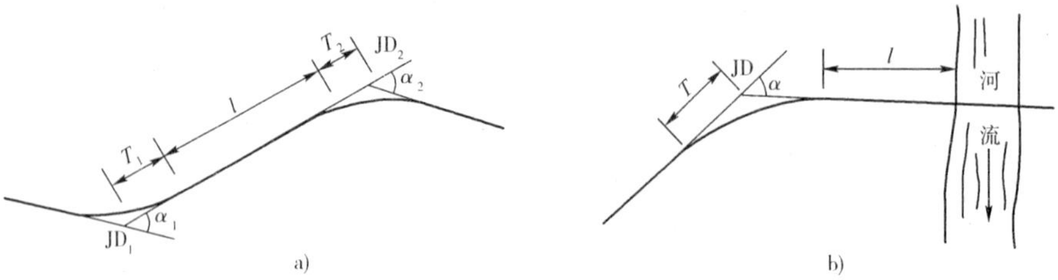

图 1-5-9　切线长度控制半径

对采用单交点法选定圆曲线半径，一般应首先留出《标准》规定的直线长度（当反向或同向曲线径向连接时，直线长度 $D=0$），然后选定出地形、地物控制较严的一侧曲线半径，再根据切线差反算相邻曲线半径，计算公式为：

$$R=\frac{T}{\tan\frac{\alpha}{2}} \tag{1-5-2}$$

对采用双交点法选定曲线半径，一般应先选择曲线适宜通过的点位 C 点（如图 1-5-10），然后通过 C 点作 AB 线交前后导线于 JD_A 与 JD_B，测量 α_A、α_B 及 AB 长度，最后按双交点等半径共切于 C 点关系用下式计算曲线半径值：

$$R=\frac{AB}{\tan\frac{\alpha_a}{2}+\tan\frac{\alpha_B}{2}} \tag{1-5-3}$$

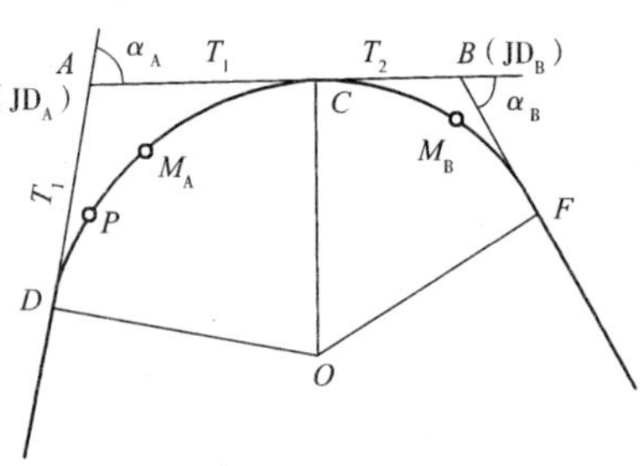

图 1-5-10　选择曲线适宜通过的点位

当按上式计算出曲线半径后，应在现场定出圆曲线的起点 D、公切点 C 及终点 F，当以上三点通过验校无法满足合适线位时，可改为虚交点法或复曲线法选定曲线半径，如图 1-5-11 所示。

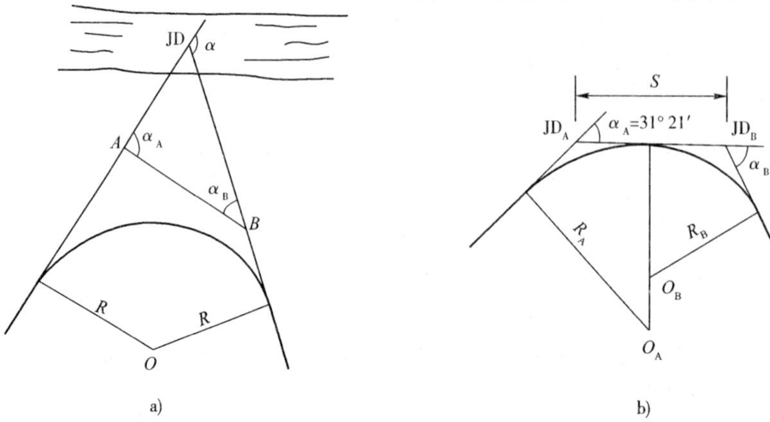

图 1-5-11　虚交点法或复曲线法选定曲线半径

对复曲线半径的选定，一般应先定出受地形控制较严的一侧曲线半径，然后反算相邻曲线半径，要求曲线通过理想线位外，还应注意两相邻曲线的半径值不宜相差过多，其比值一般以不大于1.5倍为宜。

【例1-5-2】 如图1-5-12，JD_{16}为双交点曲线。已知 $\alpha_A = 50°30'$，$\alpha_B = 42°02'$，$AB = 69.51m$，试求圆曲线半径。

解：

$$R + p = \frac{AB}{\tan\frac{\alpha_A}{2} + \tan\frac{\alpha_B}{2}} = \frac{69.51}{0.471\,63 + 0.384\,20} = 80.80m$$

选取 $l_h = 40m$，则：

$$p \approx \frac{l_h^2}{24(R+p)} = \frac{40^2}{24 \times 80.80} = 0.83m$$

$$R \approx 80.80 - 0.83 = 79.97m$$

将 $R = 79.97m$ 代入 p 值计算公式校核：

$$p = \frac{l_h^2}{24R} = \frac{40^2}{24 \times 79.97} = 0.83m$$

$$q = \frac{l_h}{2} - \frac{l_h^3}{240R^2} = 20 - 0.04 = 19.96m$$

$$T'_1 = (R+p)\tan\frac{\alpha_A}{2} = 80.80 \times 0.4716 = 38.11m$$

$$T'_2 = (R+p)\tan\frac{\alpha_B}{2} = 80.80 \times 0.3842 = 31.04m$$

$$AB = T'_1 + T'_2 = 38.11 + 31.04 = 69.15m$$

最后取圆曲线半径 $R = 79.97m$，$l_h = 40m$。

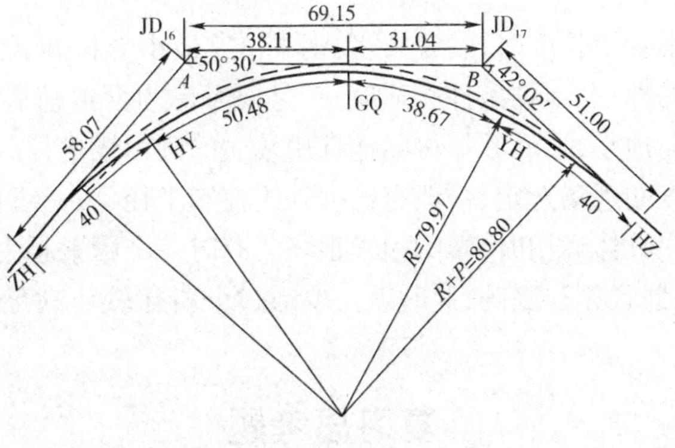

图1-5-12　例1-5-2图

三、用曲线长控制半径

当已知交点偏角，其他条件不受限制时，如果平曲线半径选得过小，则曲线长度太短显然对行车不利。此时应用平曲线的最短允许长度来控制半径，其计算公式为：

$$R = \frac{180l}{2\pi} \tag{1-5-4}$$

式中：l——要求的圆曲线长度，m。

【例1-5-3】 已知某交点偏角 $\alpha=15°$，若要使圆曲线长度满足 $l=40\text{m}$，求圆曲线半径。

解：

$$R=\frac{180l}{\alpha\pi}=\frac{180\times40}{15\pi}=152.79\text{m}$$

取整 $R=155\text{m}$。

本章小结

1. 公路定线是指在选线布局中确定的"路线带"范围内，根据技术标准结合地形、地质等条件，综合考虑平、纵、横三方面的合理安排，最终确定公路中线的确切位置。

公路定线是公路测设中的关键，它不仅要解决工程技术、经济方面的问题，还要解决公路与周围环境的协调，以及考虑工程技术标准、国家政策等因素的影响。因此，定线人员要在把握定线技巧的基础上，充分了解公路的使用任务、功能和要求，熟悉路线所经地区的地形、地质等情况，通过几个设计方案的比选、反复试线才能在众多相互制约的因素中，定出一条最佳的路线设计方案。

2. 公路定线根据公路等级、要求和条件，一般有纸上定线、实地定线和航测定线三种方法。对技术等级高的、地形、地物复杂的路线，必须先纸上定线，然后把纸上所定的路线敷设到实地上；实地定线就是省略了纸上定线的这一步，直接在现场实地定线，一般适用于公路等级较低和地形等条件简单的路线；航测定线是利用航摄像片、影像地图等航测资料，借助于航测仪器建立与实地完全相似的立体光学模型，在模型上直接定线。

3. 纸上移线是指在公路实地定线过程中，由于考虑不周或受其他条件限制的原因，导致工程量过大、标准或线形不够理想时采取的一种补救措施，它对提高设计质量，降低工程费用起着一定的作用。纸上移线是在实测横断面的范围内进行的，同时应对移线的原因与情况移线平面图上作扼要说明。

4. 在选用圆曲线半径及长度时，一是要考虑《标准》最小半径和长度的要求，二是要考虑与弯道本身所在位置的地形、地物条件相适应，三是要考虑与弯道前后的线形标准相协调，四是要考虑工程量尽可能地小，最后并尽可能地选用较大的圆曲线半径。

圆曲线半径及长度的现场选定，一般有根据外距控制半径、用切线长控制半径和用曲线长控制半径等三种。但在具体运用时，影响因素很多。有时一个因素起主要作用，有时需要两个以上的因素同时考虑，并且相互制约，此时就需要通过分析比较后满足主要因素的要求，选定适宜的圆曲线半径。

复习思考题

1. 简述纸上定线、实地定线的方法与步骤？并比较纸上定线与实地定线各有哪些优缺点？

2. 为什么要进行纸上移线？纸上移线的具体做法有哪些？

3. 越岭线放坡时，应考虑哪些问题？

4. 简述平曲线半径选定的一般规定、要求以及选定的具体方法。

5. 平曲线要绕过一建筑物，选定路线导线如图1-5-13所示，已知偏角 $\alpha=17°17'13''$，缓和曲线长度 $l_h=70\text{m}$，控制外距 E 不得大于 7.0m，试求平曲线最大半径值应为多少（取10m的整倍数值）？

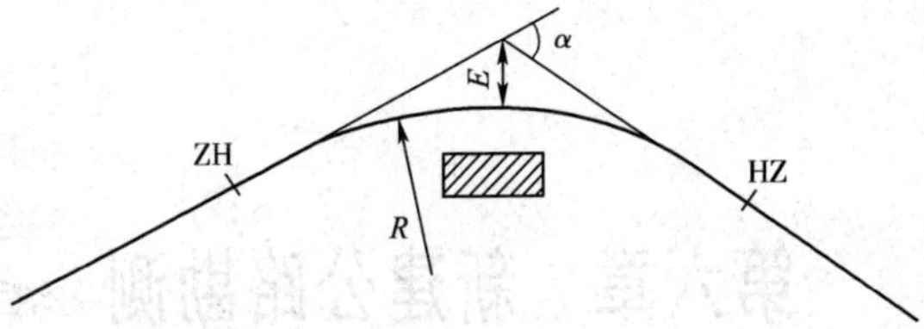

图 1-5-13　第 5 题图

6. 某公路平曲线的偏角 $\alpha = 6°15'32''$，为了使曲线长度超过 300m，平曲线半径最小选取多少(取 100m 的整倍数值)？

第六章　新建公路勘测

第一节　初 步 测 量

初步测量简称初测，它是两阶段设计第一阶段的外业勘测工作。初测的目的是根据批复的《工程项目可行性研究报告》所拟定的修建原则和设计方案，通过现场勘测，为编制初步设计及概算提供所需资料。初测的任务是根据批准的《工程项目可行性研究报告》及审查意见所确定的公路等级、修建原则和路线基本走向，进行导线、高程、地形、地质、土壤、小桥涵和其他构造物、路线交叉、概算资料等的测量和调查工作，选定路线线位，确定人工构造物布设方案。初测阶段的路线方案选定应采用“纸上定线法”，当受地形、地质及设备等或其他条件限制时，可采用“现场定线法”。

一、准 备 工 作

1. 搜集资料

（1）各种比例尺地形图、航测像片，国家及有关部门设置的三角点、导线点、水准点等资料。

（2）沿线自然地理概况、地质、水文、气象、地震基本烈度等资料。

（3）沿线农林、水利、铁路、公路等有关部门的规划、设计、规定、科研成果等资料。

（4）对改建公路除上述资料外，还应搜集原有公路的测设、施工、养护、路况等档案资料。

2. 室内研究

室内研究主要是把握和理解“计划任务书”所确定的路线基本走向和公路等级，熟悉沿线地形、地质、地理等条件，拟定各种可能方案，在地形图（1:10 000 ~ 1:50 000）或航测像片上进行室内路线研究，经过对路线方案的初步比选，拟定出需要勘测的方案（包括比较线）及需现场重点落实的问题。

二、现 场 踏 勘

现场踏勘是勘测前必须进行的一个重要步骤，因为仅从地形图上研究方案并不十分可靠，还必须在现场做必要的调查，然后才能进一步落实路线方案，在现场踏勘中一般需做以下工作：

1. 应根据初拟方案，针对下列主要内容进行现场核查

（1）核查所搜集的地形图与沿线地形、地物有无变化，对拟定的路线方案有无干扰，核查沿线居民的分布、农田水利设施、主要建筑设施并研究相应的路线调整方案。

（2）核查沿线各种地上、地下管线、重要历史文物、名胜古迹、旅游风景区、自然保护区、景观区点等，应注意研究路线布设后，对环境和景观的影响。

（3）对沿线重点工程和复杂的大、中桥、隧道、互通式立体交叉等，应逐一核查落实其位置与设置条件。了解沿线主要建筑材料的产地、质量、储量和运输条件，对缺少筑路材料应提出

解决的途径。

(4)核查工作应与当地政府或主管部门取得联系,对重要的路线方案、同地方规划或设施有干扰的方案,应征求相关部门的意见。

2. 据不同地形特点,进行路线总体方案的布设

(1)平原微丘区路线,应处理好路线与农田水利、道路、村庄和其他建筑物的关系,路线应短捷、舒顺,并注意整体线形的协调和连续性。

(2)越岭路线,应选择好垭口和坡面,确定垭口控制点,需要展线时,应充分利用自然坡面展线,不得已时可采用回头展线。山腰线应布设于地形、地质、水文情况良好的一侧山坡,并应通过纵坡调整,避开支河发育、剥蚀严重的"鸡爪"地形和悬崖陡坡。

(3)沿河线应根据河岸两侧自然条件、农田、水利、居民分布及洪水淹没等情况,确定所走河岸及跨河换岸位置;应注意洪水调查,合理控制洪水高程。

(4)改建公路的路线应着重调查原有路基、路面、桥涵、防护和排水系统与主要病害情况,以及原有道路的平、纵面情况,提出对原路的利用、改善或另择新线方案。

3. 进行方案比选

现场踏勘过程中,应对可行性研究报告或室内拟定的各种局部比较方案进行研究比较、对优劣较为明显的方案,通过现场踏勘可确定其取舍;不能确定其优劣时,应作为比较线,进行初测比较。

4. 对初拟方案进行修正

经过现场踏勘,应根据实际情况对初拟的路线方案和比较方案进行调整或修正,确定路线走廊带后进行初测。

三、路线平面控制测量

控制测量目的:一是控制地形,二是用作定测时放线的依据。初测的主要任务是对导线长度、转角和平面坐标的量测工作,其等级应满足《公路勘测规范》(JTG C10—2007)的有关要求,主要内容如下:

1. 导线布置

初测导线的布设应全线贯通。导线点的选择应选在稳固处,导线点宜尽量接近路线位置,并便于测角、测距、测绘地形及定测放线。导线点的间距不应短于50m和长于500m,根据需要可增设加桩,加桩应取整米数。布设导线点时,应做好现场记录,并绘出草图。

2. 导线长度测量

导线点距离优先采用光电测距仪测量。也可用钢尺和基线法测量,其相对限差为1/1 000,单位取至cm。

3. 水平角测量

水平角测量采用全测回法测量右侧角,经纬仪精度指标不低于J_6级。两个半测回限差在60″内取平均值,符合导线和闭合导线差为$\pm 60''\sqrt{n}$(n为置镜点总数)。施测中每天至少观测一次磁方位角,其校核差不大于2°。

当路线起、终点附近有国家或其他部门平面控制点,且引测较方便时,可根据需要进行联测,形成闭合导线。

四、路线高程测量

初测的高程测量主要是沿导线布置水准点,测出导线点和加桩高程,对初测时的高程测量

要求如下：

（1）路线高程测量，应按《公路勘测规范》（JTG C10—2007）有关要求执行。

（2）尽量利用路线经过地区已有国家或其他部门的水准点，但对原水准点应进行逐一检测；若原高程系统与本路线高程系统不一致时，应进行换算。

（3）路线布置的平面控制桩，中线桩和设计需要高程控制的点，如干渠、水坝、河堤、管线、铁路等都应测量其高程。

五、路线地形图测量

地形图分为路线地形图和工点地形图。路线地形图是以导线（或路线）为依据的带状地形图，主要供纸上定线或路线设计用。工点地形图是利用导线（或路线）或与其取得联系进行测量的，为特殊小桥涵和复杂的排水、防护、改河、交叉道等工程布设的专用地形图。地形测量的精度要求高，测绘工作量大，其测绘要求如下：

（1）路线地形图应全线贯通实测；测图比例尺一般采用1:2 000，其测绘宽度，当采用"纸上定线法"初测时为路中线两侧各200 ~ 400m；采用现场定线法初测时，路线中线两段测绘宽度可减窄至150 ~ 250m。

（2）地形图的基本等高距应符合表1-6-1要求。

地形图基本等高距 表1-6-1

地形类别	不同比例尺的基本等高距（m）			
	1:500	1:1 000	1:2 000	1:5 000
平原区	0.5	0.5	1	2
微丘区	0.5	1	2	5
重丘区	1	1	2	5
山岭区	1	2	2	5

（3）应利用国家或其他有关部门所测地形图，但使用时应进行现场核查，对有变化处须需进行补测。

（4）高速公路和一级公路采用分离式断面时，地形图测绘宽度须包括中间范围。但当两线离开很大时，则中间部位可不测。

（5）测绘地形用的导线图，一律按路线前进方向从左向右展绘，采用坐标法绘制导线，坐标网格间距采用10cm。网格对角线及导线点间长度的误差均应不大于0.5mm。

（6）地形测图精度，应符合有关规定要求。

六、工程地质和筑路材料调查

公路初测时，应根据测设的任务的要求，进行初步工程地质勘察（简称初勘）。初勘的目的主要为选定路线、路基、路面及小型人工构造物的设计方案和编制初步设计文件，提供必要的工程地质资料。

初勘的任务，应根据初测与初步设计有关的技术要求，结合沿线的工程地质条件，完成下列工作：

（1）根据工程地质条件，优选路线方案。

（2）路线基本走向范围内，对各路段可能布线的区间进行工程地质初勘。

（3）重点勘察对路线方案起控制作用的不良地质地段，明确路线能否通过或如何通过。

(4)提供编制初步设计所需要的全部工程地质资料。

(一)工程地质初勘的内容和要求

1. 准备工作

初勘的资料准备工作,应着重对视察中不够详尽的资料,进行补充搜集和研究。

2. 地质选线

对地质条件比较复杂的路线,应了解沿线区域地质条件、不良地质现象的分布、山体或基底的稳定情况,并提出由于地质问题需要研究的比较方案意见,认真做好地质选线工作,据以优选路线方案。

3. 工程地质调查和测绘

初测阶段的工程地质调查与测绘工作,应从全局考虑,查明和研究关键性工程地质问题,为评价工程地质条件提供依据。

工程地质调查的基本内容是地形、地貌、地层、地质构造、工程地质条件、水文地质条件、确定地质烈度大于7°的界限。

工程地质调查与测绘的精度,一般路段是每公里设一个勘探点,深1.5~2m,勘探点应设在地形特征点处。试验按工程地质分段采取代表性样品进行试验。水、土、砂、砾(碎)石等试验按常规项目进行。岩石一般宜在大型料场取代表性样品进行试验。

(二)工程地质初勘的资料整理

1. 基本资料整理的要求

(1)全线工程地质说明

应根据勘察的具体情况,综合分析工程地质调查、测绘、勘探、试验所取得的各项资料,阐明工程地质条件,分别评价各测段地质条件及筑路适宜性,提出路线各方案的工程地质评价和方案取舍意见。

(2)工程地质图

当地质条件复杂时,则需绘制1:2 000~1:5 000工程地质图,其主要内容为:岩层分界及成因,地质年代、产状、构造,不良地质范围及其代表符号,地下水露头、勘探点,地质柱状图,地质图例等。

(3)纵断面图

在路线纵断面图中,应填写工程地质、主要地貌、岩性特征及土、石分类等。

(4)各类试验原始资料的汇总分析

资料中应按不同的调查与勘探资料进行分类汇总成册,并分析研究,探索规律,初步总结,并附简要说明。

2. 专项资料整理要求

特殊地质及不良地质地区,路基工程、小桥涵基础,筑路材料等专项资料整理的要求视专项工程的工程量、重要性而定。对于控制路线方案且需作初步设计的特殊地质和不良地质地区的大型工程项目,均应编制专项地质资料。对一般性的路基、路面、桥涵基础、筑路材料等工程所需的资料,可酌情编写,或在路线纵断面图中加以说明。

(三)筑路材料初勘

根据已有地质资料,初步确定材料产地,据以进行现场调查。并视需要进行取样试验。查明沿线天然筑路材料的分布、种类、质量、数量、开采条件及运输条件。

天然筑路材料调查,要着重对大型料场的调查,不应有遗漏。初勘材料蕴藏量的允许误差

为 ±30%，同时不小于设计需要的 3 倍。

所有材料的调查，都必须记录于材料料场记录簿中，对料场位置、材料成因、主要矿物成分、颗粒组成、成品率、开采难易程度、开采方法、开采的季节性、蕴藏量、运输方式等都应说明清楚，以满足编制初步设计文件的需要。

在资料整理中，应对所调查的料场（主要对材料的质量、数量、开采条件）作出初步评价，在合理安排供应范围和蕴藏量满足各路段需要的基础上，进行必要的取舍，并提供下列资料：

（1）编写天然材料调查说明书。

（2）绘制天然材料料场供应示意图。

（3）整理各项原始资料及材料试验成果。

七、小桥涵勘测

小桥涵的勘测，其主要任务是桥涵水文及有关桥涵设计资料的搜集、整理和分析工作。勘测时应根据初步设计任务的要求，结合当地自然条件，搜集有关资料，估定概略位置，选择结构类型，拟定孔径及估定基本尺寸，估列附属工程，并提出设计时应解决的问题和注意事项。

小桥涵位置的确定，一般应按导线走向结合纸上定线线位，采用逢沟设涵的原则，同时考虑水利建设、农田灌溉、路基排水及便于交通等特殊要求，合理选定。

涵址一般不作特殊测量，但要定出涵洞与路线的交角及涵底纵坡。对于小桥、复杂的涵洞等附属工程，可进行必要测量，以便进行工程量计算。

小桥涵形式的选择，需因地制宜、就地取材、便于施工、利于养护的原则选定其结构类型，同一路段的结构类型应尽量统一并采用标准形式。

小桥涵孔径，可采用现场确定，也可采用设计流量与汇水面积的关系相结合的方法求得。对于小桥涵的其他结构尺寸，可根据路线纵坡、涵洞与路线的交角，桥涵处河床标高、估定的冲刷深度等，予以确定。

初测时需搜集资料，主要包括地形图、水文、气象、岩石、植被、冰冻深度、农田水利工程及规划，以及当地的水文和暴雨流量计算等有关资料；若为旧路改建，应查明桥涵位置、结构形式、荷载标准、跨径、高度、长度、基础形式及埋深、修建年代、损毁修复等情况，并通过现场鉴定，以确定其利用程度。

初测完成后，小桥涵勘测应提供如下资料：

（1）小桥涵野外资料调查记录、桥涵汇水面积图及流量、孔径计算资料。

（2）附属工程调查资料。

（3）小桥涵初测说明。

（4）如果是旧路改建，还应调查原有桥涵资料调查记录。

八、路基、路面调查

路基、路面调查，主要是搜集沿线水文及水文地质的特征、气象资料、农田水利设施的现状及发展规划以及表土性质及厚度和对路基、路面的影响等；路线所在区域的公路自然区划及其特征；路面用材料质量和产量。从而确定一般路基防护工程（包括边坡加固、挡土墙、驳岸、护坡、改河工程）的概略位置、结构形式和轮廓尺寸；概略分段提出路面结构类型、厚度和材料用量。在当地有多种材料可供选用或材料供应有困难需要远运时，应提出不同的路面结构类型进行比较。

对原有公路改建，则需对旧路的路基、路面使用状况、结构物等使用的破坏程度、原因、机理进行调查，提出利用、改善或新建的方案。

九、路线交叉勘测

路线交叉包括公路与公路、公路与铁路、公路与乡村道路以及公路与管线交叉。路线交叉勘测应在研究视察报告的基础上，对公路沿线的各种交叉进行资料搜集、交叉口形式选择、并进行必要的测量。

（一）初测时资料的搜集

1. 公路与公路交叉

（1）被交叉公路的名称、交叉位置、地名及里程、修建时间、公路等级及其在路网中的作用。

（2）被交叉公路的技术标准、交叉角度、纵坡坡度、路基宽度、路面宽度、路面结构类型及厚度、排水和防护工程等。

（3）补充调查被交叉公路近期交通量、交通组成，以及今后的转向车流交叉量、交通组成。

2. 公路与铁路交叉

调查铁路名称、等级、轨道数、运行情况、交叉位置地及里程；铁路的技术标准、发展规划和可能的交叉形式。

3. 公路与管线交叉

调查公路与管线交叉的位置、长度、交叉角度、悬空高度或埋深，管线的种类、型号、规格、用途、编号等。

（二）初测时交叉口的选择原则和布设要求

初测时交叉口的形式、类型和位置的选择原则及具体布设要求，应符合《公路工程技术标准》(JTG B01—2003)、《公路线形设计规范》(JTG D20—2006)及《公路勘测规范》(JTG C10—2007)有关规定，见本教材第九章。

（三）初测时交叉口的勘测工作

初测时交叉口的勘测工作，应按以下步骤的要求进行：

（1）根据选定的路线和搜集的资料，综合考虑交叉道路的性质、技术标准、交通量及转向车流分布的发展规划，及自然条件等因素，合理选定交叉口的类型、位置和形式。立体交叉和复杂的平面交叉，应提出可供比较的方案，通过勘测工作后确定其取舍。

（2）一般平面交叉，应按路线与被交叉道路的几何关系，利用路线地形图，定出交叉口的位置。立体交叉和复杂的平面交叉，应根据拟选定的比较方案位置，实地测绘工点地形图，并据以进行交叉口布置。

（3）交叉口的布置图必须经现场核对，认真比选后确定采用方案，为初步设计提供所需资料。

十、概、预算资料调查

概、预算资料调查，应符合《公路基本建设工程概、预算编制办法》的有关规定。应调查的资料及要求如下：

（一）施工组织形式和工资标准的调查

（1）了解上级对工程施工期限的要求，落实施工单位，了解其施工组织编制情况，生产能力及施工机械化程度等。

（2）向工程所在省（自治区）、市或地区调查现行工资标准（包括各种补贴）及其计算方法。

（二）外购材料调查及采运调查

（1）主要外购材料的供应价格及供应地点，包括材料的出厂价格和可能发生的包装费和供销部门手续费。

（2）地方性外购材料，如砂、石、砖、石灰、工业废料等应调查当地规定或市场供应价格，以及主要厂、场的生产能力。

（3）材料的运输方式、运距、运输条件及承运能力等方面调查。

（三）征用土地和拆迁建筑物及补偿费用调查

（1）当地政府关于土地补偿费，青苗补偿费，安置补偿费，被征用土地上的建筑物、构筑物，坟墓、水井、树木等附属物，文物保护，土地征用等收费标准及文件。

（2）搜集拆迁建筑物、构筑物和其他设施等的补偿费用标准和办法。

（3）拆迁电力、电信设施或与铁路、水利等工程干扰所发生的工程费用；及其拆迁规模和数量。

（四）临时工程调查

（1）根据工程需要，调查落实沿线可供利用的道路（包括地方道路及大车道等）、桥梁情况。

（2）了解沿线可供利用的房屋数量及其价格。

（3）调查供电电源及电费标准，并向电信、电力部门协商能否利用的原有线路、电杆加挂工地临时电信、电力费用。

（五）其他费用调查

（1）主、副食运输补贴——工地距最近的粮食、燃料、蔬菜、水供应地点及运距。

（2）气温、雨量等资料——路线所经地区的海拔高度、气温、雨量、雨季和施工季节等有关资料。

（3）其他费用资料——工程所在地区可能发生并符合规定的地方性应纳入概、预算费用的资料。

（4）施工队伍调迁费——主要调查工程所在的省（自治区）或有关部门对计算专业队伍的调迁费的规定与要求。

（5）施工机具运输费的调查——主要调查运输调运地点、运距、运输方式和计价方式。

十一、环境保护勘测与调查

高速公路、一级公路和经过水源保护区、自然保护区、风景名胜区、文物古迹保护区经济林带等有特殊意义的公路，应编制《环境影响评价报告》，调查和核实沿线环境影响敏感点，并根据《环境影响评价报告》拟定相应对策和环保工程方案。环保工程方案确定后，对沿线的环境保护工程，都应进行相应的调查和必要的勘测，以便确定环保设计方案，具体位置和规模，以满足设计要求。

（1）沿线及互通立交区、服务区及取、弃土区等的绿化方案，以及树种、适应性、产地等。

（2）公路建设中因挖损、塌陷、压占、取土、弃土造成的水土流失、侵占河道等情况建筑垃圾、工业废渣、废弃物的地点、范围、数量及处理方案等。

(3)噪声源至建筑物的距离、高程、地形、植被、风向等,设置声屏障的种类与类型、范围、长度、规模等。

(4)应调查由于修建公路切割了原有的田间道路、排灌网络,以及其他地上的设施修建的项目、内容和数量。

(5)施工和营运中的废水、油污水、服务区的排污水等的排放方案及相应的工程。

(6)公路沿线景观以及需遮蔽的工程。

(7)声屏障、油水分离池、蒸发池等应实地放桩,并测绘1:500~1:2 000平面图。

十二、内业工作

经初测,即可按初步设计的深度和要求进行内业整理工作,有关工作是:

(1)初测内业工作内容如下:

①复核、检查、整理外业资料;

②进行纸上定线或移线及局部方案比选;

③初步拟定各种构造物设计方案并综合检查定线成果;

④编制勘测报告及有关图表制作与汇总。

(2)外业资料应逐日复核、检查外业原始记录资料,如有差错、遗漏,必须及时纠正或弥补;对于向其他部门搜集的资料,应根据测设需要,检查、分析其是否齐全、可靠和适用,做到正确取用。

(3)综合检查、协调路线设计与有关专业及结构物布设的合理性,并进行现场核对。

(4)初测应提交的成果如下:

①各种调查、勘测原始记录及检验资料;

②纸上定线或移线成果及方案比较资料;

③各种主要构造物设计方案及计算资料;

④路基、路面、桥梁、交叉、隧道等工程设计方案图及比较方案图;

⑤沿线设施、环境保护、筑路材料等设计方案;

⑥平纵面缩图、主要技术指标表、勘测报告及有关协议、纪要文件。

第二节　定测阶段的工程地质与其他调查

定线测量简称定测,它是两阶段设计的第二阶段工作。其目的是根据已批准的初步设计,将纸上定线的路线方案进行实地放线、测角、铺设中桩、测出各桩高程和横断面地面线,修正初测地形图和其他勘测调查工作,为施工图设计提供资料。本章主要介绍定测阶段的工程地质勘探、小桥涵调查和其他外业调查的基本内容和方法,有关定测阶段的实地放线,中桩、水准、横断面和地形测量等,在《工程测量》课程中讲述。

一、工程地质勘探

定测时的工程地质勘察简称详勘,它是根据已批准的初步设计文件中所确定的修建原则、设计方案等有关工程地质及道路设计资料,通过详勘,取得有关的定量指标,为正确进行路线布设、路基路面设计、桥涵设计、防护工程设计提供可靠的地质资料,其主要任务是将初测时的地质任务进行详细勘察,查明需要地段的详细地质、水文地质及不良地质地段的地质资料。

1. 准备工作

(1)充分研究初勘资料,熟悉已批准采用方案的工程地质资料,了解所进行详勘的资料。

(2)认真领会初步设计的审批意见,研究落实有关措施。

(3)研究对详勘工作的要求,据以拟定工作计划,落实工作量、组织安排及技术装备。

2. 沿线工程地质的详勘

(1)详勘要求对沿线地形、地貌、地质构造、岩层产状、性质、成因、厚度、类别、风化程度、岩土变化规律、地下水露点、埋藏深度,地表积水、排水条件等,分段进行详细描述。描述时应重点突出,并依其地质情况评述本路段的地质对沿线的路基、路面、桥涵、附属结构等的影响提出相应的工程措施。

(2)详勘时尽量利用天然露头或已有的人工露头,如无露头可用,应按《公路工程地质勘察规范》(JTJ 064—98)有关要求进行。

(3)特殊地质、不良的地质地区的详勘和全线路基排水系统的详勘,按《公路工程地质勘察规范》(JTJ 064—98)进行;

(4)路基取土调查,应根据初步设计确定的取土方案,可不另进行专门勘察,但对于沿线集中取土或线外大型取土坑,均需进行详勘,每处可设2~3个勘探点,勘探深度应穿过取土层以下0.5m,并选取代表性土样鉴定土的路用性质。

(5)隧道工程地质详勘,通常包括两项内容:一是隧道方案与位置的选择,二是隧道洞口与洞身的勘测,它主要为隧道设计与施工提供所需的地质资料。

3. 工程地质详勘资料整理

工程地质详勘基本资料应准确可靠地反映出沿线的地质情况,着重掌握地层的分布特征,完整地提供所需的定量指标,工程地质观察与描述、测绘与挖深记录应完整,并对有关的地质图和试验资料加以汇总和说明。对专项工程的资料整理应按有关《公路勘测规范》、《公路工程地质勘察规范》的要求进行。

二、筑路材料调查

修建公路需要大量的筑路材料,其中绝大部分是就地取材。筑路材料调查就是根据就地取材的原则选定料场,如石料、砾石、砂、黏土、水等路用材料。通过调查确定路用材料的质量、数量及开采与运输条件。

1. 料场选择

公路料场分为路侧料场和基地料场两种,路侧料场是供应附近合理运距范围内的路段;基地料场不仅供应附近路段,同时为其他路段或其他建筑所用。选择料场时应考虑以下因素:

(1)使用条件

应根据不同的工程需要选择不同的砂石材料。对于供应铺筑路面用碎石材料,应为质地均一,有足够的强度,含泥量小,不夹杂扁片,具有棱角状或天然级配材料。一般用作构造物的基础石料,必须有足够的强度和稳定性。

(2)开采条件

主要应从矿层的产状条件,水文地质条件,开采季节,工作台面大小和废土堆置场地等方面考虑。如具有板状或棱柱状节理的岩浆岩以及岩层均一的沉积岩,一般都易于开采和加工,但如节理过于发育,会降低石料强度和开采效率。

(3)运输条件

主要应考虑运输支线的距离和修筑支线的难易，料场和路线的相对高度和运输工具等因素。

2. 调查的内容

(1) 开采条件调查

料场工作面的概略范围，有用层和覆盖层的厚度，开采工程等级，废方堆方位置，宜开采的季节及可采取的措施，机械开采的可能性，开采时附近的居住条件，开炸石料时对附近群众和房屋的安全及其处理措施。

(2) 运输条件调查

公路用建筑材料的运输条件，主要考虑支线运距和运输路线的情况，宜采用的运输方式，需要修筑便道的长度和便桥座数，运输的季节性及相应的措施。

(3) 数量和质量调查

确定材料蕴藏量，对各类料场进行必要的取样试验，据以评价材料的质量，并估计各类材料的成品率。

对调查的资料应能满足施工设计图表的编制，一般情况下应提交的资料有：天然筑路材料说明书、天然筑路材料料场一览表、天然筑路材料料场供应示意图、调查记录资料及试验成果。

3. 调查方法

料场调查方法分为勘测与勘探。在料场范围内，需根据实地的地形特点布置探坑，勘探线最好成网状。通过勘探，以确定材料界限、覆盖土层厚度与料层厚度，以估计筑路材料的蕴藏量。开挖探坑的数量、位置与深度，与实地勘探面积、地质构造、有无露头等方面有关。

料场调查时，还应对不同的材料分别取样，以便进行材料试验，进一步了解材料的使用品质，同时填写野外调查记录表，如表 1-6-2 所示。

自采材料料场调查表 表 1-6-2

<table>
<tr><td>____年____月____日　　　　第____页</td><td colspan="7">10. 料场草图　　　　第____页</td></tr>
<tr><td>1. 料场名称：　　2. 编号：</td><td colspan="7" rowspan="9"></td></tr>
<tr><td>3. 位置：K ____ + ____左右　m</td></tr>
<tr><td>4. 上路桩号：K ____ + ____</td></tr>
<tr><td>5. 料场描述：</td></tr>
<tr><td></td></tr>
<tr><td></td></tr>
<tr><td>6. 蕴藏量计算：</td></tr>
<tr><td></td></tr>
<tr><td></td></tr>
<tr><td></td><td colspan="7">11. 勘探点</td></tr>
<tr><td rowspan="2"></td><td rowspan="2">编号</td><td rowspan="2">层深（m）</td><td rowspan="2">层次</td><td rowspan="2">岩石描述</td><td rowspan="2">工程等级</td><td colspan="2">取样</td></tr>
<tr><td>编号</td><td>深度（m）</td></tr>
<tr><td>7. 支线工程：</td><td></td><td></td><td></td><td></td><td></td><td></td><td></td></tr>
<tr><td></td><td></td><td></td><td></td><td></td><td></td><td></td><td></td></tr>
<tr><td></td><td></td><td></td><td></td><td></td><td></td><td></td><td></td></tr>
<tr><td>8. 占地调查：</td><td></td><td></td><td></td><td></td><td></td><td></td><td></td></tr>
<tr><td></td><td></td><td></td><td></td><td></td><td></td><td></td><td></td></tr>
<tr><td>9. 料场取舍说明：</td><td></td><td></td><td></td><td></td><td></td><td></td><td></td></tr>
</table>

4. 蕴藏量计算

计算料场的蕴藏量，首先应根据料场所处的地形与探坑布置情况确定其计算方法，常采用的有算术平均法、平等断面法、三角形法等。蕴藏量的详细调查允许误差为 ±15%，一般各料场的总蕴藏量不应少于设计需要量的两倍。

当蕴藏量很大不受限制的料场，则不必计算其蕴藏量，直接以“丰富”表示即可。

三、公路用地、拆迁及预算资料调查

公路用地及拆迁建筑物等资料，应通过实地调查或测绘，提供征用土地及拆迁建筑物等位置、范围及数量，为施工图设计提供必需的资料。

1. 用地调查

(1)沿线土地应测绘用地图，并根据设计需要提供永久性占地和临时占地数量。用地图比例尺为 1:500 ~1:2 000，图中应标出中线、桩号、各类土地(水田、旱地、鱼塘、菜地、果园等)的分界线、用地宽度、使用人或单位。

(2)应调查各类土地常种作物和近三年平均产量，调查统计独立果树的价值的树木的株数、直径、数量及产量。

2. 拆迁调查

(1)拆迁建筑物应调查其位置、范围尺寸、结构类型(房屋应注明层数)；

(2)需拆迁建筑设施，如电力、管道、电信等设施，应调查所在单位、位置及长度等，对于重要的建筑设施，如文物、铁路、水利或通信等，则应同主管部门协商，落实处理方案及工程措施。

(3)调查沿线伐树、挖根、除草及挖淤泥等的路段长度，并结合工程设计的需要计算其工程量。

3. 预算资料调查

预算资料调查可在初测调查的基础上进行补充调查和核实。

第三节 定测阶段的小桥涵勘测

小桥涵勘测的主要任务是调查与搜集沿线桥涵水文与地质地形资料，配合路线的总体布设，进行实地勘测，提出桥涵及其他构造物的技术要求，确定桥涵位置、结构形式、孔径大小、进出口形式、埋置深度以及上下游防护处理措施等。

一、小桥涵位置和类型选择

小桥涵的位置原则上应服从路线的走向，其位置通常根据路线布局大致确定。但桥涵的位置也需根据实地的地形、地质与水文条件等综合考虑才能具体落实。如设置的涵洞是正交还是斜交、设在沟边还是沟底等，均需合理安排。一般下列位置应设置小桥涵。

1. 一沟一桥(涵)

凡路线与一条明显沟形的干沟、小溪、河流相交，当上游的汇水面积大于 $0.1km^2$ 时，原则上应设一座小桥或涵洞。

2. 农田浇灌涵

路线经过农作物区，当跨越水田、水渠，为了不影响农田的水利灌溉，必须设置满足排水的农田浇灌涵。

3. 路基边沟排水涵

山区公路的傍山线，为排除路基内侧的边沟水，通常每隔 200 ~ 400m 需设置一道涵洞，具体位置可根据路线的平面图、纵断面图及横断面图综合考虑、合理选定，一般设置在纵坡变化处。

4. 路线交叉涵

当公路与公路、铁路、或其他道路相交时，为了不使边沟阻水，同时也不致冲坏相交路线的路基，一般应设路线纵向排水涵。

5. 其他类型涵洞

当路线经过积水洼地、池塘等处，为沟通两侧水位应设置涵洞。路线穿过村镇时，应保证地面水排水畅通，也可设置涵洞。

小桥桥位确定应考虑选在河面顺直、地质条件良好、河床稳定、桥位中线尽可能与洪水主流方向正交、河面窄且水流平缓处的河段上。

涵洞的定位，一般顺沟设置，河道或沟渠弯曲时可视地形条件裁弯取直；山沟较深时可沟边设涵；山坡纵坡较大时可改设平缓引水设沟；当相邻两沟距离很近时，则在不影响路基正常排水情况下，可改引水并沟。

小桥涵的类型，按修建材料可分为石桥涵、混凝土桥涵、钢筋混凝土桥涵；根据水力特征可分无压力式、半压力式和压力式涵洞。小桥涵形式的选定主要根据公路等级、使用性质和任务，按适用、经济、坚固、因地制宜就地取材和便于施工等原则来选择。

二、小桥（涵）址测量

小桥涵测量是在桥涵位置确定后，确定小桥涵的孔径、墩台高度、结构类型、基础形式及埋深和必要的附属工程等。涵洞一般只须测量涵洞中心桩处的路线横断面和进出水口的涵洞横断面。而小桥除测出桥中心处的路线纵断面外，还应测出河沟上、下游各距中心线 5 ~ 10m 处平行于路线的纵断面、桥台处的路线横断面、河床比降图、桥位地形图等，供设计小桥时使用。

1. 基本要求

（1）小桥涵沿路线中线方向的断面测量，应与路中线测量同步完成，并注意适当加密中桩、实测沟渠以及与路线的交角。对地形复杂的小桥涵，应对路线中线两侧或河床两侧各施测一个或几个断面，其测量范围和精度应能满足涵底纵坡和进、出水口设计、布置桥孔、调治防护工程、计算开挖土石方工程数量等的需要。

（2）小桥涵位地质、地形复杂，布置小桥涵及其附属构造物困难或兼有改河、改道工程及环境协调等综合处理要求的地段时，应测绘 1∶200 ~ 1∶1 000 工点地形图。改河工程应按布设要求进行纵、横断面测量，并相应测量原河道相关范围内的河床纵坡和河床横断面。

2. 小桥涵测量

1）桥址测量

（1）测绘桥位中心及上下游平行线的即河床横断面，桥址河床横断面图上应标明桥位中心桩号、设计水位或调查洪水位、地貌特征等，还须将地质试坑或地质柱状图绘于河床断面图上。然后在图上布孔、定出桥位中心桩号及桥的高度（包括桥面设计高程及梁底高程），检查侧墙和锥坡的基础有无悬空及埋置过深现象。

（2）测量河床比降图，从河床比降图显示出上下游河（沟）底纵剖面的实际情况（如有无陡坡、跌水、淤积、冲刷等现象），为水力计算提供依据。

(3)当桥位处的地形条件比较复杂时,或河(沟)弯曲、水流紊乱,需纸上研究设计方案时,须进行测绘桥址处的工点地形图,图纸比例可采用1:200～1:500;测图范围视设计需要为准,当测区范围较大时,测图比例可取1:1 000,等高距一般采用0.5m或1m。

2)涵址测量

(1)涵位中心纵断面测量。当涵位及其与路线的交角确定后,自涵位中心沿涵洞中心方向分别往上下游施测纵断面,施测长度以满足布设涵洞为要求,一般施测到中心上下游各20m,若遇有改沟、筑坝或设缓流设备等附属设施时,应适当延长。

(2)涵址河(沟)横断面测量。在涵洞中心及上下游进出口处,各测一个垂直于涵位中线的涵洞横面图。平原区较顺直的河沟只测涵位中桩一个横断面;山区河沟当沟形十分曲折,地形起伏较大时则须增设几个横断面,借以了解涵位附近的地形全貌。

(3)涵址平面示意图勾绘。为了便于在内业设计时了解涵址附近的地形全貌,应绘制出每一个涵洞处的平面示意图。勾绘时一般是先按比例绘好路线与涵洞方向的关系图,用目测的方法将地形、地貌、地物等勾绘在此图上,目测时应尽量提高准确性,必要时可用花杆或步测来量测。

三、小桥涵地质调查

小桥涵地质调查的目的在于搜集基底处的工程地质及水文地质情况,为准确选定桥涵及附属工程的基础类型和尺寸、埋置深度等提供有关资料。调查的内容包括:基底地质土壤类别与特征,有无不良地质情况、土壤冻结深度及水文地质对桥涵基础与施工有无影响。

调查的方法以视察为主,挖深为辅。若地质条件相对简单,通过已有资料及调查天然露头,足以查明基底的地质情况时,一般不进行专门的地质钻探。当地质条件复杂时,则须进行现场钻探,探坑的布置位置、深度,应以地质情况和设计要求确定。每座小桥涵一般布设1～2个探坑,分别布置在沟底中心或两侧台基附近,挖深不小于基底埋深以下1～2m。如果条件许可最好在挖探的同时,分层选取有代表性的土样做试验。小桥涵地质调查要保证桥涵施工后确保基础稳定可靠。

第四节　外业勘测时的内业工作

外业勘测时的内业工作是指外业测量期间应进行的对外业测设成果整理、复核、校对、编制等工作。外业期间的内业工作十分重要,它一方面沟通各个外业组之间的业务关系,保证测量成果的准确可靠;另一方面,内业工作是综合性的设计工作,各测设组搜集的资料与设计成果是否符合要求、是否合理,都要经过内业工作的综合比较论证,以便进一步完善各项设计。具体工作内容如下:

(1)内业人员应主动向选线人员了解方案情况,掌握各路段的定线意图和布设情况以及对测设工作的意见和要求。其中包括分段定线依据和技术指标,如路线走向、放线坡度、路基填挖高度控制,以及平、纵、横线形配合要求以及沿线人工构筑物布设等。摸清底细后,据以检查实测结果与原意图有无出入,并便于更好地指导内业设计。

(2)内业人员应协助测量队长对外业的勘测质量进行检查,逐日复核外业当天交回的野外记录和原始资料,检查容许误差,发现错误、漏测或不完善情况,及时通知有关外业人员,迅速纠正或补测,以免贻误工作。内业人员在检查和复核各外业资料中,应注意的有关事项为:

①测角方面:应复核转角、分角读数和视距计算是否正确,实测转角和采用半径值同选线所定数据有无出入,影响如何。平曲线要素计算是否正确。交点固定资料是否齐全。

②中桩方面:中线丈量的精度是否符合要求,平曲线要素与测量记录是否一致。中桩里程是否有错。弯道加桩、地形、地物等加桩是否齐全。

③水准测量方面:基平测量的精度是否达到要求,水准点布设是否可行,中平测量是否符合要求,有无漏测、记错或计算错误。

④横断面方面:核对横断面桩号与中桩记录是否一致,有无漏测或错测,横断面施测的宽度是否符合要求,地物界限及标注是否清楚明确,有无需要加测横断面等情况,如有则应及时补测或重测。

⑤地形方面:检查中线展绘有无错误,施测范围是否符合要求。图幅的拼接是否吻合连续,地形、地物测绘的精度是否符合要求。

(3)对所有外业资料经检查无误后,按设计文件规定的图表格式和内容填写齐全,存查备用。如直线、曲线及转角一览表、水准点资料一览表、保护桩资料一览表、总里程表、路基设计表、纵断面图、横断面图、小桥涵设计资料一览表、交叉口设计资料一览表等。具体格式可参见《公路工程设计文件图表示例》。

(4)编制外业期间的工作计划,并根据实际的外业进程作及时调整。

(5)点绘纵、横断面地面线,并进行纵坡设计,然后到现场核对,检查原定线方案是否合理,平、纵、横配合如何,拉坡有无问题等。

(6)做好器具、测绘用品、外业记录手册、设计文件图表、技术资料、标准图、图书及计划报表等领用、保管及管理工作。

(7)定测阶段应完成和提交的成果如下:

①各种调查、勘测原始记录、图纸及资料;

②各专业勘测调查的质量检查及分析评定资料;

③路线纵、横断面设计及各种底图底表;

④各项测设主要计算分析论证资料;

⑤各项测设主要设计布置图及设计底表;

⑥外业勘测说明书及有关协议和文件。

本 章 小 结

1.公路勘测包括经济调查与技术勘测两部分。经济调查的大量工作主要在工程项目可行性研究期间进行,根据设计要求在初步测量和定线测量阶段再进行补充完善。其任务是调查路线所经地区的自然地理与经济资源情况,工农业生产及其发展,沿线居民点分布及交通运输现状以及适应未来发展的交通网规划等。通过全面分析预计拟建公路的目前和远景使用要求,并选定与之相适应的公路技术等级,确定路线基本走向和主要控制点,为编制计划任务书与论证公路技术经济效果提供可靠的依据。

2.技术勘测按测设阶段不同,一般分为初步测量和定线测量两种。初步测量是两阶段设计的第一阶段工作,它是根据上级批准的计划任务书中拟定的路线走向,通过初步测量,对路线技术等级、基本走向和路线方案做进一步论证分析,提出拟建公路的必要性、技术上的可能性和经济上的合理性。为此要组织相应的测量和调查,为编制初步设计搜集有关资料,以便拟定初步设计方案及相应的工程量与概算费用等,供上级审批。

定线测量是根据批准的初步设计所确定的修建原则、基本走向和路线方案(或在计划任务书的基础上按一阶段设计)而进行的技术勘测工作。在详测过程中应对建议路线方案结合当地自然条件进行认真的复查。根据路线使用要求和技术标准,综合考虑路线平、纵、横关系,以及对人工构造物的处理,通过进一步比选,将设计路线在实地上标定出来,并为编制技术设计和施工预算全面收集有关资料,供设计使用。

3. 调查工作是公路勘测设计工作中重要组成部分,其任务就是通过对公路所经地区自然条件和技术经济情况等进行调查研究,为公路选线、定线和内业设计收集原始资料,用以指导测设与编制设计文件。具体的调查项目、内容及深度与各个设计阶段的要求有关,主要有经济调查、工程地质调查、筑路材料调查、路基路面调查、小桥涵调查和概预算资料调查等。

复习思考题

1. 新建公路的勘测要进行哪些工作?
2. 初测阶段需进行哪些外业工作和内业工作?
3. 定线测量的目的是什么? 定线测量要进行哪些外业工作和内业工作?
4. 小桥涵勘测有哪些规定与要求? 在外业勘测中,小桥涵应如何勘测? 需搜集哪些资料?
5. 施工图设计文件需提供哪些成果?
6. 筑路材料调查中,料场的调查应从哪几方面进行? 如何调查?

第七章 原有公路的改建

第一节 概 述

公路改建是指对不能满足使用要求和通行能力的公路进行改造，使其达到新的公路等级和标准的工作。改建公路是在原有公路的基础上，根据远期交通量、路网规划、社会经济、自然条件的要求，拟定工程改建方案，并通过改建以提高原有公路的使用质量和通行能力，满足国民经济发展对公路运输的要求。

在我国现有的公路中，有相当一部分是在原有的大车道和简易公路基础上修建起来的，基本上属于低等级公路或等外公路。有些公路由于重车和超重车交通量的迅速增加，致使公路结构物遭受破坏；有些公路穿越城镇和居民点，公路两侧建筑物不断增加，公路被占用，以致交通阻塞、事故不断；还有一些公路病害严重，而影响交通。随着交通运输和社会经济的发展，这些公路已不能满足需求，但基本走向和某些路段仍可利用，故应该在原有公路的基础上改建成为符合公路等级标准的公路。

在公路改建时，必须依据规划的要求，通过认真细致的调查，编制计划任务书，经审批下达后，作为改建测设的依据。公路改建一般应掌握以下几项原则。

1. 先"干"后"支"

目前我国有相当多的干线公路处于超负载、超期限的使用，对经济效益和社会效益影响很大。有关统计资料表明，公路改建可使汽车行驶速度提高20% ~50%，运输成本下降15% ~40%。因此，公路改建必须要根据公路网的规划，集中力量先改建干线公路，有重点地进行技术改造，不断提高公路等级与服务质量，再逐步改建地方性的支线公路。当投资有限，多条公路均需要改造时，也要按经济效益和社会效益的原则进行比较，分析其在整个公路网中的地位和作用，以及内部收益率、投资回收期等确定公路改建的线路。

2. 充分利用与积极改造

改建公路要坚持充分利用与积极改造相结合。改建方案既要对不符合标准要求的路段进行改造，又要充分利用原有工程；既要防止忽视标准而过分迁就原有路线的做法，又要防止片面追求过高标准而大量废弃原有工程的倾向。当工程造价可接受时，以改善为主，反之，以利用为主；对局部线形不良，严重影响交通的路段，应按改建标准彻底改造；对于不能适应改建公路等级和技术标准低的路段，应考虑大段改线或另择新线。

3. 分期改建

改建公路应根据近、远期交通量，国家路网规划，国民经济发展及国防、自然条件以及建设资金等情况确定是一次改建还是分期改建。分期改建的方式一般有纵向的分段分期改建、横向分幅分期改建和按工程项目分期改建。采用分期改建的公路，应使前期工程在后期仍能充分利用，并为后期工程的修建留有余地和创造有利条件。

4. 注意环境保护

改建公路和新建公路一样，要从社会环境影响、生态环境影响、环境空气影响和环境噪声影响四个方面进行评价，以保证自然环境的良性循环。

5. 支援农业

公路改建要坚持支援农业、节约用地的原则。要把公路改建和农田水利建设结合起来，采用挖渠和填路、修坝和筑路相结合的方式，从线形改善、纵坡设计、路基高度、防护工程、排水系统、取土坑设计等方面综合考虑，要有利于造田排灌和水土保持。

第二节　公路改建的工作内容

在原有公路改建时，对于不能适应改建公路等级和技术标准低的路段，应考虑大段改线或另择新线，此时按新线勘测要求进行；对基本可以利用，但需进行局部改线、局部改坡、路基路面改建及小桥涵改建的原有路段，应按改建标准进行改建。

一、平面线形改建

平面局部改线是公路改建的主要内容。当原有公路平曲线半径过小，不符合改建标准要求，首先应加大平曲线半径，如图 1-7-1 所示。在不少低等级公路，往往存在平面线形弯曲，小半径弯道多，以致视距不良的问题，此时可采用裁弯取直的方法进行改建，如图 1-7-2 所示。当原有公路的沿溪线限于当时投资而存在绕沟迂回、线形弯曲的，改建时可以从沟口修桥跨越，将路线取直，如图 1-7-3 所示。当原有公路的相邻两弯道中间直线段过短，且半径相差较大时，可将小半径弯道曲线的半径加大，构成同向复曲线或一个半径的平曲线。

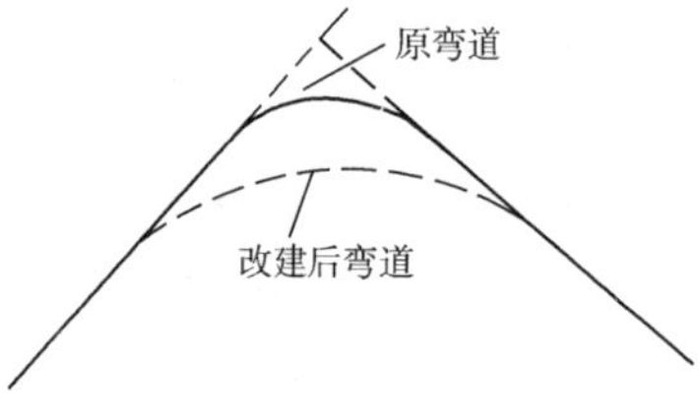

图 1-7-1　加大平曲线半径

图 1-7-2　裁弯取直的方法

对原有公路由于受限于当时的工期、投资、技术等原因，可以采用沿溪线而采用了越岭线，以致存在陡坡急弯、线形不良、标准过低的，改建时首先考虑沿溪线方案。

原有公路有些桥头往往弯道过急，容易发生行车事故，这时可采取顺桥方向延长路线，并加大平曲线半径，以局部改善桥头线形，如图 1-7-4 所示。

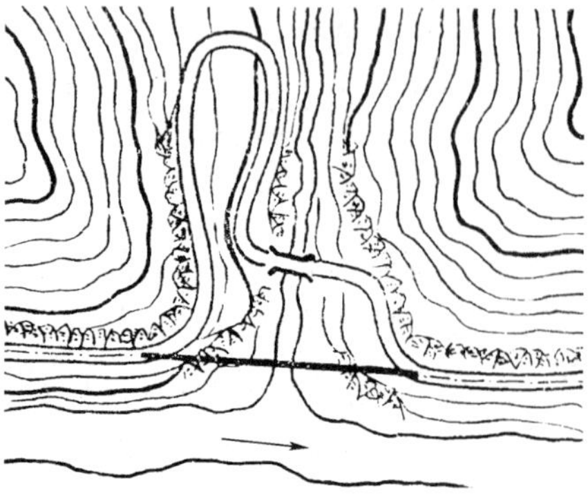
图 1-7-3　沟口修桥跨越

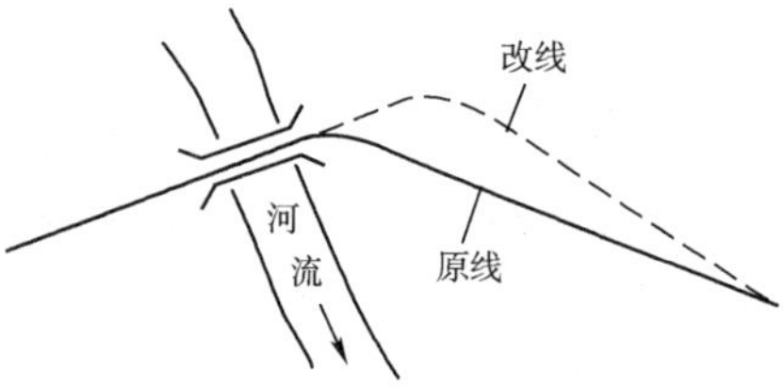

图 1-7-4　局部改善桥头线形

我国原有的许多公路在通过小城镇时，一般都从街道中心通过，出入口的弯道紧靠街口房屋，驾驶员的视线严重受阻，而且路面加宽时须拆除临街的大量房屋，改建时应从改善城镇出入口的线形和绕避城镇这两个方案综合考虑。一般来说，对于路线等级高的公路以绕避城镇为好，对一般小的居民点可不考虑避绕，但重点是要保证视距和改善行车条件，如图1-7-5所示。

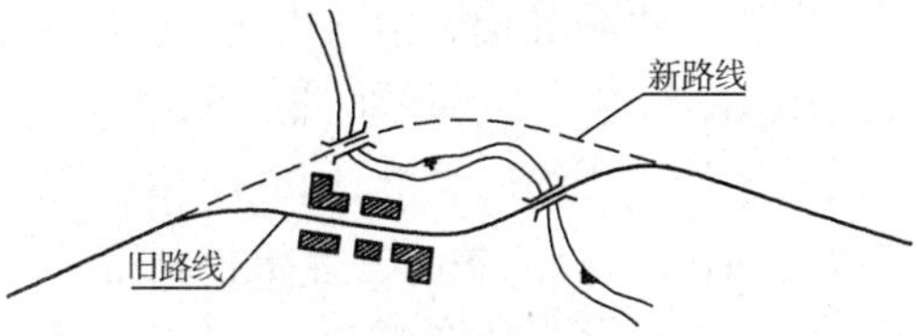

图1-7-5 绕避城镇的路线

二、纵面线形改建

当原有公路的纵坡超过标准规定的极限值或出现连续起伏的大坡段时，往往需要结合平面改建进行局部改坡。当原有公路的纵坡在短距离内出现超过极限纵坡或纵坡频繁起伏时，一般可平面不变，而只需调整填挖高度，减小或取消纵坡的频繁起伏，降低纵坡坡度，如图1-7-6所示。在调整纵坡时，应尽量利用原有构造物，并调查其加宽和接长的可能性。如果路段不但坡度大，同时其坡长又接近或超过极限，采取以上措施难以解决时，则必须结合平面线形改建加以改建，通过延展路线来克服高差从而达到减小纵坡的目的。

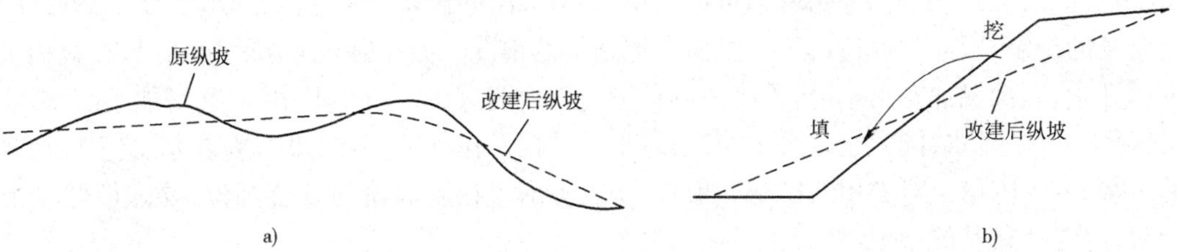

图1-7-6 纵面线形改建

此外，在原有公路改建时如果某些路段的平面与纵面线形都不能满足要求，则在确定改建方案时，应先按规定的平面线形标准，采取裁弯取直、减少交点、增加曲线间的直线段长度等措施，使平面线形达到标准要求，然后按改建后的平面位置进行纵断面设计，看纵坡是否能满足标准要求。若不能满足要求，则另选新线。

三、路基改建

对于路基需要改建的路段，一般包括两项内容：一是提高路基强度，增加路基稳定性；二是路基加宽，其主要内容如下。

(1)在地下水位较高或排水不良路段，路基会经常处在潮湿或过湿状态使路基强度不足，此时应按公路最小填土高度的要求，采取提高路基、增加或完善排水设施、设置隔离层、加深边沟等措施予以改建，以保证路基的强度和稳定性。

(2)对经常受洪水影响的路基，应采取改善排水设施、增设防护与导流工程等措施，以改善排水状况，消除路基受水毁的威胁，使路基免受侵害，主要措施包括石笼防护、砌石护坡，导流坝等；对边坡不稳定、变形和塌方等情况，应采用放缓边坡、坡面防护等措施；如因路肩排水不良，致使路基水分过多，应修整路肩和采取防渗措施。

(3)路基加宽的方式有单侧加宽和双侧加宽两种方案，各有优点，一般情况下，如无地形地物限制以单侧加宽为好。

定线时将中线偏离旧路中线，使路基只需一侧加宽的方式称为单侧加宽。这种加宽方式便于施工，压实度容易保证，施工进度快，但缺点是新旧路基会产生不同的沉降，因而会引起路基沿接缝处出现纵向裂缝，因此应注意新旧路基的衔接，在旧路基边坡应根据边坡高度开挖一定数量的台阶，分层填土并严格控制施工压实度，以免出现新旧路基不均匀沉陷。

当在山坡路基加宽时，一般可将原路的中线向山坡方向内移，通过挖方来加宽路基，如图1-7-7所示。如果地表横坡较陡，路堑上方土石方工程量很大，不宜再开挖时，可设置路肩墙，进行外侧加宽，如图1-7-8所示。

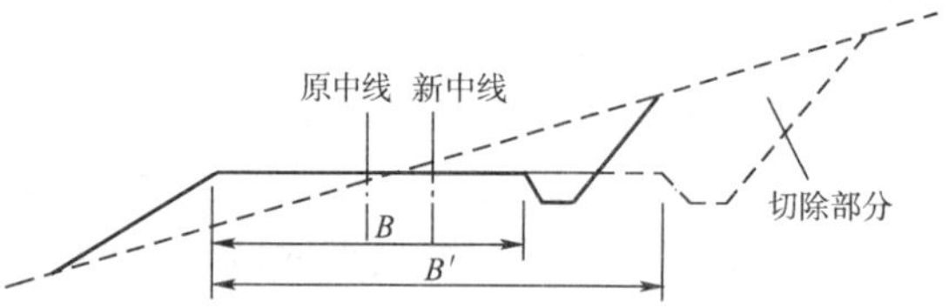

图1-7-7　中线内移加宽

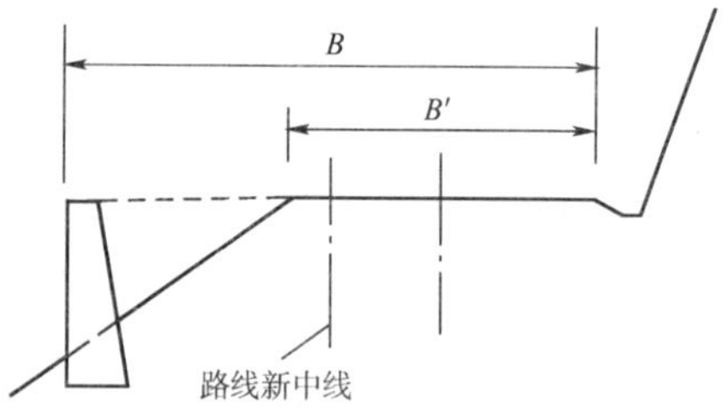

图1-7-8　外侧加宽

路基设计中线与旧路中线重合，称为双侧加宽。这种加宽方式基础强度较高，较均匀，路面稳定性好，但缺点是如果路基加宽值较小时不但不利施工，而且路基的压实度不易保证，影响路基的稳定，因此一般适用于无法向一侧拓宽的情况。如在路线穿越村镇居民点时，为了减少拆迁量，用两侧加宽路基时，可将两侧梯形边沟改为浆砌片石矩形边沟，既增加了路基宽度，又保证了路基排水，同时也改善了路容；对平缓地段路基加宽，可两边回填边沟，挖土后形成新的边沟，减少因取土对农田的影响，如图1-7-9所示。在新旧路的结合部位，要在旧路基上开台阶，以保持路基的稳定。

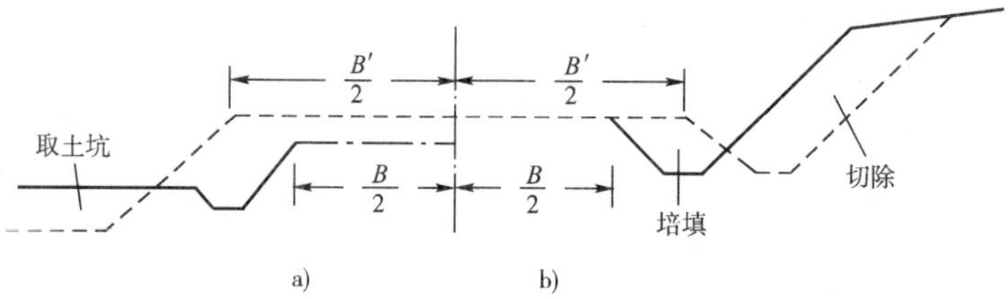

图1-7-9　路基两侧加宽

a）路堤；b）路堑

四、路面改建

原有公路路面的改建设计，一般应根据改建公路等级的要求并结合原有路面的技术状况等情况而定。其基本内容包括用新的材料改建路面的一层或多层，补强加宽路面等。在具体设计时，如果原有路基标准低、强度低、稳定性差，则应按新建路面进行路基路面的综合设计；如果原有路基路面较密实坚硬，可利用其强度，将原有路面作为基层或垫层，在其上按路面结构设计的要求铺筑面层。

路面类型的选择，主要取决于交通量和公路的等级。改建后的路面等级应高于原有路面的等级，路面各结构层的类型应根据路用性质、设计交通量、地质水文、气候综合考虑确定。

路面宽度不足需要加宽时，应与路基的加宽相配合。加宽部分应先按原路面强度补强，然后再作全路幅的补强处理。

五、小桥涵改建

桥涵的改造应坚持充分利用与积极提高的原则，如经现场鉴定为完好的桥涵，则应尽量利用；如桥涵破坏严重，承载能力严重不足，无修复利用价值时，则应拆除旧桥涵按设计标准新建桥涵。小桥涵的改建主要有改善、加固、加宽与接长等内容。

1. 桥梁加固

由于原桥设计荷载过小或公路等级提高导致承载力不足时，应对原桥进行加固，加固时可根据桥型、河床条件、排水情况、就地取材等情况，分别采用不同的措施。

下部结构如个别墩台被洪水冲空，可采用修补、抛石、铺河底等方法加固，或根据实际情况，在上游适当地点增设调治构造物，以改善水流状况。上部结构加固可采用树立排架，增设桥墩或用八字撑、人字撑等方法加固，如只是个别大梁损坏，可以抽换大梁，或用工字钢、槽钢等加固，采用桥下支撑的方法，往往起阻水的不良作用，故应结合水流特性综合考虑。总之，针对不同情况，分别采用"加"、"补"、"换"的方法，使之完善。

2. 增加泄水能力

如果原有桥梁泄水断面不足排泄标准规定频率的洪水时，可根据实际情况增加泄水能力，增大过水断面横向通过增加桥孔实现，一般在提高桥面受限制时采用此方法；竖向增加泄水能力有两种办法：加高桥墩，增大桥下净空；开挖河床，增大过水断面。具体要结合地质水文和工程造价合理选取其中一种方法或多种方法并用。

3. 桥梁加宽与涵洞接长

原桥需加宽时，宜考虑在一侧按原式样加宽桥台及桥面，条件许可时，可在上部或台帽处作挑悬设计，以节省下部工程的费用；对于加宽值较大的桥梁也可在旧桥旁边新建独立的窄桥，其结构最好和旧桥一致，然后把旧桥桥面与加宽桥桥面采用适当措施连接起来。

路基加宽后的涵洞接长，一般宜在一端接长，与路基改建相一致。施工时先拆除需接长一端的洞口及翼墙，然后按要求接长涵洞，最后重新修建洞口及翼墙。

第三节　原有公路改建的方法与步骤

根据批准的计划任务书要求，组织人员深入现场，对原有公路的现状、存在的问题进行调查，确定对原有公路及构造物的利用范围，拟定改建方案及措施，并在此基础上对改建公路进行勘测设计。

一、原有公路的调查内容

(1)调查搜集原有公路的路况资料及历年改建、养护工程的测设、施工和竣工资料，对严重病害、经常肇事和阻塞的路段，要找出原因，提出总体改建方案。

(2)做好经济调查，调查原有公路的使用性质，路线影响范围内工农业及商业方面的现状和今后发展的要求，现阶段主要运输企业和运输设备，历年主要运输指标，调查车辆组成、运输分布、经济指标、交通量等资料，并根据路网规划，进一步论证改建所采用的技术等级和技术标准的依据及其合理性。

(3)征求地方、养护等有关部门的意见，做到公路的改建和地方的规划相协调、建设和养护相一致。

(4)收集原路的勘测设计和施工竣工资料及交付使用后行车增长及行车事故的情况,根据收集的路况资料,对原路进行实地调查,提出分段局部改线、改桥、加宽增建、排水的具体方案。初步拟定各项改建工程的基本尺寸结构类型、概略工程量及主要建筑材料的数量。

(5)路线调查要确定各路段地形分类、主要技术指标、极限指标,对居民点、重要交叉道、地质不良地段、重点工程地段要重点调查,并定出局部改线的概略位置。

(6)路基路面调查要确定路基的干湿类型,断面形式和尺寸,强度和稳定性,防护工程的类型、尺寸,表面有无变形和裂缝,路面的强度和使用情况,提出对路基路面的改建方案。这项工作可用开挖试坑和目测的方式。

(7)桥涵的调查主要是检查结构物的形式、尺寸、孔径,基础埋置深度,载重能力,能否满足泄洪的要求,是否需要加固加宽,结合实际地形、地质,提出桥涵改建意见。

二、资料整理

改建公路的资料整理,应根据公路工程基本建设项目的勘测设计阶段的要求,按照设计文件的组成和内容,加上改建增加的内容,进行整理、汇总,可参见新建公路初测的有关内容。

现有公路的路线、路基路面、桥涵等的现状资料,应将结果反映在公路平面示意图上,改建意见应在有关图表或说明里反映。

经济和路况调查由于面广、量大、项目多,既要全面调查,又要有重点地分项进行。调查工作应采用重点调查和典型调查的方法,以统计表为主,观察、询问为辅的手段,逐步调查,逐步整理,除必要的文字记载及说明外,应分别填写各种表格。其表格形式如表 1-7-1 ~ 表 1-7-4 所示。

平面极限路段调查表　　表 1-7-1

起讫桩号	平曲线半径		曲线长度(m)	曲线间直线长度(m)	改建措施	备注
	左偏	右偏				

纵面极限路段调查表　　表 1-7-2

起讫桩号	最大纵坡		超限路段		改建措施	备注
	坡度(%)	坡长(m)	坡度(%)	坡长(m)		

路 基 调 查 表　　表 1-7-3

编号	起讫桩号	长度(m)	路基形式	路基宽(m)	土壤类别	地带类型	路基稳定性	改建措施

路面调查表 表1-7-4

编号	起讫桩号	长度(m)	路面宽度(m)	结构形式	路面厚度(m)	使用情况	改线建议

三、改建的方法与步骤

改建公路的测量和新建公路的测量基本相同。当其中某些路段需要大段改线、重新布线时,各业务组的工作内容和操作方法与新建公路测量相同。而在一般只需局部改线、改坡、路基路面拓宽、桥涵及人工结构物改建的地段,则采用详细测量和补充测量相结合的方法,对局部改线改坡等路段可详细测量,对路况良好,路线标准基本符合要求的路段,只针对加宽或接长等需要,进行补充测量。现将改建公路详细测量不同于新线详细测量的内容分述如下:

1. 定线

改建公路定线的方法,根据旧路各段路况不同而有所不同。

当对于大段脱离原有公路连续改线的路段,其定线方法和新线测量要求完全相同;

当基本利用原有公路的路段而只需加宽路基时,定线时应从保证路基稳定,有利于施工,有利于线形改善和尽量减少工程量等出发,确定路基是两侧同时加宽或只加宽一侧,从而定出路线中线。定线时,为了比较准确地找出原路中线,可利用原有桥梁轴线、涵洞中心线为控制点结合路基、路面、边沟及其他构造物的中线,交出两相邻直线的交点,并选定合适的平曲线半径。

当交通量大,原路已有足够的路基宽度,仅以改建路面为主时,为减少行车干扰,可以采用平行于路中线的边线测量。

2. 中线定桩

旧路一般都沿中线丈量距离,但为了使铺设的标志不至于钉坏路面和影响行车。一般只在路中线该钉桩处钉上附有红布的小铁钉或圈上红油漆,为后面各组留下标志。在与中线垂直方向,向路基右侧引出一定的距离(一般在路肩边沿),钉出指示桩,桩上除标明桩号及里程外,在桩的背面应注明公路中线上桩位距该指示桩的距离。

3. 水准测量

根据新建公路水准测量要求进行,凡改建的构造物均需测定其高程,对可利用的路线的中桩标高可根据实际需要,选择测定。

4. 横断面测量

对改线新建段横断面测量同新建公路,对原路利用段要绘出桥涵、挡墙、护坡等构造物的断面图,并对沿线的渠道、管线、建筑物等绘出轮廓线,为公路的加宽、加高,构造物的加固、加长提供尺寸。

5. 地形测量

如有原地形图,可在原地形图上补充测量,以减小工作量;否则,应重新测量,改线地段的地形测量与新建公路相同。

6. 路基路面调查

(1)路基排水调查:调查路基纵横向排水情况,各种排水设施的现有状况及是否满足排水要求,以确定是否需要改造、维修或新设排水设施,并从水对路基的影响,合理确定路基的高度和形式。

(2)路基形式及边坡现状调查:收集不同土层类型边坡的坡度、高度及其稳定情况,以便合理地确定挖填路基的边坡度。

(3)路基病害的调查:调查不良地质地带的类型及其对路基的危害程度,路基病害的程度以及对行车的影响,路基有无松软、沉陷、水毁等情况并确定采取的处治措施。

(4)路基附属工程的调查:调查挡土墙、护坡、护栏、改移河道等路基附属工程所在的位置、长度,以及结构物的各部尺寸及现状,有无变形、裂缝及破碎现象,是否需要加固、加高、接长或重建,必要时还应对基础类型、基础埋置深度进行调查。

(5)路面调查:调查路面的种类、宽度、厚度、路面材料及磨耗层的组成和性质,采用弯沉仪分段测量路面的强度。

7. 原有桥涵的调查

(1)调查原有桥涵的所在位置、结构类型、孔数、总长度、基础类型及埋置深度、修建年月、承载能力、桥头两端路线对行车有无妨碍,该桥是否能全部或部分利用。对于需要加固接长的桥涵,应详细查明原有结构的尺寸以及最佳的衔接方案。

(2)调查桥涵位置是否适当,孔径是否足够,有无淤塞及水毁现象,是否需要增补有关的附属工程。对于需要增设的桥涵应按新建公路的勘测规程要求进行野外调查及勘测工作。

改建测量完成之后,应按设计文件编制的要求编制施工图设计文件,并编制施工图预算,经主管部门批准后,由工程主管部门下达给施工单位进行施工。

本章小结

1. 我国不少公路由于等级较低,当交通量增加到一定程度时,就不能适应要求而需要提高技术标准。这就要求在旧路的基础上,通过一定的勘测程序,拟定各项工程的改建方案,提高其使用质量和通过能力,将原有公路提高到计划任务书要求的技术等级和技术标准。

2. 原有公路的改建,要有全面的规划,通过深入调查研究,全面掌握旧路的基本现状,根据政治、经济、国防等需要,有计划、有步骤地对原有公路进行技术改造。根据批准下达的计划任务书来指导整个改建测设与施工,防止由于计划不周或改建技术等级和技术标准不符实际要求而造成的浪费。在整个测设工作中应严格掌握公路改建的几项基本原则,要抓住主要矛盾,突出改建重点,有针对性地解决问题。

3. 改建公路勘测的工作内容,除大段改线应按新建公路初步测量和定线测量要求进行外,一般应在合理利用旧路的基础上,通过局部改线、改坡,改善经常肇事的地段,处理病害,改建路基、路面、桥涵等工程,提高原有公路的技术等级和技术标准。其基本要求是:沿旧路分段鉴定路况,确定需要详测的路段与工点,对路况良好、路线标准基本符合要求的路段,只需针对加宽或提高路基,增设、加固或接长桥涵,改建路面及防护工程等需要,进行相应的补充调查与测量。

4. 改建公路的测量和新建公路的测量有相似之处,但应注意改建公路测量不同于新线测量的工作内容。

复习思考题

1. 公路改建的原则是什么?

2. 平面线形、纵面线形改建的内容有哪些?

3. 路基、路面改建有哪些方法?

4. 选一种小桥涵改建方案,试具体阐述其改建过程。

第八章　公路交叉设计

公路与公路、公路与铁路及公路与其他道路或管线相交的形式称为交叉，相交的地方称为交叉口。相交公路在同一平面位置时，称为平面交叉，相交公路在不同平面位置时，称为立体交叉。

第一节　公路平面交叉

一、交叉口设计概述

公路交叉口是道路系统的重要组成部分，是道路交通的咽喉。相交道路的各种车辆和行人都要在交叉口汇集、通过或转换方向。由于它们之间的相互干扰，会使行车速度降低，阻滞交通，耽误通行时间，也易发生交通事故。因此，如何设计交叉口，合理组织交通，提高交叉口的通行能力，避免交通阻塞及减少交通事故，具有十分重要的意义。

交叉口设计的基本要求：一是保证车辆和行人能以最短的时间安全地通过交叉口，使交叉口的通行能力能适应各条道路的行车要求；二是正确设计交叉口的立面，即通过合理设计，以保证转弯车辆的行车稳定，同时符合排水要求。

交叉口设计的主要内容有：

(1)正确选择交叉口形式，确定各组成部分的几何尺寸。

(2)进行合理的交通组织，合理布置各种交通设施。

(3)验算交叉口的行车视距，保证安全通行条件。

(4)合理进行交叉口的立面设计，布置各种排水设施。

二、交叉口的交通分析

进出交叉口的车辆，由于行驶方向不同，车辆与车辆之间的交错方式也不相同。当同一行驶方向的车辆进入交叉口后，以不同的方向分离行驶的地点称之分流点；来自不同方向的车辆，以较小的角度，向同一方向汇合行驶的地点称为交织点；来自不同方向的车辆以较大的角度相互交叉的地点称为冲突点。此三类交错点存在相互尾撞、挤撞或碰撞的可能性，是影响交叉口行车速度、通行能力和发生交通事故的主要原因，统称为危险点。其中，以直行与直行、左转与左转及直行与左转车辆之间所产生的冲突点对行车干扰及安全影响最大，其次是交织点，再次是分流点。因此，在交叉口设计时，应尽量采取措施减少或消除冲突点。

对无交通管制时，三、四路和五路相交的平面交叉的冲突点、交织点及分流点分布情况如图1-8-1所示。平面交叉的危险点数量如表1-8-1所示。

通过以上分析可以得出以下两点结论：

(1)在无交通管制的交叉口，都存在各类危险点，其数量随交叉道路条数的增加而急剧增大，特别是冲突点，其数量随交叉条数的增加呈级数增大。

因此,在交叉口设计中,应力求减少交叉道路的条数,以简化交通,并尽量避免5条及以上的道路相交。

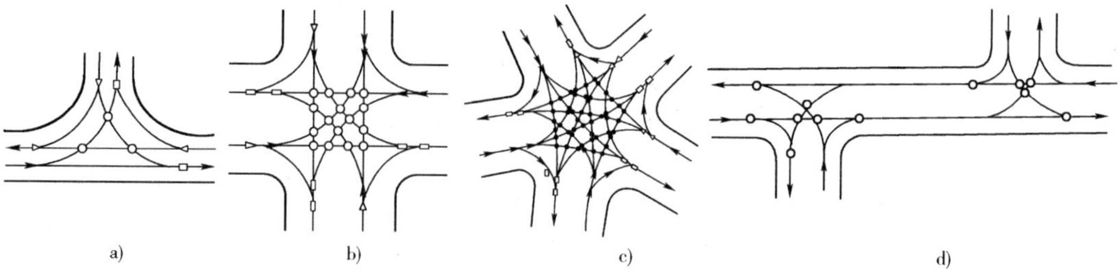

图1-8-1 平面交叉危险点

平面交叉口危险点数量表

表1-8-1

交叉口类型	危险点数量(个)			
	冲突点	交织点	分流点	合计
三路交叉	3	3	3	9
四路交叉	16	8	8	32
五路交叉	50	15	15	80

(2)产生冲突点最多的是左转弯车辆,由图1-8-1a)可知,若无左转弯车辆,则冲突点的个数由原来的16个减少至4个。若为5路交叉,则可以从50个减少至5个。因此,在交叉口设计中如何正确处理和组织左转弯车辆,是保证交叉口交通通畅和行车安全的关键。

减少或消除冲突点的措施有:

(1)建立交通管制:即在交叉口处设置信号灯或由交警指挥,使直行车和左转弯车在通行时间上错开。如图1-8-1所示中的四路交叉的冲突点个数由16个减少2个。

(2)采用渠化交通:在交叉口处合理布置交通岛、交通标志和标线、或增设车道等,引导各方向车流沿一定的方向行进,减少车辆之间的相互干扰。使车流像水流一样被渠化分流。

(3)采用立体交叉:将相互冲突的车流从空间上分开,使其互不干扰。这是解决交叉交通问题最彻底、最有效的方法。

三、公路与公路平面交叉的一般规定

1. 平面交叉设计原则

(1)平面交叉位置选择应综合考虑公路网现状和规划、地形和地物等因素。

(2)平面交叉的形式应根据相交公路的功能、交通量、交通管理方式、地形、用地条件和工程造价等因素确定。

(3)设计中应保证主要公路或主要交通流的畅通,尽量减少冲突点,缩小冲突区,并分散和分隔冲突区。

(4)平面交叉的几何设计应结合交通管理方式及其有关设施一并考虑。

(5)平面交叉引道上,应保证安全所需的各种视距。

(6)相交公路在平面交叉范围内的路段宜采用直线。当采用曲线时,宜采用不设超高的平曲线半径。纵面应力就平缓,并设置符合交叉处立面所需的纵坡。

(7)平面交叉应以预测的交通量为基本依据。设计所采用的交通量应为设计小时交通量。

2. 平面交叉设计速度

平面交叉范围内的设计速度,原则上与路段设计速度相同,当相交公路的公路等级相同或交通量相近时,平交范围内的直行车道的设计速度可适当降低,但不低于路段的70%,次要公路一方由于保证交叉正交等原因而需要在交叉范围内改线或不得已而采用较低的线形指标时,可适当降低速度。而转弯车道的设计速度应根据该公路的设计速度、交通量、交叉类型、交通管理方式和用地情况等因素合理确定。

3.平面交叉的间距

(1)平面交叉的间距应根据公路功能、等级,及其对行车安全、通行能力和交通延误的影响确定。

(2)为保证公路的通行能力,减少交通延误和增进安全,平面交叉的间距应尽可能地大。一级公路、二级公路的平面交叉(出、入口在内)的间距应不小于表1-8-2的规定。

平面交叉的最小间距 表1-8-2

公路等级	一级公路			二级公路	
公路功能	干线公路		集散公路	干线公路	集散公路
	一般值	最小值			
间距(m)	2 000	1 000	500	500	300

(3)为使平面交叉有足够的间距,规划和设计时应根据公路的等级和使用功能,限制平面交叉和出、入口的数量,必须设置互通立交、分离立交、通道和天桥。

四、交叉口的类型及选择

平面交叉口的类型取决于道路网规划和与周围的地形、地物情况,以及交通量、交通性质和交通组织。常用的平面交叉口形式有"十字形"、"T"字型,及其演变而来的"X"形、"Y"形、错位多路交叉等。这些交叉口在平面上的几何图形,取决于规划道路网和临街建筑的形状。平面交叉按其构造组成分为渠化交叉和非渠化交叉。

1.非渠化交叉

在平面交叉口转弯处,以圆曲线构成加宽来连接交叉公路的路基和路面或仅在交叉口处增设转弯车道的形式称为非渠化交叉,如图1-8-2所示。非渠化交叉又可分为非加宽式与加宽式两类。此类交叉形式简单,占地少,造价低,设计方便;但行车速度低,通行能力小。

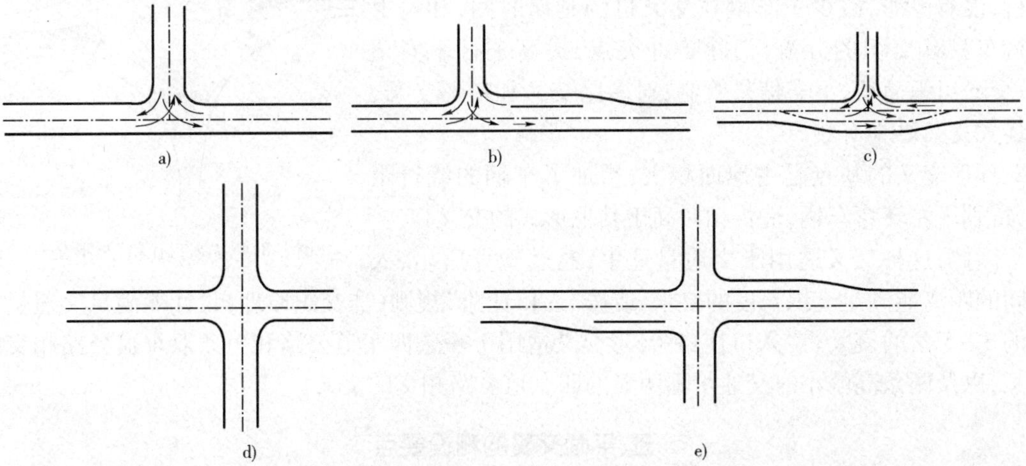

图1-8-2 非渠化交叉

a)非加宽T形交叉;b)加宽式T形交叉(增辟减速车道);c)加宽式T形交叉(增辟左转减速车道;d)非加宽十字交叉;e)加宽式十字交叉

当主要公路的设计速度不大于60km/h，或设计速度为80km/h，但交通量较小，次要公路为县乡公路时，可采用非渠化交叉（如图1-8-2）。对于非加宽式非渠化交叉，设计时主要解决合适的转角曲线半径和足够的视距问题。而对于加宽式非渠化交叉，设计时主要解决拓宽的车道数，同时也要满足视距和转弯半径的要求。

2. 渠化平面交叉

通过在路面上设置导流岛、划分车道、设分隔器、分隔带或交通岛等措施来限制车流的行车路线，使不同车型、车速和行驶方向的车辆，沿着指定方向通过交叉口的形式称为渠化平面交叉，如图1-8-3所示。渠化平面交叉适用于交通量大、车速较高、转弯车辆较多的三、四级公路。设计时主要解决分道转弯半径，保证足够的视距和满足导流岛端部半径的要求。分道转弯式交叉也起到渠化交通的作用。

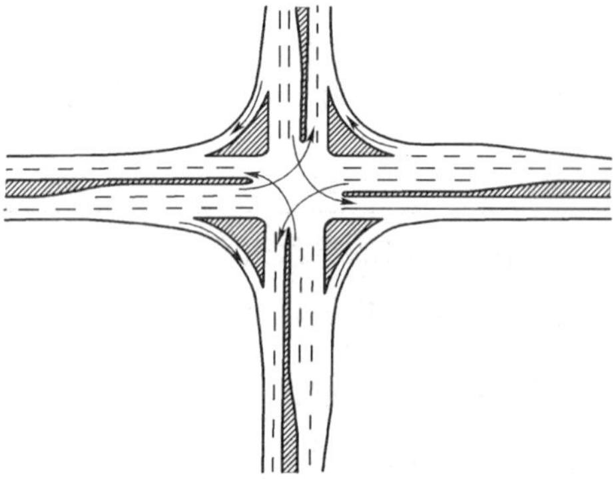

a)

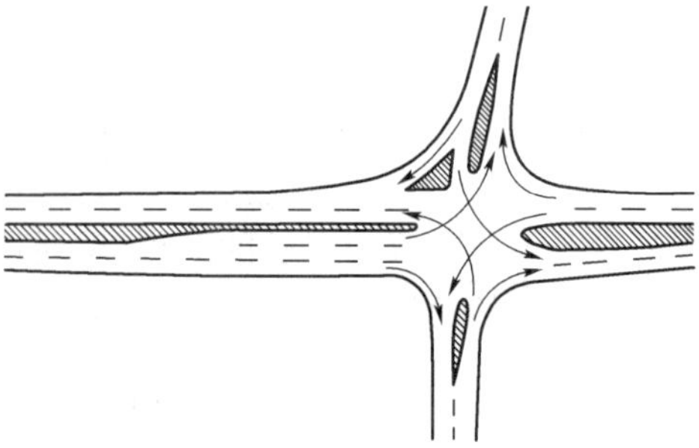

b)

图1-8-3 渠化交叉

3. 环形交叉

在交叉口中央设置中心岛，用环道组织渠化交通，使所有车辆进入环道后均按逆时针方向绕岛单向行驶，直至所要去的路口离岛驶出的平面交叉，称为环式交叉，如图1-8-4所示。环形交叉的优点是各种车辆可以连续不断地单向运行，没有停滞，减少了车辆在交叉口的延误时间，环道上的行车只有交织的分流，消除了冲突点，提高了行车安全性；交通组织简便，不需信号管制；对多路交叉和畸形交叉，用环式交叉更为有效。

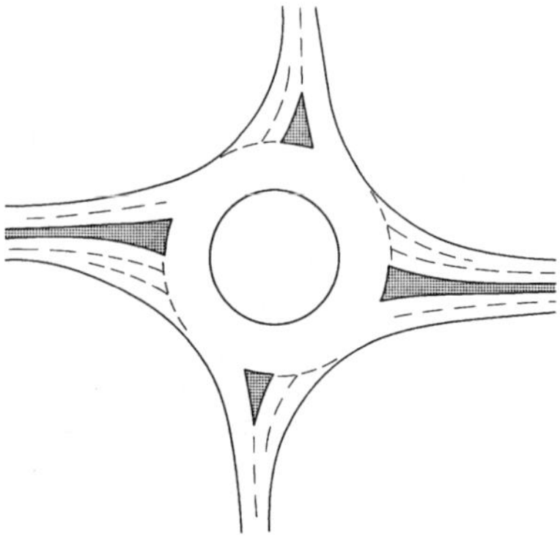

图1-8-4 “入口让路”环形交叉

环形交叉的缺点是占地面积大，增加了车辆的绕行距离，特别了左转弯车辆，造价相对高于其他形式的交叉口。

因此，这种交叉适用于交通量适中，经过验算后出、入口间的距离能满足交织长度的要求，或按“入口让路”规则（非交织原理）设计能满足交通量需要的3~5岔的交叉。“入口让路”环形交叉适用于一条四车道公路和一条双车道公路相交的交叉，以及两条高峰小时交通量不明显的四车道公路相交的交叉。

五、平面交叉的测设要点

1. 勘测要点

（1）搜集原有公路的等级、交通量、交通性质、交通组成、交通流向等资料和远景规划。

(2)根据地形和其他自然条件以及掌握的资料,按照有关规定,拟定交叉口类型。

(3)选定交叉位置和确定交叉点,使各相交路线在平、纵、横三方面都有良好的衔接。通常交叉口设在原有公路的中心线上或中心线的延长线上。

(4)测量交叉角、中线、纵断面和横断面。

(5)若地形复杂时,为合理选择交叉口的位置和类型,应详测交叉口处的地形图。测图比例可采用1:200~1:500,当范围较大时,也可采用1:1 000。

2. 设计要点

(1)平面交叉范围内相交公路应正交或接近正交,且平面线形宜为直线或大半径曲线,尽量避免采用需设超高的曲线半径。对于新建公路与较低的既有公路斜交时,应对次要公路在交叉前后一定范围内作局部改线,使交叉的夹角不小于70°。

(2)平面交叉范围内,各条相交公路的纵面应尽量平缓。纵面线形应大于最小停车视距要求。主要公路在交叉范围内的纵坡应在0.15%~3%的范围内;次要公路上紧接交叉的部分引道应以0.5%~2.0%的上坡通往交叉,而且此坡段至主要公路的路缘至少25m(如图1-8-5)。

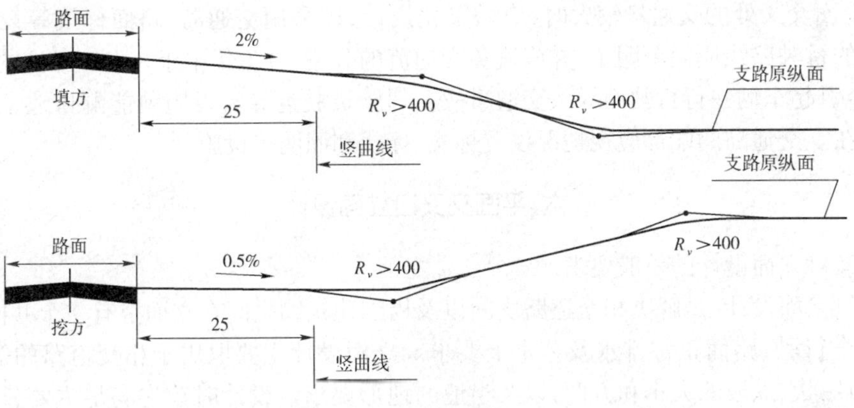

图1-8-5 次要公路引道纵坡(尺寸单位:m)

(3)主要公路在交叉范围内是超高曲线的情况下,次要公路的纵坡应服从主要公路的横坡。

(4)每条岔路和转弯车道上都应提供与行驶速度相适应的引道视距。在两相邻岔路间,由各自停车视距所组成的三角区内不得存在任何有碍通视的物体(如图1-8-6)。

(5)鞍式列车在各种转弯速度情况下,转弯路面内缘的最小曲线半径可按表1-8-3取用。

路面内缘的最小半径 表1-8-3

转弯速度(km/h)	≤15	20	25	30	40	50	60	70
最小半径(m)	15	20(15)	25(20)	30	45	60	75	90
最小超高(%)	2	2	2	2	3	4	5	6
最大超高(%)	一般值:6,极限值:8							

注:条件受限制时可采用括号内的值。

(6)转弯路面的边缘,其线形应符合转弯时的行驶轨迹。简单的非渠化交叉中,以载重汽车为主,转弯路面边缘半径可采用15m的圆曲线。当按鞍式列车设计时,路面边缘可采用符合转弯行迹的复曲线。

渠化平面交叉的右转弯车道，其内侧路面边缘应采用三心圆复曲线；左转弯内侧路面边缘以一单圆曲线来控制分隔岛端的边缘线。

(7)平面交叉中转弯车道的加宽值可采用单车道加宽值，转弯车道或加铺转角部分的超高因车速低可采用较小的超高横坡度。形式简单或规模较小的平面交叉在特殊困难情况下若能保证排水良好可不超高。加宽和超高的过渡方式应与公路平曲线加宽和超高的过渡方式一致。

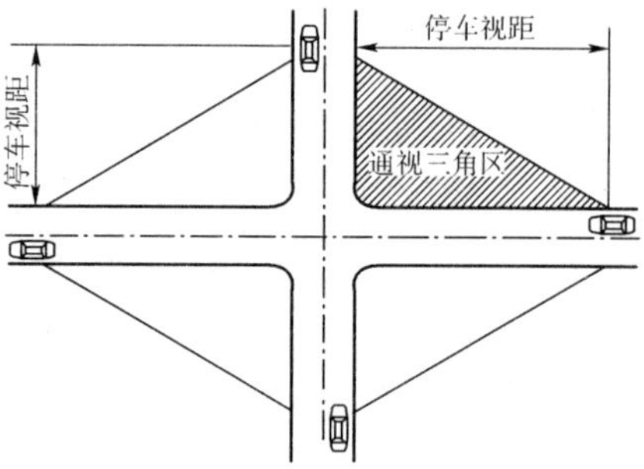

图 1-8-6　平面交叉视距三角形

(8)平面交叉处的排水设计是一项重要内容。设计时应绘制排水系统图，并注明流向和坡度等。在公路用地范围内所降的雨水等由路基和路面排除，公路用地范围外的地面水不允许流入交叉处的路面范围。当平面交叉位于设计车速不小于 60km/h 的公路上或平面交叉的立面设计比较复杂时，宜绘制等高距为 0.05 ~ 0.10m 的路面等高线图，以检查路面排水效果。

(9)平面交叉处的交通量较大时，应做渠化设计，即采用交通岛、路面标线等设施疏导车流。渠化的行驶路线应简单明了，并应避免交通流的分流、合流集中于一点。导流的宽度应适当，过宽会引起车辆并行行驶而导致交通事故。驾驶员驶近导流设施前能醒目地觉察到导流设施的存在。交通岛的端部应视情况设置标志、标线和照明等设施。

六、平面交叉口立面设计

1. 交叉口立面设计的一般要求

交叉口立面设计，是解决相交道路之间以及周围建筑物之间在立面上有一个共同面，以保证汽车安全行驶、路面正常排水及艺术上要求。立面设计主要取决于相交道路的等级、交通量、横断面形状、纵坡的大小和方向，以及当地的地形要求。设计时首先满足主要公路的行车方便，在不影响主要公路安全行车的条件下，也可适当改变主要公路的纵、横坡，以照顾次要道路的行车。平面交叉口立面设计的一般要求如下：

(1)主要公路通过交叉口时，采用“主路优先”交通管理方式的交叉，其设计纵坡维持不变。

(2)当相交公路的等级相同且交通量相差不大时，则两条公路的设计纵坡维持不变，只改变它们的横坡度(一般是改变纵坡较小的公路横断面形状)。

(3)当相交公路的等级和交通量都不相同时，则主要公路的纵坡和横断面保持不变，次要公路的纵坡随主要公路的纵坡改变，即次要公路的双向倾斜的横断面应逐渐过渡到与主要公路的纵坡一致的单向倾斜横断面。

(4)为保证排水，设计时尽可能有一条公路的纵坡方向背离交叉口。

2. 交叉口立面设计的基本类型

交叉口立面设计的形式，主要取决于相交道路的纵坡和横坡度、地形以及交叉口交通量和排水要求。公路交叉口立面根据其纵坡方向不同，可分为以下 6 种类型：

(1)处于凸形地形上，相交道路的纵坡方向均背离交叉口。设计时使交叉口的纵坡与相交道路的纵坡一致，适当调整接近交叉口的路段横坡，使雨水向四个转角方向排除。

(2)处于凹形地形上，相交道路的纵坡都指向交叉口。这种形式对排水不利，应尽量避免。

(3)处于分水线地形上，有三条道路纵坡方向背离交叉口。设计时应将纵坡指向交叉口的道路路脊线在交叉口处分为三个方向，相交道路的横断面不变，并在指向交叉口道路处设置雨水口以防止雨水进入交叉口内。

(4)处于山谷线地形上，有三条道路的纵坡指向交叉口而一条背离。设计时应尽量考虑纵坡处设转坡点并使纵坡方向背离交叉口，并使其转坡点的位置离交叉口远一些。

(5)处于斜坡地形上，相邻两条道路的纵坡指向交叉口，而另两条则背离交叉口，设计时保证相交道路的纵坡不变，而将两条道路的横坡在进入交叉口之前逐渐向相交道路的纵坡方向变化，使交叉口处形成一个简单的倾斜面。

(6)处于马鞍形地形上，相对两条道路的纵坡指向交叉口而另两条则背离交叉口。设计时，相交道路纵、横坡都可按自然地形的交叉口内适当调整。

除以上六种组合外，还有一种特殊形式，即交叉口处于水平位置上。立面设计类型不同，有不同的使用效果，主要是与相交道路的纵坡方向的组合有关。所以，如要获得交叉口理想的立面设计效果，在进行公路纵断面设计时就应为立面设计创造有利条件。

3.立面设计的方法

平面交叉口立面设计的方法有方格网法、设计等高线法、方格网设计等高线法三种。其中方格网法是将交叉口范围内以相交道路的中心线为坐标基线打方格网，方格网一般采用5m×5m或10m×10m规格，平行于路中心线，斜交公路交叉口应选在便于施工放线的方向，测出方格网点上的地面高程并按一定要求计算出方格网点的设计高程，从而计算出施工高度以便计算其交叉口的工程数量。设计等高线法是在交叉口的设计范围内选定路脊线和划分高程计算网，算出路脊线及高程计算线上的设计高程，然后在交叉口范围内勾出等高线，并计算出施工高度。和方格网法比较，设计等高线法的主要优点是能更全面、更清晰地反映出交叉口的设计地形。其缺点是设计等高线在施工放样时等高线上各点高程位置不易确定，所以有时也采用上面两种方法的组合。现把方格网法设计的主要计算方法介绍如下。

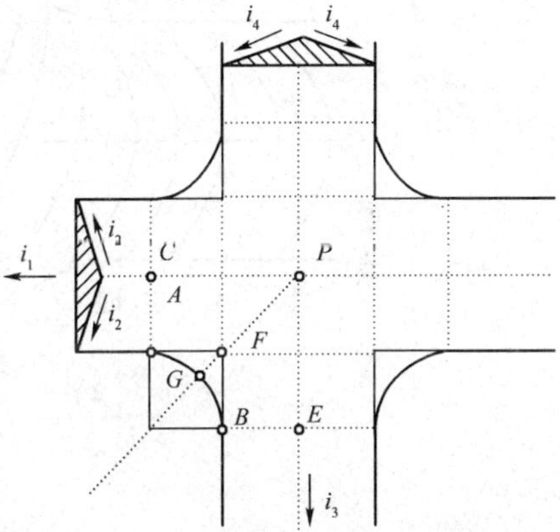

图1-8-7　方格网法

(1)在交叉口平面图上，平行于道路中心线画出5m×5m或10m×10m的方格网，如图1-8-7所示。

(2)根据路脊线交点P的控制点高程H_P可求出A、C点的高程。其计算公式为：

$$H_C = H_P - \overline{CP} \times i_1 \tag{1-8-1}$$

$$H_A = H_C - \overline{AC} \times i_2 \tag{1-8-2}$$

同理，可求得B、E点高程。

$\overline{PF}$延长线与缘石的相交点G，可根据F点高程，按三点同坡的方法求得，其中A点高程可按下式计算：

$$H_F = \frac{(H_B + \overline{BF} \times i_3) + (H_A + \overline{AF} \times i_1)}{2} \tag{1-8-3}$$

其他缘石上各点高程可按A、B、G三点高程用补插法计算求得。同理可求得其他三个角处的高程。

4. 平面交叉口立面设计成果

(1)平面布置图:比例一般采用1∶500～1∶1 000,图中标明路中心线,路面边缘线,缘石边线,图上标明交叉点,各交叉的起,终点,交叉加桩,控制断面的位置和桩号,列出各交叉道的曲线要素表,视需要列出各交叉道路段的纵坡值表。图中还应标出各控制断面的的宽度、横坡度和两侧路面边缘高程。在交叉口平面布置图上注明各坡段的纵坡等。

(2)纵、横断面图:除横断面图可用1∶100～1∶200 比例尺外,其余要求与一般路线的路线设计相同。

(3)交叉口地形图和立面设计图:交叉口设计资料一览表、交叉口工程数量计算表等资料。

交叉口立面设计图如图1-8-8 所示。

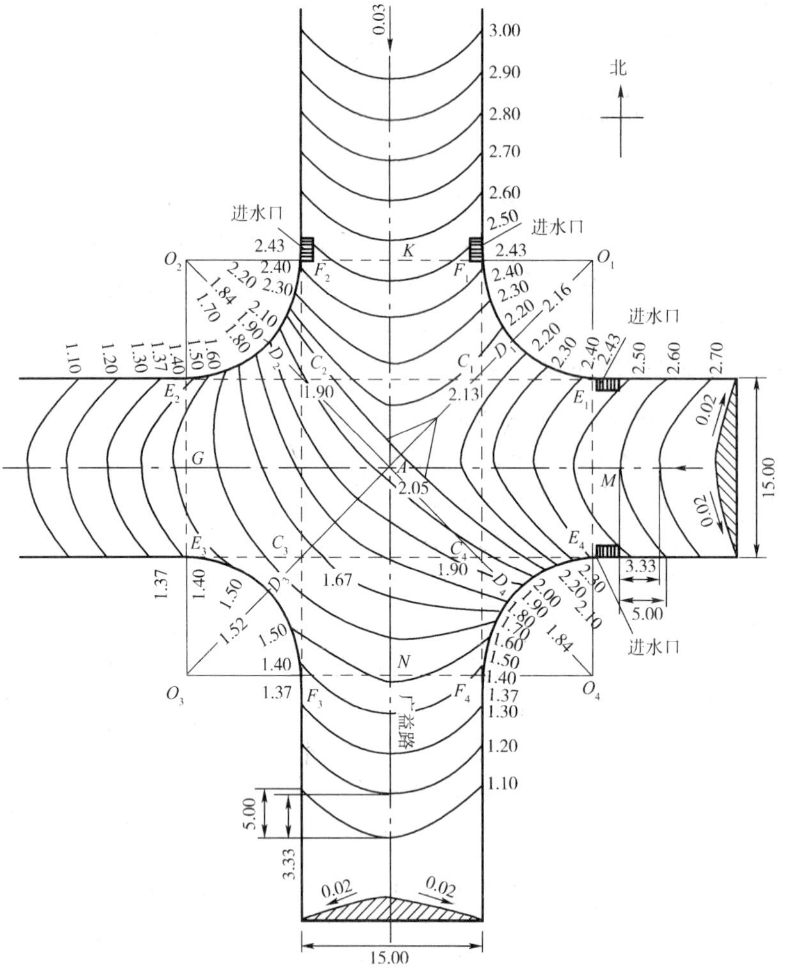

图1-8-8　公路立面设计图

第二节　公路立体交叉

在高等级公路相交或公路与相交道路之间的交通量很大的平面交叉无法满足车辆正常运

行要求,或交叉口处要求有较高的行车速度及较大的通行能力时,在地形条件许可的情况下,经经济和技术综合评定,可采用立体交叉。立体交叉按有无匝道连接相交公路,可分为互通式立体交叉和分离式立体交叉两类。

一、公路与公路立体交叉的一般规定

(1)互通式立体交叉的位置应根据公路网规划、相交公路状况、地形和地质条件、社会与环境因素等确定。互通式立体交叉的形式应根据相交公路的功能、等级、交通量及其分析、收费制式等,并综合考虑用地条件、经济与环境等确定。

(2)高速公路与其他公路交叉必须采用立体交叉。交叉类型除在控制出入的地点设置互通式立体交叉外,均采用分离式立体交叉。

(3)互通式立体交叉的形式、设置的间距及加(减)速车道、匝道设计,应根据《公路工程技术标准》(JTG B01—2003)的有关要求及具体情况确定。

(4)一级公路间的交叉,应尽量采用立体交叉。交叉的类型可根据具体情况采用互通式交叉或分离式立体交叉。其他公路交叉,在交通条件需要及地形条件许可,可采用立体交叉。

(5)设置互通式立体交叉应根据交通量、远景规划,及其在公路网中的作用,并结合地形、用地条件、投资等因素确定。

(6)互通式立体交叉间的间距为大城市、重要工矿区周围为5~10km,一般地区15~25km。最大间距不超过30km,最小不小于4km。

(7)互通式立体交叉位置的选定,应以现有公路网或已批准的规划为依据。一般应选择地势平坦开阔、地质良好、拆迁少以及相交两公路具有较高的平、纵线形指标。

(8)互通式立体交叉的设计应对该地区的交通条件、社会条件、自然条件等进行广泛、深入细致的调查和勘测,经过多方案的技术经济比较,选择合理的形式及适当的规模,并合理确定各设计指标。

(9)互通式立体交叉范围内的主线主要技术指标规定如表1-8-4所示。

互通式立体交叉范围内的主线技术指标 表1-8-4

计算行车速度(km/h)			120	100	80	60
平曲线最小半径(m)		一般值	2 000	1 500	1 100	500
		极限值	1 500	1 000	700	350
最小竖曲线半径(m)	凸形	一般值	45 000	25 000	12 000	6 000
		极限值	23 000	15 000	6 000	3 000
	凹形	一般值	16 000	12 000	8 000	4 000
		极限值	12 000	8 000	4 000	2 000
最大纵坡(%)		一般值	2	2	3	4.5(4)
		极限值	2	2	4(3.5)	5.5(4.5)

(10)互通式立体交叉应满足建筑限界要求。

二、立体交叉的类型及适用条件

(一)按结构物形式分类

立体交叉按相交道路结构物形式划分为上跨式和下穿式(隧道式)两类。

1. 上跨式

用跨线桥从相交道路上方跨过的交叉方式。这种立交施工方便、造价低、排水易处理，但占地大、引道较长，高架桥影响行车视线和路容，多用于市区以外或周围有高大建筑物处。

2. 下穿式

也称隧道式，即用地道（或隧道）从相交道路下方穿过的方式。这种立交占地少，立面易处理，对视线及市容影响小，但施工复杂，造价高，排水困难，多用于市区处。

（二）按交通功能分类

按交通功能可划分为分离式和互通式立体交叉两类。

1. 分离式立体交叉

仅设跨线构造物（跨线桥或地道）一座，使相交道路空间分离，上、下道路间无匝道连接的交叉方式，如图 1-8-9 所示。这种立体交叉结构简单，占地少，造价低，但相交道路的车辆不能转弯行驶，只能保证直行方向的车辆空间分离行驶。

分离式立体交叉主要适用于直行交通量大，转弯车辆少，可不设置转弯车道的交叉处及公路与铁路交叉处。高速公路与其他各级公路交叉时，除在控制出入的地点设置互通式立体交叉外，均采用分离式立体交叉，一般等级公路之间交叉时，因场地或地形条件受限制时，可采用分离式立体交叉，以减少工程数量，降低造价。

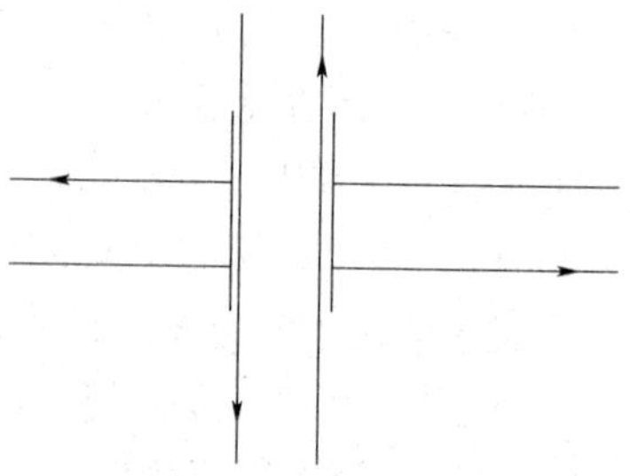

图 1-8-9　分离式立体交叉

2. 互通式立体交叉

互通式立体交叉不仅设跨线构造物使相交道路空间分离，而且上、下道之间有匝道连接，以供转弯车辆行驶的交叉方式。这种立交车辆可以转弯行驶，全部或部分消灭了冲突点，各方向行车相互干扰小，但立交结构复杂，占地多，造价高。互通式立体交叉适用于高速公路与其他各类道路、大城市出入口道路，以及重要港口、机场或游览圣地的道路相交处。

互通式立体交叉的基本形式按交叉的岔路数目分为 T 形、Y 形和十字形三种：

（1）T 形交叉：包括喇叭形、直连式 T 形。

（2）Y 形交叉：包括全部直连式匝道的 Y 形和有半直连式匝道的 Y 形。

（3）十字形交叉：包括独象限式、菱形、苜蓿叶形、部分苜蓿叶形、喇叭形、环形和直连式等。

（三）适用条件

1. 喇叭形立交

按主要公路的左转弯出口在跨线桥结构之前和之后分为 A 型和 B 型两种，如图 1-8-10 所示。一般情况下宜采用 A 型。因地形、地物的限制或左转进入主线的交通量远大于左转驶入主线的交通量时，宜采用 B 型，但双车道不宜布置为环形匝道。喇叭形立交适用于 T 形交叉或收费公路的十字交叉。双喇叭互通式立体交叉适用于设有收费站的一般互通式立体交叉。

2. 直连 T 形立交

如图 1-8-11 所示。适用出入交通量相对较小或转弯速度较低的枢纽互通式立体交叉。

3. Y 形立体交叉

适用于右转弯速度高，且交通量大的枢纽互通式立体交叉。

4. 独象限式立体交叉

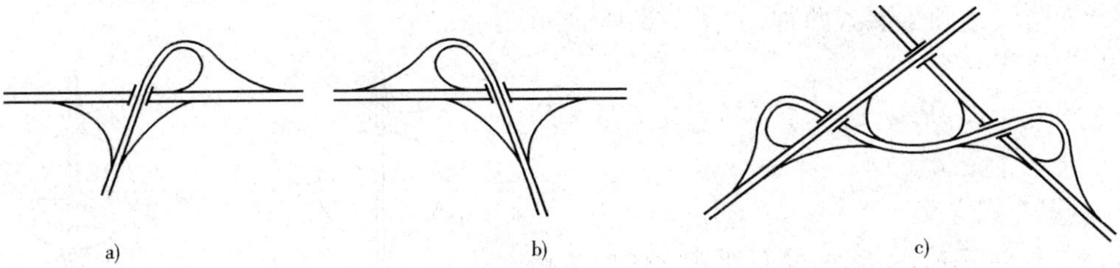

图 1-8-10　喇叭形立交

a) A 型；b) B 型；c) 双喇叭形

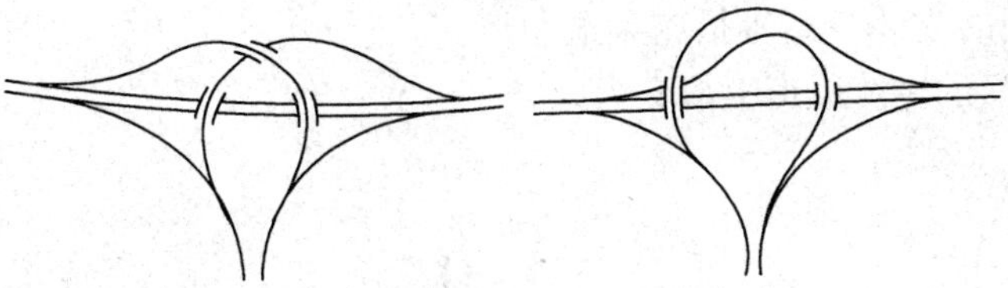

图 1-8-11　直连 T 形立交

如图 1-8-12 所示。适用于交通量不大的一般互通式立体交叉。

5. 菱形立交(图 1-8-13)

适合于出入交通量小，匝道上无收费站的一般互通式立体交叉。

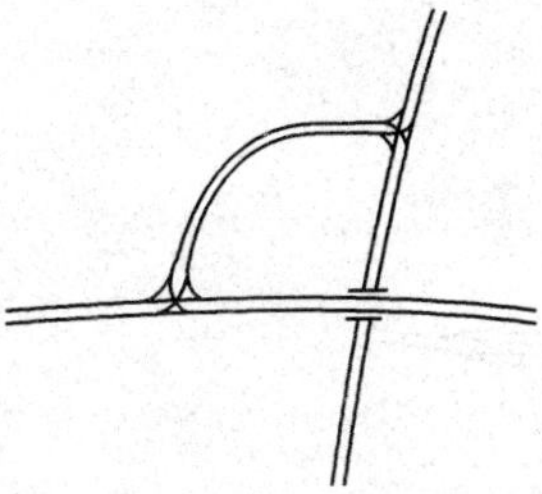

图 1-8-12　独象限式立体交叉

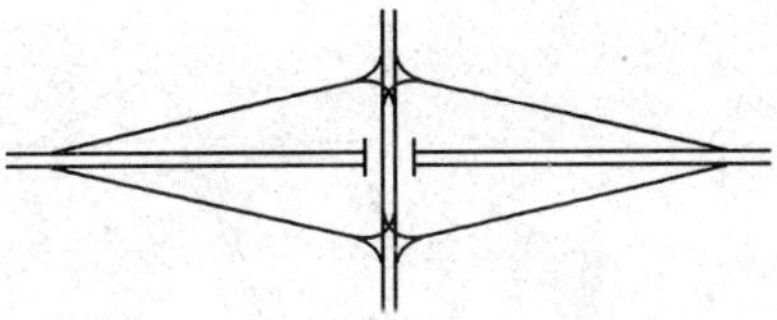

图 1-8-13　菱形立交

6. 部分苜蓿叶形立交

按匝道布置方式分为 A 型、B 型及 A-B 型三类，它们适用于出入交通量较小的一般互通式立体交叉。

7. 苜蓿叶形立体交叉(图 1-8-14)

适用于左转弯交通量小的一般互通式立体交叉。

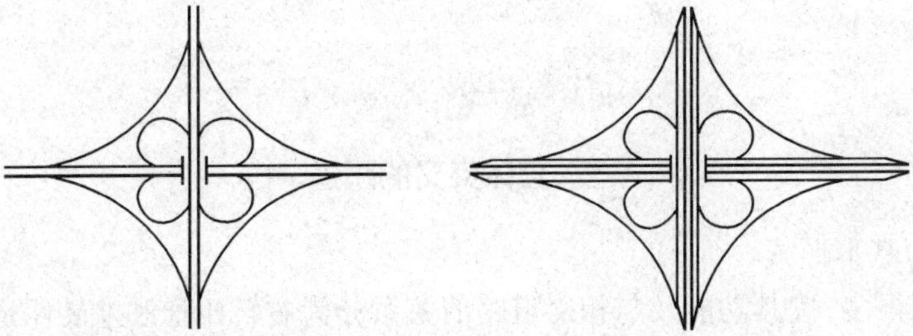

图 1-8-14　苜蓿叶形立体交叉

8. 环形立交

分为两层式和三层式两种，如图 1-8-15 所示。

9. 直连式立交

如图 1-8-16 所示，适合于各转弯交通量大的枢纽互通立体交叉。

10. 复合式立交

如图 1-8-17 所示，当两处互通式立体交叉相距很近而不能保证应有的立交间距时，可将它们复合成一个立交。对于出入交通量较大的复合立交，应采用匝道间的立体分离等措施来避免所有交织或高速公路间的主流匝道上的交织。

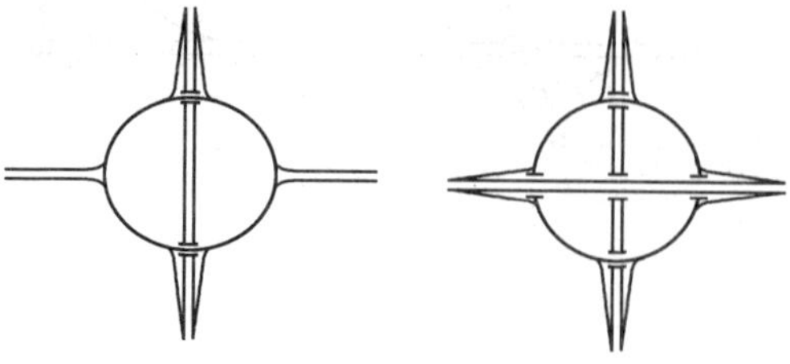

a) b)

图 1-8-15 环形立交

a）两层式；b）三层式

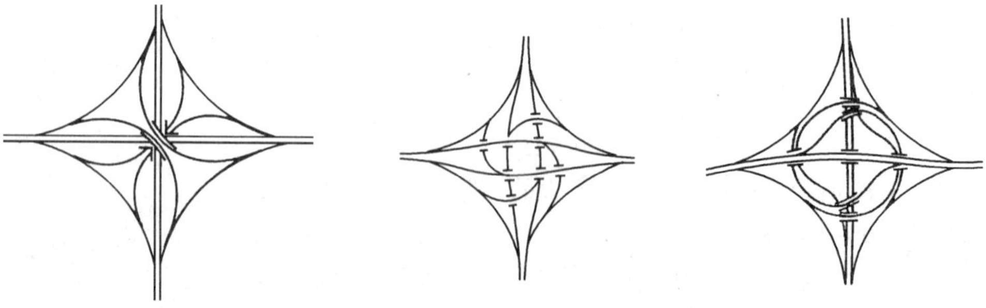

a) b) c)

图 1-8-16 直连式立交

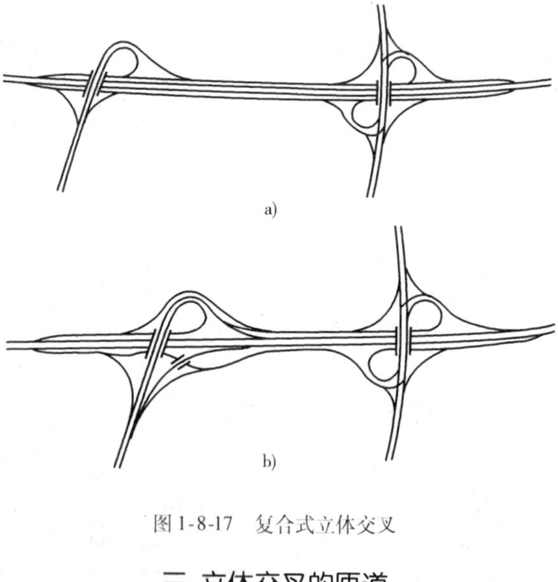

a) b)

图 1-8-17 复合式立体交叉

三、立体交叉的匝道

（一）匝道的基本形式

匝道的形式很多，按其功能及与相交道路的关系分为右转匝道和左转匝道两大类。

1. 右转匝道

即从公路右侧驶出后直接右转约 90°，至相交道路右侧进入，一般不需跨线构造物。其特点是形式简单，车辆行驶方便，行车安全。

2. 左转匝道

车辆约需转 90°～270°越过对向车道，至少要设置一座跨线构造物。按匝道与相交道路的关系，可分为直接式、半直接式及间接式三种，其中直接式又称为定向式或左侧左进式，其特点是匝道长度短，无须迂回运行。缺点是需设跨线构造物，因相交道路的双向行车需有足够间距，对重型车行驶不利。对于半直接式交叉，又称半定向式匝道，按车辆由相交道路进出方式分为左出右进式、右出左进式及右出右进式三种。间接式匝道又称环式，它为苜蓿叶式和喇叭式立交的标准组成部分。

（二）匝道的平、纵线形指标

1. 互通式立体交叉匝道的设计速度

互通式立体交叉匝道的设计速度，可按匝道的形式及互通式立体交叉的交通功能规定按表1-8-5 确定。

匝道设计速度 表 1-8-5

匝道形式		直连式	半直连式	环形交叉
匝道设计速度（km/h）	枢纽互通式立交	80、60、50	80、60、50、40	40
	一般互通式立交	60、50、40	60、50、40	40、35、30

《规范》规定，选用匝道设计速度时应遵循如下原则：

（1）右转弯匝道应尽量采用上限或中间值。

（2）直连式和半直连式左转匝道宜采用上限或中间值。

（3）匝道设计速度是指匝道中线紧迫路段所能保持的最大安全速度。其余路段上应以与匝道中必然存在的变速行驶相适应的速度作为设计的控制值。接近自由流出入口附近的匝道部分应有较高的设计速度；接近收费站或平面交叉的匝道端部，设计速度可酌情降低。

2. 匝道的平面

匝道的平面线形要素，主要是匝道平曲线半径和回旋线参数的取用，它主要与匝道的形式、用地、规模、造价以及行车安全和舒适性有关。

（1）平曲线半径的计算公式可按本篇第二章有关公式计算。设计时主要考虑匝道的计算行车速度，同时考虑经济性、安全性和舒适性。表 1-8-6 为公路立交匝道的最小圆曲线半径，通常应选用大于一般最小半径值，当受地形条件限制时，方可采用极限值。

匝道圆曲线最小半径 表 1-8-6

匝道设计速度（km/h）		80	70	60	50	40	35	30
圆曲线最小半径（m）	一般值	280	210	150	100	60	40	30
	极限值	230	175	120	80	60	35	25

对环式匝道的圆曲线半径除满足上述要求外，还应有足够的长度以保证曲率的缓和过渡及上下线的展线长度要求，可近似按下式计算。

$$R_{\min} \geqslant \frac{57.3H}{\alpha i} \tag{1-8-4}$$

式中：H——上下线要求的最小高差，m；

α——匝道的转角，°；

i——匝道的设计纵坡，%。

（2）匝道回旋线参数，按设计要求在匝道及其端部曲率变化较大处均应设置缓和曲线。

缓和曲线应采用回旋线,其缓和曲线的参数以满足 $A \leqslant 1.5R$ 为宜,并不小于表 1-8-7 的要求。匝道中径相衔接的复曲线,其大小半径之比不应大于 1.5,否则应设回旋线。

匝道回旋线参数及长度 表 1-8-7

匝道设计速度(km/h)	80	70	60	50	40	35	30
回旋线参数 A(m)	140	100	70	50	35	30	20
回旋线长度(m)	70	60	50	40	35	30	25

3. 匝道的纵断面

(1)匝道的最大纵坡,因匝道受上下线高程控制及用地条件,并考虑设计车速较低,故匝道的纵坡相对公路一般路段的纵坡值要大,具体可按表 1-8-8 取用。

匝道的最大纵坡 表 1-8-8

匝道设计速度(km/h)			80、70	60、50	40、30、20
最大纵坡(%)	出口匝道	上坡	3	4	5
		下坡	3	3	4
	入口匝道	上坡	3	3	4
		下坡	3	4	5

(2)匝道的竖曲线半径,各计算行车速度所对应的竖曲线最小半径及长度见表 1-8-9。

匝道竖曲线的最小半径及长度 表 1-8-9

匝道设计速度(km/h)			80	70	60	50	40	35	30
竖曲线最小半径(m)	凸形	一般值	4 500	3 500	2 000	1 600	900	700	500
		最小值	3 000	2 000	1 400	800	450	350	250
	凹形	一般值	3 000	2 000	1 500	1 400	900	700	400
		最小值	2 000	1 500	1 000	700	450	350	300
竖曲线最小长度(m)		一般值	100	90	70	60	40	35	30
		最小值	75	60	50	40	35	30	25

(三)匝道的横断面

匝道的横断面由车道、路缘带、硬路肩和土路肩组成,对向分离双车道匝道还包括中央分隔带。匝道的横断面布置形式如图 1-8-18 所示。

(四)匝道进出口、变速车道

匝道两端分别与正线相连接的道口,包括进口、出口、变速车道及辅助车道等的位置,也称匝道的端口,设计时为保证匝道与公路组成一个共同面,以满足汽车的正常和安全行驶。匝道设计的一般原则应是出入顺适、安全、线形与正线一致,出入口的视距应尽可能满足。正线与比较线间能相互通视即可。

1. 出口与入口

(1)主线出口、入口:一般情况下主线出入口应设在主线车道右侧,出口位置应便于识别,一般设在跨线构造物之前。当设置在跨线桥后时,应与构造物离开 150m 以上的距离。为便于车辆出入处的减速和加速,出口最好位于上坡路段,而入口则设在主线的下坡路段,以利于重型车的加速,并考虑通视。

(2)互通式立交的平面交叉口,在次线或匝道上可设置平面交叉口,而这种平交口则往往决定整个交叉的通行能力、服务水平和交通安全,设计时应充分考虑是否选用,若选用时,也应

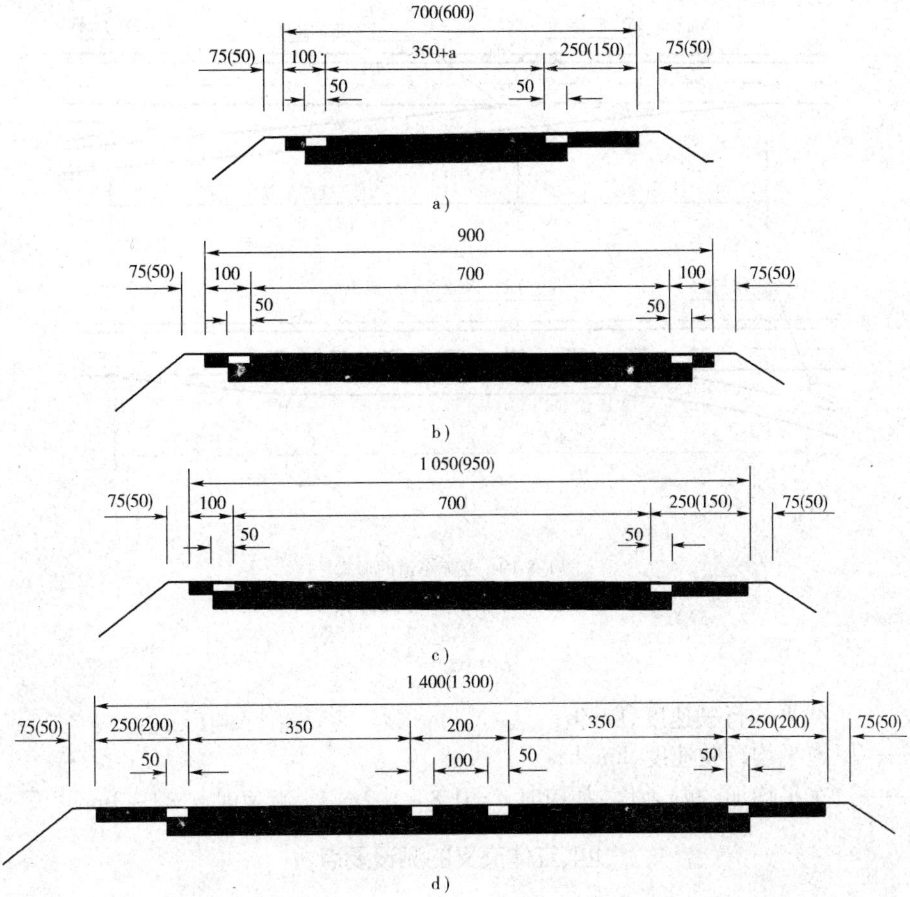

图 1-8-18　匝道的横断面布置形式

a)单车道；b)无紧急停车带的双车道；c)设紧急停车带的双车道；d)对向分隔式双车道

注：1. 不包括曲线上的加宽值；

2. 尺寸单位：cm。

考虑其设置的象限，并设置必要的标志、标线、分隔带、交通岛等。设计应符合公路与公路平面交叉的有关要求及规定。

2. 变速车道设计

在匝道与正线连接的路段，为适应车辆变速行驶且不影响主要公路交通的需要，在匝道出入口前设置的附加车道称为变速车道。变速车道包括加速车道和减速车道。车辆由正线驶入匝道时需减速的称为减速车道；车辆从匝道驶入正线时加速所需的附加车道称为加速车道。

（1）变速车道的形式，变速车道的形式一般有直接式和平行式两种。如图 1-8-19 所示，平行式是正线外侧平行增设的一条附加车道，其特点是车道划分明确，行车容易辨认，但车辆行驶轨迹呈反向曲线对行车不利。一般加速车道采用平行式。直接式为不平行路段，由正线斜向渐变加宽，形成一条与匝道连接的附加车道，其特点是线形与行车轨迹吻合，有利于行车，但起点不易识别。一般在减速车道采用直接式。

（2）变速车道的横断面组成与单车道基本相同，变速车道的长度为加速或减速车道长度与渐变段长度之和，可按下式计算取用：

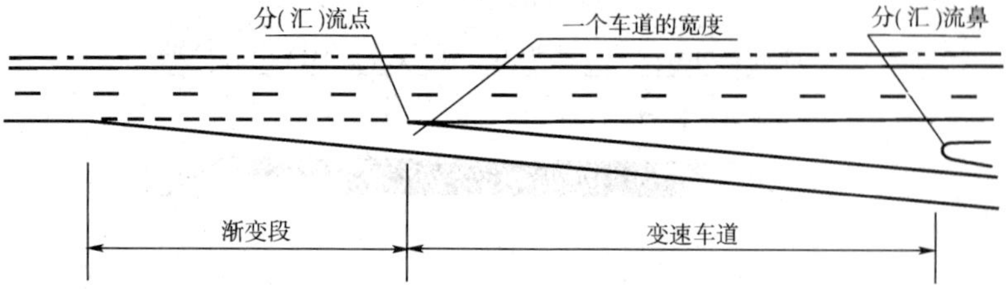

a)

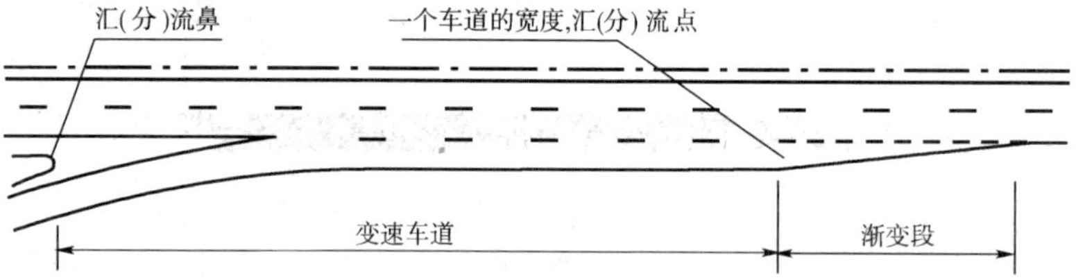

b)

图 1-8-19　变速车道的形式

a)直接式单车道;b)平行式车道

$$L=\frac{v_1^2-v_2^2}{26a} \tag{1-8-5}$$

式中:v_1——正线平均行驶速度,km/h;

v_2——匝道平均行驶速度,km/h;

a——汽车平均加(减)速度,加速时 $a=0.8\sim1.2\text{m/s}^2$,减速时 $a=2\sim3\text{m/s}^2$。

四、立体交叉的测设要点

在立体交叉设计之前,应通过实地勘测、调查搜集一系列外业资料,包括自然资料即地形图测绘、用地规划、水文、地质、土壤、气候和国家水准点及控制点等资料;交通资料即交通量、交通组成、交通流向及人行和非机动车等资料;道路资料即相交道路的等级、平纵面线形、横断面尺寸和形状、交角、路面类型及厚度等资料;其他还有排水资料、文书资料等。一般从以下几方面进行:

(1)应搜集的资料,除平面交叉所要求的资料外,还应征求当地政府及有关部门的意见。

(2)实地初步拟定交叉口的位置,用相交公路的中线为基线布设控制网,以供测量地形用。

(3)地形测量除分离式立体交叉外,均需测绘交叉范围内的地形图。比例尺用 1∶500 ~ 1∶1 000。测绘的范围视实际情况而定,一般应测至交叉口范围外至少 100m。测量要求与桥位地形测量相同。

(4)拟订方案,在地形图上定出不同方案的交叉位置和形式(包括匝道),并到实地进行核实,然后根据所搜集的各类资料进行综合评定,拟定采用方案。为便于方案比选,必须时做模型或绘出透视图。

(5)按采用方案在实地上放样,并测得平、纵、横三方面资料,以供内业设计。

(6)地质勘探,在跨线桥和其他构造物处,应进行地质钻探,其要求与桥梁同。

五、公路立体交叉设计成果

按实际需要,公路立体交叉在综合评定和精心设计的基础上,一般提供以下几方面成果:

(1)远景交通量计算表及交通量分布图(如图1-8-20)。

(2)立体交叉线位图,包括立交主线及匝道分布、各线路的里程桩号及曲线要素、各匝道线位坐标表、直线、曲线及转角表(同平面设计)。

(3)立体交叉的纵横断面图,比例尺和要求与平面交叉相同,格式同路线设计的纵、横面图。

(4)跨线桥设计图,其要求与一般桥梁相同。

(5)如遇有挡土墙、窨井、排水管、排水泵站等其他构造物,均需附设计图。

(6)有比较方案时,应绘制图并提供经济技术比较表等资料。

(7)交叉口的工程量等资料。

(8)立体交叉透视图及景观设计图(参见有关参考书)。

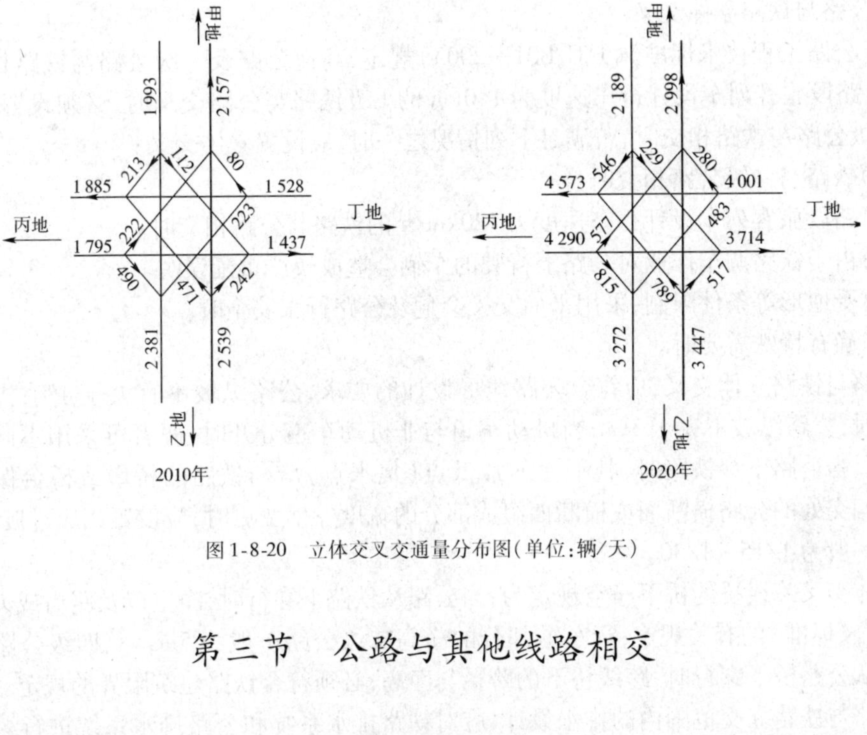

图1-8-20　立体交叉交通量分布图(单位:辆/天)

第三节　公路与其他线路相交

一、公路与铁路相交

公路与铁路交叉分为平面交叉(又称道口)和立体交叉两类。具体是采用立体交叉或平面交叉应根据公路的使用性质、交通情况以及铁路的使用性质、运行情况、轨道数、有无调车作业(次数和断道时间)等情况综合确定。

1. 公路与铁路平面交叉

公路与铁路平面交叉时,交叉路线两侧由最外侧钢轨算起应各有不小于50m的直线路段,并尽量正交;当必须斜交时,其交叉的锐角应不小于70°;受地形条件或其他特殊情况限制时,应不小于60°。

平交道口应设置在汽车瞭望视距不小于表1-8-10规定值的地点。瞭望视距为汽车驾驶者在距道口相当于该级公路停车视距并不小于50m处,能看到两侧铁路上火车的范围,以确保安全。当不能保证上述规定的要求时,应按有关规定设置看守。

汽车瞭望视距 表 1-8-10

路段旅客列车设计行车速度(km/h)	140	120	100	80
汽车瞭望视距(m)	470	400	340	270

为保证行人和行车安全和方便,公路在交叉道口两端钢轨的外侧,应有不小于 16m 的水平路段,该水平路段应不包括竖曲线在内。紧接水平路段的纵坡,一般不应大于 3%,当受地形条件及其他特殊情况限制时,不得大于 5%。

在平交道口处两侧,应设置坚固、平整、稳定且易于翻修的铺砌层,其长度应延伸至钢轨以外 2.0m。道口两侧公路在距铁路钢轨外侧 20m 范围内,宜铺筑中级以上路面。平交道口垂直于公路的宽度,应大于平交公路的路基宽度,并根据铁路纵坡值做成水平或单向横坡。路面的标高应和轨顶高程相同。

2. 公路与铁路立体交叉

按《公路工程技术标准》(JTG B01—2003)规定,高速公路及一级公路与铁路相交或准高速铁路、路段旅客列车设计行车速度为 140km 的 I 级铁路与公路交叉时,必须设置立体交叉。其他各级公路与铁路相交时,若满足下列情况之一时,应设置立体交叉:

(1)铁路与二级公路相交时。

(2)路段旅客列车设计行车速度为 120km/h 的铁路与公路相交时。

(3)由于铁路调车作业对公路上行驶的车辆会造成较严重延误时。

(4)受地形等条件限制,采用平面交叉会危及公路行车安全时。

(5)确有特殊需要时。

公路与铁路立体交叉,应符合公路线形设计的要求,公路纵坡不宜大于 4%;当非机动交通量大时,公路纵坡不大于 3%;当机动车道与非机动车道分开时,两者可采用不同高程的纵坡设计。当公路下穿铁路时,其下穿的最低点(集水点)应与铁路的桥墩或桥台保持足够距离。在相交处的公路横断面或横断面组成部分的宽度发生变更时,应设置相应过渡段,其外边渐变率一般为 1/15 ~ 1/30。

立体交叉跨线桥的桥下净空规定为:当公路从铁路下穿行时,净空以及路肩或人行道的净高应符合《标准》的有关规定,行车道部分的净高二级公路一般为 5m,三、四级公路为 4.5m;当铁路从公路桥下穿行时,跨线桥下的跨径与净高,必须符合铁路建筑限界的规定。

公路与铁路立交范围内的排水设计,应对铁路排水系统和公路排水系统进行综合考虑合理布置。

公路与铁路立体交叉处,应根据交通管理规定设置标志、标线、立面标记等,其设计的内容、形状、尺寸、图案、设置的地点应满足现行的《道路交通标志与标线》(GB 5768—1999)规定。标志应采用反光标志。

二、公路与乡村道路交叉

乡村道路泛指乡村、城镇之间不属于等级公路之列,用于机动车、非机动车及行人通行的道路。包括大车道、机耕道等均属乡村道路。高速公路、一级、二级公路与乡村道路交叉的数量,应予以控制,在乡村道路密集地区,当交叉点过密影响行车安全时,应采用分离式立体交叉;一级公路与乡村道路交叉宜设置立体交叉,即通道或天桥;其余各级公路与乡村道路交叉时,可采用平面交叉。平面交叉应选在视线良好的地点,乡村道路应设置一段水平路段并加铺与交叉公路相同的路面。

乡村道路分为通行机动车道路和仅通行非机动车及行人道路。通行机动车又可分为通行汽车和不通行汽车的机耕道路两种。

各级公路与乡村道路交叉，其规模、间隔应对地方道路现状和规划以及经济发展进行认真调查后确定。设计时应考虑沿线土地开发、群众生产和生活的需要，同时兼顾交叉时对公路通行能力、服务水平和投资的影响，确定合适的标准和间隔。

高速公路、一级公路与乡村道路交叉时，其间隔应根据路线总体设计而定。必要时合并邻村乡村道路，减少交叉。一般公路与乡村道路交叉时，在通过人口稠密的村落或城镇附近处，应采取设置分隔带和辅道等必要措施，减少交叉的数量及隔离非汽车交通，提高公路的通行能力和服务水平。

乡村道路从公路上面跨越时，跨线桥的桥下净空应符合公路与铁路立体交叉的有关要求，当从桥下穿过时，需做好通道排水，一般人行通道的净高不小于2.2m；畜力车、拖拉机通道的净高不小于2.7m；净宽不小于4.0m。

公路与乡村道路交叉处，应设置必要的交通标志，若为较长的通道，则应设置采光设施。

有关其他规定详见《公路路线设计规范》（JTG D20—2006）及《公路工程技术标准》（JTG B01—2003）。

三、公路与管线交叉

各种管线如电信线、电力线、电缆、管道、渠道等均不得进入公路的建筑限界、损害公路设施，也不得对公路及其设施形成潜在威胁。各种管线工程设施与公路交叉或接近时，应符合表1-8-11规定的要求，并符合各种与之有关的相应行业规范的要求。

架空送电线路导线距路面的最小垂直距离　　表1-8-11

架空送电线路标称电压（kV）	35 ~ 110	154 ~ 220	330	500
距路面最小垂直距离（m）	7.0	8.0	9.0	14.0

为保证公路的正常养护和交通安全、畅通与公路发展的需要，新建或改建公路通过已有管线地区时，设计时应根据公路的使用要求，事先与有关部门协商，以便妥善处理因修建公路所引起的干扰问题。当需沿现有公路两侧敷设管线时，有关部门应事先与交通部门协商。

本章小结

1. 公路与公路（或铁路）交叉分为平面交叉与立体交叉，公路与公路在同一高程上的交叉称为平面交叉，公路与公路（或铁路）在不同高程的相互交叉称为立体交叉。

2. 交叉口上的冲突点与交织点是交叉口处容易发生交通事故、影响通行能力的点，随着交叉口处岔道数的增加，冲突点和交织点大幅增加。消除冲突点的方法是实行交通管制、渠化交通或立体交叉。

3. 公路平面交叉口设计应根据相交公路的交通量、交通组成、交通管制方式、地形、地质等条件合理选择交叉口的形式及尺寸。为保证交叉口的排水与路容美观，正确选择交叉口的立面形式，合理确定交叉口中各点的设计高程。

4. 立体交叉是交叉口的高级形式，立体交叉分为封闭式立交和互通式立交，其中互通立体交叉又可分为枢纽互通式立体交叉和一般互通式立体交叉，立体交叉的基本形式由喇叭形立交、直连式T形立交、Y形立交、独象限式立交、菱形立交、苜蓿叶形立交、环形立交及复合式立交。设计时应综合考虑各种因素合理选定其形式。

5. 互通式立体交叉的匝道设计是立体交叉设计的一个重要组成部分，设计时应综合考虑各种因素，合理确定匝道的各参数，正确进行匝道的平面、纵断面及横断面设计。

6. 其他线路的交叉主要是指道路与道路外线路的交叉，如道路与管道交叉、道路与通信线路交叉等。

复习思考题

1. 平面交叉口的设计目的与主要任务是什么?
2. 交叉口立面设计的基本类型有哪些? 平面交叉口设计中立面设计的方法又有哪些?
3. 确定匝道设计速度的原则是什么?
4. 什么情况下会产生"冲突点"? 如何减少或消除"冲突点"?
5. 公路与公路平面交叉分为哪几种类型?
6. 公路与公路平面交叉的布置形式有哪几种? 分别适用于什么场合?
7. 公路与公路的平面交叉的主要成果有哪些? 这些成果是如何设计出来的?
8. 互通式立体交叉的主要形式有哪些? 匝道的主要作用是什么? 对匝道有哪些要求?
9. 如图 1-8-21 所示，试计算 M、N 两点的设计高程。

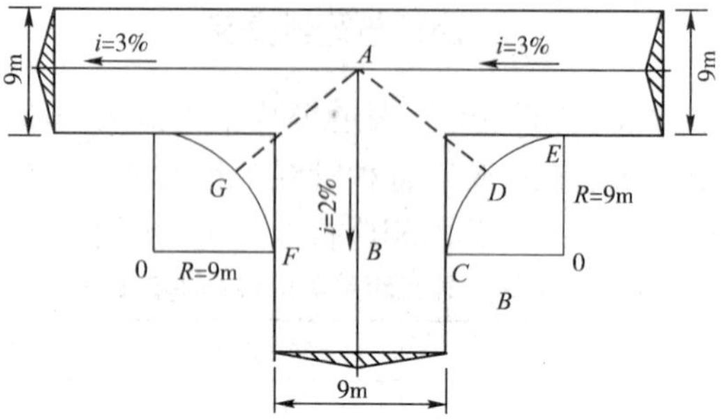

图 1-8-21　第 9 题图

第二篇　路基路面设计技术

第一章　绪　　论

第一节　概　　述

一、路基路面工程的特点

路基和路面是公路的主要工程结构物。路基是按照路线位置和一定的技术要求修筑的带状构造物,是路面的基础,承受由路面传来的行车荷载。路面是在路基顶面的行车部分用各种筑路材料铺筑而成的层状结构物。路面底面以下 0.80m 范围内的路基部分称为路床。在结构上分为上路床(0～0.30m)及下路床(0.30～0.80m)两层。

坚强且稳定的路基为路面结构长期承受汽车荷载作用提供了重要的保证;路面结构层对路基起保护作用,使路基不会直接承受车轮和大气的破坏作用,长期处于稳定状态。路基和路面实际上是不可分割的整体。

路基和路面工程是一种线形工程,有的公路延伸数十公里至数百公里。由于公路沿线地形起伏,地质、地貌、气象特征多变,因此路基和路面工程具有复杂多变的特点。路基和路面工程还具有工程数量大和造价高的特点。路基工程造价约占公路工程总造价的 20%～50%,路面工程造价一般占公路工程总造价的 30%左右,有些公路甚至更高一些。

现代化的公路运输,既要求公路能全天候通行车辆,又要求车辆能以一定的速度,安全、舒适、经济地运行。因此,精心设计,精心施工,使路基路面能长期具备良好的使用性能,对节约投资,提高运输效益,具有十分重要的意义。

二、路基路面稳定性的影响因素

路基路面是一种常年暴露于大自然的线形构造物,其稳定性在很大程度上是由当地自然条件所决定。因此,深入调查公路沿线的自然条件(尤其是公路沿线的工程地质情况),从整体(地区)和局部(具体路段)去分析研究,掌握各有关自然因素的变化规律及其对路基路面稳定性的影响,从而因地制宜地采取有效的工程技术措施,这是正确进行路基路面设计、施工、养护,进而提高公路使用质量的重要前提。

影响公路路基路面稳定性的自然因素一般有:

1. 地形

平原地区地势平坦，一般来说地面水容易积聚，地下水水位较高，因此，路基需要保持一定的最小填土高度，路面结构层应选择水稳性良好的材料；山岭重丘地区地势陡峻，路基的强度与稳定性（特别是稳定性）不易保证，需要采取某些防护与加固措施。

2. 地质

沿线岩土的种类、成因、岩层的走向、倾向和倾角、风化程度等，都影响路基的强度与稳定性。

3. 气候

公路沿线地区的气温、降雨量、降雪量、冰冻深度、日照、年蒸发量、风力、风向等，影响路基路面的水温状况。

4. 水文与水文地质

水文是指地面径流、河道的洪水位、河岸的冲刷与淤积情况等；水文地质则是指地下水位、地下水移动的规律，有无泉水及层间水等。所有这些都会影响路基路面的稳定性，如处理不当，往往会导致路基路面产生各种病害。因此，路基路面的排水至关重要。

影响路基路面稳定性的人为因素一般有：行车荷载的作用影响，路基路面设计、施工及养护是否正确等。

路基设计时，应根据各路段的具体情况，采用合理的路基断面形式，做好地面和地下排水，对不良地质路段，还应采取必要或特别的措施，防止路基病害的发生。路面设计时，应根据各地的气候特点，采用合理的结构组合，并采用适当的路面结构排水设施。

三、路基的变形、破坏及其原因

路基变形、破坏的形式主要有下列几种：

1. 路基沉陷

路基沉陷的特征是路基表面产生较大的竖向位移。路基沉陷一般为不均匀的沉陷，如图 2-1-1 所示。

图 2-1-1　路基沉陷

a）堤身下陷；b）地基下陷

路基本身的沉陷（堤身下陷）主要是由于填料选择不当，填筑方法不合理，压实不足，在荷载和水、温度综合作用下引起的。当原地面为软弱土层，如泥沼、流沙或垃圾堆积等，填筑前未经换土或压实处理，造成承载力不足，发生侧面剪裂凸起，地基发生下沉，亦引起路堤下陷。

2. 路基边坡塌方

按其破坏规模与原因的不同，路基边坡的塌方可分为剥落、碎落、滑塌、崩塌、坍塌等，如图 2-1-2 所示。

（1）剥落是指边坡土层或风化岩层表面，在大气的干湿或冷热的循环作用下，表面发生胀缩现象，使表层土或岩石成片状或带状从坡面上剥落下来，而且老的脱落后，新的又不断产生。

（2）碎落是坡面岩石成碎块的一种剥落现象，其规模与危害程度比剥落严重。

（3）滑塌是指路基边坡土体或岩石沿着一定的滑动面整体向下滑动，其规模与危害程度较碎落更为严重，有时滑动体可达数百方以上。

（4）崩塌是大的石块或土块脱离原有岩体或土体而沿边坡倾落下来，崩塌体的各部分相

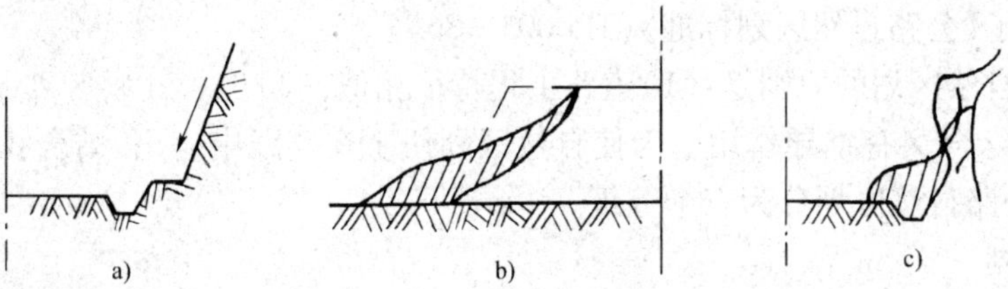

图 2-1-2　路基边坡塌方

a)剥(碎)落;b)滑塌;c)崩塌

对位置在移动过程中完全打乱。

(5)坍塌(亦称堆坍)主要是由于土体(或土石混杂的堆积物)遇水软化,而边坡又在45°~60°之间,且边坡无支撑情况下产生。

路基边坡塌方的主要原因有:开挖的路基边坡过陡;填筑路堤方法不当;土体过于潮湿;坡脚或坡顶被水冲刷;岩石破碎和风化严重等。

3. 路基沿山坡滑动

在较陡的山坡上填筑路基,如果原有地面较光滑,未作必要的处理,如未进行凿毛或人工开挖台阶,或丛草未清除,坡脚又未进行必要的支撑,特别是在受水的浸润后,填方路基与原地面之间摩擦阻力减小,路基整体或局部会沿地面向下移动,如图 2-1-3 所示。

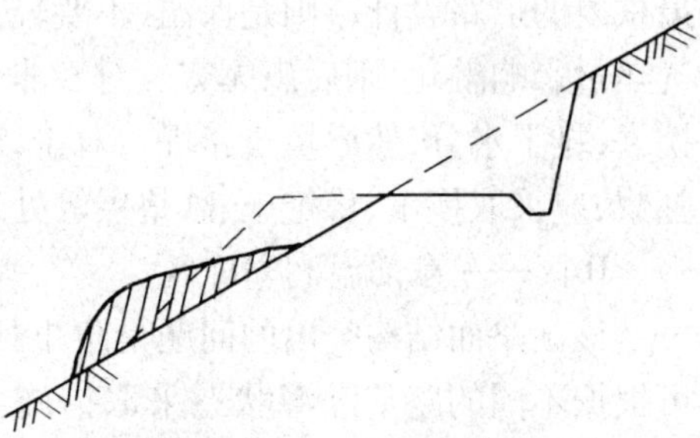

图 2-1-3　路堤沿山坡滑动

4. 不良地质水文条件造成的路基破坏

公路通过不良地质水文地区,或遭受较大的自然灾害作用,如巨型滑坡、泥石流、地震及特大暴雨等,均能导致路基的大规模破坏。

综上所述,路基发生变形、破坏的主要原因归纳为如下几个方面:

(1)不良的工程地质与水文地质条件。

(2)不利的水文与气候因素。

(3)设计不合理。

(4)施工不符合有关规定。

上述原因中,地质条件是影响路基工程质量和产生病害的基本前提,水是造成路基病害的主要原因。

第二节　公路自然区划分及路基土的工程性质

一、公路自然区划

我国地域辽阔,各地气候、地形、地貌、水文地质等自然条件相差很大,而这些自然条件与公路建设密切相关。为区分不同地理区域自然条件对公路工程影响的差异性,并在路基路面的设计、施工和养护中采取适当的技术措施和采用合适的设计参数,以体现各地公路设计与施工的特点,侧重必须解决的问题,更有利于保证公路的质量和经济合理,经过长期研究,我国的公路部门制定了《公路自然区划标准》(JTJ 003—86)。

制定公路自然区划的原则是:(1)道路工程特征相似;(2)地表气候区划差异性;(3)自然气候因素既有综合又有主导作用。为使自然区划便于在实践中应用,结合我国地理、气候特点,将全国的公路自然区划分为三个等级。

1. 一级区划

首先将全国划分为多年冻土、季节冻土和全年不冻土三大地带,然后根据水热平衡和地理位置,划分为冻土、温润、干湿过渡、湿热、潮暖、干旱、高寒七个大区。即:I. 北部多年冻土区;II. 东部温润季冻区;III. 黄土高原干湿过渡区;IV. 东南湿热区;V. 西南潮湿区;VI. 西北干旱区;VII. 青藏高寒区。

七个一级自然区的路面结构设计注重的特点各有不同,根据各地区经验,可大致归纳如下:

I 区——北部多年冻土区

该区北部为连续分布的多年冻土,南部为岛状分布的多年冻土。对于泥沼地多年冻土层,最重要的道路设计原则是保温,不要轻易挖去覆盖层,使路堤下保持冻结状态,若冻土层受大气热量影响融化,则后患无穷。对于非多年冻土层的处理方法则不同,需将泥炭层全部或局部挖去,排干水分,然后填筑路堤。对于该区的林区山地道路,因表土湿度大,地面径流大,最易翻浆,应采取换土、稳定土、砂垫层等处理方法。

II 区——东部温润季冻区

该区路面结构突出的问题是防止翻浆和冻胀。翻浆的轻重程度取决于路基的潮湿状态,可根据不同的路基潮湿状态采取措施。该区缺乏砂石材料,采用稳定土基层已取得一定的经验。

III 区——黄土高原干湿过渡区

该区的特点是黄土对水分的敏感性,干燥的土质路基强度高、稳定性好。在河谷盆地的潮湿路段以及灌区耕地,土基稳定性差,强度低,必须认真处理。

IV 区——东南湿热区

该区雨量充足集中,雨型季节性强,台风暴雨多,水毁、冲刷、滑坡是道路的主要病害,路面结构应结合排水系统进行设计。该区水稻田多,土基湿软、强度低,必须认真对待。由于气温高、热季长,要注意沥青类面层材料的热稳定性和防透水性。

V 区——西南潮湿区

该区山多,筑路材料丰富,应充分利用当地材料筑路。对于水文不良路段,必须采取措施,稳定路基。

VI 区——西北干旱区

该区大部分地下水位很低,虽然冻深多在 1.0 ~ 1.5m 以上,但一般道路冻害较轻。个别地区,如河套灌区、内蒙草原洼地,地下水位高,翻浆严重。丘陵区 1.5m 以上的路堑冬季积雪厚,雪水浸入路面造成危害,所以沥青面层材料应具有良好的防透水性,路肩也应做防水处理。由于气候干燥,砂石路面经常出现松散、搓板和波浪现象。

VII 区——青藏高寒区

该区局部路段有多年冻土,须按保温原则设计。由于地处高原,气候寒冷,昼夜气温相差很大,日照时间长,沥青老化很快,又因为年平均气温相对偏低,路面易遭受冬季雪水渗入而破坏。

2. 二级区划

二级区划仍以气候和地形为主导因素，但具体标志与一级区划有显著区别。一级自然区的共同标志为气候因素潮湿系数 K 值(即年降水量与年蒸发量之比)，地形因素是独立的地形单元。二级区划的划分则需因区而异，将上述标志具体化或加以补充，是以潮湿系数 K 为主的一个标志体系。

根据二级区划的主导因素与标志，在全国七个二级自然区内又分为 33 个二级区和 19 个副区(亚区)，共有 52 个二级自然区。它们的名称见表 2-1-1 所列，各二级区的区界、自然条件对工程的影响详见有关标准及其附录。

公路自然区划名称表 表 2-1-1

I 北部多年冻土区	IV_7 华南沿海台风区
I_1 连续多年冻土区	IV_{7a}台湾山地副区
I_2 岛状多年冻土区	IV_{7b}海南岛西部润干副区
II 东部温润季冻区	IV_{7c}南海诸岛副区
II_1 东北东部山地润湿冻区	V 西南潮湿区
II_{1a}三江平原副区	V_1 秦巴山地润湿区
II_2 东北中部山前平原重冻区	V_2 四川盆地中湿区
II_{2a}辽河平原冻融交替副区	V_{2a}雅安、乐山过湿副区
II_3 东北西部润干冻区	V_3 三西、贵州山地过湿区
II_4 海栾中冻区	V_{3a}滇南、桂西润湿副区
II_{4a}冀热山地副区	V_4 川、滇、黔高原干湿交替区
II_{4b}旅大丘陵副区	V_5 滇西横断山地区
II_5 鲁豫轻冻区	V_{5a}大理副区
II_{5a}山东丘陵副区	VI 西北干旱区
III 黄土高原干湿过渡区	VI_1 内蒙草原中干区
III_1 山西山地、盆地中冻区	VI_{1a}河套副区
III_{1a}雁北张宣副区	VI_2 绿洲、荒漠区
III_2 陕北典型黄土高原中冻区	VI_3 阿尔泰山地冻土区
III_{2a}榆林副区	VI_4 天山、界山山地区
III_3 甘东黄土山地区	VI_{4a}塔城副区
III_4 黄渭间山地、盆地轻冻区	VI_{4b}伊犁河谷副区
IV 东南湿热区	VII 青藏高寒区
IV_1 长江下游平原润湿区	VII_1 祁连、昆仑山地区
IV_{1a}盐城副区	VII_2 柴达木荒漠区
IV_2 江淮丘岭、山地湿润区	VII_3 河源山原草甸区
IV_3 长江中游平原中湿区	VII_4 羌塘高原冻土区
IV_4 浙闽沿海山地中湿区	VII_5 川藏高山峡谷区
IV_5 江南丘陵过湿区	VII_6 藏南高山台地区
IV_6武夷南岭山地过湿区	VII_{6a}拉萨副区
IV_{6a}武夷副区	

3. 三级区划

三级区划是二级区划的进一步划分。三级区划的方法有两种：一种是按照地貌、水文和土质类型将二级自然区进一步划分为若干类型单元；另一种是继续以水热、地理和地貌等标志将二级区划细分为若干区域。各地可根据当地的具体情况选用。三级区划由各省、自治区、直辖市自行划定。

二、路基土的工程性质

按照新颁发的《公路土工试验规程》(JTG E40—2007)中土的工程分类方法，将土分为巨粒土、粗粒土、细粒土和特殊土四大类，分类总体系如图2-1-4所示。各土组的主要工程性质如下：

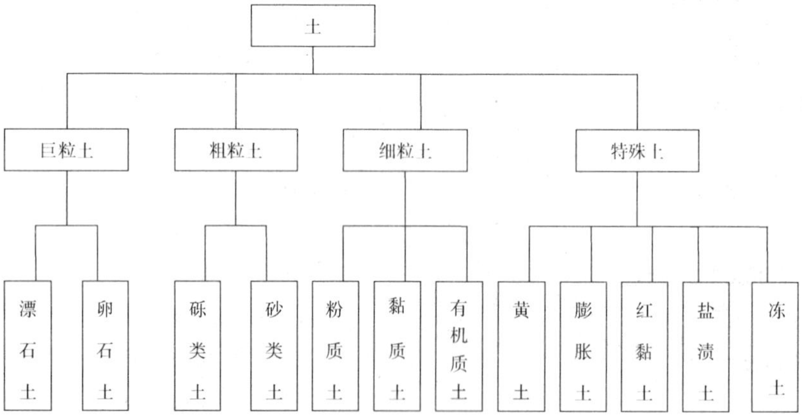

图2-1-4 土分类总体系

1. 巨粒土

巨粒土有很高的强度及稳定性，是填筑路基的很好材料，但大块填料摆放和压实困难。对于漂石土，在码砌边坡时，应正确选用边坡值，以保证路基稳定。对于卵石土，填筑时应保证有足够的密实度。

2. 粗粒土

砾类土由于粒径较大，内摩擦力亦大，因而强度和稳定性均能满足要求。级配良好的砾类土混合料，密实程度好。对于级配不良的砾类土混合料，填筑时应保证密实程度，防止由于空隙大而造成路基积水、不均匀沉陷或表面松散等病害。

砂类土又可分为砂、含细粒土砂(或称砂土)和细粒土质砂(或称砂性土)三种。

砂和含细粒土砂无塑性，透水性强，毛细上升高度很小，具有较大的摩擦系数，强度和水稳定性较好。但由于黏性小，易于松散，压实困难，需用振动法或灌水法才能压实。为克服这一缺点，可添加一些黏质土，以改善其使用质量。

细粒土质砂既含有一定数量的粗颗粒，使路基具有足够的强度和水稳性，又含有一定数量的细颗粒，使其具有一定的黏性，不致过分松散。一般遇水干得快，不膨胀，干时有足够的黏结性，扬尘少，容易被压实。因此，细粒土质砂是修筑路基的良好材料。

3. 细粒土

粉质土为最差的筑路材料。它含有较多的粉土粒，干时稍有黏性，但易被压碎，扬尘性大，浸水时很快被湿透，易成稀泥。粉质土的毛细作用强烈，上升速度快，毛细上升高度一般可达0.9～1.5m，在季节性冰冻地区，水分积聚现象严重，造成严重的冬季冻胀，春融期间出现翻浆，故又称翻浆土。如遇粉质土，特别是在水文条件不良时，应采取一定的措施，改善其工程性质。

黏质土透水性很差，黏聚力大，因而干时硬，不易挖掘。它具有较大的可塑性、黏结性和膨胀性，毛细现象也很显著，用来填筑路基比粉质土好，但不如细粒土质砂。浸水后黏质土能较长时间保持水分，因而承载能力小。对于黏质土如在适当的含水率时加以充分压实和有良好的排水设施，筑成的路基也能获得稳定。

有机质土（如泥炭、腐殖土等）不宜作路基填料，如遇有机质土均应在设计和施工上采取适当措施。

4. 特殊土

黄土属大孔和多孔结构，具有湿陷性；膨胀土受水浸湿发生膨胀，失水则收缩；红黏土失水后体积收缩量较大；盐渍土潮湿时承载力很低。因此，特殊土也不宜作路基填料。

第三节　土质路基的干湿类型

一、路基干湿类型及湿度来源

现行的《公路沥青路面设计规范》（JTG D50—2006）中将土质路基的干湿类型分为干燥、中湿、潮湿和过湿四种。这四种干湿类型表示路基工作时，路基土所处的含水状态。

路基的干湿类型影响其强度与稳定性，正确区分路基的干湿类型，是做好路基路面设计的前提。路基土所处的状态是由土体的含水率或稠度决定的，含水率大小取决于湿度的来源及作用的延续时间。导致路基湿度变化的水源可分为以下几种：

1. 大气降水

大气降水通过路面、路肩和边坡渗入路基。

2. 地面水

边沟及排水不良时的地表积水，以毛细水的形式渗入。

3. 地下水

靠近地面的地下水，借助毛细作用或温差作用上升到路基内部。

4. 凝结水

在土颗粒空隙中流动的水蒸气，遇冷凝结为水。

二、路基干湿类型划分方法

1. 根据平均稠度划分

路基土的稠度 w_c 是指土的液限含水率 w_L 与土的含水率 w 之差和土的液限含水率 w_L 与塑限含水率 w_P 之差的比值，即：

$$w_c = \frac{w_L - w}{w_L - w_P} \tag{2-1-1}$$

土的稠度较准确地表示了土的各种形态与湿度的关系，稠度指标物理概念明确，综合了土的塑性特性，包含了液限与塑限，全面直观地反映了土的硬软程度。

(1) 当 $w_c = 1.0$，即 $w = w_P$，为半固体与硬塑状的分界值。

(2) 当 $w_c = 0$，即 $w = w_L$，为流塑与流动状的分界值。

(3) 当 $1.0 > w_c > 0$，即 $w_L > w > w_P$，土体处于可塑状态。

我国现行的《公路沥青路面设计规范》(JTG D50—2006)和《公路水泥混凝土路面设计规范》(JTG D40—2002)中规定,路面设计时路基的干湿类型以实测最不利季节(指路基路面结构处于最不利工作状态的季节)路床顶面以下0.80m深度内土的平均稠度$\overline{w_c}$,再按表 2-1-2 中土基干湿状态的稠度建议值确定。

土基干湿类型的稠度建议值表 表 2-1-2

土组 \ 干湿类型	干燥状态	中湿状态	潮湿状态	过湿状态
	$w_c \geqslant w_{c1}$	$w_{c1} > w_c \geqslant w_{c2}$	$w_{c2} > w_c \geqslant w_{c3}$	$w_c < w_{c3}$
土质砂	$w_c \geqslant 1.20$	$1.20 > w_c \geqslant 1.00$	$1.00 > w_c \geqslant 0.85$	$w_c < 0.85$
黏质土	$w_c \geqslant 1.10$	$1.10 > w_c \geqslant 0.95$	$0.95 > w_c \geqslant 0.80$	$w_c < 0.80$
粉质土	$w_c \geqslant 1.05$	$1.05 > w_c \geqslant 0.90$	$0.90 > w_c \geqslant 0.75$	$w_c < 0.75$

注:w_{c1}、w_{c2}、w_{c3}分别为干燥和中湿、中湿和潮湿、潮湿和过湿状态路基土的分界稠度,w_c 为路床顶面以下 0.80m 深度内的平均稠度。

最不利季节路床顶面以下 0.80m 深度内土的平均稠度确定方法是:在路床顶面以下 0.80m深度内,每 10cm 取土样,测定其天然含水率、塑限含水率和液限含水率,按式(2-1-2)和式(2-1-3)计算。

$$\overline{w} = \frac{\sum_{i=1}^{8} w_i}{8} \tag{2-1-2}$$

$$\overline{w_c} = \frac{w_L - \overline{w}}{w_L - w_P} \tag{2-1-3}$$

式中:$\overline{w}$——土的平均含水率;

w_i——路床顶面以下 0.80m 深度内,每 10cm 为一层,第 i 层土的天然含水率,%;

$\overline{w_c}$——路床顶面下 0.80m 深度内土的算术平均稠度;

w_L——土的液限含水率(液限塑限联合测定法测定),%;

w_P——土的塑限含水率(液限塑限联合测定法测定),%。

2. 根据临界高度划分

对于新建公路,由于路基尚未建成,无法按上述方法现场勘查路基的湿度状况,可根据当地稳定的平均天然含水量、液限、塑限计算平均稠度,并考虑路基高度,有无地下水、地表积水的影响,论证后确定路基土的干湿类型。

由路基高度来判别路基土的干湿类型一般以路基临界高度作为判别标准。路基临界高度是指在最不利季节,路基分别处于干燥、中湿或潮湿状态时,路床顶面距地表积水水位或地下水位的最小高度。当路基位置的地表积水水位或地下水位一定的情况下,路基土的稠度由下而上逐渐增大,如图 2-1-5 所示。H_1 对应于 w_{c1},为干燥和中湿状态的临界高度;H_2 对应于 w_{c2},为中湿与潮湿状态的临界高度;H_3 对应于 w_{c3},为潮湿和过湿状态的临界高度。

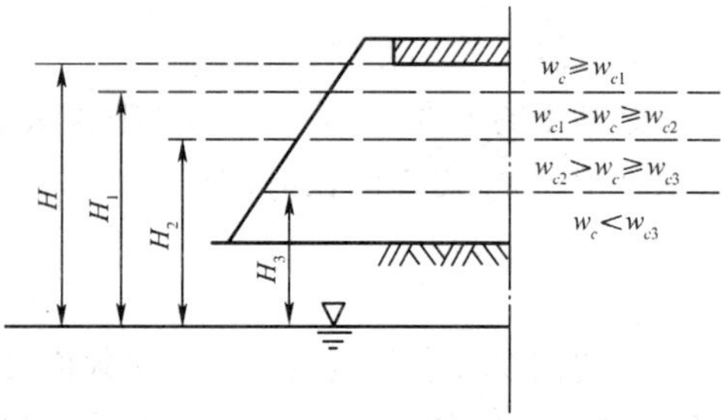

图 2-1-5 路基临界高度与路基干湿类型

路基临界高度可根据土质、气候条件按当地经验确定。当缺乏实际资料时，可参考表2-1-3、表2-1-4或现行的《公路沥青路面设计规范》(JTG D50—2006)的有关附表选用。

距地表长期积水水位的路基临界高度参考值 表2-1-3

公路自然区划	砂性土(细粒土质砂)			黏性土(黏质土)			粉性土(粉质土)		
	H_1	H_2	H_3	H_1	H_2	H_3	H_1	H_2	H_3
III_2	1.1~1.3	0.9~1.1	0.6~0.9	1.75~2.2	1.3~1.7	0.9~1.3	1.9~2.4	1.4~1.9	1.0~1.4
III_3	1.1~1.3	0.9~1.1	0.6~0.9	1.6~2.1	1.2~1.6	0.9~1.2	1.8~2.3	1.4~1.8	1.0~1.4
IV_3				0.8~0.9	0.5~0.6	0.3~0.4	0.9~1.0	0.6~0.7	0.3~0.4
IV_5				1.0~1.1	0.6~0.7	0.3~0.4			
IV_6				0.9~1.0	0.5~0.6	0.3~0.4			
IV_7	0.9~1.0	0.7~0.8	0.6~0.7	1.0~1.1	0.7~0.8	0.4~0.5			
V_1	1.1~1.3	0.9~1.1	0.6~0.9	1.6~2.0	1.2~1.6	0.8~1.2	1.7~2.2	1.3~1.7	0.9~1.3
VI_2	1.1~1.4	0.9~1.1	0.6~0.9	1.65~2.2	1.2~1.65	0.75~1.2	1.85~2.3	1.4~1.85	0.9~1.4
VII_3	1.2~1.5	0.9~1.2	0.6~0.9	1.75~2.3	1.3~1.75	0.75~1.3	(2.0~2.4)	(1.6~2.0)	(1.0~1.6)

距地下水位的路基临界高度参考值 表2-1-4

公路自然区划	砂性土(细粒土质砂)			黏性土(黏质土)			粉性土(粉质土)		
	H_1	H_2	H_3	H_1	H_2	H_3	H_1	H_2	H_3
II_1				2.9	2.2		3.8	3.0	2.2
II_2				2.7	2.0		3.4	2.6	1.9
II_3	1.9~2.2	1.3~1.6		2.5	1.8		3.0	2.2	1.6
II_4				2.4~2.6	1.9~2.1	1.2~1.4	2.6~2.8	2.1~2.3	1.4~1.6
II_5	1.1~1.5	0.7~1.1		2.1~2.5	1.6~2.0		2.4~2.9	1.8~2.3	
III_2	1.3~1.6	1.1~1.3	0.9~1.1	2.2~2.75	1.7~2.2	1.3~1.7	2.4~2.85	1.9~2.4	1.4~1.9
III_3	1.3~1.6	1.1~1.3	0.9~1.1	2.1~2.5	1.6~2.1	1.2~1.6	2.3~2.75	1.8~2.3	1.4~1.8
IV_2				1.6~1.7	1.1~1.2	0.8~0.9	1.7~1.9	1.2~1.3	0.8~0.9
IV_4	1.0~1.1	0.7~0.8		1.7~1.8	1.0~1.2	0.8~1.0			
IV_6	1.0~1.1	0.7~0.8		1.8~2.0	1.3~1.5	1.0~1.2	2.0~2.2	1.5~1.6	1.0~1.1
IV_7				1.7~1.8	1.4~1.5	1.1~1.2			
V_1	1.3~1.6	1.1~1.3	0.9~1.1	2.0~2.4	1.6~2.0	1.2~1.6	2.2~2.65	1.7~2.2	1.3~1.7
$\mathrm{V}_{4.5}$				1.7~1.9	0.9~1.1	0.4~0.6	2.2~2.5	1.4~1.6	0.5~0.7
VI_2	1.4~1.7	1.1~1.4	0.9~1.1	2.2~2.75	1.65~2.2	1.2~1.65	2.3~2.5	1.85~2.3	1.4~1.85
VII_3	1.5~1.8	1.2~1.5	0.9~1.2	2.3~2.85	1.75~2.3	1.3~1.75	2.4~3.1	2.0~2.4	1.6~2.0

注：1. 表中数值摘录于现行的《公路沥青路面设计规范》(JTG D50—2006)；

2. 缺少资料的二级区可论证地参考相邻二级区数值。

地表长期积水水位或地下水位，通过公路勘测设计野外调查获得，路基高度从路线纵断面设计图或路基设计表中查得，扣除预估的路面厚度，即可得到路床顶面距地下水位或地表积水水位的高度 H。

在新建公路的初步设计中，确定路基的干湿类型时，先选定路基处于干燥、中湿、潮湿状态的临界高度 H_1、H_2、H_3，再根据路床顶面距地表积水水位或地下水位的高度 H 按表2-1-5判断土基的干湿类型。

由土基的干湿类型并结合表2-1-2可得到各路段路基土的平均稠度$\overline{w_C}$。

路基干湿类型　　表2-1-5

路基干湿类型	平均稠度与分界稠度的关系	一般特征
干燥	$w_c \geqslant w_{c1}$	土基干燥、稳定，路面强度和稳定性不受地下和地面积水的影响（$H > H_1$）
中湿	$w_{c1} > w_c \geqslant w_{c2}$	土基上部土层处于地下水或地表积水影响的过渡带区内（$H_2 < H \leqslant H_1$）
潮湿	$w_{c2} > w_c \geqslant w_{c3}$	土基上部土层处于地下水或地表积水的毛细影响区内（$H_3 < H \leqslant H_2$）
过湿	$w_c < w_{c3}$	土基极不稳定，冰冻区春融翻浆，非冰冻区雨季软弹，土基经处理后方可铺筑路面（$H \leqslant H_3$）

为了保证路基的强度和稳定性不受地表积水或地下水的影响，在设计路基时，要求路基保持干燥或中湿状态，路床顶面距地下水位或地表积水水位的距离，要大于或等于干燥、中湿状态所对应的临界高度。

三、路基最小填土高度

路基最小填土高度是指为保证路基具有足够的强度、稳定性和耐久性，根据土质、气候和水文地质条件所确定的路肩边缘距原地面的最小高度。水文及水文地质不良地段的路基设计最小填土高度不应小于路床处于中湿状态的临界高度。工程实践表明，干燥路基最小填土高度一般为：细粒土质砂0.3～0.5m，黏质土0.4～0.7m；粉质土0.5～0.8m。

路基高度设计应使路肩边缘高出路基两侧地面积水高度，同时考虑地下水、毛细水和冰冻的作用，不使其影响路基的强度和稳定性。挖方或填筑路堤有困难的地段可加深边沟，使路肩边缘距边沟底面的高度符合上述要求。当路基填土高度不能满足上述要求时，则应采取相应的措施，以保证路基的强度与稳定。

沿河受水浸淹路段的路基边缘高程，应高出路基设计洪水频率计算的水位加壅水高、波浪侵袭高度，以及0.5m的安全高度。

第四节　路面结构组成

一、路面横断面形式

路面是铺筑于路床顶面的不同层次的组合结构，从横断面方向看，公路的表面一般是由行车道、中央分隔带、硬路肩和土路肩组成。路面的横断面形式通常分为槽式横断面和全铺式横断面，如图2-1-6所示。

1.槽式横断面

路基填挖到设计高程位置后，在路基上按路面设计宽度范围将路基挖成与路面厚度相同的浅槽；或路基填筑到路床顶面位置后，按路面设计宽度范围在两侧的路肩部位培土（压实）形成与路面厚度相同的浅槽；也可采用半挖半培的方法形成浅槽。然后在浅槽内铺筑路面。

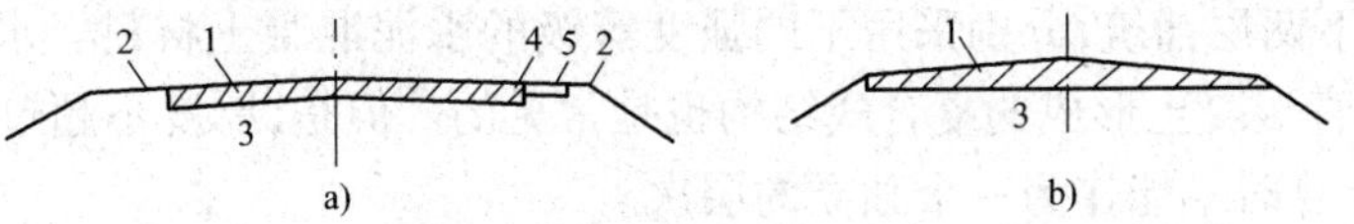

图 2-1-6　路面横断面形式

a)槽式横断面；b)全铺式横断面

1-路面；2-土路肩；3-路基；4-路缘石；5-硬路肩

一般公路路面都采用槽式横断面，如图 2-1-6a)所示。

2. 全铺式横断面

全铺式横断面是在路基全部宽度内都铺筑路面。在高等级公路建设中，有时为了将路面结构内部的水分迅速排出，在全宽范围内铺筑基层材料，保证水分由横向排入边沟。有时考虑到道路交通的迅速增长，为适应扩建的需要，将硬路肩及土路肩的位置全部按行车道标准铺筑面层。在盛产石料的山区或较窄的路基上，全宽铺筑中、低级路面。全铺式路面横断面形式见图 2-1-6b)所示。

二、路面结构层组成

行车荷载和自然因素对路面的影响，随深度的增加而逐渐减弱。因此，对路面材料的强度、抗变形能力和稳定性的要求也随深度的增加而逐渐降低。为了适应这一特点，路面结构通常是分层铺筑的，即按照使用的要求、受力状况、土基支承条件和自然因素影响程度的不同，分成若干层次。按照各个层位功能的不同，沥青路面结构层一般可划分为面层、基层、底基层和垫层等多层；水泥混凝土路面结构层一般划分为面层、基层和垫层三个层次。如图2-1-7所示。

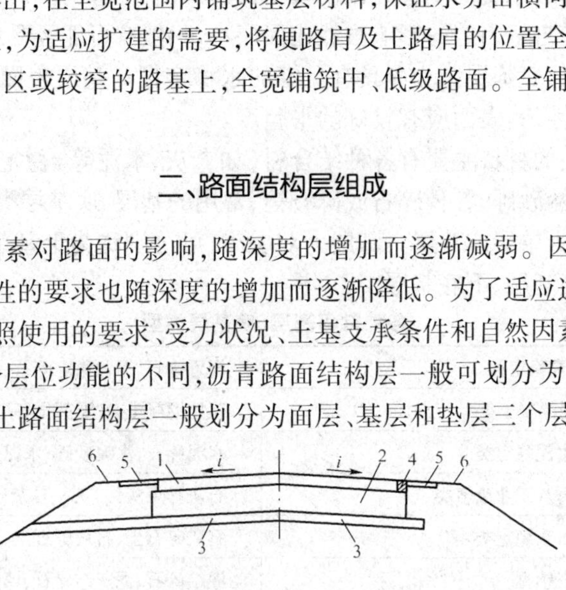

图 2-1-7　路面结构层次示意图

i-路拱横坡度；1-面层；2-基层（有时包括底基层）；3-垫层；4-路缘石；5-硬路肩；6-土路肩

1. 面层

面层是直接承受车轮荷载反复作用和自然因素影响的结构层，它承受较大行车荷载的垂直力、水平力和冲击力的作用，同时还受到降水的侵蚀和气温变化的影响。

面层应具备较高的结构强度、抗变形能力，较好的水稳定性和温度稳定性，而且应当耐磨、不透水，其表面还应有良好的抗滑性和平整度。路面面层的材料类型及适用范围见表2-1-6。

面层类型及适用范围　　表 2-1-6

面层类型	适用范围
沥青混凝土、沥青玛蹄脂碎石	高速公路、一级公路、二级公路、三级公路、四级公路
水泥混凝土	高速公路、一级公路、二级公路、三级公路、四级公路
沥青碎石、沥青贯入式、沥青表面处治	三级公路、四级公路
砂石路面	四级公路

沥青类路面的面层可为单层、双层或三层。双层结构自上而下分别称之为表面层、下面层；三层结构自上而下分别称之为表面层、中面层、下面层。如高速公路沥青面层总厚度达 18～20cm，可分为上、中、下三层铺筑，并根据各分层的要求采用不同的级配组成。水泥混凝

土路面也可分上下两层铺筑，分别采用不同强度等级的水泥混凝土材料。水泥混凝土路面上加铺5cm厚的沥青混凝土形成的复合式结构也是常见的。但是，厚度不超过3cm的沥青表面处治层，在结构计算时不能作为一个独立的层次。

2. 基层与底基层

基层的主要作用为承受由面层传来的车轮荷载的反复作用（主要是垂直力作用），并将其传布到下面的（底基层）垫层和土基中。

在沥青路面结构中，基层是主要的承重层，它应具有良好的稳定性、耐久性和较高的承载能力，并具有良好的扩散应力的能力；底基层是设置在基层之下，并与面层、基层一起承受车轮荷载的反复作用的次承重层，对底基层材料质量的要求较低，可使用当地材料来修筑。在水泥混凝土路面结构中，基层承受的垂直力作用较小，其应具有足够的抗冲刷能力和一定的刚度。

基层、底基层遭受自然因素的影响虽然比面层小，仍然有可能经受地下水和通过面层渗入的雨水侵蚀，所以基层、底基层结构应具有足够的水稳定性。基层表面虽不直接与车轮接触，为了保证面层的平整性，其表面应有较好的平整度。

修筑基层、底基层的材料主要有各种结合料（如二灰、水泥等）稳定集料或土类、贫水泥混凝土、沥青混合料、天然砂砾、各种碎石或砾石等，常用的基层、底基层类型见表2-1-7。

基层或底基层可为单层或双层。基层为双层时，可分别称为上基层、下基层，底基层为双层时，可分别称为上底基层、下底基层。

各种常用基层、底基层类型 表2-1-7

沥青稳定类		沥青碎石、沥青稳定碎石、排水式沥青碎石等
水泥混凝土类		碾压混凝土、贫混凝土等
无机结合料稳定类	水泥稳定类	水泥碎石、水泥砂砾、水泥土等
	石灰工业废渣类	石灰粉煤灰（二灰）、二灰碎石、二灰砂砾、二灰土
	石灰稳定类	石灰碎石土、石灰砾石土、石灰土、石灰土碎石等
粒料类嵌锁、级配型	嵌锁型	泥结碎石、泥灰结碎石、填隙碎石等
	级配型	级配碎石、级配砾石、级配砂砾等

3. 垫层

垫层是设置在基层或底基层和土基之间的结构层，它的主要作用是加强土基、改善基层或底基层的工作条件。垫层应具有排水、隔水、防冻等功能。

修筑垫层所用的材料，强度不一定很高，但水稳性和隔热性要好，常用材料有两类：一类是用松散粒料，如粗砂、砾石和炉渣等组成的透水性垫层；另一类是整体性材料，如石灰粉煤灰稳定粗粒土或炉渣石灰稳定粗粒土等组成的稳定性垫层。

应当指出，不是任何路面结构都需要上述几个层次，各级公路应根据具体情况设置必要的结构层。

三、路拱形式及路拱横坡度

为了保证路面上雨水及时排出，减少雨水对路面的浸润和渗透，从而保证路面结构强度，路面表面做成中间高、两侧低的形状，称之为路拱。常采用直线形或抛物线形两种路拱形式。路面表面的高差与水平距离的百分比称为路拱横坡度。等级高的路面，平整度和水稳定性较好，透水性也小，通常采用直线形路拱和较小的路拱横坡度。等级低的路面，为了有利于迅速排除路表积水，一般采用抛物线形路拱和较大的路拱横坡度。表2-1-8列出了各种不同类型路面的路拱平均横坡度参考值。

各类路面的路拱平均横坡度　　表2-1-8

路面类型	沥青混凝土、水泥混凝土	其他沥青路面	碎石、砾石等粒料路面
路拱平均横坡度(%)	1~2	1.5~2.5	3~4

选择路拱横坡度,应充分考虑有利于行车平稳和有利于横向排水两方面的要求。在干旱和有积雪、浮冰地区,应采用低值;多雨地区采用高值。当道路纵坡较大或路面较宽,或行车速度较高时,或交通量和车辆载重较大时,或常有拖挂汽车行驶时,应采用平均坡度的低值;反之则应取用高值。

高速公路和一级公路设有中央分隔带。通常采用两种方式布置路拱横断面。若分隔带未设置排水设施,路面表面则做成中间高、两侧低,由单向横坡向路肩方向排水。若分隔带设置排水设施,则两侧路面分别单独做成中间高、两侧低的路拱,向中间排水设施和路肩两个方向排水。

路肩横坡度一般较路面横坡度大1%。但是高速公路和一级公路的硬路肩采用与路面行车道相同的结构时,应采用与路面行车道相同的路面横坡度。

四、路面分类

在路面设计中,从路面结构的力学特性出发,将路面分为柔性路面、刚性路面和半刚性路面。

1.柔性路面

柔性路面是指整体结构刚度较小,在车辆荷载作用下产生较大的弯沉变形,路面结构的抗弯拉强度较低,主要靠抗压、抗剪强度来承受车辆荷载作用的路面。它主要包括由各种粒料类嵌锁、级配型基层及沥青稳定类基层和各类沥青面层所组成的路面结构,或砂石类面层所组成的路面结构。车轮荷载通过各结构层向下传递到土基的压应力较大,因而对土基的强度和稳定性要求较高。

2.刚性路面

主要是指用水泥混凝土作面层或基层的路面结构。刚性路面与柔性路面的主要区别在于路面的破坏状态和它分布荷载到路基上的状态有所不同。刚性路面的特点是刚度与强度很高,弹性模量也大,结构呈板体性,分布到土基的荷载面较宽,传递到土基的应力较小。

3.半刚性路面

主要是指由无机结合料稳定集料或土类材料铺筑的基层和各类沥青面层所组成的路面结构。无机结合料稳定类基层在前期具有柔性路面的力学性质,后期的强度和刚度均有较大幅度的增长,但最终的强度和刚度仍远小于水泥混凝土,这类基层称为半刚性基层。亦即铺筑在半刚性基层上的沥青面层路面结构称为半刚性路面。

五、路面结构设计安全等级

公路工程结构的设计安全等级,根据结构破坏可能产生后果的严重程度划分。《公路工程结构可靠度设计统一标准》(GB/T 50283—1999)中规定的公路工程结构设计安全等级为三个等级,路面工程的设计安全等级仅考虑高速公路、一级公路和二级公路的路面,相应的安全等级规定为一级、二级和三级。该标准还规定,公路工程路面结构的设计基准期 T 应采用:沥青混凝土路面结构不大于15年，水泥混凝土路面结构不大于30年。现行的《公路水泥混凝土路面设计规范》(JTG D40—2003)中为三、四级公路路面增加了一个设计安全等级——四级，相应的设计基准期为20年。同一技术等级公路的路面结构宜取相同的安全等级，必要时部分路段的设计安全等级可降低一级。

路面结构在规定的时间和规定的条件下，完成预定功能的概率称为结构的可靠度。度量路面结构可靠性的一种数量指标称为可靠指标，由标准正态分布反函数的定义确定，亦可称之为保证率系数。

现行《公路水泥混凝土路面设计规范》(JTG D40—2003)中规定：路面设计安全等级一级、二级、三级、四级对应的目标可靠度分别为95%、90%、85%、80%；相对应的目标可靠指标分别为：1.64、1.28、1.04、0.84。

第五节 行车荷载

路基路面的主要功能是长期保证车辆快速、安全、舒适地通行。汽车荷载是造成路基路面结构损坏的主要原因。因此，为了保证设计的路基路面结构达到预计的功能，具有良好的结构性能，应对行驶的汽车进行分析，包括汽车轮重与轴重的大小与特性，不同车型车轴的布置，设计使用期限内汽车轴型的分布以及车轴通行量逐年增长的规律，汽车静态荷载与动态荷载特性比较等。

一、车辆的分类

公路上通行的汽车车辆主要分为客车与货车两大类。客车又分为小客车、中客车与大客车。小客车自身质量与满载总质量都比较小，但车速高，一般可达120km/h，有的高档小客车可达200km/h以上；中客车一般是指含6～20个座位的中型客车；大客车一般是指20个座位以上的大型客车(包括铰接车和双层客车)，主要用于长途客运。

货车又分为整车、牵引式挂车和牵引式半挂车。整车的货厢与汽车发动机为一整体；牵引式挂车的牵引车与挂车是分离的，牵引车提供动力，牵引后挂的挂车，有时可以拖挂两辆以上的挂车；牵引式半挂车的牵引车与挂车也是分离的，但是通过铰接相互连接，牵引车的后轴也担负部分货车的质量，货车车厢的后部有轮轴系统，而前部通过铰接悬挂在牵引车上。货车总的发展趋势是向大吨位发展，特别是集装箱运输水陆联运业务开展之后，货车最大吨位已超过40～50t。

汽车的总质量通过车轴与车轮传递给路面，所以路面结构的设计主要以轴重作为荷载标准。对于公路上行驶的多种车辆组合，在路面结构设计时，重型货车与大客车起决定作用，轻型货车与中、小客车影响很小，有时可以忽略不计。但是在考虑路面表面特性要求时，如平整性、抗滑性等，以小汽车为主要对象，因为小汽车的行驶速度高，在高速行车条件下应具有良好的平稳性与安全性。

二、路面设计使用的汽车参数

无论是客车还是货车，车身的全部重力都通过车轴上的车轮传给路面，对于路面结构设计而言，应更加重视汽车的轴重。由于轴重的大小直接关系到路面结构的设计承载力与结构强度，为了统一设计标准和便于交通管理，各个国家对于轴重的最大限度均有明确的规定。我国公路与城市道路路面设计规范中均以100kN作为设计标准轴重。

整车形式的客、货车车轴分前轴和后轴。绝大部分车辆的前轴为两个单轮组成的单轴，轴载约为汽车总重力的1/3。极少数汽车的前轴由双轴单轮组成,双前轴的载重约为汽车总重的1/2。汽车的后轴有单轴、双轴和三轴三种,大部分汽车后轴由双轮组组成,只有少量轻型货车由单轮组成后轴。每一根后轴的轴载大约为前轴轴载的2倍。目前,在我国公路上行驶的货车的后轴轴载,一般在60~130kN范围内,大部分在100kN以下。公路上行驶的部分汽车参数见表2-1-9。

部分汽车路面设计使用的参数 表2-1-9

序号	汽车型号	总重(kN)	载重(kN)	前轴重(kN)	后轴重(kN)	后轴数	轮组数	轴距(cm)	出产国
1	解放CA10B	80.25	40.00	19.40	60.85	1	双		中国
2	解放CA15	91.35	50.00	20.97	70.38	1	双		中国
3	解放CA30A	103.00	46.50	29.50	2×36.75	2	双		中国
4	解放CA50	92.90	50.00	24.70	68.20	1	双		中国
5	解放CA340	78.70	36.60	22.10	56.60	1	双		中国
6	解放CA390	105.15	60.15	35.00	70.15	1	双		中国
7	东风EQ140	92.90	50.00	23.70	69.20	1	双		中国
8	黄河JN150	150.60	82.60	49.00	101.60	1	双		中国
9	黄河JN162	174.50	100.00	59.50	115.00	1	双		中国
10	黄河JN162A	178.50	100.00	62.28	116.22	1	双		中国
11	黄河JN253	187.00	100.00	55.00	2×66.00	2	双		中国
12	黄河JN360	270.00	150.00	50.00	2×110.0	2	双		中国
13	黄河QD351	145.65	70.00	48.50	97.15	1	双		中国
14	延安SX161	237.14	135.00	54.64	2×91.25	2	双	135	中国
15	长征XD160	213.00	120.00	42.60	2×85.20	2	双		中国
16	长征XD250	189.00	100.00	37.80	2×72.60	2	双		中国
17	长征XD980	182.40	100.00	37.10	2×72.65	2	双	122	中国
18	长征CZ361	229.00	120.00	47.60	2×90.70	2	双	132	中国
19	交通SH141	80.65	43.25	25.55	55.10	1	双		中国
20	交通SH361	280.00	150.00	60.00	2×110.0	2	双	130	中国
21	南阳351	146.00	70.00	48.70	97.30	1	双		中国
22	齐齐哈尔QQ560	177.00	100.00	56.00	121.00	1	双		中国
23	太脱拉111	186.70	102.40	38.70	2×74.00	2	双	120	捷克
24	太脱拉111R	188.40	102.40	37.40	2×75.50	2	双	122	捷克
25	太脱拉111S	194.90	102.40	38.50	2×78.20	2	双	122	捷克
26	太脱拉138	211.40	120.00	51.40	2×80.00	2	双	132	捷克
27	太脱拉138S	225.40	120.00	45.40	2×90.00	2	双	132	捷克
28	斯柯达706R	140.00	73.00	50.00	90.00	1	双		捷克
29	日野KB222	154.50	80.00	50.20	104.30	1	双		日本
30	日野KF300D	198.75	106.65	40.75	2×79.00	2	双	127	日本

续上表

序号	汽车型号	总重（kN）	载重（kN）	前轴重（kN）	后轴重（kN）	后轴数	轮组数	轴距（cm）	出产国
31	日 ZM440	260.00	152.00	60.00	2×100.00	2	双	127	日本
32	尼桑 CK20L	149.85	85.25	49.85	100.00	1	双		日本
33	尼桑 CW(L)40HD	237.60	141.75	50.00	2×93.80	2	双		日本
34	扶桑 FP101	154.00	94.10	54.00	100.00	1	双		日本
35	扶桑 FU102N	214.00	133.80	44.00	2×85.00	2	双		日本
36	扶桑 FV102N	254.00	164.95	54.00	2×100.00	2	双		日本
37	菲亚特 682N3	140.00	75.50	40.00	100.00	1	双		意大利
38	菲亚特 650E	105.00	67.00	33.00	72.00	1	双		意大利
39	依士兹 TD50	132.20	76.65	42.20	90.00	1	双		日本
40	依士兹 TD50D	142.95	76.65	46.55	96.40	1	双		日本
41	依发 H6	132.00	65.50	45.50	86.50	1	双		德国
42	沃尔沃 N8648	175.00	100.00	55.00	120.00	1	双		瑞典
43	斯堪尼亚 L760	180.00	100.00	70.00	110.00	1	双		瑞典
44	玛斯 200	137.00	72.00	36.00	101.00	1	双		前苏联
45	布切奇 5BR2N	92.50	50.00	24.55	67.95	1	双		罗马尼亚
46	切贝尔 D45.01	101.00	55.00	32.00	69.00	1	双		匈牙利
47	切贝尔 D750.0	160.00	93.60	60.00	100.00	1	双		匈牙利

三、汽车荷载对路面的作用

汽车在路面上行驶，将使路面产生应力、应变和位移，这是促使路面损坏的重要因素。但不同的车型对路面产生的损坏作用也不同。在路面设计时，一般考虑车辆荷载的下列因素：

1. 汽车对路面的作用力

汽车在路面上有停驻、行驶、制动、转向等状态，随着汽车在路面上运动状态的变化，车轮荷载的作用方向和作用力大小也将有所改变。

汽车停驻在路面上时，只考虑车轮对路面的垂直作用力，一般用 P 表示。垂直力的大小与汽车质量有关。车辆愈重，作用于路面上的垂直力愈大，作用深度愈深，因此垂直力是路面厚度计算的基本依据。

汽车在行驶时，对路面除有垂直作用力 P 以外，还有水平力的作用，一般用 Q 表示。据测定，汽车正常行驶时，Q 约为$(0.2 \sim 0.3)P$；当制动和起步时，Q 约为$(0.75 \sim 0.8)P$。水平力的作用沿深度消失很快，一般显著有效深度只有 10 ~ 20cm。由于它的作用而使路面产生磨损、推移等，一般集中在路面面层。因此，要想消除它对路面的损坏作用，必须提高面层材料的抗剪强度。

汽车在不平整的路面上行驶时，车轮对路面还将产生振动力和冲击力。在水泥混凝土路面设计中，往往用提高垂直力数值的办法来考虑这些影响，即将垂直力乘以一个大于 1 的动荷系数。在沥青路面设计中，考虑到汽车行驶时对路面作用的瞬时性，这种影响是有利的，可近似地认为这种影响能够抵消冲击力的影响，故设计时只考虑垂直静压力。

2. 轴数与轴距

轴数与轴距从两方面影响着路面，即决定最危险点的应力大小和荷载作用的时间。同一质量的汽车，轴数愈多，路面中产生的应力将愈小。如果轴距小，几个轴的荷载引起的应力相叠加，则加大了路面中的应力，从而恶化了路面的受力状态并缩短路面寿命。对于一定速度而言，轴距愈小，前后轴荷载之间的间隙时间就愈短。荷载间隙时间的减小会缩短路面疲劳寿命。

3. 轮数及轮距

轮数及轮距和轴数与轴距一样决定着最危险点应力的大小。因为在一根轴上轮数愈多，着地面积愈大，对路面产生的应力就愈小；而轮距愈小，车轮叠加作用产生的应力就愈大。

除了上述因素外，车轮接触面形状、单位压力和轮印当量圆半径；交通量及交通组成；横向分布系数等也是非常重要的影响因素。

四、轮印当量圆及其计算

汽车的总重分布于轴上，而轴重又分布于轮上。车轮对路面的作用力是通过轮胎与路面的接触来传递的，因此，车轮对路面的作用力并不是集中荷载，而是分布荷载。

车轮与路面的实际接触面积，称为轮印面积。轮印的形状一般近似椭圆形，对于重载车辆，轮印的形状一般近似矩形。因轮胎表面制作有各式花纹，故中间有很多空隙。目前，在沥青路面设计中，为计算方便将其转化为等面积的圆形，简称为当量圆。

当量圆的面积与轮重、轮胎尺寸、轮胎内压等因素有关。汽车的后轮轴每侧一般为双轮，将双轮轮印的面积相加化为一个等值当量圆，称为单圆图式；将双轮的每个轮印分别化为一个小圆，并且认为两个小圆面积是相等的，称为双圆图式，如图2-1-8所示。显然双圆图式比单圆图式更接近于实际情况。我国的《公路沥青路面设计规范》(JTG D50—2006)中规定采用双圆荷载计算图式。

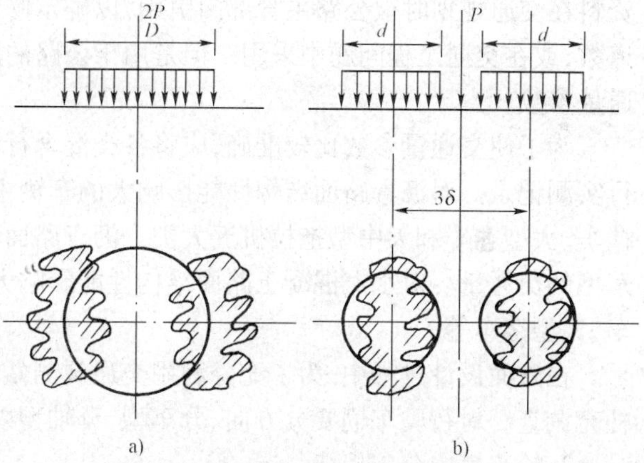

图 2-1-8　车轮轮印及其简化图式

a) 单圆图式；b) 双圆图式

在公路沥青路面设计中，需要考虑轮印当量圆的直径。假定单个轮重 P 的作用力是均匀分布在接触面上各点，则轮胎内压就是汽车荷载对路面的均布荷载 p。对单圆图式而言，若当量圆的面积为 A，则轮印当量圆的直径 D 为：

$$D = \sqrt{\frac{4A}{\pi}} = \sqrt{\frac{4 \times 2P}{\pi p}} \qquad (2\text{-}1\text{-}4)$$

对于双圆图式而言，当量圆的面积为 A，轮迹当量圆的直径 d 为：

$$d = \sqrt{\frac{4A}{\pi}} = \sqrt{\frac{4P}{\pi p}} \qquad (2\text{-}1\text{-}5)$$

式中：p——轮胎压力，kPa；

P——作用在车轮上的荷载,kN;

d、D——轮印(轮胎接触面)当量圆直径,m。

五、交通量调查与轮迹横向分布

1. 交通量调查

在单位时间内,通过公路某一横断面的往返车辆数称为交通量。交通量可以按小时为单位统计,也可按日统计,还可按年统计。按小时统计的称为小时交通量,按日统计的称为日交通量,按年统计的称为年交通量。

车辆对路面的损坏作用,除与车轮荷载的大小和方向有关外,还与它的作用次数有关。同一路面结构,在同一时间内,行驶的车辆愈多,路面愈易损坏;反之,行驶的车辆愈少,路面使用寿命愈长,必须考虑荷载作用次数的影响。因此,交通量是路面设计的重要依据之一。

事实上,任何一条道路的交通量都是随着时间、季节经常变化的。为了简化计算,对交通量随时间变化的情况,只能按一定的时间间隔来考虑,一般对逐时逐日变化的情况不予考虑,而考虑它逐年的变化情况。这样,常用的日交通量通常应理解为一年内每天交通量之和的算术平均值,即年平均日(昼夜)交通量。

交通量的调查方法主要有两种:一种是人工登记车辆的方法,另一种是利用仪器检测(轴重仪),轴重仪目前用得比较少。我国公路部门的交通量观测站观测的交通量资料不是按不同轴载严格分类记录,而是按交通工具和车型分为十一大类进行记录。这些观测站的交通量资料在交通规划时被公路主管部门引用,以确定修建方案和道路等级,设计道路宽度和通行车道数,或在交通工程问题中采用。但是用于公路的路面结构设计与计算时,难以准确地确定交通量参数。

为了使交通量参数比较准确,应将各类混合行驶的车辆进行不同轴载的具体分类,分别进行实测记录。对沥青路面结构性能影响大的车辆主要为中型载货汽车、大型载货汽车、载货拖挂车、大型客车和大中型拖拉机五大类。沥青路面设计中的交通量调查应着重调查这五大类车型的交通量。对水泥混凝土路面结构性能影响大的车辆主要为中型载货汽车、大型载货汽车、大型客车等。

在路面设计过程中,为了充分利用交通观测站的调查资料,需要对交通量、交通组成进行补充调查。对行驶车辆要分方向、分车型、分轴型以及分空载、满载和超载等情况分别登记。

2. 轮迹横向分布规律

路面的使用寿命并不直接与交通量发生关系,而是与车轮实际作用次数有关。所谓车轮实际作用次数,是指在路面某一点上车轮碾压的实际次数。由于汽车在道路上行驶,并不像火车那样固定在一个轨道上,而是分散在路面的全宽,因此,路面愈宽分散性愈大。

经调查研究发现:第一,路面宽度内各部分经受的车轮碾压次数是不均等的。对于非渠化交通的公路,在路面中间部分经受的碾压次数最大,愈靠近路面边缘愈小,据此有理由将路面中间部分设计得厚些,边缘部分设计得薄些,以使路面在全宽范围内有相同的寿命,但在实际设计中为了施工方便,设计时以中间行车最集中部分的标准荷载作用次数为依据设计成等厚路面。第二,路面中间部分车轮碾压概率最大值,对于不同宽度(或不同车道数)的路面是不一样的。这意味着当交通量相同时,在宽度(或车道数)不同的两条公路上路面中间部分实际车轮作用次数是不同的,因此,若两种情况下路面结构相同,但使用寿命却不同。

为了考虑上述因素的影响,在路面设计时,必须对路面全宽范围车轮实际作用总次数乘上一个系数,使之折算为相应于不同宽度(或不同车道数)的路面行车最集中部分的车轮实际作用次数,该系数称为轮迹横向分布系数。

本章小结

1. 路面底面以下 0.80m 范围内的路基部分称为路床。在结构上分为上路床(0～0.30m)及下路床(0.30～0.80m)两层。

2. 影响路基路面稳定性的自然因素包括地形、地质、气候、水文与水文地质等,人为因素包括行车荷载作用、设计质量、施工质量、养护质量等。

3. 路基破坏的常见形式有路基沉陷、边坡塌方、沿山坡滑动和不良地质水文条件造成的破坏。

4. 为区分不同地理区域自然条件对公路工程影响的差异性,并在路基路面的设计、施工和养护中采取适当的技术措施和采用合适的设计参数,以体现各地公路设计与施工的特点,侧重必须解决的问题,更有利于保证公路的质量和经济合理,经过长期研究,我国的公路部门制定了《公路自然区划标准》(JTJ 003—86)。

5. 按照新颁布的《公路土工试验规程》(JTG E40—2007)中土的工程分类方法,将土分为巨粒土、粗粒土、细粒土和特殊土四大类。

6. 现行的《公路沥青路面设计规范》(JTG D50—2006)中将土质路基的干湿类型分为干燥、中湿、潮湿和过湿四种。这四种干湿类型表示路基工作时,路基土所处的含水状态。干湿类型划分的方法包括平均稠度法、临界高度法。

7. 路面结构是多层体系,其基本层次包括面层、基层和垫层;按路面的力学特性将路面结构分为柔性路面、刚性路面和半刚性路面。

8. 路面设计使用的汽车参数包括前后轴重、后轴数、轴距和轮组数,汽车轮载标准简化图式为双圆垂直均布荷载。

复习思考题

1. 路基变形、破坏的形式及主要原因有哪些?
2. 公路自然区划有哪些用途?
3. 简述路基工程用土的基本特性。
4. 路基干湿类型有哪几种?如何划分路基干湿类型?
5. 解释路基临界高度和路拱。
6. 公路路面结构的基本组成部分有哪些?各自的作用是什么?
7. 公路路面横断面的形式有哪几种?
8. 简述柔性路面、刚性路面和半刚性路面的特点。
9. 路面设计时车轮轮印当量圆的简化图式有哪几种?常用的是什么图式?

第二章　路基稳定性分析

第一节　概　　述

路基边坡稳定性分析验算，是路基设计的主要内容之一。路基设计应根据当地自然条件和工程地质条件，选择适当的路基横断面形式和边坡坡度。

一般情况下，路基边坡按规范要求确定，无须进行稳定性设计，直接套用典型横断面图。对于边坡高度超过20m的路堤、土质挖方边坡高度超过20m路堑、岩石挖方边坡高度超过30m路堑、陡斜坡路堤、浸水的沿河路堤以及特殊地段的路基，不能套用一般路基的设计方法，应进行边坡稳定性的分析计算，据此选定合理的边坡坡度及相应的工程技术措施。

本章只介绍土质路基边坡的稳定性及陡坡路堤的整体稳定性分析、验算方法。

一、边坡破坏形式

路基边坡滑坍，是公路上常见的破坏现象之一，常发生于长期降雨，土基强度减弱之后，边坡滑坍严重时将中断交通。据观测，边坡滑坍破坏时形成一滑动面，滑动面的形状与土质有关，有的边坡滑动面形状近似于平面，有的边坡滑动面形状近似于曲面，有的边坡滑动面形状近似于折线直面。为简化计算，边坡滑动面在路基横断面上的形状可选用直线、圆曲线或折线。边坡破坏形态是选取边坡稳定性定量计算方法首先考虑的一个重要因素。对于黏性土，因其黏结力较大，摩擦角较小，滑动面类似于圆曲面，在边坡稳定性验算时可采用圆弧滑动面法。对于松散的砂土及砂性土，因其内摩擦角较大，黏结力较小，滑动面类似于直线平面，在边坡稳定性验算时可采用直线滑动面法。

滑动面形状如图2-2-1所示，进行边坡稳定性验算时，可考虑滑动破裂面通过坡脚，也可考虑通过坡脚以外（当地基为软弱土层时，如图2-2-1c）或边坡上某一点（当边坡为折线时，如图2-2-1d）的可能情况。要根据不同土质，不同情况进行选择。

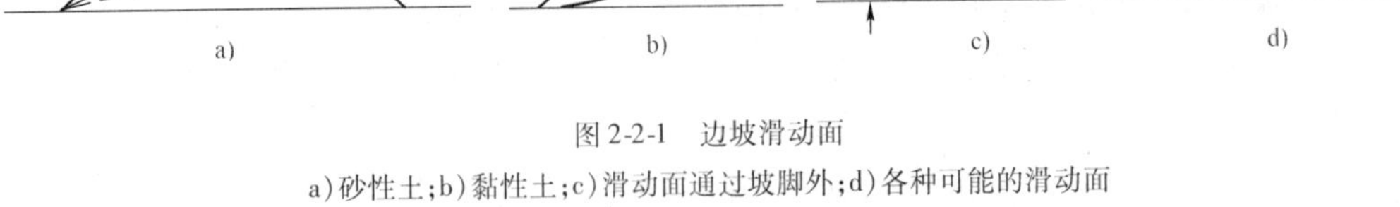

图2-2-1　边坡滑动面

a）砂性土；b）黏性土；c）滑动面通过坡脚外；d）各种可能的滑动面

二、汽车荷载等代均布厚度计算

路基除承受自重作用外，同时承受行车荷载的作用。在边坡稳定性验算时，车辆荷载在路基填土破坏棱体上引起的附加土侧压力，需要按车辆最不利情况排列，将车辆的设计荷载换算成等代均布土层厚度 h_0，将等代均布土层厚度的土体连同滑动土体一并进行力的计算。车辆荷载应按有关规定作横向布置，车辆外侧车轮中线距路面边缘0.5m，车辆荷载横向布置如图2-2-2所示。

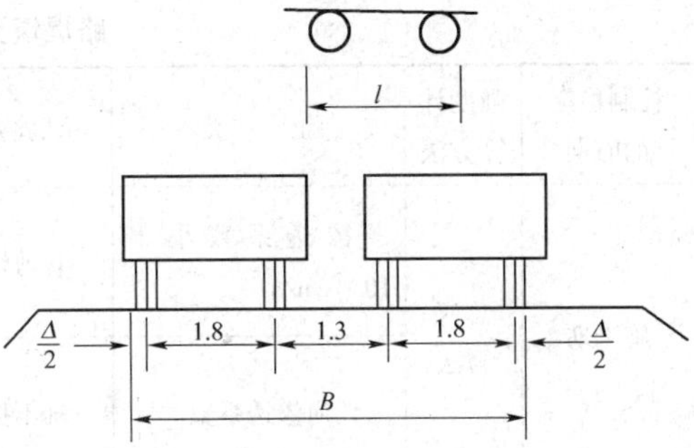

图2-2-2　汽车荷载布置示意图(尺寸单位:m)

等代均布土层厚度 h_0 的计算式为：

$$h_0 = \frac{NQ}{\gamma BL} \tag{2-2-1}$$

式中：h_0——等代均布土层厚度，m；

N——横向分布的车辆数，单车道 $N=1$，双车道 $N=2$；

Q——每一辆车辆荷载的重力，公路－Ⅰ级和公路－Ⅱ级汽车荷载采用相同的车辆荷载标准值，$Q=550\text{kN}$；

γ——路基填料的重度(重力密度)，kN/m^3；

L——汽车前、后轮胎着地长度，12.8m；

B——横向分布车辆轮胎最外缘之间距离，m，$B=1.8N+1.3(N-1)+\Delta$，Δ 为双轮组轮胎着地宽度，0.6m。

等代均布土层分布宽度，可以分布在行车道宽度范围内，考虑到实际行车有可能横向偏移或车辆停放在路肩上，也可将等代均布土层厚度 h_0 分布在整个路基宽度上。这两种情况的计算结果相近。

三、边坡稳定性分析的计算参数

路基处在复杂的自然条件下，其稳定性随环境条件(特别是土的含水量)及其作用时间的增长而变化。因此，在验算边坡稳定性时，对于土的物理力学数据的选用，以及可能的最不利情况，应慎重考虑，力求能与路基将来实际情况相一致。

路堑与路堤边坡稳定性的条件有所不同。路堑是在天然土层中开挖而成，土石性质是自然存在；而路堤是由人工填筑而成，填料性质可由人为方法控制。在进行边坡稳定性验算时，应注意土的试验资料的区别。

路基边坡稳定性验算所需土壤的试验资料：

(1)土的重度 γ，kN/m^3。

(2)内摩擦角 φ，°。

(3)黏结力 c，kPa。

1.高路堤稳定性分析的计算参数

(1)路堤填土的强度参数 c、φ 值，采用直剪快剪或三轴不排水剪试验获得。试样的制备要求及稳定分析各阶段采用的试验方法详见表2-2-1。当路堤填料为粗粒土或填石料时，应采用大型三轴试验仪进行试验。

(2)分析高路堤的稳定性时，地基的强度参数 c、φ 值，宜采用直剪固结快剪或三轴固结不排水剪试验获得。

(3)分析路堤沿斜坡地基或软弱层带滑动的稳定性时，应结合场地条件，选择控制性层面的土层试验获得强度参数 c、φ 值。可采用直剪快剪或三轴不固结不排水剪试验。当可能存在地下水时，应采用饱水试件进行试验。

路堤填土采用的强度指标 表 2-2-1

控制稳定的时期	强度计算方法	土类	试验方法	采用的强度指标	试样起始状态	备注
施工期	总应力法	渗透系数小于 10^{-7}cm/s	直剪快剪	c_u、φ_u	填筑含水量和填筑密度。当难以获得填筑含水量和填筑密度时，或进行初步稳定分析时，密度采用要求达到的密度，含水量按击实曲线上要求密度对应的较大含水量	
		任何渗透系数	三轴不排水剪			
运营期	总应力法	渗透系数小于 10^{-7}cm/s	直剪固结快剪	c_{cu}、φ_{cu}	同上	用于新建路堤的稳定性分析
		任何渗透系数	三轴固结不排水剪			
		渗透系数小于 10^{-7}cm/s	直剪快剪	c_u、φ_u	同上，但要预先饱和	用于新建路堤边坡的浅层稳定性分析
		任何渗透系数	三轴不排水剪			
		渗透系数小于 10^{-7}cm/s	直剪快剪	c_u、φ_u	取路堤原状土	用于已建路堤的稳定性分析
		任何渗透系数	三轴不排水剪			

2. 路堑边坡岩土体的计算参数

(1)岩体抗剪强度指标宜根据现场原位试验确定。试验应符合现行国家标准《工程岩体试验方法标准》(GB/T 50266)的规定。当无条件进行试验时，可采用《工程岩体分级标准》(GB 50218)及表 2-2-2 和反算分析等方法综合确定。

结构面抗剪强度指标标准值 表 2-2-2

结构面类型		结构面结合程度	内摩擦角 φ(°)	黏聚力 c(MPa)
硬性结构面	1	结合好	>35	>0.13
	2	结合一般	35~27	0.13~0.09
	3	结合差	27~18	0.09~0.05
软弱结构面	4	结合很差	18~12	0.05~0.02
	5	结合极差(泥化层)	根据地区经验确定	

注：1. 表中数值已考虑结构面的时间效应；
2. 极软岩、软岩取表中低值；
3. 岩体结构面连通性差取表中的高值；
4. 岩体结构面浸水时取表中的低值。

(2)岩体结构面的结合程度可按表 2-2-3 确定。

(3)边坡岩体性能指标标准值可按地区经验确定，对于重要边坡应通过试验确定。

(4)岩体内摩擦角可由岩块内摩擦角标准值按岩体裂隙发育程度乘以表 2-2-4 所列的折

减系数确定。

结构面的结合程度　　表 2-2-3

结合程度	结构面特征
结合好	张开度小于 1mm，胶结良好，无充填；张开度 1～3mm，硅质或铁质胶结
结合一般	张开度 1～3mm，钙质胶结；张开度大于 3mm，表面粗糙，钙质胶结
结合差	张开度 1～3mm，表面平直，无胶结；张开度大于 3mm，岩屑充填或岩屑夹泥质充填
结合很差、结合极差(泥化层)	表面平直光滑，无胶结；泥质充填或泥夹岩屑充填，充填物厚度大于起伏差；分布连续的泥化夹层；未胶结的或强风化的小型断层破碎带

边坡岩体内摩擦角折减系数　　表 2-2-4

边坡岩体特性	内摩擦角的折减系数	边坡岩体特性	内摩擦角的折减系数
裂隙不发育	0.90～0.95	裂隙发育	0.80～0.85
裂隙较发育	0.85～0.90	碎裂结构	0.75～0.80

(5)土体力学参数宜采用原位剪切试验、原状土样室内剪切试验及反算分析等方法综合确定。

(6)土质边坡按水土合算原则计算时，地下水位以下的土宜采用三轴试验土的自重固结不排水抗剪强度指标；按水土分算原则计算时，地下水位以下的土宜采用土的有效抗剪强度指标。

3. 多层土体验算的参数确定

当路堤各层填料性质不同，如图 2-2-3 所示，进行边坡稳定性验算时，所采用的验算数据可按加权平均值法求得：

$$c=\frac{\sum_{i=1}^{n}c_ih_i}{H}\qquad \tan\varphi=\frac{\sum_{i=1}^{n}h_i\tan\varphi_i}{H}\qquad \gamma=\frac{\sum_{i=1}^{n}\gamma_ih_i}{H}\tag{2-2-2}$$

式中：c_i——各层土体的黏聚力，kPa；

φ_i——各层土体的内摩擦角，°；

γ_i——各层土体的重度，kN/m^3；

h_i——各层土厚，m；

H——边坡高度，$H=\sum h_i$，m。

折线性边坡或阶梯形边坡，其边坡值可取平均值，如图 2-2-3 取坡脚点和坡顶点的连线。

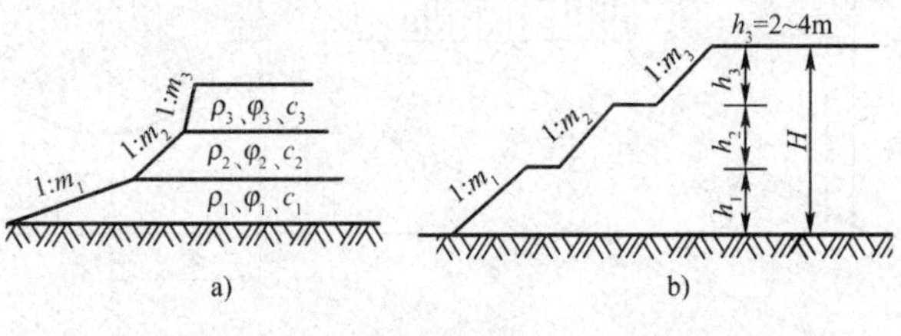

图 2-2-3　多层土体边坡稳定性分析示意图

第二节　边坡稳定性分析方法

力学验算法和工程地质类比法是路基边坡稳定性分析的两种基本方法。

1. 力学验算法

力学验算法又称极限平衡法，假定边坡沿某一形状的滑动面破坏，按力学平衡原理进行计算。根据滑动面形状的不同，又分为直线法、圆弧法和不平衡推力法三种。力学验算法基本假定：滑动土楔体是均质各向同性、滑动面通过坡脚、不考虑滑动土体内部的应力分布不均和局部移动；土的极限平衡状态只在破裂面上达到。为简化计算，用力学验算法进行路基边坡稳定性分析时，常按平面问题来处理。

2. 工程地质类比法

根据稳定的自然山坡或已有的人工边坡进行土类及其状态的分析研究，通过工程地质条件相对比，拟定出与路基边坡条件相类似的稳定值的参考数据，作为确定路基边坡值的依据。

一般土质边坡常用力学验算法进行设计，用工程地质类比法进行校核；岩石或碎石土类边坡则主要采用工程地质类比法进行设计，有条件时可用力学验算法进行校核。

一、直线滑动面法

由松散的砂土或砂性土构成的路基边坡，渗水性强、边坡稳定主要靠其内摩阻力，失稳土体的滑动面近似为平面；原地面为单一倾斜的陡坡路堤，滑动面多为平面。可采用直线滑动面法进行路基边坡稳定性分析。

如图 2-2-4 所示，稳定性分析时，先通过坡脚或变坡点假设一直线滑动面，将路堤斜上方分割出下滑土楔体 ABD，沿假设的滑动面 AD 滑动，其稳定系数 K 按下式计算（按边坡纵向单位长度计）：

$$K = \frac{F}{T} = \frac{Q\cos\alpha\ \tan\varphi + cL}{Q\sin\alpha} \tag{2-2-3}$$

式中：F——沿滑动面的抗滑力，kN；

T——沿滑动面的下滑力，kN；

Q——土楔体重力和路基顶面车辆等待均布土层荷载之和，kN；

α——滑动面对水平面的倾斜角，°；

φ——路堤填料的内摩擦角，°；

c——路堤填料的黏结力，kPa；

L——滑动面 AD 的长度，m。

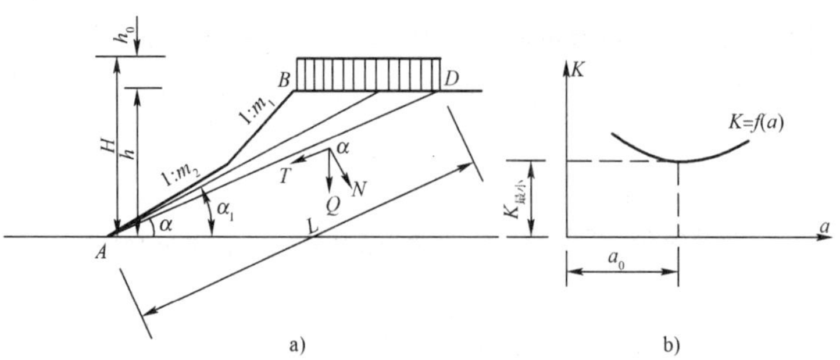

图 2-2-4　直线滑动面法

通过坡脚 A 点，假设几个（3～4 个）不同的滑动面，按式（2-2-3）求出相应的稳定系数 K_1、K_2、K_3 等值，并绘出 $K = f(\alpha)$ 曲线，用以确定最小稳系数 K_{min} 及对应最危险滑动面的倾角。

边坡是否稳定，取决于最小稳定系数 K_{min} 的值。当 $K_{min} = 1.0$ 时，边坡处于极限平衡状态。

由于计算的假定，计算参数（γ，φ，c）的取值都与实际情况存在一定的差异，为了保证边坡有足够的稳定性，通常以最小稳定系数 $K_{min} \geqslant [K]$ 来判别边坡的稳定性，$[K]$ 称为稳定安全系数，它与公路等级和路基工况有关。但 $[K]$ 过大，则设计偏于保守，在工程上不经济。对路堤边坡进行稳定性分析时，$[K]$ 一般取 1.25。

当路基材料为纯净的粗砂、中砂、砾石、碎石时，其黏聚力很小，可忽略不计，则式（2-2-3）变为：

$$K = \frac{F}{T} = \frac{\tan\varphi}{\tan\alpha} \tag{2-2-4}$$

式（2-2-3）和式（2-2-4）也适用于均质砂砾类土路堑边坡的稳定性验算。对路堑边坡进行稳定性分析时，边坡稳定性计算时将路基分成正常工况、非正常工况Ⅰ和非正常工况Ⅱ三种工况。正常工况是指边坡处于天然状态下的工况；非正常工况Ⅰ是指边坡处于暴雨或连续降雨状态下的工况；非正常工况Ⅱ是指边坡处于地震等荷载作用状态下的工况。稳定安全系数 $[K]$ 见表 2-2-5。

路堑边坡安全系数 表 2-2-5

公路等级		路堑边坡安全系数
高速公路、一级公路	正常工况	1.20 ~ 1.30
	非正常工况Ⅰ	1.10 ~ 1.20
	非正常工况Ⅱ	1.05 ~ 1.10
二级及二级以下公路	正常工况	1.15 ~ 1.25
	非正常工况Ⅰ	1.05 ~ 1.15
	非正常工况Ⅱ	1.02 ~ 1.05

注：表中安全系数取值应与计算方法对应。

二、圆弧滑动面法

用黏性土填筑的路堤，边坡滑坍时的破裂面形状为一曲面，为简化计算，通常近似地假设为一圆弧状滑动面。分析路基边坡稳定性时，通常采用圆弧条分法（又称瑞典法）及其简化计算的表解法和图解法。

（一）圆弧条分法

条分法是圆弧滑动面稳定性计算方法中一种具有代表性的方法。该分析法力的概念明确，使用范围较广，基本原理是静力平衡，计算时取边坡的单位长度。分条的目的在于使计算结果较为精确。稳定系数最小值 K_{min} 通过多道圆弧试算而得，计算工作量较大，分条不宜过多。条分法要求作图准确，尽量减少量取尺寸的误差。

1. 计算公式及其步骤

（1）如图 2-2-5 所示，通过坡脚任意选定一个可能的圆弧滑动面 AB，其半径为 R。将滑动土体分成若干个垂直土条，其宽度一般为 2 ~ 4m，通常分 8 ~ 10 个土条，分条时，可结合横断面特征，如分在边坡或地面变化点处，以便简化计算。

（2）计算每个土条的土体重 Q，引至滑动圆弧验算面上并分解为：

$$\begin{aligned} &\text{切向分力} \quad T = Q_i\sin\alpha_i \\ &\text{法向分力} \quad N = Q_i\cos\alpha_i \end{aligned} \tag{2-2-5}$$

式中：α_i——第 i 条土体弧段中心点的半径线与通过圆心的垂线之间的夹角。

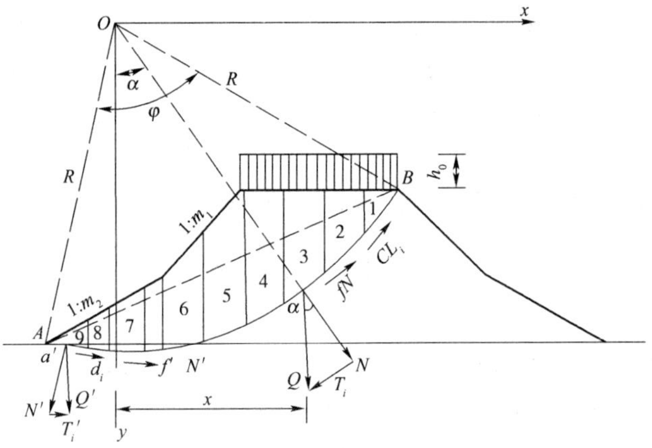

图 2-2-5　条分法验算计算图

(3)以圆心 O 点为转动圆心，半径 R 为力臂，计算滑动面上各力对 O 点的滑动力矩，但应注意在 Oy 轴右侧的 T_i 为正，是促使土楔体滑动的力；而在 Oy 轴左侧的 T'_i 方向相反，其值为负，是抵抗土楔体滑动的力，其产生的力矩应在滑动力矩中扣除。因此，滑动力矩为 $M_{滑动}=(\sum T_i-\sum T'_i)R$。计算土条重时，行车荷载换算的土柱应计算在相应的土条重 Q_i 中。

(4)以 O 点为圆心，计算滑动面上各力对 O 点的抗滑力矩，$M_{抗滑}=(\sum N_i f+\sum cL_i)R$。

(5)求稳定系数 K：

$$K=\frac{M_{抗滑}}{M_{滑动}}=\frac{R(\sum N_i f+\sum cL_i)}{R(T_i-T_i{}')}=\frac{f\sum Q_i\cos\alpha_i+cL}{\sum Q_i\sin\alpha_i-\sum Q_i\sin\alpha_i{}'} \tag{2-2-6}$$

式中：L——滑动圆弧 AB 的总长度，m；

c——填料的黏结力，kPa；

f——填料的摩擦系数，$f=\tan\varphi$，$Q_i=\gamma b_i h_i$，kN；

γ——填料的重度，kN/m^3；

b_i——各土条宽度，m；

h_i——各土条高度，m。

当路堤由不同填料分层填筑而成时，式(2-2-6)中的各土条重应为该土条所包含的各土层中重力之和，而各土条 c、φ 值，应取该土条的底部弧段所处土层的数值。

(6)再假定几个可能的滑动圆弧，按上述步骤分别计算相应的稳定系数，在圆心辅助线上绘出稳定系数对应于圆心的关系曲线 $K=f(O)$，在该曲线上找出最小的稳定系数 K_{min}，与 K_{min} 对应的滑动面就是最危险的滑动面。

2. 确定圆心辅助线

根据经验，最危险滑动面的圆心在一条直线上，该直线称为圆心辅助线。确定圆心辅助线的方法有 4.5H 法和 36°法。

(1)4.5H 法

如图 2-2-6 所示，4.5H 法的步骤如下：

①由坡脚 E 向下引垂线并截取边坡高度 H 得 F 点。

②自 F 点向右引水平线并量取 4.5H 得 M 点。

③连接坡脚 E 和坡顶 S，求 ES 的斜度 $i_0=1/m$，根据 i_0 由表 2-2-6 查得 β_1、β_2 的角值。

④自 E 点引与 ES 成 β_1 角的直线，又由 S 点引与水平线成 β_2 角的直线，两直线交于 I 点。

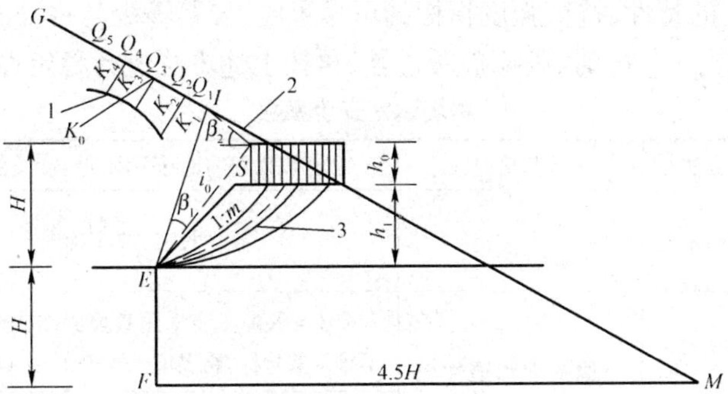

图 2-2-6　确定辅助线

⑤连接 M 与 I,并向左上方延长,即得辅助线。

⑥如土仅有黏结力,而 $\varphi=0$,则最危险滑动圆弧的圆心就是 I 点;如土除黏结力外还有摩擦力,则最危险滑动面的圆心将随 φ 值的增加,而在辅助线上向外移动。

辅助线角值表　　表 2-2-6

边坡斜度 i_o	边坡倾斜角 θ	β_1	β_2
1:0.5	63°26′	29°	40°
1:1.0	45°	28°	37°
1:1.5	33°41′	26°	35°
1:2.0	26°34′	25°	35°
1:3.0	18°26′	25°	35°
1:3.0	14°03′	25°	36°

4.5H 法较精确,求出的稳定系数值较小,此法适用于分析重要建筑物的稳定性。

(2)36°法

如图 2-2-7 所示,由 E 点作与水平线成 36°的射线 EF,即为辅助线,此法是一种简化的方法。

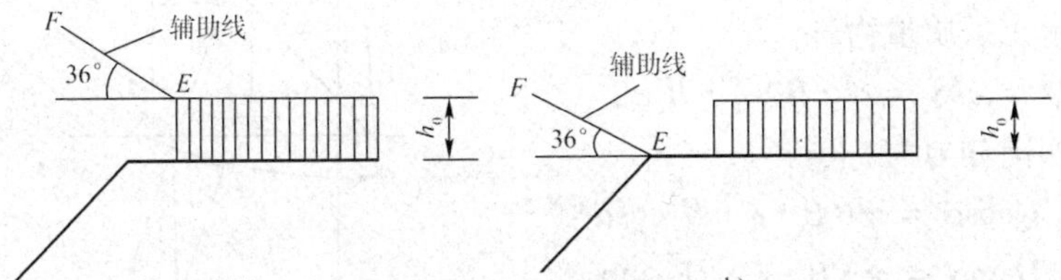

图 2-2-7　36°法辅助线

a)考虑车辆荷载;b)不计车辆荷载

考虑车辆荷载时,E 点选在 h_0 的顶端(如图 2-2-7a),不计车辆荷载时,E 点选在路基边缘(如图 2-2-7b)。

36°法较简便,但精确度较 4.5H 法为差,这两种方法对于滑动面通过坡脚的情况均适用,都可以不计车辆荷载换算的等代土层厚度,计算结果出入不大。

上述圆弧滑动面法为传统的方法,属于典型的试算方法,试算的工作量较大。目前常用简化 Bishop 法取代传统的方法。Bishop 法将在第三节专题介绍。

当 $K_{min}\geqslant$稳定安全系数[K]时,认为边坡是稳定的。稳定安全系数[K]见表 2-2-7,对[K]

的具体要求可根据土的特性、抗剪强度指标的可靠程度、公路等级与路段的重要性和地区经验综合考虑确定。当 $K_{min}<[K]$ 时,则应放缓边坡,再按上述方法进行稳定性验算。

路堤稳定安全系数 表 2-2-7

分析内容	计算方法	地基情况	计算采用的地基平均固结度及强度指标	安全系数
路堤的堤身稳定性	简化 Bishop 法		按表 2-2-1 确定	1.35
路堤和地基的整体稳定性	简化 Bishop 法	地基土渗透性较差、排水条件不好	取 $U=0$,地基土采用直剪固结快剪或三轴固结不排水剪指标,路堤填土按表 2-2-1 确定	1.20
			按实际固结度,采用直剪固结快剪或三轴固结不排水剪指标,路堤填土按表 2-2-1 确定	1.40
		地基土渗透性较好、排水条件良好	取 $U=1$,采用直剪固结快剪或三轴固结不排水剪指标,路堤填土按表 2-2-1 确定	1.45
			取 $U=1$,地基土采用快剪指标,路堤填土按表 2-2-1 确定	1.35
路堤沿斜坡地基或软弱层滑动的稳定性	不平衡推力法		采用直剪快剪或三轴不排水剪指标,路堤填土按表 2-2-1 确定	1.30

注:表中 U 为地基平均固结度。

(二)表解法

按条分法进行路基边坡稳定性验算时,计算工作量较大,对于均质、直线形边坡路堤,滑动面通过坡脚,坡顶为水平并延伸到无限远时,可用表解法进行验算。

如图 2-2-8 所示,将土体划分成各条块,其宽为 b,高为 a,滑弧全长 l,将此三者均用边坡高度来表达:

$$b=\beta H \qquad a=\zeta H \qquad l=\lambda H$$

坡长每延米土条质量为:

$$Q=ab\gamma=\gamma\cdot\beta\cdot\zeta\cdot H^2$$

其法向和切向分力为:

$$N=Q\cos\alpha=\gamma\cdot\beta\cdot\zeta\cdot H^2\cos\alpha$$

$$T=Q\sin\alpha=\gamma\cdot\beta\cdot\zeta\cdot H^2\sin\alpha$$

稳定系数为:

$$K=\frac{\sum fN+cL}{\sum T}=\frac{f\sum\gamma\cdot\beta\cdot\zeta\cdot H^2\cos\alpha+c\lambda H}{\sum\gamma\cdot\beta\cdot\zeta\cdot H^2\sin\alpha}$$

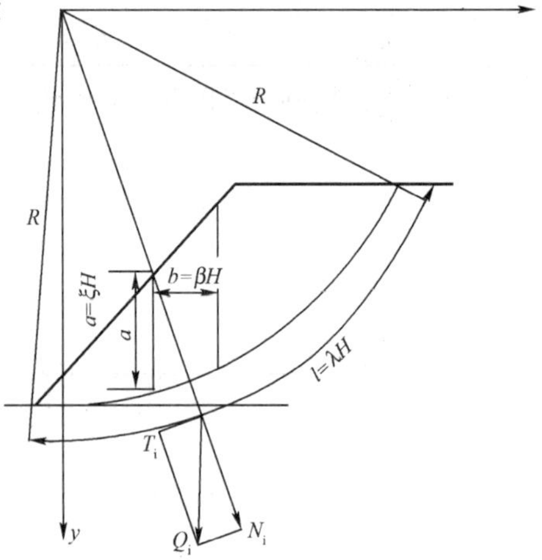

图 2-2-8 表解法稳定性验算示意图

取 b 为等宽,并令:

$$A=\frac{\sum\cos\alpha}{\sum\sin\alpha};B=\frac{\lambda}{\sum\beta\cdot\zeta\sin\alpha}$$

则:

$$K=fA+\frac{c}{\gamma H}B \tag{2-2-7}$$

式中:H——边坡高度,m;

A、B——取决于几何尺寸的系数,查表 2-2-8;

c——土的黏结力,kPa;

f——土的内摩擦系数,$f = \tan\varphi$。

制表时略去车辆荷载,用 36°法确定圆心辅助线,假定滑动面通过坡脚,如图 2-2-9 所示。各个滑动圆弧的圆心自路基边缘 S 点开始,取 $SO_1 = (0.25 + 0.4m) \times H$,其中 m 为边坡率,H 为边坡高度。自 O_1 起,每隔 $0.3H$ 定一点,分别为 O_2、O_3、O_4、O_5。此时其 A、B 值见表2-2-8。

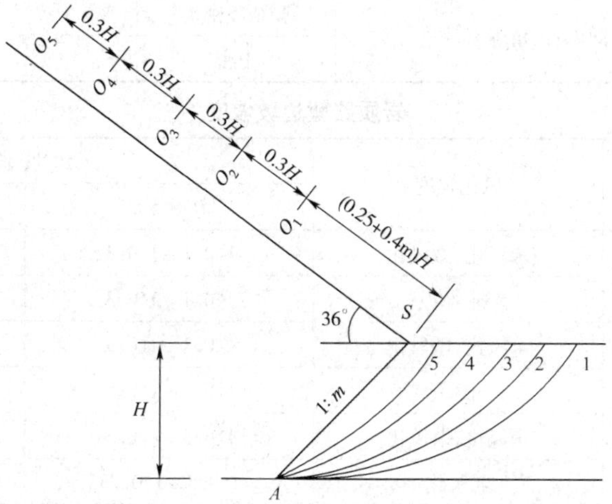

图 2-2-9 危险滑动面的位置

滑动面通过坡脚时表解法的 *A*、*B* 值 表 2-2-8

边坡斜度	滑动圆弧的圆心									
	O_1		O_2		O_3		O_4		O_5	
	A	B	A	B	A	B	A	B	A	B
1:1	2.34	5.79	1.87	6.00	1.57	6.57	1.4	7.5	1.24	8.80
1:1.25	2.64	6.05	2.16	6.35	1.82	7.03	1.66	8.02	1.48	9.65
1:1.5	3.04	6.25	2.54	6.5	2.15	7.15	1.90	8.33	1.71	10.10
1:1.75	3.44	6.35	2.87	6.58	2.5	7.22	2.18	8.5	1.96	10.41
1:2	3.84	6.5	3.23	6.7	2.8	7.26	2.45	8.45	2.21	10.10

三、工程地质类比法

在地形复杂地区修筑路基,重要的是正确合理地确定路堑横断面的边坡形状和坡度。路堑边坡主要与当地的工程地质、水文地质、地面排水条件及边坡高度、施工方法等因素有关,应综合分析论证确定。当路线穿越砾石类、岩石类地区时,路堑边坡坡度主要运用工程地质类比法确定。

采用工程地质类比法对路堑边坡比拟设计,关键是通过认真、详细地调查和勘测,如实反映路段的地层土质和水文地质状况,据以进行对比分析。按地层性质不同,一般可分为两种类型,即土质路堑和岩质路堑。对土质路堑,应重点调查土的成分和类别,组织结构、密实程度、地下水埋藏情况以及土的成因类型及生成时代等,边坡高度不大于 20m 时边坡坡度可参照表 2-2-9 确定;边坡高度大于 20m 时应进行路基高边坡个别处理设计。对岩质路堑,应重点调查岩性、结构和构造、岩石的风化破碎程度、地下水等，挖方边坡高度不大于30m时边坡坡度可参照表2-2-10确定；挖方边坡高度大于30m时应进行路基高边坡个别处理设计。

土质路堑边坡坡度 表2-2-9

土的类别		边坡坡率
黏土、粉质黏土、塑性指数大于3的粉土		1:1
中密以上的中砂、粗砂、砾砂		1:1.5
卵石土、碎石土、圆砾石、角砾石	胶结和密实	1:0.75
	中密	1:1

岩质路堑边坡坡度 表2-2-10

边坡岩体类型	风化程度	边坡坡率	
		$H<15m$	$15m \leq H < 30m$
Ⅰ类	未风化、微风化	1:0.1～1:0.3	1:0.1～1:0.3
	弱风化	1:0.1～1:0.3	1:0.3～1:0.5
Ⅱ类	未风化、微风化	1:0.1～1:0.3	1:0.3～1:0.5
	弱风化	1:0.3～1:0.5	1:0.5～1:0.75
Ⅲ类	未风化、微风化	1:0.3～1:0.5	
	弱风化	1:0.5～1:0.75	
Ⅳ类	弱风化	1:0.5～1:1	
	强风化	1:0.75～1:1	

注：1. 有可靠的资料和经验时，可不受本表限制；

2. Ⅳ类强风化包括各类风化程度的极软岩。

对一些特殊土质（如黄土）、特殊工程地质条件（如硬岩层中央有薄的软弱岩层或含水的黏性土层）和其他特殊条件（如大爆破施工、较高地震烈度区），路堑边坡应根据具体情况另行设计。

选择路堑横断面的边坡形式，一般可采用图2-2-10所示的几种形式。

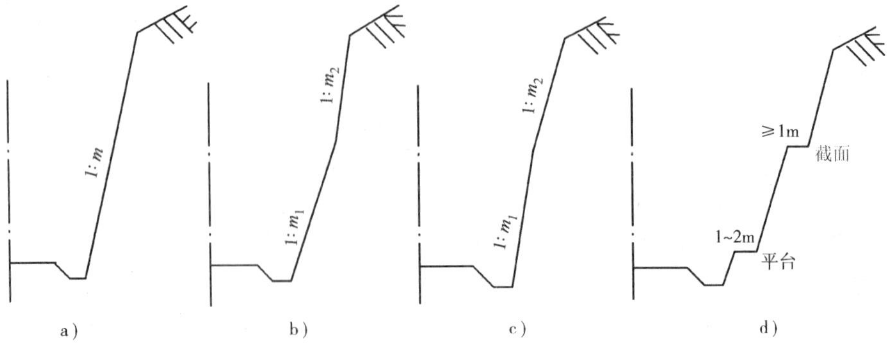

图2-2-10 路堑边坡形式

a）直线形；b）上陡下缓折线形；c）上缓下陡折线形；d）台阶形

1. 直线形

当工程地质条件和水文地质条件较好，土质均匀，且边坡高度不大时可采用，即一坡到顶的直线形。

2. 折线形

当边坡较高或由多层土组成，而上部土层较下部土层的密实程度大时，采用上陡下缓形。若上部为覆盖层，且其稳定性较下部差时，宜采用上缓下陡形的折线形。

折线形边坡在变坡点处容易出现坡面的冲刷破坏，在降水量大的地区，应采用适当的防护措施，或者改用直线形或台阶形边坡。

3. 台阶形

当边坡由多层土组成且高度较大时，可在边坡中部或岩（土）层变化分界处，设置宽度不小于 2.0m 的平台，使边坡成为台阶形，设置平台可以增加边坡的稳定性，减少坡面冲刷，拦挡上边坡剥落下坠的小石（土）块。同时边沟外侧还应设置宽度不小于 1.0m 的碎落台。

第三节　简化 Bishop 法与不平衡推力法

《公路路基设计规范》（JTG D30—2004）规定：边坡高度超过 20m 的路堤，堤身稳定性、路堤和地基的整体稳定性宜采用简化 Bishop 法进行分析计算，土质挖方边坡高度超过 20m 的路堑，边坡稳定性计算宜采用简化 Bishop 法。地面横坡坡度超过 1∶2.5 的路堤为陡斜坡路堤，路基沿斜坡地基或软弱层带滑动的稳定性分析及路堑边坡可能产生折线形破坏的边坡稳定性计算，可采用不平衡推力法计算。应将其作为一种重要的结构单独进行地质勘察和设计，对重要的路堤还应进行稳定性监控。

一、简化 Bishop 法——改进的圆弧条分法

圆弧条分法略去了条间力的作用，因此只满足整个土体的力矩平衡条件，对每一土条力的平衡条件和土条本身的力矩平衡是不满足的。由此产生的误差，一般使求得的安全系数偏低 10% ~20%，这种误差随着破裂面圆心角和孔隙压力的增大而增大。

为克服前述圆弧条分法存在的不足，毕肖普（A. W. Bishop）考虑了条间力的作用，提出了新的稳定系数计算公式。如图 2-2-11 所示土坡，土条 i 上的作用力中有 5 个未知，故属二次超静定问题。毕肖普在求解时补充了两个假设条件：忽略土条间竖向剪力 X_i 及 X_{i+1} 的作用；对滑动面上切向力 T 的大小做了规定。

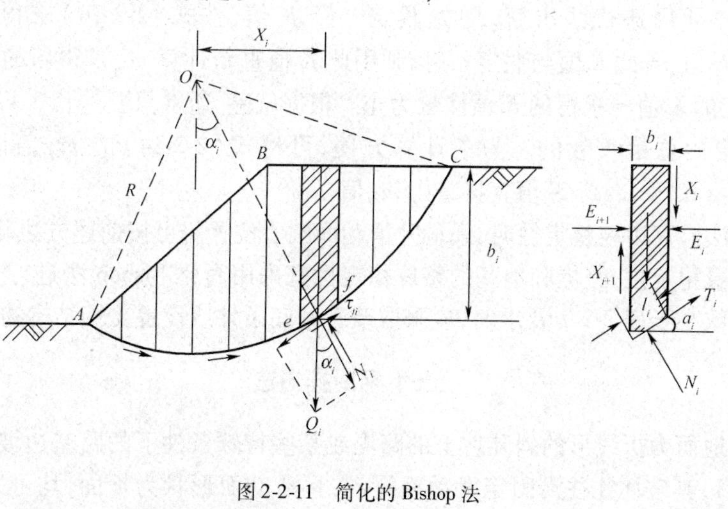

图 2-2-11　简化的 Bishop 法

根据土条 i 的竖向平衡条件可得：

$$Q_i + X_i - X_{i+1} - T_i\sin\alpha_i - N_i\cos\alpha_i = 0$$

或 $$N_i\cos\alpha_i = Q_i + X_i - X_{i+1} - T_i\sin\alpha_i \tag{2-2-8}$$

若土坡稳定安全系数为 K，则土条 i 滑动面上的抗剪强度 τ_{fi} 只发挥了一部分，毕肖普假设 τ_{fi} 与滑动面上的切向力 T_i 相平衡，即：

$$T_i = \frac{1}{K}\tau_{fi} = \frac{1}{K}(N_i\tan\varphi_i + c_i l_i) \tag{2-2-9}$$

将式(2-2-9)代入式(2-2-8)得：

$$N_i = \frac{Q_i + (X_i - X_{i+1}) - \dfrac{c_i l_i}{K}\sin\alpha_i}{\cos\alpha_i + \dfrac{1}{K}\tan\varphi_i\sin\alpha_i} \tag{2-2-10}$$

边坡的稳定安全系数 K 为：

$$K = \frac{M_R}{M_S} = \frac{\sum(N_i\tan\varphi_i + c_i l_i)}{\sum Q_i\sin\alpha_i} \tag{2-2-11}$$

将式(2-2-10)代入式(2-2-11)得：

$$K = \frac{\sum\limits_{i=1}^{n}\dfrac{[Q_i + (X_i - X_{i+1})]\tan\varphi_i + c_i l_i\cos\alpha_i}{\cos\alpha_i + \dfrac{1}{K}\tan\varphi_i\sin\alpha_i}}{\sum\limits_{i=1}^{n} Q_i\sin\alpha_i} \tag{2-2-12}$$

由于式(2-2-12)中 X_i 及 X_{i+1} 是未知的，故求解尚有困难。毕肖普假定土条间的竖向剪切力均略去不计，即 $(X_i - X_{i+1}) = 0$，则式(2-2-12)可简化为：

$$K = \frac{\sum\limits_{i=1}^{n}\dfrac{1}{m_{\alpha_i}}(Q_i\tan\varphi_i + c_i l_i\cos\alpha_i)}{\sum\limits_{i=1}^{n} Q_i\sin\alpha_i} \tag{2-2-13}$$

式中：

$$m_{\alpha_i} = \cos\alpha_i + \frac{1}{K}\tan\varphi_i\sin\alpha_i \tag{2-2-14}$$

式(2-2-13)就是简化毕肖普法计算边坡稳定安全系数的公式。由于式中 m_{α_i} 也包含 K 值，因此式(2-2-13)须用迭代法求解，即先假定一个 K 值，按式(2-2-14)求得 m_{α_i} 值，代入式(2-2-13)求出 K 值，若此 K 值与假定不符，则用此 K 值重新计算 m_{α_i} 求得新的 K 值，如此反复迭代，直至假定的 K 值与求得的 K 值接近为止。根据试验，通常只要迭代 3～4 次就可满足精度要求，而且迭代总是收敛的。为了计算方便，可将式(2-2-14)的 m_{α_i} 值制成曲线(如图 2-2-12 所示)，由 α_i 及 $\tan\varphi_i/K$ 值直接查得 m_{ai} 值。

用毕肖普法验算边坡稳定性时，最危险滑动面圆心位置仍可按前述方法确定。

路堤的堤身稳定性、路堤和地基的整体稳定性宜采用简化 Bishop 法进行分析计算。当路堤稳定安全系数小于表 2-2-7 要求时，应采取改善基底条件或设置支挡结构物等措施。

二、不平衡推力法

修筑在原地面为折线形的斜陡坡上的路堤或某些特殊条件下的路基边坡(如黄土及层状构造的岩土层)，其破坏往往沿固定滑动面滑动，且滑动面形状为折面，均可采用不平衡推力法进行稳定性验算。

不平衡推力法的验算原理仍是利用力的极限平衡条件，但稳定性的表达式不同。稳定性

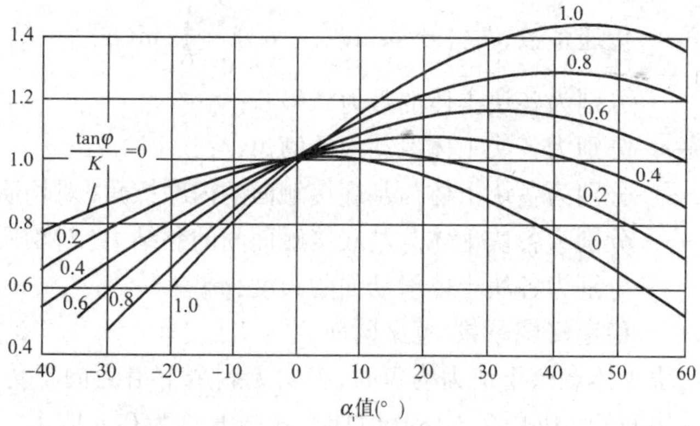

图 2-2-12　m_{α_i}值曲线

指标为剩余下滑力。所谓剩余下滑力 E 是指土坡滑动力 T 与抗滑力 R 的差值,并计入稳定安全系数 K(取 1.3 ~ 1.5),即:

$$E = T - \frac{R}{K} \tag{2-2-15}$$

根据 E 的正负判断土坡的稳定性。具体验算方法如下:

(1)按地面变坡点将土体垂直分成若干土块,如图 2-2-13a)所示。

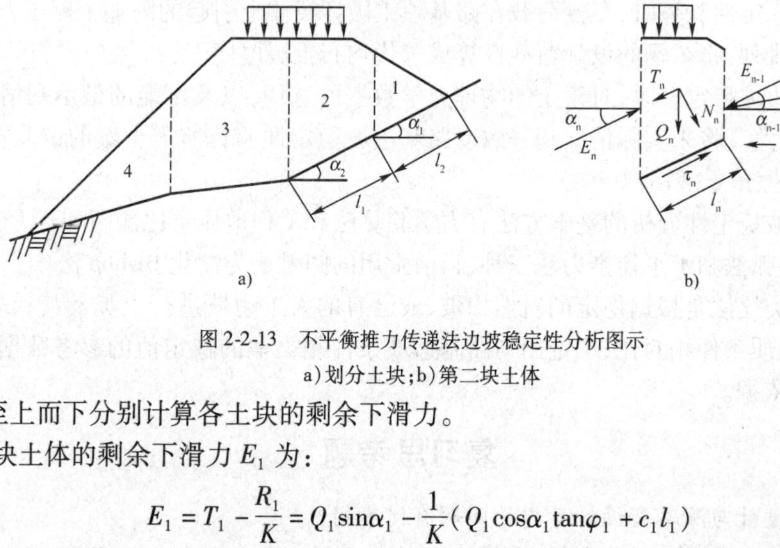

图 2-2-13　不平衡推力传递法边坡稳定性分析图示

a)划分土块;b)第二块土体

(2)至上而下分别计算各土块的剩余下滑力。

第一块土体的剩余下滑力 E_1 为:

$$E_1 = T_1 - \frac{R_1}{K} = Q_1\sin\alpha_1 - \frac{1}{K}(Q_1\cos\alpha_1\tan\varphi_1 + c_1 l_1) \tag{2-2-16}$$

第二块土体如图 2-2-13b)所示,自第二块土体开始,均需计入上一块土体剩余下滑力对本块土体的作用,把其当作一作用于本土块的外力,方向平行于上一块土体的滑动面。由此得第二块土体剩余下滑力 E_2 为:

$$E_2 = T_2 - \frac{R_2}{K} = [Q_2\sin\alpha_2 + E_1\cos(\alpha_1 - \alpha_2)] - \frac{1}{K}\{[Q_2\cos\alpha_2 + E_1\sin(\alpha_1 - \alpha_2)]\tan\varphi_2 + c_2 l_2\} \tag{2-2-17}$$

同理,第 n 块土体的剩余下滑力 E_n 为:

$$E_n = Q_n\sin\alpha_n - \frac{1}{K}(Q_n\cos\alpha_n\tan\varphi_n + c_n l_n) + E_{n-1}\psi_{n-1} \tag{2-2-18}$$

式中:E_1、E_2、…、E_n——分别为各块土体的剩余下滑力,kN/m;

ψ_{n-1}——传递系数，$\psi_{n-1}=\cos(\alpha_{n-1}-\alpha_n)-\frac{1}{K}\sin(\alpha_{n-1}-\alpha_n)\tan\varphi_n$；

Q_1、Q_2、…、Q_n——分别为各块土体的重力，kN/m；

α_1、α_2、…、α_{n-1}、α_n——分别为各块土体滑动面的倾角，°；

φ_1、φ_2、…、φ_{n-1}、φ_n——分别为各块土体与基底接触面的内摩擦角（对均质土取 φ），°；

c_1、c_2、…、c_n——分别为各块土体与基底接触面间的黏结力（对均质土取 c），kPa；

l_1、l_2、…、l_n——分别为各块土体滑动面的长度，m；

K——稳定安全系数，意义同前。

计算中，当某一块土体剩余下滑力为负时，表明无剩余下滑力向下传递，该土块及其上土块稳定，计算从下一块开始，用式(2-2-18)计算时，式中 E_{n-1} 为 0，n 取 1。

(3)判定稳定性。如果最后一块土体的剩余下滑力 $E_n\leqslant 0$，则整个土坡稳定；如 $E_n>0$，则不稳，应采取稳定或加固措施。

本章小结

1. 对于边坡高度超过 20m 的路堤、土质挖方边坡高度超过 20m 路堑、岩石挖方边坡高度超过 30m 路堑、陡斜坡路堤、浸水的沿河路堤以及特殊地段的路基，应进行边坡稳定性的分析计算，据此选定合理的边坡坡度及相应的工程技术措施。

2. 在边坡稳定性验算时，车辆荷载在路基填土破坏棱体上引起的附加土侧压力，需要按车辆最不利情况排列，将车辆的设计荷载换算成等代均布土层厚度 h_0。

3. 在验算边坡稳定性时，对于土的物理力学数据的选川，以及可能的最不利情况，应慎重考虑，力求能与路基将来实际情况相一致。路基边坡稳定性验算所需土壤的试验资料包括土的重度 γ、内摩擦角 φ、黏结力 c。

4. 路基边坡稳定性分析的基本方法有力学验算法和工程地质类比法两种。力学验算法又分为直线法、圆弧法和不平衡推力法三种，目前常用的圆弧法为简化 Bishop 法。

工程地质类比法是根据稳定的自然山坡，或已有的人工边坡进行土类及其状态的分析研究，通过工程地质条件相对比，拟定出与路基边坡条件相类似的稳定值的参考数据，作为确定路基边坡值的依据。

复习思考题

1. 高路堤设计与深路堑设计考虑的问题有何不同？

2. 在路基边坡稳定性验算中，已求得某个滑动面上的稳定安全系数 $K=1.5$，试问该路基边坡是否稳定？为什么？

3. 直线滑动面法、圆弧滑动面法和不平衡推力法分别适用于哪种土质的路基边坡稳定性验算？

4. 在路基边坡稳定性验算中实测 γ、φ、c 数据时，路堤和路堑应分别取何种状态的土样？

5. 应用工程地质类比法，如何确定路堑边坡？

6. 叙述简化 Bishop 法的基本步骤。

第三章　路基路面排水技术

第一节　概　　述

水是危害公路的主要自然因素，路基沉陷、冲刷、坍塌等都不同程度地与地表水和地下水的侵蚀有关。稳固的路基对保证公路的使用性能和使用寿命具有十分重要的意义。

公路路基排水设计应防、排、疏结合，并与路面排水、路基防护、地基处理以及特殊路基地区的其他处治措施互相协调，形成完善的排水系统。

一、路基排水的目的与要求

路基排水的目的，是尽可能地排除路基范围内的地表积水和流向路基的地表积水，以及排除路基范围内的浅层地下水或降低地下水位，防止地表积水和地下水对路基的侵蚀和冲刷，确保路基能始终处于干燥、坚实和稳定状态。因此，公路路基排水设计包括地表排水和地下排水两大部分。设计时应根据公路等级，结合地形、地质、水文、气象等条件以及桥涵设置情况进行综合考虑，各项排水设施互相衔接配合，使水迅速排出路基范围。

地表水包括大气降水以及海、河、湖、水渠、水库水等。地面水对路基产生冲刷和渗透，冲刷可能导致路基整体稳定性受损害，造成水毁。渗入路基土体的水分，使土体过湿而降低土基强度。因此地表排水主要是排出路基范围内的地表径流、地表积水、边坡雨水及公路邻近地带影响路基稳定的地表水。

地下水包括上层滞水、潜水、层间水等。它们对路基的危害程度，因条件不同而异。轻者使路基湿软，降低路基强度；重者会引起冻胀、翻浆或边坡坍滑，甚至整个路基沿倾斜基底滑动。因此地下排水主要是排出流向路基的地下水或降低地下水位。

节约土地与保护环境是我国的基本国策。路基排水设计在满足排水主功能的前提下，应做到节约用地，少占农田，选择排水设施的形式应与沿线周围自然景观相协调，营造公路与自然和谐的环境。道路排水应自成系统，与农业灌溉沟渠互不干扰，一方面为了防止冲毁农田或危害其他水利设施，另一方面从环境和水资源保护的目的出发，防止由于交通事故或其他原因造成的路面污水污染水源及环境，并方便公路的维护。

路基施工中，首先应校核全线排水系统的设计是否完备和妥善，必要时予以补充或修改，应重视排水工程的质量和使用效果。此外，应根据实际情况，设置施工现场的临时性排水措施，保证路基土石方及附属结构在正确条件下进行施工作业，消除路基基底和土体内与水有关的隐患，保证路基工程质量。

路基养护中，对排水设施应予以补充或修改，保持排水设施的正常使用，水流畅通，并根据实际情况不断改善路基排水条件。

二、路基排水设计的一般原则

路基排水设计应遵循的一般原则可以归纳为以下几点：

(1)排水设计要摸清水源、全面规划、因势利导、综合整治,充分利用有利地形和自然水系。一般情况下,地表和地下设置的排水沟渠宜短不宜长,做到及时疏散,就近分流。

(2)保护生态环境,各种路基排水沟渠的设置,应注意与农田水利相配合,必要时可适当增设涵管或加大涵管孔径,以防农业用水影响路基的稳定性,并做到路基排水有利于农田灌溉。路基边沟一般不用作农田灌溉渠道,两者必须合并使用时,边沟的断面应加大,并予加固,以防止水流危害路基。

(3)设计前必须进行调查研究,查明水源与地质条件,重点路段要进行排水系统的全面规划,考虑路基排水与桥涵布置相配合,地表排水与地下排水相配合,各种排水沟渠的平面布置与竖向布置相配合,做到综合整治,分期修建。对于排水困难和地质不良的路段,还应与路基防护与加固相配合,并进行特殊设计。

(4)路基排水要注意防止附近山坡的水土流失,尽量不破坏天然水系,不轻易合并自然沟溪和改变水流性质,尽量选择有利地质布设人工沟渠,减少排水沟渠的防护与加固工程。对于重点路段的重要排水设施,以及土质松软和纵坡较陡地段的排水沟渠,应进行必要的防护与加固。

(5)路基排水要结合当地水文条件和道路等级等具体情况,注意就地取材,以防为主,既要稳固适用,又要经济适用。

第二节　路基地表排水设施的构造

常用的路基地表排水设施有:边沟、截水沟、排水沟、跌水与急流槽、蒸发池、油水分离池及排水泵站等。这些排水设施分别设在路基的不同部位,它们各自的排水功能和构造形式分述如下。

一、边　沟

挖方路基以及填土高度低于路基设计要求临界高度的路堤,在路肩外缘均应设置纵向人工沟渠,称之为边沟,主要功能是汇集或排除路基范围内和流向路基的少量地面水。常用的边沟断面形式有梯形、矩形、三角形或碟形等,如图2-3-1所示。

高速公路、一级公路宜采用三角形或碟形边沟,条件受限而需采用矩形边沟时,应在顶面加带槽孔的混凝土盖板;二级及二级以下公路的土质边沟用梯形,石质边沟用矩形;易于积雪或积砂的路段,边沟宜用碟形;某些较矮路堤,如果用地许可,采用机械化施工时,边沟可用三角形。公路两侧为农田时,为少占良田及防止农业用水对路基的破坏可采用石砌矩形边沟。

梯形土质边沟的边坡,靠近路基的一侧常用1:1~1:1.5,另一侧与挖方边坡度一致,土质或经铺砌加固的矩形边沟的边坡,可以直立或稍有倾斜。三角形边沟的边坡,采用1:2~1:3。碟形边沟的边坡,需修整圆滑,可防止积雪积砂。梯形和矩形边沟的深度和宽度,一般约0.4~0.6m,多雨和潮湿地段,不宜小于0.5m,干旱地区或少水路段,尺寸可小些,但任何情况下也不宜小于0.3m。边沟的排水量不大,一般不需进行水文水力计算,依沿线具体情况选用标准横断面。边沟紧靠路基,通常不允许其他排水沟渠的水流引入,也不能与其他人工沟渠合并使用。

边沟的纵坡,不宜过陡,以免水流冲刷造成损害;亦不宜过缓,造成水流不畅,形成阻滞和淤积,尽可能与路线纵坡保持一致。一般情况下,边沟纵坡以1%~2%为宜,并不宜小于

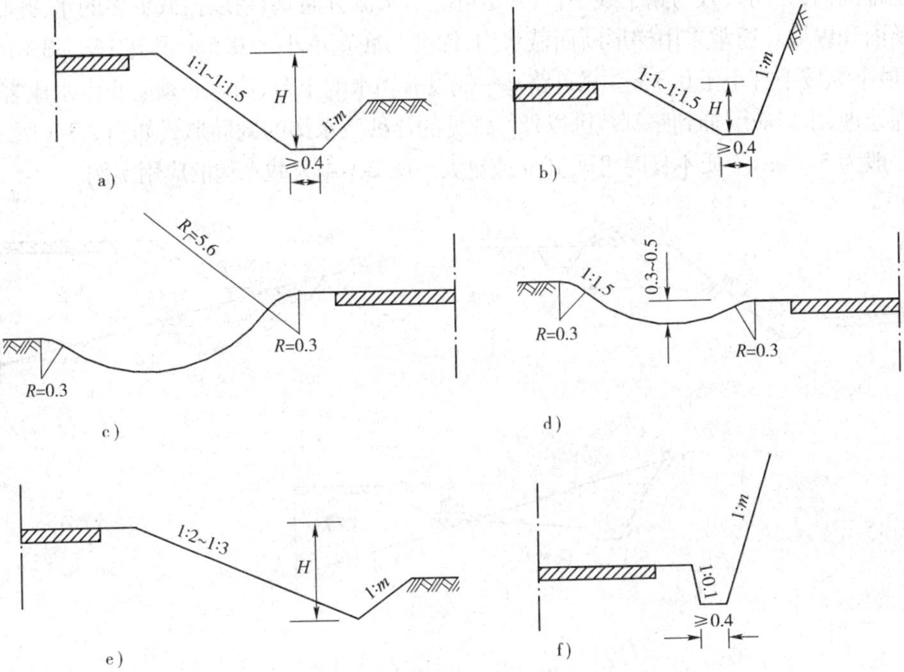

图 2-3-1　边沟横断面形式示意图(单位:m)

a)、b)梯形;c)、d)碟形;e)三角形;f)矩形

0.3%。困难情况下,可减小至0.1%。当路线纵坡坡度小于沟底最小纵坡时,边沟应采用沟底最小纵坡,并缩短边沟出水口的间距。

边沟出水口的间距,一般地区不超过500m,多雨地区不超过300m,三角形和碟形边沟不超过200m。边沟出水口的排放应就近排至路旁自然水沟或低洼地带,必要时添设涵洞,将边沟水引至路基另一侧排出。填挖结合的路段,内侧挖方边沟,需要利用涵洞将边沟水引向路基另一侧排出,如图2-3-2所示。边沟的进出水口,是水流汇集和改向的部位,冲刷较严重,必须因地制宜,妥善处理。

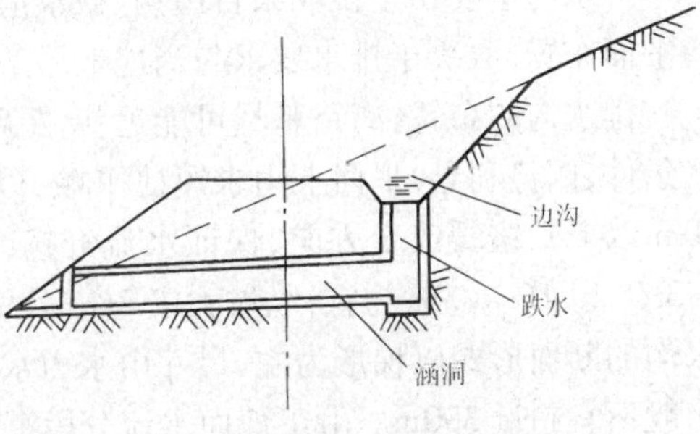

图 2-3-2　边沟水流流入涵洞的单级跌水

平曲线路段的边沟,水流方向改变,尤其是小半径平曲线,因设置超高,内侧边沟高程降低,可能形成低洼积水;山谷展线,路基排水条件较差,平坡路堑地段,难以保证边沟的最小纵坡;陡坡地段,路线常采用较陡纵坡。这些排水不利条件,宜结合路线设计及路基排水系统综合考虑,统筹安排。

二、截水沟(天沟)

设在路基上方,以拦截地面水流向路基的人工沟渠,称为截水沟。截水沟多数设在挖方边坡坡顶之外侧,主要是保护边坡不受地面水冲刷,减少边沟的水量,是多雨地区、山岭和丘陵地区路基排水的重要设施之一。其长度以200~500m为宜;超过500m时,可在中间适宜位置处增设泄水口,由急流槽或急流管分流引排。

设置截水沟的目的在于截流,而且沟内不应长期积水。为此,截水沟的位置应设在路基边坡以外的一定距离内,方向大致与路中线平行,并尽可能与水流方向垂直,以拦截更多的水,并具有足够的流水断面和纵坡。通常采用梯形断面截水沟,深度与底宽不小于0.5m,具有1% ~3%的沟底纵坡,沟底最小纵坡不宜小于0.3%。靠近路基一侧设有挡水的土台,沟内必须防止渗水成害,应进行防渗加固处理,出口应引伸到路基范围以外。常见的几种截水沟的剖面形式如图2-3-3所示。图中距离 d 一般为5 ~6m,土质不良时可取10m或更大。图2-3-4为截水沟的应用实例。

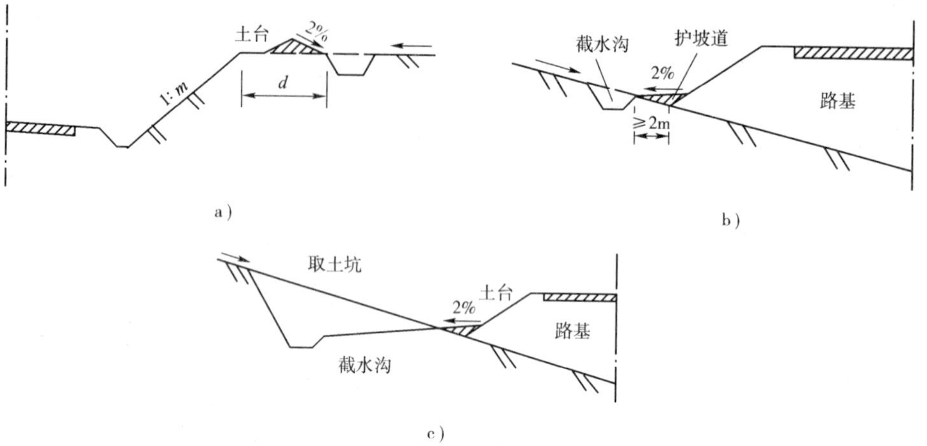

图2-3-3　截水沟断面图

a)路堑截水沟;b)山坡路堤截水沟;c)设有取土坑的截水沟

三、排水沟(引水沟)

排水沟主要用于排泄来自边沟、截水沟或其他水源的水流,以形成整个排水系统。排水沟的平面布置,取决于排水要求与当地地形条件,灵活性很大,通常要求进行专门设计。

排水沟的布置,离路基尽可能远些,距路基坡脚不宜小于3 ~4m,并且必须结合地形等自然条件,因势利导,平面上力求短捷平顺,以直线为宜,必须转弯时,尽量采用较大半径(10 ~20m以上),缓缓改变方向,保证水流舒畅,纵面上控制最大和最小纵坡,沟底纵坡不宜小于0.3%,以1% ~3%为宜;纵坡大于3%时,需要加固;大于7%时,则应改用跌水或急流槽。排水沟的断面形式以梯形为主,尺寸由水力水文计算而定。为避免水流过于集中,排水沟的全长一般不宜超过300m。由于地面水流分段汇集,排水沟的断面可以采用变截面。沟底宽度有突变处应徐缓相接,设置一个宽度渐变段,渐变段的长度一般为两段宽度差的5 ~10倍。排水沟与其他沟渠相接时,应使原水道不产生冲刷或淤积。一般应使排水沟与原水道两者成锐角相交,交角不大于45°,有条件时可采用半径 $R=10b$(b 为沟底宽)的圆曲线朝下游与其他水道相接。图2-3-5为排水沟的应用实例。

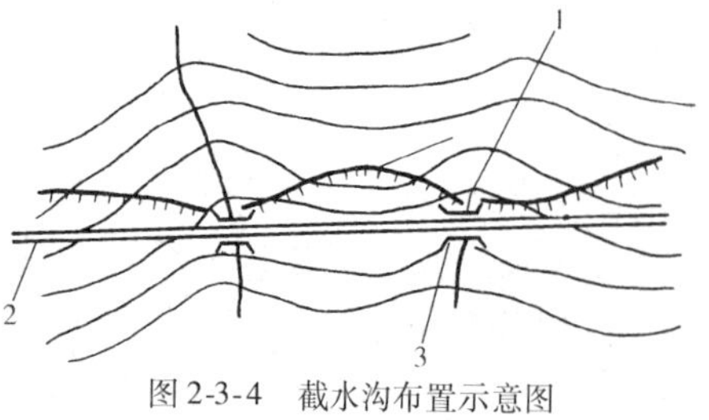

图2-3-4　截水沟布置示意图

1-截水沟;2-公路;3-涵洞

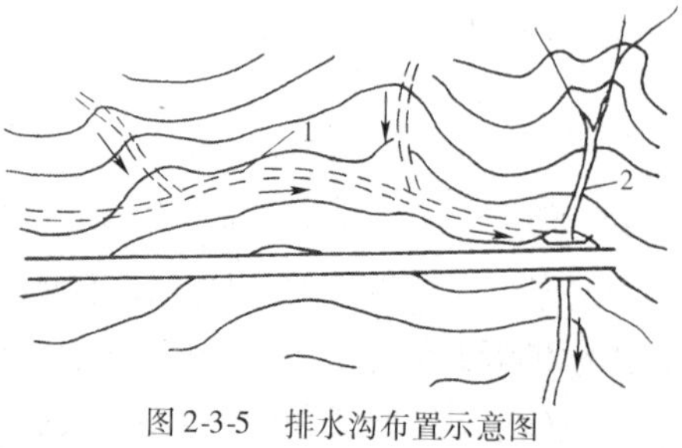

图2-3-5　排水沟布置示意图

1-排水沟;2-自然山沟

四、跌水与急流槽

水流通过坡度大于10%、水头高差大于1.0m的陡坡地段或特殊陡坎地段时，宜设置跌水和急流槽，它是山区公路普遍采用的排水结构物。

跌水是一种将沟底做成台阶状的人工沟渠。当排水沟进入涵洞前，高边坡上需要在短距离内将水引到坡脚处，陡坡路段（纵坡大于7%）的边沟，以及其他需要使水流消能减速时，均可设置跌水。跌水有单级和多级之分：单级跌水，用于沟渠连接水位落差较大，需要消能或改变流向时，如图2-3-2的涵洞进水井即为单级跌水。多级跌水，如图2-3-6所示，逐级台阶的高度p与长度l，根据地形与需要而定，可以相等；也可采用高低、长短和宽窄不同的结构形式。

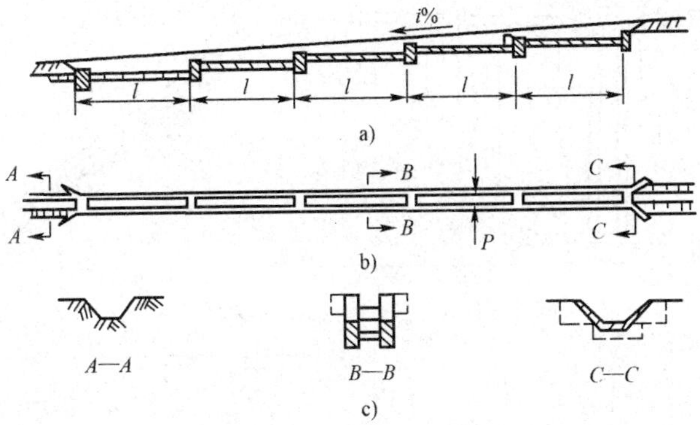

图2-3-6　等截面多级跌水结构图

a)纵剖面；b)平面；c)横剖面

按照水力计算特点，跌水的构造可分为进水口、消力池和出水口三个组成部分，如图2-3-7所示。跌水的三个组成部分，需要根据水力计算的结果，确定其主要尺寸。在通常情况下，如果地质条件良好、地下水位较低、设计流量不超过1.0～2.0m/s时，跌水台阶高度p最大不超过2.0m；常用的简易多级跌水，p值约为0.4～0.5m。护墙要求石砌或混凝土浇筑，墙基埋深约为水深的1.0～1.2倍，并不能小于1.0m，且埋入冰冻线以下。护墙的厚度，石砌时为0.25～0.30m。消力池起消能作用，要求坚固耐用，槽底具有1%～2%的纵坡，底厚约0.35～0.40m，槽壁高出计算水位0.2m以上，壁厚与护墙相仿。消力池末端设消力槛，其高度c根据计算而定，比池内水深低些，$c=(0.2\sim0.3)p$，一般取$c=15\sim20$cm；槛顶厚度约为0.3～0.4m，底部顶留5～10cm孔径的泄水孔，以便断流时池内不致积水。跌水两端的土质沟渠，应适当加固，保持水流畅通，不致使跌水产生淤塞或冲刷，以充分发挥跌水的排水效能。

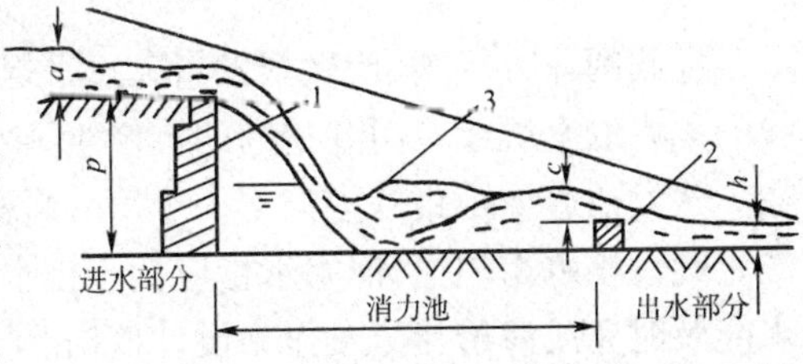

图2-3-7　跌水构造示意图

1-护墙；2-消力槛；3-墙身

p-护墙高；c-消力槛高；a-上游水深；h-下游水深

急流槽的纵坡比跌水更陡，要求坚固耐用，主要纵坡坡度可达67%以上，有时需要更陡，为了节约投资和结构稳定起见，槽身倾斜宜控制在100%以内。通常在短距离内遇有排泄急速水流时才考虑采用。例如，陡坡路段涵洞的进出水口附近沟槽，或回头曲线上下线涵洞之间等处。

急流槽的结构按水力计算特点分成进口、槽身和出口三个组成部分，进出口与槽身连接处因断面尺寸不同，应设置过渡段。

急流槽的主要尺寸，由水力计算而定，对于设计流量不超过 1.0m/s 及槽底纵坡坡度为 67%（1∶1.5）~100%（1∶1）的急流槽，可参照有关设计手册选用。

急流槽应就地敷设，由基础、端部及槽身设阶梯形耳墙构成，间隔约为 2 ~5m，埋入地面以下，以防槽身位移。槽身较长时，每 5 ~10m 分段砌筑，并预留伸缩缝。

由于纵坡大、水流湍急，冲刷作用严重，所以跌水与急流槽，必须用浆砌石块或水泥混凝土砌筑，且应埋设牢固。图 2-3-8 为急流槽的应用实例。

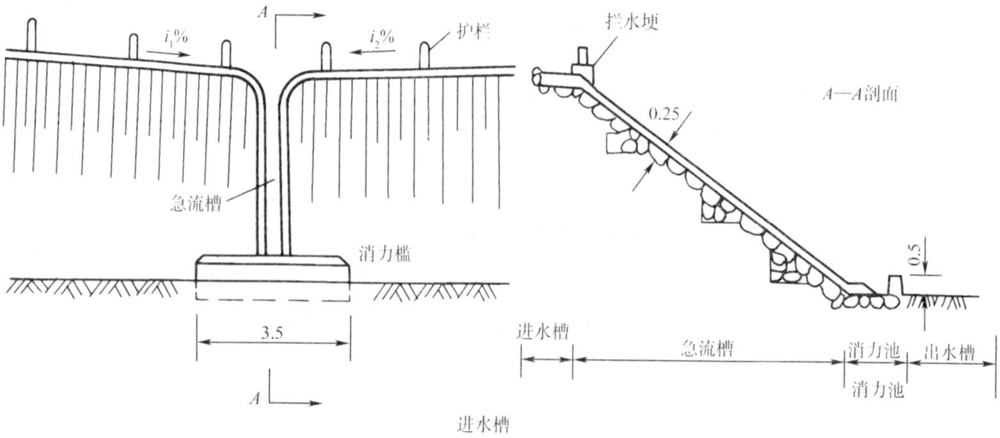

图 2-3-8 高路堤地段边坡急流槽（单位：m）

五、蒸 发 池

在我国北方气候干旱、蒸发量大且平坦地面排水困难地段，可在离路基适当的地方利用沿线的集中取土坑或专门开挖的凹坑修筑蒸发池，以汇集路界地表水，靠自然蒸发或下渗将水排除。蒸发池边缘距路基边沟不小于 5m，面积较大的蒸发池不小于 20m。蒸发池与边沟或排水沟之间设排水沟相连，池中水位应低于排水沟沟底，池的容量应以一个月内路基汇入池中的雨水能及时完成渗透与蒸发作为设计依据。

第三节 路基地下排水设施的构造与布置

公路路基的地下排水，主要是为了截断与排除来自山坡地下流向路基的地下水，其中包括层间水或泉水等，使之不致侵蚀路基，有时也用于降低地下水位，隔断毛细水上升或排除路基下面的积水。地下排水设施的投资较大，维修较困难，因此凡是能用地面排水设施代替时，可尽量不设或少设地下排水设施。当地下水位较高且路基高程受到限制时会造成路基水温条件差，影响路基的强度与稳定性，此时应考虑采用地下排水设施。但应力求结构简单，方便实用，注意因地制宜，就地取材，牢固并长期有效。

常用的路基地下排水设施有：暗沟（管）、渗沟和渗井等，其特点是排水量不大，主要是以渗流方式汇集水流，并就近排出路基范围以外。对于流量较大的地下水，应设置专用地下管道予以排除。

一、暗沟(管)

暗沟(管)是设在地面以下引导水流的沟道,无渗水和汇水的功能。暗沟(管)主要作用是把路基范围内的泉水或渗沟所拦截、汇集的水流,排到路基范围之外。市区街道污水管或雨水管以及高速公路、一级公路中央分隔带有雨水浸入时,在其转弯处,通过雨水口将路面水引入地下暗沟,排到路基范围之外。

暗沟(管)应在路基填土前或开挖后,按泉眼范围及流量大小或渗沟汇集的水流情况,确定断面尺寸。图 2-3-9 是疏导路基泉水的暗沟构造图。

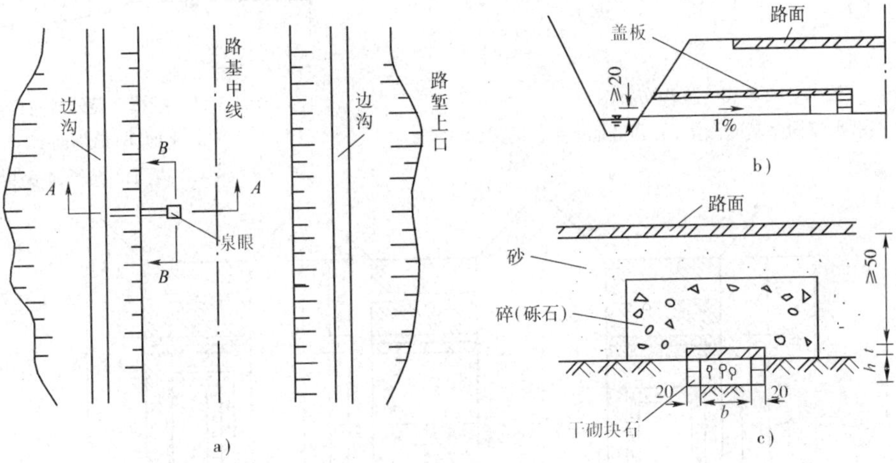

图 2-3-9　疏导路基泉水的暗沟构造图(尺寸单位:cm)

a)平面;b)A-A 剖面;c)B-B 剖面

暗沟横断面一般为矩形,沟宽应按泉眼范围或流量大小决定,一般为 20 ~ 30cm。净高 h 约为 20cm。若两侧沟壁为石质,盖板可直接放在两侧石壁上。为防止泥土或砂砾落入沟槽或泉眼,以免淤塞,盖板周围用碎(砾)石做成反滤层,其颗粒直径自上而下,由外及里,逐渐增大,每层厚度不小于 15cm。反滤层顶部设土工布(织物)或双层反铺草皮,再用黏土夯实,以免地面水下渗和黏土颗粒落入反滤层。沟底纵坡不小于 1%,不允许出现倒灌现象。冰冻地区暗沟的埋置深度应大于当地的冰冻深度,保证全年各个季节排水畅通。暗沟(管)的排水通道亦可用钢筋混凝土圆管构建。

二、渗　　沟

渗沟是以渗透的方式来吸收降低地下水位,汇集和拦截流向路基的地下水,并通过沟底通道将水排到路基范围以外的指定地点,使路基上部保持干燥,不致因地下水成害。根据地下水位分布情况,渗沟可设在边沟、路肩、路基中线以下或路基上侧山坡适当位置。如图 2-3-10 所示。渗沟的平面布置应尽可能与地下水流向相互垂直,使之能拦截更多的地下水。图 2-3-11 是设在路基挖方与填方交界处的横向盲沟,用以拦截和排除路堑下面层间水或小股泉水,保持路堤填土不受水害。

按排水构造的不同,渗沟大致有三种形式,如图 2-3-12 所示。图 2-3-12a)为填石渗沟(也称盲沟);图 2-3-12b)为管式渗沟;图 2-3-12c)为洞式渗沟,三种形式均由排水层(石缝或管、洞)、反滤层和封闭层所组成。

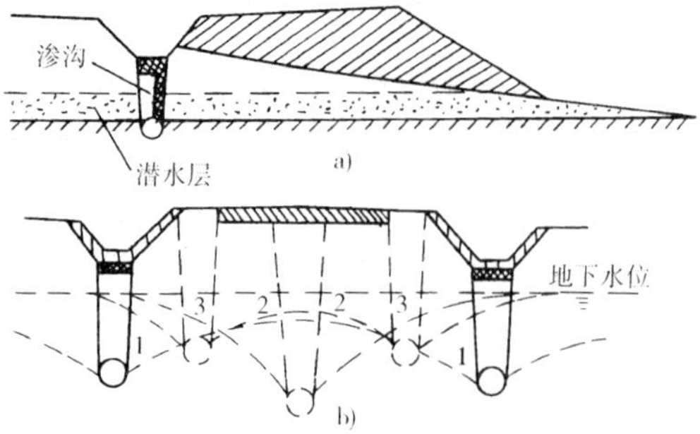

图 2-3-10　渗沟布置图

a）拦截潜水流向路基的渗沟；b）降低地下水位的渗沟

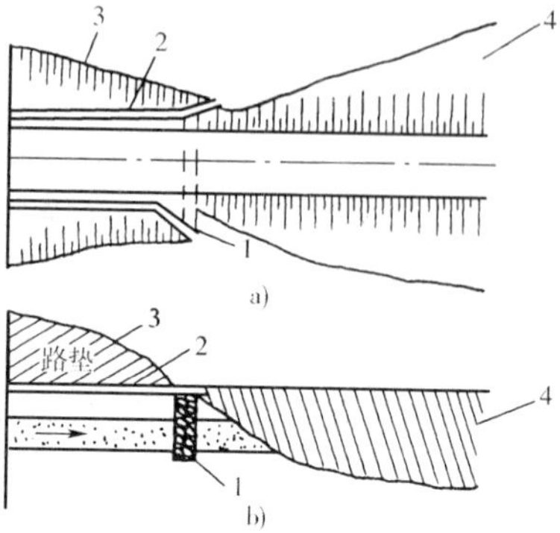

图 2-3-11　挖填交界处横向盲沟

a）平面；b）纵剖面

1-渗沟；2-边沟；3-路堑；4-路堤

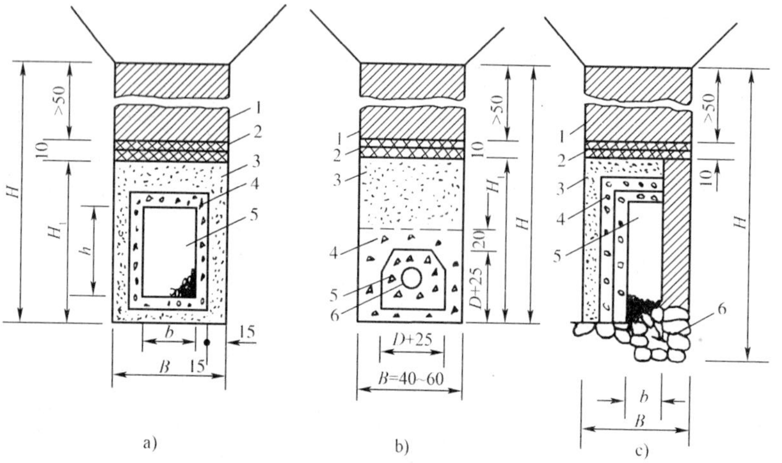

图 2-3-12　渗沟构造图（尺寸单位：cm）

a）填石渗沟；b）管式渗沟；c）洞式渗沟

1-夯实黏土；2-双层反铺草皮；3-粗砂；4-石屑；5-碎石；6-渗水管或浆砌片石沟洞

填石渗沟（盲沟）：一般用于流量不大、渗沟不长的地段，是目前公路上常用的一种渗沟。由于排水层阻力较大，其纵坡不应小于1%，一般可采用5%。

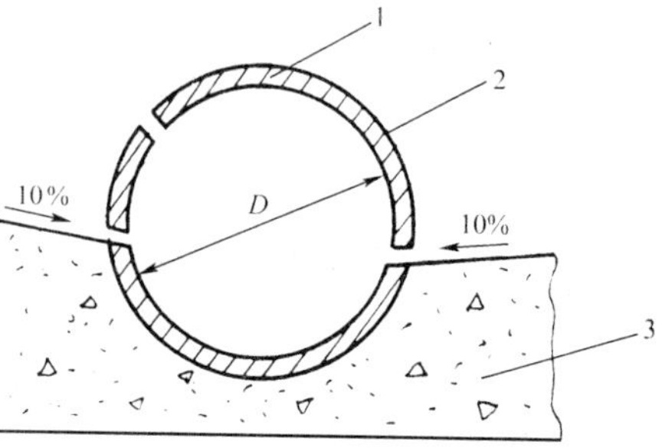

图 2-3-13　管式渗沟的管身剖面图

1-预制管；2-渗水孔；3-基座

管式渗沟：适用于地下引水较长的地段，渗沟纵向长度应不大于 250～350m，若渗沟过长时，应加设横向泄水管，将纵向渗沟内的水流，迅速分段排除。沟底纵坡取决于设计流速，最大流速应考虑到水管的构造及其使用寿命，且不致冲毁管下垫枕材料，一般以不大于 1.0m/s 为宜，亦不应低于最小流速。最小纵坡坡度为 0.5%，以免淤积。渗水管的管身构造如图 2-3-13 所示。

洞式渗沟：当地下水流量较大，或缺乏水管时，可采用石砌涵洞，洞口大小依设计流量而定。沟底纵坡最小为 0.5%，有条件时适当采用较大纵坡，以利排水。

渗沟的槽宽(人工开挖)视沟深而定,一般深度在 2m 时,宽度为 0.6 ~ 0.8m;深度在 3 ~ 4m 时,宽度不小于 1.0m。沟内用做排水和渗水的砂石填料,应经过筛选和清洗。

封闭层是为了防止土粒落进填充石料的孔隙,以免造成渗沟堵塞而设置的,同时也能起到防止地面水渗入沟内的作用。如图 2-3-12 所示的三种渗沟,均可用浆砌片石封顶。也可用土工布(织物)、双层反铺草皮或沥青纸材料,铺在反滤层顶面,上面为厚度不小于 50cm 的夯实黏土层。当渗沟局部地段无地下水渗入时,沟壁应用浆砌片石封闭。

反滤层是为了汇集水流,并用以防止含水层中土粒堵塞排水层而设置的。反滤层应尽可能选用颗粒大小均匀的砂石材料,分层填埋,相邻两层颗粒直径之比不小于 1:4,每层厚度不小于 15cm,填料的颗粒应为含水层土的最大粒径的 8 ~ 10 倍。

渗沟的基底一般埋入不透水层(如图 2-3-12 所示),渗沟沟壁迎水面应设反滤层汇集水流,用来拦截地下水流的渗沟,用黏土夯实或 M5 水泥砂浆砌片石,拦截水流。如含水层较厚,沟底不能埋入不透层,沟壁两侧均应设置反滤层。

渗沟的排水层,可采用石质坚硬的较大颗粒填充,以保证具有足够的孔隙度排除设计流量。填充的高度不小于 0.3m,并应高出原地下水位。

管式渗沟的泄水管,可用陶土、水泥混凝土、石棉或聚氯乙烯带孔塑料管等材料制成,在林区有时也可用竹木等当地材料。管径视设计流量而定,一般为 15 ~ 30cm。在冬季管内水流结冰的地段,为防止堵塞可采用较大直径的水管,并加设保温层。管式渗沟的高度 H,应使反滤层顶面高出原地下水位,而且不低于沟底至管顶之间高度的 2 ~ 4 倍。沟底一般用干砌片石,如果深入透水层,则用浆砌片石或水泥混凝土。

洞式渗沟的底部孔洞,其作用与水管相仿,排水洞大小依设计流量而定,一般为 20 ~ 40cm,用浆砌片石筑成,上加带泄水小孔的水泥混凝土盖板或条石铺砌,条石间设空隙以利集水。洞内的水可以满流也可不满流。洞式渗沟的高度,与管式渗沟相仿。

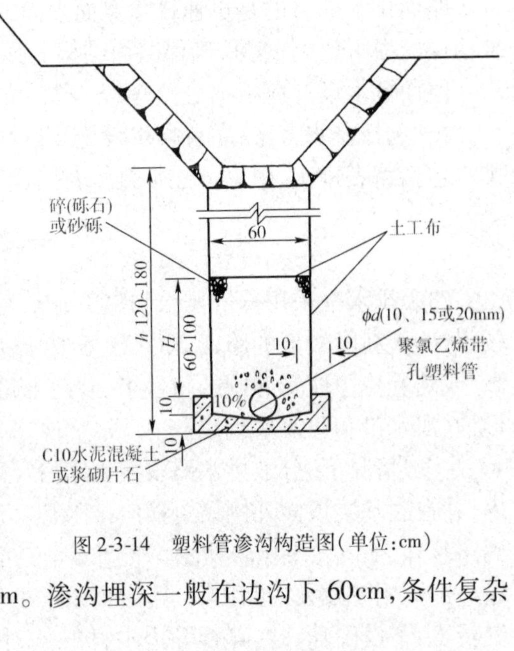

图 2-3-14　塑料管渗沟构造图(单位:cm)

挖方路基的路床(路面底面以下 80cm),有时由于地下水的作用,出现土质湿软、弹簧、冒浆、强度降低等现象,导致路面破坏。一般除掺灰处理外,采用带孔的聚氯乙烯塑料管与土工布组成的渗沟埋设在边沟附近,可取得满意的效果。如图 2-3-14 所示,土工布的规格可为 120 ~ 150g/m^2。带孔塑料管的直径为 10 ~ 20cm,进水孔孔径为 0.5m,错位排列;碎(砾石)粒径,靠近塑料管的可大些,为 3 ~ 5cm;靠近土工布的粒径最小为 1 ~ 2cm。渗沟埋深一般在边沟下 60cm,条件复杂时予以加深。

三、渗　井

将排不出的地表水或边沟水渗到地下水层中而设置的用透水材料填筑的竖井称为渗水井。图 2-3-15 为圆形井结构布置图。前述渗沟属于水平方向的地下水排水设施,而渗井则属立式(竖向)排水设施。在平坦地区地面排水困难时,如距离地面不深处有渗透性土层,而且地下水背离路基或较深，可以修建渗井，将地表水或边沟水分散到离地面1.5m以下的土层中。渗井上部构造为集水结构，下部为排水结构。

上部构造：渗水井面积的大小，取决于路基表面的流量，一般采用直径为1.0～1.5m圆柱形，或边长为1.0～1.5m的方形。渗井顶部周围用黏土筑堤围护，或加筑混凝土盖板。

下部构造：渗水井的下部，必须穿过不透水层而深达渗透层。井内填充材料用碎石或卵石，上部不透水土层内填充砂和砾石。透水性土层离地面较深时，可用钻井机钻孔，但钻孔的直径不应小于15cm，有时可达50～60cm。井深视地层构造情况而定；井内由中心向四周按层次分别填入由粗而细的砂石材料。粗料渗水，细料反滤。填充料要求筛分冲洗，施工时需用铁皮套筒分隔填入不同粒径材料，不得粗细材料混杂，以保证渗井达到预期排水效果。

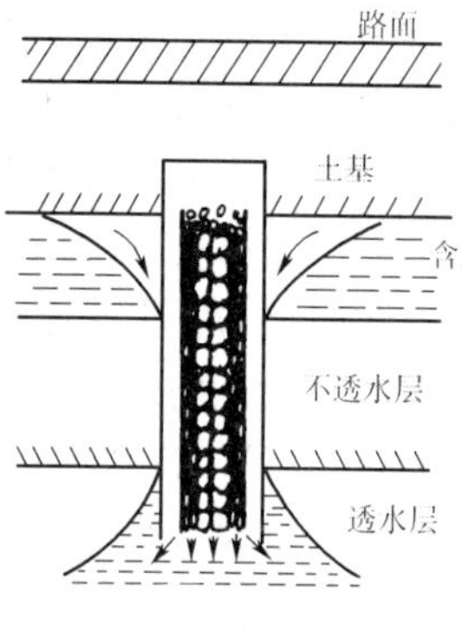

图2-3-15 渗水井构造与布置图

渗井施工难度大，单位面积造价高，一般不轻易采用。当土基含水量较大，路面翻浆，彻底解决地面水、地下水困难时，经与其他技术措施相比较，有条件地选用。

由于地下排水结构物系隐蔽工程，其构造一般比地面排水结构复杂，投资较大，故设计、施工、养护均应特别注意，以免结构失效而后患无穷。

第四节 路面排水设施构造与布置

路面排水的目的是迅速排除路面表面的大气降水和渗入路面结构中的水，防止水对路面结构层的损害（水损害），确保路面结构的强度和稳定性。

路面排水设计应根据公路等级、降水量、路线纵坡等因素，结合路基、桥涵结构物排水设计，合理选择排水方案，布置排水设施，形成完整、畅通的排水体系，保证路基路面稳定。路面排水包括路表排水、中央分隔带排水及路面结构内部排水。

一、路表排水

路表排水常采用分散排水和集中排水两种形式。分散排水适用于路线纵坡平缓、汇水量较小、路堤高度较低的路段，由路面横坡、路肩和边坡防护组成。集中排水适用于路堤高度较高，或路堤易边坡受冲刷的粉性土、砂性土路段，凹形曲线底部等，由路面横坡、拦水缘石或矩形槽、泄水口和急流槽组成。

一般情况下，分散排水路段的土路肩常采用生态防护，种植适合当地气候、土质条件的草皮，并在底基层顶面外侧设置横向排水管，将滞留在填土绿化层底面的渗水通过横向排水管排到路基外，如图2-3-16a）所示，对于低填方路堤可采用图2-3-16b）所示构造，垫层铺至路基边缘。冲刷相对较大的路段，土路肩宜用不小于50mm厚的预制水泥混凝土块铺砌或现场浇注混凝土，下设砂砾、砂、碎石等透水材料，以利于路面结构排水，如图2-3-16c）所示；也可用碎石、砂砾加固，如图2-3-16d）所示。

采用集中排水时，直线段的集中排水泄水口的间距应按有关规范计算确定，一般30～50m设一处，其开口宽度一般为0.5m。在凹形竖曲线的底部或其他位置，宜适当加密。拦水带可用沥青混凝土或预制水泥混凝土制作。当用沥青混凝土拦水带时，其沥青混凝土混合料的级配宜符合有关规范规定，沥青用量宜按马歇尔试验确定的最佳沥青用量增加0.5%～1%，采

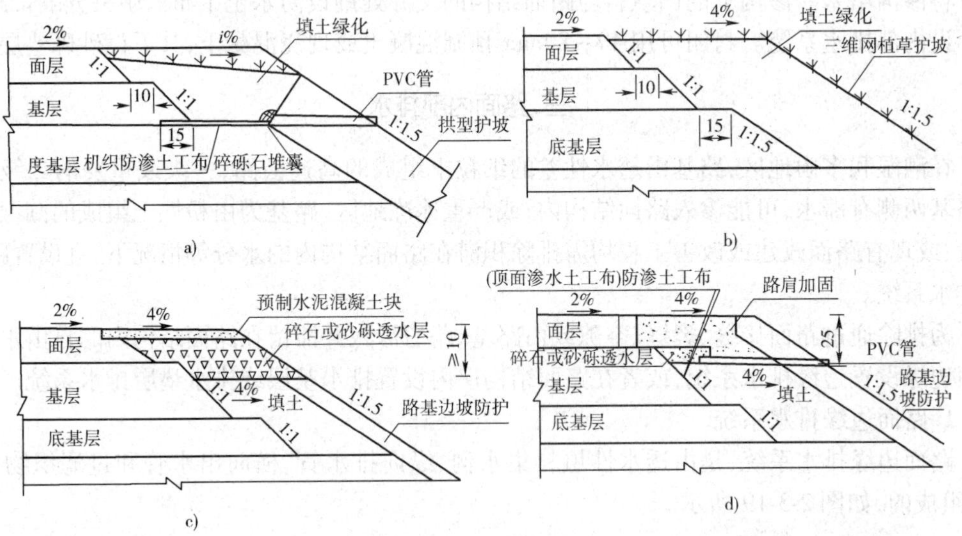

图 2-3-16　分散排水路肩构造图(尺寸单位:cm)

a)土路肩边部构造Ⅰ;b)土路肩边部构造Ⅱ;c)土路肩边部构造Ⅲ;d)土路肩边部构造Ⅳ

用双面击实 50 次,空隙率宜为 2% ~4%。预制水泥混凝土拦水缘石,应预留相应的出水孔,以免阻止路面结构内部排水。对新建高速公路超高段的集中排水,宜采用在左侧路缘带左侧设置有钢筋混凝土盖板的预制整体式 U 形混凝土沟或缝隙式排水沟,每 25 ~50m 设一处集水井,并通过横向排水管引至边坡的急流槽或暗管,如图 2-3-17 所示。

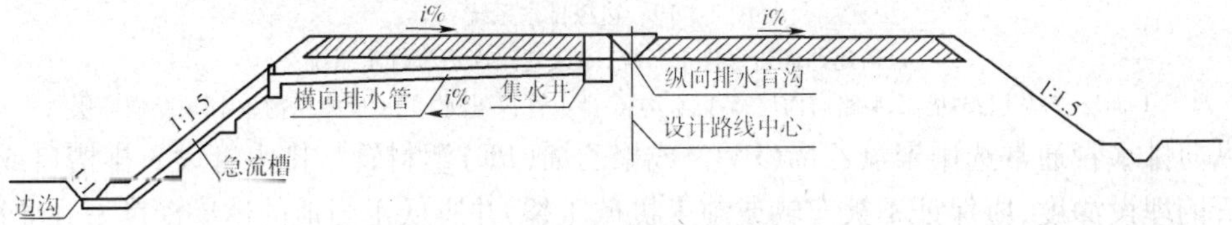

图 2-3-17　超高段集中排水构造图

二、中央分隔带排水

中央分隔带的排水设施由排水沟(明沟、暗沟)、渗沟、雨水井、集水井、横向排水管等组成,中央分隔带可用凸式、平式或凹式。一般不封闭,也可封闭,如图 2-3-18 所示。

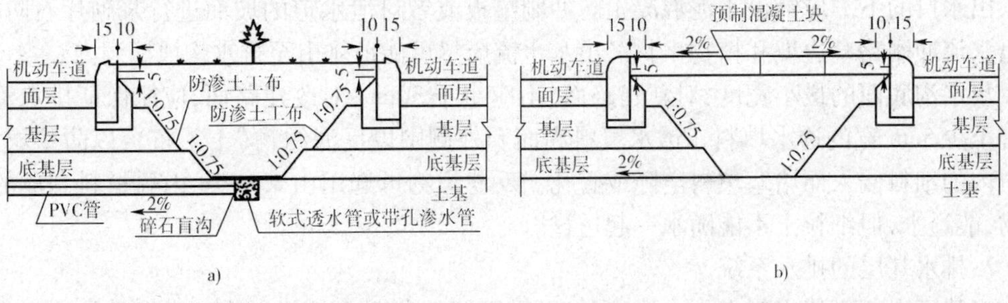

图 2-3-18　中央分隔带排水(单位:m)

a)中央分隔带排水大样(凸式);b)封闭式中央分隔带排水大样(凸式)

为排除渗入分隔带内的表面水,中央分隔带内可设置纵向排水渗沟,并间隔 40 ~80m 设一条横向排水管将渗沟内的水排引出,渗沟周围包裹反滤织物(土工布),以免渗入水携带的细粒将渗沟堵塞。渗沟上的回填料与路面结构的交界处铺设防水土工布。中央分隔带封闭后可不设内部排水系统。封闭可用40～80mm预制混凝土或现浇混凝土，其下设砂砾垫层。

三、路面内部排水

在潮湿和多雨地区，路基由透水性差的细粒土组成的高速公路，一级或重要的二级公路；或路基两侧有滞水，可能渗入路面结构内；或严重冰冻地区，路基为由粉性土组成的潮湿、过湿路段、或现有路面改建或改善工程均需排除积滞在路面结构内的水分等情况下，宜设置路面内部排水系统。

为排除通过路面接缝、裂缝、空隙或由路基、路肩渗入并滞留在路面结构内的自由水，可沿路面边缘设置边缘排水系统，或者在路面结构层内设置排水基层或排水垫层排水系统。

1.路面边缘排水系统

路面边缘排水系统，是由透水性填料集水沟、纵向排水管、横向出水管和过滤织物（土工布）组成的，如图2-3-19所示。

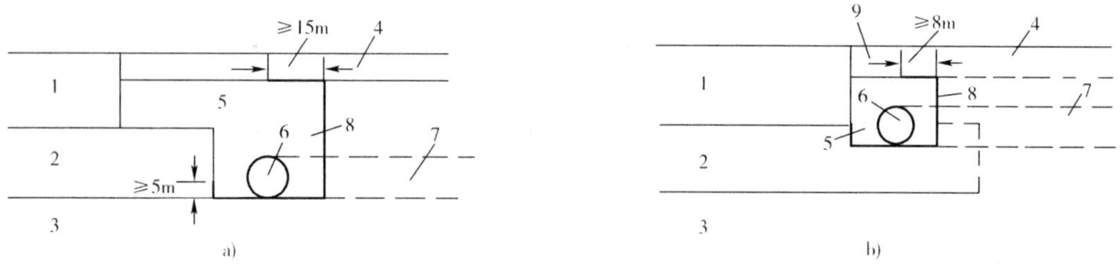

图2-3-19 边缘排水系统

a)新建路面边缘排水系统；b)改建路面边缘排水系统

1-面层；2-基层；3-垫层；4-路肩面层；5-集水沟；6-排水管；7-出水管；8-反滤织物；9-回填路肩面层

纵向排水管通常选用聚氯乙烯（PVC）或聚乙烯（PE）塑料管。排水管设3排槽口或孔口，排水管的埋设深度，应保证不被车辆或施工机械压裂，并应低于当地的冰冻深度。在非冰冻地区，新建路面时，排水管管底通常与基层底面齐平；改建路面时，管中心应低于基层顶面。排水管的纵向坡度宜与路线纵坡相同，但不得小于0.25%。

横向出水管选用不带槽或孔的聚氯乙烯或聚乙烯塑料管，管径与排水管相同。出水管的横向坡度不宜小于5%。埋设出水管所开挖的沟，须用低透水材料回填，透水性填料由水泥处治开级配粗集料组成，其孔隙率约为15%～20%。出水管的外露端头用镀锌铁丝网或格栅罩住。出水口的下方应铺设水泥混凝土防冲刷垫板或者对泄水道的坡面进行浆砌片石防护，以防止水流冲刷路基边坡和植物生长。出水水流应尽可能地排引至排水沟或涵洞内。

集水沟底面的最小宽度，对新建路面，不应小于30cm；对改建路面，应能保证排水管两侧各有至少5cm宽的透水填料。透水填料底面和外侧围以反滤织物（土工布），以防垫层、基层路肩内的细料侵入而堵塞填料空隙或管孔。反滤织物可选用由聚酯类、丙烯材料制成的无纺织物，能透水，但细粒土不能随水一起透过。

2.排水基层的排水系统

当路面内部可能出现自由水滞留时，可采用沥青碎石或骨架空隙型水泥稳定碎石或级配碎石做排水基层。排水基层的集料应选用洁净、坚硬而耐久的碎石，其压碎值不应大于28%，最大粒径可为20mm或25mm，集料级配应满足透水性要求（渗透系数不得小于300m/d），可通过常水头或变水头渗透试验确定。骨架空隙型水泥稳定碎石，其7d浸水抗压强度不得低于

3～4MPa，开级配沥青碎石集料的沥青用量可为集料干重度的2.5%～4.5%。路面边缘排水应结合当地经验设计，可用碎石、砂砾、砂等透水性填料填筑路肩，并与横向出水管、过滤织物（土工布）组成排水系统。如图2-3-20所示。

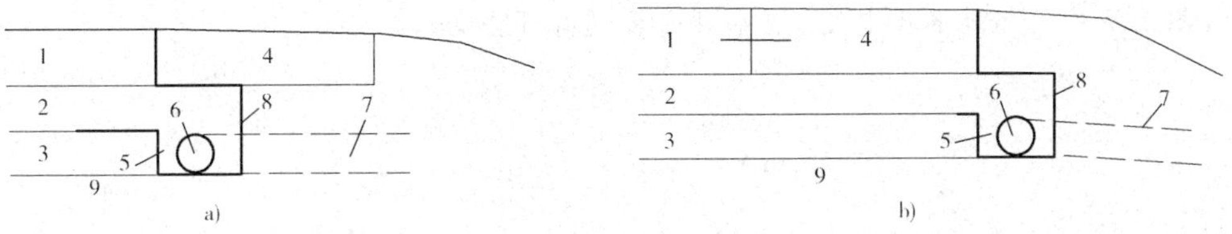

图2-3-20　排水基层排水系统

1-面层；2-排水基层；3-不透水垫层；4-路肩面层或水泥混凝土路肩面层；5-集水沟；6-排水管；7-出水管；8-反滤织物；9-路基

纵向集水沟可设在面层边缘外侧、路肩下或路肩边缘外侧（图2-3-20）。集水沟中的填料采用与排水基层相同的透水性材料。水沟的下部设置带槽口或圆孔的纵向排水管，并间隔适当距离设置不带槽孔的横向出水管。

为拦截地下水、滞水或泉水进入路面结构，或排出因负温差作用而积聚在路基上层的自由水，可直接在路基顶面设置透水性排水垫层，并适当配置纵向集水沟、排水管和出水管等，如图2-3-21所示。排水垫层选用开级配集料（砂或砂砾石），其级配应满足排水和反滤的要求。

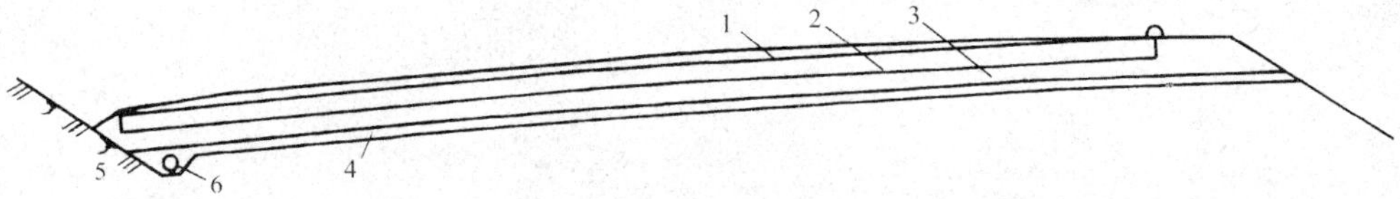

图2-3-21　排水垫层排水系统

1-面层；2-基层；3-垫层；4-排水垫层；5-集水沟；6-排水管

本章小结

1. 路基排水的目的是尽可能排除路基范围内的地表积水和流向路基的地表积水，以及排除路基范围内的浅层地下水或降低地下水位，防止地表积水和地下水对路基的侵蚀和冲刷，确保路基能始终处于干燥、坚实和稳定状态。

路面排水的目的是迅速排除路面表面的大气降水和渗入路面结构中的水，防止水对路面结构层的损害（水损害），确保路面结构的强度和稳定性。

2. 常用的路基地表排水设施有：边沟、截水沟、排水沟、跌水与急流槽、蒸发池、油水分离池及排水泵站等。

3. 常用的路基地下排水设施有：暗沟（管）、渗沟和渗井等，其特点是排水量不大，主要是以渗流方式汇集水流，并就近排出路基范围以外。

4. 路面排水包括路表排水、中央分隔带排水及路面结构内部排水。

复习思考题

1. 边沟、截水沟及排水沟的主要区别是什么？

2. 跌水与急流槽有什么区别？

3. 渗沟按排水通道形式不同分为哪几种？适用情况如何？
4. 地下排水结构物有几种？各适用于何种情况？
5. 路表排水有哪几种形式？
6. 路面结构内部排水及中央分隔带排水分别有哪些要求？

第四章 路基防护与加固技术

第一节 概 述

一、路基防护与加固的目的

由岩土所筑成的路基,大面积地暴露于空间,长期受自然因素的侵蚀,岩土在不利水温条件作用下,物理、力学性质将发生变化。浸水后湿度增大,土的强度降低;饱和后的土强度将急剧降低;岩性差的岩体,在水温变化条件下,加剧风化;路基表面在温差作用下形成胀缩循环,在湿差作用下形成干湿循环,可导致强度衰减和剥蚀;地表水流冲刷,地下水源浸入,使岩土表层失稳,易造成和加剧路基的水毁病害;沿河路堤在水流冲击、淘刷和侵蚀作用下,易遭破坏;湿软地基承载力不足,易导致路基沉陷。所有这些均取决于岩土的物理、力学性质及自然因素,且与路基承受行车荷载的情况密切相关。

合理的路基设计,应在路基位置、横断面尺寸、岩土组成等方面综合考虑。为确保路基的强度与稳定性,路基的防护与加固,也是不可缺少的工程技术措施。防护是指为防止路基边坡受冲刷和风化作用,在坡面上所做的各种铺砌和栽植;加固主要是指对天然含水量过大、承载力低的软弱地基或可能失稳的路基边坡所做的各种技术处理。随着公路等级的提高,为维护正常的汽车运输,减少公路灾害,确保行车安全,保持公路与自然环境协调,路基的防护与加固更具有重要意义。

二、防护与加固的分类

路基防护技术设施主要有边坡坡面防护和沿河路基防护,路基支挡技术设施主要有挡土墙、边坡锚固、土钉支护和抗滑桩,路基加固技术设施主要有轻质路堤、加筋路堤、反压护道、排水固结法、粒料桩、加固土桩和强夯法。

1. 坡面防护

主要是保护路基边坡表面免受雨水冲刷,减缓温差及湿度变化的影响,防止和延缓软弱岩土表面的风化、碎裂、剥蚀演变进程,从而保护路基边坡的整体稳定性,在一定程度上还可兼顾美化路基和协调自然环境。坡面防护设施,不承受外力作用,故要求坡面岩土整体稳定牢固。简易防护的边坡高度与坡度不宜过大,土质边坡坡度一般不陡于1:1～1:1.5。地面水的径流速度以不超过2.0m/s为宜,地面水不宜集中汇流。雨水集中或汇水面积较大时,应有排水设施相配合,如在挖方边坡顶部设截水沟,高填方的路肩边缘设拦水埂、每隔一定的距离设置急流槽等。

常用的坡面防护设施有植物防护(种草、铺草皮、植树等)、圬工防护(喷护、锚杆挂网喷浆、护坡、护面墙等)和骨架植物防护。植物防护可视为有“生命”(成活)防护,圬工防护属无机物防护,骨架植物防护可视为是前两种防护设施的综合使用。有“生命”防护以土质边坡为主，无机物防护以石质路堑边坡为主。在一定程度上，有“生命”防护在稳定边坡和改善路容方面，优于无机物防护。

2. 沿河路基防护

主要对沿河滨海路堤、河滩路堤及水泽区路堤，亦包括桥头引道，以及路基边坡的防护堤岸等。此类路堤常年或季节性浸水，受流水冲刷、拍击和淘洗，造成路基浸湿、坡脚淘空，或水位骤降时路基内细粒填料流失，致使路基失稳，边坡崩塌。所以沿河路基防护主要针对水流的破坏作用而设，起防水治害和加固堤岸双重功效。

沿河路基防护设施，有直接和间接两类。直接防护设施中包括植物防护和石砌防护与加固两种，常用的有植树、铺石、抛石或石笼、浸水挡土墙等。间接防护主要指设置导治结构物，如丁坝、顺坝、防洪堤、拦水坝等，必要时进行疏浚河床、改变河道，目的是改变水流方向，避免或缓和水流对路基的直接破坏作用。改变水流流速、流向和原来状态，有可能导致上下游路基及堤岸对面遭害，必须慎重对待，掌握流水运动规律，因势利导，防治结合，综合治理。

常用的路基防护设施汇总于表2-4-1。挡土墙将在第五章作专门介绍。

路基防护技术概况 表2-4-1

分类	用　途	技术措施(方案)	适用范围
路基边坡坡面防护	1. 保护路基边坡表面免受雨水冲刷； 2. 减缓坡面温差及湿度变化的影响； 3. 防止和延缓软弱岩土表面的风化、碎裂、剥蚀演变进程； 4. 兼顾美化路基和协调自然环境	种　草	适用于边坡坡度不陡于1:1，土质适宜种草，不浸水或短期浸水，地面径流速度不超过0.6m/s的边坡
		铺草皮	适用于需要快速绿化，坡率缓于1:1的土质边坡和严重风化的软质岩石边坡
		植　树	适用于坡率缓于1:1.5的边坡，或在边坡以外的河岸及漫滩上
		抹　面	适用于坡面较干燥、未经严重风化的各种易风化岩石边坡，不适用于由煤系岩层及成岩作用很差的红色黏土组成的边坡
		喷　护	适用于坡度不陡于1:0.5，易风化但未遭强风化的岩石挖方边坡
		护　坡	1. 干砌片石护坡适用于土质路堤边坡或有少量地下水渗出的局部堑坡或局部土质堑坡嵌补。边坡坡度不陡于1:1.25 2. 浆砌片石护坡适用于坡度缓于1:1的易风化岩石和土质路堑边坡 3. 水泥混凝土预制块护坡适用于石料缺乏地区的路基边坡防护
		护面墙	适用于易风化或风化严重的软质岩石或较破碎岩石的挖方边坡以及坡面易受侵蚀的土质边坡，坡度不宜陡于1:0.5
		浆砌片石或水泥混凝土骨架植物护坡	适用于坡面受雨水冲刷严重的土质边坡或全风化的岩石边坡，坡度不陡于1:1。框架内适宜铺种草皮、种植草
		多边形水泥混凝土空心块植物护坡	适用于坡度缓于1:0.75的土质边坡和全风化、强风化的岩石路堑边坡
		锚杆混凝土框架植物防护	适用于土质边坡和坡体中无不良结构面、风化破碎的岩石路堑边坡

续上表

分类	用　途	技术措施(方案)	适用范围
沿河路基防护	1. 防止流水冲刷、拍击和淘洗路基坡面、坡脚; 2. 防止水位骤降时路基内细粒填料流失; 3. 改变水流流速、流向和原来状态	护坡抛石石笼	1. 石砌护坡同坡面防护,水流速度不大于3.0m/s; 2. 抛石防护适用于盛产石料的地区,且水流速度达到3.0m/s或更高,植树与石砌防护失效的路段; 3. 石笼防护适用于水流速度达到或超过5.0m/s的路段
		顺坝丁坝	1. 顺坝大致与堤岸平行,主要作用为导流、束水、调整流水曲度、改善流态; 2. 丁坝大致与堤岸垂直或斜交,将水流挑离堤岸,束河归槽,改善流态

第二节　边坡坡面防护

一、植物防护

植物防护可美化路容,协调环境,调节边坡土的湿温,起到固结和稳定边坡的作用。它对于坡高不大,边坡比较平缓的土质坡面是一种简易有效的防护设施,其方法有种草、铺草皮和植树。土质边坡防护也可采用拉伸网草皮、固定草种布或网格固定撒种,用土工合成材料进行土质边坡防护的边坡坡度宜在1∶1.0~1∶2.0之间。

1. 植被防护

种草适用于边坡坡度不陡于1∶1,土质适宜种草,不浸水或短期浸水,但地面径流速度不超过0.6m/s的边坡。草籽应选用适应当地自然条件、根系发达、易成活、生长快、叶茎矮或有匍匐茎的多年生草种,对生长在泥沼或砂砾土中的草不能选用。

铺草皮适用于需要快速绿化,坡率缓于1∶1的土质边坡和严重风化的软质岩石边坡。草皮可为天然草皮或人工培植的土工网草皮,应选用根系发达、茎矮叶茂的耐旱草种,不宜采用喜水草种,严禁采用生长在泥沼地的草皮。当坡面冲刷比较严重,边坡较陡,径流速度大于0.6m/s(容许最大速度为1.8m/s)时,应根据具体条件(坡度与流速等),分别采用平铺(平行于坡面)、水平叠置、垂直坡面或与坡面成一半坡角的倾斜叠置草皮,还可采用片石铺砌成方格或拱式边框,方格或框内再铺草皮,如图2-4-1所示。铺草皮需预先备料,草皮可就近培育,切成整齐块状,然后移铺在坡面上。铺时应自下而上,并用竹木小桩将草皮钉在坡面上,使之稳固。草皮根部土应随草切割,坡面要预先整平,必要时还应加铺种植土,草皮应随挖随铺,注意相互贴紧。

植树适用于坡率缓于1∶1.5的边坡,或在边坡以外的河岸及漫滩上。树种应选用能迅速生长且根深叶茂、适合当地的低矮灌木类。常用灌木树种有紫穗槐、夹竹桃、黄荆、野蔷薇、山楂等。

2. 三维植被网防护

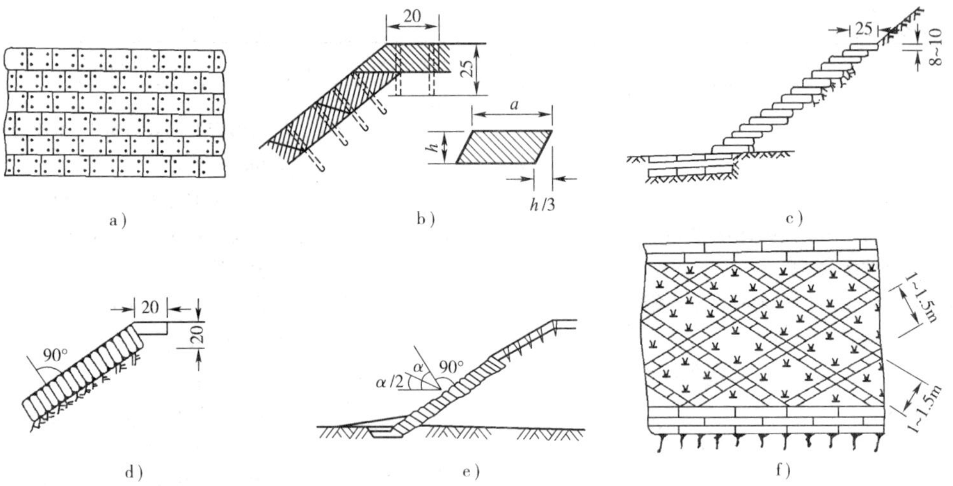

图 2-4-1　草皮防护示意图(除已注明尺寸外,其余单位为 cm)
a)平铺平面;b)平铺剖面;c)水平叠铺;d)垂直叠铺;e)斜交叠铺;f)网格式
(图中:h-草皮厚度,约 5 ~ 8cm;a-草皮边长,约 20 ~ 25cm)

三维植被网适用于砂性土、土夹石及风化岩石,且坡率缓于 1∶0. 75 的边坡防护。三维植被网以热塑树脂为原料,采用科学配方,经挤出、拉伸、焊接、收缩等工序制成,其结构分为上下两层,下层为一个经双面拉伸的高模量基础层,强度足以防止植被网变形,上层由具有一定弹性的、规则的、凹凸不平的网包组成。由于网包的作用,能降低雨滴的冲蚀能量,并通过网包阻挡坡面雨水,同时网包能很好地固定充填物,使其不被雨水冲走,为植被生长创造良好条件。另外,三维网固定在坡面上,直接对坡面起固筋作用。三维植被网中的回填土采用客土、肥料及含腐殖质土的混合物。

3. 湿法喷播

湿法喷播适用于土质边坡、土夹石边坡、严重风化岩石且坡率缓于 1∶0. 5 的路堑和路堤边坡及中央分隔带、立交区、服务区及弃土堆的绿化防护。湿法喷播是一种以水为载体的机械化植被建植技术。它采用喷播机施工,种子在较短时间内萌芽、生长成株,覆盖坡面,达到迅速绿化、稳固边坡的目的。

4. 客土喷播

客土喷播适用于风化岩石、土壤较少的软质岩石、养分较少的土壤、硬质土壤、植物立地条件差的高大陡坡面和受侵蚀显著的坡面。客土喷播是将客土、纤维、侵蚀防止剂、缓效肥料和种子按一定比例,加入专用设备中充分混合后,喷射到坡面,使植物获得必要的生长基础,达到快速绿化的目的。当坡率陡于 1∶1时,宜设置挂网或混凝土框架。

二、骨架植物防护

对于仅用植物防护不足以抵抗侵蚀冲刷的黏土路基或高填路段,受雨水侵蚀和风化严重易产生沟槽的路段,以及土质不适宜植物生长和周围环境需要绿化的路段,常采用骨架植物防护。骨架植物防护可分为浆砌片石或水泥混凝土骨架植物护坡、多边形水泥混凝土空心块植物护坡和锚杆混凝土框架植物防护等形式。

浆砌片石或水泥混凝土骨架植物护坡适用于坡面受雨水冲刷严重的土质边坡或全风化的岩石边坡,坡度不陡于 1∶1,骨架宽度宜为 200 ~ 300mm,嵌入坡面深度应视边坡土质及当地气候条件确定，一般为200~300mm。框架可为拱形骨架、菱形（方格）骨架、人字形骨架、多边形水泥混凝土空心块等，应视边坡坡度、土质和当地情况确定骨架形式和大小，并与周围景观相协调，主骨架间距一般为2.0~4.0m。框架内铺种草皮、喷植草或其他辅助防护措施。当降雨量较大且集中的地区，骨架宜做成截水沟型。浆砌片石或水泥混凝土骨架植物护坡既稳定路基边坡，又能节省材料，造价较低，施工方便，造型美观，能与周围环境自然融合，是目前高速公路边坡防护的主要形式之一。

多边形水泥混凝土空心块植物护坡适用于坡度缓于1:0.75的土质边坡和全风化、强风化的岩石路堑边坡。当有景观要求时，应采用六边形空心预制块植物护坡。预制块的混凝土强度不应低于C20，厚度不应小于150mm，空心预制块内应填充种植土，喷播植草。

锚杆混凝土框架植物防护适用于土质边坡和坡体中无不良结构面、风化破碎的岩石路堑边坡。锚杆采用非预应力的全长黏结型锚杆，保护层厚度不应小于20mm。框架应采用钢筋混凝土，混凝土强度不应低于C25，框架尺寸根据边坡高度和地层情况等确定，框架内宜植草。锚杆混凝土框架植物防护是近年来在总结锚杆挂网喷浆（混凝土）防护的经验教训后发展起来的，它既保留了锚杆对风化破碎岩石边坡主动加固作用，防止岩石边坡经开挖卸荷和爆破松动而产生的局部楔形破坏，又吸收了浆砌片石（混凝土块）骨架植草防护的造型美观、便于绿化的优点。

三、圬工防护

当不宜使用植物防护或考虑就地取材时，采用砂石、水泥、石灰等材料进行坡面防护，是常用的防护形式。它主要有喷护、锚杆挂网喷浆、干砌或浆砌片石护坡和护面墙等形式，可根据不同条件选用。圬工防护存在的主要问题是与周围环境不协调，道路景观差，应尽量少用。

1. 喷护

常用的喷护方法有喷浆和喷射混凝土。喷护适用于坡度不陡于1:0.5，易风化但未遭强风化的岩石挖方边坡。喷浆防护厚度不宜小于50 mm，采用的砂浆强度不应低于M10。喷射混凝土防护厚度不宜小于80 mm，采用的混凝土强度不应低于C15，混凝土中集料最大粒径不宜超过15 mm。喷护坡面应设置伸缩缝和泄水孔，伸缩缝间距宜为15~20m；应间隔2~3m交错设置孔径为100 mm的泄水孔。

2. 锚杆挂网喷浆（混凝土）

锚杆挂网喷浆防护适用于坡面为碎裂结构的硬质岩石或层状结构的不连续地层，以及坡面岩石与基岩分开并有可能下滑的挖方边坡。它是在清挖出密实、稳定的新鲜坡面上钻孔、安装锚杆、灌浆，然后挂上钢丝网或纤维网，最后用高压泵喷射混凝土形成防护层。锚杆应采用精轧螺纹钢筋，其直径为14~22 mm，间距为1.0~3.0m。锚杆应为全长黏结型锚杆，注浆材料根据设计确定，一般选用灰砂比为1:1~1:2，水灰比为0.38~0.45的水泥砂浆，注浆压力不低于0.2MPa。铁丝网宜采用直径为2mm的普通镀锌铁丝制成，网孔尺寸为200~250 mm，也可用高强度聚合物土工格栅代替铁丝网。岩石破碎较为严重时，宜采用钢筋网，钢筋直径4~12mm，间距为150~300mm。钢筋保护层厚度不应小于20mm。钢筋网喷射混凝土支护厚度不应小于100mm，亦不应大于250mm。

3. 护坡

护坡分为干砌片石护坡、浆砌片石护坡和水泥混凝土预制块护坡。

干砌片石护坡适用于土质路堤边坡或有少量地下水渗出的局部堑坡或局部土质堑坡嵌

补。边坡坡度不陡于 1∶1.25。干砌片石护坡一般分为单层铺砌和双层铺砌，如图 2-4-2 所示为浸水路堤单层或双层护坡示意图。铺砌层厚度：单层为 250～350 mm，双层为 400～600 mm。铺砌层下应设置碎石或砂砾垫层，厚度 100～150 mm，也可用反滤效果等效于砂砾垫层的土工布代替。干砌片石护坡坡脚应修筑墁石铺砌式基础，埋置深度一般为1.5倍护坡厚度。干砌片石接缝要错开，缝隙要填满塞紧。

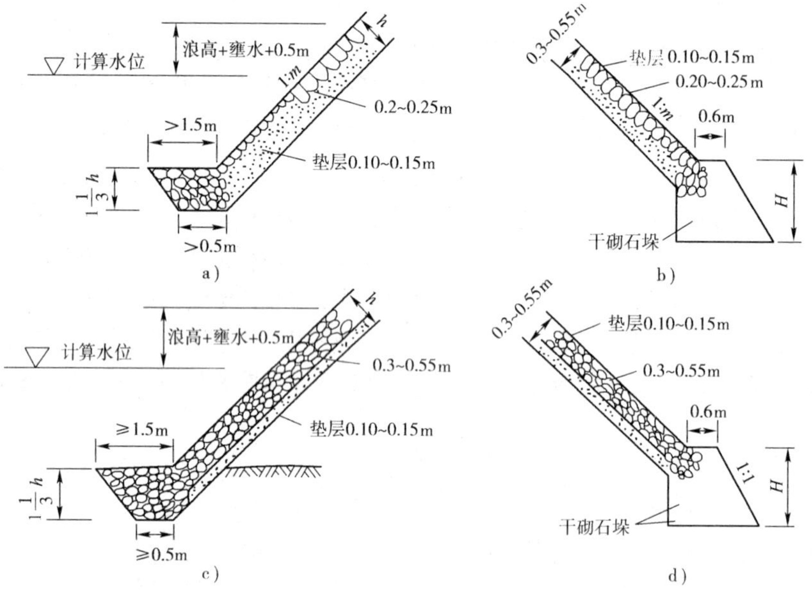

图 2-4-2　片石护坡示意图

a)、b) 单层；c)、d) 双层

（图中：H-干砌石垛高度，约 20～30cm；h-护面厚度，大于 20cm）

浆砌片石护坡适用于坡度缓于 1∶1的易风化岩石和土质路堑边坡。浆砌片石护坡采用的砂浆强度不得低于 M5，护坡厚度宜为 250～500mm；当用于冲刷防护时，应按流速及波浪大小确定，不应小于 350mm。护坡底面应设厚度 100～150mm 碎石或砂砾垫层，也可用反滤效果等效于砂砾垫层的土工布代替。浆砌片石护坡坡脚应修筑墁石铺砌式基础，埋置深度一般为1.5倍护坡厚度。浆砌片石护坡还应设置伸缩缝，伸缩缝间距宜为 10～15m；同时，还应间隔 2～3m 交错设置泄水孔，孔径为 100mm。

水泥混凝土预制块护坡适用于石料缺乏地区的路基边坡防护。预制块的混凝土强度不应低于 C15，在严寒地区不应低于 C20。

4. 护面墙

护面墙适用于易风化或风化严重的软质岩石或较破碎岩石的挖方边坡，以及坡面易受侵蚀的土质边坡，坡度不宜陡于 1∶0.5。

护面墙是浆砌片石的坡面覆盖层，用于封闭各种软质岩层和较破碎的挖方边坡。要求墙面紧贴坡面，表面砌平，可依情况采用不同的厚度。护面墙石料应符合规格。护面墙除自重外，不承受其他荷重，亦不承受墙背土压力，其构造与布置如图 2-4-3 所示。墙高与厚度及路堑边坡的关系，参见表 2-4-1。护面墙分为实体式、窗孔式、拱式等类型。

实体护面墙分为等截面和变截面两种形式。等截面厚度为 500mm；变截面顶宽 400mm，底宽视墙高而定。等截面护面墙高度不宜超过 6m，当坡度较缓时，不宜超过 10m。变截面护面墙,单级不宜超过10m,超过时应设平台,分级砌筑。

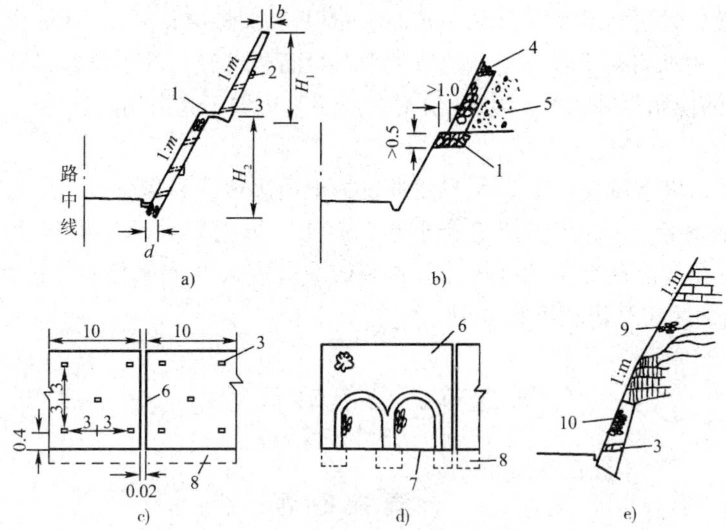

图2-4-3　护面墙示意图(单位:m)

a)双层式;b)单层式;c)墙面;d)拱式;e)混合式

1-平台;2-耳墙;3-泄水孔;4-封顶;5-松散夹层;6-伸缩缝;7-软地基;8-基础;9-支补墙;10-护面墙

窗孔式护面墙防护的边坡不应陡于1∶0.75。窗孔内可采用干砌片石、植草等辅助防护措施,窗孔宜采用半圆拱形,高为2.5~3.5m,宽为2~3m,圆拱半径为1.0~1.5m。

拱式护面墙适用于边坡下部岩层较完整而上部需防护的路段,边坡应缓于1∶0.5。拱跨大于5m时,拱圈应采用水泥混凝土结构,拱圈厚度根据拱上护面墙的高度而定;拱跨小于5m时,拱圈可采用M10水泥砂浆砌块石,拱高视边坡下面完整岩层的高度确定。护面墙的厚度见表2-4-2。

护面墙的厚度　　表2-4-2

护面墙高度 H(m)	路堑边坡	护面墙厚度(m)	
		顶宽 b	底宽 d
≤2	1∶0.5	0.40	0.40
≤6	缓于1∶0.5	0.40	$0.40+0.10H$
$6<H\leqslant10$	1∶0.5~1∶0.75	0.40	$0.40+0.05H$
$10<H<15$	1∶0.75~1∶1	0.60	$0.60+0.05H$

护面墙基础应埋置在稳定的地基上,埋置深度应根据地质条件确定;冰冻地区,应埋置在冰冻深度以下不小于250mm。护面墙墙前趾应低于边沟铺砌的底面。

上述防护方法,可以局部处治,综合使用,并与放缓边坡等方法加以比较,力求实用和经济。如果在坡面防护时着色或修饰,还有助于改善路容。

四、封面、捶面

1.封面

封面适用于坡面较干燥、未经严重风化的各种易风化岩石边坡,但不适用于由煤系岩层及成岩作用很差的红色黏土组成的边坡。封面材料可采用石灰炉渣灰浆、石灰炉渣三合土或水泥石灰砂浆,为防止表面开裂,增强抗冲蚀能力,可在表面涂软化点稍高于当地气温的沥青保护层。封面的边坡坡度不受限制，但不能担负荷载，也不能承受土压力，故要求边坡必须稳定，坡面应平整干燥。封面的厚度宜为 30 ~ 70mm，面积较大时，应每隔 5 ~ 10m 设置一道伸缩缝，缝宽 10 ~ 20mm，用沥青麻筋或油毛毡填塞紧密。封面要求经常检查维修，发现裂纹或脱落要及时补浆，封面的使用年限为 8 ~ 10 年，高速公路路基边坡不宜采用。

2. 捶面

捶面适用于边坡坡度缓于 1:0.5、易受冲刷的土质边坡或易风化剥落的岩石边坡，常用的材料有水泥炉渣混合土、石灰炉渣三合土或四合土。捶面宜采用等厚截面，厚度不宜小于 100mm。捶面应经常检查维修，发现裂缝、开裂或脱落应及时灌浆修补。捶面的使用年限为 10 ~ 15 年，高速公路路基边坡不宜采用。

第三节　沿河路基防护

一、直接措施

为了防止流水直接危害沿河、滨海路堤以及有关海河堤坝护岸的堤岸边坡和坡脚，必须采取一定的防止冲刷的措施。

路堤及堤岸直接防护措施包括植树、石砌护坡、抛石与石笼防护，以及必要时设置的支挡（驳岸等）。其中植树防护与石砌护坡，同坡面防护所述基本一致，但堤岸的防冲刷主要特点是洪水急流，水位变迁不定，水流速度较大，相应的要求更高。盛产石料的地区，当水流速度达到 3.0m/s 或更高时，植树与石砌防护失效时，可采用抛石防护。当水流速度达到或超过 5.0m/s时，则改用石笼防护，也可就地取材，用竹笼或梢料防护，必要时可以采用土工织物软体沉排护坡。

抛石防护，类似在坡脚处设置护脚，亦称抛石垛，如图 2-4-4 所示。抛石不受气候条件限制，路基沉实以前均可施工，季节性浸水或长期浸水均可用。抛石垛的边坡坡度，不应陡于抛石浸水后的天然休止角，边坡率 m_1 一般为 1.5 ~ 2.0，m_2 为 1.25 ~ 2.0；石料粒径视水深与流速而定，一般为 30 ~ 50cm。

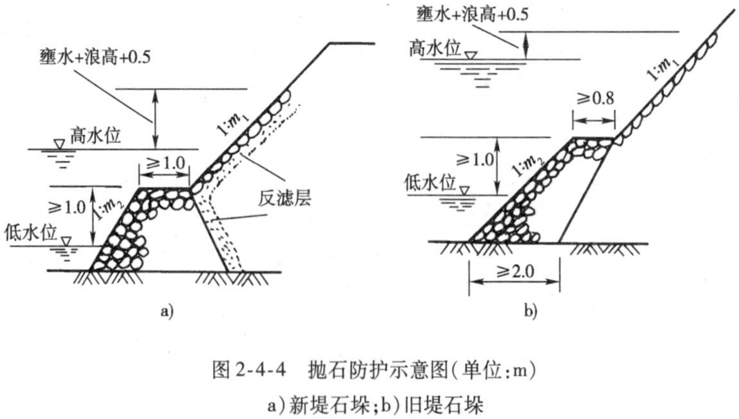

图 2-4-4　抛石防护示意图（单位：m）

a）新堤石垛；b）旧堤石垛

石笼是用铁丝编织成框架，内填石料，设在坡脚处，以防急流和大风浪破坏堤岸，也可用来加固河床，防止淘刷。铁丝框架可以是箱形或圆形，如图 2-4-5a）和图 2-4-5b）所示。笼内填石的粒径，应大于石笼的网孔，一般为 5 ~ 20cm，外层应用大且棱角突出石料，内层可用较小石块填充。石笼在坡脚处排列,用于防止冲刷淘底时,应平铺并与坡脚线垂直,而且堤岸一端固定,另一端不必固定,淘刷后可以向下沉落贴于底面;用于防止堤岸边坡冲刷时,则垒码平铺成梯形,如图 2-4-5c)和图 2-4-5d)所示。单个石笼的大小,以不被相应速度的水流冲动为宜,铺设时须用碎(砾)石垫层铺平,底层各角可用铁棒固定于基底。

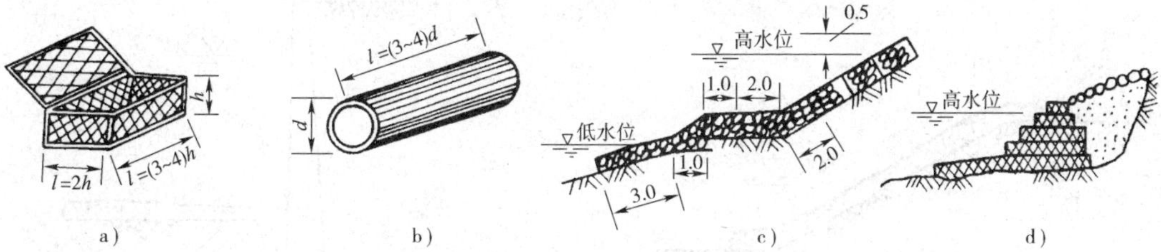

图 2-4-5　石笼防护示意图(单位:m)

a)箱形笼;b)圆柱形笼;c)防止淘底;d)防护岸坡

土工织物软体沉排是在土工织物上以块石或预制混凝土块体为压重的护坡结构。土工织物软体沉排一般适用于水下工程及预计可能发生冲刷的河床和岸坡土面上。其主要有单片垫和双片垫两种结构形式。

单片垫是利用土工织物拼接成大面积的排体;双片垫是将两块单片垫重叠后按一定距离和形式将两片垫连接在一起而构成管状或格状空间,其中再填充透水性土石料(如砂卵石等),起到防冲与反滤的作用,双片垫的结构形式如图 2-4-6 所示。

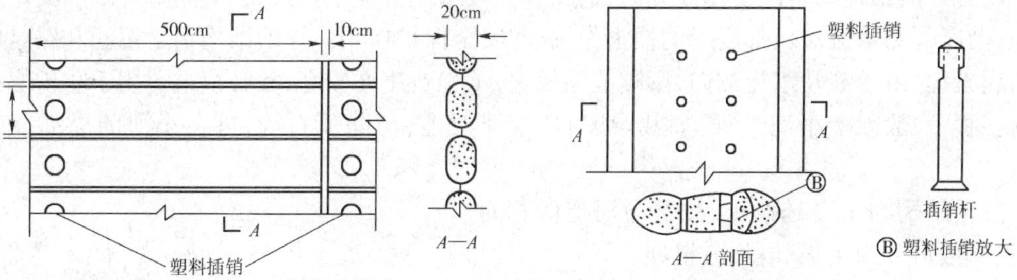

图 2-4-6　双片垫形式

土工模袋是一种双层织物袋,袋中充填流动性混凝土或水泥砂浆或稀释混凝土,凝固后形成高强度和高刚度的硬结板块。其主要应用场合及铺设形式如图 2-4-7 所示。土工模袋材料应满足表 2-4-3 的技术要求,袋内可充填混凝土或砂浆。充填混凝土时,粗集料最大粒径应符合表 2-4-4 的要求,坍落度不宜小于 200mm,其强度等级不低于 C10;充填砂浆时,其强度等级不低于 M2.5。

土工模袋材料要求　　表 2-4-3

指标内容	顶破强度(N)	渗透系数(10^{-3}cm/s)	等效孔径 O_{95}(mm)	延伸率(%)
指标要求	≥1 500	0.86 ~ 10	0.07 ~ 0.15	≤15

混凝土集料的最大粒径要求　　表 2-4-4

土工模袋厚度(mm)	集料最大粒径(mm)
150 ~ 250	≤20
≥250	≤40

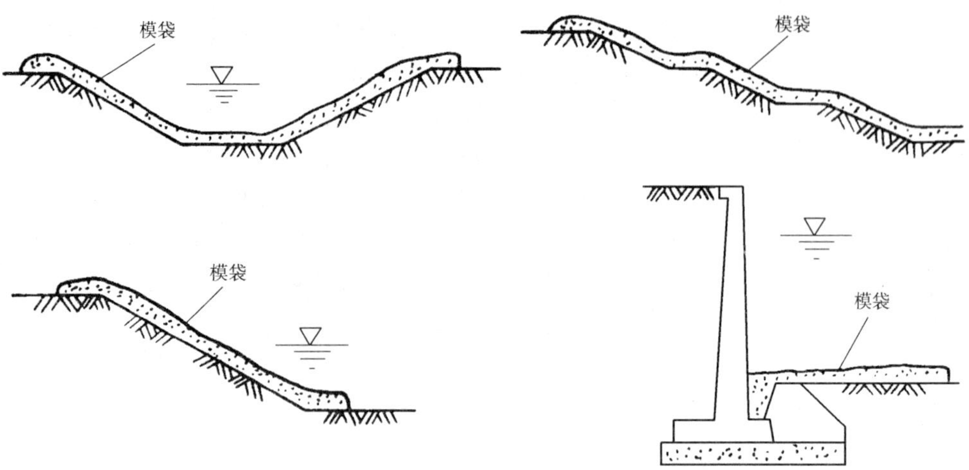

图 2-4-7　土工模袋的应用及铺设

采用土工模袋护坡的坡度不得陡于1:1。如在水下施工，水流速度不宜大于1.5m/s。模袋选型应根据工程要求和当地土质、地形、水文、经济与施工条件等确定。应根据水流量选定模袋滤水点分布数量，当选用无滤水点模袋时，应增设渗水滤管。模袋应用尼龙绳缝制。

二、间接措施

设置导治结构物可改变水流方向，消除和减缓水流对堤岸直接破坏，同时可减轻堤岸近旁淤积，彻底解除水流对局部堤岸的损害作用，起安全保护作用。导治结构物是桥涵和路基的重要附属工程，由于涉及水流改向，影响范围较大，工程费用亦较高，务必慎重。用于防护堤岸的改河工程，一般限于小型工程，如裁弯取直，挖滩改道，清除孤石等，可在小河的局部段落上进行。

导治结构物主要是设坝，按其与河道的相对位置，一般可分为丁坝、顺坝或格坝。

图2-4-8是桥梁附近设置导治结构物的总体布置示例之一。导治结构物的布置，应综合考虑河道宽窄、水流方向、地质条件、防护要求、材料来源、施工条件和工程经济等，要综合考虑，全面治理，要避免更多压缩河床，或因水位提高和水流改向，而危害河对岸或附近地段的农田水利、地面建筑及堤岸等。

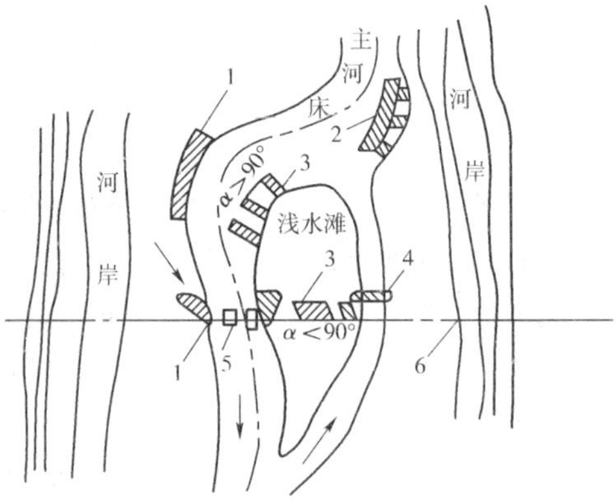

图 2-4-8　导流结构物综合布置图

顺坝大致与堤岸平行，主要作用为导流、束水、调整流水曲度、改善流态。丁坝大致与堤岸垂直或斜交，将水流挑离堤岸，束河归槽，改善流态。顺坝亦称导流坝，丁坝亦称挑水坝。格坝在平面上成网格状，设于顺坝与堤岸之间，防止高水位时水流溢入冲刷坝内岸坡和坡脚，并促进格间的淤积。

导治结构物的布置是工程成败的关键。布置恰当能收到预期效果；布置不当反而恶化水流，造成水毁。关键在于合理设计导治线，符合预定的河轴线和河岸线要求，亦取决于选择导治水位，不至于出现不利的冲刷情况。导治线与导治水位，应依据对于水流和河岸、河床地形、地质情况、水流对上下游对岸的影响等因素,综合分析和设计计算而定。

顺坝与丁坝均用石块修建成梯形横断面,坝体分为坝头、坝身和坝根三个组成部分,横断面尺寸依构造要求、施工条件和使用需要而定,并应进行稳定性计算。

公路工程中的改河,主要目的是:将直接冲刷路基的水流引向旁处;路基占用河槽后,需要拓宽河道;挖滩改河,清除孤石,改移河道,以保护路基;裁弯取直,有利布置路线或桥涵。这些措施,如经过论证可行,确有必要且效益高时,方可通过设计计算,最后实施。导治结构物的构造与要求,以及结构物与改河工程的具体设计计算方法,在《公路设计手册》等文献中已有详细规定,可供查用。

第四节 地基加固

路基敷设于天然地基上,自身荷载较大,要求地基应具有足够的承载能力,以保持地基稳定。湿软地基主要是指天然含水量过大,胀缩性高,具有湿陷性,承载能力低,在荷载作用下容易产生滑动或固结沉降的土质地基,如软土泥沼、湿陷性黄土、人为垃圾、松散杂填土、膨胀土等。在软土地基上填筑路堤出现失稳,或者沉降量和沉降速率不能满足要求时,需对软土地基进行适当的处理,以增加其稳定性,减少沉降量或加速沉降。软土地基上修筑的路堤底部均宜设置透水性水平砂砾垫层,厚度以 0.50m 为宜。对于缺少砂砾的地区,可以将土工合成材料和砂砾垫层配合使用,以减小砂砾垫层的厚度。软土地基处理的方法很多,各种方法具有不同的特点,可得到不同的效果。

1. 排水固结法

饱和软土在荷载作用下,排水固结后,抗剪强度可得到提高,则达到加固的目的。排水固结法是软土地基处理中成熟和经济的措施,在软土地基处理中经常使用。包括砂垫层预压、塑料排水板或袋装砂井预压、真空联合堆载预压等,常与轻质路堤、加筋路堤、反压护道等配合使用。

排水固结是运用堆载预压,挤出土中的过多含水,达到挤紧土粒和提高强度的目的。为了缩短预压时间,根据软土厚度与性质、路堤高度、路基稳定与工后沉降控制标准、施工工期等,综合分析选定软土地基采用砂垫层预压或袋装砂井(塑料排水板预压)或真空联合堆载预压的处理方案,效果甚好。美国加利福尼亚州公路局曾采用砂井处理沼泽地段的路基,获得满意结果。利用路基填土自重压密地基,不需另备预压材料,所以砂井堆载预压法,在路基工程中是一种经济有效的方法。

根据软土性质、筑路材料及施工工艺等选定袋装砂井或塑料排水板或其他材料作为竖向排水体。竖向排水体宜按等边三角形布置,其长度由路基对地基的稳定性和变形的要求确定,对于较薄的软土层,宜贯穿软土层。预压期不宜小于 6 个月。预压期应根据要求的工后沉降量或要求的地基固结度确定。根据预压期和营运期作用在地基上荷载的大小,预压分为欠载预压、等载预压和超载预压。预压高度应根据软土性质、路堤设计高度、填料情况及施工工期等确定,并应考虑路面结构层材料重度与填料重度不同的因素。超载预压高度应能满足施工期路堤稳定性的要求。

真空预压法是在软土地基表面铺设的砂垫层中放置塑料或金属抽气管,通过与抽气管连接的真空泵不断抽气,在砂垫层和地基中形成负压,该负压和路堤荷载共同作用使地基加速固结。为保证真空预压的效果,一般要求被加固软土层的渗透系数在 $10^{-5} \sim 10^{-6}$ cm/s,但遇到加固区透气或透水时(存在水平砂层),渗透系数满足不了要求的条件,为此可以采取黏土搅拌桩隔离墙将加固区封闭起来,也可增加射流泵的数量或加大功率。如1994~1995年汕头港深水港区集装箱堆场采用真空联合堆载预压法对57 248m^2软土地基进行处理,由于表层有4~12.5m的细砂、中粗砂层,采用1.2m的黏土密封墙封闭,试抽气两周后真空负压即达到80kPa以上。该工程打设的塑料排水板最大深度达到25m。又如福宁高速公路漳湾互通立交匝道地基软土层局部有水平砂层、底板亚黏土混有卵石,经现场注水试验卵石质亚黏土的渗透系数为2.5×10^{-4}cm/s,但通过增加射流泵的数量使真空度一直保持在70kPa,地基加固效果良好。虽然无论真空度大小对地基加固都有作用,但是真空度过低时真空预压的经济性变差,工程中一般要求密封膜下的真空度在70~90kPa。

真空联合堆载预压荷载下地基的沉降计算方法与堆载预压荷载下地基的沉降计算方法相同,只是预压荷载采用真空度加路堤填土荷载代替。

2. 粒料桩

用粒料桩加固软土地基有置换、排水固结和应力集中等作用。常用振冲置换法和沉管法两种方法进行施工。

振冲粒料桩适用于十字板抗剪强度大于15kPa的地基土;沉管粒料桩适用于十字板抗剪强度大于10kPa的地基土。粒料桩的直径及设置深度、间距应经稳定、沉降验算确定,相邻桩净距不应大于4倍桩径。粒料桩长度以内的地基属于复合地基,复合地基理论的最基本假定为桩与土的协调变形,设计中一般不考虑桩的负摩阻力及群桩效应问题。粒料桩的承载能力不仅与桩身材料的性质和桩身密实度有关,而且还与桩周土体的侧限能力有关,当被加固的软土强度很低时,粒料桩很难成桩。一般认为,振冲置换法适用于不排水抗剪强度15kPa以上的地基;由于沉管法施工时对土体扰动很大,又无法护壁,在强度低的软土地基中很难使用,要求该方法只适应于不排水抗剪强度为30~60kPa的不会塌孔的低灵敏度黏性土。

粒料桩施工过程会对土体产生扰动,一般认为采用振冲置换法施工时土体强度可能降低10%~40%,20~30d强度可以恢复;采用沉管法施工时淤泥质土的强度在30d以上才能恢复,在地基强度检验时要注意这种因素的影响。

3. 加固土桩

加固土桩是将石灰、水泥或其他某些对土固化的材料,通过专用的机械在地基深部将软土和固化剂强制拌和形成的具有较高强度的竖向加固体,从工艺上分为干法(粉体)搅拌桩和湿法(浆液)搅拌桩。

被加固软土的天然含水量在30%~70%,pH值≥4时,适宜采用干法(粉体)喷搅法加固。从高速公路软基处理的情况看,采用水泥搅拌桩加固的软基都是强度很低的,按上限控制并无实际意义,应根据最低强度控制。从目前的情况看,基本是根据含水量控制的;如果采用湿法(浆液)搅拌桩,30%~60%的含水量可以很容易成桩;如果采用干法(粉体)搅拌桩,天然含水量在70%~80%时也可以成桩。如在连徐、福宁、淮阴至江都等高速公路对含水量70%~80%(个别高达85%)的淤泥采用75~80kg/m的喷粉量并全程复搅成桩,质量很好。含水量在70%~80%的淤泥十字板抗剪强度约6~13kPa,所以规定加固土桩用于十字板抗剪强度不小于10kPa的软土比较适宜。

加固土桩的直径及设置深度、间距应经稳定验算确定并应满足工后沉降的要求。相邻桩的净距不应大于4倍桩径。

4. 强夯法

强夯法处理地基由法国梅那技术公司(Louis Menard Technique)于1969年首创,开始时仅用于加固砂土和碎石土地基,后来发展到加固细粒土地基,我国于1978年引进该技术。大量工程实例证明,强夯法用于碎石土、砂土、低饱和度的粉土与黏性土、湿陷性黄土、杂填土和素填土等地基一般均能取得较好的处理效果。软土在重锤夯击作用下将土的结构破坏,在夯点周围出现径向裂隙,形成软土中孔隙水的渗透通道,为超静水压力的消散创造了条件,相当大的夯击功能瞬间转化为土体的压缩变形,随着夯击能的积累,土体的强度获得提高。如果土层中夹有粉细砂薄层,增加水平向渗透能力,加固效果会更加显著。近年来,对高饱和度的粉土与黏性土等地基,采用在夯坑内回填块石、碎石或其他粗颗粒材料进行强夯置换,取得了较好的工程效果。

结合国内工程实践经验,规范规定当饱和软黏土地基中夹有多层粉砂或采用在夯坑中回填块石、碎砾石、卵石等粒料进行强夯置换时可以采用强夯法处理,但在强夯施工前,必须在施工现场选择有代表性的路段进行试夯,以指导大面积施工。

实践证明,强夯法具有施工简单、加固效果好、使用经济、运用面较广等优点。国外资料说明,经强夯法处理的地基,其承载力可提高2~5倍,压缩性降低2~10倍,广泛用于杂填土(各种垃圾)、碎石土、砂土、黏性土、湿陷性黄土及泥炭和沼泽土,不但可在陆地上使用,亦可在水下夯实。缺点是需要相应的机具设备,操作时噪声和振动较大,不宜在人口密集或附近防震要求高的地点使用。我国津、沪等地,不仅在工程上成功运用了强夯法,而且在加固饱和软黏土地基方面,也取得了新的成果与经验。

以上简略介绍了国内公路路基工程中常用的几种地基加固方法。可以预测,随着公路建设的高速发展,公路技术等级的提高,包括地基加固在内的路基防护与加固,在理论和实践上必将有新的发展与突破。

本章小结

1. 防护是指为防止路基边坡受冲刷和风化作用,在坡面上所做的各种铺砌和栽植;加固主要是指对天然含水量过大、承载力低的软弱地基或可能失稳的路基边坡所做的各种技术处理。

2. 路基边坡坡面防护设施,不能承受外力作用,故要求坡面岩土整体稳定牢固。

3. 坡面植物防护技术有传统的植被防护(种草、铺草皮、植树)和新型的三维植被网防护(三维网起加筋作用,网中种草)、湿法喷播草种、客土喷播草种。

4. 坡面圬工防护包括喷护、锚杆挂网喷浆、护坡、护面墙等,其抗冲刷能力较强,但造价较高,与周围环境协调性较差。

5. 骨架植物防护是无机物的圬工防护和"有生命"的植物防护两种防护设施的综合使用,既发挥了两种防护设施的优势,又弥补了两种防护设施的不足。

6. 沿河路基的直接防护设施包括植树、石砌护坡、抛石或石笼、浸水挡土墙等;间接防护主要指设置导治结构物,如丁坝、顺坝等,用来改变水流流速、流向和原来状态。

7. 在软土地基上填筑路堤有可能出现失稳,或者沉降量和沉降速率不能满足要求时,需对软土地基进行适当的处理,以增加其稳定性,减少沉降量或加速沉降。

复习思考题

1. 路基边坡防护的目的是什么?

2. 路基防护与加固设施共分为几大类？
3. 植物防护、骨架植物防护与圬工防护各自适用条件有何不同？分别有哪些常用形式？
4. 冲刷防护常用哪些措施？
5. 软土地基在公路工程中常采取哪些措施进行处理？

第五章　公路挡土墙

第一节　概　　述

一、挡土墙的分类及用途

为防止路基填土或山坡土体坍塌而修筑的承受土体侧压力的墙式构造物，称为挡土墙。在公路工程中，它广泛地用于支撑路堤填土或路堑边坡，以及桥台、隧道洞口和河流堤岸等处。挡土墙的建筑费用较高，故路基设计时，应与其他可能的工程方案进行技术、经济比较，择优选定。

公路工程中的挡土墙主要按下述几种方法进行分类。

1. 按照挡土墙设置的位置分类

挡土墙可分为路堑墙、路堤墙、路肩墙和山坡墙等类型，如图 2-5-1 所示。

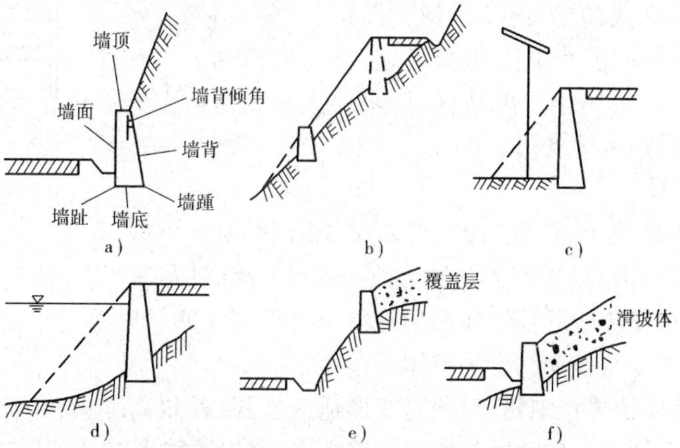

图 2-5-1　设置挡土墙的位置

a)路堑墙；b)路堤墙(虚线为路肩墙)；c)路肩墙；d)浸水挡土墙；e)山坡挡土墙；f)抗滑挡土墙

2. 按照挡土墙的结构形式分类

挡土墙可分为重力式挡土墙、半重力式挡土墙、锚定式挡土墙、薄壁式挡土墙、加筋土挡土墙等。

3. 按照墙体材料分类

挡土墙可分为石砌挡土墙、混凝土挡土墙、钢筋混凝土挡土墙、钢板挡土墙等。

挡土墙各部分名称如图 2-5-1a)所示。靠回填土或山体的一侧面称为墙背；外露的一侧面称为墙面，也称墙胸；墙的顶面部分称为墙顶；墙的底面部分称为基底或墙底；墙面与墙底的交线称为墙趾；墙背与墙底的交线称为墙踵；墙背与铅垂线的夹角称为墙背倾角 α。

挡土墙设置位置不同，其用途也不相同，细分如下：

(1)路堑墙主要设置在路堑边坡底部，主要用于支撑开挖后不能自行稳定的边坡，同时可减少挖方数量,降低挖方边坡的高度(图 2-5-1a)。

(2)路堤墙设置在高填土路堤或陡坡路堤的下方,可以防止路堤边坡或路堤沿基底滑动,同时可以收缩路堤坡脚,减少填方数量,减少拆迁和占地面积(图 2-5-1b)。

(3)路肩墙设置在路肩部位,墙顶是路肩的组成部分,但顶面宽度不应占据硬路肩、行车道及路缘带的路基宽度范围。其用途与路堤墙相同。它还可以保护临近路线的既有的重要建筑物(图 2-5-1c)。沿河路堤,在傍水的一侧设置挡土墙,可以防止水流对路基的冲刷和侵蚀,也是减少压缩河床的有效措施(图 2-5-1d)。

(4)山坡墙设置在路堑或路堤上方,用于支撑山坡上可能坍滑的覆盖层、破碎岩层或山体滑坡[图 2-5-1e)、图 2-5-1f)]。

二、挡土墙的适用条件

挡土墙的结构类型很多,应综合考虑工程地质、水文地质、冲刷深度、荷载作用、环境条件、施工条件、工程造价等因素选用。下面介绍几种典型的挡土墙的适用条件。

1. 重力式挡土墙

重力式挡土墙依靠墙身自重支撑土压力来维持其稳定。一般多用片(块)石砌筑,在缺乏石料的地区有时也用混凝土修建。图 2-5-1 所示的挡土墙均为重力式挡土墙。重力式挡土墙形式简单,施工方便,可就地取材,适应性较强,故被广泛应用,但其圬工数量较大,对地基的承载能力要求较高。适用于一般地区、浸水地区和地震地区的路肩、路堤和路堑等支挡工程。

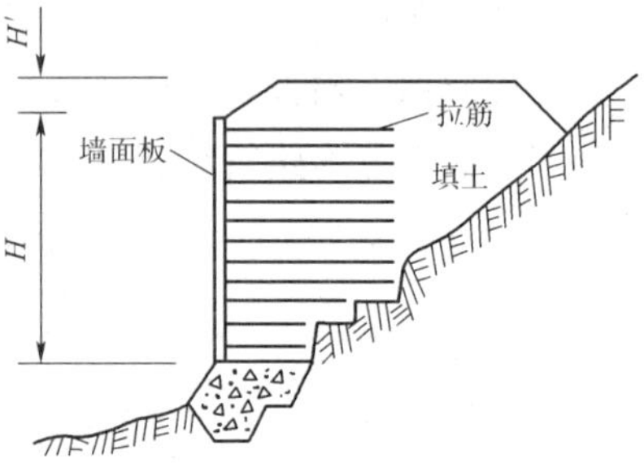

图 2-5-2　加筋土挡土墙

2. 加筋土挡土墙

加筋土挡土墙是填土、拉筋、面板三者的结合体,如图 2-5-2 所示。填土和拉筋之间的摩擦力改善了土的物理力学性质,而使得填土与拉筋结合为一个整体,在这个整体中起控制作用的是填土与拉筋之间的摩擦力。面板的作用是阻挡填土坍落挤出,迫使填土与拉筋结合为整体。

加筋土挡土墙属于柔性结构,对地基变形适应性强,建筑高度大,具有省工、省料、施工方便、快速等优点。适用于一般地区的路肩式挡土墙、路堤式挡土墙,但不应建筑于滑坡、水流冲刷、崩塌等不良地质地段。

3. 锚定式挡土墙

锚定式挡土墙可分为锚杆挡土墙和锚定板挡土墙两种,如图 2-5-3 所示。

锚杆挡土墙是由预制的钢筋混凝土立柱、挡土板构成墙面,与水平或倾斜的钢锚杆联合组成,如图 2-5-3a)所示。锚杆的一端与立柱连接,另一端被锚固在山坡深处的稳定岩层或土层中。墙后侧向土压力由挡土板传给立柱,由锚杆与稳定岩层或土层之间的锚固力,使挡土墙获得稳定。它适用于墙高较大的岩石路堑地段,用作抗滑挡土墙。可采用单级墙或多级墙,每级墙高不宜超过 8m。

锚定板挡土墙是由钢筋混凝土墙面(由钢筋混凝土立柱、挡土板构成)、钢拉杆、锚定板以及其间的填土共同形成的一种组合挡土结构,如图 2-5-3b)所示。它借助于埋在填土内的锚定板的抗拔力抵抗侧土压力,保持墙的稳定。锚定板挡土墙的特点在于构件断面小,工程量省,不受地基承载力的限制,构件可预制,有利于实现结构轻型化和施工机械化。它适用于缺乏石料地区的路肩式或路堤式挡土墙，但不应建筑于滑坡、坍塌、软土及膨胀土等地区。可采用单级墙或多级墙，单级墙高不宜超过 10m，多级墙每级墙高不宜超过 6m。

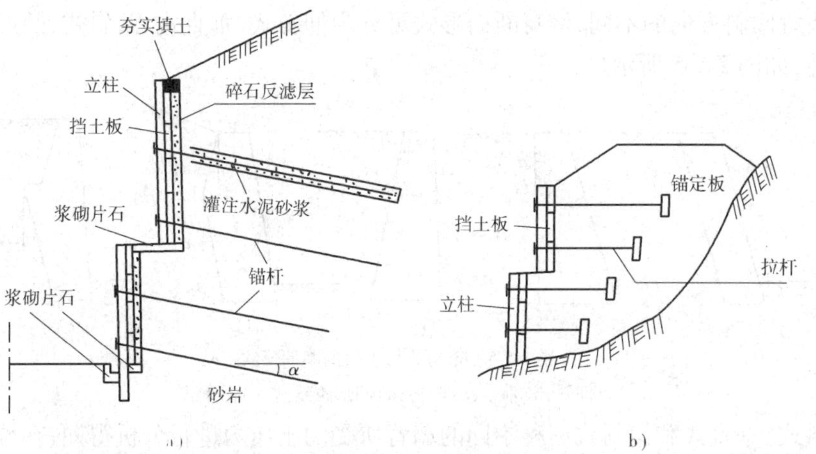

图 2-5-3 锚定式挡土墙

a）锚杆式挡土墙；b）锚定板式挡土墙

4. 薄壁式挡土墙

薄壁式挡土墙属于钢筋混凝土结构，可以分为悬臂式挡土墙和扶壁式挡土墙两种，如图 2-5-4 所示。

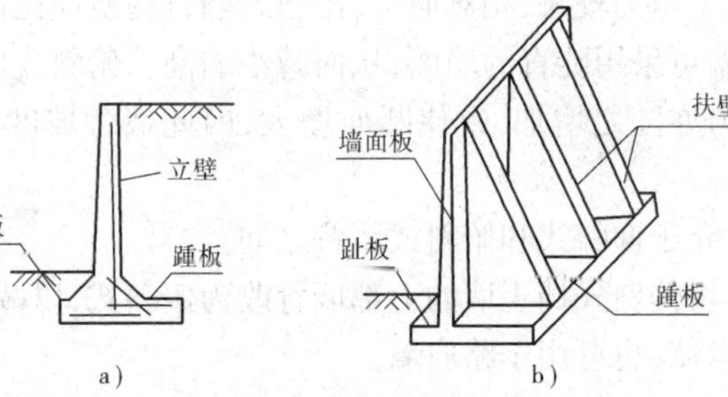

图 2-5-4 薄壁式挡土墙

a）悬臂式挡土墙；b）扶壁式挡土墙

悬臂式挡土墙由立壁、墙趾板和墙踵板三个部分组成，如图 2-5-4a）所示。当墙身较高时，沿墙长每隔一定距离加设扶壁（肋板）连接墙面板及踵板，构成扶壁式挡土墙，如图 2-5-4b）所示。薄壁式挡土墙结构的稳定不是依靠本身的重量，主要依靠墙踵板上的填土重量来保证。它具有断面尺寸较小，自重轻，能修建在较弱的地基上等优点；其缺点是需耗用一定数量的水泥和钢筋，施工工艺较为复杂。适用于石料缺乏、地基承载能力较低的填方路段的地区。悬臂式挡土墙的墙高不宜超过 5m，扶壁式挡土墙的墙高不宜超过 15m。

本章着重介绍重力式挡土墙和加筋土挡土墙。

第二节 重力式挡土墙的构造与布置

一、重力式挡土墙的构造

常用的重力式挡土墙，一般由墙身、基础、排水构造物和沉降缝与伸缩缝等几部分组成。

(一)墙身

1. 墙背

根据墙背倾斜方向的不同,墙身断面形式可分为仰斜式、垂直式、俯斜式、凸形折线式和衡重式等几种,如图 2-5-5 所示。

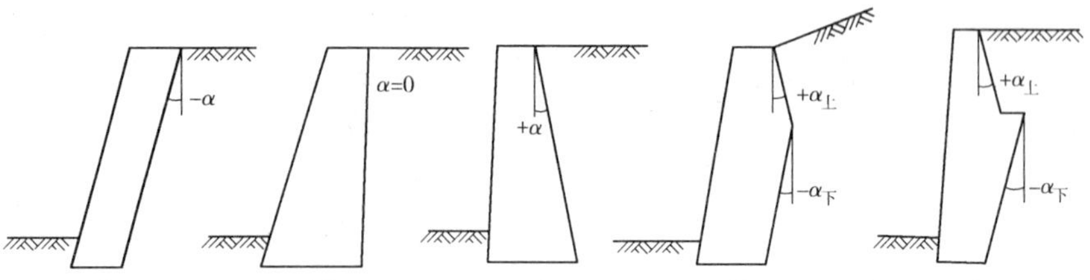

图 2-5-5　重力式挡土墙的断面形式

a)仰斜;b)垂直;c)俯斜;d)凸形折线式;e)衡重式

对仰斜式、垂直式和俯斜式三种不同的墙背所受的土压力进行分析得知,在墙高和墙后填料等条件相同时,仰斜式墙背所受的土压力为最小,垂直式墙背次之,俯斜式墙背较大,因此,仰斜式的墙身断面较经济。仰斜式墙用于路堑墙时,墙背与开挖的临时边坡较贴合,开挖量与回填量均较小。但当墙趾处地面横坡较陡时,采用仰斜式墙背会增加墙高,断面增大。故仰斜式墙背适用于路堑墙及墙趾处地面平坦的路肩墙或路堤墙;仰斜墙背的坡度愈缓,所受的土压力愈小,但施工愈困难,故仰斜式墙背的坡度不宜缓于 1:0.3。

俯斜式墙背所受的土压力较大,相对而言,俯斜式墙背的断面比仰斜式要大。但当地面横坡较陡时,俯斜式挡土墙可采用陡直的墙面,从而减小墙高。俯斜式墙背的坡度缓些固然对施工有利,但所受的土压力亦随之增加,致使断面增大,因此墙背坡度不宜过缓,通常控制 $\alpha < 21°48'$(即 1:0.4)。

垂直式墙背的特点介于仰斜式和俯斜式墙背之间。

凸形折线式墙背系将仰斜式挡土墙的上部墙背改为俯斜式,以减小上部断面尺寸,故其断面较为经济,多用于路堑墙,也可用于路肩墙。

衡重式墙背可视为在凸形折线式的上下墙之间设一衡重台,并采用陡直的墙面。上墙俯斜墙背的坡度通常为 1:0.25 ~ 1:0.45,下墙仰斜墙背的坡度一般在 1:0.25 左右,上下墙的墙高比一般为 2:3。适用于山区地形陡峻处的路肩墙和路堤墙,也可用于路堑墙。

为了减小墙背的土压力,且易于排除墙后积水,挡土墙墙背填料宜采用渗水性强的砂性土、砂砾、碎(砾)石、粉煤灰等材料,严禁采用淤泥、腐殖土、膨胀土,不宜采用黏土作为填料。

2. 墙面

墙面一般为平面,墙面坡度除应与墙背的坡度相协调外,还应考虑到墙趾处地面的横坡度(如地面横坡度较陡、墙面坡度较缓时,则挡土墙的高度增大)。当地面横坡度较陡时,墙面可直立或外斜 1:0.05 ~ 1:0.20,以减少墙高;当地面横坡平缓时,一般采用 1:0.20 ~ 1:0.35 较为经济。

3. 墙顶

重力式挡土墙可采用浆砌或干砌圬工。墙顶最小宽度为:当墙身为浆砌时,不应小于 50cm;当墙身为干砌时,不应小于 60cm;当墙身为混凝土浇筑时,不应小于 40cm。

墙顶宽度与墙高和侧向土压力有关。《公路路基设计规范》(JTG D30—2004)中规定,浆砌挡土墙的高度不宜大于 12m;干砌挡土墙的高度不宜大于 6m。高速公路、一级公路不应采用于砌挡土墙。

浆砌挡土墙墙顶应用砂浆抹平，或用较大石块砌筑，并勾缝。浆砌路肩墙墙顶宜采用粗料石或混凝土做成顶帽，厚度取40cm。干砌挡土墙顶部50cm厚度内，宜用砂浆砌筑，以求稳定。

4. 护栏

为增加车辆驾驶员心理上的安全感，保证行车安全，在地形险峻地段的路肩墙，或墙顶高出地面6m以上且连续长度大于20m的路肩墙，或弯道处的路肩墙，墙顶应设置护栏等防护设施。护栏分墙式和柱式两种，所采用的材料、护栏高度和宽度，根据实际需要和有关规定选用。护栏内侧边缘距路面边缘的距离，应满足公路横向最小宽度的要求。

（二）基础

地基不良和基础处理不当，往往引起挡土墙的破坏，因此，应重视挡土墙的基础设计。基础设计的程序是：首先应对挡土墙位置的地质条件做详细调查，必要时须进行挖探或钻探，然后再来确定基础类型与埋置深度。

1. 基础类型

挡土墙大多数是直接砌筑在天然地基上的浅基础（明挖基础）。当地基承载力不足且墙趾处地形平坦时，为减少基底应力和增加抗倾覆稳定性，常常采用扩大基础，如图2-5-6a）所示，将墙趾部分加宽成台阶，或墙趾墙踵同时加宽，以加大承压面积。

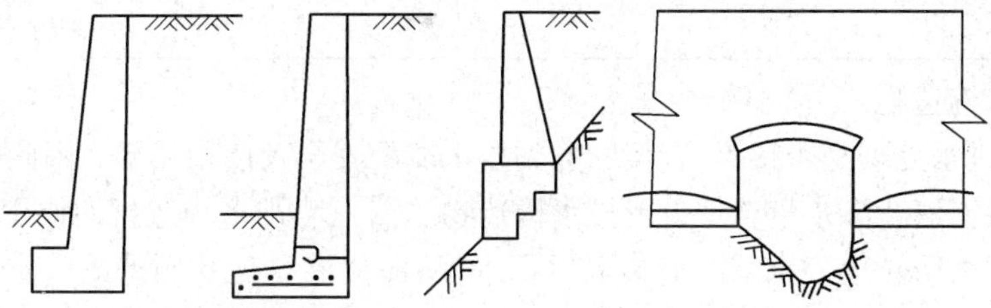

图2-5-6 挡土墙基础形式

a）扩大基础；b）钢筋混凝土底板；c）台阶形基础；d）拱形基础（纵断面）

当地基压应力超过地基承载力过高时，墙趾需要的加宽值较大，为避免加宽部分的台阶过高，可采用钢筋混凝土底板基础，如图2-5-6b）所示，其厚度由剪力和主拉应力控制。

当挡土墙修筑在陡坡上，而地基又为稳定、坚硬的岩石时，为节省圬工和基坑开挖数量，可采用台阶形基础，如图2-5-6c）所示。台阶的高宽比应不大于2:1，台阶宽度不宜小于50cm。最下一个台阶的宽度应满足偏心距的有关规定，并不宜小于1.5～2.0m。

如地基有短段缺口（如深沟等）或挖基困难（如局部地段地基软弱等），可采用拱形基础，如图2-5-6d）所示，以石砌拱圈跨过，再在其上砌筑墙身。但应注意土压力不宜过大。以免横向推力导致拱圈开裂。设计时应对拱圈予以验算。

当地基为软弱土层，如淤泥、软黏土等，可采用砂砾、碎石、矿渣或石灰土等材料予以换填，以扩散基底压应力，使之均匀地传递到下卧软弱土层中。

2. 基础埋置深度

挡土墙基础的埋置深度，应视地形、地质条件埋置而定，以保证挡土墙的稳定性。

基础位于横向斜坡地面上时，前墙趾埋入地面的深度 h 和距地表的水平距离（安全襟边宽度）l 应满足表2-5-1的要求，以防止地基剪切破坏。基础底面的埋置深度一般取决于地基承载力。基础底面的埋置深度还应符合下列要求：

（1）当冻结深度小于或等于1.0m时，基底最小埋置深度不小于1.0m，还应在冻结线以下不小于0.25m。

（2）当冻结深度大于1.0m时，基底最小埋置深度不小于1.25m，还应将基底至冻结线以下0.25m深度范围的地基土换填为弱冻胀材料。

（3）受水流冲刷时，应按路基设计洪水频率计算冲刷深度，基底应置于局部冲刷线以下不小于1.0m。

（4）路堑挡土墙的基础顶面应低于路堑边沟底面不小于0.5m。

（5）在风化层不厚的硬质岩石地基上时，基底一般应置于基岩表面风化层以下；在软质岩石地基上，基底最小埋置深度不小于1.0m。

斜坡地面基础埋置条件　　表2-5-1

地质情况	最小埋入深度 h(m)	安全襟边宽度 l(m)	示意图
较完整的硬质岩石	0.25	0.25～0.50	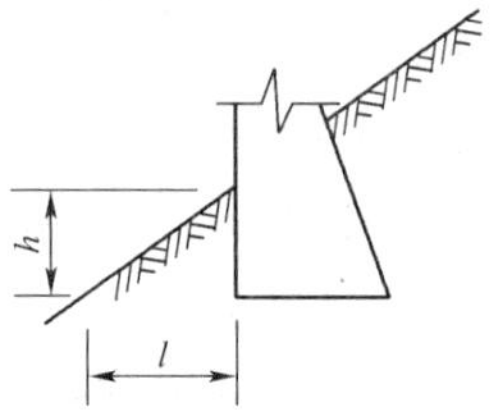
一般硬质岩石	0.6	0.6～1.50	
软质岩石	1.0	1.00～2.00	
土质	≥1.0	1.50～2.50	

（三）排水构造物

挡土墙的排水处理是否得当，直接影响到挡土墙的安全及使用效果。因此，重力式等整体式挡土墙，应根据墙背渗水量合理设置排水构造物。挡土墙排水构造物的作用为：（1）疏干墙后填料中的水分，防止地表水下渗造成墙后积水，从而使墙身免受额外的静水压力；（2）消除黏性土填料因含水量增加产生的膨胀压力；（3）减少季节性冰冻地区填料的冻胀压力。

挡土墙的排水设施通常由地面排水和墙身排水两部分组成。

地面排水可设置地面排水沟，引排地面水；夯实回填土顶面和地面松土，防止雨水和地面水下渗，必要时可加设铺砌；对路堑挡土墙墙趾前的边沟应予以铺砌加固，以防止边沟水渗入基础。

墙身排水构造物主要是为了迅速排除墙后积水。可沿墙高和墙长墙布置泄水孔，如图2-5-7所示。泄水孔尺寸可视泄水量大小分别采用5cm×10cm、10cm×10cm、15cm×20cm的方孔，或直径5～10cm的圆孔；有景观要求的挡土墙路段，可采用预制混凝土泄水管作为成孔材料。泄水孔应具有向墙外倾斜的坡度。

泄水孔间距一般为2～3m，上下交错设置。最下排泄水孔的出水口应高出墙趾前地面

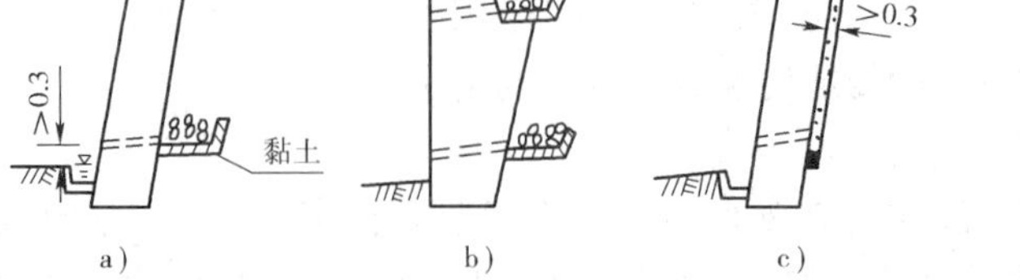

图2-5-7　泄水孔及排水层（尺寸单位：m）

0.3m；当为路堑墙时，出水口应高出边沟水位0.3m；若为浸水挡土墙，出水口应高出常水位0.3m以上，以避免墙外水流倒灌。为防止水分渗入地基，在最下一排泄水孔的底部应设置30cm厚的黏土隔水层。在泄水孔进口处应设置粗粒料和土工布反滤层，以避免堵塞孔道，如图2-5-7a）和图2-5-7b）所示。当墙背填料为非渗水性土时，应在墙后最低一排泄水孔至墙顶以下0.5m高度范围内设置厚度不小于0.3m的砂、砾石竖向反滤层，反滤层的顶部应以0.3～0.5m厚的不渗水材料封闭，如图2-5-7c）所示。

干砌挡土墙因墙身透水可不设泄水孔。

（四）沉降缝与伸缩缝

为了防止挡土墙因地基不均匀沉陷而引起墙身开裂，应根据地基的地质条件及墙高、墙身断面的变化情况设置沉降缝；为了防止挡土墙圬工砌体因砂浆硬化收缩和温度变化而产生裂缝，须设置伸缩缝。通常把沉降缝与伸缩缝合并在一起，统称为沉降伸缩缝或变形缝。沉降伸缩缝的间距按实际情况而定，对于非岩石地基，宜每隔10～15m设置一道沉降伸缩缝；对于岩石地基，其沉降伸缩缝间距可适当增大。沉降伸缩缝的缝宽一般为2～3cm，缝内沿墙内、外、顶三边填塞沥青麻筋或沥青木板等材料，填塞深度不小于15cm；当墙背为填石且冻害不严重时，可仅留空缝，不嵌填料。

对于干砌挡土墙，沉降伸缩缝两侧应选平整石料砌筑，使其形成垂直通缝。

二、挡土墙的布置

挡土墙的布置是挡土墙设计的一个重要内容，通常是在路基横断面图和墙趾纵断面图上进行，个别复杂的挡土墙尚应作平面布置。

（一）横向布置

横向布置主要是在路基横断面图上进行，其内容有：选择挡土墙的位置、确定断面形式、绘制挡土墙横断面图等。

1. 挡土墙的位置选择

路堑挡土墙，大多设置在边沟的外侧。路肩挡土墙应保证路基宽度布设。路堤挡土墙应与路肩挡土墙进行技术经济比较，以确定挡土墙的合理位置。当路堤墙与路肩墙的墙高或圬工数量相近，其基础情况亦相仿时，宜做路肩墙，因为采用路肩墙可减少填方和占地；但当路堤墙的墙高或圬工数量比路肩墙显著降低，且基础可靠时，则宜作路堤墙。浸水挡土墙应结合河流情况布置，以保持水流顺畅，不至于挤压河道而引起局部冲刷。山坡挡土墙应考虑设在基础可靠处，墙的高度应保证墙后墙顶以上边坡的稳定性。

2. 确定墙身断面形式，绘制挡土墙横断面图

不论是路堤挡土墙，还是路肩挡土墙，当墙趾处地形陡峻时，可采用俯斜式或衡重式断面；当墙趾处地形平坦时，则可采用仰斜式断面。对于路堑挡土墙，宜采用仰斜式或凸形折线式断面。

挡土墙横断面图的绘制，选择在起讫点、墙高最大处、墙身断面或基础形式变异处，以及其他必须桩号处的横断面图上进行。根据墙身断面形式、墙高和地基与填料的物理力学指标等设计资料，进行设计或套用标准图，确定墙身断面尺寸、基础形式和埋置深度，布置排水设施，指定墙背填料的类型等。

（二）纵向布置

挡土墙纵向布置主要在墙趾纵断面图上进行，布置后绘制挡土墙正面图，如图2-5-8

所示。

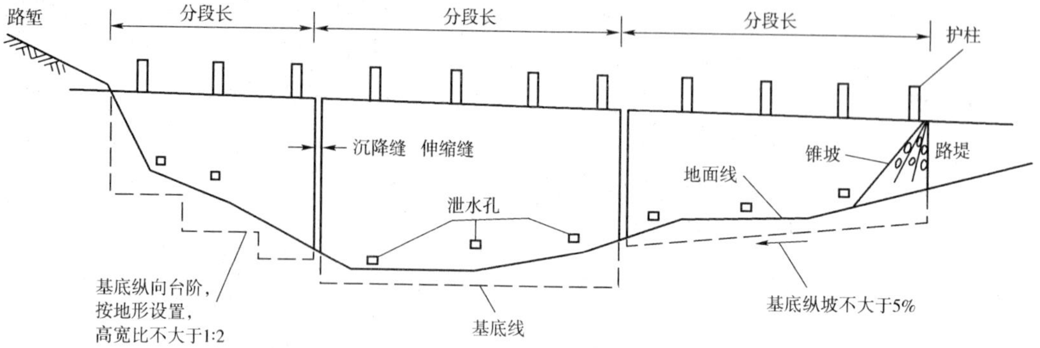

图 2-5-8 挡土墙正面图

(1)确定挡土墙的起讫点和墙长，选择挡土墙与路基或其他结构物的连接方式。

挡土墙可采用锥坡与路堤连接，墙端应伸入路堤内部不小于0.75m，锥坡坡率宜与路堤边坡一致，并宜采用植草防护措施。挡土墙与路堑连接时，墙端嵌入路堑原地层的深度，土质地层不应小于1.5m；风化软质岩层不应小于1.0m；微风化岩层不应小于0.5m。

挡土墙与桥台连接时，为了防止墙后回填土从桥台尾端与挡土墙连接处的空隙中溜出，应在台尾与挡土墙之间设置隔墙及接头墙。路堑挡土墙在隧道洞口应结合隧道洞门、翼墙的设置情况平顺衔接。

(2)按地基及地形情况进行分段，布置沉降伸缩缝的位置。

(3)布置各段挡土墙的基础。

沿挡土墙长度方向墙趾地面有纵坡时，挡土墙的纵向基底宜做成不大于5%的纵坡。当墙趾地面纵坡不超过5%时，基底可按此纵坡布置；若大于5%时，基底应设计成台阶式，台阶的尺寸随地形而变化，但其高宽比不宜大于1∶2。地基为岩石时，纵坡虽不大于5%，为减少开挖，也可在纵向做成台阶式。

(4)布置泄水孔和护栏(护柱或护墙)的位置，包括数量、尺寸和间距。

(5)标注各特征断面的桩号，及墙顶、基顶、基底、冲刷线、冰冻线和设计洪水位的高程等。

(三)平面布置

对于个别复杂的挡土墙，如高、长的沿河挡土墙和曲线路段的挡土墙，除了横、纵向布置外，还应作平面布置，并绘制平面布置图。

在平面图上，应标示挡土墙与路线平面位置的关系，与挡土墙有关的地物、地貌等情况，沿河挡土墙还应标示河道及水流方向，以及其他防护、加固工程等。

在挡土墙设计图纸上，应附有简要说明，说明选用挡土墙设计依据的参数，主要工程数量，对材料和施工的要求及注意事项等，以利指导施工。

三、挡土墙的设计步骤

(1)根据具体情况，通过技术和经济比较，确定墙趾位置。

(2)测绘墙趾处的纵向地面线，核对路基横断面图，收集墙趾处的地质和水文等资料。

(3)选择墙后填料，确定填料的物理力学计算参数和地基计算参数。

(4)进行挡土墙断面形式、构造和材料设计，确定有关计算参数。

(5)进行挡土墙的纵向布置。

(6)用设计计算法(试算法)或套用标准图法(类比法)确定挡土墙的断面尺寸。

(7)绘制挡土墙立面、横断面和平面图。

第三节　挡土墙设计的依据

一、作用(或荷载)

1. 施加于挡土墙的作用(或荷载)

施加于挡土墙的作用(或称荷载)按其作用的时间变化分为永久作用(或称永久荷载)、可变作用(或称可变荷载)和偶然作用(或称偶然荷载)三大类,见表2-5-2。

作用(或荷载)分类　　表2-5-2

<table>
<tr><th colspan="2">作用(或荷载)分类</th><th>作用(或荷载)名称</th></tr>
<tr><td colspan="2" rowspan="9">永久作用(或永久荷载)</td><td>挡土墙结构重力</td></tr>
<tr><td>填土(包括基础襟边以上土)重力</td></tr>
<tr><td>填土侧压力</td></tr>
<tr><td>墙顶上的有效永久荷载</td></tr>
<tr><td>墙顶与第二破裂面之间的有效荷载</td></tr>
<tr><td>计算水位的浮力及静水压力</td></tr>
<tr><td>预加力</td></tr>
<tr><td>混凝土收缩及徐变影响力</td></tr>
<tr><td>基础变位影响力</td></tr>
<tr><td rowspan="8">可变作用(或荷载)</td><td rowspan="2">基本可变作用
(或基本可变荷载)</td><td>车辆荷载引起的土侧压力</td></tr>
<tr><td>人群荷载、人群荷载引起的土侧压力</td></tr>
<tr><td rowspan="5">其他可变作用
(或其他可变荷载)</td><td>水位退落时的动水压力</td></tr>
<tr><td>流水压力</td></tr>
<tr><td>波浪压力</td></tr>
<tr><td>冻胀压力和冰压力</td></tr>
<tr><td>温度影响力</td></tr>
<tr><td>施工荷载</td><td>与各类挡土墙施工有关的临时荷载</td></tr>
<tr><td colspan="2" rowspan="3">偶然作用(或偶然荷载)</td><td>地震作用力</td></tr>
<tr><td>滑坡、泥石流作用力</td></tr>
<tr><td>作用于墙顶护栏上的车辆碰撞力</td></tr>
</table>

注:以前将作用在结构物上的各种力称之为"荷载",现行规范中统称为"作用",括号中为原来的称谓。

2. 作用(或荷载)效应组合

作用于一般地区挡土墙上的力,可只计算永久作用(或永久荷载)和基本可变作用(或基本可变荷载);浸水地区、地震动峰值加速度值为0.2g及以上地区、产生冻胀的地区,除计算上述作用(或荷载)外,还应计算其他可变作用(或其他可变荷载)和偶然作用(或偶然荷载)。

作用（或荷载）组合可按表 2-5-3 进行。

常用作用（或荷载）组合　　表 2-5-3

组合	作用（或荷载）名称
I	挡土墙结构重力、墙顶上的有效永久荷载、填土重力、填土侧压力及其他永久作用组合
II	组合 I 与基本可变作用相组合
III	组合 II 与其他可变作用、偶然作用相组合

注：1. 洪水与地震力不同时考虑；

2. 冻胀力、冰压力与流水压力或波浪压力不同时考虑；

3. 车辆荷载与地震力不同时考虑。

二、墙后填料计算参数

在土压力计算中，计算参数对计算结果影响很大，应进行墙后填料的土质试验，确定填料的物理力学指标。当缺乏可靠试验数据时，填料的内摩擦角可参照表 2-5-4 选用。

填料的内摩擦角或综合内摩擦角和重度　　表 2-5-4

填料种类		内摩擦角 φ（°）	综合内摩擦角 φ_0（°）	重度 γ（kN/m^3）
黏质土	墙高 $H \leqslant 6m$	—	35～40	17～18
	墙高 $H > 6m$	—	30～35	17～18
碎石或不易风化的石块		45～50	—	18～19
大卵石、碎石类土、不易风化的岩石碎块		40～45	—	18～19
小卵石、砾石、粗砂、石屑		35～40	—	18～19
中砂、细砂、砂质土		30～35	—	17～18

注：1. 填料的重度可根据实测资料作适当修正，计算水位以下的填料重度采用浮重度；

2. 表中黏质土的综合内摩擦角为换算内摩擦角。

墙背与填料之间的摩擦角 δ，视墙背粗糙程度和排水条件而定。无试验资料时，石砌墙背或混凝土墙背，排水良好的情况可按下式计算：

$$\delta = \frac{1}{2}\varphi \tag{2-5-1}$$

式中：φ——墙背填土的内摩擦角。

三、挡土墙的设计状态

挡土墙结构超过某一特定状态，致使挡土墙不能正常使用或在正常维护下不能满足正常使用要求，该特定状态称为功能的极限状态。极限状态可分为“承载能力极限状态”和“正常使用极限状态”两类。

挡土墙结构承载能力极限状态可理解为：与安全性有关的最大承载状态；挡土墙的组成构件若发生塑性变形而使其他几何形状发生显著改变时，虽未达到完全破坏，但已严重影响安全，也应属于达到了承载能力极限状态。挡土墙的正常使用极限状态是与适应性和耐久性有关的极限状态，可理解为挡土墙及其组成构件在使用功能上允许达到某个限值的极限状态，仅涉及挡土墙的工作条件和性能。

现行的《公路路基设计规范》（JTG D30—2004）中，挡土墙采用以极限状态设计的分项系数法为主的设计方法。构件承载能力极限状态设计采用的一般表达式为：

$$\gamma_0 S \leqslant R^* \tag{2-5-2}$$

$$R^* = R\left(\frac{R_K}{\gamma_f}, \alpha_d\right) \tag{2-5-3}$$

式中：γ_0——结构重要性系数，按表2-5-5的规定选用；

S——作用（或荷载）效应的组合设计值；

R^*——挡土墙结构抗力函数；

R_K——抗力材料的强度标准值；

γ_f——结构材料、岩土性能的分项系数；

α_d——结构或构件几何参数的设计值，当无可靠数据时，可采用几何参数标准值。

结构重要性系数 γ_0 表2-5-5

墙高 H(m)	公路等级	
	高速公路、一级公路	二级及以下公路
≥5.0	1.0	0.95
<5.0	1.05	1.0

由于现行公路工程设计规范中涉及岩土工程设计部分仍然采用容许应力法，有关挡土墙的基础设计及稳定性计算以容许承载力法为基础，但采用极限状态设计表达式的形式表示。

四、作用（或荷载）分项系数

依照我国的传统经验，作用于挡土墙墙背上的土压力一般都考虑主动土压力状态，并按库仑理论进行计算。但加筋土挡土墙的土压力计算，则以墙高条件来划分采用静止土压力或采用主动土压力的计算区段。挡土墙前的被动土压力可不计算；当基础埋置较深且地层稳定、不受水流冲刷和扰动破坏时，可计入被动土压力，但应计入作用分项系数。

挡土墙按承载能力极限状态设计时，除另有规定外，常用作用（或荷载）的作用分项系数按表2-5-6的规定选用。为简化计算，作用于墙顶上的车辆荷载、人群荷载作垂直力计算时，近似作为垂直恒载处理，可采用垂直恒载的分项系数。

承载能力极限状态作用（或荷载）分项系数 表2-5-6

情　况	荷载增大对挡土墙结构起有利作用时		荷载增大对挡土墙结构起不利作用时	
作用组合	Ⅰ、Ⅱ	Ⅲ	Ⅰ、Ⅱ	Ⅲ
垂直恒载 γ_G	0.90		1.20	
恒载或车辆荷载、人群荷载的主动土压力 γ_{Q1}	1.00	0.95	1.40	1.30
被动土压力 γ_{Q2}	0.30		0.50	
水浮力 γ_{Q3}	0.95		1.10	
静水压力 γ_{Q4}	0.95		1.05	
动水压力 γ_{Q5}	0.95		1.20	

五、等代均布土层厚度

车辆荷载作用在挡土墙墙背填料上所引起的附加土体侧压力，可按式（2-5-4）换算成等代均布土层厚度计算：

$$h_0 = \frac{q}{\gamma} \tag{2-5-4}$$

式中：h_0——等代均布土层厚度，m；

q——车辆荷载附加荷载强度，墙高小于 2m，取 20kPa；墙高大于 10m，取 10kPa；墙高在 2～10m 之间时，用直线内插法计算；

作用于墙顶或墙后填料上的人群荷载强度规定为 3kPa；作用于挡土墙栏杆顶的水平推力采用 0.75kN/m，作用于栏杆扶手上的竖向力采用 1kN/m；

γ——墙后填料的重度，kN/m^3。

现行《公路路基设计规范》(JTG D30—2004)中规定附加荷载强度以墙高作为取值参数，基本可变荷载既不再区分为计算荷载和验算荷载，也不划分车辆荷载等级。

六、基底与地基的摩擦系数

基底与地基之间的摩擦系数应通过现场试验确定。当缺乏可靠场试资料时，可按表 2-5-7 的规定选用。

基底与地基间的摩擦系数 μ　　表 2-5-7

地基土的分类		摩擦系数 μ	地基土的分类	摩擦系数 μ
黏性土	软塑状态	0.25	砂类土	0.40
	硬塑状态	0.30	碎(卵)石类土	0.50
	半干硬状态	0.30～0.40	软质岩石	0.40～0.60
黏砂土		0.30～0.40	硬质岩石	0.60～0.70

七、圬工构件或材料的抗力分项系数

圬工构件或材料的抗力分项系数按表 2-5-8 选用。

圬工构件或材料的抗力分项系数 γ_f　　表 2-5-8

圬工种类	受力情况	
	受压	受弯、剪、拉
石料	1.85	2.31
片石砌体、片石混凝土砌体	2.31	2.31
块石、粗料石、混凝土预制块、砖砌体	1.92	2.31
混凝土	1.54	2.31

第四节　重力式挡土墙设计计算方法

一、重力式挡土墙断面尺寸设计的程序

当挡土墙的位置、断面形式和墙高确定后，重力式挡土墙的断面尺寸可通过试算的方法确定，其程序是：(1)根据经验或标准图，初步拟定断面尺寸；(2)计算侧向土压力；(3)进行稳定性验算和基底应力与偏心距验算；(4)当验算结果满足要求时，初拟断面尺寸可作为设计尺寸；当验算结果不能满足要求时，采取适当的措施使其满足要求，或重新拟定断面尺寸，重新计算，直至满足要求为止。

二、库仑主动土压力计算

挡土墙是支挡土体的结构物，它的断面尺寸与稳定性主要取决于土压力。挡土墙的位移情况不同，可以形成不同性质的土压力。当挡土墙受土体侧压力作用向外位移或倾覆时，土压力随之减小，直到墙后土体达到向下滑动的极限平衡状态时，作用于墙背的土压力称为主动土压力；当挡土墙由于外力作用（如拱桥桥台受到拱圈的推力）向土体挤压移动时，土压力随之增大，直到墙后土体达到向上滑动的极限平衡状态时，土体对墙的抗力称为被动土压力；当挡土墙在原来位置而不产生位移时，作用于墙背的土压力称为静止土压力。

路基挡土墙通常可能向外位移或倾覆，墙背受到的土压力为主动土压力。对于墙趾前土体的被动土压力（即墙前土的反推力），为偏于安全，往往略去不计。

挡土墙承受的主动土压力，一般可按库仑理论计算。库仑土压力理论的基本假定为：墙后填土是松散、匀质的砂性土；墙体产生位移，使墙后填土达到极限平衡状态，将形成一个滑动土楔体 *ABC*，如图 2-5-9 所示；其滑裂面是通过墙脚的两个平面，一个是墙背 *AB* 面，另一个是通过墙脚的 *AC* 面；滑动土楔体是一个刚性整体。根据土楔体静力平衡条件，可解出墙背上的土压力。

本节结合路基挡土墙的设计，介绍库仑主动土压力计算方法的具体应用。

（一）三种常见边界条件下主动土压力的计算

1. 路堑墙或路堤墙，破裂面交于边坡内

计算图式及土压力分布图形如图 2-5-9 所示。

破裂角：

$$\theta = 90° - \varphi - \varepsilon \tag{2-5-5}$$

$$\tan\varepsilon = \frac{\sqrt{\tan(\varphi-\beta)[\tan(\varphi-\beta)+\cot(\varphi-\alpha)][1+\tan(\alpha+\delta)\cot(\varphi-\alpha)]} - \tan(\varphi-\beta)}{1+\tan(\alpha+\delta)[\tan(\varphi-\beta)+\cot(\varphi-\alpha)]} \tag{2-5-6}$$

主动土压力：

$$E = \frac{1}{2}\gamma H^2 K, E_x = E\cos(\alpha+\delta), E_y = E\sin(\alpha+\delta) \tag{2-5-7}$$

主动土压力系数：

$$K = \frac{\cos^2(\varphi-\alpha)}{\cos^2\alpha\cos(\alpha+\delta)\left[1+\sqrt{\dfrac{\sin(\varphi+\delta)\sin(\varphi-\beta)}{\cos(\alpha+\delta)\cos(\alpha-\beta)}}\right]^2} \tag{2-5-8}$$

土压力作用点：

$$Z_x = \frac{1}{3}H, Z_y = B - Z_x\tan\alpha \tag{2-5-9}$$

式中：γ——墙后填料的重度，kN/m^3；

φ——填料的内摩擦角，°；

δ——墙背与填料间的摩擦角，°；

β——墙后填料表面的倾斜角，°；

α——墙背倾斜角，°，俯斜墙背 α 为正，仰斜墙背 α 为负；

H——挡土墙高度，m。

2. 路肩墙，破裂面交于荷载内

计算图式及土压力分布图形如图 2-5-10 所示。

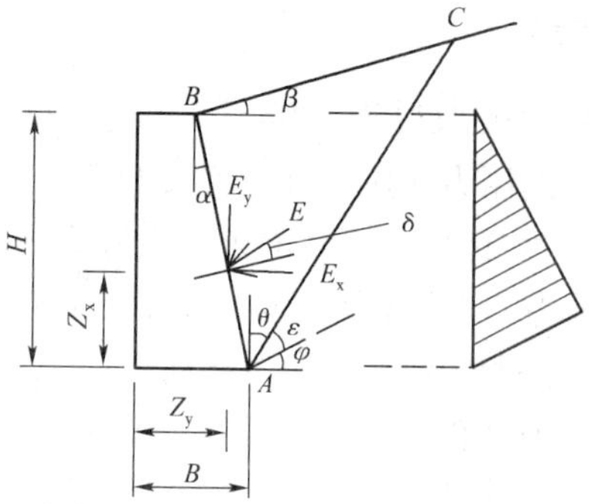

图 2-5-9　路堑墙或路堤墙(破裂面交于边坡内)

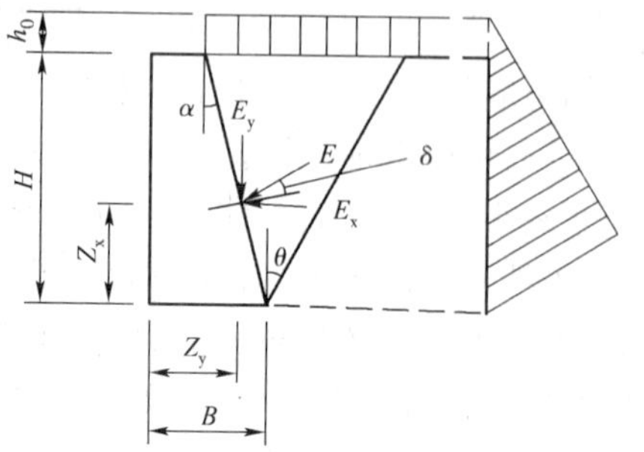

图 2-5-10　路肩墙(破裂面交于荷载内)

$$\tan\theta = -\tan\omega \pm \sqrt{(\cot\varphi + \tan\omega)(\tan\omega - \tan\alpha)},\quad \omega = \varphi + \alpha + \delta \tag{2-5-10}$$

$\omega < 90°$时取"+"号;$\omega > 90°$时取"-"号。

$$E = \frac{1}{2}\gamma H^2 K K_1, E_x = E\cos(\alpha + \delta), E_y = E\sin(\alpha + \delta) \tag{2-5-11}$$

$$K = \frac{\cos(\theta + \varphi)}{\sin(\theta + \omega)}(\tan\theta + \tan\alpha), K_1 = 1 + \frac{2h_0}{H} \tag{2-5-12}$$

$$Z_x = \frac{H}{3} + \frac{h_0}{3K_1}, Z_y = B - Z_x\tan\alpha \tag{2-5-13}$$

式中:h_0——等代均布土层厚度,m。

其他符号意义同前。

3. 路堤墙,破裂面交于荷载内

计算图式及土压力分布图形如图 2-5-11 所示。

$$\tan\theta = -\tan\omega \pm \sqrt{(\cot\varphi + \tan\omega)(\tan\omega + A)},\quad \omega = \varphi + \alpha + \delta \tag{2-5-14}$$

$\omega < 90°$时取"+"号;$\omega > 90°$时取"-"号。

$$A = \frac{ab + 2h_0(b + d) - H(H + 2a + 2h_0)\tan\alpha}{(H + a)(H + a + 2h_0)} \tag{2-5-15}$$

$$E = \frac{1}{2}\gamma H^2 K K_1, E_x = E\cos(\alpha + \delta), E_y = E\sin(\alpha + \delta) \tag{2-5-16}$$

$$K = \frac{\cos(\theta + \varphi)}{\sin(\theta + \omega)}(\tan\theta + \tan\alpha), K_1 = 1 + \frac{2a}{H}\left(1 - \frac{h_1}{2H}\right) + \frac{2h_0h_3}{H^2} \tag{2-5-17}$$

$$h_1 = \frac{b - a\tan\theta}{\tan\theta + \tan\alpha}, h_2 = \frac{d}{\tan\theta + \tan\alpha},\quad h_3 = H - h_1 - h_2 \tag{2-5-18}$$

$$Z_x = \frac{H}{3} + \frac{a(H - h_1)^2 + h_0h_3(3h_3 - 2H)}{3H^2K_1},\quad Z_y = B - Z_x\tan\alpha \tag{2-5-19}$$

其他边界条件及第二破裂面的主动土压力计算公式可参阅《公路设计手册　路基》或相关文献。

(二)黏质土主动土压力计算

库仑土压力理论假定墙后填料只有内摩擦角而无黏结力,它适用于中、粗粒土填料的挡土墙。为了考虑黏结力对土压力的影响,可按以下方法近似计算黏质土的主动土压力。

1. 综合内摩擦角法

目前，由于黏结力的数值难以恰当地确定，同时又缺乏黏质土计算方法设计挡土墙的实践经验，通常都采用综合内摩擦角法来计算黏质土的主动土压力。亦即增大内摩擦角的数值，把黏结力的影响考虑在内摩擦角这一参数内，按砂性土的公式计算其主动土压力。

可以按换算前后土的抗剪强度相等的原则或土压力相等的原则来计算综合内摩擦角 φ_0 值。通常把黏质土的内摩擦角值增大 5°～10°，作为综合内摩擦角，或参照表 2-5-4 选用综合内摩擦角值。

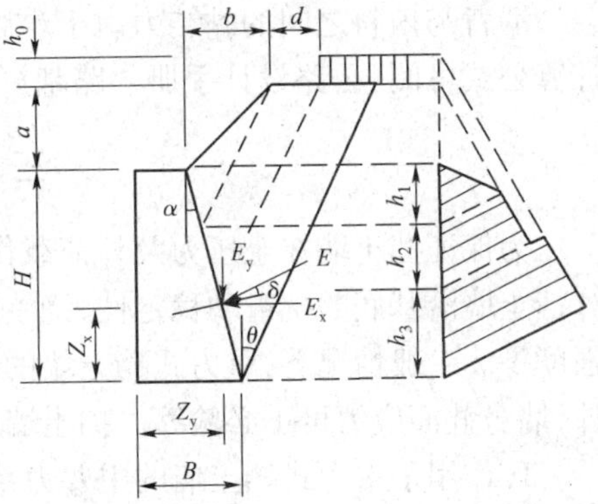

图 2-5-11　路堤墙（破裂面交于荷载内）

此法虽然简单，但是，由于影响土压力数值的因素是多方面的，采用上述综合内摩擦角值，只与某一特定的墙高相适应，对于墙高小于 6m 的矮墙是偏于安全的，对于墙高大于 6m 的高墙则偏于危险。因此，对于矮墙尚可采用这个数值，而对于高墙则应按墙高酌情降低综合内摩擦角，最好按实际的 c、φ 值计算黏质土的主动土应力。

2. 力多边形法（数解法）

考虑黏结力的主动土压力计算方法，可仍以库仑理论为基础，假设破裂面为平面。当墙身向外有足够的位移时，黏质土土层的顶部会出现拉应力，并进而产生竖直裂缝。裂缝的深度达拉应力趋于零处，可按式（2-5-20）确定。

$$h_c = \frac{2c}{\gamma}\tan\left(45° + \frac{\varphi}{2}\right) \tag{2-5-20}$$

式中：c——填料的单位黏结力，kN/m^2；

γ——填土重度，kN/m^3；

φ——填土内摩擦角，°。

在垂直裂缝区 h_c 的范围内，竖直面上的侧向压力等于零，因此在此范围内不计土压力。以库仑理论为基础，按静力平稳条件，由力多边形可求得作用于墙背的主动土压力 E_c，如图 2-5-12 所示。

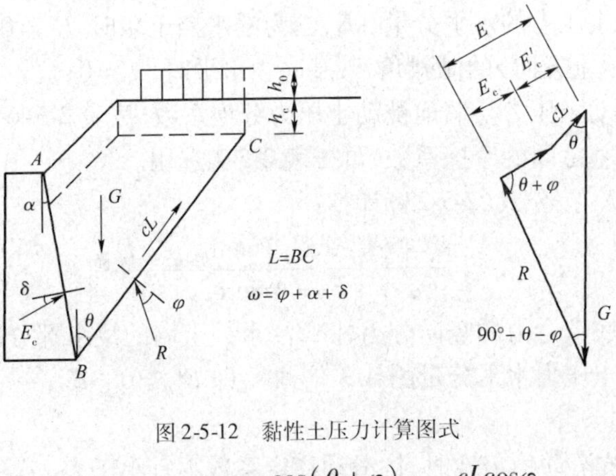

图 2-5-12　黏性土压力计算图式

$$E_c = E - E_c{'} = G \cdot \frac{\cos(\theta+\varphi)}{\sin(\theta+\omega)} - \frac{cL\cos\varphi}{\sin(\theta+\omega)} \tag{2-5-21}$$

式中：E——不计黏结力时的主动土压力，kN；

E'_c——因 $\overline{BC} \cdot c$ 黏结力的作用而减少的土压力，kN；

G——土楔重（土楔上有荷载时，包括荷载重），kN。

墙背与填料之间的黏结力由于难以如实确定，在上述算式中均忽略不计。黏质土土压力计算公式可阅《公路设计手册　路基》等相关文献。

三、挡土墙稳定性计算

为保证挡土墙在土压力及外荷载作用下，有足够的强度及稳定性，在设计挡土墙时，应计算挡土墙沿基底的抗滑动稳定性，绕墙趾的抗倾覆稳定性，基底应力和偏心距，以及墙身截面强度等。一般情况下，重力式挡土墙的断面尺寸主要由基底承载力和抗滑动稳定性来控制设计，墙身截面应力可不必验算。挡土墙的力学计算取单位长度计算。

1. 作用于重力式挡土墙的主要力系

一般地区的挡土墙，作用于墙上的主要力系有：

（1）挡土墙结构重力及位于墙上的恒载。

（2）作用于墙背上的主动土压力（包括墙后填料破坏棱体上的荷载）。

（3）基底的法向反力及摩阻力。

各种力的取舍，应根据挡土墙所处的具体工作条件，按规定的组合作为设计的依据。

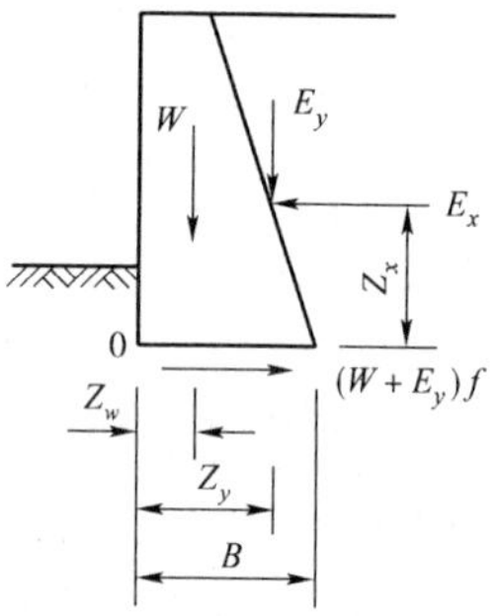

图 2-5-13　挡土墙的滑动与倾覆稳定

2. 抗滑动稳定性计算

如图 2-5-13 所示，在主动土压力的水平分量 E_x 作用下，使挡土墙向外滑动，抵抗滑动的是基础底面与地基之间的摩阻力、墙前被动土压力的水平分量（一般情况下重力式挡土墙可不予考虑，图中未示出）。

挡土墙的抗滑动稳定方程可表示为：

$$[1.1W+\gamma_{Q1}(E_y+E_x\tan\alpha_0)-\gamma_{Q2}E_P\tan\alpha_0]\mu+(1.1W+\gamma_{Q1}E_y)\tan\alpha_0-\gamma_{Q1}E_x+\gamma_{Q2}E_P>0 \quad (2\text{-}5\text{-}22)$$

式中：W——作用于基底以上的重力，kN，浸水挡土墙的浸水部分应计入浮力；

E_y——墙后主动土压力的竖向分量，kN；

E_x——墙后主动土压力的水平分量，kN；

E_P——墙前被动土压力的水平分量，kN，当为浸水挡土墙时，$E_P=0$；

α_0——基底（向填土方向）的倾斜角，°，基底为水平时，$\alpha_0=0$；

γ_{Q1}、γ_{Q2}——分别为主动土压力与墙前被动土压力分项系数，按表 2-5-6 选用；

μ——基底与地基之间的摩擦系数，可按表 2-5-7 选用。

抗滑动稳定系数 K_c 按公式（2-5-23）计算：

$$K_c=\frac{[N+(E_x-E'_P)\tan\alpha_0]\mu+E'_P}{E_x-N\tan\alpha_0} \quad (2\text{-}5\text{-}23)$$

式中：N——作用于基底上合力的竖向分力，kN，浸水挡土墙的浸水部分应计入浮力；

E'_P——墙前被动土压力水平分量的 0.3 倍，kN，即 $E'_P=0.3E_P$；

其余符号意义同上。

在验算挡土墙的抗滑动稳定性时，抗滑动稳定系数不宜小于表 2-5-9 的规定值。

抗滑动稳定系数　　表 2-5-9

荷载情况	作用（荷载）组合Ⅰ、Ⅱ	作用（荷载）组合Ⅲ	施工阶段验算
抗滑动稳定系数 K_c	1.3	1.3	1.2

当挡土墙的抗滑稳定性不足时，可考虑采用下列措施，以增加其抗滑动稳定性：

(1)采用凸榫基础,在挡土墙基础底面设置混凝土凸榫,与基础连成整体,利用凸榫前土体所产生的被动土压力以增加挡土墙的抗滑稳定性。

(2)更换基底土层,以增大基础底面与地基之间的摩擦系数。

(3)改变墙身断面形式和尺寸,以增大垂直力系;但单纯扩大断面尺寸,收效不大,也不经济。

3. 抗倾覆稳定性计算

挡土墙的抗倾覆稳定方程可表示为:

$$0.8WZ_W+\gamma_{Q1}(E_yZ_y-E_xZ_x)+\gamma_{Q2}E_PZ_P>0 \tag{2-5-24}$$

式中:Z_W——墙身重力、基础重力、基础上填土的重力及作用于墙顶的其他荷载的竖向合力重心到墙趾的距离,m;

Z_y——墙后主动土压力的竖向分量到墙趾的距离,m;

Z_x——墙后主动土压力的水平分量到墙趾的距离,m;

Z_P——墙前被动土压力的水平分量到墙趾的距离,m。

抗倾覆稳定系数 K_0 按公式(2-5-25)计算:

$$K_0=\frac{WZ_W+E_yZ_y+E'_PZ_P}{E_xZ_x} \tag{2-5-25}$$

式中:符号意义同上。

在验算挡土墙的抗倾覆稳定性时,抗倾覆稳定系数不宜小于表2-5-10的规定值。

抗滑动稳定系数 表2-5-10

荷载情况	作用(荷载)组合Ⅰ、Ⅱ	作用(荷载)组合Ⅲ	施工阶段验算
抗倾覆稳定系数 K_0	1.5	1.3	1.2

当挡土墙的抗倾覆稳定性不足时,可考虑采用下列措施,以增加抗倾覆稳定性:

(1)加宽墙趾,即在墙趾处加宽基础,以增大力臂。但当墙趾前地面横坡较陡时,会因加宽墙趾而使墙高增加。

(2)减缓墙面坡度,以增加力臂。

(3)改陡墙背坡度,以减小主动土压力。

(4)墙背设置衡重台,增加抗倾覆力矩。

4. 基础设计与稳定性计算

采用倾斜基底是增加挡土墙抗滑动稳定性行之有效的措施之一,但是,当基底斜坡较大时,可能发生墙身与基底土体一起滑移,因此对基底的斜率应加以限制。当为岩石地基时,基底的斜率(高宽比)不宜大于0.3∶1。对于浸水地基;当摩擦系数 $\mu<0.5$ 时,不宜采用倾斜基底;当 $0.5\leqslant\mu<0.6$ 时,基底斜率不宜大于0.1∶1;当 $\mu\geqslant0.6$ 时,不宜大于0.2∶1。

挡土墙受倾覆稳定、基底偏心或基底承载力控制时,可设置墙趾台阶,即加宽墙趾。台阶的宽度视基底应力需要减少的程度和加宽后的合力偏心距的大小而定,一般不小于20cm。台阶高度由台阶的连线与竖直线间的夹角控制,对于砌体不宜大于35°;对混凝土不宜大于40°。

基底合力的偏心距 e_0 可按下式计算:

$$e_0=\frac{M_d}{N_d} \tag{2-5-26}$$

式中:M_d——作用于基底形心的弯矩组合设计值,MPa;

N_d——作用于基底上的垂直力组合设计值,kN/m。

计算挡土墙地基时,各类作用(或荷载)组合下,作用效应组合设计值计算式中的作用分项系数,除被动土压力分项系数 $\gamma_{Q2}=0.3$ 外,其余作用(或荷载)的分项系数规定均为 1。

如图 2-5-14 所示的一般情况下的重力式挡土墙,作用于基底上的垂直力组合设计值 $N_d=W+E_y$,作用于基底形心的弯矩组合设计值:

$$M_d=W\left(\frac{B}{2}-Z_W\right)+E_xZ_x-E_y\left(Z_y-\frac{B}{2}\right)$$

在偏心荷载作用下,基底的最大压应力和最小压应力为:

$$|e_0|\leqslant\frac{B}{6}\text{时},\sigma_{1,2}=\frac{N_d}{A}\left(1\pm\frac{6e_0}{B}\right) \qquad (2\text{-}5\text{-}27)$$

位于岩石地基上的挡土墙:

$$e_0>\frac{B}{6}\text{时},\sigma_1=\frac{2N_d}{3\alpha_1},\sigma_2=0,\alpha_1=\frac{B}{2}-e_0 \qquad (2\text{-}5\text{-}28)$$

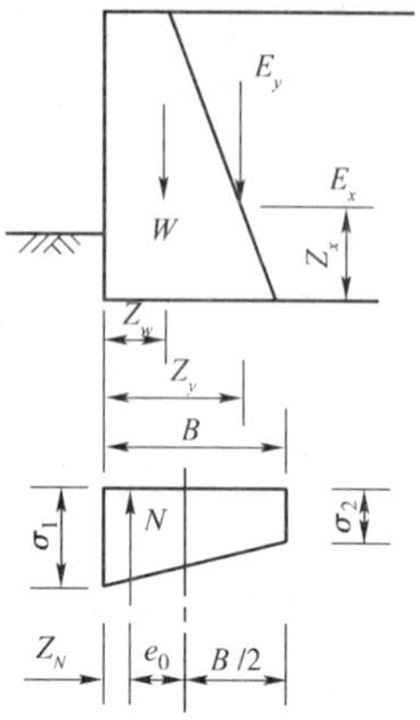

图 2-5-14 基底应力分布图

式中:σ_1、σ_2——分别为挡土墙墙趾、墙踵处的压应力,kPa;

B——基底宽度,m,倾斜基底为其斜宽;

A——基础底面每延米的面积,m^2,矩形基础为 $B\times1$。

从上述分析可知,对于土质地基,如基底合力的偏心距 e_0 过大,由于墙趾压应力 σ_1 与墙踵压应力 σ_2 相差过大,亦可能引起基础产生不均匀沉陷,从而导致墙身过分倾斜,为此应控制偏心距。基底合力的偏心距 e_0,对于土质地基:$e_0\leqslant B/6$;对于岩石地基:$e_0\leqslant B/4$。

基底压应力不应大于地基的容许承载力$[\sigma_0]$。地基的容许承载力值可按即将颁布的《公路桥涵地基与基础设计规范》(JTG D63—2007)的规定采用。当为作用(或荷载)组合 III 及施工荷载,且$[\sigma_0]>150$kPa 时,可提高 25%。

应当说明的是,设置于不良土质地基、表土下为倾斜基岩地基及斜坡上的挡土墙,应对挡土墙地基及填土的整体稳定性进行验算,其稳定系数不应小于 1.25。

5. 墙身断面强度计算

重力式挡土墙的构件可能属于轴心受压,也可能属于偏心受压,必要时应作墙身的剪应力检算。墙身材料强度可按现行《公路圬工桥涵设计规范》(JTG D61—2005)的规定采用。通常选择一两个控制性断面进行墙身应力和偏心距验算,如墙身底部、二分之一墙高和断面形状突变处。

在某一类作用(或荷载)效应组合下,按承载能力极限状态设计时,作用(或荷载)效应的组合设计值按下式计算:

$$S=\psi_{ZL}(\gamma_G\sum S_{Gik}+\sum\gamma_{Qi}S_{Qik}) \qquad (2\text{-}5\text{-}29)$$

式中:S——作用(或荷载)效应的组合设计值;

ψ_{ZL}——作用(或荷载)效应组合系数,按表 2-5-11 选用;

γ_G、γ_{Qi}——作用(或荷载)的分项系数,按表 2-5-6 选用;

S_{Gik}——第 i 个垂直恒载的标准值效应;

S_{Qik}——土侧压力、水浮力、静水压力、其他可变作用(或荷载)的标准值效应。

作用(或荷载)效应组合系数 ψ_{ZL} 表 2-5-11

作用(或荷载)组合	I、II	III	施工荷载
ψ_{ZL}	1.0	0.8	0.7

如图 2-5-15 所示，取断面 1-1 为验算截面。若截面以上墙背所受的主动土压力为 E_1，其水平分量与竖向分量分别为 E_{1x}、E_{1y}，该截面以上的重力为 W_1，截面宽度为 B_1。当墙身或基础为圬工截面时，截面 1-1 轴向力的偏心距 e_1 为：

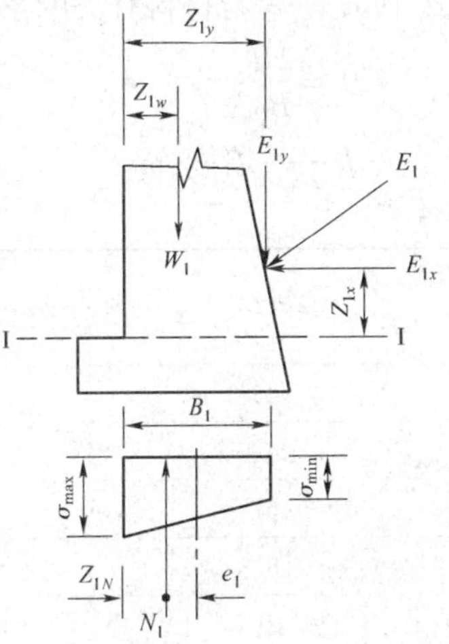

图 2-5-15　墙身断面强度计算

$$e_1 = \left|\frac{M_1}{N_1}\right| \tag{2-5-30}$$

式中：M_1——在某一类作用（或荷载）组合下，作用（或荷载）对计算截面形心的总力矩，kN · m；

N_1——在某一类作用（或荷载）组合下，作用于计算截面上的轴向合力，kN。

例如，上图所示情况，作用于计算截面上的轴向合力设计值 $N_1 = W_1 + E_{1y}$，截面形心的弯矩组合设计值：

$$M_1 = W_1\left(\frac{B_1}{2} - Z_{1W}\right) + E_{1x}Z_{1x} - E_{1y}\left(Z_{1y} - \frac{B_1}{2}\right)$$

轴向力的偏心距 e_1 应符合表 2-5-12 的规定。

圬工结构轴向合力的容许偏心距 e_1　　表 2-5-12

作用（或荷载）组合	I、II	III	施工荷载
容许偏心距	$0.25B_1$	$0.30B_1$	$0.33B_1$

注：B_1 为沿力矩转动方向的矩形计算截面宽度。

挡土墙构件轴心或偏心受压时，正截面强度和稳定按下列公式计算：

计算强度时：

$$\gamma_0 N_d \leqslant \frac{\alpha_k A_1 R_a}{\gamma_f} \tag{2-5-31}$$

计算稳定时：

$$\gamma_0 N_d \leqslant \frac{\psi_k \alpha_k A_1 R_a}{\gamma_f} \tag{2-5-32}$$

式中：N_d——验算截面上的轴向合力设计值，kN；

γ_0——结构重要性系数，按表 2-5-5 选用；

γ_f——圬工构件或材料的抗力分项系数，按表 2-5-8 选用；

A_1——挡土墙构件的计算截面面积，m^2；

R_a——材料抗压极限强度，kN/m^2；

α_k——轴向力偏心影响系数，按公式（2-5-33）计算；

Ψ_k——偏心受压构件在弯曲平面内的纵向弯曲系数，按公式（2-5-34）计算确定；轴心受压构件的纵向弯曲系数，可采用表 2-5-13 的规定。

$$\alpha_k = \frac{1 - 256\left(\frac{e_1}{B_1}\right)^8}{1 + 12\left(\frac{e_1}{B_1}\right)^2} \tag{2-5-33}$$

$$\psi_k = \frac{1}{1 + \alpha_s \beta_s (\beta_s - 3)\left[1 + 16\left(\frac{e_1}{B_1}\right)^2\right]} \tag{2-5-34}$$

式中：α_s——与材料有关的系数，按表 2-5-14 选用；

$\beta_s = \frac{2H}{B_1}$；

H——墙度，m。

轴心受压构件的纵向弯曲系数 ψ_k　　表 2-5-13

$2H/B_1$	混凝土构件	砌体砂浆强度等级	
		M10、M7.5、M5	M2.5
≤3	1.00	1.00	1.00
4	0.99	0.99	0.99
6	0.96	0.96	0.96
8	0.93	0.93	0.91
10	0.88	0.88	0.85
12	0.82	0.82	0.79

注：其他情况的纵向弯曲系数值可从现行的《公路路基设计规范》（JTG D40—2003）中得到。

α_s　取　值　　表 2-5-14

圬工名称	砌浆砌体砂浆强度等级			混凝土
	M10、M7.5、M5	M2.5	M1	
α_s 值	0.002	0.002 5	0.004	0.002

偏心受压构件除验算弯曲平面内的纵向稳定外，还应按轴心受压构件验算非弯曲平面内的稳定。

第五节　加筋土挡土墙

一、加筋土的特点与基本原理

加筋土挡土墙自 20 世纪 60 年代初问世以来，以其显著的技术经济效益，被广泛地应用于土木工程中，同时加筋土技术本身也不断地完善成熟。加筋土挡土墙的基本构造如图2-5-2所示。

加筋土工程有以下特点：

（1）可以做成很高的垂直填土，从而减少占地面积。这对不利于开挖的地区、城市道路以及土地珍贵地区而言，有着较大的经济效益。

（2）墙面板、筋带可以在工厂中定型制造、加工，在现场可以用机械分层施工。这种装配式施工方法简便快速，并且节省劳动力和缩短工期。

（3）填料本身是墙体的一部分，其造价低廉。据国内部分工程资料统计，加筋土挡土墙的造价一般为钢筋混凝土挡墙的 50%，重力式挡土墙的 60% ~80%。

（4）加筋土是柔性结构物。它能够适应地基较大的变形，因而可用于较软的地基上。同时，由于加筋土结构所特有的柔性，能够很好地吸收地震的能量，故其抗震性好。

加筋土的基本原理是借助于拉筋与填料之间的摩擦力来提高填料的抗剪强度，从而保证土体平衡。

加筋土体工作时，土和拉筋一起承受外部和内部的作用（或荷载），由于土与拉筋之间的摩擦作用，将土中的应力传递给拉筋，由拉筋所产生的拉应力来抵抗土体的水平位移，就好像在土体中增加了一个内聚力，从而改进了土体的力学特性。因此，土与拉筋间的摩擦作用是加筋土体能否稳定的一个重要因素。

土体与拉筋间的摩擦作用是很复杂的，不仅取决于填料成分、颗粒粒径级配、拉筋种类及其断面形状和尺寸，而且与环境状况、结构类型、作用(或荷载)方式等有关。取拉筋中的一个微段 dL 分析，如图 2-5-16 所示，设此微段的拉力变化为 dT，拉筋宽度为 b，作用于拉筋表面土体的单位压力为 N，在拉筋上下两面的垂直力相等，均为 $N \cdot b \cdot \mathrm{d}L$，但方向相反。欲使拉筋不被拔出，应使拉筋与填料的摩擦系数满足下列关系：

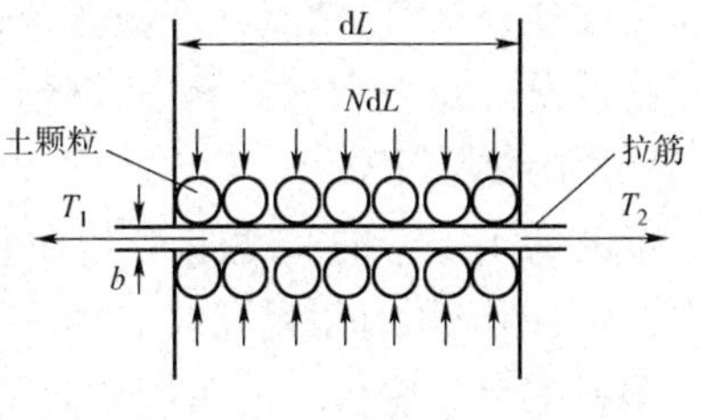

图 2-5-16　拉筋受力分析图

$$\frac{\mathrm{d}T}{2Nb\mathrm{d}L} < f \tag{2-5-35}$$

式中：f——填料与拉筋间的摩擦系数；

其余符号意义见图 2-5-16。

由上式可知，在某一拉力下，为了充分发挥填料与拉筋间的摩擦作用，拉筋必须有足够的长度；为了承受拉力 T_i，拉筋又必须有足够的强度。

二、加筋土挡土墙的墙身材料

(一)加筋土填料

填料是加筋土工程的主体材料，对填料的一般要求为：易于压实；能与拉筋产生足够的摩擦力；满足化学和电化学标准；水稳定性好(浸水工程)。

有一定级配的砾类土、砂类土与拉筋之间的摩擦力大，且透水性能好，应优先选用；碎石土、黄土、中低液限黏质土和稳定土也可采用；腐殖土、冻结土等影响拉筋和面板的使用寿命应禁止采用。

填料的设计参数包括重度 γ、内摩擦角 φ 等，应由试验或当地经验数据确定。当无上述条件时，可参照有关设计规范中相关表选用。

(二)筋带

拉筋的主要作用是与填料产生摩擦力，并承受结构内部的拉力。因此，拉筋必须具有以下特性：具有较高的强度，受力后变形小；较好的柔性与韧性；表面粗糙，能与填料产生足够的摩擦力；抗腐蚀性和耐久性好；加工、接长和与面板的连接简单。

常用的筋带有扁钢带、钢筋混凝土板带和聚丙烯土工带三种。随着筋带材料的发展，目前有些地区采用钢塑复合带、土工格栅等筋带材料。高速公路和一级公路上的加筋土工程应采用扁钢带或钢筋混凝土板带。

1. 扁钢带

扁钢带一般用软钢(Q235)轧制而成，按其外形又可分为光面带和有肋带两种，断面为扁矩形，宽度不应小于 30mm，厚度不应小于 3mm。钢带埋在土中容易锈蚀，因此，扁钢带表面一般应镀锌或采取其他措施进行防锈处理。

2. 钢筋混凝土板带

钢筋混凝土板带的平面为长条形或楔形，断面为扁矩形，宽 10 ~ 25cm，厚 6 ~ 10cm。为了施工方便，钢筋混凝土板带应分节预制。为防止混凝土断裂可在混凝土内布设钢丝网。预制件所用混凝土的强度等级不宜低于 C20(即轴心受压应力、主拉应力和弯曲拉应力分别不小于 7.0MPa、0.45MPa 和 0.70MPa)，钢筋直径不得小于 8mm。预制件的接长或与面板连接，可采用焊接或螺栓结合，结点处应做防锈处理。

筋带设计拉力由钢筋承担，钢筋截面应考虑锈蚀影响。

3. 聚丙烯土工带

聚丙烯土工带的宽度应大于 18mm，厚度应大于 0.8mm。为提高土工带与填料之间的摩擦力，其表面应压有粗糙花纹。

填料中有尖锐棱角的粗粒料会刺穿或割断土工带，因此，在含有尖锐棱角的粗粒料中不得使用聚丙烯土工带作为拉筋。

(三) 面板

面板的主要作用是防止端部土体从拉筋间挤出。对面板的一般要求为：坚固、美观、运输方便和易于安装等。面板材料主要采用钢筋混凝土和混凝土和钢板。我国常用钢筋混凝土和混凝土面板。

钢筋混凝土、混凝土面板一般采用预制件，其强度等级不宜低于 C20，厚度不应小于 80mm。筋带与面板的连接必须坚固可靠，应与筋带有相同的耐腐蚀性能。

混凝土面板上的筋带结点，可采用预埋钢拉环、钢板锚头或预留穿筋孔等形式。钢拉环应采用直径不小于 10mm 的 I 级钢筋；钢板锚头应采用厚度不小于 3mm 的钢板。露于混凝土外部的钢拉环、钢板锚头应做防锈处理，聚丙烯土工带与钢拉环的接触面应做隔离处理。

混凝土面板的外形可选用十字形、槽形、六角形、L 形和矩形等，一般尺寸见表 2-5-15。墙顶和角隅处可采用异形面板和角隅面板。

面板尺寸表(cm)　　　　表 2-5-15

类　型	简　图	高　度	长　度	厚　度
十字形	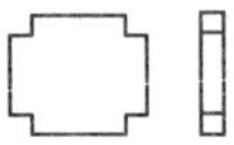	50 ~ 150	50 ~ 150	8 ~ 22
槽　形	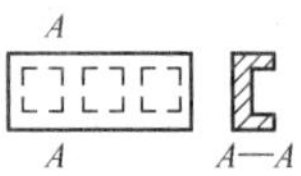	30 ~ 75	100 ~ 120	14 ~ 20
六角形	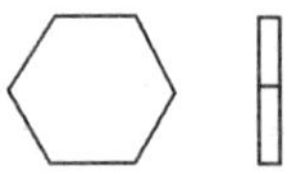	60 ~ 120	70 ~ 180	8 ~ 22
L　形	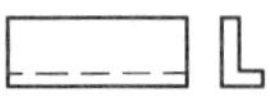	30 ~ 50	100 ~ 200	8 ~ 12
矩　形		50 ~ 100	100 ~ 200	8 ~ 22

注：1. L 形面板下缘宽度一般采用 20 ~ 25cm，厚度 8 ~ 12cm；

2. 槽形面板的底板和翼板厚度不应小于 5cm。

混凝土面板四周应设企口和相互连接的装置。当采用插销连接装置时，插销直径不应小于10mm。

三、加筋土挡土墙的构造

加筋土挡土墙一般由加筋体、基础、排水设施和沉降伸缩缝等几部分构成。

1. 加筋体

加筋体墙面的平面线形可采用直线、折线和曲线。相邻墙面间的内夹角不宜小于70°。

为充分发挥筋带与填料间的摩擦力，加筋体筋带一般应水平布设并垂直于面板，当一个结点有两条以上筋带时，应扇状分开。当相邻墙面的夹角小于90°时，宜将不能垂直布设的筋带逐渐斜放，必要时在角隅处增设加强筋带。一般情况下应避免筋带相互重叠。当采用聚丙烯土工带作筋带时，一个钢拉环（或预流穿筋孔）上筋带数量可能较多，基于抗拔稳定性的要求，为承担土压力强度的需要，部分筋带可以重叠。

在满足抗拔稳定的前提下，采用的拉筋长度应符合下列规定：

(1)墙高大于3.0m时，拉筋最小长度宜大于0.8倍墙高，且不小于5m；当采用不等长度的拉筋时，同等长度拉筋的墙段高度应大于3.0m；相邻不等长拉筋的长度差不宜小于1.0m。

(2)墙高小于3.0m时，拉筋长度不应小于3.0m，且应采用等长度的拉筋。

(3)采用预制钢筋混凝土板带作拉筋时，每节长度不宜大于2.0m。

(4)双面加筋土挡土墙的筋带相互插入时，应错开铺设，避免重叠。

加筋体的横断面形式一般应采用矩形。当地形、地质条件限制时也可采用上宽下窄或上窄下宽的阶梯形。加筋体的断面尺寸由计算确定。

加筋土挡土墙顶部一般应按路线要求设置纵坡；路堤式挡土墙，也可调整两端与路线水平距离，变更墙高，将墙顶设计成平坡。设置纵坡的加筋土挡土墙顶部可按纵坡要求设置异形面板，也可将需设异形面板的缺口用浆砌片石或现浇混凝土补齐。

加筋体填料的压实度是保证加筋体稳定性的重要因素之一，应按相关规范的要求采用。浸水地区的加筋体应采用渗水性良好的土作填料。在面板内侧应设置反滤层或铺设透水土工织物。季节性冰冻地区的加筋体宜采用非冻胀性土填料，否则应在墙面板内侧设置不小于0.5m的砂砾防冻层。

高速公路、一级公路的加筋土挡土墙高度不宜大于12m，二级及二级以下公路不宜大于20m。墙高较大时，应采用多级加筋土挡土墙，多级墙每级墙高不宜大于10m。上、下级墙体之间应设置宽度不小于2m的平台。

加筋土挡土墙的顶面宜设置混凝土或钢筋混凝土帽石。

2. 基础

为了尽量减少面板对地基产生的压力，防止地基发生过大的不均匀沉降，确保面板不被损坏，除坚硬地基（或面板砌筑在石砌圬工、混凝土构件上）外，在一般情况下均应考虑设置条形混凝土基础。基础应满足下列要求：

(1)混凝土基础的宽度不小于0.4m，厚度不小于0.2m，基础底面的埋置深度，对于土质地基不应小于0.6m。

(2)斜坡上的加筋体应墙脚设置宽度不小于1m的护脚，基础埋置深度从护脚顶面算起。

设置护脚的目的是为了防止前沿土体在加筋体水平推力作用下产生剪切破坏，以免导致加筋体结构丧失稳定性。

(3)非浸水加筋土挡土墙，当基础埋置深度小于1.25m时，宜在墙面地表处设置宽度为1m、厚度大于0.25m的混凝土预制块或浆砌片石防护层，其表面宜做成向外倾斜3%～5%的排水横坡。

(4)加筋土挡土墙的基底不宜设置纵坡，可做成水平或结合地形做成台阶形。

(5)多级加筋土挡土墙的平台顶部应设置不小于2%的排水横坡，并用厚度不小于0.15m的C15混凝土板防护；当用细粒土填料时，上级墙的面板基础下应设置宽度不小于1.0m、厚度不小于0.50m的砂砾或灰土垫层。

(6)软弱地基上的加筋土挡土墙，当地基承载力不能满足要求时，应进行地基处理。

3. 排水设施

对可能危害加筋体的地面水和地下水，应采取适当的排水或防水措施。当加筋体背后有地下水渗入时，应设置通向加筋体的排水层，如图2-5-17所示。排水层材料采用砂砾，其厚度不小于0.5m。

为防止加筋体顶面雨水、墙趾处的地面径流等渗入加筋体或冲刷加筋土挡土墙的基础，应采用防渗封闭措施和设置表面排水设施。

浸水地区加筋土挡土墙目前国内较少使用，尤其对采用黏性土填料还无经验。为了增加墙体稳定和墙后土体的稳定性，在设计水位以下宜做成石砌或混凝土实体墙(重力式或半重力式挡土墙)。季节性冰冻地区的加筋体还应采取防风冻胀措施。

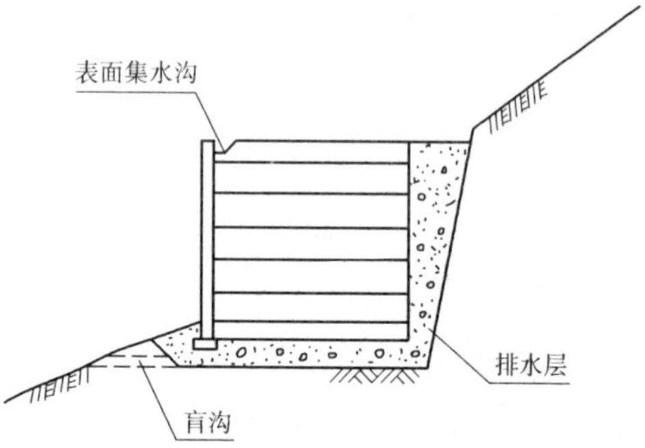

图2-5-17　排水层示意图

4. 沉降伸缩缝

加筋土挡土墙应根据地形、地质、墙高等条件设置沉降缝，沉降缝间距：土质地基为10～30m，岩石地基可适当增大。当设置整体式路面板时，应酌情设置伸缩缝，其间距一般与沉降缝一致。

沉降缝、伸缩缝宽度一般为20～30mm，缝内可采用沥青板或沥青麻絮等填塞。

四、加筋土挡土墙设计计算

(一)加筋土挡土墙的破坏形式

加筋土挡土墙破坏的基本形式有如下三种：

(1)拉筋断裂造成的破坏。当拉筋的强度不足，或拉筋与连接螺栓的尺寸偏小，或拉筋因腐蚀而强度逐渐下降时，拉筋可能部分或全部被拉断，从而导致加筋体失去内部稳定性。

(2)填料与拉筋间的摩擦力不足造成的破坏。当填料与拉筋间的摩擦力不足以平衡拉筋所受拉力时，拉筋与填料可能相对滑动，致使加筋土挡土墙发生严重变形。

以上两种破坏形式均与加筋土挡土墙的内部稳定性有关。

(3)加筋体的滑动和倾覆破坏。当加筋体的外部稳定性不足时，导致加筋体整体产生过大的沿基底的滑动变形或绕墙趾的倾覆变形。

为此，要保证加筋土挡土墙在使用过程中发挥应有的作用，设计时应进行内部稳定性和外部稳定性计算。

加筋土挡土墙设计的首要问题是确定破裂面的形状和位置。由试验室模型试验和实地加筋土挡土墙原型试验测定的结果表明:拉筋上的最大拉力点不是出现在拉筋与墙面板的连接处,而是在墙体内部,连接处的拉力约为最大拉力的0.75倍;各层拉筋最大拉力点的连线通过墙面板脚,其形状近似对数螺旋线。在挡土墙的上部,最大拉力线与墙面间距离不大于0.3H(H为墙高)。

在加筋体中,各层拉筋最大拉力点的连线就是可能的破坏面。为了简化计算,近似地认为破裂面是一条通过墙面板脚,在挡土墙的上部距面板背向距离为0.3H的折线,如图2-5-18所示。

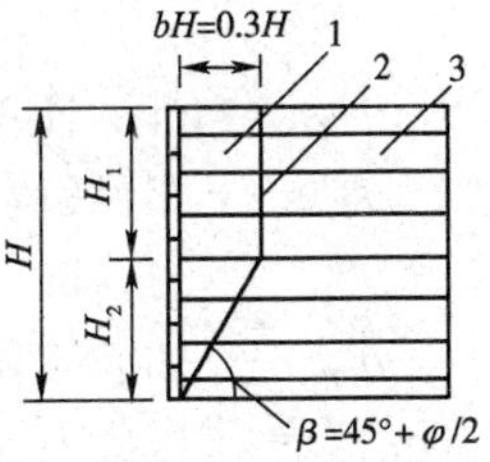

图2-5-18　简化破裂面图

1-活动区;2-简化破裂面;3-稳定区

简化破裂面倾斜部分与水平面夹角β为$45°+\varphi/2$,上、下两部分高度H_1、H_2按下式计算:

$$H_2 = b_H \tan\left(45° + \frac{\varphi}{2}\right) \qquad (2\text{-}5\text{-}36)$$

$$H_1 = H - H_2$$

式中:b_H——简化破裂面的垂直部分与墙面板背面的距离,$b_H = 0.3H$,m;

φ——填料的内摩擦角,°。

破裂面把加筋体分成两部分,破裂面与墙面板之间的部分称为活动区,活动区的土体具有将加筋条拔出土体的趋势,该区摩擦力的方向指向墙外;活动区以外的部分称为稳定区或锚固区,稳定区的土体具有阻止加筋条被拔出的趋势。该区加筋条表面的摩擦力方向指向墙内。

(二)加筋体内部稳定性计算

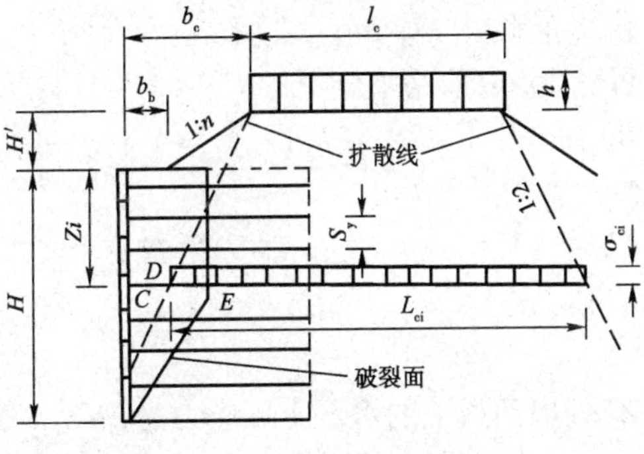

图2-5-19　筋带拉力计算图

加筋体内部稳定性分析的目的是确定筋带拉力与长度,其基本方法是局部平衡法。局部平衡法的原理是根据作用在填料中最大拉应力点上的应力,计算筋带的最大拉应力T_{imax}。如图2-5-19所示,在最大拉应力点E上不存在剪应力,主要是竖直应力σ_V和水平应力σ_H。加筋层某一深度的水平应力σ_H用筋带来局部平衡。

现行的《公路路基设计规范》(JTG D30—2004)中规定,进行筋带截面计算时,应考虑车辆、人群附加作用(或荷载)引起的拉力;进行筋带锚固长度计算时,不计附加作用(或荷载)引起的抗拔力。

1.土压力系数计算

加筋体顶面以下深度Z_i处的土压力系数K_i按下式计算:

当$Z_i \leqslant 6$m时,
$$K_i = K_0\left(1 - \frac{Z_i}{6}\right) + K_a\frac{Z_i}{6} \qquad (2\text{-}5\text{-}37)$$

当$Z_i > 6$m时,
$$K_i = K_a \qquad (2\text{-}5\text{-}38)$$

式中:K_0——静止土压力系数,$K_0 = 1 - \sin\varphi$;

K_a——主动土压力系数,$K_a = \tan^2\left(45° - \frac{\varphi}{2}\right)$。

2.筋带所承受的水平拉力计算

一般情况下,距墙顶面深度为Z_i处,作用于墙面板上的水平土压应力σ_{Hi}按下式计算:

$$\sigma_{Hi}=\sigma_{HZi}+\sigma_{Hai}+\sigma_{Hbi} \tag{2-5-39}$$

式中：σ_{HZi}——加筋体填料作用于深度 Z_i 处墙面板上的水平土压应力，kPa；

σ_{Hai}——车辆（或人群）附加作用（或荷载）作用于深度 Z_i 处墙面板上的水平土压应力，kPa；

σ_{Hbi}——加筋体顶面以上填土重力换算均布土层所引起的深度 Z_i 处墙面板上的水平土压应力，kPa。

（1）加筋体填料引起的水平土压应力

加筋体填料作用于深度为 Z_i 处墙面板上的水平土压应力为：

$$\sigma_{HZi}=\sigma_{vi}K_i=\gamma Z_i K_i \tag{2-5-40}$$

式中：γ——加筋体的重度，kN/m^3；

Z_i——距墙顶面深度，m；

K_i——土压力系数。

（2）车辆（或人群）附加作用（或荷载）引起的水平土压应力

如图2-5-19所示，在附加作用（或荷载）作用下，可按沿深度以1∶2（宽高比，如用高宽比表示为1∶0.5）的扩散率计算扩散宽度。加筋体深度为 Z_i 处的附加竖直压应力 σ_{ai}（kPa），当扩散线的内边缘点 D 点未进入活动区时，$\sigma_{ai}=0$；当扩散线的内边缘点 D 点进入活动区时，按下式计算：

$$\sigma_{ai}=\gamma h_0\frac{L_c}{L_{ci}} \tag{2-5-41}$$

式中：h_0——车辆或人群附加作用（或荷载）换算等代均布土层厚度，m；

L_c——加筋体计算时采用的作用（或荷载）布置宽度，m，取路基全宽；

L_{ci}——加筋体深度 Z_i 处作用（或荷载）扩散宽度，m；当 $Z_i+H'\leqslant 2b_c$ 时，$L_{ci}=L_c+H'+Z_i$；

当 $Z_i+H'>2b_c$ 时，$L_{ci}=L_c+b_c+\dfrac{H'+Z_i}{2}$；

b_c——面板背面至路基边缘的水平距离，m；

H'——加筋体顶面以上路基填土高度，m。

车辆（或人群）附加作用（或荷载）作用于深度 Z_i 处墙面板上的水平土压应力为：

$$\sigma_{Hai}=\sigma_{ai}K_i \tag{2-5-42}$$

（3）加筋体顶面以上填土重力引起的水平土压应力

路堤式挡土墙，加筋体顶面以上填土重力按下式换算成等代均布土层厚度 h_1（m）计算：

$$h_1=\frac{1}{n}(H/2-b_b)\quad（当 h_1>H'时，取 h_1=H'） \tag{2-5-43}$$

式中：n——加筋体顶面以上路基填土边坡坡率；

b_b——加筋体顶面以上路基填土边坡坡脚距面板背面的水平距离，m。

加筋体顶面以上填土重力换算均布土层所引起的深度 Z_i 处墙面板上的水平土压应力为：

$$\sigma_{Hbi}=\gamma h_1 K_i \tag{2-5-44}$$

式中：符号意义同上。

（4）永久作用（或荷载）重力产生的竖直压应力

永久作用（或荷载）重力作用下，深度 Z_i 拉筋位置的竖直压应力为：

$$\sigma_i=\gamma h_1+\gamma Z_i \tag{2-5-45}$$

式中:符号意义同上。

(5)筋带所承受的水平拉力 T_i

深度 Z_i 处的第 i 层拉筋所承受的水平拉力 T_i(kN)为:

$$T_i = \sigma_{Hi} S_x S_y = (\gamma Z_i + \gamma h_1 + \sigma_{ai}) K_i S_x S_y \quad (2\text{-}5\text{-}46)$$

式中:S_x、S_y——分别为筋带节点的水平间距和垂直间距,m;

其余符号意义同上。

3. 单个筋带节点的抗拔稳定性验算

深度 Z_i 处第 i 层拉筋所承受的水平拉力设计值 T_{i0}(kN)为:

$$T_{i0} = \gamma_{Q1} T_i \quad (2\text{-}5\text{-}47)$$

式中:γ_{Q1}——加筋体及墙顶填土主动土压力或附加作用(或荷载)土压力的分项系数,按表2-5-6采用。

计算筋带抗拔力时,不计基本可变作用(或荷载)的作用效应。永久作用(或荷载)重力作用下,深度 Z_i 处第 i 层拉筋有效长度所提供的抗拔力 T_{Pi}(kN)为:

$$T_{pi} = 2f'\sigma_i b_i L_{ai} \quad (2\text{-}5\text{-}48)$$

式中:f'——填料与筋带间的似摩擦系数,由试验确定,无试验资料时,可参照表2-5-16取用;

b_i——结点上的筋带总宽度,m;

L_{ai}——筋带在稳定区的有效锚固长度,m。

填料与筋带间的似摩擦系数 表2-5-16

填料类型	黏性土	砂类土	砾碎石类土
似摩擦系数 f'	0.25 ~ 0.40	0.35 ~ 0.45	0.40 ~ 0.50

注:1. 有肋钢带的似摩擦系数可提高0.1;

2. 墙高大于12m的高挡土墙,似摩擦系数取低值。

稳定区的抗拔力 T_{Pi} 应满足下式要求:

$$\gamma_0 T_{i0} \leqslant \frac{T_{Pi}}{\gamma_{R1}} \quad (2\text{-}5\text{-}49)$$

式中:γ_0——结构重要性系数,按表2-5-5取用;

γ_{R1}——筋带抗拔力计算调节系数,按表2-5-17取用。

筋带抗拔力计算调节系数 表2-5-17

作用(或荷载)组合	Ⅰ、Ⅱ	Ⅲ	施工荷载
γ_{R1}	1.4	1.3	1.2

4. 筋带截面的抗拉强度验算

筋带截面的抗拉强度应满足下式要求:

$$\gamma_0 T_{i0} \leqslant \frac{A f_K}{1\,000 \gamma_f \gamma_{R2}} \quad (2\text{-}5\text{-}50)$$

式中:A——筋带截面的有效净截面面积,mm^2;

f_K——筋带材料强度标准值,MPa,按表2-5-18取用;

γ_f——筋带材料抗拉性能的分项系数,各类筋带均取1.25;

γ_{R2}——筋带材料抗拉计算调节系数,按表2-5-18取用。

筋带材料强度标准值及抗拉计算调节系数　　表 2-5-18

材料类型	f_K(MPa)	γ_{R2}
Q235 扁钢带	240	1.0
Ⅰ级钢筋混凝土板带	240	1.05
钢塑复合带	试验断裂拉力	1.55 ~ 2.0
土工格栅	试验断裂拉力	1.8 ~ 2.5
聚丙烯土工带	试验断裂拉力	2.7 ~ 3.4

注:1. 土工合成材料筋带的 γ_{R2},在施工条件差、材料蠕变大时,取大值;在材料蠕变小或施工荷载验算时,可取较小值;

2. 当为钢筋混凝土板带时,受拉钢筋的含筋率应小于 2.0%;

3. 试验断裂拉力相应延伸率不得大于 10%。

深度 Z_i 处第 i 层筋带长度为:

$$L_i = L_{ai} + L_{bi} \tag{2-5-51}$$

式中:L_{bi}——第 i 层筋带在活动区的长度,m;当 $0 < Z_i \leqslant H_1$ 时,$L_{bi} = b_H$;

当 $H_1 < Z_i \leqslant H$ 时,$L_{bi} = \dfrac{H - Z_i}{\tan\beta}$

5. 筋带有效净截面面积的规定

(1)扁钢带。设计厚度为扣除预留腐蚀厚度并扣除螺栓孔后的计算净截面面积。

(2)钢筋混凝土板带。不计混凝土的抗拉强度,钢筋有效净截面面积为扣除钢筋直径预留腐蚀量后的主钢筋截面面积的总和。

(3)钢塑复合带、土工格栅、聚丙烯土工带。由供货厂家提供尺寸,经严格检验延伸率和断裂应力后,按统计原理确定其设计截面面积和极限强度,保证率应达到 98%。

6. 墙面板设计计算的规定

(1)作用于单板上的土压力视为均匀分布。

(2)面板作为两端外伸的简支板,沿竖直方向和水平方向分别计算内力。

(3)墙面板与筋带的连接部分宜适当加强。

7. 全墙抗拔稳定性验算规定

加筋体及墙顶填土主动土压力或附加作用(或荷载)土压力的分项系数均取 1.0,全墙抗拔稳定系数 K_b 按下式计算:

$$K_b = \frac{\sum T_{Pi}}{\sum T_i} \geqslant 2 \tag{2-5-52}$$

式中:$\sum T_{Pi}$——各层拉筋所产生的摩擦力总和;

$\sum T_i$——各层拉筋承担的水平拉力总和。

需要强调的是,对于墙高大于 12m 的加筋土挡土墙,为增强高墙的安全,还应采用总体平衡法进行验算。因计算工作量很大,此不赘述。

(三)外部稳定性计算

加筋体外部稳定性计算包括基础底面地基承载力验算,基底抗滑稳定性验算和抗倾覆稳定性验算。计算时假定加筋体结构为刚体,计算方法同重力式挡土墙。

建于软土地基上的加筋土挡土墙应做地基沉降计算。山坡上的加筋体容易出现整体滑动,必要时可增加加筋体与地基整体滑动稳定性验算,验算方法同“圆弧滑动面法”。

本章小结

1. 为防止路基填土或山坡土体坍塌而修筑的承受土体侧压力的墙式构造物，称为挡土墙。公路工程中的挡土墙按设置的位置分为路堑墙、路堤墙、路肩墙和山坡墙等类型；按结构形式分为重力式挡土墙、半重力式挡土墙、锚定式挡土墙、薄壁式挡土墙、加筋土挡土墙等。

2. 重力式挡土墙依靠墙身自重支撑土压力来维持其稳定。一般多用片(块)石砌筑，在缺乏石料的地区有时也用混凝土修建。加筋土挡土墙是填土、拉筋、面板三者的结合体，属于柔性结构，对地基变形适应性强，建筑高度大。

3. 常用的重力式挡土墙，一般由墙身、基础、排水构造物和沉降缝与伸缩缝等几部分组成。

4. 重力式挡土墙的设计方法有试算法和类比法。试算法是根据工程实践经验或挡土墙标准图初步拟定其断面形式和尺寸，依据设计车辆荷载、墙后填料、地基及墙身材料等设计参数，通过土压力计算、稳定性验算确定挡土墙的断面形式和尺寸。类比法是按照设计车辆荷载、墙后填料、地基、墙身材料及高度等与挡土墙标准图相关资料相近的原则，直接套用挡土墙标准图定出挡土墙的断面形式和尺寸。

5. 加筋土挡土墙破坏的基本形式有拉筋断裂造成的破坏、填料与拉筋间的摩擦力不足造成的破坏和加筋体的滑动和倾覆破坏三种。加筋土挡土墙的填料、拉筋、面板、基础及断面形式和尺寸设计就是为了防止这三种形式的破坏。

复习思考题

1. 挡土墙分为哪几类？有什么用途？

2. 重力式挡土墙各部分的名称是什么？

3. 重力式挡土墙有哪几部分组成？仰斜式、垂直式、俯斜式和衡重式断面各有哪些特点？

4. 重力式挡土墙的横向布置、纵向布置和平面布置包括哪些内容？

5. 叙述重力式挡土墙的设计步骤。

6. 简述重力式挡土墙不同边界条件下的库仑主动土压力计算公式中各符号的意义。

7. 重力式挡土墙稳定性验算的内容有哪些？

8. 加筋土挡土墙的材料及加筋土挡土墙的构造有哪些要求？

9. 简述加筋土挡土墙稳定性验算的方法。

10. 某二级公路 K10 + 500 ~ K10 + 560 段为直线路段，拟在右侧修建路肩挡土墙，墙趾处纵断面地面线测量结果及设计高程见下表，K10 + 502 ~ K10 + 550 段横向地势平坦。

桩 号	K10 + 480	K10 + 500	K10 + 502	K10 + 550	K10 + 560	K10 + 580
地面高程(m)	109.19	106.69	100.69	101.22	102.56	102.06
路肩边缘设计高程(m)	107.36	106.56	—	104.56	104.16	103.36

设计资料：墙身材料采用 M7.5 水泥砂浆砌片石，砌体的重度为 22kN/m^3，容许压应力为 1 250kPa，容许剪应力为 175kPa；墙后填料选用砂土，经土工试验得到其重度为 18kN/m^3，内摩擦角为 35°；地基为中密砾石土，容许承载力 500kPa，基底摩擦系数取 0.5；设计车辆荷载等级为公路—II 级。

建议墙顶宽度 1.0 ~ 1.3m，墙背与墙面平行，墙背坡度取 1:0.25。试确定墙身断面尺寸，绘制挡土墙正面图、横断面图和平面图，并计算挡土墙工程数量。

第六章　路面结构层

路面结构是一个多层体系，每一个结构层均可用不同的材料来铺筑。本章主要介绍各类结构层的类别、特性、材料组成、强度形成原理及用途等。

第一节　半刚性结构层

一、半刚性结构层的分类与特性

在集料或粉碎的（或原来松散的）土中掺入一定量的无机结合料（包括水泥、石灰或粉煤灰等）和水，经拌和得到的混合料经压实与养生后，其抗压强度符合规定的要求时，称为无机结合料稳定类材料，以此修筑的路面结构层称为无机结合料稳定类材料结构层。

无机结合料稳定类材料结构层的刚度介于柔性路面材料和刚性路面材料之间。因此，采用无机结合料稳定集料或土类材料铺筑的基层称为半刚性基层，以此修筑的底基层亦称为半刚性底基层。

（一）半刚性结构层的分类

半刚性基层、底基层的种类很多，其物理、力学性质各有特点，其分类方法也不尽相同。

1. 根据所稳定的材料类型分类

根据无机结合料所稳定的材料类型分为两大类：

（1）无机结合料稳定集料

无机结合料稳定集料中的集料包括级配碎石、未筛分碎石、级配砂砾、天然砂砾等。

（2）无机结合料稳定土

无机结合料稳定土中所用的土，按照土中单个颗粒（指碎石、砾石和砂颗粒）的粒径大小和组成，将其分为下列三种：

细粒土：颗粒的最大粒径小于9.5mm，且其中小于2.36mm的颗粒含量不少于90%；

中粒土：颗粒的最大粒径小于26.5mm，且其中小于19mm的颗粒含量不少于90%；

粗粒土：颗粒的最大粒径小于37.5mm，且其中小于31.5mm的颗粒含量不少于90%。

2. 根据无机胶结材料的种类分类

按无机胶结材料的种类可分为水泥稳定类材料、石灰稳定类材料和石灰工业废渣稳定类材料三大类：

（1）水泥稳定类材料

在集料或粉碎的（或原来松散的）土中，掺入足量的水泥和水，经拌和、摊铺、压实及养生后得到的混合料，当其抗压强度符合规定的要求时，称为水泥稳定类材料。

用水泥稳定级配碎石、未筛分碎石所得到的混合料称为水泥稳定碎石（简称水泥碎石）；用水泥稳定级配砂砾、天然砂砾所得到的混合料称为水泥稳定砂砾（简称水泥砂砾）；用水泥稳定粗粒土所得到的混合料称为水泥碎石土，用水泥稳定中粒土所得到的混合料称为水泥砾石土,用水泥稳定细粒土所得到的混合料称为水泥土。

(2)石灰稳定类材料

在集料或粉碎的(或原来松散的)土中,掺入适量的石灰和水,经拌和、摊铺、压实及养生后得到的混合料,当其抗压强度符合规定要求时,称为石灰稳定类材料。

石灰稳定类材料包括石灰稳定碎石土(简称石灰碎石土)、石灰稳定砾石土(简称石灰砾石土)、石灰稳定细粒土(石灰土)、石灰土稳定碎石(石灰土碎石)等。

(3)石灰工业废渣稳定类材料

目前常用的工业废渣主要是粉煤灰。一定数量的石灰和粉煤灰与其他集料(或土)相结合,加入适量的水(通常为最佳含水量),经拌和、摊铺、压实及养生后得到的混合料,当其抗压强度符合规定要求时,称为石灰粉煤灰稳定类材料,简称二灰稳定类材料。

用二灰稳定级配碎石、未筛分碎石所得到的混合料称为二灰稳定碎石(简称二灰碎石);用二灰稳定级配砂砾、天然砂砾所得到的混合料称为二灰稳定砂砾(简称二灰砂砾);用二灰稳定粗粒土所得到的混合料称为二灰碎石土,用二灰稳定中粒土所得到的混合料称为二灰砾石土,用二灰稳定细粒土所得到的混合料称为二灰土。

(二)半刚性结构层的特性

半刚性基层、底基层按其混合料结构状态分为骨架密实型、骨架空隙型、悬浮密实型和均匀密实型四种结构类型。半刚性结构层具有稳定性好、结构本身自成板体、抗冻性能较好等特点,但其容易产生干缩和温缩裂缝。

半刚性材料种类较多,其物理、力学性质各有特点,使用时应根据结构要求、掺加结合料剂量和原材料的供应情况及施工条件进行综合技术、经济比较后选定。

半刚性材料经拌和压实后,由于水分挥发和混合料内部的水化作用,混合料的水分会不断减少。由此发生的毛细管作用、吸附作用、分子间力的作用、材料矿物晶体或凝胶体间层间水的作用和碳化收缩作用等会引起无机结合料稳定类材料的体积收缩。

半刚性材料是由固相(组成其空间骨架的原材料的颗粒和其间的胶结物)、液相(存在丁固相表面与空隙中的水和水溶液)和气相(存在于空隙中的气体)组成,所以,其外观胀缩性是三相的不同的温度收缩性的综合效应的结果。一般气相大部分与大气贯通,在综合效应中影响较小,可以忽略。原材料中砂粒以上颗粒的温度收缩系数较小,粉粒以下的颗粒温度收缩性较大。半刚性材料温度收缩的大小与结合料类型和剂量、被稳定材料的类别、粒料含量、龄期等有关。

半刚性基层、底基层一般在高温季节修建,成形初期基层内部含水量大,且尚未被面层封闭,基层内部的水分必然要蒸发,从而发生由表及里的干燥收缩。同时,环境温度也存在昼夜温度差,因此,修建初期的半刚性基层同时受到干燥收缩和温度收缩的综合作用,必须注意养生保护。经过一定龄期的养生,半刚性基层上铺筑面层后,基层内相对湿度略有增大,使材料的含水量趋于平衡,这时半刚性基层的变形以温度收缩为主。

半刚性基层、底基层应具有足够的强度和稳定性、较小的收缩(温缩及干缩)变形和较强的抗冲刷能力,在中冰冻、重冰冻区应检验其抗冻性。

半刚性基层产生的收缩裂缝会反射到沥青面层上,导致沥青面层开裂,应当采取措施予以防治。

二、水泥稳定类结构层

1. 水泥稳定类结构层的强度形成原理

在水泥稳定类材料中，水泥、土（或集料）和水之间发生了多种非常复杂的作用，从而使土（或集料）的性能发生了明显的变化。水泥稳定类材料的强度主要靠硬凝反应、离子交换作用、碳酸化作用、化学激发作用四个方面的作用形成。

（1）硬凝反应

在水泥稳定类材料中，首先发生的是水泥自身的水化反应，从而产生出具有胶结能力的水化产物，这是水泥稳定类结构层强度的主要来源，也是水泥稳定类材料初期强度较高的主要原因。

水泥水化生成的水化产物（水化硅酸钙、水化铝酸钙等），在土（或集料）的孔隙中相互交织搭接，将土（或集料）颗粒包裹连接起来，使土（或集料）逐渐丧失了原有的塑性等性质，并且随着水化产物的增加，混合料也逐渐坚固起来。由于细土颗粒具有非常高的比表面积、亲水性和水泥稳定土中的水泥含量较少，在水泥稳定土中，水泥的水化、硬化较水泥混凝土中差得多，特别是黏土矿物对水化产物中的 $Ca(OH)_2$ 具有极强的吸附和吸收作用，使溶液中的碱度降低，不但影响水泥水化产物的稳定性，而且影响混合料的性能。必要时还应对水泥稳定土进行“补钙”，以提高混合料中的碱度。

（2）离子交换作用

土的微小颗粒具有一定的胶体性质，一般都带有负电荷，表面吸附着一定数量的水和钠、氢、钾等低价阳离子（Na^+、H^+、K^+），形成较厚的结合水膜。水泥水化后所生成的氢氧化钙所占的比例较高，可达水化产物的25%。大量的氢氧化钙溶于水以后，在土中形成了一个富含 Ca^{2+} 的碱性溶性环境。Ca^{2+} 取代 K^+、Na^+ 等，使结合水膜变薄，黏土颗粒之间的距离减小，相互靠拢，导致土的凝聚，从而改变土的塑性，使土具有一定的强度和稳定性。

（3）碳酸化作用

水泥水化生成的 $Ca(OH)_2$，除了与黏土矿物发生化学反应外，还可以进一步与空气中的 CO_2 发生碳化反应生成碳酸钙晶体。其化学反应式可表示为 $Ca(OH)_2 + CO_2 \rightarrow CaCO_3 + H_2O$。碳酸钙晶体将土颗粒（或集料）胶结在一起，使土（或集料）具有一定的强度和稳定性。由于空气中的 CO_2 含量有限，且 CO_2 进入稳定类材料中比较困难，因此，碳酸化作用是一个缓慢的过程。

（4）化学激发作用

化学激发作用也称火山灰作用。水泥水化产物氢氧化钙与土中的活性氧化硅 SiO_2 和氧化铝 Al_2O_3 作用生成含水的硅酸钙和含水的铝酸钙，它们在水分作用下能够逐渐硬结，其反应式为：

$$Ca(OH)_2 + SiO_2 + nH_2O \longrightarrow CaO \cdot SiO_2 \cdot (n+1)H_2O$$

$$Ca(OH)_2 + Al_2O_3 + nH_2O \longrightarrow CaO \cdot Al_2O_3 \cdot (n+1)H_2O$$

由于土或集料中活性氧化硅、氧化铝的含量非常小，化学激发作用是一个缓慢的过程。

2. 影响水泥稳定类结构层强度的因素

（1）土质

各类砂砾土、砂土、粉质土和黏质土均可用水泥稳定，但稳定效果不同。试验和生产实践表明，用水泥稳定级配良好的碎（砾）石和砂砾效果最好，不但强度高，而且水泥用量少；其次是细粒土质砂；再次是粉质土和黏质土。重黏土难以粉碎和拌和，不宜单独用水泥来稳定。因此，一般要求土的塑性指数不大于17，实际工程中应选用塑性指数小于12的土。有机质含量超过20%和硫酸盐含量超过0.25%的土不宜选用。

(2)水泥的品种和剂量

各种类型的水泥都可以用于稳定土。对于同一种土，通常情况下硅酸盐水泥的稳定效果好，而铝酸盐水泥较差。水泥的终凝时间过短将影响水泥稳定类材料的施工工艺过程。

水泥剂量是指水泥质量占全部粗细颗粒（即碎石、砾石、砂砾、粉粒、黏粒）干质量的百分率。

水泥稳定类材料的强度随水泥剂量的增加而增长，过多的水泥用量，虽能增加强度，在经济上却不一定合理，效果上也不一定显著，且容易产生收缩裂缝。试验和研究表明，水泥剂量为4% ~8%较为合理。合理的水泥剂量应根据结构层技术要求进行混合料组成设计确定。

(3)含水量

当含水量不足时，水泥不能在混合料中完全水化和水解，发挥不了水泥对土或集料的稳定作用，影响强度形成。含水量达不到最佳含水量时还会影响水泥稳定类材料的压实度。

水泥正常水化所需的水量约为水泥质量的20%，对于细粒土质砂，完全水化达到最高强度的含水量较最佳密度的含水量为小；对于黏质土则相反。

(4)施工工艺过程

水泥、土（集料）与水拌和均匀，且在最佳含水量下充分压实，使之干密度最大，其强度和稳定性就高。水泥稳定类材料从开始加水拌和到完成压实的延迟时间要尽可能缩短，一般要在6h以内，若时间过长，则水泥凝结，在碾压时，不但达不到压实度要求，而且还会破坏已结硬水泥的胶凝作用，反而使水泥稳定类材料强度下降。

水泥稳定类材料施工之前宜进行延迟时间试验，以确定延迟时间对混合料干密度和强度的影响。在水泥终凝时间达不到规定要求时，可以使用一定剂量的缓凝剂，缓凝剂的品种和具体数量应根据试验确定。

水泥稳定类材料需湿法养生，以满足水泥水化形成强度的需要。养生温度愈高，强度增长得愈快，在负温条件下甚至不增长。因此，应保证水泥稳定类材料养生的温度和湿度条件。要求施工的最低温度应在5℃以上，并在第一次重冰冻（－5℃ ~ －3℃）到来之前1个月至1个半月完成。

3. 水泥稳定类结构层的用途

水泥稳定类结构层的强度、水稳性和抗冲刷能力都较石灰稳定类结构层好，但暴露的水泥稳定类结构层因干缩和温缩也易产生裂缝。水泥土与水泥砂砾、水泥碎石相比有下述三个不利的特征：(1)水泥土容易产生严重的收缩裂缝，并影响沥青面层；(2)水泥土的强度没有充分形成时其表层遇水会发生软化；(3)水泥土的抗冲刷能力小，表面水由面层裂缝渗入后易产生唧泥现象。

水泥稳定集料类材料适用于各级公路的基层和底基层。水泥土用于三级、四级公路的基层或二级及二级以上公路的底基层。

三、石灰稳定类结构层

1. 石灰稳定类结构层的强度形成原理

石灰与土（或集料）之间的物理与化学作用大致可分为离子交换作用、结晶作用、碳酸化作用和火山灰作用四个方面。

关于结晶作用，在石灰稳定类材料中只有一部分熟石灰 $Ca(OH)_2$ 进行离子交换作用，绝大部分饱和的 $Ca(OH)_2$ 自行结晶。熟石灰与水作用生成熟石灰结晶网格，其化学反应式为：

$$Ca(OH)_2 + nH_2O \xrightarrow{晶化} Ca(OH)_2 \cdot nH_2O$$

由于结晶作用，把土粒（或集料）胶结成整体，使石灰稳定类材料的整体强度得到提高。

石灰稳定类材料的初期强度主要由离子交换作用和结晶作用形成，后期强度主要碳酸化作用和火山灰作用形成。由于石灰与土发生了一系列的相互作用，从而使土的性质发生根本的改变。在初期，主要表现为土的结团、塑性降低、最佳含水量和最大密实度减少等，后期表现为结晶结构的形成，从而提高其板体性、强度和稳定性。

2. 影响石灰稳定类结构层强度的因素

（1）土质

各种成因的土都可以用石灰来稳定，但生产实践表明，塑性指数高的土，其稳定效果显著，强度也高。当采用塑性指数过高的土时施工不易粉碎，而且增加干缩裂缝；采用塑性指数偏小的土时容易拌和，但难以碾压成型，稳定效果不显著。选用土质，既要考虑其强度，还要考虑到施工时易于粉碎便于碾压成型。一般选用塑性指数为 15 ~ 20 的土。塑性指数偏大的黏质土，要加强粉碎，粉碎后，土中 15 ~ 25mm 的土块不宜超过 5%。经验证明，塑性指数小于 12 的土不宜用石灰稳定。对于硫酸盐类含量超过 0.8% 或腐殖质含量超过 10% 的土，对强度有显著影响，不宜直接采用。

（2）石灰质量

石灰的等级愈高（即 CaO + MgO 的含量愈高）时，稳定效果愈好；石灰的细度愈大，其比表面积愈大，在相同剂量下与土粒的作用愈充分，因而效果愈好。

石灰应是消石灰粉或生石灰粉，对于高速公路或一级公路宜用磨细生石灰粉。石灰质量应符合 III 级以上的技术指标，并要尽量缩短石灰的存放时间，最好在生产后不迟于三个月内投入使用。

（3）石灰剂量

石灰剂量是指石灰质量占全部粗细土颗粒（即砾石、碎石、砂砾、粉粒和粘粒）干质量的百分率。石灰剂量对石灰稳定类材料强度的影响显著，石灰剂量较低（小于 3% ~4%）时，石灰主要起稳定作用，土的塑性、膨胀、吸水量减小，使土的密实度、强度得到改善。随着剂量的增加，强度和稳定性均提高，但剂量超过一定范围时，强度反而降低。生产实践中常用的最佳剂量范围，对于黏质土及粉质土为 8% ~14%；对细粒土质砂则为 9% ~16%。剂量的确定应根据结构层技术要求进行混合料组成设计。

（4）含水量

水是石灰稳定类材料的重要组成部分，也是促使石灰稳定类材料发生物理化学变化，形成强度，便于土的粉碎、拌和与压实的必要条件。不同土质的石灰稳定土有不同的最佳含水量，需通过标准击实试验确定，并应当控制施工中的实际加水量。所用水应是干净可供饮用的水。

（5）压实度

石灰稳定类材料的强度随压实度的增加而增长。实践证明，石灰稳定土的压实度每增减 1%，强度约增减 4% 左右。而且密实的石灰稳定土，其抗冻性、水稳定性也好，缩裂现象也少。

（6）龄期

石灰稳定类材料的强度具有随龄期增长的特点。石灰稳定土初期强度低，随着时间的逐渐增长而趋于稳定。一般情况下石灰稳定土的强度在 90d 以前增长比较显著，以后就比较缓慢。石灰稳定土的这种特性对施工程序的衔接有相当的灵活性。但为了防止冰冻破坏作用，要求有一个冻前龄期。

(7)养生条件

养生条件主要指温度与湿度。养生条件不同,其强度也有差异。当温度高时,物理化学反应、硬化、强度增长快;反之强度增长慢,在负温条件下甚至不增长。因此,要求施工的最低温度应在5℃以上,并在第一次重冰冻(-5~-3℃)到来之前1个月至1个半月完成。

多年的施工经验证明,夏季施工的石灰稳定土强度高,质量可以保证,一般在使用中很少损坏。养生的湿度条件对石灰稳定土的强度也有很大影响。在一定潮湿条件下养生,强度的形成比在一般空气中养生要好。

3. 石灰稳定结构层的用途

由于石灰稳定类材料的收缩裂缝多、抗冲刷能力较差,石灰稳定类材料宜用于各级公路的底基层以及三级、四级公路的基层。

四、二灰稳定类结构层

1. 二灰稳定类结构层的强度形成原理

二灰稳定类材料的强度主要靠离子交换作用、结晶作用、化学激发作用、碳酸化作用四个方面形成。

石灰与粉煤灰加水拌和后,石灰中的氧化钙与粉煤灰中的活性物质二氧化硅和三氧化二铝等相互作用生成含水的硅、铝酸钙和氢氧化钙等,这些新生的胶凝物质晶体具有较强的胶结能力和稳定性。由于二灰稳定类材料中活性物质二氧化硅和三氧化二铝含量较大,二灰稳定类材料中的化学激发作用比水泥稳定类材料和石灰稳定类材料的化学激发作用大得多。

二灰稳定类材料的初期强度主要是由氢氧化钙的结晶作用和离子交换作用形成,后期强度主要是含水的硅、铝酸钙的作用和碳酸化作用形成。因此,其初期强度较低、后期强度较高。

2. 影响石灰粉煤灰稳定类材料强度的因素

影响石灰粉煤灰稳定类材料强度的主要因素有石灰质量与用量、粉煤灰质量与用量、土质(集料质量)、含水量、工艺过程和养生条件等。

(1)土质

土的塑性指数大,二灰土的收缩性大,反之则收缩性小。对土的要求是:易于粉碎、便于碾压成型,塑性指数为12~20,有机质含量不应超过10%,硫酸盐含量不应超过0.8%。

在二灰或二灰土中加入粒料可提高其早期强度,减少其收缩裂缝。试验表明,密实式二灰砂砾、二灰碎石比悬浮式的强度高、收缩变形小,因此,石灰粉煤灰稳定集料所用的碎、砾石应具有一定的级配。

(2)粉煤灰

粉煤灰中的活性物质是在石灰的碱性激发及相互作用下生成含水的硅、铝酸钙,石灰的质量和用量对混合料的强度均有较大的影响。石灰质量应符合Ⅲ级以上的生石灰或消石灰的技术指标。实际使用时,要尽量缩短石灰的存放时间。石灰的用量应通过试验确定。

粉煤灰的主要成分是SiO_2、Al_2O_3、Fe_2O_3、CaO,前三种成分的总含量应大于70%。根据CaO含量的多少,粉煤灰可分成硅铝粉煤灰(CaO含量一般在2%~6%)和高钙粉煤灰(CaO含量为10%~40%)。粉煤灰的烧失量不宜大于20%,烧失量过大,将明显降低混合料的强度,有的甚至难以成型。粉煤灰的粒径变化范围在0.001~0.3mm之间,但大部分在0.01~0.1mm之间,其比表面积宜大于2 500cm^2/g或0.075mm筛孔通过率应大于60%。湿粉煤灰含水量不宜超过35%,粉煤灰的用量应通过试验确定。

其他影响因素与石灰稳定类和水泥稳定类基本相同。

二灰稳定类材料的用量可表示为石灰:粉煤灰:土(或集料),如5:15:80。

3. 石灰粉煤灰稳定类材料的用途

石灰粉煤灰稳定集料类材料适用于各级公路的基层和底基层。二灰土用于三级、四级公路的基层或二级及二级以上公路的底基层。

第二节　碎石、砾石类结构层

一、碎石、砾石类结构层的特性

碎石、砾石类结构层是用粗、细碎石或砾石、黏土(或不含黏土)按照级配原则或嵌挤原则铺筑而成的结构层。级配型的碎石或砾石结构层包括级配碎石、级配砾石、级配碎砾石(碎石和砂砾的混合料,也常将砾石中的超尺寸颗粒砸碎后与砂砾一起组成碎砾石)以及符合级配、塑性指数等技术要求的天然砂砾(或称级配砂砾)等。嵌锁型的碎石结构层包括填隙碎石、泥结碎石、泥灰结碎石等。

级配原则是采用颗粒大小不同的集料按一定比例配合(有时掺入一定数量的黏土作结合料),拌制成混合料,经过摊铺、碾压而形成的路面结构层。这种混合料符合最佳级配原理,具有较大的密实度。按级配原则修筑的路面结构,其强度来源于内摩阻力和黏结力,但由于矿料没有较强的嵌挤锁结作用,以及受结合料的影响,一般来讲内摩阻力较小。

嵌挤原则是采用分层撒铺矿料(同一层矿料的粒径大小基本相同)并经严格碾压而成的路面结构层(或采用尺寸大致均一的开级配矿料进行拌和)。用这种方法修筑的路面,其强度构成主要依靠矿料之间相互嵌挤锁结作用而产生较大的内摩阻力。黏结力虽然也是需要的,但仅起着辅助作用。因此,采用这种方法修筑的路面,必须使用强度比较高的石料(Ⅰ—Ⅱ级),每层矿料颗粒的尺寸应大小均匀,形状近似立方体并有棱角,且表面粗糙。各种矿料的尺寸自下而上逐渐减小,上下层矿料的粒径比一般按1/2递减。粗料做主层料,细料作为各级嵌缝料。为了增加其联结强度,可在矿料中掺入不同的结合料以使其产生一定的黏结力。

碎石、砾石类路面结构强度形成的特点是:矿料颗粒之间的联结强度一般都要比矿料颗粒本身的强度小得多;在外力作用下,矿料首先在颗粒之间产生滑动和位移,使其失去承载能力而遭致破坏。因此,对于这种松散材料组成的路面结构强度,矿料颗粒本身强度固然重要,但是起决定作用的则是颗粒之间的联结强度。在强度特性上具有上述特点的材料,均属于松散介质的范畴。对于松散介质范畴的材料,其抗剪强度可用库仑公式表示。因此,由材料的黏结力和内摩阻角所表征的、主要由内摩擦力所决定的颗粒之间的联结强度,即构成了该类路面材料的结构强度。

碎石、砾石类结构层既可做面层,也可做基层或底基层。由于碎石、砾石类结构层的平整度较差,晴天易扬尘,雨天易泥泞,它只适用于四级公路的面层。

碎石、砾石类结构层作面层时通常称之为砂石类路面;作基层、底基层时亦属于柔性基层、底基层。

二、级配碎石与级配砾石结构层

由各种大小不同粒级集料组成的混合料,当其颗粒级配组成符合规定的密实级配要求时,称其为级配型集料。级配型集料中，没有水泥、石灰等水硬性结合料，也没有沥青，所以常称其为无结合料粒料或无结合料材料。级配型集料中常含有一定数量的细颗粒（指小于0.6mm的颗粒，国外有不少国家常用0.425mm），细颗粒中还有一定数量的小于0.075mm的颗粒，并具有或大或小的塑性指数。

几种粒径不同的碎石和石屑各占一定比例的混合料，当其颗粒组成符合规定的密实级配要求时，称为级配碎石。级配碎石结构分为骨架密实型和连续级配型两种。

粗、细砾石集料和砂各占一定比例的混合料，当其颗粒组成符合规定的密实级配要求时，称为级配砾石。

决定级配型集料结构层力学性质的主要参数是弹性模量（或回弹模量）、抗剪强度和抗永久变形能力。级配集料结构层的理想性质是，它应有高的劲度（相当于弹性模量），以提供良好的荷载分布性质；应该有高的抗剪强度，以减轻车辆作用下的辙槽；应该有高的透水性，使进入的自由水能快速排出；其中的细土应该没有塑性，以保证良好的水稳性，并对冰冻不太敏感。

级配集料结构层力学性质主要与集料的摩擦作用、嵌锁作用和黏结作用有关。摩擦作用本身则与所产生的应力以及颗粒接触面上能达到的摩擦力有关。应力与集料结构层的密实度和所处的位置有关，而集料结构层的密实度则与颗粒的级配和形状有关。颗粒接触面上能达到的摩擦力与颗粒的强度和颗粒的表面纹理有关。

影响级配集料结构层力学性质的其他重要因素有集料的含水量，加工和摊铺集料的均匀性和碾压密实度以及下承层的承载能力。

在实际工作中，对于级配集料，主要是控制颗粒的级配组成，特别是其中的最大粒径、4.75mm以下、0.6mm以下和0.075mm以下的颗粒含量，以及塑性指数。同时，在施工中要严格控制级配集料的均匀性（它包括级配组成和含水量）和压实度（或密实度）。

细土含量和塑性指数都较高的级配型集料虽然可以用作面层，直接承受行车的作用，但考虑到过一定时间后，砂石类路面会被改善成沥青路面，为了避免在铺筑沥青面层时，将原砂石路面挖翻处治（在我国以往常掺入石灰），对于砂石路面也宜采用《公路路面基层施工技术规范》（JTJ 034—2000）中规定的级配集料作承重层，另外采用细土含量和塑性指数都较高的细级配集料作磨耗层。

级配碎石集料的级配组成以及级配砾石或天然砂砾的颗粒组成应符合现行《公路沥青路面设计规范》（JTG D50—2006）中的规定要求。

就力学性质和稳定性而言，级配碎石是级配集料中最好的材料，也是无结合料材料中最好的材料；级配砾石则是级配集料中最次的材料；级配碎砾石则处于两者之间。

级配碎石可用于各级公路的基层和底基层；级配碎砾石、级配砾石可用作轻交通的二级和二级以下公路的基层和各级公路的底基层。采用重型击实标准设计时的要求见表2-6-1。

三、填隙碎石结构层

用单一尺寸的粗碎石做主骨料，形成嵌锁作用，用石屑填满碎石间的空隙，增加密实度和稳定性，这种结构称为填隙碎石。

我国过去盛行的嵌锁型碎石基层，是用筛分成几种不同规格的大、中、小单一尺寸碎石分层摊铺、分层碾压而成的。通常首先铺大碎石，大碎石经碾压稳定后，撒铺嵌缝碎石，继续碾压稳定，然后再撒铺小碎石，并碾压稳定。某些地区使用的干压碎石或“水结”碎石属于这种类型。

无结合料材料结构层的设计要求 表 2-6-1

材料类型	适用层位	技术指标		备注
		压实度(%)	CBR 值(%)	
级配碎石	基层	>98	≥100	各级公路
	底基层	>96	≥80	各级公路
级配砾石或天然砂砾	基层	≥98	≥80	重交通公路
	底基层	≥96	≥60	中交通公路
	底基层	≥96	≥40	轻交通公路

国外常使用另一种嵌锁型碎石基层。它使用单一尺寸的粗碎石，例如，采用 25 ~ 50mm、30 ~ 60mm 或 40 ~ 70(80)mm 的碎石做主骨料，经初步碾压稳定后，撒铺 0 ~ 5(或 10)mm 的石屑，并用振动压路机碾压，藉振动压路机的振动力使石屑填塞到主骨料的空隙中直到把空隙填满为止。这种形式的碎石结构，在国外称为干结碎石，最后碾压时，采用湿法施工的称"水结"碎石。这两种类型的嵌锁型碎石在现行路面基层施工规范中统一称之为填隙碎石。

填隙碎石结构层上不能直接通车，它上面必须铺面层。填隙碎石基层质量好坏的两个关键是：从上到下粗碎石间的空隙一定要填满，也就是说，达到规定的密实度非常重要；表面粗碎石间的空隙既要填满，填隙料又不能覆盖粗碎石而自成一层，表面应看得见粗碎石，粗碎石的棱角可外露 3 ~ 5mm。后一点对薄沥青面层非常重要，它可保证薄沥青面层与基层黏接良好，避免薄沥青面层在基层顶面发生推移破坏。

由于干法施工填隙碎石不需要用水，在缺水地区，采用这种基层结构，特别显示其优越性。填隙碎石的主要缺点是，潮湿的填隙料实际上不可能靠振动压路机将空隙填满。如企图用过多遍数的振动碾压使潮湿填隙料下移，往往可能使主骨料浮到填隙料层上并严重丧失稳定性。

填隙碎石适用于各级公路的底基层和三、四级公路的基层。填隙碎石一般用于二级公路的底基层。其最大粒径宜为厚度的 0.5 ~ 0.7 倍，用作基层时，最大粒径不应超过 60mm；用作底基层时，最大粒径不应超过 80mm。填隙料可用石屑或最大粒径小于 10mm 的砂砾或粗砂。

填隙碎石的压实度以固体体积率表示。用作基层时，压实度不应小于 85%；用作底基层时，压实度不应小于 83%。

四、泥结碎石与泥灰结碎石结构层

泥结碎石结构层是以碎石作为集料，黏土作为填充料和结合料，经压实修筑成的一种结构。

泥结碎石结构层的力学强度和稳定性不仅取决于碎石的相互嵌挤作用，同时也有赖于土的黏结作用。泥结碎石结构虽用同一尺寸的碎石修筑，但在使用过程中由于行车荷载的反复作用，石料会被压碎而向密实级配转化。但由于是黏土做结合料，其水稳性较差。

泥结碎石结构层所用的石料，其强度等级不宜低于 Ⅳ 级，细长、扁平状颗粒不宜超过 15%。不产石料地区的四级公路，交通量少时，可采用礓石和碎砖等材料。碎砖粒径宜稍大，一般为结构层厚度的 0.8 倍。泥结碎石层所用的黏土，应具有较高的黏性，塑性指数以 18 ~ 26 为宜。黏土内不得含腐殖质或其他杂物。黏土用量一般不超过混合料总重的 15% ~ 18%。

泥灰结碎石结构层是以碎石为骨料，用一定数量的石灰和土做填充料和结合料修筑的碎石结构。

泥灰结碎石结构层所用的碎石和黏土质量规格要求与泥结碎石相同，石灰的质量不低于III级。石灰与土的用量不应大于混合料总重的20%。其中石灰剂量为土重的8%～12%。泥灰结碎石结构因掺入石灰，其水稳性要比泥结碎石好。

泥结碎石、泥灰结碎石结构层用于四级公路的面层，并宜在其上设置砂土磨耗层和松散保护层。泥结碎石、泥灰结碎石亦可作三、四级公路的基层，泥结碎石只能用于干燥路段，不能用于中湿路段。

第三节　沥青类结构层

一、沥青类结构层的分类

沥青路面是指铺筑沥青面层的路面结构。沥青路面的基层可以采用半刚性基层、柔性基层或刚性基层。沥青类结构层既可以作面层，也可以作基层。作基层时亦属于柔性基层。沥青类结构层可按以下几种方法分类：

1. 按结构层的结构状态分类

可分为级配型和嵌挤型两大类。级配型沥青类结构层对集料的级配有一定的要求，其强度和稳定性主要取决于混合料的黏聚力和内摩阻力。这类结构层的空隙率与集料的级配类型和沥青的用量等因素有关，沥青混合料的空隙率根据其用途（用作面层或基层）来控制。嵌挤型结构层要求采用颗粒尺寸较为均一的集料与沥青分层铺筑，结构层的强度和稳定性主要依靠集料之间相互嵌挤产生的内摩阻力，而黏结力则起次要作用。按嵌挤原则修筑的沥青类结构层，其空隙较大，易渗水，因而耐久性较差。

2. 按施工工艺分类

可分为厂拌法、层铺法和路拌法三大类，具体分析如下：

（1）厂拌法是由一定级配的集料和沥青材料在工厂用专用设备加热拌和，然后送到工地摊铺、碾压而成的沥青路面结构层。厂拌法按混合料铺筑时温度不同，又可分为热拌热铺和热拌冷铺两种。热拌热铺是将混合料在专用设备加热拌和后立即趁热运到路上摊铺压实。如果混合料加热拌和后储存一段时间，再在常温下运到路上摊铺压实，即为热拌冷铺。厂拌法可使用较黏稠的沥青材料，且矿料经过精选，因而混合料质量高，使用寿命长，但修建费用也较高。

（2）层铺法是指分层洒布沥青、分层撒铺集料和碾压的方法修筑结构层。其主要优点是工艺和设备简便，工效较高，施工进度快，造价低廉。其缺点是路面成型期较长，质量不易保证，需要经过炎热季节行车碾压之后路面方能完全成型。用这种方法修筑的路面有层铺法沥青表面处治和沥青贯入式两种。

（3）路拌法是指在路上用机械或人工将集料和沥青材料就地拌和、摊铺和碾压密实而成的沥青路面结构层。该方法与层铺法相比，沥青材料在集料中分布比较均匀，成型较快。但由于所用集料为冷料，需使用稠度较低的沥青材料，故混合料的强度较低。目前随着施工技术和施工机械的发展，该法已很少采用，仅用于沥青路面养护中的修补项目。

3. 按结构层的路用性能分类

可分为沥青混凝土（代号 AC）、沥青玛蹄脂碎石（代号 SMA）、排水式沥青磨耗层（代号 OGFC）、沥青碎石（密级配沥青碎石代号 ATB、半开级配沥青碎石代号 AM、开级配沥青碎石代号 ATPB)、冷拌沥青混合料、沥青贯入式、沥青表面处治等类型。

二、沥青路面的基本特性

沥青路面由于使用了黏结力较强的沥青材料作结合料,因而增加了集料之间的黏结力,提高了混合料的强度和稳定性,使路面的使用质量和使用寿命都得到提高。它是目前国内外广泛采用的路面面层结构。

与水泥混凝土路面相比,沥青路面具有表面平整、无接缝、行车舒适、振动小、噪声低、施工期短、养护维修简便、适宜分期修建等优点。由于它可以使用不同的材料组成和施工方法,因而适用于不同等级的公路路面。它的缺点是表面易受硬物损坏,并容易磨光而降低抗滑性能;在外界气温影响下,强度和刚度变化很大,即夏季易变软而冬季易变脆;它的施工受季节影响较大,除乳化沥青外,在低温季节和雨季不能施工。

由半刚性基层或柔性基层组成的沥青路面的强度和稳定性在很大程度上取决于土基和基层的强度,因此对土基和基层的要求较高。在低温时,沥青类路面易受土基不均匀冻胀而开裂,因而在寒冷地区,需设置防冻层。沥青路面的基层最好使用半刚性基层。对交通量较大的路段,为了使沥青路面具有一定的抗弯拉和抗疲劳开裂的能力,宜在沥青面层下设置沥青混合料基层。

三、沥青类结构层的力学特性

沥青类结构层的力学特性可以通过几种不同的力学强度参数来表征。这些参数包括抗压强度、抗剪强度和抗拉(包括抗弯拉)强度等。沥青混合料具有较高的抗压强度,而抗剪和抗拉强度则较低,因此沥青路面的损坏往往是从拉裂或滑移开始而逐渐扩展。

1. 抗剪强度

沥青混合料的抗剪强度主要取决于沥青与集料相互作用而产生的黏结力,以及集料在沥青混合料中的嵌挤锁结作用所产生的内摩阻力。

沥青混合料的黏结力取决于许多因素,其中最主要的是沥青的黏滞度、沥青含量与填料(矿粉)含量的比值,以及沥青与集料相互作用的特性。集料的级配、颗粒的形状和表面特性,都对沥青混合料的内摩阻力产生影响。沥青混合料的抗剪强度可以通过三轴剪切试验获得。

2. 抗拉强度

在气候较寒冷地区,冬季气温下降,特别是急骤降温时,沥青混合料产生收缩,如果收缩受阻,就会产生拉应力,该应力超过沥青混合料的抗拉强度时,路面就会产生开裂。

沥青混合料的抗拉强度,可用直接拉伸试验或间接拉伸——劈裂试验来测定。

沥青混合料在低温下的抗拉强度同沥青的性质、沥青含量、矿质混合料的级配、测试时的温度等因素有关。试验表明,沥青的黏滞度大,或沥青含量较大,沥青混合料就会具有较高的抗拉强度。密级配沥青混合料的抗拉强度较开级配混合料高,在低温下沥青混合料的抗拉强度随温度降低而提高。

3. 抗弯拉强度

沥青类结构层在行车荷载(特别是重载)重复作用下,往往因结构层弯曲而产生开裂破坏。因此,必须考虑沥青混合料的抗弯拉强度。

沥青混合料的抗弯拉强度可通过试验室内制作标准梁式试件,然后按简支梁受力情况进行测定。也可用劈裂试验的劈裂强度代替其抗弯拉强度。

沥青混合料的抗弯拉强度取决于所用材料的性质(如沥青的性质、沥青的用量、集料的性质、混合料的级配与拌和质量等)及结构破坏过程的加荷状况(如重复次数、应力增长速度等)。此外,温度状况对抗弯拉强度也有很大影响。

4. 应力—应变特性

沥青混合料是一种弹性—黏塑性材料,在应力—应变关系中呈现出不同的性质,有时呈现为弹性性质,有时则主要呈现为黏塑性质,而大多数情况下,几乎同时综合呈现上述性质。如冬季低温时,沥青混合料就呈现为弹性体,并且具有弹性体的变形特性,夏季高温时则呈现为黏塑性体质。研究表明,沥青混合料的应力—应变特性,不仅同荷载大小和作用时间有关,而且与材料的温度有关,故有时常用劲度模量(简称劲度)作为表征沥青混合料力学特性的指标。劲度模量 $S_{t,T}$ 是指材料在给定的荷载、作用时间和温度条件下应力与总应变的比值。

5. 疲劳特性

沥青类结构层的疲劳特性表现为:沥青混合料的变形和破坏不仅与荷载应力的大小有关,而且同荷载作用的次数有很大关系。路面材料在低于极限抗拉强度下经受重复拉应力或拉应变作用而最终导致破坏,称为疲劳破坏。导致路面最终破坏的重复荷载作用次数称为疲劳寿命。

影响沥青混合料疲劳特性的因素很多,如材料的性质(包括矿料种类、集料级配、沥青种类和用量)、环境因素(包括温度、湿度、混合料的压实程度和空隙率)、加荷方式等。沥青混合料的疲劳特性可以用动稳定度指标来反映。所谓动稳定度是指沥青混合料进行车辙试验时,变形进入稳定期后每产生 1mm 轮辙,试验轮行走的次数,以次/mm 计。也可以采用在简支的小梁上做重复加载弯曲试验或重复加载间接试验(劈裂试验)测定。其试验测定方法参看有关试验规程。

四、沥青路面的温度稳定性

大气温度是影响路面强度的重要因素。同一路面,在炎热的夏天和严寒的冬天可能有不同的使用品质。就是在一天之内,路面的工作状态也会有差异,特别是沥青路面更是如此。沥青混合料的强度会随温度降低而提高,随温度升高而降低。因此,对沥青路面的温度稳定性应给予特别重视。

1. 沥青路面的高温稳定性

沥青混合料具有强度和抗变形能力随温度的升高而显著降低的特点。温度升高时,沥青的黏滞度降低,集料之间的黏结力削弱,从而导致强度成倍的降低。由于高温稳定性不足,沥青路面会出现以推移、车辙和拥包等为特征的路面剪切变形和塑性累积变形,特别是在交叉口、停车站及行车变速的路段上变形更为严重。因此,如何提高沥青路面的高温稳定性,是沥青路面在设计和使用中必须考虑的问题。

对沥青混合料高温稳定性的测定大都借助于试验的方法。较为广泛应用的有马歇尔稳定度、车辙试验和无侧限抗压强度等试验方法。

影响沥青混合料高温稳定性的因素主要有:沥青和集料的性质及其相互作用的特性,集料的级配组成等。

为了提高沥青混合料的高温稳定性,就应设法提高其内摩阻力和黏结力。常用的方法是在混合料中增加粗集料含量,使粗集料形成空间骨架结构,以提高混合料的内摩阻力。适当地提高沥青材料的黏稠度,严格控制沥青用量,采用具有活性的矿粉,来改善沥青与集料的相互作用，以提高混合料的黏结力。在沥青中掺入聚合物（如橡胶、聚乙烯等）改性的沥青，也能取得较好的效果。

2. 沥青路面的低温稳定性

沥青路面在低温时强度虽然增大，但其变形能力却因刚度增大而降低。气温下降，特别是在急剧降温时，沥青混合料受基层约束而不能自由收缩，会产生很大的温度拉应力。若累积温度拉应力超过沥青混合料的极限抗拉强度，路面便产生开裂。沥青路面的低温缩裂大致可分为两类：一类是温度下降而造成的路面开裂，它与沥青混合料的体积收缩有关，这种裂缝是由表面开始发裂而逐渐发展成为裂缝；另一类是属于路基或基层收缩与冰冻共同作用而产生的裂缝，这类裂缝是从基层开始逐渐反映到沥青面层的开裂。由于路面收缩的主轴是纵向的，因此，低温产生的裂缝大多是横向的，且几乎是6～10m的等距离间隔。裂缝的出现往往就是沥青路面损坏的开始。随着低温循环的影响，裂缝将会进一步扩展，导致路面工作状况恶化。

影响低温开裂的因素很多，其中主要的因素有路面所用沥青的性质、当地的气温状况、沥青的老化程度、基层的种类和路面的层次及厚度等。此外，路面面层与基层的黏着状态、基层所用材料的特性、行车的状况对路面开裂也有一定的影响。

使用稠度较低、温度敏感性较低的沥青，可以延缓和减少路面的开裂。路面所在地区的气温愈低，开裂愈为严重。沥青材料的老化对低温更为敏感，使路面开裂的可能性增加。增加沥青面层厚度可以减少或者延缓路面的开裂，采用某些改性沥青（如橡胶沥青等）也可防治路面开裂。

五、沥青路面的水稳性

对于高速公路、一级公路、二级公路的沥青混合料面层应具有良好的水稳性。沥青混凝土的水稳性通常采用沥青与矿料的黏附性试验、浸水马歇尔试验（残留稳定度）和冻融劈裂试验（残留强度比）评价，以检验沥青混合料受水损害时的抗剥落性能。

六、沥青路面的抗滑性能

路面的抗滑性能（亦称路面粗糙度）是指路面表面集料的棱角阻止汽车轮胎滑动的能力。路面的表面应有足够的抗滑能力，以保证行车安全。若抗滑能力不足，汽车起步时，会发生空转打滑现象；汽车在弯道上行驶，就会产生横向滑移；当紧急制动时，所需的制动距离就会增长，因而都容易发生交通事故。经调查，交通事故约80%以上与路面滑溜有关，即与路面摩擦系数较低有关。

大量的试验与实践表明，由于雨水的润滑作用，引起路面摩擦系数的降低，使路面滑溜。沥青路面所用沥青材料含蜡量较高，热稳定性较差，若施工不当，易使路表面形成光面，抗滑能力大大降低。因此，对于沥青路面来说，抗滑性能是一项非常重要的质量评定指标。

1. 沥青路面抗滑标准

影响沥青路面抗滑性能的因素很多，就路面结构而言主要有：

(1) 石料的抗滑性能（即石料磨光值PSV）

石料磨光值既影响低速行车下沥青路面的抗滑能力，也影响高速行车下沥青路面的抗滑能力。在正常施工条件下，就影响幅度而言，石料的抗滑性能是影响沥青路面抗滑性能的最主要因素（影响幅度为30%～50%），因此，应当选用抗滑性能好的集料（即强度高、耐磨耗、表面粗糙、有棱角、接近立方体等）做面层集料，并采用优质沥青或掺配添加剂（包括掺水泥或掺石灰处理酸性石料等）。

根据现行《公路沥青路面设计规范》(JTG D50—2006)的规定,高速公路、一级公路和二级公路沥青表面层用粗集料的磨光值应符合表2-6-2的要求,其他等级公路可按照执行。

石料磨光值 PSV 的技术要求 表2-6-2

年降雨量(mm)	>1 000	500~1 000	250~500	<250
高速公路、一级公路	>42	>40	>38	>36
二级公路	>40	>38	>36	—

(2)路面的宏观构造

路面的宏观构造是影响高速行车下路面抗滑能力的一个重要因素(影响幅度为20%~30%)。路面的宏观构造是指路面集料间形成的宏观粗糙度(相对于集料本身的粗糙度而言)。宏观构造大,高速行车下的路表水能迅速排除,保证轮胎与石料直接接触,路面的抗滑性能就好。反之,路面宏观构造小,表面易形成水膜,路面的抗滑性能就差。

各个国家路面抗滑性能的控制指标有一定的差别。有的国家采用单一的指标,有的则采用多项指标,但总的趋势是抗滑指标从单项指标向多指标发展,这是因为多指标的抗滑标准更能保证高速行车的安全。

根据我国的实际情况,并结合国外的抗滑指标,我国的高速公路、一级公路沥青表面层抗滑性能以横向力系数SFC_{60}和路面宏观构造深度TD为主要指标,并对不同的降雨量采用了不同的标准。高速公路、一级公路在交工验收时,其抗滑技术指标宜符合表2-6-3的要求,二级公路可按照执行。

交工检测抗滑技术指标要求值 表2-6-3

年降雨量(mm)	>1 000	500~1 000	250~500	<250
横向力系数SFC_{60}	≥54	≥50	≥45	—
构造深度TD(mm)	≥0.55	≥0.50	≥0.45	—

注:1. 横向力系数SFC_{60}——用横向力系数测试车在60km/h±1 km/h的车速下测得;

2. 路面宏观构造深度TD(mm)——用铺砂法测定。

摆式摩擦系数测定仪是一种测定路面抗滑性能的简便方法,只能测量低速条件下的路面抗滑性能,可用于二级公路。摆值BPN必须采用改进型的摆式摩擦系数测定仪测定。根据有关研究成果,横向力系数SFC_{60}和摆值BPN之间的相关关系为:

$$BPN = 0.4064SFC_{60} + 36.353 \quad (s = 0.82) \tag{2-6-1}$$

2. 沥青路面的防滑措施

针对影响沥青路面抗滑性能的因素,可采取下面一些措施来提高沥青路面的抗滑性能:

(1)选择适宜的沥青标号与沥青用量,尽可能使用优质沥青;在满足耐久性的前提下尽量减少沥青用量。

(2)选择坚硬耐磨、有棱角、表面粗糙的集料,并注意集料的级配组成,一般开级配集料组成比密级配集料组成抗滑能力好。

(3)修筑排水式沥青磨耗层。排水式沥青磨耗层能够为汽车交通提供较好的抗滑能力,且能够排除路面表面的部分雨水。

七、常用的沥青类结构层

1. 热拌沥青混合料结构层

沥青混合料是由矿料与沥青结合料拌和而成的混合料的总称。热拌沥青混合料结构层的类型见表 2-6-4。

热拌沥青混合料结构层类型　　表 2-6-4

混合料类型	密级配			开级配		半开级配	公称最大粒径(mm)	最大粒径(mm)
	连续级配		间断级配	间断级配				
	沥青混凝土	沥青稳定碎石	沥青玛蹄脂碎石	排水式沥青磨耗层	排水式沥青碎石基层	沥青碎石		
特粗式	—	ATB-40	—	—	ATPB-40	—	37.5	53.0
粗粒式	—	ATB-30	—	—	ATPB-30	—	31.5	37.5
	AC-25	ATB-25	—	—	ATPB-25	—	26.5	31.5
中粒式	AC-20	—	SMA-20	—	—	AM-20	19.0	26.5
	AC-16	—	SMA-16	OGFC-16	—	AM-16	16.0	19.0
细粒式	AC-13	—	SMA-13	OGFC-13	—	AM-13	13.2	16.0
	AC-10	—	SMA-10	OGFC-10	—	AM-10	9.5	13.2
砂粒式	AC-5	—	—	—	—	AM-5	4.75	9.5
设计空隙率(%)	3~5	3~6	3~4	>18	>18	6~12		

注:1. 设计空隙率可按配合比设计要求适当调整;

2. 最大粒径是指混合料中筛孔通过率为 100% 的最小标准筛孔尺寸;

3. 公称最大粒径是指混合料中筛孔通过率为 90%~100% 的最小标准筛孔尺寸。

沥青混凝土是由适当比例的粗集料、细集料及填料(矿粉)组成的符合密级配的矿料,与沥青结合料拌和而制成的密实式沥青混合料(以 AC 表示),简称为沥青混凝土。根据关键性筛孔(4.75mm 或 2.36mm)矿质混合料的通过百分率,将沥青混凝土分为粗型(代号 C)和细型(代号 F)两类。

沥青混凝土是按密级配原理严格配制的混合料。它含有较多的细料,特别是一定数量的矿粉,使矿料同沥青相互作用的表面积大大增加,因而混合料的黏聚力在强度构成上占有主导地位。但黏聚力受温度影响大,如配料不当,特别是沥青用量过多,热稳性就较差,抗滑性能也不好。沥青混凝土由于本身的结构强度高,若基层坚实,路面结构合理,可以承受繁重交通;又因空隙率小,受水和空气等的侵蚀作用小,故耐久性好,使用寿命长。

当粗集料粒径较大、按密实级配原理设计组成的各种粒径颗粒的矿料与沥青结合料拌和而成的混合料,称为沥青稳定碎石混合料(以 ATB 表示)。

沥青玛蹄脂碎石 (Stone Mastic Asphalt)是由沥青结合料与少量的纤维稳定剂、细集料以及较多量的填料(矿粉)组成的沥青玛蹄脂,填充于间断级配的粗集料骨架的间隙,所形成的骨架密实结构型沥青混合料(以 SMA 表示)。

沥青玛蹄脂碎石在重交通作用下有良好的抗车辙能力,这是因为高含量的粗集料在混合料中颗粒面与面直接接触、相互锁结构成的骨架直接承受了荷载的作用。这种骨架对温度敏感性小,而含量较高的矿粉、沥青与纤维稳定剂等所形成的黏聚力很高的胶凝状物——玛蹄脂使得混合料的整体力学性质提高。这两方面的作用使混合料具有足够的竖向与侧向约束,在车辆荷载的作用下,不产生或只产生微小的永久性变形。

实践表明,沥青玛蹄脂碎石结构层的耐久性、抗裂性及抗疲劳裂缝的性能比沥青混凝土结构层要高,这是因为较高的沥青含量及较多的矿粉,减小了空隙率,使老化的速度、水蚀作用降低;减少了微裂缝,提高柔韧性,使应力集中程度降低,变形特性改善。

(半开级配)沥青碎石是由适当比例的粗集料、细集料及少量填料(或不加填料)与沥青结合料拌和而成,经马歇尔标准击实成型试件的剩余空隙率(设计空隙率)在6% ~12%的半开级配沥青混合料(以AM表示)。

(半开级配)沥青碎石由于细料含量少,只有少量矿粉或不掺矿粉,沥青用量较小,空隙较大,属于嵌锁结构。故热稳性较好,在低温时也不易开裂,但透水性大,强度和耐久性都不如沥青混凝土。

排水式沥青结构层是指用大空隙的沥青混合料铺筑,能迅速从内部排走路表雨水,具有防滑、抗车辙及降低噪声的路面结构层。主要强调其降噪声功能时,又称为低噪声路面。排水式沥青路面所用的混合料为开级配的沥青混合料,主要由粗集料嵌挤组成,细集料及填料较少,设计空隙率为18%,一般在18%以上,属骨架空隙结构型沥青混合料路面。

排水式沥青结构层可分为排水式沥青磨耗层(以OGFC表示)和排水式沥青碎石基层(以ATPB表示),应当根据使用要求、气候特点、交通条件、结构层功能等因素,并综合考虑满足耐久性、抗车辙、抗裂、抗水损害能力、抗滑性能等多方面要求以及施工机械、工程造价等实际情况选择沥青混合料的种类:

(1)沥青混凝土AC结构层适用于做各级公路的面层。对高速公路、一级公路和二级公路的表面层、中面层及下面层应采用沥青混凝土。

(2)抗滑面层宜选用沥青玛蹄脂碎石SMA、密级配粗型沥青混凝土AC-C,有条件时可用开级配抗滑面层OGFC。

(3)在表面层、中面层及下面层中至少有一层应为密级配沥青混合料。

(4)OGFC适用于年平均降雨量大于800mm地区的磨耗层和排水路面的表面层。

(5)半开级配沥青碎石AM适用于三级、四级公路的面层,还适宜作中等交通及以上公路沥青混凝土路面的基层、底基层和改建工程的调平层。

(6)密级配沥青稳定碎石ATB适宜作中等交通及以上公路沥青混凝土路面的基层、底基层和改建工程的调平层。

(7)开级配沥青碎石ATPB适用于排水基层。

2.冷拌沥青混合料结构层

冷拌沥青混合料是由乳化沥青(改性乳化沥青)或液体沥青与矿料(宜为密级配)在常温状态下拌和而成的常温沥青混合料。冷拌沥青混合料宜采用拌和厂机械拌和及沥青摊铺机摊铺的方式施工。

冷拌沥青混合料结构层适用于交通量小的三级、四级公路的面层。

3.贯入式沥青碎石结构层

贯入式沥青碎石结构层是在初步压实的碎石(或破碎砾石)上,分层浇洒沥青、撒布嵌缝料或再在上部铺筑热拌沥青混合料封层,经压实而成的沥青结构层。

贯入式沥青碎石结构层是一种多孔结构,它的强度主要依靠碎石之间的锁结作用,沥青只起黏结碎石的作用,故温度稳定性好,抗滑性能也好。为了防止路表水的浸入,贯入式沥青碎石面层应设置封层(封层可分为上封层和下封层,厚度约1cm,封层材料可选用单层式沥青表面处治或沥青砂)。贯入式沥青碎石施工较简便,不需要复杂的机具,但对碎石材料的要求较高,沥青用量不宜控制,并且施工质量同操作者的技术水平和经验有很大关系。

下部采用层铺法施工,上部铺筑热拌沥青混合料封层形成的结构层也叫做上拌下贯沥青碎石结构层。其中拌和层的厚度不宜小于1.5cm。它属于贯入式结构层,但综合了贯入式和热拌沥青混合料的施工特点，具有成型快、质量易控制、平整度较好等优点，适用于交通量较大，拌和设备能力不足和有特殊需要的路面工程。

贯入式沥青碎石和上拌下贯沥青碎石适用于三级、四级公路的沥青面层；贯入式沥青碎石适宜作中、重等交通公路沥青混凝土路面的基层、底基层和改建工程的调平层。

4. 沥青表面处治结构层

沥青表面处治结构层（简称沥青表面处治）是指用沥青和集料按层铺法施工，厚度不超过3cm 的一种薄层面层。按层铺的次数及厚度可分为：单层式（厚度 1.0 ~ 1.5cm）、双层式（厚度 1.5 ~ 2.5cm）、三层式（厚度 2.5 ~ 3.0cm）。

沥青表面处治结构层一般按嵌锁原则修筑而成。为了保证石料间有良好的锁结作用，同一层石料的颗粒尺寸要均匀。为了防止石料松散，所用的沥青必须具有足够的稠度。层铺法表面处治在施工完毕后，需经过行车，特别是夏季行车的作用，使其石料取得最稳定的嵌紧位置，并同沥青黏结牢固，这一过程称为“成型”阶段，由于成型期较长，加之质量不易保证，层铺法表面处治应注意初期养护。

沥青表面处治因厚度较薄，对路面结构的整体强度提高不多，故在结构分析时其厚度扣除1cm 后并入基层计算。它的主要作用是抵抗车轮磨耗，增强抗滑和防水能力，提高平整度，改善路面的行车条件。

沥青表面处治适用于三级、四级公路的面层、各级施工便道。

5. 封层与微表处

在沥青面层之上或基层之上或沥青层之间铺筑的阻止雨水下渗的沥青混合料薄层称为封层。铺筑在沥青面层表面的称为上封层；铺筑在沥青面层下面、基层表面的称为下封层。

上封层根据情况可选择乳化沥青稀浆封层、微表处、改性沥青集料封层、薄层磨耗层，下封层宜采用层铺法沥青表面处治或稀浆封层。

稀浆封层是用一定级配的石屑或砂、填料（水泥、石灰、粉煤灰、石粉等）与乳化沥青、外掺剂和水，按一定比例拌制成流动型沥青混合料，再均匀洒布于路面上形成的沥青封层。

微表处是用一定级配的石屑或砂、填料（水泥、石灰、粉煤灰、石粉等）与聚合物改性沥青、外掺剂和水，按一定比例拌制成流动型沥青混合料，再均匀洒布于路面上形成的沥青封层。

稀浆封层和微表处在材料组成和使用功能上有差异，它们的主要作用有如下几个方面：

（1）混合料较细，具有较好的流动性，很容易进入微裂缝和小坑槽中，将路面填充密实成为整体。因此具有封闭裂缝和提高路面平整度的作用。

（2）混合料中集料级配合理，能均匀、牢固、密实地黏附在路面上，具有较好的水稳性并防止水分渗透，保持基层稳定。

（3）集料的强度、压碎值、磨光值、含泥量等性能指标均达到标准要求，不论是酸性和碱性石料都能很好地黏附在路面上，有一定的耐磨性，在路面上形成磨耗层。

（4）由于选择了坚硬而有棱角的集料，沥青又能均匀地裹覆集料。封层后纹理深度较佳，摩擦系数显著增加，具有良好的抗滑性能。

（5）可恢复路面性能，延长路面使用寿命，在路面养护中有施工简单，造价低廉，功能恢复强的特点。

稀浆封层按照矿料粒径的不同，可分为 ES-1 型（公称最大粒径 2.36mm）、ES-2 型（公称最大粒径 4.75mm）和 ES-3 型（最大粒径 9.5mm）三种，单层厚度分别为 2.5 ~ 3mm、4 ~ 6mm、8 ~ 10mm；微表处按照矿料粒径的不同，可分为 MS-2 型（公称最大粒径 2.36mm）和 MS-3 型（最大粒径 9.5mm)两种,单层厚度分别为 4～6mm、8～10mm。

(1)MS-3 型微表处适用于高速公路、一级公路的罩面;ES-3 型稀浆封层适用于二级公路的罩面,以及新建公路的下封层。

(2)MS-2 型微表处适用于中等交通量高速公路,一级公路、二级公路的罩面;ES-2 型稀浆封层适用于二级及二级以下公路的罩面,以及新建公路的下封层。

(3)ES-1 型稀浆封层适用于三级、四级公路、停车场的罩面。

需要注意的是,稀浆封层和微表处不能控制路面反射裂缝,不能提高路面强度,也不能解决温度稳定性问题,在泛油的路面上不能使用。

八、土工格栅沥青路面

沥青路面由于其本身特有的优良路用性质,在整个公路网中所占的比重非常大,在今后我国的高等级公路的建设中,仍将是主要的路面形式。但是,沥青路面的高温稳定性、低温抗裂性、耐久性等是主要考虑的问题。另外,在半刚性基层上的沥青路面的反射裂缝以及水泥混凝土板上加铺沥青面层后产生反射裂缝等也是道路建设中的棘手问题。许多研究者对于这些问题进行了大量的研究,试图解决这些理论与实践问题,且已取得许多成果。许多新的设计方法、新的路面结构形式、新的复合材料组成设计等都从某一侧面或某几个方面解决了沥青路面所存在的问题。土工格栅沥青路面就是其中在设计思想、材料选择方面全新的方法之一。

土工格栅最初是以土工布的形式用于基础和路基的加固以及软土地基的处理,土工布、土工格栅用于地基、基础等加固的设计方法、施工方法已比较成熟。土工格栅加铺在沥青路面中改善路面路用性能始于 20 世纪 80 年代,在我国的研究与应用也是近几年的事,还需不断研究总结。

英国的研究认为,加铺土工格栅的沥青路面比不加铺格栅的沥青路面可推迟疲劳裂缝产生时间达 1～9 倍,可以减少车辙 50%。日本的研究认为,由于土工格栅对沥青混合料中矿料颗粒具有约束作用,从而减少了累积塑性变形,起到了抗车辙作用。美国的研究认为,加铺格栅后可改变路面结构的应力分布,减小沥青层厚度,称为厚度效应。还有许多足尺试验表明,从减少反射裂缝和车辙的角度看,加铺土工格栅可以使路面结构的使用寿命提高 3 倍以上;就疲劳开裂而言,可延长寿命 10 倍。我国许多研究结果也表明有上述类似的规律。归纳起来,土工格栅沥青路面具有较高的疲劳寿命、抗车辙能力,既可以延缓反射裂缝的出现,又可以减薄沥青面层的厚度。

目前,土工格栅一般设置在沥青层底部。设置格栅前,首先将下承层表面整平,若下承层为旧路面,应处理沉陷部位和填灌裂缝。在平整的表面上铺设格栅时,应注意使格网平直、端部固定。格栅间在纵横向都应重叠搭接,两格栅间在纵向搭接宽度为 15cm,横向搭接为 25cm 左右,且按摊铺方向使下段格栅放在前段格栅下面。

九、沥青路面使用性能的气候分区

沥青路面的长期路用性能不仅与荷载有关系,还与环境因素及气候因素有关。夏季持续高温是引起沥青路面车辙的重要原因,冬季气温骤降将导致沥青路面的低温开裂。

我国幅员辽阔,气候变化大,各个地区对沥青路面的使用性能的要求应有差别。在选择沥青胶结料等级、进行沥青混合料配合比设计和检验沥青混合料的使用性能时,应考虑沥青路面工程的环境因素,尤其是温度和湿度条件。我国为此提出了"沥青及沥青混合料气候分区指标”及相应的分区图。气候分区指标分别为高温指标、低温指标和雨量指标。气候分区情况见表 2-6-5。

气候分区种类、气候因子指标汇总表 表 2-6-5

设计高温分区指标		一级区划分为 3 个区		
高温气候区		1	2	3
气候区名称		夏炎热区	夏热区	夏凉区
最热月平均日最高气温(℃)		>30	30 ~ 20	<20
设计低温分区指标		二级区划分为 4 个区		
低温气候区	1	2	3	4
气候区名称	冬严寒区	冬寒区	冬冷区	冬温区
极端最低气温(℃)	< -37	-37.0 ~ -21.5	-21.5 ~ -9	> -9
设计雨量分区指标		三级区划分为 4 个区		
雨量气候区	1	2	3	4
气候区名称	潮湿区	湿润区	半干区	干旱区
年降雨量(mm)	>1 000	1 000 ~ 500	500 ~ 250	<250

沥青路面温度分区由高温和低温组合而成,第一个数字代表高温分区,第二个数字代表低温分区,数字越小表示气候因素越严重;温度和雨量组成的气候分区由高温—低温—雨量组合而成,第三个数字代表雨量分区。气候分区对于研究沥青面层最高温度与气温的关系和计算沥青路面的温度应力、车辙深度等奠定了基础。

第四节 水泥混凝土面层与基层

一、概 述

由水泥、集料、水和外加剂按一定比例拌和而成的混合料称为水泥混凝土混合料或新拌混凝土;水泥混凝土混合料经浇注、振捣、硬化后形成的强度符合要求的固体材料称为水泥混凝土。水泥混凝土因其具有施工方便、性能可根据需要设计调整、抗压强度高、耐久性好、与钢筋等材料的协调性好等优点,被广泛应用于土木建筑工程中。水泥混凝土种类较多,既可以做路面的面层(俗称面板或面层板),又可以做基层。

水泥混凝土面层具有以下优点:

1. 强度高

水泥混凝土具有很高的抗压强度和较高的抗弯拉强度以及抗磨耗能力。

2. 稳定性好

水泥混凝土的水稳性、热稳性均较好,特别是它的强度能随着时间的延长而逐渐提高,不存在沥青路面的那种“老化”现象。

3. 耐久性好

由于水泥混凝土的强度和稳定性好,所以它经久耐用,水泥混凝土路面一般能使用20 ~ 40年,而且它能通行包括履带式车辆等在内的各种运输工具。

4. 有利于夜间行车

水泥混凝土面层色泽鲜明,能见度好,对夜间行车有利。

水泥混凝土面层的缺点主要有以下几方面:

1. 对水泥和水的需要量大

修筑20cm厚、7m宽的水泥混凝土面层,每1 000m要耗费水泥约400~500t和水约250t,尚不包括养生使用的水在内,这对水泥供应不足和缺水地区带来较大困难。

2. 有接缝

普通水泥混凝土结构层要建造许多接缝,这些接缝不但增加施工和养护的复杂性,而且容易引起行车跳动,影响行车的舒适性。接缝又是路面的薄弱点,如处理不当,将导致路面板边和板角处破坏。

3. 开放交通较迟

水泥混凝土面层完工后,一般要经过28d的潮湿养生才能开放交通,如需提早开放交通,则需采取特殊措施。

4. 修复困难

水泥混凝土面层损坏后,开挖很困难,修补工作量也大,且影响交通。

二、水泥混凝土面层(面板)

水泥混凝土面层应具有足够的强度、耐久性,表面抗滑、耐磨、平整。水泥混凝土面层耐久性主要是指混凝土的抗冻性。面层板的横断面形式有等厚式断面(横断面上厚度均匀)和厚边式断面(横断面上中间薄两边厚)两种形式。目前国内外常采用等厚式断面。

面层一般采用设接缝的普通混凝土。在平面上面层板通常采用纵向接缝同横向接缝垂直相交的矩形。水泥混凝土路面表面构造应采用刻槽、压槽、拉槽或拉毛等方法制作。构造深度在使用初期应满足表2-6-6的要求。

公路水泥混凝土面层的表面构造深度要求 表2-6-6

公路等级	一般路段构造深度(mm)	特殊路段构造深度(mm)
高速公路、一级公路	0.70~1.10	0.80~1.20
二、三、四级公路	0.50~0.90	0.60~1.00

注:1. 高速公路和一级公路的特殊路段是指立交、平交或变速车道等处,其他各级公路是指急弯、陡坡、交叉口或集镇附近;

2. 年降雨量在600mm以下的地区,表列数值可适当降低。

三、水泥混凝土面层常见的破损现象

水泥混凝土路面的使用性能在行车因素的不断作用下逐渐变差,以致出现各种类型的损坏现象,大体分为接缝破损和混凝土板损坏两个方面。

1. 接缝破损

(1)挤碎

挤碎出现于横向接缝(主要是胀缝)两侧数十厘米宽度内。这是由于胀缝内的滑动传力杆位置不正确,或滑动端的滑动功能失效,或施工时胀缝内局部有混凝土搭连,或胀缝内落入坚硬的杂物等原因,阻碍了板的热胀,使混凝土在膨胀时受到较高的挤压应力,当其超过混凝土的抗剪强度时,板即发生剪切挤碎。

(2)拱起

混凝土面板在受热膨胀而受阻时,某一接缝两侧的板突然向上拱起。这是由于板收缩时缝隙张开,填缝料失效,坚硬碎屑等不可压缩的材料塞满缝隙,使板在膨胀时产生较大的热压应力,从而出现纵向压弯失稳。

(3)错台

错台指横向接缝两侧路面板出现的相对位移。当胀缝下部嵌缝板与上部缝隙未能对齐,或胀缝两侧混凝土壁面不垂直时,使缝旁两板在伸胀挤压过程中,会上下错开而形成错台;当地面水通过接缝渗入基层使其软化,或者接缝传荷能力不足或传力效果降低时,都会导致错台的产生;当交通量或基层承载力在横向各幅板上分布不均匀,各幅板沉陷不一致时,纵缝亦会产生错台现象。

(4)唧泥

唧泥指汽车行经接缝时,由缝内喷溅出稀泥浆的现象。在轮载的频繁作用下,基层由于塑性变形累积而同面板脱空,地面水沿接缝下渗而积聚在脱空的空隙内,在轮载作用下积水变成有压水而同基层内浸湿的细料混搅成泥浆,并沿接缝缝隙喷溅出来。唧泥的出现,使面板边缘部分失去支承,因而往往在离接缝1.5~1.8m范围内产生横向裂缝。

此外,纵缝两侧的横缝前后错开、纵缝缝隙拉宽、填料丧失和脱落等也属于接缝的破坏。

2. 水泥混凝土面板本身的破坏

水泥混凝土面板本身的破坏主要是断裂和裂缝。面板由于所受内应力超过了混凝土的强度而出现横向或纵向以及板角的断裂和裂缝。其原因主要有:板太薄或轮载太重;行车荷载的渠化作用(荷载作用次数超过允许值);板的平面尺寸太大,使温度翘曲应力过大;养护期间收缩应力过大;基层过量的塑性变形,使板底脱空失去支承;由于材料或施工质量不良,混凝土强度未达到设计要求等。断裂裂缝破坏了板的结构整体性,使板丧失应有的承载力。

上述水泥混凝土面层的破损现象,在水泥混凝土路面结构设计时必须采取适当的技术措施予以防治。

四、水泥混凝土基层

水泥混凝土基层又称为刚性基层。在重载交通及运煤、矿石、建筑材料等的公路上,沥青路面结构选用贫混凝土(水泥用量较低的水泥混凝土LC)作基层比较实用。在交通繁重的公路上,水泥混凝土路面结构应优先选用贫混凝土、碾压混凝土(采用振动碾压成型的水泥混凝土RCC)作基层。

当采用贫混凝土做沥青路面的基层时,贫混凝土的配合比设计应根据28d龄期的抗弯拉强度试验确定水泥剂量,宜为8%~12%;集料的最大粒径不应大于31.5m;施工质量管理与控制宜用7d龄期的抗压强度评价;其厚度一般为20~28cm,最小厚度应大于15cm。贫混凝土基层的强度要求见表2-6-7。

贫混凝土基层的强度要求 表2-6-7

试验项目	28d抗弯拉强度(MPa)	28d抗压强度(MPa)	7d抗压强度(MPa)
特重、重交通	2.5~3.5	12~20	9~15
中交通	2.0~3.0	9~16	7~12

刚性基层应设置纵、横向接缝。贫混凝土作沥青路面的基层时,接缝中应灌入填缝料,其顶面应设置热沥青或改性沥青、改性乳化沥青黏结层。

本章小结

1. 半刚性结构层包括水泥稳定类、石灰稳定类、二灰稳定类三大类，常用作基层、底基层，其强度主要靠化学作用和物理作用形成。半刚性结构层具有稳定性好、结构本身自成板体、抗冻性能较好等特点，但其容易产生干缩和温缩裂缝。半刚性基层产生的收缩裂缝会反射到沥青面层上，导致沥青面层开裂，应当采取措施予以防治。

2. 碎石、砾石类结构层是用粗、细碎石或砾石、黏土(或不含黏土)按照级配原则或嵌挤原则铺筑而成的结构层。级配型的碎石或砾石结构层包括级配碎石、级配砾石、级配碎砾石以及符合级配、塑性指数等技术要求的天然砂砾(或称级配砂砾)等。嵌锁型的碎石结构层包括填隙碎石、泥结碎石、泥灰结碎石等。

3. 包括沥青混凝土、沥青玛蹄脂碎石、排水式沥青磨耗层、沥青碎石、冷拌沥青混合料、沥青贯入式、沥青表面处治等类型。各自的路用性能和适用范围均不相同。

4. 沥青类路面结构层具有表面平整、无接缝、行车舒适、振动小、噪声低、施工期短、养护维修简便、适宜分期修建等优点。

5. 选用沥青类结构层时应考虑其抗剪能力、抗拉能力、抗疲劳能力、抗滑能力和温度稳定性、水稳定性。

6. 水泥混凝土板强度高、稳定性好，既可以作面层，又可以作基层，但其破损时修复困难。

复习思考题

1. 解释石灰稳定材料、水泥稳定材料、石灰粉煤灰稳定材料的基本概念。

2. 分别简述石灰稳定材料、水泥稳定材料、石灰粉煤灰稳定材料的强度形成原理和影响强度的因素。

3. 解释水泥剂量、石灰剂量的定义。

4. 半刚性基层有哪些优缺点？

5. 按嵌挤原则与级配原则形成的结构层，其强度影响因素有哪些？

6. 解释级配碎(砾)石、填隙碎石、泥结碎石、泥灰碎石的基本概念。

7. 沥青路面的基本特性有哪些？

8. 按施工工艺，沥青路面分为哪几类？

9. 沥青混凝土、沥青玛蹄脂碎石有什么区别？

10. 热拌沥青碎石、冷拌沥青碎石混合料有什么区别？

11. 解释沥青表面处治、贯入式沥青碎石结构层的基本概念。

12. 微表处、乳化沥青稀浆封层有什么区别？

13. 土工格栅沥青路面有什么特点？

14. 简述水泥混凝土面层的优缺点。

15. 水泥混凝土面层常见的破损现象有哪些？

16. 对贫混凝土基层结构有什么要求？

第七章　公路沥青路面设计

第一节　沥青路面设计理论简介

一、沥青路面结构的破损模式

沥青路面的状况和使用品质由于环境干、湿、冷、热等交替循环的影响和行车荷载的反复作用而逐渐变差,或完全丧失工作能力。分析沥青路面结构破损的模式和产生的原因,是为了制订出相应的设计指标来控制路面设计,保证沥青路面在规定的使用年限内能够正常地使用。

沥青路面破损形态各异,破损的原因是错综复杂的,根据破损现象的成因及对路面使用性能的影响,路面的破损可分为沉陷、车辙、疲劳开裂、推移、低温缩裂等主要模式。

1. 沉陷

沉陷是路面在车轮荷载作用下,其表面产生的较大凹陷变形,有时凹陷两侧伴有隆起现象,如图 2-7-1 所示。当沉陷严重超过了结构的变形能力时,在结构层受拉区产生开裂而形成纵裂,并有可能逐渐发展成网裂。引起路面沉陷的主要原因是路基土的压缩。当路基土的承载能力较低,从路面传递到路床顶面的车轮荷载压力超过其抗压强度,就会产生沉陷并导致路面的开裂、变形和破坏。

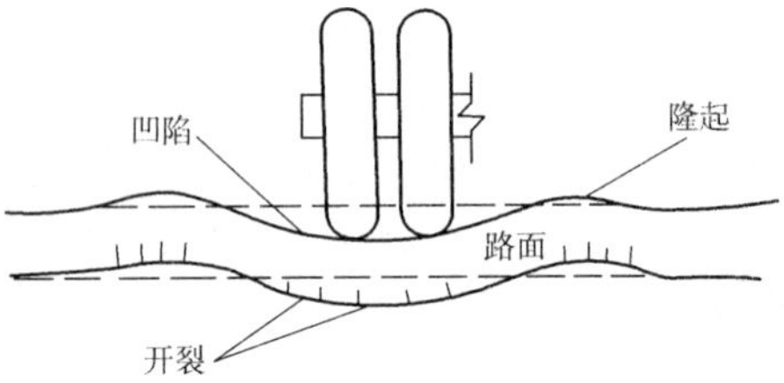

图 2-7-1　沉陷示意图

2. 车辙

车辙是路面结构层及土基在行车荷载重复作用下的补充压实,以及结构层材料的侧向位移产生的累计永久变形。这种变形出现在行车轮迹带处,特别是在渠化交通的情况下容易形成路面的纵向带状凹陷。车辙是沥青路面的主要破损形式。对于沥青路面而言,即使每一次行车荷载作用下产生的残余变形量很小,多次重复作用累积起来的残余变形总和将会较大,足以影响车辆的正常行驶。

沥青路面的车辙与荷载应力大小、重复作用次数以及路面结构层和土基的性质有关。

3. 疲劳开裂

疲劳开裂是指由于车轮荷载的反复作用,路面材料在低于极限抗拉强度的情况下,结构层经受重复拉应力或拉应变而最终导致结构层开裂。疲劳开裂的特点表现为,路表无显著的永久变形,开始阶段多数是细而短的横向开裂,并逐渐发展为网状开裂,开裂的宽度和范围不断扩大。

结构层达到临界疲劳状态时所承受的车轮荷载重复作用次数称为疲劳寿命。

产生疲劳开裂的主要原因是:结构整体强度不足或在车轮荷载反复作用下,沥青结构层底面或半刚性基层底面产生的拉应力(或拉应变)超过材料的疲劳强度,底面便产生开裂,并逐渐扩展延伸到表面。

4. 推移

推移是沥青路面材料沿行车方向发生剪切或拉裂破损而出现推挤或拥起现象，如图 2-7-2 所示。造成推移的主要原因是：沥青路面受到较大的水平荷载作用（在车辆经常启动、制动的路段及弯道、坡度变化处等），在车辆荷载的垂直力和水平力的综合作用下，使结构层内产生的剪应力超过材料的抗剪强度；同时也与行驶车轮的冲击、振动有关。

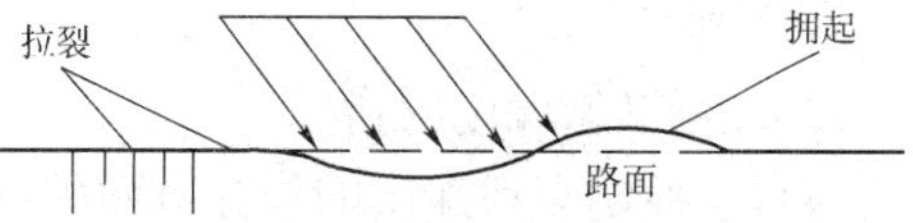

图 2-7-2　推移与拥起

5. 低温缩裂

沥青路面结构中的一些半刚性结构层在低温（负温度）时由于材料收缩受限制而产生较大的拉应力，当它超过材料相应条件下的抗拉强度时便产生横向间隔性的（间距为 5 ~ 8m）裂缝，严重时发展为纵向裂缝（因为路面的纵向约束远大于横向约束）。在冰冻地区，沥青面层及半刚性基层，冬季都可能出现这种裂缝。低温裂缝的产生与荷载无关。

二、公路沥青路面设计理论简介

由不同材料的结构层和土基组成的沥青路面结构整体，在车辆荷载作用下产生的应力、应变关系一般表现为非线形特性，准确地说，沥青路面在力学性质上属于非线形的弹—黏—塑性体。考虑到行驶的车辆荷载具有瞬时性（仅百分之几秒），在沥青路面结构中产生的黏—塑性变形数量很小，对于厚度较大、强度较高的沥青路面，将其简化为线形弹性体是可行的，并用弹性层状体系理论分析计算应力、变形和位移等分量。

弹性层状体系由若干个弹性层组成，上面各层具用一定的厚度，最下面为弹性半空间体。弹性层状体系理论的基本假设为：

（1）各层是连续的、完全弹性的、均匀的、各向同性的，且各层的位移和变形是微小的。

（2）土基（最下层）在水平方向和垂直向下方向为无限大，其上各层厚度有限，但水平方向为无限大。

（3）各层在水平方向无限远处、土基在垂直向下方向无限远处，其应力、变形和位移为零。

（4）层间接触情况——或者位移完全连续（称为连续体系），或者层间仅竖向应力和位移连续而无摩阻力（称为滑动体系）。

（5）不计自重作用。

我国现行的《公路沥青路面设计规范》（JTG D50—2006）规定，沥青路面设计采用双圆垂直均布荷载作用下的多层弹性连续体系理论，并以累计当量轴次来反映路面结构和材料的疲劳特征。

三、沥青路面设计的控制指标

综上所述，应当根据沥青路面在行车荷载和自然因素作用下所产生的应力、应变和位移量不超过路面任一结构层中材料的允许应力、应变和位移量来确定路面结构层的组合和厚度，以达到防止或减少各种路面破损现象的发生，保证在设计使用年限内汽车能够在路面上安全、迅速、舒适地行驶。沥青路面设计的控制指标可表述如下：

1. 控制路基土压缩引起路面沉陷的指标

可选用路床顶面的垂直压应力或垂直压应变作为设计指标。如选用垂直压应力为设计指标，则车轮荷载作用下路床顶面产生的垂直压应力 σ_Z 不应超过路基土的容许抗压强度 σ_{ZR}：

$$\sigma_Z \leqslant \sigma_{ZR} \tag{2-7-1}$$

2. 控制车辙深度的指标

目前，控制车辙深度的指标有两种：一种是路面各结构层（包括土基）的残余变形总和 l_c，另一是路基表面的垂直变形（应变）ε_Z。残余变形总和 l_c 不应超过容许总残余变形 l_{cR}，垂直应变 ε_Z 不应超过容许垂直变形 ε_{ZR}：

$$l_c \leqslant l_{cR} \text{或} \varepsilon_Z \leqslant \varepsilon_{ZR} \tag{2-7-2}$$

3. 路面整体刚度和强度指标

路基路面在车轮荷载作用下产生的垂直位移（垂直变形）通常称为弯沉。路基或路面材料是非线性弹塑性体，路面总弯沉包括可以恢复的变形（称为回弹变形或回弹弯沉）和不可以恢复的变形（称为残余变形或残余弯沉）两部分。

为了控制路基路面的总变形，防止网裂、沉陷、车辙，使路面具有足够的整体刚度和强度，可以采用路表设计弯沉值 l_d 作为路面整体刚度和强度的控制指标。路面表面实际可能产生的回弹弯沉值 l_s 不应超过路表设计弯沉值 l_d：

$$l_s \leqslant l_d \tag{2-7-3}$$

4. 控制疲劳开裂的指标

控制疲劳开裂的指标可以采用结构层底面的拉应力或拉应变，即结构层底面可能产生的最大拉应力 σ_m 或最大拉应变 ε_m 不应超过容许拉应力 σ_R 或容许拉应变 ε_R：

$$\sigma_m \leqslant \sigma_R \text{ 或 } \varepsilon_m \leqslant \varepsilon_R \tag{2-7-4}$$

5. 控制剪切破损的指标

为了防止高温季节道路交叉口、停车场等汽车经常起动、制动的路段沥青面层产生推挤和拥包等破损现象发生，可采用面层抗剪强度作为控制指标。在车轮垂直力和水平力综合作用下，面层中可能产生的最大剪切应力 τ_m 不应超过容许剪切应力 τ_R：

$$\tau_m \leqslant \tau_R \tag{2-7-5}$$

6. 控制低温缩裂的指标

低温时结构层材料因收缩受约束而产生的温度拉应力 σ_{tm} 不应超过该温度时材料的容许拉应力 σ_{tR}：

$$\sigma_{tm} \leqslant \sigma_{tR} \tag{2-7-6}$$

目前，世界各个国家沥青路面设计方法采用的控制指标不尽相同，有的方法采用一个指标，有的方法采用几个指标，但不少国家沥青路面设计均采用路表设计弯沉值作为主要的控制指标。路表弯沉不仅反映路面整个结构层及土基的整体强度和刚度，而且与路面的使用状态存在一定的内在联系，同时弯沉值的测定也很方便。

我国现行的《公路沥青路面设计规范》（JTG D50—2006）规定：高速公路、一级公路、二级公路的路面结构，以路表面回弹弯沉值、沥青混凝土层的层底拉应力和半刚性材料层的层底拉应力为设计指标。三级公路、四级公路的路面结构以路表面设计弯沉值为设计指标。有条件时，对重载交通路面宜检验沥青混合料的抗剪切强度。

我国现行的《城市道路设计规范》（CJJ 37—90）规定：

（1）除交通量小的支路上铺筑沥青混凝土面层时可仅用设计弯沉值指标设计外，在其他道路上铺筑沥青混凝土面层应采用设计弯沉值、层底拉应力、面层剪切应力三项指标设计。

(2)对沥青碎石面层采用设计弯沉值和剪切应力两项指标设计,对沥青贯入式、沥青表面处治和粒料路面,只用设计弯沉值指标设计。

(3)采用半刚性基层时,应对基层按拉应力指标设计。

第二节　沥青路面设计的基本依据

一、标准轴载及其形式

公路上行驶的车辆种类繁杂,不同车型(轴型和轴重)和不同的作用次数对路面影响不同,沥青路面设计时,为便于设计与计算,应将各种轴载的作用次数换算成某种统一轴载的当量轴次。这种作为轴次换算的统一轴载,称为标准轴载。《公路沥青路面设计规范》(JTG D50—2006)中规定:沥青路面设计采用双轮组单轴轴重100kN为标准轴载,以BZZ—100表示。标准轴载的计算参数按表2-7-1确定。对于运煤或运建筑材料等大型载重车为主的公路,经论证单独选用设计计算参数。

标准轴载计算参数　　表2-7-1

标准轴载 P(kN)	轮胎接地压强 p(MPa)	单轮传压面当量圆直径 d(cm)	单轮传压面当量圆半径 δ(cm)	两轮中心距(cm)
100	0.70	21.30	10.65	$1.5d(3\delta)$

二、沥青路面设计年限

在计算路面疲劳寿命时所取用的基准时间称为设计年限。沥青路面的设计使用年限应根据经济、交通发展情况以及该公路在公路网中的地位,考虑环境和投资条件综合确定。各级公路的沥青路面设计使用年限不宜低于表2-7-2的要求。若有特殊使用要求,可适当调整。

各级公路的沥青路面设计年限　　表2-7-2

公路等级	高速公路、一级公路	二级公路	三级公路	四级公路
设计年限(年)	15	12	8	6

三、设计车道上的累计当量轴次

(一)设计交通量

沥青路面的设计交通量,应在实测各类相关车型轴载谱(各种车辆不同轴重的概率分布)的基础上,参照项目可行性研究报告等有关交通量预测资料,考虑未来各种车型的组成,论证的确定各种车型(代表轴载)在路面交工后第一年双向日平均交通量(作用次数)n_i。

设计年限内交通量的平均增长率γ,在项目可行性研究报告等资料的基础上,经研究分析确定。

(二)当量轴次换算

按弯沉等效或拉应力等效的原则,将不同车型、不同轴载作用次数换算为与标准轴载100kN相当的轴载作用次数称为当量轴次。

1.换算原则

当把混合交通量中的各级轴载作用次数换算成标准轴载的当量作用次数时,为了保证换算前与换算后的轴载对路面的作用效果相同，应该遵循弯沉等效或拉应力等效的原则。

等效原则是以某一种路面结构在不同轴载作用下达到相同的损坏程度为根据。这是一个很复杂的关系，通常是通过实验路观测来确定。它包括两方面的含义：第一，对于同一种路面结构，若一种轴载作用了 n_1 次，使路面达到极限破损状态，而另一种轴载作用了 n_2 次，使路面达到了同样的破损状态，则这两种轴载的作用次数 n_1 和 n_2 被称做是等效的。第二，对于同一交通组合（混合交通量），通过等效换算后，则不论按哪种轴载进行路面厚度计算，得到的结果均是相同的。

2. 换算方法

（1）采用路表设计弯沉值及沥青层层底拉应力为指标时，凡轴载小于或等于 130kN 的各级轴载（包括车辆的前、后轴，一般宜大于 25kN）P_i 的作用次数 n_i 均应按式（2-7-7）换算成标准轴载 P 的当量作用次数 N_i：

$$N_i = C_1 \cdot C_2 \cdot n_i \left(\frac{P_i}{100}\right)^{4.35} \tag{2-7-7}$$

各级轴载的作用次数换算成标准轴载的当量作用次数的总和为：

$$N = \sum_{i=1}^{k} N_i = \sum_{i=1}^{k} C_1 \cdot C_2 \cdot n_i \left(\frac{P_i}{100}\right)^{4.35} \tag{2-7-8}$$

式中：N——标准轴载的当量轴次，次/日；

n_i——被换算车型的各级轴载的作用次数，次/日；

P_i——被换算车型的各级轴载，kN；

C_1——被换算车型的轴数系数，当轴间距大于 3m 时，应按单独一个轴计算；当轴间距小于 3m 时，按双轴或多轴计算，轴数系数 $C_1 = 1 + 1.2(m-1)$，m 为轴数；

C_2——被换算车型的轮组系数，双轮组为 1；单轮组为 6.4；四轮组为 0.38。

通常称 $C_1 C_2 \left(\frac{P_i}{100}\right)^{4.35}$ 为轴载换算系数，用 K 表示：

$$K = C_1 C_2 \left(\frac{P_i}{100}\right)^{4.35} \tag{2-7-9}$$

（2）当以半刚性材料层层底拉应力为设计指标时，凡轴载小于或等于 130kN 的各级轴载（包括车辆的前、后轴，一般宜大于 50kN）P_i 的作用次数 n_i 均应按式（2-7-10）换算成标准轴载 P 的当量作用次数 N'：

$$N' = \sum_{i=1}^{k} C'_1 \cdot C'_2 \cdot n_i \left(\frac{P_i}{100}\right)^{8} \tag{2-7-10}$$

此时的轴载换算系数为：

$$K' = C_1' C_2' \left(\frac{P_i}{100}\right)^{8} \tag{2-7-11}$$

式中：C'_1——被换算车型的轴数系数，当轴间距小于 3m 时，双轴或多轴取 $C'_1 = 1 + 2(m-1)$；

C'_2——被换算车型的轮组系数，双轮组为 1.0，单轮组为 18.5，四轮组为 0.09。

公路上通行的各种主要汽车，路面设计使用的计算参数可参考表 2-1-9。

（三）累计当量轴次计算

在设计年限内，考虑车道数量影响后，一个车道上的当量轴次总合称为累计当量轴次。

设计年限内一个车道上的累计当量轴次 N_e 可用式（2-7-12）计算：

$$N_e = \frac{[(1+\gamma)^t - 1] \times 365}{\gamma} N_1 \eta \quad (2\text{-}7\text{-}12)$$

式中：N_e——设计年限内一个车道上的累计当量轴次，次/车道；

t——设计年限，年；

γ——设计年限内交通量的平均增长率，%；

N_1——路面交工后（营运）第一年的双向日平均当量轴次，次/日；

η——车道系数，可按表2-7-3选用。

车道系数　　表2-7-3

车道特征	双向单车道	双向两车道	双向四车道	双向六车道	双向八车道
车道系数 η	1.0	0.6~0.7	0.4~0.5	0.3~0.4	0.25~0.35

注：公路无分隔时，车道窄宜选高值，车道宽宜选低值。

当上下行交通荷载有明显差异时，可按上下行交通特点分别进行结构与厚度设计。当交通流出现明显的超载时，设计人员应根据调查资料对累计当量轴次进行修正。

四、交通等级

目前公路沥青路面厚度计算中采用设计年限内一个车道上的累计当量标准轴次作为设计荷载的依据。但是，累计当量标准轴次不能反映交通量的组成情况，也不能反映车辆荷载对路面产生车辙、平整度、耐磨抗滑等性能指标的直接影响，难以用累计当量标准轴次建立相关关系。对原材料的技术指标要求，以及在混合料设计、结构设计等方面，一般与公路等级有关，公路等级越高，技术指标要求越高。从有关调查资料分析得知，同一公路等级的交通量及组成却大不相同。因此，应当根据国内交通的实际情况，在考虑公路等级的同时，也考虑交通量等级的影响。

现行的《公路沥青路面设计规范》(JTG D50—2006)中根据一个车道累计当量轴次或每车道、每日平均大型客车及中型以上的各种货车交通量大小，将交通等级划分为轻交通、中等交通、重交通和特重交通四个等级，见表2-7-4。当用两种方法划分的交通等级不相同时，选择一个较高的交通等级作为设计交通等级。

交通分级　　表2-7-4

交通等级	BZZ—100累计当量轴次 N_e（次/车道）	大型客车及中型以上的各种货车交通量（辆/d·车道）
轻	$<3\times10^6$	<600
中等交通	$3\times10^6 \sim 1.2\times10^7$	600~1 500
重交通	$1.2\times10^7 \sim 2.5\times10^7$	1 500~3 000
特重交通	$>2.5\times10^7$	>3 000

第三节　路基与路面材料强度指标

一、路基受力与工作区

1. 路基受力状况

通常路基承受两种荷载，一种是路面和路基自重引起的荷载，另一种是车辆轮重引起的外荷载，在两种荷载的共同作用下，路基土处于受力状态。正确的设计应使路基受力时尽可能只产生弹性变形，而当车辆驶过后，路基变形可以恢复原状，以确保路基的相对稳定，而不致引起路面破坏。

将路基视为均质的弹性半空间体，假定车轮荷载为圆形（一个圆）均布荷载，圆形均布荷载中心下土基的垂直压应力 σ_1 可用近似公式（2-7-13）计算：

$$\sigma_1 = \frac{p}{1 + 2.5\left(\frac{Z}{D}\right)^2} \tag{2-7-13}$$

式中：p——车轮荷载的均布单位压力，kPa；

D——圆形均布荷载作用面积的直径，m；

Z——圆形均布荷载中心下应力作用点的深度，m。

自重引起路基中的压应力，考虑到在一定深度以下，同路基自重相比较，路面自重的影响不大，所以在研究荷载作用最大深度时，为简化计算，近似地将路面材料相当于路基土材料。路基、路面自重在路基内深度为 Z 处所引起的垂直压应力 σ_2 可用近似公式（2-7-14）计算：

$$\sigma_2 = \gamma Z \tag{2-7-14}$$

式中：γ——路基材料的重度，kN/m^3。

路基内任一点处所受的垂直应力应是由车轮荷载引起的垂直应力 σ_1 和由土基自重引起的垂直应力 σ_2 两者的叠加。路基内应力分布如图 2-7-3 所示。

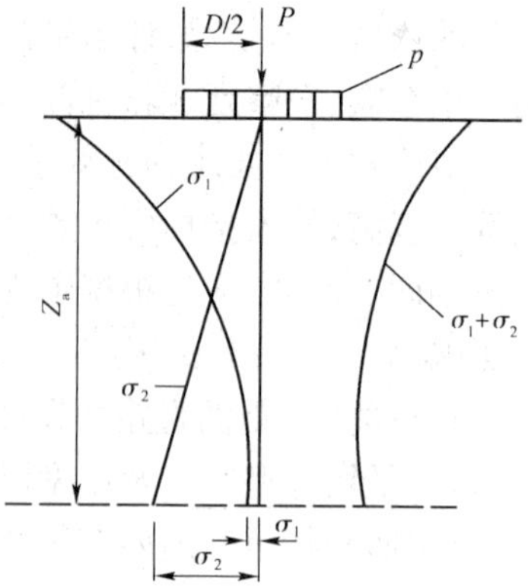

图 2-7-3　土基应力分布图

2. 路基的工作区

由式（2-7-13）和式（2-7-14）或图 2-7-3 可以看出，车轮荷载在路基土内所产生的垂直应力 σ_1 随深度增大而减小（曲线变化），自重产生的垂直应力 σ_2 随深度增大而增大（直线变化）。

在路基的某一深度 Z_a 处，车轮荷载产生的应力仅为路基自重应力的 1/5 ~ 1/10，在此深度 Z_a 以下，车轮荷载对土基的作用影响很小，可以略去不计。在此深度以上的区域可看作是路基受车轮荷载影响较大的范围。支承路面并经受车轮荷载作用影响较大的土基范围称为路基的工作区，或称应力作用区。Z_a 称为路基工作区深度。

路基工作区深度可以用近似公式（2-7-15）计算：

$$Z_a = \sqrt[3]{\frac{KnP}{\gamma}} \tag{2-7-15}$$

式中：Z_a——路基工作区深度，m；

K——系数，取 0.5；

n——系数，$n = 5 \sim 10$；

P——一侧车轮荷载，kN；

γ——土基材料的重度，kN/m^3。

由上式可以看出，路基工作区深度随车轮荷载增大而加深。同时，随路面的刚度和厚度的增加而减小。

路基工作区如图2-7-4所示。路基工作区内，土基的强度和稳定性对保证路面的强度和稳定性极为重要，对工作区深度内的土质选择、含水量、路基的压实度均应提出较高的要求。

当工作区的深度 Z_a 大于路基填土高度时，行车荷载的作用不仅作用于路堤，而且作用于天然地基上部土层，因此，天然地基上部土层和路堤均应同时满足路基工作区的要求，都应充分压实。

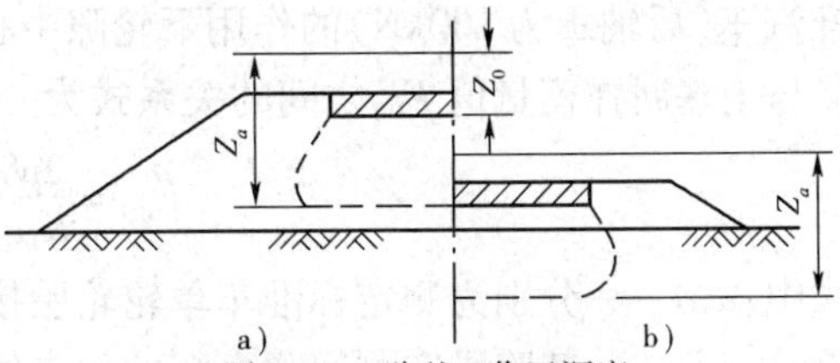

图2-7-4　路基工作区深度

a)路堤高度大于 Z_a；b)路堤高度小于 Z_a

二、路基回弹模量的确定方法

路基和路面材料的强度可用若干指标来表示，如抗剪强度、回弹模量、CBR值等。我国的公路沥青路面设计以路表设计弯沉值作为路面整体刚度和强度的控制指标。由于(抗压)回弹模量能较好的反映路基或路面材料所具有的弹性性质，公路沥青路面设计规范中采用回弹模量来表示路基和路面材料的抗压强度。(抗压)回弹模量是指路基或路面材料在荷载作用下产生的压应力与其相应的回弹应变的比值。

路基回弹模量用 E_0 表示。对于原有路基的回弹模量应采用实测法确定。在新建公路初步设计时，路基的回弹模量值应根据查表法、室内试验法、换算法等，经综合分析、论证，确定沿线不同路基状况的路基回弹模量设计值。当路基建成后，应在不利季节实测各路段路基回弹模量的代表值，以检验是否符合设计值的要求，如达不到要求应采取措施加以处理。下面简要介绍路基回弹模量的确定方法。

1. 现场实测法

(1)现场承载板法

按照《公路路基路面现场测试规程》(JTJ 059—95)中的规定，在现场土基表面用圆形承载板对土基逐级加载、卸载，测定土基在各级压强下的回弹变形，绘制压力—回弹变形曲线，在曲线上选取回弹变形不超过0.5mm或1mm的各级压力和变形，按公式(2-7-16)计算路基的回弹模量。

$$E_{0b}=\frac{\sum P_i}{D\sum l_i}(1-\mu_0^2)\times 10^5 \tag{2-7-16}$$

式中：E_{0b}——土基回弹模量，MPa；

D——承载板直径，300mm；

P_i、l_i——各级荷载(kN)及对应的回弹变形，0.01mm；

μ_0——土基材料的泊松比，取0.35。

某路段路基回弹模量设计值应按下式计算：

$$E_{0D}=(\overline{E_{0b}}-Z_aS)/K_1 \tag{2-7-17}$$

式中：E_{0D}——某路段土基回弹模量设计值，MPa；

$\overline{E_{0b}}$、S——实测土基回弹模量的平均值及均方差，MPa；

Z_a——保证率系数，高速公路、一级公路取2.0，二、三级公路取1.645，四级公路取1.5；

K_1——不利季节影响系数，可根据当地经验确定。

(2)现场轮隙弯沉法

在已建成的路基上，在不利季节用杠杆式弯沉仪(常称为贝克曼梁)测定土基各测点在标准汽车(后轴重为100kN)的作用下轮隙中心的回弹弯沉值 l_i。某路段实测回弹弯沉的代表值 l_0 与土基回弹模量值 E_{0D} 之间的关系式为:

$$E_{0D}=\frac{2p\delta}{K_1 l_0}(1-\mu_0^2)\alpha_0\times10^2 \tag{2-7-18}$$

式中:p、δ——分别为测定标准车单轮轮胎接地压强,MPa;当量圆半径,mm;

l_0——某路段实测回弹弯沉的代表值,0.01mm,$l_0=\overline{l_0}+Z_aS$;

$\overline{l_0}$、S——某路段实测回弹弯沉的平均值及均方差,0.01mm;

Z_a——保证率系数,高速公路、一级公路取2.0,二、三级公路取1.645,四级公路取1.5;

α_0——均质弹性体弯沉系数,取0.712。

路基施工过程中,通常根据某路段土基回弹模量的设计值 E_{0D},由式(2-7-18)反算该路段土基的设计回弹弯沉值 l_{0D},以 l_{0D} 为路基强度的控制标准。路基完工后,实测每个路段路基顶面各测点的回弹弯沉值 l_i,计算其代表值 l_0,当 $l_0\leq l_{0D}$ 时,则路基强度符合要求。

2. 室内承载板试验法

选择路基用土料场,取土样,按重型击实标准确定的最佳含水量制备三组土样试件(不同压实度,每组三个试件),用直径为100mm的小承载板,按规定的试验方法测得不同压实度与其相对应的回弹模量值,绘成压实度—回弹模量关系曲线;查图求得标准压实条件下土的回弹模量值 E。

土基回弹模量的设计值,应考虑公路等级,采用下式计算:

$$E_{0D}=\frac{Z}{K}\lambda E \tag{2-7-19}$$

式中:Z——考虑保证率的折减系数,高速公路、一级公路取0.66,二、三级公路取0.59,四级公路取0.52;

λ——试筒尺寸约束修正系数,100mm直径承载板取0.59,50mm直径承载板取0.78;

K——考虑不利季节和路基干湿类型的综合影响系数,可参考表2-7-5选用。

综合影响系数 表2-7-5

土基稠度 w_c	$w_c\geq w_{c1}$	$w_{c1}>w_c\geq w_{c2}$	$w_c<w_{c2}$
综合影响系数	1.3	1.6	1.9

3. 换算法

在有条件的情况下,各地区可以建立现场测试法土基回弹模量 E_0 与压实度(K)、路基土的稠度 w_c 或室内试验法路基土回弹模量 E_0 与室内加州承载比CBR值之间的相关关系式,再根据相关关系式推算 E_0 值。

4. 查表法

在新建公路的初步设计中,无法现场测定土基的 E_0 值,或不具备室内试验条件时,可按下列步骤由查表法预测土基的回弹模量值。

(1)判断各路段土基的干湿类型

根据路基高度和预估的路面厚度,参考表2-1-3、表2-1-4或《公路沥青路面设计规范》(JTG D50—2006)中相关的附表,确定路基高度与临界高度的关系,据此判断土基的干湿类型。

(2)确定各路段土基的平均稠度 w_c 值

根据路段土基的干湿类型和土的种类,利用表2-1-2或《公路沥青路面设计规范》(JTG

D50—2006)中的相关表论证的确定路基土的平均稠度 w_c。

(3)查表确定土基的回弹模量 E_0

根据土类和二级自然区划以及选定的路基土的平均稠度,参考表2-7-6或《公路沥青路面设计规范》(JTG D50—2006)中的相关表预测土基回弹模量值。

对于碎、砾石土的回弹模量详见《公路沥青路面设计规范》(JTG D50—2006)附录E表E.3。

需要说明的是,表2-7-6所列的土基回弹模量值是在路基压实度为轻型击实标准时总结归纳的结果,当采用重型击实标准时,土基回弹模量值可较表列数值提高20%~35%。

现行的《公路沥青路面设计规范》(JTG D50—2006)规定:设计时宜使路基处于干燥或中湿状态,土基回弹模量值应大于30MPa,重交通、特重交通公路土基回弹模量值应大于40MPa。否则应采取技术措施对路基进行处理。

二级自然区划各土组土基回弹模量参考值(MPa) 表2-7-6

区划	稠度 w_c / 土组	0.80	0.90	1.00	1.05	1.10	1.15	1.20	1.30	1.40	1.70	2.00
II_1	黏质土	19.0	22.0	25.0	26.5	28.0	29.5	31.0				
	粉质土	18.5	22.5	27.0	29.0	31.5	33.5					
II_2	黏质土	19.5	22.5	26.0	28.0	29.5	31.5	33.5				
	粉质土	20.0	24.5	29.0	31.5	34.0	36.5					
II_{2a}	粉质土	19.0	22.5	26.0	27.5	29.5	31.0					
II_3	土质砂	21.0	23.5	26.0	27.5	29.0	30.0	31.5	34.5	37.0	45.5	
	黏质土	23.5	27.5	32.0	34.5	36.5	39.0	41.5				
	粉质土	22.5	27.0	32.0	34.5	37.0	40.0					
II_4	黏质土	23.5	30.0	35.5	39.0	42.0	45.5	50.5	57.0	65.0		
	粉质土	24.5	31.5	39.0	43.0	47.0	51.5	56.0	66.0			
II_5	土质砂	29.0	32.5	36.0	37.5	39.0	41.0	42.5	46.0	49.5	59.0	69.0
	黏质土	26.5	32.0	38.5	41.5	45.0	48.5	52.0				
	粉质土	27.0	34.5	42.5	46.5	51.0	56.0					
II_{5a}	粉质土	33.5	37.5	42.5	44.5	46.5	49.0					
III_1	粉质土	27.0	36.5	48.0	54.0	61.0	68.5	76.5				
III_2	土质砂	35.0	38.0	41.5	43.0	44.5	46.0	47.5	50.5	53.5	62.0	70.0
	黏质土	27.0	31.5	36.5	39.0	41.5	44.0	46.5	52.0	57.5		
	粉质土	27.0	32.5	38.5	42.0	45.0	48.5	51.5	59.0			
III_{2a}	土质砂	37.0	40.0	43.0	44.5	46.0	47.5	49.0	52.0	54.5	62.5	70.0
III_3	土质砂	36.0	39.0	42.5	44.0	45.5	47.0	48.5	51.5	54.5	63.0	71.0
	黏质土	26.0	30.0	34.5	36.5	38.5	41.0	46.0	47.5	52.0		
	粉质土	26.5	32.0	37.0	40.0	43.0	46.0	49.0	55.0			

续上表

区划	稠度 / w_c 土组	0.80	0.90	1.00	1.05	1.10	1.15	1.20	1.30	1.40	1.70	2.00
III_4	粉质土	25.0	34.0	45.0	51.5	58.5	66.0	74.0				
IV_1	黏质土	21.5	25.5	30.0	32.5	35.0	37.5	40.5				
IV_{1a}	粉质土	22.0	26.5	32.0	35.0	37.5	40.5					
IV_2	黏质土	19.5	23.0	27.0	29.0	31.0	33.0	35.0				
	粉质土	31.0	36.5	42.5	45.5	48.5	51.5					
IV_3	黏质土	24.0	28.0	32.5	35.0	37.5	39.5	42.0				
	粉质土	24.0	29.5	36.0	39.0	42.5	46.0					
IV_4	土质砂	28.0	30.5	33.5	35.0	36.5	38.0	39.5	42.0	45.0	53.0	61.0
	黏质土	25.0	29.5	34.0	36.5	38.5	41.0	43.5				
	粉质土	23.0	28.0	33.5	36.0	39.0	42.0					

注：表中未列出的土基回弹模量值请查看《公路沥青路面设计规范》(JTG D50—2006)中附录F表F.0.3。

三、路面材料强度设计参数的确定方法

我国现行的《公路沥青路面设计规范》(JTG D50—2006)中各结构层材料的抗压强度均采用抗压回弹模量表示，对于沥青混凝土和半刚性材料的抗拉强度采用劈裂试验测得劈裂强度表示。路面设计中，各结构层材料强度设计参数应根据公路等级和设计阶段的要求确定。

高速公路、一级公路施工图设计时，应选取工程用路面材料(沿线筑路材料和外购材料)进行混合料配合比设计，在选定配合比的基础上，按有关试验规程的规定实测各结构层材料的抗压回弹模量和抗拉强度的设计值。各级公路采用新材料时，也必须实测设计参数。高速公路、一级公路初步设计或二级及二级公路以下公路设计时，可借鉴本地区已有的试验资料或工程经验确定。

(1)半刚性材料的抗压回弹模量，按《公路工程无机结合料稳定材料试验规程》(JTJ 057—94)中T 0801—94规定的顶面法测定。沥青混合料的抗压回弹模量测试方法应按《公路工程沥青及沥青混合料试验规程》(JTJ 052—2000)中T 0713—2000规定的方法进行(试验温度为20℃和15℃，不浸水)。

(2)沥青混合料的极限劈裂强度按《公路工程沥青及沥青混合料试验规程》(JTJ 052—2000)中T 0716—93规定进行，试验温度为15℃。半刚性材料的极限劈裂强度按《公路工程无机结合料稳定材料试验规程》(JTJ 057—2000)中T 0806—94有加载压条的方法进行。对于水泥稳定类材料系指龄期为90d的极限劈裂强度；对于二灰稳定类、石灰稳定类材料系指龄期为180d的极限劈裂强度；对于水泥粉煤灰稳定类材料系指龄期为120d的极限劈裂强度。

在工程可行性研究阶段，可参考表2-7-7和表2-7-8，论证地选用各种材料的回弹模量及抗拉强度。

基层、底基层材料强度设计参数 表 2-7-7

材料名称	配合比或规格要求	抗压模量 E (MPa)（弯沉计算用）	抗压模量 E (MPa)（拉应力计算用）	劈裂强度 σ(MPa)
二灰砂砾	7:13:80	1 100 ~ 1 500	3 000 ~ 4 200	0.6 ~ 0.8
二灰碎石	8:12:80	1 300 ~ 1 700	3 000 ~ 4 200	0.5 ~ 0.8
水泥砂砾	4% ~ 6%	1 100 ~ 1 500	3 000 ~ 4 200	0.4 ~ 0.6
水泥碎石	4% ~ 6%	1 300 ~ 1 700	3 000 ~ 4 200	0.4 ~ 0.6
石灰水泥粉煤灰砂砾	6:3:16:75	1 200 ~ 1 600	2 700 ~ 3 700	0.4 ~ 0.55
水泥粉煤灰碎石	4:16:80	1 300 ~ 1 700	2 400 ~ 3 000	0.4 ~ 0.55
石灰土碎石	粒料占 60% 以上	700 ~ 1 100	1 600 ~ 2 400	0.3 ~ 0.4
碎石灰土	粒料占 40% ~ 50% 以上	600 ~ 900	1 200 ~ 1 800	0.25 ~ 0.35
水泥石灰砂砾土	4:3:25:68	800 ~ 1 200	1 500 ~ 2 200	0.3 ~ 0.4
二灰土	10:30:60	600 ~ 900	2 000 ~ 2 800	0.2 ~ 0.3
石灰土	8% ~ 12%	400 ~ 700	1 200 ~ 1 800	0.2 ~ 0.25
石灰土处理路基	4% ~ 7%	200 ~ 350	—	—
级配碎石	基层连续级配型	300 ~ 350	—	—
	基层骨架密实型	300 ~ 350	—	—
	底基层、垫层	200 ~ 250	—	—
填隙碎石	底基层	200 ~ 280	—	—
未筛分碎石	底基层	180 ~ 220	—	—
级配砂砾、天然砂砾	底基层	150 ~ 200	—	
中、粗砂	垫层	80 ~ 100	—	—

沥青混合料强度设计参数 表 2-7-8

材料名称		抗压模量 E(MPa) 20℃	抗压模量 E(MPa) 15℃	15℃劈裂强度 (MPa)	备注
细粒式沥青混凝土	密级配	1 200 ~ 1 600	1 800 ~ 2 200	1.2 ~ 1.6	AC-10、AC-13
	开级配	700 ~ 1 000	1 000 ~ 1 400	0.6 ~ 1.0	OGFC
沥青玛蹄脂碎石		1 200 ~ 1 600	1 600 ~ 2 000	1.4 ~ 1.9	SMA
中粒式沥青混凝土		1 000 ~ 1 400	1 600 ~ 2 000	0.8 ~ 1.2	AC-16、AC-20
密级配粗粒式沥青混凝土		800 ~ 1 200	1 000 ~ 1 400	0.6 ~ 1.0	AC-25
沥青碎石基层	密级配	1 000 ~ 1 400	1 200 ~ 1 600	0.6 ~ 1.0	ATB-25、ATB-35
	半开级配	600 ~ 800	—	—	AM-25、AM-40
沥青贯入式		400 ~ 600	—	—	—

第四节　设计弯沉值与容许拉应力计算

一、设计弯沉值计算

对于沥青路面上某一个固定的测点，当它受到车轮荷载的作用时，就产生垂直位移（垂直变形），在加荷过程中观测的变形值是总弯沉；当车轮荷载卸除后，路面就向上回弹，在卸荷过程中观测到的变形值是弹性（回弹）弯沉；总弯沉与弹性弯沉之差就是残余弯沉，如图 2-7-5 所示。根据观测发现，对于强度较高或使用多年而处于稳定状态的老路面，其残余弯沉仅为总弯沉的 10% 左右，可认为路面是处于或接近弹性工作状态。因此，可采用路面回弹弯沉来表征路面的整体刚度和强度。

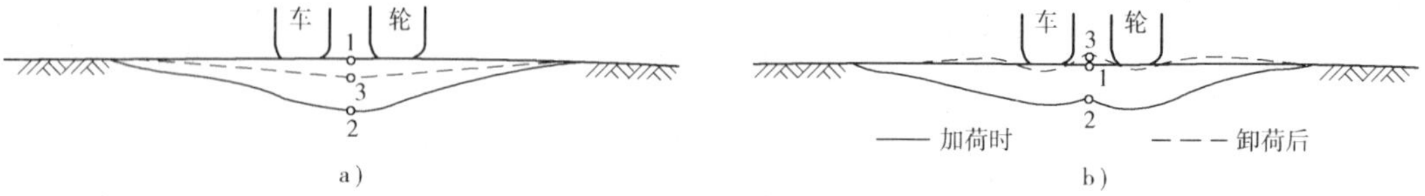

图 2-7-5　路面的总弯沉与弹性弯沉

路面回弹弯沉值可用杠杆式弯沉仪由标准汽车按前进卸荷法进行测定。弯沉值的大小，反映了路面的整体刚度和强度，在相同车轮荷载作用下，路面弯沉值愈大，则路面抵抗垂直变形的能力愈弱，反之则强。实践表明，在路面达到相同破损程度时，回弹弯沉值的大小同该路面的使用寿命即车轮荷载累计重复作用次数有密切关系。如果能够找到路面达到某种破损状态时的重复荷载作用次数与此时弯沉值之间的关系，就可以根据对该路面所要求的使用寿命来确定它所容许达到的最大弯沉值。通常以容许达到的弯沉值作为路面设计的控制指标之一，这个控制指标被称作设计弯沉值。

设计弯沉值的含义是：根据设计年限内一个车道上预测通过的累计当量轴次、公路等级、路面结构类型而确定的路表弯沉设计值。用 l_d 表示。

设计弯沉值的确定是通过在使用了若干年，并在外观上有不同程度破损的路面表面上，用标准轴载测定处于各种不同外观状态的回弹弯沉，建立回弹弯沉与路面外观状态的关系，并考虑到对公路的修建费用，使用、养护的要求加以确定的。调查测定发现，路面回弹弯沉值的大小与路面外观状态之间有着很明显的联系，即随着路面回弹弯沉值的增大，路面的外观状态明显变差。关于使用过程中的公路沥青路面外观特征，我国分为五个类别，如表 2-7-9 所列，并把第四类外观状态定为路面的临界状态，在此状态下测定的回弹弯沉值的低限作为路面设计弯沉值界限的依据。

路面外观状态的类型　　表 2-7-9

类　别	路 面 状 况	路面外观特征
一类	好	坚实平整、无变形、无裂缝
二类	较好	平整、无变形、少量裂缝
三类	中等	平整、无变形、少量纵向或不规则裂纹
四类	较坏	无明显变形、有较多纵横向或局部网裂
五类	坏	严重龟（网）裂或伴有车辙、沉陷

由于在车轮荷载的重复作用下，路面上实际产生的弯沉值不可避免地要有所积累和增加，故在确定路面的设计弯沉值时，必须注意到设计弯沉的大小和路上通过的交通量及其轴载组合的密切关系。因此，当规定了路面的临界状态以后，要求承受的交通量大时，路面设计弯沉值就该定得小一些；要求承受的交通量小时，路面的设计弯沉值则可定得大一些。根据上述原则，并通过大量的调查测定发现，标准轴载累计当量作用次数与设计弯沉值之间存在良好的双对数相关关系，在此基础上又考虑了不同公路等级、面层和基层类型对设计弯沉值确定的影响，《公路沥青路面设计规范》(JTG D50—2006)采用下列公式计算设计弯沉值：

$$l_d = \frac{600}{N_e^{0.2}} A_c A_s A_b \tag{2-7-20}$$

式中：l_d——设计弯沉值，0.01mm，对沥青路面系指路面温度为20°C时的值；

N_e——设计年限内一个车道上累计当量轴次，次；

A_c——公路等级系数，高速公路、一级公路为1.0，二级公路为1.1，三、四级公路为1.2；

A_s——面层类型系数，沥青混凝土面层为1.0，热拌和冷拌沥青碎石、沥青贯入式(含上拌下贯式)路面、沥青表面处治为1.1；

A_b——路面结构类型系数，半刚性基层沥青路面时，$A_b = 1.0$；柔性基层沥青路面时，$A_b = 1.6$。

【例 2-7-1】 某双向四车道一级公路拟修建二灰碎石基层沥青混凝土路面，基层厚度为20cm。路面竣工后第一年双向平均日交通量见表2-7-10，交通量年平均增长率 γ 为7.5%，路面设计年限 $t = 15$ 年，试计算路面设计弯沉值。

解：

1. 求各类车型的轴载换算系数

查表2-1-9给出各车型的汽车参数填入表2-7-10内。

汽车参数及交通量换算表 表2-7-10

车 型	解放 CA－10B	黄河 JN－150	东风 EQ－140	解放 CA－50	太脱拉 138	黄河 QD－351	日野 KB222
交通量(辆/日)	3 000	300	1 000	1 000	100	200	200
后轴重(kN)	60.85	101.6	69.2	68.2	80.0	97.15	104.3
后轴轴数	1	1	1	1	2	1	1
后轴换算系数	0.115	1.071	0.202	0.189	0.833	0.882	1.201
前轴重(kN)	19.4	49.0	23.7	24.7	51.4	48.5	52.2
前轴换算数	—	0.287	—	—	0.354	0.275	0.319
总换算数	0.115	1.358	0.202	0.189	1.187	1.157	1.520
当量轴次(次/日)	345	407	202	189	119	231	304
使用第一年日当量轴次总和：1 797 次/日							

2. 每类车型的当量轴次 = 交通量 × 轴载换算系数

3. 计算路面使用初期日当量轴次总和

$$N_1 = 1\,797 \text{ 次/日}$$

4. 计算累计当量轴次 N_e

四车道一级公路，查表2-7-3取 $\eta = 0.4$ 则：

$$N_e=\frac{[(1+\gamma)^t-1]\times365}{\gamma}N_1\eta=\frac{[(1+0.075)^{15}-1]}{0.075}\times365\times1\ 797\times0.4$$
$$=6\ 852\ 466\text{次}$$

5. 计算路面设计弯沉值

公路等级系数 $A_c=1.0$，面层类型系数 $A_s=1.0$，路面结构类型系数 $A_b=1.0$，则：

$$l_d=\frac{600}{N_e^{0.2}}A_cA_sA_b=\frac{600}{6\ 852\ 466^{0.2}}\times1.0\times1.0\times1.0$$
$$=25.76(0.01\text{mm})$$

二、结构层材料容许拉应力计算

结构层材料的容许拉应力 σ_R 是路面承受行车荷载反复作用达到临界破坏状态时的最大疲劳拉应力。容许拉应力的确定与材料的极限抗拉强度有关(极限抗拉强度的大小通过试验确定)，同时也与重复荷载作用次数有关。现行《公路沥青路面设计规范》(JTG D50—2006)中，容许拉应力按公式(2-7-21)确定：

$$\sigma_R=\frac{\sigma_s}{K_s} \tag{2-7-21}$$

式中：σ_s——整体性结构层材料的极限劈裂强度，MPa，由试验确定；

K_s——抗拉强度结构系数，同荷载的反复作用次数有关。

对于沥青混凝土层：

$$K_s=0.09N_e^{0.22}/A_c \tag{2-7-22}$$

对于无机结合料稳定集料类：

$$K_s=0.35N_e^{0.11}/A_c \tag{2-7-23}$$

对于无机结合料稳定细粒土类：

$$K_s=0.45N_e^{0.11}/A_c \tag{2-7-24}$$

【例 2-7-2】 同例 2-7-1，沥青混凝土上面层为中粒式沥青混凝土，15℃时的劈裂强度为 1.00MPa，二灰碎石基层 180d 龄期的劈裂强度为 0.50MPa，试计算沥青混凝土和二灰碎石的容许拉应力。

解：

1. 计算沥青混凝土面层的容许拉应力

同例 2-7-1，$N_e=6\ 852\ 466$ 次，$\sigma_s=1.0$ MPa，公路等级系数 $A_c=1.0$，则抗拉强度结构系数为：

$$K_s=0.09N_e^{0.22}/A_c=0.09\times6\ 852\ 466^{0.22}/1.0$$
$$=2.872$$

沥青混凝土面层的容许拉应力为：

$$\sigma_R=\frac{\sigma_s}{K_s}=\frac{1.0}{2.872}=0.348\text{MPa}$$

2. 计算二灰碎石基层的容许拉应力

(1) 当量轴次换算(表 2-7-11)

二灰碎石基层拉应力计算当量轴次换算表 表 2-7-11

车　　型	解放 CA-10B	黄河 JN-150	东风 EQ-140	解放 CA-50	太脱拉 138	黄河 QD-351	日野 KB222
交通量(辆/日)	3 000	300	1 000	1 000	100	200	200
后轴重(kN)	60.85	101.6	69.2	68.2	80.0	97.15	104.3
后轴轴数	1	1	1	1	2	1	1
后轴换算系数	0.0 19	1.135	0.053	0.047	0.503	0.793	1.400
前轴重(kN)	19.4	49.0	23.7	24.7	51.4	48.5	52.2
前轴换算数	—	—	—	—	0.090	—	0.102
总换算数	0.019	1.135	0.053	0.047	0.593	0.793	1.502
当量轴次(次/日)	57	341	53	47	59	159	300
使用第一年日当量轴次总和:1 016 次/日							

(2)计算路面使用初期日当量轴次总和

$$N_1 = 1\ 016\ 次/日$$

(3)计算累计当量轴次 N_e

四车道一级公路,取 $\eta = 0.4$,则:

$$N_e = \frac{[(1+0.075)^{15}-1]}{0.075} \times 365 \times 1\ 016 \times 0.4 = 3\ 874\ 294\ 次$$

(4)计算二灰碎石基层的容许拉应力

$\sigma_s = 0.50$ MPa,公路等级系数 $A_c = 1.0$,则抗拉强度结构系数为:

$$K_s = 0.35N_e^{0.11}/A_c = 0.35 \times 3\ 874\ 294^{0.11}/1.0$$
$$= 1.857$$

二灰碎石基层的容许拉应力为:

$$\sigma_R = \frac{\sigma_s}{K_s} = \frac{0.5}{1.857} = 0.269\text{MPa}$$

第五节　沥青路面结构组合设计

一、概　　述

沥青路面设计内容包括:

(1)交通量实测、分析与预测;

(2)路面结构层原材料的选择;

(3)混合料配合比设计;

(4)设计参数的测试与确定;

(5)路面结构组合设计与厚度计算;

(6)路面排水系统设计和其他路面工程设计等;

(7)路面结构方案的技术经济综合比选,提出推荐方案。

为确保路面设计质量,在路面设计之前,应进行专门的外业调查,搜集相关资料,以作为路面设计工作的依据。在外业调查时需收集的资料有:交通量及交通组成情况;工程地质和水文地质条件；天然土的湿度和水文资料、气象资料；路面材料产地和供应情况；当地路面使用经验和其他情况；工程投资情况；施工单位的技术力量、机具设备、劳动力组成情况；原有路基路面状况等。

二、沥青路面设计遵循的原则

沥青路面的强度和稳定性，除取决于路面结构层外，还与路基土类或岩性、路基土的湿度、密度、路基横断面形式（填方或挖方）等有直接关系。为使所设计的沥青路面技术先进、经济合理、安全可靠并与周围环境协调，在沥青路面设计工作中应遵循下列原则：

（1）开展现场资料调查和收集工作，做好交通荷载分析与预测，按照全寿命周期成本的理念进行路面设计。

（2）调查掌握沿线路基特点，查明土质、路基干湿类型，在对不良地质路段处理的基础上，按面层耐久、基层坚实、土基稳定的要求进行路基路面综合设计。

（3）遵循因地制宜、合理选材、节约投资的原则，选择技术先进、经济合理、安全可靠、方便施工的路面结构方案。

（4）结合当地条件，积极、慎重地推广新技术、新结构、新材料、新工艺，并认真铺筑试验路段，总结经验，不断完善，逐步推广。

（5）符合国家环境保护的有关规定，保护相关人员的安全和健康，重视材料的再生利用与废弃料的处理。

（6）高速公路、一级公路的沥青路面不宜采用分期修建。

对软土地区或高填方路基、黄土湿陷地区等可能产生较大沉降的路段，以及初期交通量较小的公路可“一次设计、分期修建”。

三、沥青路面各结构层的选择

1. 面层类型的选择

面层类型应与公路等级、使用要求、交通等级相适应。面层类型选择不仅要考虑高强、耐磨、热稳性好、水稳性好和不透水等性能，还应考虑设几层较为合适。如交通繁重的公路，面层应为二至三层，以抵抗水平力在面层底部产生的剪应力。采用空隙率大的沥青混合料或沥青贯入式碎石作面层时，应在其上加设沥青类封层。

沥青混凝土、沥青玛蹄脂碎石可用于各级公路的面层；沥青碎石、沥青贯入式、沥青表面处治和稀浆封层可用于三级公路、四级公路的面层；冷拌沥青混合料可用于交通量小的三级公路、四级公路的面层。

应根据不同地区公路等级及所处层位的功能要求，并综合考虑满足耐久性、抗车辙、抗裂、抗水损害能力、抗滑性能等多方面要求以及施工机械、工程造价等实际情况选择沥青混合料的种类。沥青路面各层适用的沥青混合料参考类型见表2-7-12。

2. 基层与底基层类型选择

基层要有足够的抗压强度，一定的刚度和水稳定性。基层、底基层选择应贯彻就地取材的原则，认真做好当地材料的调查，根据交通量及其组成、气候条件、筑路材料以及路基水文状况等因素，选择技术可靠、经济合理的结构层。

每一类型的基层都有各自的特点。沥青混合料类、水泥或二灰稳定集料类、贫混凝土及级配碎石可用于交通量繁重的公路基层，其他类型（嵌锁型、级配型）的材料可适用于较小交通量的公路基层。

沥青路面各层适用的沥青混合料参考类型　　表 2-7-12

筛孔系列	结构层次	高速公路、一级公路、二级公路		其他等级公路	
		三层式沥青混凝土路面	两层式沥青混凝土路面	沥青混凝土路面	沥青碎石路面
方孔筛系列	上面层	AC-13　AC-16　AC-20	AC-13　AC-16	AC-10　AC-13	AM-10　AM-13
		SMA-10 SMA-13			
		OGFC-10 OGFC-13			
	中面层	AC-20　AC-25			
		SMA-16　SMA-20			
	下面层	AC-20　AC-25	AC-20　AC-25	AM-16　AM-20	AM-16　AM-20

底基层应充分利用沿线成本较低、来源较广、性能稍差的地方材料，可采用无机结合料稳定细粒土或粒料类等。

为了保护路面面层边缘，基层宽度每侧至少比面层宽出 25cm（无路缘石时），底基层每侧至少比基层宽出 15cm。

3. 垫层类型选择

垫层通常设在路基处于潮湿和过湿以及有冰冻翻浆的路段，以排除路面、路基中滞留的自由水。常用材料有两类：一类是用松散粒料，如粗砂、砾石、碎石和煤渣等组成的透水性垫层；另一类是整体性材料，如水泥或石灰粉煤灰稳定类等组成的稳定性垫层。

高速公路，一、二级公路的排水层应铺至路基同宽，以利路面结构排水，保证路基稳定。一般情况下垫层宽度应比底基层每侧至少宽出 25cm。

四、沥青路面结构组合设计

路基路面是一个整体结构，各结构层有各自的特性和作用，并相互制约和影响，结构组合不合理，所用材料再好、厚度再大也无济于事。路面结构层的组合设计，就是按行车和环境因素对不同层位的要求，结合各类结构层本身的性能，进行合理的安排，最大限度地发挥各结构层的效能，使整个路面结构经济合理。

要使路面有足够的整体刚度和强度，还应保证路基的强度和稳定性。否则，单靠加强或增厚面层或基层，并不能收到良好的效果，同时也不经济。稳定路基的一般措施，最经济最易办到的方法是，加强路基排水和使路基达到要求的压实度。

1. 各结构层的强度组合设计

车轮荷载作用于路面表面，路面结构内部产生的竖向应力和应变随深度而递减；车轮荷载的水平力作用产生的应力和应变随深度递减的速度更快。因而对各层材料的强度（模量）的要求，也可随深度而相应减小，如图 2-7-6 所示。路面各结构层一般应按强度自上而下递减的方式组合。这样既能充分发挥各结构层材料的效能，又能充分利用当地材料充当底基层和基层，以降低造价。

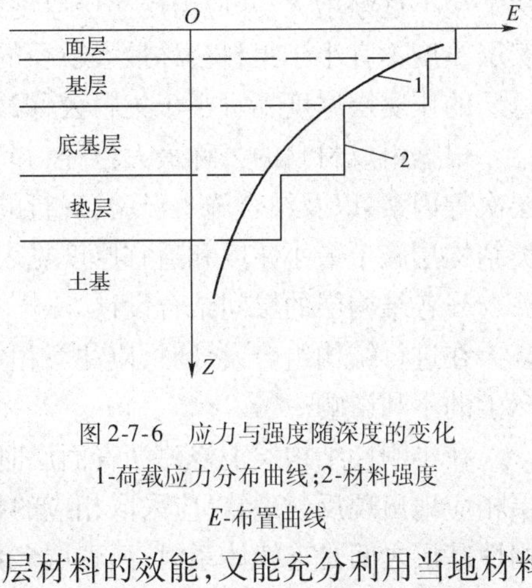

图 2-7-6　应力与强度随深度的变化
1-荷载应力分布曲线；2-材料强度 E-布置曲线

采用强度(模量)按深度递减的规律组合路面时,还应注意各相邻结构层之间的模量不能相差过大。上下两层模量相差过大时,上层底面将会因下层变形过大而产生较大的拉应变,导致上层被拉裂。根据分析和经验,路面结构层厚度与层间模量比有密切关系。

对于半刚性基层沥青路面结构,沥青层的回弹模量一般小于半刚性基层的回弹模量,基层与沥青面层的模量比宜在1.5~3.0之间;基层与底基层的模量比不宜大于3.0;底基层与土基的模量比宜在2.5~12.5之间。

对于柔性基层沥青路面结构,沥青层与沥青层之间的回弹模量相差比较小,而沥青层与级配碎石层之间的回弹模量相差比较大,此时沥青层底的拉应力较大。选用结构层间模量逐渐递减的组合可使结构受力更合理。

2.结构层的层数和厚度组合设计

沥青路面通常为多层结构,结构层层数越多,越能体现强度与荷载应力随深度变化的规律相适应,而且能够降低工程造价。但是,结构层层数过多将带来施工工艺及材料制备上的困难。为了便于施工,路面结构层的层数不宜过多。

每一结构层的施工最小厚度和适宜厚度的确定要综合考虑下面的因素:

(1)结构层的造价。由于路面各层造价不同,面层造价比较高,而基层、垫层的造价相对比较低,因此,面层厚度一般比较小,基层、垫层相对比较厚。

(2)各结构层扩散应力的效果。根据理论分析,基层厚度为15~25cm时,增大基层厚度对减小路面表面弯沉和减小面层底面拉应力有明显作用;当基层厚度大于40cm时,再增加基层厚度,作用已不明显。结合使用经验,基层厚度一般以15~25cm为宜。

(3)压实机具的能力。一般来说,沥青面层每层的压实厚度最大为6~8cm;基层每层的压实厚度为15~20cm,有重型机具压实的条件下,可根据试验将压实厚度增加到20~25cm。在安排各结构层厚度时,应尽量使其与压实机具所能达到的厚度相适应。

(4)沥青面层的厚度应与混合料的公称最大粒径相匹配。采用的公称最大集料粒径偏大时,如沥青面层的施工厚度偏小,施工过程混合料容易离析,而且碾压时石料压碎情况严重,不仅达不到增强抗车辙能力的目的,还会造成沥青面层透水,导致局部早期水损坏。

现行的《公路沥青路面施工技术规范》(JTG F40—2004)规定,沥青面层集料的最大粒径从上至下逐渐增大,并应与压实层厚度相匹配。热拌热铺密级配沥青混合料,沥青层每层的压实层厚度不宜小于集料公称最大粒径的2.5~3倍,对SMA和OGFC等嵌挤型混合料,沥青层每层的压实层厚度不宜小于集料公称最大粒径的2~2.5倍。

根据组成材料的公称最大粒径,并考虑有利于结构层应力分布、有利于压实成稳定的结构层次等因素,以及结合施工经验,现行的《公路沥青路面设计规范》(JTG D50—2006)提出了各类结构层施工最小厚度和适宜厚度见表2-7-13。

3.各结构层的层间结合设计

在进行结构组合设计时,应注意相邻层次的互相影响,采取相应的技术措施限制或消除所产生的不利影响。

在半刚性结构层上修建沥青面层时,由于半刚性结构层材料的干缩和温缩开裂,会导致面层相应地出现反射裂缝,应采取相应的技术措施防止反射裂缝。从理论上分析,如沥青层与半刚性基层之间是连续体系时,沥青层多数处于受压状态或出现较小拉应力,半刚性基层主要承受拉应力;沥青层与其下承层之间若接触面处于浸水状态,可能导致界面产生滑移,上层底面会出现比连续状态大1~2倍的拉应力。半刚性基层沥青路面,应采取层间结合的可靠技术措施，防止层间滑移，并提高沥青混合料的抗剪强度。

各类结构层的压实最小厚度与适宜厚度　　表 2-7-13

结构层类型		公称最大粒径（mm）	符号	压实最小厚度（mm）	适宜厚度（mm）
密级配沥青混凝土	砂粒式	4.75	AC-5	15	15～30
	细粒式	9.5	AC-10	20	25～40
		13.2	AC-13	35	40～60
	中粒式	16	AC-16	40	50～80
		19	AC-20	50	60～100
	粗粒式	26.5	AC-25	70	80～120
沥青玛蹄脂碎石	细粒式	9.5	SMA-10	25	25～50
		13.2	SMA-13	30	35～60
	中粒式	16	SMA-16	40	40～70
		19	SMA-20	50	50～80
半开级配沥青碎石	细粒式	13.2	AM-13	35	40～60
	中粒式	16	AM-16	40	50～70
		19	AM-20	50	60～80
	粗粒式	26.5	AM-25	80	80～120
沥青贯入式				40	40～80
沥青上拌下贯式				60	60～80
沥青表面处治				10	10～30
无机结合料稳定类（水泥稳定类、石灰粉煤灰稳定类、石灰稳定类）				150	180～200
贫混凝土				150	180～240
级配碎石、级配砾石				80	100～200
泥结碎石				80	100～150
填隙碎石				100	100～120

注：表中未列出的结构层压实最小厚度与适宜厚度参见《公路沥青路面设计规范》（JTG D50—2006）。

（1）半刚性基层沥青路面宜采取以下措施减少收缩开裂和反射裂缝：

①选用骨架密实型半刚性基层，严格控制细料含量、结合料剂量、含水量及养生时间。

②适当加大沥青面层的厚度，在半刚性结构层上设置沥青稳定碎石或级配碎石等柔性基层。

③在半刚性结构层上设置改性沥青应力吸收层或应力吸收膜或者铺设实践证明有效的耐高温的土工合成材料等。

（2）层间结合紧密的技术措施如下：

①沥青层之间设置黏层沥青。黏层沥青可用乳化沥青或改性乳化沥青或热沥青，洒布数量宜为 $0.3\sim0.6kg/m^2$。

②各种基层上设置透层沥青。透层沥青应具有良好的渗透性能，可用液体沥青（稀释沥青）、乳化沥青等。

③在半刚性基层上设置下封层。

④新、旧沥青层之间，沥青层与旧水泥混凝土板之间洒布的黏层沥青宜用热沥青或改性乳化沥青或乳化沥青。

⑤拓宽路面时，新、旧路面接茬处喷涂黏结沥青。

⑥双层式半刚性基层宜采用连续摊铺、碾压工艺。

4. 垫层与抗冻层设计

当路线通过潮湿、过湿地区及软弱地基时，可采取设置垫层，或换填砂砾等透水材料，或掺入无机结合料（或固化剂）等处理地基。各级公路的排水垫层应与边缘排水系统相连接，垫层宽度应铺筑到路基边缘或与边沟下的渗沟相连接。

对于冰冻地区各级公路的中湿和潮湿路段，水和温度的综合作用常常产生冻胀和翻浆病害。路面结构除了要保证力学强度的要求外，其总厚度还应满足防冻厚度的要求，以免在路基内出现较厚的聚冰带，从而导致路面的不均匀冻胀。

（1）垫层设计的基本要求

①防冻垫层应采用透水性好的粒料类材料，通过0.075mm筛孔颗粒含量不宜大于5%。垫层厚度视具体情况而定，一般为150～200mm，重冰冻地区潮湿、过湿路段可为300～400mm。

②采用碎石和砂砾垫层时，颗粒组成宜满足无结合料材料的级配要求，最大粒径应与结构层厚度相协调，一般最大粒径应不超过结构层厚度的1/2；采用未筛分碎石和天然砂砾垫层时，最大粒径应为（1/3～2/3）h。以保证形成骨架结构，提高结构层的稳定性。

③可在路基顶面设土工合成材料隔离层，以防止路基污染粒料类垫层或隔断地下水。

（2）冰冻区划分

冰冻区根据20年以上的冻结指数平均值划分为重冰冻区、中冰冻区、轻冰冻区和非冰冻区，见表2-7-14。冻结指数是每年冬季负温度与天数乘积的累积值（℃·d），各地可根据气象部门的20年以上的观测资料或《公路沥青路面设计规范》（JTG D50—2006）附录B资料查得。

冰冻区划分　　表2-7-14

冰冻区划分	重冰冻区	中冰冻区	轻冰冻区	非冰冻区
冻结指数（℃·d）	≥2 000	2 000～800	800～50	≤50

（3）道路多年最大冻深计算

道路多年最大冻深 Z_{max} 按下列公式计算：

$$Z_{max} = a \cdot b \cdot c \cdot Z_d \tag{2-7-25}$$

式中：Z_{max}——（从路表面至道路冻结线）多年最大冻深，m；

a——路面路基材料热物性系数，见表2-7-15；

b——路基湿度系数，见表2-7-16；

c——路基断面（填、挖）形式系数，见表2-7-17；

Z_d——大地标准冻深，m。

路面路基材料热物性系数　　表2-7-15

路基材料	黏质土	粉质土	粉土质砂	细粒土质砾、黏土质砂	含细粒土质砾（砂）
热物性系数	1.05	1.1	1.2	1.3	1.35
路面材料	水泥混凝土	沥青混凝土	二灰土及水泥土	二灰碎石及水泥碎（砾）石	级配碎石
热物性系数	1.4	1.35	1.35	1.4	1.45

注：α值取大地冻深范围内路基及路面各层材料的加权平均值。

路基湿度系数 表 2-7-16

干湿类型	干燥	中湿	潮湿	过湿
湿度系数	1.0	0.95	0.90	0.80

路基断面形式系数 表 2-7-17

填挖形式	路基填土高度					路基挖方深度			
	零填	2m	4m	6m	>6m	2m	4m	6m	>6m
断面形式系数	1.0	1.02	1.05	1.08	1.10	0.98	0.95	0.92	0.90

(4)防冻厚度验算

冰冻地区各级公路的中湿、潮湿路段,应进行防冻厚度验算。

根据交通量计算的结构层总厚度应不小于表 2-7-18 中最小防冻厚度的规定。若结构层总厚度小于最小防冻厚度时,应增加防冻垫层使其满足最小防冻厚度的要求。

最小防冻厚度(cm) 表 2-7-18

路基干湿类型	道路冻深(cm)	黏质土、细粒土质砂路基			粉质土路基		
		砂石类基、垫层	稳定土类基、垫层	工业废渣类基、垫层	砂石类基、垫层	稳定土类基、垫层	工业废渣类基、垫层
中湿	50 ~ 100	40 ~ 45	35 ~ 40	30 ~ 35	45 ~ 50	40 ~ 45	30 ~ 40
	100 ~ 150	45 ~ 50	40 ~ 45	35 ~ 40	50 ~ 60	45 ~ 50	40 ~ 45
	150 ~ 200	50 ~ 60	45 ~ 55	40 ~ 50	60 ~ 70	50 ~ 60	45 ~ 50
	>200	60 ~ 70	55 ~ 65	50 ~ 55	70 ~ 75	60 ~ 70	50 ~ 65
潮湿	60 ~ 100	45 ~ 55	40 ~ 50	35 ~ 45	50 ~ 60	45 ~ 55	40 ~ 50
	100 ~ 150	55 ~ 60	50 ~ 55	45 ~ 50	60 ~ 70	55 ~ 65	50 ~ 60
	150 ~ 200	60 ~ 70	55 ~ 65	50 ~ 55	70 ~ 80	65 ~ 70	60 ~ 65
	>200	70 ~ 80	65 ~ 75	55 ~ 70	80 ~ 100	70 ~ 90	65 ~ 80

注:1. 在《公路自然区划标准》(JTJ 003—86)中,对潮湿系数小于 0.5 的地区,II、III、IV 等干旱地区防冻厚度应比表中值减少 15% ~20%;

2. 对 II 区细粒土质砂路基防冻厚度应比表中值减少 5% ~10%。

第六节 新建沥青路面结构厚度计算

一、沥青路面设计程序

在掌握了公路交通量调查资料和沿线的地质、水文、气象、筑路材料供应情况等调查资料的基础上可按下列程序进行沥青路面的设计工作:

(1)根据设计要求,按弯沉或拉应力指标分别计算设计年限内一个车道上的累计标准轴载当量轴次,确定设计交通量与交通等级,拟定面层、基层类型,并计算设计弯沉值。

(2)按路基土类与干湿类型及路基横断面形式,将路基划分为若干路段(一般情况下每段长度不宜小于 500m,若为大规模机械化施工,不宜小于 1km),确定各个路段土基回弹模量设计值。

(3)参考本地区的经验拟定几种可行的路面结构组合和厚度方案,根据工程选用的材料进行配合比设计试验，测定各结构层材料的抗压回弹模量、抗拉强度等，确定各结构层材料的设计参数，计算容许拉应力值。

(4)根据设计指标采用多层弹性体系理论设计程序计算或验算路面厚度。

一般先由设计弯沉值计算路面厚度。对于高速公路、一级公路、二级公路的沥青混凝土层和半刚性材料基层、底基层再验算其拉应力是否满足容许拉应力的要求。如不满足要求，或调整路面结构层厚度，或变更路面结构组合，或调整材料配合比以提高极限抗弯拉强度，再重新计算。

(5)对于季节性冰冻地区的沥青路面应验算防冻厚度是否符合要求。

(6)进行技术经济比较，确定采用的路面结构方案。

上述设计程序可用设计框图表示，如图 2-7-7 所示。

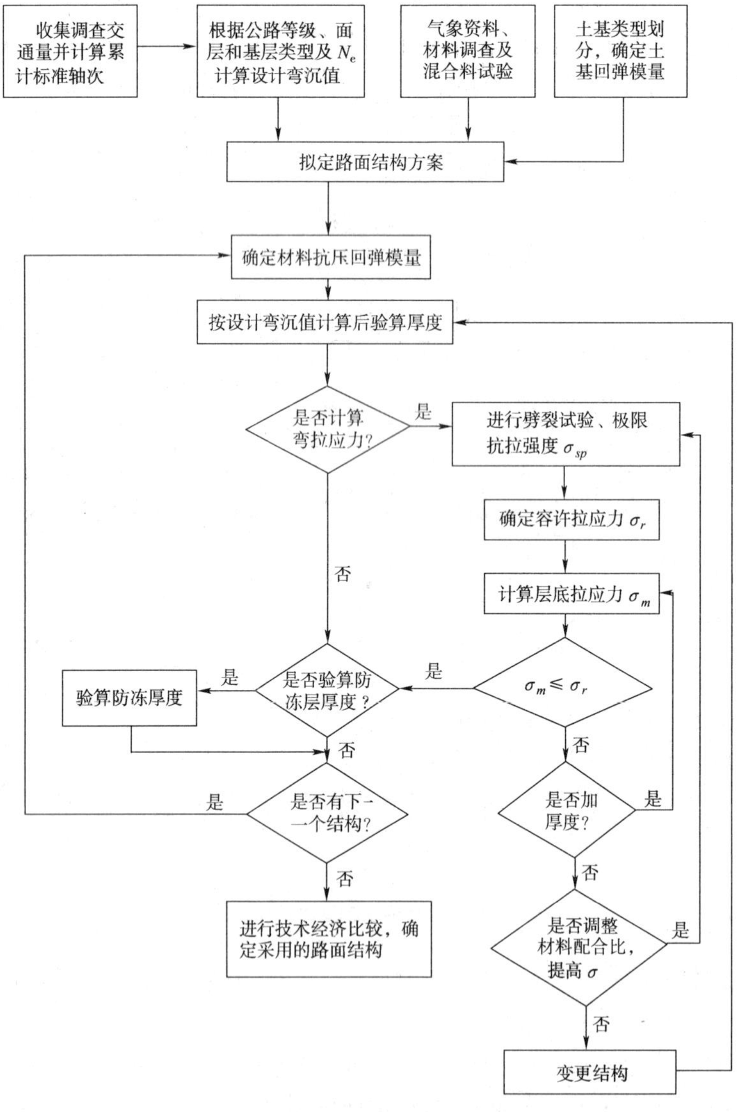

图 2-7-7　路面结构设计程序框图

二、轮隙中心路表回弹弯沉计算

沥青路面厚度计算根据多层弹性理论、层间接触条件为完全连续体系时，在双圆均布荷载作用下,按轮隙中心处 A 点实测路表弯沉值 l_s 等于设计弯沉值 l_d 的原则进行计算,其力学图式如图 2-7-8 所示。计算公式表示为:

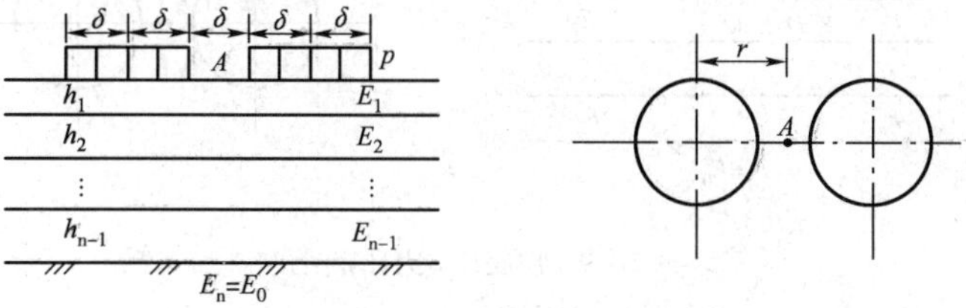

图 2-7-8 路面弯沉值计算图式

$$l_s \leqslant l_d \tag{2-7-26}$$

$$l_s = 1\,000 \cdot \frac{2p\delta}{E_0}\alpha_c \cdot F \tag{2-7-27}$$

$$\alpha_c = f\left(\frac{h_1}{\delta}, \frac{h_2}{\delta}, \cdots, \frac{h_{n-1}}{\delta}, \frac{E_2}{E_1}, \frac{E_3}{E_2}, \cdots, \frac{E_0}{E_{n-1}}\right) \tag{2-7-28}$$

$$F = 1.63\left(\frac{l_s}{2\,000\delta}\right)^{0.38}\left(\frac{E_0}{p}\right)^{0.36} \tag{2-7-29}$$

式中: l_s——路面计算(或为实测)弯沉值,0.01mm;

p、δ——标准车型的轮胎接地压力,MPa,当量圆半径,cm;

α_c——理论弯沉系数;

F——弯沉综合修正系数;

E_0 或 E_n——土基抗压回弹模量值,MPa;

E_1、E_2、E_{n-1}——各层材料的抗压回弹模量值,MPa;

h_1、h_2、h_{n-1}——各结构层厚度,cm。

计算步骤如下:

(1)在拟定的路面结构中,先设定某一层作为设计层,并拟定面层和其他各层的厚度。一般情况下,当采用半刚性基层、底基层结构时,可选任一层作为设计层;当采用半刚性基层、粒料类材料为底基层时,应拟定面层、底基层厚度,以半刚性基层为设计层;当采用柔性基层、底基层的沥青路面时,宜拟定面层、底基层的厚度,求算基层厚度,此时若求得基层厚度过厚时,可考虑选用沥青碎石或沥青贯入碎石作上基层,以减薄路面总厚度,增加结构强度和稳定性。

(2)计算设计车道的累计当量轴次 N_e,确定设计弯沉值 l_d。

(3)确定土基的抗压回弹模量设计值 E_0。

(4)论证确定各层材料的抗压回弹模量设计值。

(5)根据设计车道累计当量轴次、设计弯沉值,各结构层的抗压回弹模量、土基抗压回弹模量以及已知结构层的厚度,利用专用设计程序计算出设计层的厚度。

三、路面结构层层底拉应力计算

计算路面结构层层底拉应力时仍然以多层弹性层状体系理论为基础,层间接触条件为完全连续体系,其计算图式如图 2-7-9 所示。层底拉应力以单圆的中心点 B 及双圆轮隙中心以下的点 C 为计算点,并取最大值作为层底最大拉应力。

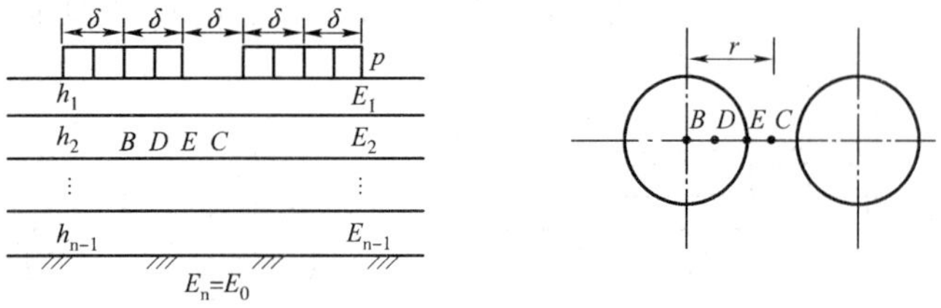

图 2-7-9　层底拉应力计算图式

整体性材料层底拉应力采用最大拉应力的理论公式(2-7-30)计算。

$$\sigma_m = p\,\overline{\sigma_m} \tag{2-7-30}$$

式中：$\overline{\sigma_m}$——理论最大拉应力系数：

$$\overline{\sigma_m} = f\left(\frac{h_1}{\delta},\frac{h_2}{\delta},\cdots,\frac{h_{n-1}}{\delta},\frac{E_2}{E_1},\frac{E_3}{E_2},\cdots,\frac{E_0}{E_{n-1}}\right) \tag{2-7-31}$$

$$\sigma_m \leqslant \sigma_R \tag{2-7-32}$$

根据计算参数利用专用设计程序即可完成层底拉应力计算。

四、沥青路面结构层厚度的设计方法

路面各结构层的厚度可按计算法或验算法确定。

1. 计算法

根据路用性能要求或工程经验确定路面结构组合类型，先拟定某一层作为设计层，然后根据混合料类型与施工工艺要求确定其他各层厚度，按规定的流程计算设计层厚度。设计层厚度不应小于最小施工厚度。

2. 验算法

根据本地区典型路面结构确定路面结构组合类型，然后根据混合料类型与施工工艺要求确定各结构层的厚度，按规定的流程进行结构验算，验算通过后即可作为备选结构。

五、新建沥青路面交工时整体强度检测

路面交工时应在不利季节采用 BZZ—100 标准轴载实测轮隙中心处路表弯沉值。其弯沉代表值应符合下列要求：

$$l_{0j} \leqslant l_a \qquad l_{0j} = (\overline{l_0} + Z_a S)K_1 K_3 \tag{2-7-33}$$

式中：l_{0j}——某路段实测路表弯沉的代表值，0.01mm；

l_a——路表面弯沉检测的标准值，0.01mm，按最后确定的路面结构厚度与材料模量计算的路表面弯沉值；

$\overline{l_0}$、S——某路段实测路表回弹弯沉的平均值及标准差，0.01mm；

Z_a——保证率系数，高速公路、一级公路取 1.645，其他公路沥青路面取 1.5；

K_1——季节影响系数，可根据当地经验确定；

K_3——温度修正系数，温度修正方法按有关规定进行。

检测路表弯沉值时，一般以 1～3km 为一评定路段。对于半刚性基层结构宜用 5.4m 的弯沉仪，对于柔性基层结构可用 3.6m 的弯沉仪。当沥青层厚度小于或等于 50mm 时，可不进行温度修正。

第七节 改建沥青路面设计

沥青路面和砂石路面在使用年限内其使用性能和承载能力会不断降低,当路面上通过的累计当量轴次超过设计的标准轴载累计当量轴次时,便不能满足正常行车的要求,路面需补强或改建。

一、改建路面设计的一般规定

(1)改线路段应按新建路面设计。加宽路面、提高路基、调整纵坡的路段应视具体情况按新建或改建路面设计。在原有路面上补强时,按改建路面设计。

(2)调查原路面现状,对路面破损程度进行分段评价,分析路面破损原因,分段拟定路面改建工程设计方案。

(3)交通量大的高速公路、一级公路以及城市郊区公路宜选择施工方便、工期短、对交通干扰少的设计方案。设计方案应在保证一定使用年限的要求下,尽量减少原路的开挖工程数量,减少废弃材料。

(4)设计方案应考虑原路面沥青混合料、半刚性基层材料的再生利用,并结合已有的成果和经验,积极慎重地推广再生技术。

(5)在原路扩宽工程中应采取措施加强新、老路面之间的结合,防止加宽部分与原有路面间产生差异沉降。

(6)大型改扩建工程应根据设计方案修建试验路,以总结交通组织疏导、施工组织、施工工艺、施工质量控制等方面经验,改进设计方案。

二、沥青路面加铺层

(一)原有路面调查分析

对原有路面主要调查分析的内容如下:

(1)调查破损情况,包括裂缝率、车辙深度、修补面积等。

(2)评价原路面结构。

(3)根据破损情况调查和承载能力测试与评价,选择路面外观为好、中、差的典型使用情况,进行分层钻芯或探坑取样,采集沥青混合料和基层、底基层、土基的样品试验,分析破坏原因,判断其破坏层位及是否可以利用。

(4)取样调查路床范围内路基土的分层含水量、土质类型及承载力等,分析路基的稳定性、强度以及路基路面范围内排水状况等。

(二)原有路面结构强度评定

原有路面整体刚度和强度以路表实测回弹弯沉表示。各路段的路表回弹弯沉值的测定采用 BZZ—100 标准轴载汽车,用杠杆式弯沉仪(也称贝克曼梁)进行。测点应在路面行车道的轮迹带上,测点间距为 20 ~ 50m,特殊路段或因需要可适当加密。每车道、每段的测点数不少于 20 个。

原有路面回弹弯沉值的大小同路面面层类型、结构组合和厚度,路基土类型和干湿状态,路面使用年限以及路面温度等有关,实测弯沉值之间存在着差异,为了利用实测各点的弯沉值评定原有路面的强度,需对所测弯沉值进行统计加工,寻求有代表性的弯沉值。计算代表弯沉值时，可根据三倍标准差原则处理（舍弃）个别过大或过小的测点值。各路段的计算弯沉值 l_0 按公式（2-7-34）计算：

$$l_0 = (\overline{l_0} + Z_a S)K_1 K_2 K_3 \tag{2-7-34}$$

式中：$\overline{l_0}$、S——某路段实测路表回弹弯沉的平均值及标准差，0.01mm，计算如式（2-7-35）所示；

Z_a——保证率系数，高速公路、一级公路取1.645，其他公路沥青路面取1.5；

K_1——季节影响系数，根据当地经验确定；

K_2——湿度影响系数，根据当地经验确定；

K_3——温度修正系数，温度修正方法按有关规定进行。

$$\overline{l_0} = \frac{1}{n}\sum_{i=1}^{n} l_i \qquad S = \sqrt{\frac{\sum_{i=1}^{n}(\overline{l_0} - l_i)^2}{n-1}} \qquad C_v = \frac{S}{l_0} \times 100\% \tag{2-7-35}$$

1. 季节影响系数 K_1

由于路面在一年内的不同季节具有不同的承载能力，经过加铺层设计的路面必须保证在不利季节具有良好的状况，实测各点的弯沉值应在不利季节在进行。当无法在不利季节测定时，要对实测弯沉值进行季节修正，将测定值换算为不利季节的测定值。各地区应根据多年累积的实测资料统计分析得到季节影响系数 K_1。

2. 湿度影响系数 K_2

在原有砂石路面上加铺沥青面层以后，路基和基层中的水分蒸发较以前困难，致使路基和基层中湿度增加，强度降低、弯沉增大。特别是在自然区划为 $\mathrm{III}_{1.2.3}$、$\mathrm{VI}_{1.1a.2}$、VII_4 区内更容易发生这种情况。这些自然区划中，在原砂石路面上测得的弯沉值应乘以反映这种湿度变化导致弯沉增大的湿度影响系数 K_2。湿度影响系数应根据本地区的使用经验确定。

3. 温度修正系数 K_3

原有沥青路面弯沉值测定以20℃为标准状态。当原有路面为厚度大于5cm的沥青路面时，弯沉测定值随原有沥青路面温度的变化而变化。原路面为厚度大于5cm的沥青面层，或测定弯沉时的温度不是20℃ ±2℃时，为了使不同温度时测定的弯沉结果可作比较，需把不同温度测定的结果换算为标准温度为20℃时的弯沉值 l_{20}，其换算系数（或称温度修正系数）K_3 为：

$$K_3 = \frac{l_{20}}{l_T} \tag{2-7-36}$$

式中：l_T——测定时沥青面层内平均温度为 T 时的弯沉值，0.01mm。

温度修正系数 K_3 的计算方法如下：

（1）计算测定时沥青面层的平均温度 T

$$T = a + bT_0 \tag{2-7-37}$$

式中：a、b——系数，$a = -2.65 + 0.52h$，$b = 0.62 - 0.008h$；

T_0——测定时路表温度与测定前5h平均气温之和，℃；

h——沥青面层厚度，cm。

（2）计算温度修正系数

当 $T \geq 20$℃时：

$$K_3 = e^{h(1/T - 1/20)} \tag{2-7-38}$$

当 $T < 20$℃时

$$K_3 = e^{0.002h(20-T)} \tag{2-7-39}$$

当原路面沥青面层的厚度小于或等于5cm时，不需温度修正。

4. 不同轴载的弯沉值换算

如采用非标准轴载（轴重60～130kN）的汽车测定弯沉时，则宜按式（2-7-40）将非标准轴载测得的弯沉值换算为标准轴载下的弯沉值。

$$\frac{l_{100}}{l_i} = \left(\frac{P_{100}}{P_i}\right)^{0.87} \tag{2-7-40}$$

式中：P_{100}、l_{100}——分别为100kN标准轴载及其相对应的弯沉值；

P_i、l_i——分别为非标准轴载及其相对应的弯沉值。

（三）原有路面的分段

原有路面加铺层（包括罩面层和补强层）设计应根据下列情况将全线划分为若干段：

（1）将原路面的破损形态、弯沉值、破损原因相近的划分为一段。

（2）在同一路段内，若局部路段弯沉值很大，可先修补处理再进行补强。在计算该路段代表弯沉值时，可不考虑个别弯沉值大的点。

（3）一般按1km为单位对路况进行评价。当路况评价指标基本接近时可将路段延长。在水文、土质条件复杂或需要特殊处理的路段，其分段长度可视实际情况确定，一般施工长度不小于300m。

（四）旧沥青路面处理

（1）沥青路面的整体强度符合要求，车辙深度小于1mm，轻度裂缝，但平整度及抗滑性能较差时，可直接加铺罩面，恢复表面使用功能。

一般单层沥青混凝土罩面厚度可为30～50mm；超薄层罩面厚度宜为20～25mm。预防性养护可选用稀浆封层、微表处等。

（2）对中度、重度裂缝路段宜视具体情况铣刨路面，否则，应进行灌缝、修补坑槽等处理。必要时采取防裂措施后再加铺沥青层。对沥青层网裂、龟裂或沥青老化的路段应进行铣刨并清除干净，设黏层沥青后，再加铺沥青层。

为减缓反射裂缝，可在旧路面上设置应力吸收层或铺设土工合成材料。工合成材料之上，应有大于或等于70mm的沥青层。

（3）对整体强度不足或破损严重的路段，视路面破损程度确定挖除深度、范围以及加铺补强层的结构与厚度。

（4）在加宽部分路基土的压实度符合要求的前提下，先使加宽部分的整体强度与原有路面的整体强度相同，然后再进行全幅补强。

（五）原有路面补强层设计方法

1. 确定原有路面当量回弹模量 E_t

各路段的当量回弹模量按式（2-7-41）计算：

$$E_t = 1\ 000\,\frac{2p\delta}{l_0}m_1 m_2 \tag{2-7-41}$$

式中：E_t——原有路面的当量回弹模量，MPa；

p——标准轴载车型的轮胎接地压强，MPa；

δ——标准轴载车型单轮传压面当量圆半径，cm；

l_0——原路面的计算弯沉值，0.01m；

m_1——用标准轴载的汽车在原路面上测得的回弹弯沉值与用承载板在相同压强条件下所测得的回弹变形值之比，即轮板对比值；应根据各地的对比试验结果论证地确定，在没有对比试验资料的情况下，可取 $m_1=1.1$ 进行计算；

m_2——原有路面当量回弹模量扩大系数。

计算与原有路面接触的补强层层底拉应力时，m_2 按式(2-7-42)计算；计算其他补强层层底拉应力及弯沉值时，$m_2=1.0$。

$$m_2=e^{0.037\frac{h'}{\delta}\left(\frac{E_{n-1}}{p}\right)^{0.25}} \tag{2-7-42}$$

式中：E_{n-1}——与原路面接触层材料的抗压模量，MPa；

h'——各补强层相当于原路面接触层的模量 E_{n-1} 的等效总厚度，cm。可按式(2-7-43)计算。

$$h'=\sum_{i=1}^{n-1}h_i(E_i/E_{n-1})^{0.25} \tag{2-7-43}$$

式中：E_i——第 i 层补强层材料的抗压回弹模量，MPa；

h_i——第 i 层补强层的厚度，cm；

$n-1$——补强层层数。

2. 加铺补强层结构设计

当原有路面强度不足时应进行补强设计，设计方法与新建沥青路面设计方法相同。

原有路面补强层结构设计不同于新建沥青路面结构设计，结构设计应根据不同的破损状态采取不同的设计方案和原路面处理方案。

高速公路、一级公路、二级公路的补强设计方案应依原有路面弯沉值 l_0 和破损状态为主要依据进行设计。主要方案有：当弯沉值 l_0 较小时可直接加铺沥青层，视加铺厚度、裂缝情况考虑减缓反射裂缝措施；当弯沉值 l_0 较大、原路面较破坏严重时，在不受高程限制的情况下，可加铺半刚性基层(贫混凝土基层)、沥青层；当直接加铺受高程限制或原路面破坏严重时，可下挖至某结构层再加铺补强层；设计应考虑纵、横向调坡给路面结构厚度带来的变化(有时铺设调平层)。

3. 加铺补强层设计步骤

(1)计算原有路面的当量回弹模量 E_t。

(2)拟定几种可行的结构组合与结构层厚度，并通过试验或参照当地成熟经验确定各补强层的材料参数。

(3)根据加铺层的类型确定设计指标，当以路表回弹弯沉为设计指标时，弯沉综合修正系数按式(2-7-44)计算；当以拉应力为控制指标时，确定了设计厚度以后，宜按式(2-7-29)计算弯沉综合修正系数，最后计算路表回弹弯沉。

$$F=1.45\left(\frac{l_s}{2\ 000\delta}\right)^{0.61}\left(\frac{E_t}{p}\right)^{0.61} \tag{2-7-44}$$

(4)采用弹性层状体系理论设计程序计算设计层的厚度或进行结构验算。对季节性冰冻地区的中湿、潮湿路段还应验算防冻厚度。

(5)进行技术经济比较，确定采用的补强设计方案。

三、水泥混凝土路面加铺沥青路面

1. 原水泥混凝土路面调查

对原水泥混凝土路面应重点调查以下内容：

(1)破碎板块、开裂板块、板边角的破损状况，并逐个记录破损板块的位置和数量，或按车道绘出破损状况草图，计算每公里断板率。调查纵、横向接缝拉开宽度、错台位置与高度，计算错台路段的平均错台高度；调查板底脱空位置等。

(2)用落锤式弯沉仪或贝克曼梁弯沉仪进行现场测试。

①视路况每块板或每2~4块板选一测点，在横向接缝板边距板角30~50cm处测定弯沉，全面了解水泥混凝土路面的承载能力情况。

②根据测定弯沉值或弯沉盆资料，选择典型路段测量横向接缝或裂缝两侧板边的弯沉值，以评价原水泥混凝土板的承载能力、接缝传荷能力，并结合平均错台高度判断板底脱空情况。

③选择典型路面状况，分层钻芯取样，测定原混凝土强度、模量等，分析破坏原因。

2. 原路面接缝传荷能力评价

横向接缝两侧板边的弯沉差宜按式(2-7-45)计算：

$$\Delta_D = D_u - D_e \tag{2-7-45}$$

式中：Δ_D——弯沉差，0.01mm；

D_u——未受荷板接缝边缘处的弯沉值，0.01mm；

D_e——受荷板接缝边缘处的弯沉值，0.01mm。

用落锤式弯沉仪或贝克曼梁弯沉仪测定横向接缝两侧板边的弯沉时，宜用平均弯沉值评价水泥混凝土板的承载能力，并区分不同情形对水泥混凝土板分别进行处治。平均弯沉值为：

$$\overline{D} = \frac{D_u + D_e}{2} \tag{2-7-46}$$

式中：符号意义同上。

3. 原水泥混凝土路面结构参数

原混凝土路面板的厚度、弯拉强度、弯拉弹性模量、基层顶面的当量回弹模量标准值等结构参数，可根据《公路水泥混凝土路面设计规范》(JTG D40—2003)的有关规定确定。

4. 原水泥混凝土路面处理

根据破损调查和承载能力测试资料，原水泥混凝土路面可按表2-7-19中的方法进行处理。若路面结构承载能力不满足现有交通荷载要求，应采取补强措施。

原水泥混凝土路面处理方法 表2-7-19

原路面状况	评价等级	弯沉指标(0.01mm)	修补方法
路面破损状况	优和良	$\overline{D}=20\sim45$	局部处理：更换破碎板、修补开裂板块、脱空板灌浆，使处治后的路段代表弯沉低于20(0.01mm)，然后加铺沥青层
	中等及以下	$\overline{D}>45$	采取打裂或各种破碎技术将混凝土板打碎、压实，然后加铺补强层
接缝传荷能力不足		$\Delta_D \geqslant 6$	压浆填缝，或增加传力杆，或采取打裂工艺消除垂直、水平方向变形，然后加铺沥青层
板底脱空			采取灌浆或打裂工艺，压实，消除垂直、水平方向变形，使路面稳定，然后加铺沥青层

5. 沥青加铺层设置

当原路面破损状况评价等级为优或良时，或接缝传荷能力不足时，原路面经过处理后可直接加铺沥青层。沥青加铺层可设单层或双层沥青面层，视具体情况增加调平层或补强层等。加铺层设计应根据公路等级和使用要求、交通量、环境条件和纵、横向调坡设计，在处理破损原水泥混凝土板使其稳定的基础上，综合考虑防止反射裂缝措施，结合已有经验确定。

在稳定的原水泥混凝土板上加铺沥青层时，对高速公路、一级公路（或中等及以上交通）厚度不宜小于100mm，其他公路不宜小于70mm。在原水泥混凝土路面上加铺沥青层时，宜用热沥青或改性乳化沥青、改性沥青作黏层。为防止渗水、减缓反射裂缝及加强层间结合，宜设置20~25mm厚的聚合物改性沥青应力吸收层、应力吸收膜，或铺设长纤维无纺聚酯类土工织物等。同时应按有关规定增加或完善路面结构排水系统和防水系统。

6. 破碎板的沥青面层补强设计

当原路面板接缝或裂缝处平均弯沉大于45(0.01mm)以上时，宜采取打裂措施，消除原水泥混凝土板脱空，使其与基层紧密结合、稳定后，再加铺结构层。

当原路面板接缝或裂缝处平均弯沉大于70(0.01mm)或水泥混凝土板较破碎时，可将板破碎成小块或碎石，作为下基层或底基层用。采用贝克曼梁弯沉仪或落锤式弯沉仪测定其当量回弹模量，按原有沥青路面补强层设计方法设计补强层和沥青层。

本 章 小 结

1. 沥青路面设计的目的就是要控制路面在设计使用年限内产生的沉陷、车辙、疲劳开裂、推移、低温缩裂等病害，保证汽车安全、迅速、经济、舒适行驶。

2. 沥青路面设计采用双圆垂直均布荷载作用下的多层弹性连续体系理论，并以累计当量轴次来反映路面结构和材料的疲劳特征。高速公路、一级公路、二级公路的路面结构，以路表面回弹弯沉值、沥青混凝土层的层底拉应力和半刚性材料层的层底拉应力为设计指标。三级公路、四级公路的路面结构以路表面设计弯沉值为设计指标。有条件时，对重载交通路面宜检验沥青混合料的抗剪切强度。

3. 沥青路面设计的基本依据有标准轴载、设计年限、设计车道上的累计当量轴次和交通等级，路基路面材料强度参数包括路基抗压回弹模量、路面各结构层抗压回弹模量和抗拉强度（劈裂强度）。

4. 沥青路面结构组合设计主要是进行各结构层的强度组合、结构层的层数和厚度组合、各结构层的层间组合，以及抗冻层设计。

5. 新建沥青路面厚度设计根据设计车道累计当量轴次、设计弯沉值、容许拉应力值，各结构层的抗压回弹模量、土基抗压回弹模量以及已知结构层的厚度，利用专用设计程序即可求得设计层的厚度。

6. 原有沥青路面或砂石路面的整体刚度和强度以路表实测回弹弯沉表示。各路段的路表回弹弯沉值的测定采用BZZ—100标准轴载汽车，用杠杆式弯沉仪（也称贝克曼梁）进行。

7. 当原有沥青路面或砂石路面强度不足时应进行补强设计，设计方法与新建沥青路面设计方法相同。原有路面补强层结构设计不同于新建沥青路面结构设计，结构设计应根据不同的破损状态采取不同的设计方案和原路面处理方案。

复习思考题

1. 简述沥青路面设计理论和设计控制指标。

2. 简述沥青路面设计的基本依据。

3. 写出标准轴载当量轴次换算的换算公式。

4. 解释设计弯沉值和容许拉应力的含义。

5. II_5 某二级公路，沥青混凝土面层为4cm 厚 AC-13 +5cm 厚 AC-20，基层为18cm 厚的二灰碎石(配合比8:12:80)。路面竣工后第一年 BZZ—100 标准轴载日平均当量轴次为135 次/日，交通量年平均增长率 $\gamma = 10\%$，试确定：

①设计车道上的累计当量轴次 N_e；②交通等级；③设计弯沉值 l_d；④沥青混凝土面层的容许拉应力 σ_R；⑤二灰碎石基层的容许拉应力 σ_R(路面竣工后第一年标准轴载日平均当量轴次按0.565 的系数折算)。

6. 叙述沥青路面结构组合的内容。

7. 什么是路基工作区的深度，路基工作区在工程上有何意义？

8. 叙述土基回弹模量 E_0 的确定方法。

9. 叙述路面材料强度参数的确定方法。

10. 叙述新建沥青路面的设计方法。

11. 叙述原有路面补强设计的方法。

12. 简述旧水泥混凝土路面加铺沥青层的设计方法。

13. IV_2 某二级公路某路段，原路面结构为4.5cm 厚的沥青碎石 +30cm 厚的石灰土。在不利季节用额定重量的黄河 JN162 汽车测试原路面的弯沉，测试结果见下表，设计弯沉值 l_d 取27.2(0.01mm)。试决定该路段是否要补强。

测点编号	1	2	3	4	5	6	7	8	9	10
弯沉(0.01mm)	30.2	29.4	29.8	28.6	30.8	28.2	32.4	30.2	29.2	31.6
测点编号	11	12	13	14	15	16	17	18	19	20
弯沉(0.01mm)	30.6	29.4	30.0	29.8	29.0	31.2	28.4	29.6	30.8	29.6

第八章　水泥混凝土路面设计

水泥混凝土路面是指以水泥混凝土做面层(配筋或不配筋)的路面,亦称刚性路面。包括普通混凝土、钢筋混凝土、连续配筋混凝土、预应力混凝土和钢纤维混凝土等面层板和基(垫)层所组成的路面。本章主要介绍我国常用的普通混凝土路面。

普通混凝土路面是指除接缝区和局部范围(边缘和角隅)外面层内均不配置钢筋的水泥混凝土路面。

第一节　水泥混凝土路面设计理论简介

一、水泥混凝土路面的力学特性

水泥混凝土属脆性材料,抗弯拉强度比抗压强度低得多,水泥混凝土面层在车轮荷载作用下产生的弯拉应力超过其极限弯拉强度时,水泥混凝土板便产生断裂破坏。在车轮荷载的重复作用下,水泥混凝土面层会在低于其极限抗弯拉强度时出现疲劳破坏。此外,由于面层顶面和底面的温差会产生温度翘曲应力,面层的平面尺寸越大,翘曲应力也越大。为使水泥混凝土路面能够经受车轮荷载的多次重复作用和抵抗温度翘曲反复作用,并对地基变形有较强的适应能力,水泥混凝土面层应有足够的弯拉强度和厚度。

1. 面层水泥混凝土的强度特性

水泥混凝土的强度是其硬化后的主要力学性能,按照我国国家标准《普通混凝土力学性能试验方法标准》(GB/T 50081—2002)规定,水泥混凝土强度有:立方体抗压强度、棱柱体抗压强度、劈裂抗拉强度、弯拉强度、剪切强度和黏结强度等。与一般工程结构不同,水泥混凝土路面以弯拉强度作为主要强度指标,抗压强度作为参考或辅助指标。同时,在水泥混凝土路面评价时采用劈裂强度,水泥混凝土的抗拉强度也有应用。

(1)抗压强度

一般工程结构中采用抗压强度作为评价水泥混凝土力学性能的指标。由于抗压强度试件尺寸较小、抗压强度试验方法简单,路面工程中通常将其作为设计、施工的参考指标。此外,水泥混凝土的抗压强度是影响混凝土耐磨性的重要因素,随着抗压强度的提高,混凝土的耐磨性增强,如图2-8-1所示。试验结果表明,抗压强度34.5MPa的混凝土的耐磨性是强度20.7MPa混凝土耐磨性的2倍。因此,可以将抗压强度作为间接评价混凝土耐磨性的指标。

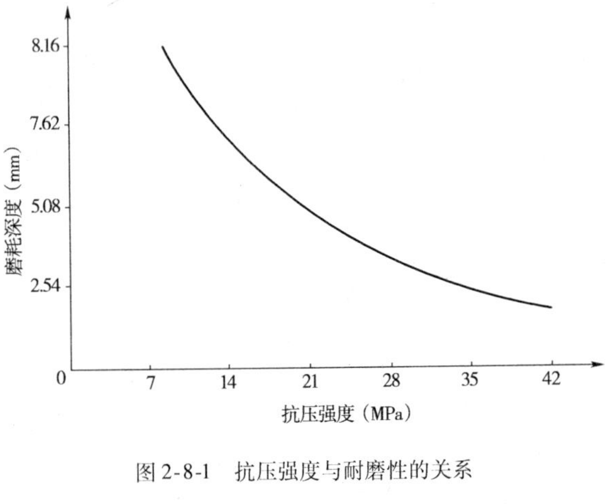

图2-8-1　抗压强度与耐磨性的关系

水泥混凝土的抗压强度试验，中国、欧洲等采用立方体，标准尺寸为150mm×150mm×150mm；美国等国家采用圆柱体，标准尺寸为直径150mm、高300mm。立方体试件的抗压强度一般比圆柱体试件大10%～15%。立方体试件的尺寸增大时，强度值增大，反之亦然。与150mm×150mm×150mm立方体试件的抗压强度相比，200mm×200mm×200mm立方体试件的抗压强度可提高5%，100mm×100mm×100mm立方体试件则降低5%。圆柱体试件的尺寸减小时，强度值提高。75mm×150mm圆柱体试件可提高8%，50mm×100mm圆柱体试件可提高6%。圆柱体试件的形状改为直径与高度相同时，强度值可提高15%。

(2)弯拉强度

水泥混凝土路面设计中，由于面层板承受行车荷载和温度荷载的共同作用，面层所需要的厚度取决于面层底面所产生的弯拉应力和水泥混凝土的弯拉强度。因此，采用弯拉试验确定的弯拉强度能更好地同路面受力状况相匹配。

弯拉试验采用梁式试件，试件的标准尺寸为150mm×150mm×550mm。试件尺寸减小为100mm×100mm×400mm时，其弯拉强度测定值乘以0.85的转化系数，作为标准试件的强度。标准弯拉试验采用三分点加荷方式，以往采用的中点加荷，其测定值约比三分点加荷大15%～20%。

现行水泥混凝土路面设计规范中，水泥混凝土的设计弯拉强度标准值为28d龄期的弯拉强度。当水泥混凝土浇筑90d内不开放交通时，可采用90d龄期的弯拉强度，其值约为28d强度的1.15倍。各交通等级要求的水泥混凝土弯拉强度标准值不得低于表2-8-1中的规定。

混凝土弯拉强度标准值 表2-8-1

交通等级	特重	重	中等	轻
水泥混凝土的弯拉强度标准值(MPa)	5.0	5.0	4.5	4.0
钢纤维混凝土的弯拉强度标准值(MPa)	6.0	6.0	5.5	5.0

(3)劈裂强度

在水泥混凝土面层施工质量检验和现有水泥混凝土面层评定时，直接进行弯拉强度试验有一定的困难，通常采用钻芯方式取出圆柱形试件，进行劈裂试验确定其劈裂强度，根据所建立的劈裂强度与弯拉强度的经验关系式，由劈裂强度得到弯拉强度。

劈裂强度试验采用圆柱体试件。试件直径随钻芯直径而定，一般为100mm或150mm，试件高度为面层厚度。

(4)抗拉强度

水泥混凝土的抗拉强度通常采用直接拉伸和间接拉伸试验测得。直接拉伸试验时，棱柱体试件在两端固定，施加拉力至试件破坏，破坏荷载除以截面积即得抗拉强度。但是水泥混凝土的直接拉伸试验难以做得准确，因为试件很不容易夹紧，试件与作用荷载易产生偏心，且有较大的试验误差，因此抗拉试验不是一种标准试验方法，很少使用。

我国国家标准和有关部颁的技术规程均规定采用劈裂抗拉试验间接确定水泥混凝土的抗拉强度。在试验室进行劈裂抗拉试验一般采用150mm×150mm×150mm立方体试件，置于上下压条之间，保持轴向受力方向，连续而均匀地加荷直至立方体试件破坏。

水泥混凝土的抗拉强度在普通混凝土路面中未予应用，而在连续配筋混凝土路面的设计时，采用水泥混凝土的极限抗拉强度指标确定面层内纵向钢筋的配筋率。

2.面层水泥混凝土的疲劳特性

水泥混凝土面层承受行车荷载及温度和湿度变化所产生的应力的反复作用。材料在承受反复应力作用时，会在低于静载极限强度值时出现破坏。材料强度随荷载反复作用而降低的现象称为疲劳。水泥混凝土出现疲劳损坏时所能经受的反复应力重复作用次数，称为混凝土的疲劳寿命。疲劳寿命随反复应力的增大而减小，不同疲劳寿命时水泥混凝土能承受的反复应力的大小，称作混凝土的疲劳强度。

我国现行水泥混凝土路面设计规范规定，水泥混凝土路面面层是以行车荷载疲劳应力和温度疲劳应力综合作用下不产生断裂作为设计标准，即行车荷载产生的荷载疲劳应力和温度翘曲疲劳应力之和不超过水泥混凝土弯拉强度的设计值。因此，预估水泥混凝土面层的疲劳寿命，应当以面层水泥混凝土的弯拉疲劳强度作为水泥混凝土路面结构设计的依据。

3. 面层水泥混凝土的应力—应变特性

水泥混凝土是一种多相复合材料，其应力—应变特性是各组成相（集料、水泥石）应力—应变性状的组合。集料和水泥石的应力—应变关系虽然都是线性的，但其弹性模量值却相差很大，使得水泥混凝土的应力—应变曲线呈现非线性。

在持续增加的荷载作用下，水泥混凝土产生的应变是由可逆的弹性应变和不可逆的残留应变组成。一般把加荷瞬间产生的变形看作弹性变形，而把持续加荷期间产生的变形看作徐变，但两者难以严格区分。工程上，采用反复加荷、卸荷的方法使徐变减小，从而测得弹性变形。经过几次反复加荷与卸荷后，其残留应变不会增加，而且加荷应力不超过水泥混凝土抗压强度的50%～60%时，水泥混凝土的应力—应变关系大致呈线性关系。

基于上述，为使水泥混凝土路面能够经受车轮荷载的多次重复作用，具有抵抗温度的翘曲应力，并对地基变形有较强的适应能力，混凝土面板必须具有足够的抗弯拉强度和厚度。

二、水泥混凝土路面设计理论概况

水泥混凝土路面板在车辆荷载作用下产生的变形微小，在力学分析时常将其视为弹性板，地基视为弹性地基，因此，水泥混凝土路面在力学上可视为弹性地基上的弹性板，简称弹性地基板。将水泥混凝土面层下的基层（有时还有底基层或垫层）及路基的作为弹性层状地基，可用弹性层状体系理论求解基层顶面的当量回弹模量。

水泥混凝土路面是一种弹性层状结构，可应用弹性层状体系理论求解水泥混凝土路面问题。水泥混凝土面板的刚度远大于基（垫）层和路基的刚度。在荷载作用下，它具有良好的扩散荷载的能力，所产生的弯曲变形远小于其厚度，因此，一般采用小挠度薄板理论进行分析。

1. 小挠度弹性薄板的基本假设

在弹性力学里，两个平行面和垂直于这两个平行面的平面所围成的柱面或棱柱面简称板。两个板面之间的距离 h 称为厚度，平分厚度 h 的平面称为板的中面。如果板的厚度 h 远小于中面的最小边尺寸 b（如 $h=b/8\sim b/5$），这种板称薄板。当薄板弯曲时，中面所弯成的曲面称为薄板的弹性曲面，而中面内各点在横向的（即垂直于中面方向的）位移称为挠度。水泥混凝土板属于等厚体小挠度弹性薄板，力学参数为弹性模量 E 和泊松比 μ。也就是说虽然板很薄，但仍然具有相当的弯曲刚度，因而其挠度远小于厚度。

研究弹性小挠度薄板在垂直于中面的荷载（板顶为局部范围内的轮载，板底为地基反力）作用下的弯曲时，通常采用下述三项基本假设：

（1）垂直于中面方向的应变极其微小，可以忽略不计。

（2）垂直于中面的法线，在弯曲变形前后均保持为直线并垂直于中面，因而无横向剪切应变。

(3)中面上各点无平行于中面的位移。

对于弹性地基薄板,板与地基的联系又采用了如下假设:

①在变形过程中,板与地基的接触面始终吻合,即板底与地基表面的竖向位移是相同的;

②在板与地基的两接触面之间没有摩阻力(可以自由滑动),即接触面上的剪应力视为零。

2. 地基顶面的挠度与反力之间的关系

地基顶面的挠度与反力之间的关系有温克勒地基和弹性半空间地基两种不同的假说:

(1)温克勒地基

假设地基上任一点的反力仅同该点的挠度成正比,而与其他点无关,即地基相当于由互不联系的弹簧组成。这是以反力模量 K 表征的地基,简称 K 地基。

(2)弹性半空间地基

以弹性模量和泊松比表征的地基。假设地基为一个各向同性的弹性半无限体,简称 E 地基。

弹性半空间地基假设要比温克勒地基假设更符合地基实际的工作情况。但在荷载作用于板边、板中或板角隅处,对有限尺寸的矩形板,运用弹性半无限地基板理论计算相应位置的挠度和弯矩时,在数学上遇到困难。因此,在实际计算中常采用近似的数值计算方法——有限元法。

根据我国的生产实践和科研成果,我国现行规范采用弹性地基板理论,而地基模型则采用以弹性模量和泊松比表征的弹性半空间地基假说。

3. 水泥混凝土路面温度应力分析

水泥混凝土路面板内不同深处的温度,随气温的变化而变化。这种变化使水泥混凝土板出现膨胀和收缩变形的趋势。当变形受阻时,板内便产生胀缩应力或翘曲应力。板的平面尺寸越大,翘曲应力越大,这种温度疲劳应力是导致混凝土板破坏的原因之一。路面板划分为有限尺寸板块后,因收缩而产生的应力很小,可不予考虑。由于水泥混凝土板、基层和土基的导热性能较差,当气温变化较快时,使板顶面与底面产生温度差,因而板顶与板底的胀缩变形大小也就不同。当气温升高时,板顶面温度较其底面高,板顶膨胀变形较板底的大,则板中部隆起;相反,当气温下降时,板顶面温度较其底面板低,板顶收缩变形较板底大,因而板的边缘和角隅翘起,如图 2-8-2 所示。由于板的自重、地基反力和相邻板的钳制作用,使部分翘曲变形受阻,从而使板内产生翘曲应力。由气温升高引起的板中部隆起受到限制时,板底面出现拉应力;而当气温降低引起的板四周翘起受阻时,板顶面出现拉应力。

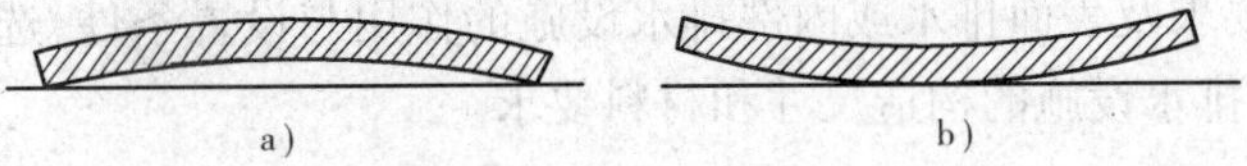

图 2-8-2 混凝土路面板的翘曲变形

a)气温升高时;b)气温降低时

为了分析翘曲应力,威斯特卡德做了如下假设:温度沿板断面呈直线变化、板和地基始终保持接触,不计板自重,从而导出了板仅受地基约束时的翘曲应力计算公式。

4. 水泥混凝土路面厚度设计方法

路面厚度的设计方法有经验法和解析法两大类。经验法是以足尺试验路为基础,经过长期的观测建立起标准轴载作用次数、路面结构厚度和使用性能之间的经验公式,如美国的

AASHO 法。解析法则是以结构分析为基础，利用弹性地基板理论来解算荷载应力，并以疲劳开裂作为路面破坏临界状态，如美国的 PCA 法。我国目前仍采用解析法，并以设计基准期末期混凝土面层板出现疲劳断裂为临界状态作标准。

三、水泥混凝土路面设计内容

水泥混凝土路面设计，应根据道路的使用任务、性质和要求，结合当地气候、水文、土质、材料、施工技术、实践经验以及环境保护要求等，通过技术经济分析，以最低的寿命周期费用提供一种合适的路面结构。该结构在设计使用期内，按规定满足预期的使用性能要求，并同所处的自然环境相适应。

水泥混凝土路面是一种复合结构，其设计内容包括材料组成、结构组合、接缝构造、钢筋配置及排水设计等。

1. 各结构层材料组成设计

针对各结构层在路面结构中所起的作用，依据当地材料供应情况，选择满足结构层性能要求的混合料，进行配合比设计。混合料的各项性质参数，应按有关试验规程规定的试验方法经过试验确定。

通过材料组成设计，使面层水泥混凝土具有足够的弯拉强度及抗疲劳性能，基层具有良好的抗冲刷性能和一定的刚度，垫层达到要求的稳定性及一定的刚度。

2. 路面结构组合与厚度设计

根据道路的交通繁重程度，结合当地环境条件和材料供应情况，选择安排水泥混凝土路面的结构层次，包括路基、垫层、基层和面层的结构组合设计，以及各层结构类型、弹性模量和厚度确定，从而组合成能够提供均匀、稳定支撑，防止或减轻唧泥、错台病害，承受预期车辆荷载作用，满足使用性能要求的路面结构。

对于水泥混凝土面层，应按设计标准的要求，确定满足设计基准期内使用要求所需的厚度，某些特定条件下还应在水泥混凝土面层内设置配置钢筋。此外，面层还需提供抗滑、耐磨、平整及减轻车辆轮胎噪声等表面特性。

3. 面层接缝设计

根据水泥混凝土面层内产生的荷载应力和温度应力进行面层的平面尺寸设计。依据接缝的作用，选择缩缝、胀缝或施工缝等类型，确定接缝的间距，布设接缝的位置，设计接缝的构造，包括传力杆、拉杆的布置及确定填缝的材料。

4. 路面排水设计

根据路面排水要求及表面排水或内部排水设施的作用与设置条件，选择路面结构排水系统的布设方案，确定排水设施的构造尺寸和材料要求。

5. 路肩设计

确定路肩铺面的结构层次、各结构层的类型和厚度。

第二节　水泥混凝土路面结构组合与接缝设计

一、路面结构组合设计

水泥混凝土路面设计应当将路基和路面各结构层作为一个整体综合考虑。

1. 路基

水泥混凝土的弹性模量为$(25\sim40)\times10^3$MPa，水泥混凝土面层板具有很高的刚度和扩散荷载的能力，通过面层板和基层传到路基顶面的荷载应力值很小，一般不超过0.05MPa。因此，对路基承载能力的要求并不高。然而，如果土基的稳定性不足，在水温变化的影响下出现较大的变形，特别是不均匀沉陷，则仍将给混凝土面板带来很不利的影响。实践证明，由于土基不均匀支承，使面板在受荷时底部产生过大的弯拉应力，导致水泥混凝土路面产生破坏。因此，对路基的基本要求是稳定、密实、均质，对路面结构提供均匀的支承，即路基在环境和荷载作用下产生的不均匀变形很小。

高液限黏土及含有机质细粒土，不能用作高速公路、一级公路的路床填料或二级以下公路的上路床填料；高液限粉土及塑性指数大于16或膨胀率大于3%的低液限黏土，不能用作高速公路、一级公路的上路床填料。因条件限制而必须采用上述土做填料时，应掺加石灰或水泥等结合料进行改善。影响路基强度和稳定性的地面水和地下水，必须拦截或排出路基范围以外。地下水位高时，宜提高路堤设计高程。在设计高程受限制，未能达到中湿状态路基的临界高度时，应选用粗粒土或低剂量石灰（或水泥）稳定细粒土作路床或上路床填料；未能达到潮湿状态路基的临界高度时，除采用上述填料措施外，还应采取在边沟下设置排水渗沟等降低地下水位的措施。路基压实度应符合现行的《公路路基设计规范》（JTG D30—2004）的有关规定。多雨潮湿地区，对于高液限黏土及塑性指数大于16或膨胀率大于3%的低液限黏土，宜采用由轻型压实标准确定的压实度，并在含水量略大于其最佳含水量时压实。

2. 基层与垫层

水泥混凝土路面的基层所承受的车辆荷载应力较小，面层下设置基层的目的是：

①防唧泥——水泥混凝土面层如直接铺筑在路基上，会由于路基土塑性变形量大，细料含量多和抗冲刷能力低而极易产生唧泥现象。铺设基层后，可减轻以至消除唧泥的产生。但未经处治的砂砾基层，其细料含量和塑性指数不能太高，否则仍会产生唧泥。

②防冰冻——在季节性冰冻地区，采用对冰冻不敏感的粒状多孔材料铺筑基层，可以减少路基的冰冻深度，从而减轻冰冻的危害作用。

③降低路基不均匀变形——设置基层之后，可以减小路基顶面的压应力，从而减轻路基不均匀变形对面层的影响。

④防水——在湿软土基上，铺筑开级配粒料基层，可以排除从路表面渗入面层板下的水分，以及隔断地下毛细水上升，如图2-8-3所示。

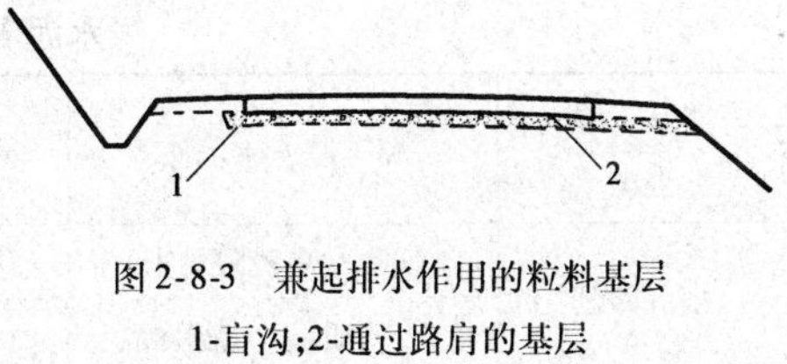

图2-8-3　兼起排水作用的粒料基层

1-盲沟；2-通过路肩的基层

⑤方便施工——基层为面层施工（如立侧模，运送混凝土混合料等）提供方便。

⑥延长路面寿命——设置基层的水泥混凝土路面，可以提高路面结构的承载能力，延长路面的使用寿命。

因此，除非土基本身就是有良好级配的砂砾类土，而且是良好排水条件的轻交通道路之外，都应设置基层。同时，基层应具有足够的抗冲刷能力和一定的刚度，且断面正确，表面平整。理论计算和实践都已证明，采用整体性好，具有较高的弹性模量（如贫混凝土、沥青混凝土、水泥稳定碎石、石灰粉煤灰稳定碎石、级配碎石等）的材料修筑基层，可以确保混凝土路面良好的使用特性和延长路面的使用寿命。

基层类型宜依照交通等级按表2-8-2选用。混凝土预制块面层应采用水泥稳定粒料基层。

适宜各交通等级的基层类型 表 2-8-2

交通等级	基层类型
特重交通	贫混凝土、碾压混凝土或沥青混凝土基层
重交通	水泥稳定粒料或沥青稳定碎石基层
中等或轻交通	水泥稳定粒料、石灰粉煤灰稳定粒料或级配粒料基层

注:交通等级的划分将在第三节介绍。

研究资料表明,用厚基层来提高土基的支承力,或者说借以降低面层应力或减薄面层厚度一般是不经济的。但是随着稳定类基层厚度的减小,基层底面的弯拉应力随之增大,因此基层厚度不宜太薄。

各类基层厚度的适宜范围见表 2-8-3。

各类基层厚度的适宜范围 表 2-8-3

基层类型	厚度适宜的范围(mm)
贫混凝土或碾压混凝土基层	120 ~ 200
水泥或石灰粉煤灰稳定粒料基层	150 ~ 250
沥青混凝土基层	40 ~ 60
沥青稳定碎石基层	80 ~ 100
级配粒料基层	150 ~ 200
多孔隙水泥稳定碎石排水基层	100 ~ 140
沥青稳定碎石排水基层	80 ~ 100

基层宽度应比混凝土面层每侧至少宽出 300mm(采用小型机具施工时)或 500mm(轨模式摊铺机施工时)或 650mm(滑模摊铺机施工时)。路肩采用混凝土面层,其厚度与行车道面层相同时,基层宽度宜与路基同宽。级配粒料基层的宽度也宜与路基同宽。

在冰冻深度大于 0.5m 的季节性冰冻地区,为防止路基可能产生的不均匀冻胀对混凝土面层的不利影响,路面结构应有足够的总厚度,以便将路基的冰冻深度约束在有限的范围内。路面结构的最小总厚度,随冰冻线深度、路基的潮湿状况和土质而异,其数值可参照表 2-8-4 选定。在季节性冰冻地区,路面的总厚度不应小于表 2-8-4 规定的最小防冻厚度。

水泥混凝土路面最小防冻厚度(m) 表 2-8-4

路基干湿类型	路基土质	当地最大冰冻深度(m)			
		0.50 ~ 1.00	1.01 ~ 1.50	1.51 ~ 2.00	>2.00
中湿路基	低、中、高液限黏土	0.30 ~ 0.50	0.40 ~ 0.60	0.50 ~ 0.70	0.60 ~ 0.95
	粉土、粉质低、中液限黏土	0.40 ~ 0.60	0.50 ~ 0.70	0.60 ~ 0.85	0.70 ~ 1.10
潮湿路基	低、中、高液限黏土	0.40 ~ 0.60	0.50 ~ 0.70	0.60 ~ 0.90	0.75 ~ 1.20
	粉土、粉质低、中液限黏土	0.45 ~ 0.70	0.55 ~ 0.80	0.70 ~ 1.00	0.80 ~ 1.30

注:1. 冻深小或填方路段,或者基、垫层为隔温性能良好的材料,可采用低值;冻深大或挖方及地下水位高的路段,或者基、垫层位隔温性能稍差的材料,应采用高值;

2. 冻深小于 0.50m 的地区,一般不考虑结构层防冻厚度。

当路面的总厚度(面层和基层厚度)小于规定的最小防冻厚度时,应设置防冻垫层,厚度的差值用垫层的厚度来补足。

对于水文地质条件不良的土质路堑,路床土湿度较大时,宜设置排水垫层;路基可能产生不均匀沉降或不均匀变形时,可加设半刚性垫层。

垫层材料的强度要求不一定要高,但其水稳性、隔热性能要好。垫层材料以就地取材为原则。防冻垫层和排水垫层一般采用颗粒材料(砂砾、中粗砂等)。半刚性垫层可采用低剂量无机结合料稳定粒料或土。

垫层的宽度应与路基同宽,其最小厚度为150mm。

3. 面层(面板)

理论分析表明,轮载作用于水泥混凝土面板中部时,面板所产生的最大应力约为轮载作用于板边部时的2/3。因此,为了适应荷载应力的变化,水泥混凝土面板的横断面应采用中间薄两边厚的形式,如图2-8-4所示。一般边部厚度较中部约大25%,从路面最外两侧板的边部开始,在0.6~1.0m宽度范围内逐渐减薄至中间厚度。但是厚边式路面对土基和基层的施工带来不便,而且使用经验也表明,在厚度变化转折处,易引起板的折裂。因此,目前国内外常采用等厚式断面。

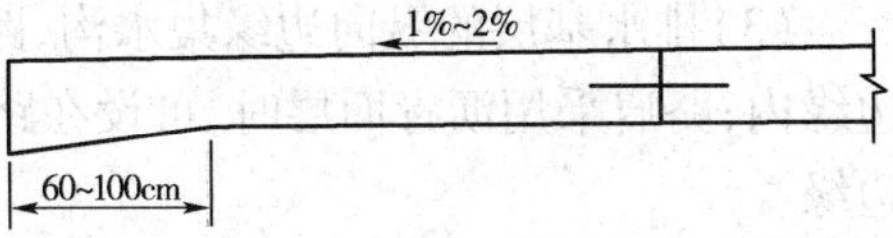

图2-8-4 水泥混凝土面层变截式横断面示意图

面层一般采用设接缝的普通混凝土。面层板通常采用纵向接缝同横向接缝垂直相交的矩形。纵缝两侧的横缝应对接上,不得相互错位,以避免纵缝处两侧板块黏连时由于纵向相对位移受阻而使横缝两侧的板块出现横向感应裂缝。在横缝不设传力杆的中等和轻交通路面上,横缝也可设置成与纵缝斜交,使车轴两侧的车轮不同时作用在横缝的一侧,从而减少轴载对横缝的影响,但横缝的斜率不应使板的锐角小于75°。

纵向接缝间距(即板宽)通常按车道宽度确定。现行的《公路水泥混凝土路面设计规范》(JTG D40—2003)规定板宽在3.0~4.5m范围内确定。

横向接缝间距(即板长)大小影响板内温度应力、接缝缝隙宽度和接缝传荷能力。普通混凝土面层板的横缝间距一般采用4~6m。板块宜尽可能接近正方形,以改善其受力状况。一般将板宽和板长之比控制在1∶1.3之内,平面尺寸不宜大于25m²。

在进行路面结构组合设计及初拟面层厚度时,各交通等级下的水泥混凝土面板初估厚度参照表2-8-5所列范围选取,板的最小厚度为18cm。在各级面层厚度参考范围内,标准轴载作用次数多、变异系数大、最大温度梯度大或者基、垫层厚度小或者模量值低时,取高值。

水泥混凝土面层厚度的参考范围 表2-8-5

交通等级	特重				重			
公路等级	高速	一级		二级	高速	一级		二级
变异水平等级	低	中	低	中	低	中	低	中
面层厚度(mm)	≥260	≥250	≥240		270~240	260~230	250~220	
交通等级	中等					轻		
公路等级	二级		三、四级		三、四级	三、四级		
变异水平等级	高	中	高		中	高	中	
面层厚度(mm)	240~210	230~200			220~200	≤230	≤220	

4. 路面排水和路肩

通过水泥混凝土面层接缝、裂缝和外侧边缘下渗的水量(特别在降水量大而接缝填封料失效的情况下)比人们预料的要多。路面修建往往采用槽式结构,因而下渗到基层或底基层内的水常积滞在路槽内，从而侵蚀基层、底基层和路基，造成唧泥和错台的出现。

为迅速排除渗入路槽内的水分，应从路面排水和路肩制作等进行考虑：

(1)行车道路面应设置双向或单向横披，坡度为1% ~2%。路肩铺面的横向坡度值宜比行车道路面的横坡度值大1% ~2%。

(2)行车道路面结构设置排水基层或垫层时，应在排水基层或垫层外侧边缘设置纵向集水沟和带孔集水管，并间隔50 ~100m 设置横向排水管。

(3)排水基层的纵向边缘集水沟，路肩采用水泥混凝土面层时，可设在路肩下或路肩外侧边缘内；路肩采用沥青面层时，可设在路肩内侧边缘内。排水垫层的纵向边缘集水沟设在路床边缘。

(4)路肩铺面结构应具有一定的承载能力，其结构层组合和材料选用应与行车道路面相协调，并保证进入路面结构中水的排除。

(5)路肩水泥混凝土面层的厚度通常采用与行车道面层等厚，其基层宜与行车道基层相同。选用薄层时，其厚度不宜小于150mm，基层应采用开级配粒料。

路肩沥青面层宜选用密实型沥青混合料。其基层可选用无机结合料稳定粒料或级配粒料。行车道路面结构不设内部排水设施时，沥青面层和不透水基层总厚度不宜超过行车道面层的厚度，基层下应选用透水性材料填筑。

二、接缝的构造与布置

水泥混凝土面层是由一定厚度的混凝土板所组成，它具有热胀冷缩的性质。由于一年四季气温的变化，混凝土板会产生不同程度的膨胀和收缩，从而引起混凝土板的轴向变形。而在一昼夜中，白天气温升高，混凝土板顶面温度较底面温度高，这种温度坡差会形成板中部隆起的趋势。夜间气温降低，板顶面温度较底面温度低，会使板的周边和角隅发生翘起的趋势，发生翘曲变形，如图2-8-5a)所示。这些变形会受到板与基础之间的摩阻力和黏结力，以及板的自重车轮荷载等的约束，致使板内产生过大的应力，造成板的断裂(图2-8-5b)或拱胀等破坏。

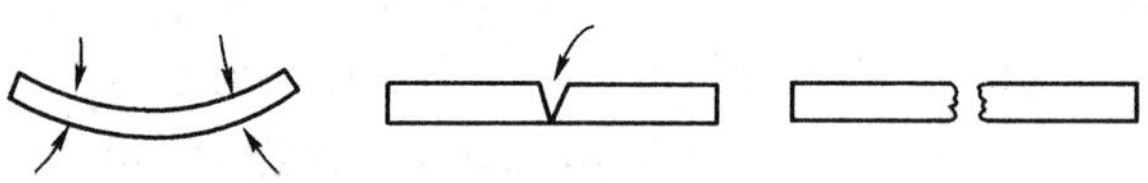

图2-8-5　温度变化造成的变形

a)混凝土板的翘曲变形；b)开裂；c)断裂

由图2-8-5可知，由于翘曲而引起的裂缝，则在裂缝发生后被分割的两块板体尚不致完全分离，倘若板体温度均匀下降引起收缩，则将使两块板体被拉开(图2-8-3c)，从而失去荷载传递作用。

为避免这些缺陷，水泥混凝土路面不得不在纵横两个方向设置许多接缝，把整个路面分割成许多板块，如图2-8-6所示。

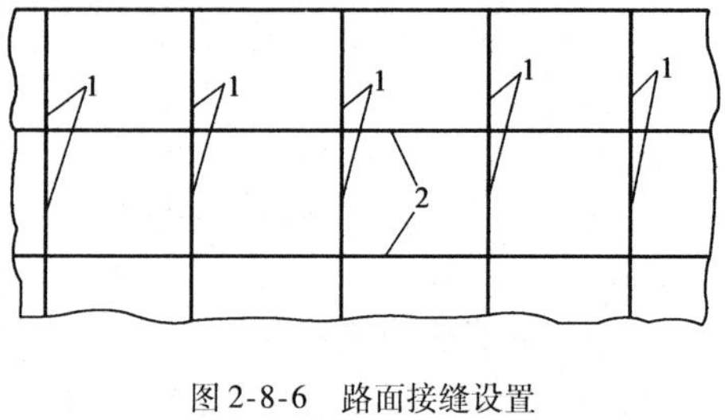

图2-8-6　路面接缝设置

1-指横缝；2-指纵缝

在任何形式的接缝处板体都不可能是连续的，其传递荷载的能力总不如非接缝处，而且任何形式的接缝都不免要漏水。因此，对各种形式的接缝，都必须为其提供相应的传荷与防水的设施。

水泥混凝土面层的接缝可分为：横向接缝(包括

横向缩缝、胀缝、施工缝）和纵向接缝。

横向接缝是垂直于行车方向的接缝，共有三种：缩缝、胀缝和施工缝。缩缝保证板因温度和湿度的降低而收缩时沿该薄弱断面缩裂，从而避免产生不规则的裂缝。胀缝保证板在温度升高时能部分伸张，从而避免产生路面板在热天的拱胀和折断破坏，同时胀缝也能起到缩缝的作用。每日施工结束或因临时原因中断施工时，必须设置横向施工缝，其位置应尽可能选在缩缝或胀缝处。

（一）横缝的构造与布置

1. 胀缝的构造

在邻近桥梁或其他固定构造物或与其他道路相交处应设置横向胀缝。设置胀缝的条数，视膨胀量大小而定。低温浇筑混凝土面层或选用膨胀性高的集料时，宜根据实际情况确定是否设置胀缝。胀缝宽 20mm，缝内设置填缝板和可滑动的传力杆。胀缝的构造如图 2-8-7 所示。

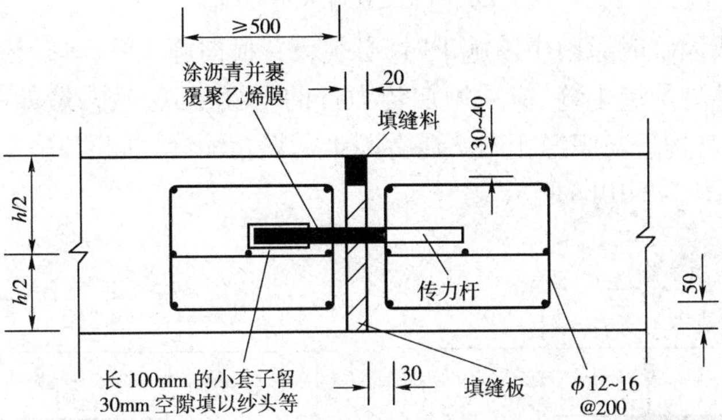

图 2-8-7　胀缝构造（尺寸单位：mm）

2. 缩缝的构造

横缝可等间距或变间距布置，采用假缝形式。特重和重交通公路、收费广场以及邻近胀缝或自由端部的 3 条缩缝，应采用设传力杆假缝形式，其构造如图 2-8-8a 所示。其他情况可采用不设传力杆假缝形式，其构造如图 2-8-8b 所示。

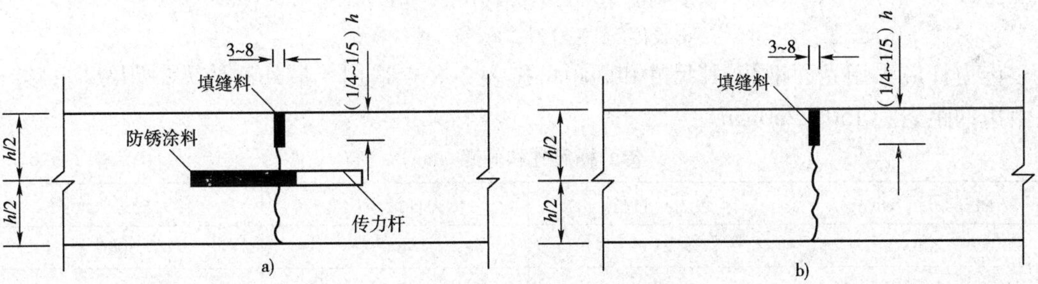

图 2-8-8　横向缩缝构造（尺寸单位：mm）

a）设传力杆假缝型；b）不设传力杆假缝型

横向缩缝顶部应锯切槽口，深度为面层厚度的 1/5 ~ 1/4，宽度为 3 ~ 8mm，槽内填塞填缝料。高速公路的横向缩缝槽口宜增设深 20mm、宽 6 ~ 10mm 的浅槽口，其构造如图 2-8-9 所示。

3. 施工缝的构造

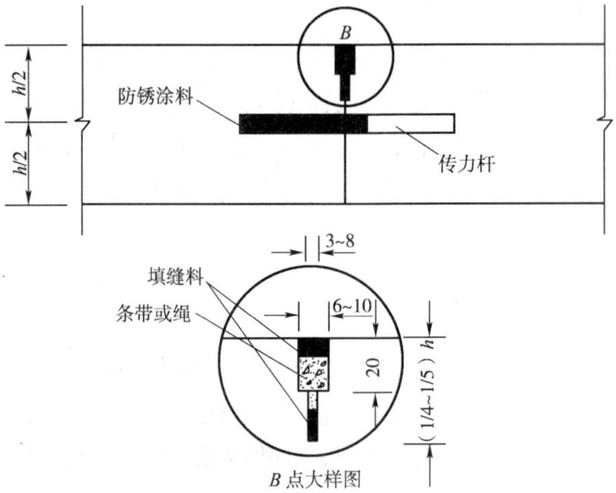

图 2-8-9 浅槽构造(尺寸单位:mm)

每日施工结束或因临时原因中断施工时,必须设置横向施工缝,其位置应尽可能选在缩缝或胀缝处。设在缩缝处的施工缝,应采用加传力杆的平缝形式,其构造如图 2-8-8a)所示;设在胀缝处的施工缝,其构造与胀缝相同。遇有困难需设在缩缝之间时,施工缝采用设拉杆的企口缝形式,其构造如图 2-8-10b)所示。

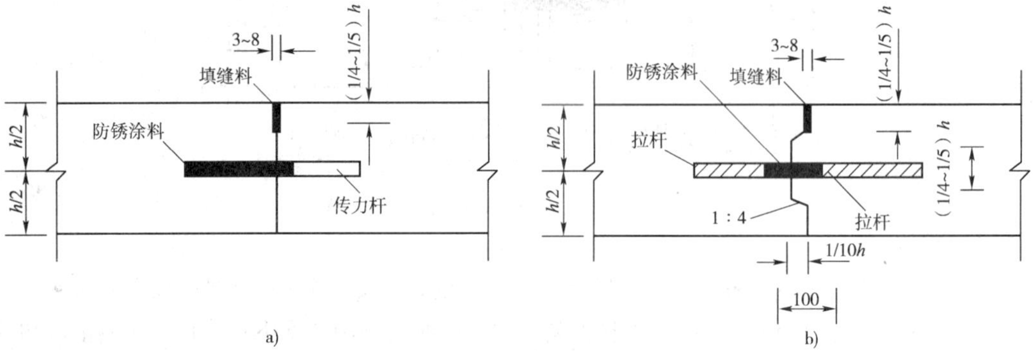

图 2-8-10 横向施工缝构造(尺寸单位:mm)

a)设传力杆平缝型;b)设拉杆企口缝型

传力杆应采用光面钢筋,其尺寸和间距可按表 2-8-6 选用。最外侧传力杆距纵向接缝或自由边的距离为 150 ~ 250mm。

传力杆尺寸和间距(mm) 表 2-8-6

面层厚度(mm)	传力杆直径	传力杆最小长度	传力杆最大间距
200	28	400	300
240	30	400	300
260	32	450	300
280	35	450	300
300	38	500	300

4. 横缝的布置

横缝间距一般为 4 ~ 6m(即板长),在昼夜气温变化较大的地区,或地基水文情况不良路段,应取低限值,反之取高限。

（二）纵缝的构造与布置

纵缝是指平行于水泥混凝土路面行车方向的那些接缝。纵缝的布设应视路面宽度和施工铺筑宽度而定：一次铺筑宽度小于路面宽度时，应设纵向施工缝。纵向施工缝采用平缝形式，上部应锯切槽口，深度为 30 ~ 40mm，宽度为 3 ~ 8mm，槽内灌塞填缝料。构造如图 2-8-11a）所示。

一次铺筑宽度大于 4.5m 时，应设置纵向缩缝。纵向缩缝采用假缝形式，锯切的槽口深度应大于施工缝的槽口深度。采用粒料基层时，槽口深度应为板厚的 1/3；采用半刚性基层时，槽口深度应为板厚的 2/5。构造如图 2-8-11b）所示。

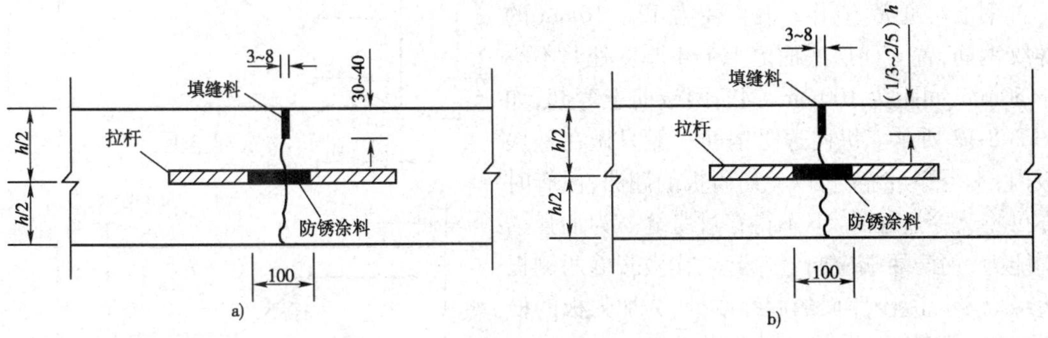

图 2-8-11　纵缝构造（尺寸单位：mm）

a）纵向施工缝；b）纵向缩缝

纵缝应与路线中线平行。在路面等宽的路段内或路面变宽路段的等宽部分，纵缝的间距和形式应保持一致。路面变宽段的加宽部分与等宽部分之间，以纵向施工缝隔开。加宽板在变宽段起终点处的宽度不应小于 1m。

拉杆应采用螺纹钢筋，设在板厚中央，并应对拉杆中部 100mm 范围内进行防锈处理。拉杆的直径、长度和间距可参照下表选用。施工布设时，拉杆间距应按横向接缝的实际位置予以调整，最外侧的拉杆距横向接缝的距离不得小于 100mm。其尺寸和间距可按表 2-8-7 选用。

拉杆直径、长度和间距（mm）　　表 2-8-7

面层厚度（mm）	到自由边或未设拉杆纵缝的距离（m）					
	3.00	3.50	3.75	4.50	6.00	7.50
200 ~ 250	14 × 700 × 900	14 × 700 × 800	14 × 700 × 700	14 × 700 × 600	14 × 700 × 500	14 × 700 × 400
260 ~ 300	16 × 800 × 900	16 × 800 × 800	16 × 800 × 700	16 × 800 × 600	16 × 800 × 500	16 × 800 × 400

注：拉杆直径、长度和间距的数字为直径 × 长度 × 间距。

纵缝间距一般按路面宽度在 3.0 ~ 4.5m 范围内确定，这对行车和施工都较方便。当双车道路面按全幅宽度施工时，纵缝可做成假缝形式。

（三）纵横缝的布置

纵缝与横缝一般作成垂直正交，使混凝土板具有 90°的角隅。纵缝两旁的横缝一般呈一条直线。实践证明，如横缝在纵缝两旁错开，将导致板产生从横缝延伸出来的裂缝。

两条道路正交时，各条道路的直道部分均保持本身纵缝的连贯，而相交路段内各条道路的横缝位置应按相对道路的纵缝间距作相应变动，保证两条道路的纵横缝垂直相交，互不错位。两条道路斜交时，主要道路的直道部分保持纵缝的连贯，而相交路段内的横缝位置应按次要道路的纵缝间距作相应变动，保证与次要道路的纵缝相连接。相交道路弯道加宽部分的接缝布置，应不出现或少出现错缝和锐角板。

在次要道路弯道加宽段起终点断面处的横向接缝，应采用胀缝形式。膨胀量大时，应在直线段连续布置2～3条胀缝。

当采用板中计算厚度的等厚式板时，或混凝土板纵、横向自由边缘下的基础有可能产生较大的塑性变形时，应在其自由边缘和角隅处设置下述两种补强钢筋。

1. 边缘钢筋

水泥混凝土面层自由边缘下基础薄弱或接缝为未设传力杆的平缝时，可在面层边缘的下部配置钢筋。通常选用2根直径为12～16mm的螺纹钢筋，置于面层底面之上1/4厚度处并不小于50mm，间距为100mm，钢筋两端向上弯起，如图2-8-12所示。纵向边缘钢筋一般只做在一块板内，不得穿过缩缝，以免妨碍板的翘曲；但有时亦可将其穿过缩缝，但不得穿过胀缝。为加强锚固能力，钢筋两端应向上弯起。在横胀缝两侧板边缘以及混凝土路面的起终端处，为加强板的横向边缘，亦可设置横向边缘钢筋。

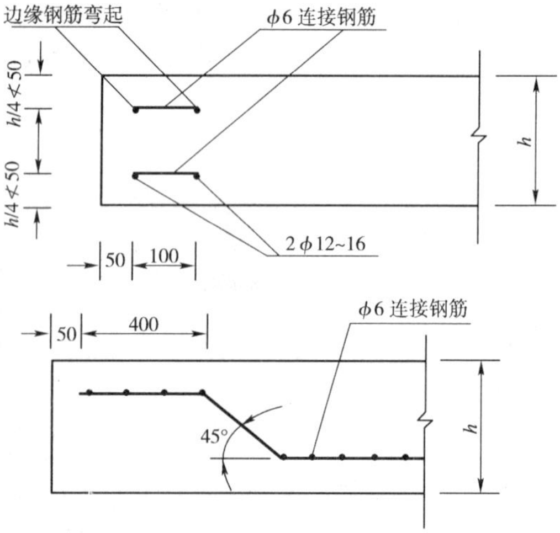

图2-8-12 边缘钢筋布置（尺寸单位：mm）

2. 角隅钢筋

承受特重交通的胀缝、施工缝和自由边的面层角隅，宜配置角隅钢筋。通常选用2根直径为12～16mm的螺纹钢筋，置于面层上部，距顶面不小于50mm，距边缘为100mm，如图2-8-13所示。角隅钢筋应设在板的上部，距板顶面不小于5cm，距胀缝和板边缘各为10cm。在交叉口处，对无法避免形成的锐角，宜设置双层钢筋网补强，以避免板角断裂。钢筋布置在板的上下部，距板顶（底）5～7cm为宜。

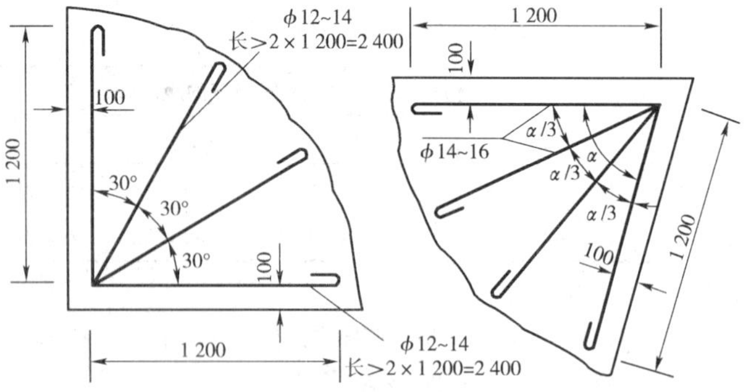

图2-8-13 角隅钢筋布置（尺寸单位：mm）

三、特殊部位混凝土路面的处理

水泥混凝土路面与固定构造物相衔接的胀缝无法设置传力杆时，可在毗邻构造物的板端部内配置双层钢筋网；或在长度约为6～10倍板厚的范围内逐渐将板厚增加20%。

混凝土路面同桥梁相接处，宜设置钢筋混凝土搭板。搭板一端放在桥台上，并加设防滑锚固钢筋和在搭板上预留灌浆孔。如为斜交桥梁，尚应设置钢筋混凝土渐变板。渐变板的块数，当桥梁斜角大于70°时设1块;70°～45°时设2块;小于45°至少设3块,如图2-8-14所示。渐变板的短边最小为5m,长边最大为10m。搭板和渐变板的配筋量需经计算确定,角隅部分另加钢筋网补强。

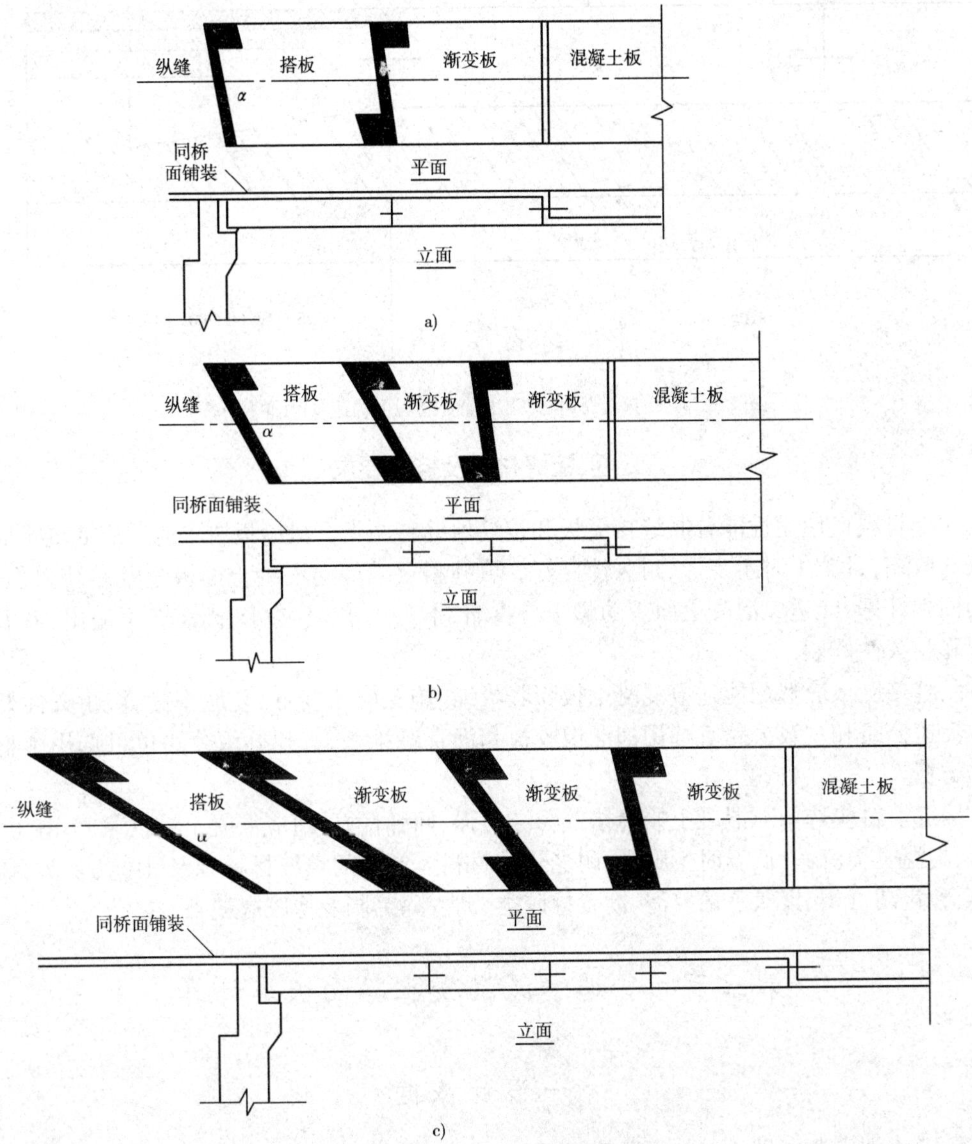

图2-8-14　混凝土路面与斜交桥梁相接时的构造示意

a) $\alpha > 70°$;b) $45° < \alpha < 70°$;c) $\alpha < 45°$

水泥混凝土路面同沥青路面相接处,由于沥青面层难以抵御混凝土面层的膨胀推力,容易出现沥青面层的推移拥起,而形成接头处的不平整,引起跳车。

混凝土路面与沥青路面相接时,其间应设置至少3m长的过渡段。过渡段的路面采用两种路面呈阶梯状叠合布置,其下面铺设的变厚混凝土过渡板的厚度不得小于200mm,如图2-8-15所示。过渡板与混凝土面层相接处的接缝内设置直径25mm、长700mm、间距400mm的拉杆。混凝土面层毗邻该接缝的1～2条横向接缝应设置胀缝。

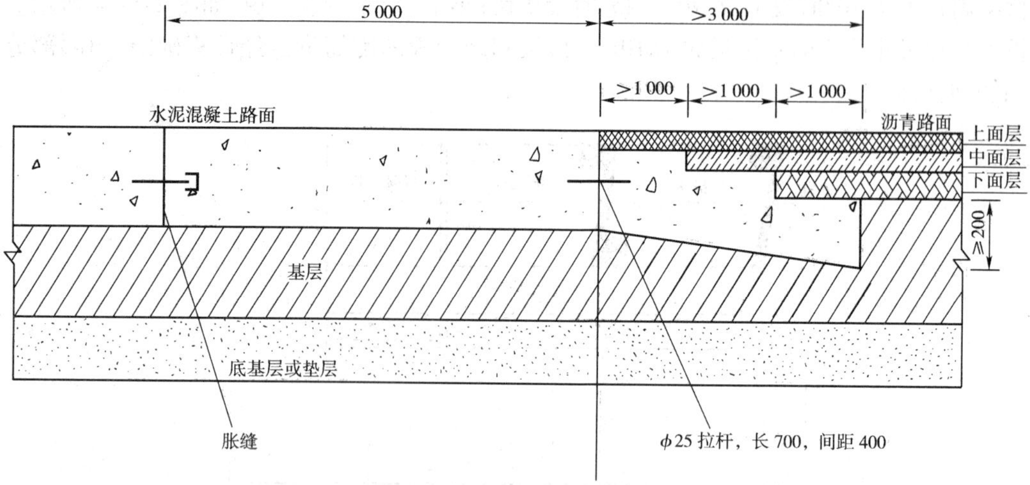

图 2-8-15　混凝土路面与沥青路面相接段的构造布置(单位:mm)

四、接缝材料及技术要求

接缝材料按使用性能分胀缝接缝板和接缝填缝料两类。接缝板要求能适应混凝土面板的膨胀与收缩,且施工时不变形、耐久性良好。填缝料要求能与混凝土面板缝壁黏结力强,且材料的回弹性好,能适应混凝土面板的膨胀与收缩,不溶于水、不渗水,高温时不溢出、低温时不脆裂和耐久性好。

胀缝接缝板应选用能适应混凝土板膨胀收缩、施工时不变形、复原率高合、耐久性好的材料。高速公路和一级公路宜选用泡沫橡胶板和沥青纤维板;其他等级公路也可选用木材类或纤维类板。

接缝填料应选用与混凝土接缝槽壁黏结力强、回弹性好、适应混凝土板收缩、不溶于水、不渗水、高温时不流淌、低温时不脆裂、耐老化的材料。常用的填缝材料有聚氨酯焦油类、氯丁橡胶类、乳化沥青类、聚氯乙烯胶泥、沥青橡胶类、沥青玛蹄脂及橡胶嵌缝条。

第三节　普通水泥混凝土路面板厚计算

一、设 计 依 据

(一)水泥混凝土路面结构可靠度

在现行的《公路水泥混凝土路面设计规范》(JTG D40—2002)中,对水泥混凝土路面设计引入了目标可靠度、材料性能和结构尺寸参数的变异水平等级等指标。

路面结构可靠度可定义为:在规定的时间内,在规定的条件下,路面使用性能满足预定水平要求的概率。规范选定的水泥混凝土路面结构设计方法,仅考虑满足路面的结构性能要求,并以行车荷载和温度梯度综合作用产生的疲劳断裂作为设计标准。因而水泥混凝土路面结构可靠度也可定义为:在规定的设计基准期内,在规定的交通和环境条件下,行车荷载疲劳应力和温度梯度应力的总和不超过混凝土弯拉强度的概率。

在可靠度概念中,应明确以下两方面的含义:

1. 设计基准期

指路面设计取用的使用时间。需要指出的是，设计基准期不是路面结构的使用寿命，而是指计算路面结构可靠度时，考虑各项基本度量与时间关系所取用的基准时间。在这个时间段内关于路面结构可靠性的分析是有效的。虽然它与路面的寿命有一定的联系，但并不是一旦路面的使用年限超过路面的设计基准期路面就全部报废，而是路面结构的可靠度下降。

2. 功能

对于路面即为使用性能，包括功能性和结构性两个方面，预定使用性能是用规定温湿状态下特定的临界状态表示的。

在可靠度设计方法中，各项设计参数都可用均值作为标准值。考虑到混凝土强度值在工程中的应用习惯，设计时的强度标准值按随机变量正态分布的15%分位值取值。这一取值标准所产生的影响，已考虑到可靠度系数中。

表2-8-8列出各级公路水泥混凝土路面结构的设计安全等级及相应的设计基准期、目标可靠指标和目标可靠度。

可靠度设计标准 表2-8-8

公路技术等级	高速公路	一级公路	二级公路	三、四级公路
安全等级	一级	二级	三级	四级
设计基准期(a)	30	30	20	20
目标可靠度(%)	95	90	85	80
目标可靠指标	1.64	1.28	1.04	0.84
变异水平等级	低	低～中	中	中～高

材料性能和结构尺寸参数的变异水平分为低、中和高三级。各变异水平等级主要设计参数的变异系数变化范围，应符合表2-8-9的规定。

变异系数 c_v 的变化范围 表2-8-9

变异水平等级	低	中	高
水泥混凝土弯拉强度、弯拉弹性模量	$c_v \leqslant 0.10$	$0.10 < c_v \leqslant 0.15$	$0.15 < c_v \leqslant 0.20$
基层顶面当量回弹模量	$c_v \leqslant 0.25$	$0.25 < c_v \leqslant 0.35$	$0.35 < c_v \leqslant 0.55$
水泥混凝土面层厚度	$c_v \leqslant 0.04$	$0.04 < c_v \leqslant 0.06$	$0.06 < c_v \leqslant 0.08$

上表为建议采用的数值，也可按施工技术、施工质量和管理要求达到和可能达到的具体水平，选用其他等级。降低选用的变异水平系数等级，须增加混凝土面层的设计厚度要求；而提高选用的变异水平等级，则可降低混凝土面层的设计厚度或混凝土的设计强度要求，可通过技术经济分析和比较予以确定。但对于高速公路的路面，为保证优良的行驶质量，不宜降低变异水平等级。

材料性能和结构尺寸参数的变异水平等级，按施工技术、施工质量控制和管理水平分为低、中、高三级。由滑模或轨道施工机械施工，并进行认真、严格的施工质量控制和管理的工程，可选用低变异水平等级；由滑模或轨道施工机械施工，但施工质量控制和管理水平较弱的工程，或者采用小型机具施工，而施工质量控制和管理得到认真、严格地执行的工程，可选用中低变异水平等级；采用小型机具施工，施工质量控制和管理水平较弱的工程，可选用高变异水平等级。选定了变异等级，施工时就应采取相应的技术和管理措施，以保证主要设计参数的变异系数控制在上表相应等级的规定范围内。

可靠度系数是目标可靠度及设计参数变异水平等级和相应变异系数的函数。设计时，可依据各设计参数变异系数值在各变异水平等级变化范围内的情况选择可靠度系数。见表2-8-10。

可靠度系数 表2-8-10

变异水平等级	目标可靠度(%)			
	95	90	85	80
低	1.20~1.33	1.09~1.16	1.04~1.08	—
中	1.33~1.50	1.16~1.23	1.08~1.13	1.04~1.07
高	—	1.23~1.33	1.13~1.18	1.07~1.11

注:变异系数在其变换范围的下限时,可靠度系数取低值;上限时,取高值。

综上所述,水泥混凝土路面结构设计以行车荷载和温度梯度综合作用产生的疲劳断裂作为设计的极限状态,其表达式为:

$$\gamma_r(\sigma_{pr}+\sigma_{tr})\leqslant f_r \tag{2-8-1}$$

式中:γ_r——可靠度系数,依据所选目标可靠度及变异水平等级按表2-8-9确定;

σ_{pr}——行车荷载疲劳应力,MPa;

σ_{tr}——温度梯度疲劳应力,MPa;

f_r——水泥混凝土弯拉强度标准值,MPa。

(二)标准轴载与轴载换算

1.标准轴载

水泥混凝土路面结构设计以100kN的单轴—双轮组荷载作为标准轴载,并选取水泥混凝土板的纵向边缘中部作为产生最大荷载和温度梯度综合疲劳损坏的临界荷载位置。见图2-8-16。

2.轴载换算

不同轴—轮型和轴载的作用次数,按式(2-8-2)换算为标准轴载的作用次数。

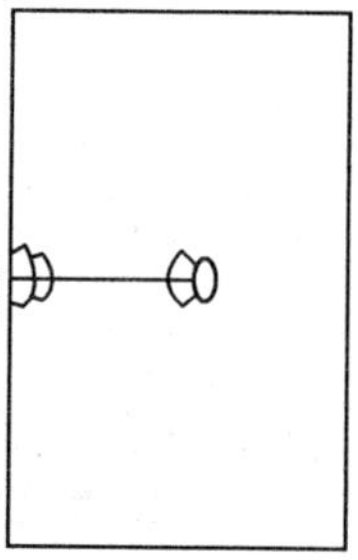

图2-8-16 临界荷位

$$N_s=\sum_{i=1}^{n}\delta_i N_i\left(\frac{P_i}{100}\right)^{16} \tag{2-8-2}$$

$$\delta_i=2.22\times10^{3}P_i^{-0.43} \tag{2-8-3}$$

或

$$\delta_i=1.07\times10^{-5}P_i^{-0.22} \tag{2-8-4}$$

或

$$\delta_i=2.24\times10^{-8}P_i^{-0.22} \tag{2-8-5}$$

式中:N_s——100kN的单轴—双轮组标准轴载的作用次数;

P_i——单轴—单轮、单轴—双轮组、双轴—双轮组或三轴—双轮组轴型i级轴载的总重,kN;

n——轴型和轴载级位数;

N_i——各类轴型i级轴载的作用次数;

δ_i——轴—轮型系数,单轴—双轮组时,$\delta_i=1$;单轴—单轮时,按式(2-8-3)计算;双轴—双轮组时,按式(2-8-4)计算;三轴—双轮组时,按式(2-8-5)计算。

(三)设计车道标准轴载累计作用次数N_e

1.设计车道使用初期的标准轴载日作用次数

设计车道使用初期的年平均日货车交通量(AADT),可由使用初期年平均日交通量(双向)乘以方向分配系数和车道分配系数来确定。

调查分析双向交通的分布情况，选取交通量方向分配系数，一般情况可采用0.5。依据设计公路的车道数，参照表2-8-11确定交通量车道分配系数。

交通量车道分配系数 表2-8-11

单向车道数	1	2	3	≥4
车道分配系数	1.0	0.8～1.0	0.6～0.8	0.5～0.75

注：交通量大时，取低值；交通量小时，取高值。

设计车道使用初期的标准轴载日作用次数可利用当地称重站的测定和统计资料，或者通过设立站点进行轴载调查和测定，获取所设计公路的车型、轴型和轴载组成数据，可用轴载当量换算系数法或车辆当量轴载系数法，分析计算得到。

(1)轴载当量换算系数法

统计1 000辆2轴6轮以上客、货车辆单轴、双联轴和三联轴3种轴型分别出现的次数，并分别称取其轴重。称重测定资料分别按轴型和轴重级位整理，得到各种轴型的轴载谱。单轴轴载按10kN分级，双联轴和三联轴轴载按20kN分级。各种轴型不同轴载级位的标准轴载当量换算系数按式(2-8-6)计算确定：

$$k_{p,ij} = \delta_{ij}\left(\frac{P_{ij}}{100}\right)^{16} \tag{2-8-6}$$

式中：$k_{p,ij}$——各种轴型不同轴载级位的标准轴载当量换算系数；

i——轴型；

j——轴载级位；

P_{ij}——i种轴型j级轴载的轴重，kN；

δ_{ij}——i种轴型j级轴载的轴—轮型系数，按公式(2-8-2)确定。

由轴载谱和轴载当量换算系数可按式(2-8-7)计算得到设计车道使用初期的标准轴载日作用次数。

$$N_s = \frac{\text{ADTT}}{1\ 000}\sum_i n_i \sum_j (k_{p,ij} \times P_{ij}) \tag{2-8-7}$$

式中：N_s——设计车道使用初期的标准轴载日作用次数；

n_i——每1 000辆2轴6轮以上客、货车辆中i种轴型出现的次数；

P_{ij}——i种轴型j级轴载的频率(以分数计)；

其余符号意义同上。

(2)车辆当量轴载系数法

将2轴6轮以上客、货车辆分为3大类：整车类，细分为单后轴货车、双后轴货车和大客车3类；半挂车类，细分为3轴、4轴、5轴和5轴以上3类；全挂车类，细分为4轴、5轴、6轴和6轴以上3类。各类车辆的轴型分为单轴、双联轴和三联轴3种。

称重测定资料分别按车型和轴型整理得到相应的轴载谱。单轴轴载按10 kN分级，双轴轴载和三轴轴载按20kN分级。

各类车辆的当量轴载系数按式(2-8-8)计算确定：

$$k_{p,k} = \sum_i \left[\sum_j (k_{p,ij} \times P_{ij}) \right] \tag{2-8-8}$$

式中：$k_{p,k}$——车辆当量轴载系数；

k——车辆类型；

P_{ij}——i种轴型j级轴载的频率(以分数计)；

其余符号意义同上。

由各类车辆的组成数据，可按(2-8-9)计算得到标准轴载日作用次数。

$$N_s = \text{ADTT} \times \sum_k (k_{p,k} \times p_k) \tag{2-8-9}$$

式中：N_s——标准轴载日作用次数；

p_k——k 类车辆的组成比例(以分数计)；

其余符号意义同上。

2. 设计车道标准轴载累计作用次数

设计基准期内水泥混凝土面层临界荷位处所承受的标准轴载累计作用次数，可按式(2-8-10)计算确定：

$$N_e = \frac{N_s \times [(1+g_r)^t - 1] \times 365}{g_r}\eta \tag{2-8-10}$$

式中：N_e——标准轴载累计作用次数；

N_s——设计车道使用初期标准轴载日作用次数；

t——设计基准期；

g_r——交通量年平均增长率，可按公路等级和功能以及所在地区的经济和交通发展情况，通过调查分析，预估设计基准期内的交通量增长量来确定；

η——临界荷位处的车辆轮迹横向分布系数，按表 2-8-12 选用。

车辆轮迹横向分布系数 表 2-8-12

公路等级		纵缝边缘处
高速公路、一级公路、收费站		0.17~0.22
二级及二级以下公路	行车道宽>7m	0.34~0.39
	行车道宽≤7m	0.54~0.62

注：车道或行车道宽或者交通量较大时，取高值；反之，取低值。

(四)水泥混凝土路面的交通等级

水泥混凝土路面所承受的轴载作用，按设计基准期内设计车道所承受的标准轴载累计作用次数分为 4 级：分级范围见表 2-8-13。

交通分级 表 2-8-13

交通等级	特重	重	中等	轻
设计车道标准轴载累计作用次数 N_e($\times 10^4$)	>2 000	100~2 000	3~100	<3

二、荷载应力计算

1. 荷载应力计算公式

选取水泥混凝土板的纵向边缘中部作为产生最大荷载和温度梯度综合疲劳损坏的临界荷位。标准轴载 P_s 在临界荷位处产生的荷载疲劳应力 σ_{pr} 按式(2-8-11)确定：

$$\sigma_{pr} = k_r k_f k_c \sigma_{ps} \tag{2-8-11}$$

式中：σ_{pr}——标准轴载 P_s 在临界荷位处产生的荷载疲劳应力，MPa；

σ_{ps}——标准轴载 P_s 在四边自由板的临界荷位处产生的荷载应力，MPa，按式(2-8-12)计算确定；

k_r——考虑接缝传荷能力的应力折减系数，纵缝为设拉杆的平缝时，$k_r = 0.87 \sim 0.92$（刚性和半刚性基层取低值，柔性基层取高值）；纵缝为不设拉杆的平缝或自由边时，$k_r = 1.0$；纵缝为设拉杆的企口缝时，$k_r = 0.76 \sim 0.84$；

k_f——考虑设计基准期内荷载应力累计疲劳作用的疲劳应力系数，按式（2-8-14）计算确定；

k_c——考虑偏载和动载等因素对路面疲劳损坏影响的综合系数，按公路等级查表2-8-14确定。

综合系数k_c 表2-8-14

公路等级	高速公路	一级公路	二级公路	三、四级公路
k_c	1.30	1.25	1.20	1.10

标准轴载P_s在四边自由板临界荷位处产生的荷载应力为：

$$\sigma_{ps} = 0.077 r^{0.60} h^{-2} \quad (2\text{-}8\text{-}12)$$

$$r = 0.537 h \left(\frac{E_c}{E_t} \right)^{1/3} \quad (2\text{-}8\text{-}13)$$

式中：r——水泥混凝土板的相对刚度半径，m；

h——水泥混凝土板的厚度，m；

E_c——水泥混凝土的弯拉弹性模量，MPa，可按表2-8-15选用；

E_t——基层顶面当量回弹模量，MPa。

水泥混凝土弯拉弹性模量经验参考值范围 表2-8-15

弯拉强度（MPa）	1.0	1.5	2.0	2.5	3.0
抗压强度（MPa）	5.0	7.7	11.0	14.9	19.3
弯拉弹性模量（GPa）	10	15	18	21	23
弯拉强度（MPa）	3.5	4.0	4.5	5.0	5.5
抗压强度（MPa）	24.2	29.7	35.8	41.8	48.4
弯拉弹性模量（GPa）	25	27	29	31	33

设计基准期内的荷载疲劳应力系数k_f计算公式如下：

$$k_f = N_e^v \quad (2\text{-}8\text{-}14)$$

式中：N_e——设计基准期内标准轴载累计作用次数；

v——与混合料性质有关的指数，普通混凝土、钢筋混凝土、连续配筋混凝土，$v = 0.057$；碾压混凝土和贫混凝土，$v = 0.065$；钢纤维混凝土，v按照下式计算确定：

$$v = 0.053 - 0.017 \rho_f \frac{l_f}{d_f} \quad (2\text{-}8\text{-}15)$$

ρ_f——钢纤维的体积率，%；

l_f——钢纤维的长度，mm；

d_f——钢纤维的直径，mm。

2. 新建公路的基层顶面当量回弹模量E_t

新建公路的基层顶面当量回弹模量可按式（2-8-16）计算确定：

$$E_t = a h_x^b E_0 \left(\frac{E_x}{E_0} \right)^{1/3} \quad (2\text{-}8\text{-}16)$$

$$E_x = \frac{h_1^2 E_1 + h_2^2 E_2}{h_1^2 + h_2^2} \tag{2-8-17}$$

$$h_x = \left(\frac{12D_x}{E_x}\right)^{1/3} \tag{2-8-18}$$

$$D_x = \frac{E_1 h_1^3 + E_2 h_2^3}{12} + \frac{(h_1 + h_2)^2}{4}\left(\frac{1}{E_1 h_1} + \frac{1}{E_2 h_2}\right)^{-1} \tag{2-8-19}$$

$$a = 6.22\left[1 - 1.51\left(\frac{E_x}{E_0}\right)^{-0.45}\right] \tag{2-8-20}$$

$$b = 1 - 1.44\left(\frac{E_x}{E_0}\right)^{-0.55} \tag{2-8-21}$$

式中：E_0——路床顶面的回弹模量，MPa，可按表 2-8-16 选用；

E_x——基层和底基层或垫层的当量回弹模量，MPa；

E_1、E_2——基层和底基层或垫层的回弹模量，MPa；可按表 2-8-17 选用；

h_x——基层和底基层或垫层的当量厚度，m；

D_x——基层和底基层或垫层的当量弯曲刚度，MN · m；

h_1、h_2、——基层和底基层或垫层的厚度，m；

a、b——与 E_x/E_0 有关的回归系数。

底基层和垫层同时存在时，可先按式(2-8-17)～式(2-8-21)将底基层和垫层换算成具有当量回弹模量和当量厚度的单层，然后再与基层一起按上述各式计算基层顶面当量回弹模量。无底基层和垫层式，相应层的厚度和回弹模量分别以零值代入上述各式进行计算。

中湿路基路床顶面回弹模量经验参考值范围（MPa） 表 2-8-16

土　组	公路自然区划				
	II	III	IV	V	VI
土质砂	26～42	40～50	39～50	35～60	50～60
黏质土	25～45	30～40	25～45	30～45	30～45
粉质土	22～46	32～54	30～50	27～43	30～45

垫层和基层回弹模量经验参考值范围 表 2-8-17

材料类型	回弹模量（MPa）	材料类型	回弹模量（MPa）
中、粗砂	80～100	石灰粉煤灰稳定粒料	1 300～1 700
天然砂砾	150～200	水泥稳定粒料	1 300～1 700
未筛分碎石	180～220	沥青碎石（粗粒式，20℃）	600～800
级配碎砾石（垫层）	200～250	沥青混凝土（粗粒式，20℃）	800～1 200
级配碎砾石（基层）	250～350	沥青混凝土（中粒式，20℃）	1 000～1 400
石灰土	200～700	多孔隙水泥碎石（水泥剂量 9.5%～11%）	1 300～1 700
石灰粉煤灰土	600～900	多孔隙沥青碎石（20℃，沥青含量 2.5%～3.5%）	600～800

3. 旧柔性路面作基层时，基层顶面当量回弹模量 E_t

在旧柔性路面上铺筑水泥混凝土面层时，原柔性路面顶面的当量回弹模量可按式(2-8-22)计算确定：

$$E_t = 13\,739 l_0^{-1.04} \tag{2-8-22}$$

式中：l_0——以后轴重100kN的车辆进行弯沉测定，经统计整理后得到的原路面计算回弹弯沉值，0.01mm。

三、温度应力分析

1. 温度疲劳应力

在临界荷位处的温度疲劳应力按下列公式计算：

$$\sigma_{tr}=k_t\sigma_{tm} \tag{2-8-23}$$

式中：σ_{tr}——临界荷位处的温度疲劳应力，MPa；

σ_{tm}——最大温度梯度时水泥混凝土板的温度翘曲应力，MPa；

k_t——考虑温度应力累计疲劳作用的疲劳应力系数，按下式计算：

$$k_t=\frac{f_r}{\sigma_{tm}}\left[a\left(\frac{\sigma_{tm}}{f_r}\right)^c-b\right] \tag{2-8-24}$$

式中：a、b和c——回归系数，根据所在地区的公路自然区划查表2-8-18确定。

回 归 系 数 表2-8-18

系 数	公路自然区划					
	II	III	IV	V	VI	VII
a	0.828	0.855	0.841	0.871	0.837	0.834
b	0.041	0.041	0.058	0.071	0.038	0.052
c	1.323	1.355	1.323	1.287	1.382	1.270

2. 温度翘曲应力 σ_{tm}

最大温度梯度时水泥混凝土板的温度翘曲应力按照下式计算确定：

$$\sigma_{tm}=\frac{\alpha_c E_c h T_g}{2}B_x \tag{2-8-25}$$

式中：α_c——混凝土的线膨胀系数，1/℃，通常可取为1×10^{-5}/℃；

T_g——最大温度梯度，可按照公路所在地的公路自然区划按表2-8-19选用；

B_x——综合温度翘曲应力和内应力作用的温度应力系数，可以按照l/r和h查图2-8-17确定；

E_c——基层和底基层或垫层的当量回弹模量，MPa；

l——板长，即横缝间距，m。

最大温度梯度标准值 T_g 表2-8-19

公路自然区划	II、V	III	IV、VI	VII
最大温度梯度(℃/m)	83~88	90~95	86~92	93~98

注：1. 水泥混凝土面层顶面和底面的温度之差除以板的厚度，称为板的温度梯度；

2. 海拔高时，取高值；湿度大时，取低值。

四、水泥混凝土板厚计算流程

首先，根据相关的设计依据，进行行车道路面结构的组合设计(初拟路面结构，包括路床、垫层、基层和面层的材料类型和厚度)，并按水泥混凝土面层厚度建议范围，依据交通等级、公路等级和所选变异水平等级初选混凝土板厚度。然后，分别计算荷载疲劳应力和温度疲劳应

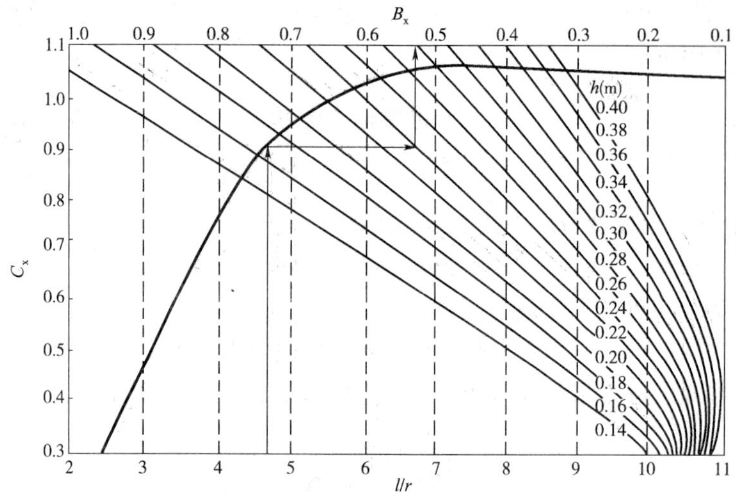

图 2-8-17　温度应力系数 B_x 诺模图

力。当荷载疲劳应力同温度疲劳应力之和与可靠度系数的乘积小于且接近于混凝土弯拉强度标准值，则初选厚度可作为混凝土板的计算厚度；否则，应改选混凝土板厚度，重新计算，直到满足为止。设计厚度依据计算厚度按 10mm 向上取整，见图 2-8-18 所示。

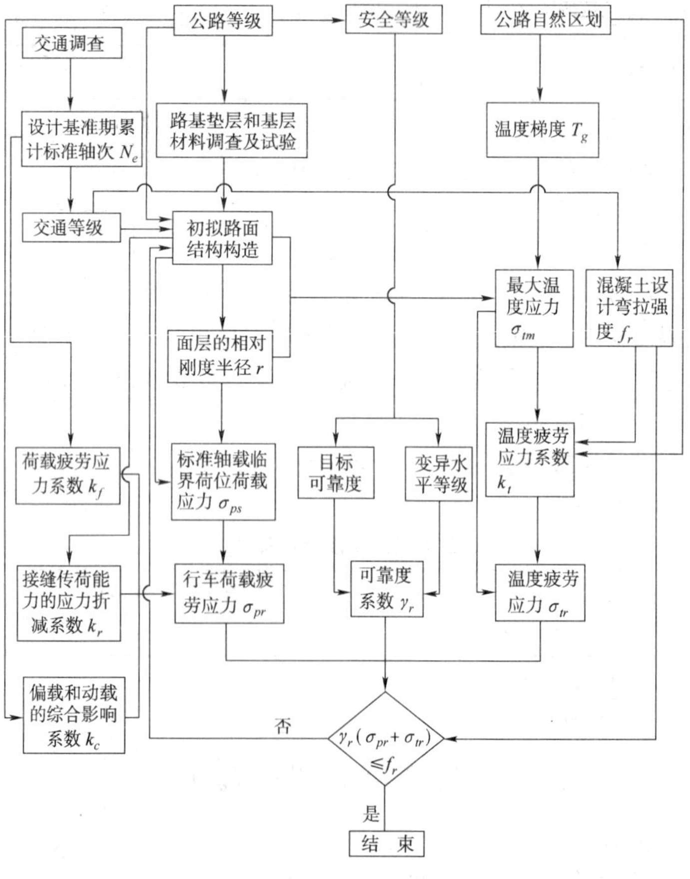

图 2-8-18　混凝土板厚度计算流程图

五、水泥混凝土面板厚度计算示例

公路自然区划 II_5 区拟新修建一条一级公路，路基为粉质土，处于中湿状态。拟修建普通水泥混凝土路面，行车道宽 $2\times7.5m$，两侧硬路肩宽 $2\times1.5m$，不设中间分隔带。经交通调查和计算得知，设计车道使用初期标准轴载日作用次数为 1 500 次/日，交通量年平均增长率为 6%。当地水泥、石灰、碎石等材料供应充足，试设计该水泥混凝土路面。

解：

1. 交通分析

由表 2-8-8 可知，一级公路的设计基准期为 30 年，安全等级为二级。查表 2-8-12，临界荷位处的车辆轮迹横向分布系数取 0.22。

设计基准期内设计车道标准荷载累计作用次数为：

$$N_e=\frac{N_s\times[(1+g_r)^t-1]\times365}{g_r}\eta=\frac{1\,500\times[(1+0.06)^{30}-1]\times365}{0.06}\times0.22$$

$$=9.522\times10^6 \text{ 次}$$

与表 2-8-13 对照，属重交通等级。

2. 初拟路面结构

查表 2-8-8，取相应于安全等级的变异水平等级为中级。根据一级公路、重交通等级和中级变异水平等级，查表 2-8-5，初拟普通混凝土面层厚度为 0.24m。普通混凝土面板的平面尺寸采用宽 4.5m，长 5.0m。纵缝为设拉杆平缝，横缝为设传力杆的假缝。

根据当地材料供应情况，基层选用水泥稳定碎石（水泥剂量取 5%），厚 0.20m。垫层选用 0.15m 厚的石灰土（石灰剂量取 10%）。

3. 路基路面材料参数确定

查表 2-8-16，路基回弹模量取 25MPa。查表 2 8 17，石灰土垫层回弹模量取 600 MPa，水泥稳定碎石基层回弹模量取 1 300MPa。查表 2-8-1，普通混凝土面层的弯拉强度标准值为 5.0MPa，由表 2-8-15 可得相应弯拉弹性模量标准值为 31GPa。

4. 计算基层顶面当量回弹模量

$$E_x=\frac{h_1^2E_1+h_2^2E_2}{h_1^2+h_2^2}=\frac{1\,300\times0.20^2+600\times0.15^2}{0.20^2+0.15^2}=1\,048\text{MPa}$$

$$D_x=\frac{E_1h_1^3+E_2h_2^3}{12}+\frac{(h_1+h_2)^2}{4}\left(\frac{1}{E_1h_1}+\frac{1}{E_2h_2}\right)^{-1}$$

$$=\frac{1\,300\times0.20^3+600\times0.15^3}{12}+\frac{(0.20+0.15)^2}{4}\left(\frac{1}{1\,300\times0.20}+\frac{1}{600\times0.15}\right)^{-1}$$

$$=3.083\text{MN}\cdot\text{m}$$

$$h_x=\sqrt[3]{12D_x/E_x}=\sqrt[3]{12\times3.083/1\,048}=0.328\text{m}$$

$$a=6.22\left[1-1.51\left(\frac{E_x}{E_0}\right)^{-0.45}\right]=6.22\times\left[1-1.51\times\left(\frac{1\,048}{25}\right)^{-0.45}\right]=4.471$$

$$b=1-1.44\left(\frac{E_x}{E_0}\right)^{-0.55}=1-1.44\times\left(\frac{1\,048}{25}\right)^{-0.55}=0.815$$

$$E_t=ah_x^bE_0\left(\frac{E_x}{E_0}\right)^{1/3}=4.471\times0.328^{0.815}\times25\times\left(\frac{1\,048}{25}\right)^{1/3}=156\text{MPa}$$

普通混凝土面层的相对刚度半径为：

$$r=0.537h\left(\frac{E_c}{E_t}\right)^{1/3}=0.537\times0.24\times\left(\frac{31\ 000}{156}\right)^{1/3}=0.752\text{m}$$

5. 荷载疲劳应力

标准轴载在临界荷位处产生的荷载应力为：

$$\sigma_{ps}=0.077r^{0.6}h^{-2}=0.077\times0.752^{0.6}\times0.24^{-2}=1.127\text{MPa}$$

因纵缝为设拉杆平缝，接缝传荷能力的应力折减系数 $k_r=0.87$。考虑设计基准期内荷载应力累计疲劳作用的疲劳应力系 $k_f=N_e^{0.057}=(9.522\times10^6)^{0.057}=2.499$。

根据公路等级查表可得，考虑偏载和动载等因素对路面疲劳损坏影响的综合系数 $k_c=1.25$。

荷载疲劳应力为：

$$\sigma_{pr}=k_rk_fk_c\sigma_{ps}=0.87\times2.499\times1.25\times1.127=3.06\text{MPa}$$

6. 温度疲劳应力

由表 2-8-19 可得，II_5 区最大温度梯度取 88(℃/m)。板长 5m，$l/r=5/0.752=6.65$，由图 2-8-17可查得，普通混凝土板厚 $h=0.224\text{m}$，$B_x=0.64$。

最大温度梯度时混凝土板的温度翘曲应力为：

$$\sigma_{tm}=\frac{\alpha_cE_chT_g}{2}B_x=\frac{1\times10^{-5}\times31\ 000\times0.24\times88}{2}\times0.64=2.10\text{MPa}$$

温度疲劳应力系数 k_t 为：

$$k_t=\frac{f_r}{\sigma_{tm}}\left[a\left(\frac{\sigma_{tm}}{f_r}\right)^c-b\right]=\frac{5.0}{2.10}\left[0.828\times\left(\frac{2.10}{5.0}\right)^{1.323}-0.041\right]=0.526$$

温度疲劳应力为：

$$\sigma_{tr}=k_t\sigma_{tm}=0.526\times2.10=1.10\text{MPa}$$

7. 判断水泥混凝土路面结构设计要求

查表 2-8-8 可知，安全等级为二级时，相应于二级安全等级的变异水平等级取中级，目标可靠度为90%。据此查表 2-8-10，取可靠度系数 $\gamma_r=1.16$。则：

$$\gamma_r(\sigma_{pr}+\sigma_{tr})=1.16\times(3.06+1.10)=4.83\text{MPa}\leqslant f_r=5.0\text{MPa}$$

所选普通混凝土面层厚度(0.24m)可以承受设计基准期内荷载应力和温度应力的综合疲劳作用。

当地最大冰冻深度小于 0.5m，不需要验算防冻厚度。

第四节　其他类型的水泥混凝土路面简介

一、钢筋混凝土路面

当不同水泥混凝土板的平面尺寸较大，或者预计路基或基层有可能产生不均匀沉降；或者板下埋设有地下设施等情况时，宜采用钢筋混凝土路面。

钢筋混凝土路面是指板内配置有纵横向钢筋(或钢丝)网的混凝土路面。设置钢筋网的主要目的，是控制裂缝缝隙的张开量，把开裂的板拉在一起，使板依靠断裂面上的集料嵌锁作用而保证结构强度，并非增加板的抗弯强度。因而，钢筋混凝土面层所需的厚度与素(无筋)

混凝土面层厚度相同。配筋是按混凝土收缩时将板块拉在一起所需的拉力确定，最大的拉应力出现在板中央开裂时，它等于由该处到最近的板边缘范围内面层和基层之间的摩阻力。每延米板所需的配筋量(m^2)为：

$$F_a = \frac{\overline{V_c} \cdot L \cdot h \cdot f}{2 \times 10^3 \sigma_a} \tag{2-8-26}$$

式中：$\overline{V_c}$——混凝土的重度，kN/m^3；

h——混凝土板厚，m；

f——面层与基层间的摩擦系数，通常取1.5；

σ_a——钢筋的容许拉应力，MPa；

L——计算纵向钢筋间距时，为横缝间距；计算横向钢筋间距时，为不设拉杆的纵缝或自由边缘间的间距，m。

为使板内应力尽可能分散，宜采用小直径钢筋。纵横向钢筋宜采用相同直径，网筋的最小间距应为集料最大粒径的2倍，有关规定见表2-8-20。钢筋的搭接长度，根据经验，宜为直径的24倍以上。由于钢筋的主要作用是使裂缝密闭，它在板内的竖向位置并不太重要，只要有足够的保护层以防锈蚀即可。通常设在顶面下1/3～1/2板厚范围内。外侧钢筋中心到接缝或自由边的距离为0.1 m。

钢筋最小直径和最大间距 表2-8-20

钢 筋 类 型	普通钢筋	螺纹钢筋
最小直径(mm)	7	10
纵向最大间距(m)	0.15	0.35
横向最大间距(m)	0.30	0.75

钢筋混凝土板的缩缝间距(即板长)一般为13～22m，最大不宜超过30m。缩缝内必须设置传力杆。其他接缝构造与素混凝土路面相同。

二、连续配筋混凝土路面

连续配筋混凝土路面是一般不设横缝(施工缝和特定情况下必设的胀缝除外)且配筋量很大的混凝土面层。这种面层会在温度和湿度变化引起的内应力作用下产生许多横向裂缝，裂缝的间距为1.0～3.0m，缝隙的平均宽度为0.2～0.5mm。但是，由于配置了许多纵向连续钢筋，这些横向裂缝不至于张开而使杂物侵入或使混凝土剥落，因而不会影响行车的使用品质。

确定纵向钢筋用量的控制因素是裂缝缝隙的宽度。缝隙过宽易使杂物和水侵入，配筋量多，可使缝隙宽度和间距减小。由于缝隙间距同缝隙宽度有直接关联，钢筋用量可按规定的裂缝间距来确定。虽然有好几种理论公式可用以计算钢筋用量，但通常都是根据经验确定，一般认为保持裂缝完整无损所需配筋量为混凝土板断面积的0.6%～0.8%。在美国一般气候区最小钢筋用量取0.6%，在寒冷地区取0.7%。钢筋间距最小0.1m，最大0.23m。钢筋直径应按规定选用。钢筋的埋置深度，在顶面下1/3～1/2板厚范围内。搭接长度至少为0.5m或钢筋直径的30倍，所有搭接均需错开。

横向钢筋的用量很小，其配筋率约为纵向钢筋的1/5～1/10，主要目的是保持纵向钢筋的间距，纵横向钢筋均需采用螺纹钢筋，以保证混凝土和钢筋之间具有足够的握裹力。

连续配筋混凝土板内的钢筋并非按承受荷载应力进行设计的。因此，它的厚度仍可采用无筋混凝土路面板的计算方法确定。由于不考虑温度应力的组合，可适当降低厚度，例如，按无筋混凝土面板计算厚度的85% ~90%取用。

连续配筋混凝土面层在浇筑中断时需设置施工缝。施工缝采取平缝形式，并用长度为1m的拉杆增强。拉杆的直径与间距同纵向钢筋，以使施工缝两侧的混凝土板块加固成连续的整体。

由于连续配筋的混凝土路面没有接缝（施工缝除外），所以，在长板的端部、桥头连接处，或者与其他路面纵向街头处都要设置胀缝，以便为混凝土的膨胀留有余地。

三、组合式（双层式）混凝土路面

新建道路的混凝土面板一般按单层式建造，只有当缺乏品质良好的材料时，才考虑采用双层式混凝土路面板，即利用当地品质较差的材料修筑板的下层，而用品质较好的材料铺筑板的上层，以降低造价。在改建旧混凝土路面时，有时在其上加铺一层新混凝土面层，这样也形成双层式混凝土路面结构。根据双层混凝土路面上下层板之间结合程度的不同，有结合式、分离式和部分结合式三种形式。

1. 结合式

上下层混凝土板牢固结合成为一整体，新建路面时，上下层混凝土连续施工，即可做成结合式。改建路面时，将下层板表面凿毛、洗净晾干，并喷刷高强度水泥浆（水灰比0.4 ~0.5）或环氧树脂等黏结剂，随即浇筑新混凝土面层。对于这种结合形式，下层板的裂缝合接缝将会反射到上层板内，因此要求上下层板的接缝必须对齐，并采用同样的接缝形式和缝隙宽度，这种结合形式适用于下层板完整无裂缝或虽有一些裂缝但不再发展的情况。支立模板时，可采用混凝土块顶撑或利用旧路面板的接缝钻孔插入钢钎固定的方法。

2. 分离式

上下层混凝土板之间铺以厚1 ~2cm以上的沥青砂或双层油毡作为隔离材料，以达到分离的目的。这种分离措施，可防止下层板的裂缝和接缝反射到上层板内。因此分离式双层混凝土路面板不要求上下层板的接缝对齐。当下层板严重破碎时，也可采用这种形式。新铺混凝土面层的厚度不宜小于12cm。施工立模时可采用穿孔插钎固定模板，也可采用预制混凝土块顶撑模板的方法固定模板。

3. 部分结合式

改建路面时，先对原有混凝土板表面进行清理后再浇筑上层板。由于上下层板之间存在部分结合，下层板山的裂缝与接缝通常仍会反射到上层板内，所以上下层板的接缝位置应相同，但其形式和宽度不要求完全相同。旧面层的结构损坏不太严重并已经修复时，可采用这种结合形式。

四、钢纤维混凝土路面

钢纤维混凝土路面是在混凝土中掺入一些低碳钢、不锈钢或玻璃钢的纤维，使其成为一种均匀而多向配筋的混凝土。试验表明，钢纤维与混凝土的握裹力高达4MPa。施工时一般在混凝土中掺入1.5% ~2.0%（体积比）的钢纤维，过多则混凝土和易性不好。钢纤维长度宜为25 ~60mm，直径0.25 ~1.25mm，过长则与混凝土拌和易成团，过短则混凝土强度增高不多，长度与直径的最佳比值为50 ~70。

钢纤维混凝土路面的抗疲劳强度、抗冲击能力和防止裂缝的能力比普通混凝土路面要好得多。同时钢纤维混凝土路面厚度可以减薄 30% ~50%，而缩缝间距可以增至 15 ~30m，胀缝和纵缝可以不设。

作为一种新型的路面材料，钢纤维混凝土路面具有广泛的发展前途，它具有薄板、少缝、使用寿命长、养护费用少等特点，特别是作为旧混凝土路面的罩面尤为适宜。

五、水泥混凝土预制块铺砌路面

块料由高强度等级的水泥混凝土材料预制而成。抗压强度约为 60MPa，水泥含量 350 ~ 380kg/m^3，水灰比 0.35，最大集料尺寸为 8 ~16mm，块料承受磨耗的面积一般小于 0.03m^2，厚度至少 6cm，形状有矩形和嵌锁形（不规则形状）两类。这种路面结构由面层、砂整平层和基层组成，基层类型同普通混凝土路面。

混凝土预制块铺砌的路面具有结构简单，价格低廉，能承受较大的单位压力，出现较大变形也不会破坏块料，便于修复等优点，因此，比较广泛地用于铺筑人行道、停车场、堆场（特别是集装箱码头堆场）、街区道路、次要道路、一般公路的路面等。

六、碾压混凝土路面

碾压混凝土是一种含水率低，通过振动碾压施工工艺达到高密度、高强度的水泥混凝土。碾压混凝土路面与普通水泥混凝土路面相比能节省大量的水泥，且施工速度快，养生时间短，强度高，具有很好的社会经济效益。

根据我国碾压混凝土路面的施工水平，全厚式碾压混凝土路面的平整度难以达到规定的要求。国外也没有直接用作车辆高速行驶的路面面层。因此，碾压混凝土路面一般适用于二级及其以下等级的公路。

碾压混凝土的集料最大粒径以 20mm 为宜。当碾压混凝土分两层摊铺时，其下层集料最大粒径可采用 40mm。

本章小结

1. 水泥混凝土路面在力学上可视为弹性地基上的弹性板，简称弹性地基板。将水泥混凝土面层下的基层（有时还有底基层或垫层）及路基的作为弹性层状地基，可用弹性层状体系理论求解基层顶面的当量回弹模量。

2. 水泥混凝土路面面层设计以行车荷载疲劳应力和温度疲劳应力综合作用下不产生断裂作为设计标准，即行车荷载产生的荷载疲劳应力和温度翘曲疲劳应力之和不超过水泥混凝土弯拉强度的设计值。水泥混凝土面层的厚度取决于水泥混凝土的弯拉疲劳强度。

3. 水泥混凝土路面对路基的基本要求是稳定、密实、均质，对路面结构提供均匀的支承，即路基在环境和荷载作用下产生的不均匀变形很小。面层下设置基层与垫层用途是：防唧泥、防冰冻、降低路基不均匀变形、防水、方便施工和延长路面寿命。

4. 水泥混凝土面层的接缝可分为横向接缝和纵向接缝。横向接缝包括横向缩缝、胀缝、施工缝，纵向接缝包括纵向缩缝、施工缝。

5. 水泥混凝土面层厚度计算的基本依据有：路面结构可靠度设计标准、标准轴载大小及作用位置、设计车道标准轴载累计作用次数、基层顶面的当量回弹模量、温度梯度等。

复习思考题

1. 简述水泥混凝土路面的力学模型。

2. 水泥混凝土路面为何在纵、横两个方向设置许多接缝？如何设置？

3. 水泥混凝土路面的基层、路基与沥青路面的基层、路基有什么区别？

4. 水泥混凝土路面的设计内容包括哪些？

5. 拉杆和传力杆有何不同？

6. 简述水泥混凝土板厚计算流程。

7. 公路自然区划III区拟新修建一条二级公路，某路段路基为黏质土，属于干燥状态。采用普通水泥混凝土路面，路面宽9m。经交通调查和计算得知，设计车道使用初期标准轴载日作用次数为2 100次/日，交通量年平均增长率为5%。当地水泥、石灰、粉煤灰、砾石、黏土等材料供应充足。试设计该水泥混凝土路面，并绘制水泥混凝土路面设计图，计算100m长的路面工程量。

8. 钢筋混凝土路面板、连续配筋混凝土路面板与普通混凝土路面板有何异同点？

附录：

《公路设计技术》课程教学大纲

一、课程的性质、任务

本课程是道路桥梁工程技术专业的一门重要专业课程。

本课程的主要任务是传授公路勘测设计、路基路面设计的基本方法。

公路勘测设计部分主要讲授公路平面、纵断面、横断面的设计原理和方法，不同勘测阶段的公路野外勘测的工作内容、要求和方法，以及公路线形设计原理和方法，公路选线定线的原则和方法，原有公路的改建，公路交叉设计方法，并以基本理论、基本知识和基本技能为主要内容。

路基路面设计部分主要讲授路基路面强度、稳定性的概念，影响路基路面强度和稳定性的因素，高路堤、深路堑等稳定性分析的方法，路基路面排水构造物及布置，路基边坡的防护措施及其适用条件，常用公路挡土墙的设计方法，各类路面结构层的材料组成、强度形成原理和用途，公路沥青路面和水泥混凝土路面设计的基本原理及方法。

本课程是一门实践性很强、与理论紧密结合的课程。

二、教学的基本要求

学生在学完本课程之后应能够：

1. 描述公路勘测设计、路基路面设计的工作内容和方法；
2. 应用设计标准、设计规范等处理公路勘测设计中的具体问题；
3. 进行路线平面、纵断面、横断面设计及其协调处理，并提供设计成果；
4. 根据道路设计的基本原则进行道路交叉设计，并提供设计成果；
5. 解释路基路面设计所用的专业术语；
6. 说明常用路基路面结构物的类型、特点和构造形式；
7. 叙述路基路面结构物设计的基本原理和方法；
8. 绘制一般的公路挡土墙和水泥混凝土路面设计图。

三、教学内容与课程目标

总论

1. 叙述公路发展概况及其主要组成部分；
2. 描述公路设计的基本要求；
3. 描述公路分级和各级公路技术指标；
4. 解释公路勘测设计的依据、阶段和任务；
5. 说明本课程的学习任务和目标。

第一篇　公路勘测设计

第一章　平面设计

1. 叙述圆曲线最小半径，会选用极限、一般和不设超高的最小半径；
2. 描述公路平曲线的超高与加宽方式，进行超高值与加宽值的计算；

3. 描述设置缓和曲线的原理，确定缓和曲线长度，进行平曲线要素计算；
4. 描述行车视距的确定原理，叙述平面视距保证的方法与计算步骤；
5. 说明平面线形设计的一般方法，进行公路平面线形调整；
6. 提供平面线形设计成果。

第二章　纵断面设计

1. 描述汽车动力性能对纵坡设计的要求；
2. 解释纵坡设计的一般规定与要求，进行纵坡设计；
3. 合理布设竖曲线并计算竖曲线；
4. 进行平面和纵断面的线形组合设计，提供纵断面设计成果。

第三章　横断面设计

1. 解释横断面的组成及各组成部分的功能；
2. 描述横断面设计方法及步骤；
3. 根据地质土质和超高加宽的要求，进行公路常用路基横断面的设计；
4. 进行路基土石方数量计算与调配，提供横断面设计成果。

第四章　选线

1. 描述选线在外业勘测中的作用，并说明与其他测量工作的关系；
2. 叙述自然因素对公路选线的影响，提出路线比较设计方案；
3. 描述公路选线的一般原则、方法和步骤；
4. 描述平原、山岭和丘陵地区选线的特点；
5. 叙述选线及路线布线的主要形式和主要问题的处置方法。

第五章　定线

1. 描述纸上定线和实地定线的方法与步骤，并通过纸上定线提供正确的设计成果；
2. 描述纸上移线的方法与步骤，实施实地定线和纸上移线；
3. 实施放坡布线；
4. 根据给定条件选定弯道曲线半径和缓和曲线长度。

第六章　新建公路勘测

1. 描述公路初步测量和定线的工作内容和要求；
2. 进行定测阶段的实地放线、测角、中桩测量、水准测量、横断面测量和地形测量；
3. 进行定测阶段的小桥涵勘测外业勘测、工程地质与其他调查；
4. 对外业资料进行全面的校核、整理、计算等内业工作。

第七章　原有公路的改建

1. 叙述公路改建一般应掌握的原则；
2. 叙述改建公路测量和新建公路测量工作内容的差别；
3. 描述原有公路改建的方法与步骤；
4. 进行局部改线、局部改坡、路基路面改建及小桥涵改建。

第八章　公路交叉设计

1. 叙述交叉口中的危险点及消除冲突点的一般方法；
2. 描述平面交叉口类型及其适用场合，进行平面交叉的立面设计并提供立面设计成果；
3. 叙述立体交叉的类型及其适用场合，匝道的基本形式及设计指标；
4. 描述公路与管线交叉、公路与其他线路相交的各种形式。

第二篇　路基路面设计

第一章　绪论

1. 描述路基路面稳定性的影响因素；

2. 叙述路基破坏的形式及原因；

3. 描述公路自然区划的原则和各一级自然区划的特征；

4. 解释各类路基工程用土的基本特性；

5. 判别路基干湿类型；

6. 说明公路路面结构的基本组成部分和路面力学特性；

7. 叙述路面设计使用的汽车参数和汽车轮载简化图式。

第二章　路基稳定性分析

1. 说明路基边坡破坏的形式和边坡稳定性分析的计算参数；

2. 叙述边坡稳定性分析基本方法的原理和适用范围；

3. 说明现行规范中采用的简化 Bishop 法和不平衡推力法的原理和步骤。

第三章　路基路面排水设计

1. 描述路基排水的目的和设计原则；

2. 说明路基地表排水设施的种类及其构造和用途；

3. 叙述路基地下排水设施的种类及其构造和用途；

4. 描述路面排水设施的种类及其构造和用途。

第四章　路基防护与加固技术

1. 叙述路基防护的目的和防护技术的分类；

2. 说明路基边坡坡面防护的类型及适用范围；

3. 叙述沿河路基防护的技术措施；

4. 描述软土地基加固的措施。

第五章　公路挡土墙

1. 说明挡土墙的分类、用途及适用条件；

2. 叙述重力式挡土墙的构造与布置方法；

3. 确定挡土墙设计计算的依据；

4. 描述重力式挡土墙常见边界条件下的库仑主动土压力计算方法；

5. 分析重力式挡土墙的稳定性；

6. 叙述加筋土挡土墙的特点、材料要求及加筋土挡土墙的构造；

7. 描述加筋土挡土墙稳定性验算的方法；

8. 绘制重力式挡土墙结构设计图。

第六章　路面结构层

1. 说明半刚性路面结构层的分类、组成材料及强度形成原理；

2. 叙述碎石、砾石类结构层的分类、组成材料及强度形成原理；

3. 说明常用沥青类结构层的分类、路用特性、组成材料及强度形成原理；

4. 描述水泥混凝土面层的特性、常见的破损现象及水泥混凝土基层的应用。

第七章　公路沥青路面设计

1. 叙述沥青路面的破坏模式、设计基本理论和设计控制指标。

2. 确定沥青路面设计的基本依据；

3. 说明路基、路面材料强度指标的确定方法；
4. 计算设计弯沉值和容许拉应力；
5. 叙述沥青路面结构组合设计的内容；
6. 叙述新建沥青路面的设计方法；
7. 叙述原有路面补强设计的方法。

第八章　水泥混凝土路面设计

1. 描述水泥混凝土路面的力学特性和设计基本理论；
2. 说明水泥混凝土路面结构组合设计要求和接缝构造；
3. 说明水泥混凝土路面的设计内容；
4. 叙述普通水泥混凝土板厚的计算依据和步骤；
5. 描述其他类型水泥混凝土路面的特点；
6. 绘制水泥混凝土路面结构设计图。

四、教学时数安排

本课程教学时数分配建议如下：

教学时数分配参考表

序号	单元课题	教学时数			
		小计	讲授	实训	机动
一	总论	【4】	4		
二	第一篇　公路勘测设计	【52】	40	12	
1	平面设计	12	8	4	
2	纵断面设计	10	6	4	
3	横断面设计	8	4	4	
4	选线	4	4		
5	定线	4	4		
6	新建公路勘测	6	6		
7	原有公路的改建	4	4		
8	公路交叉设计	4	4		
三	第二篇　路基路面设计	【48】	40	8	
1	绪论	6	6		
2	路基稳定性分析	4	4		
3	路基路面排水设计	4	4		
4	路基防护与加固	4	4		
5	公路挡土墙设计	10	6	4	
6	路面结构层	6	6		
7	公路沥青路面设计	6	6		
8	水泥混凝土路面设计	8	4	4	
	机动	2			2
	合计	106	84	20	2

五、教学说明

1. 本课程与公路设计、施工的相关技术规范、规程联系紧密，应结合现行的标准、规范、规程进行教学，使学生能熟悉和运用现行的规范、规程，并及时跟踪其变化。

2. 在教学过程中，应重视和利用多媒体教学手段，如结合教学内容开发介绍公路设计的多媒体课件等。重视计算机辅助设计的教学，如公路路线设计软件、路面设计软件的运用。

3. 本课程安排的实训项目主要为课程设计，教学过程中应有一定的时间保证。

应完成的课程设计内容如下：

（1）公路路线课程设计

根据所给资料，完成公路平面、纵断面和横断面设计及其协调处理和相关计算，完成平面交叉立面设计。

（2）挡土墙设计

根据所给资料，选择重力式挡土墙的断面形式；确定断面尺寸；绘制挡土墙构造图，并计算挡土墙工程数量。

（3）水泥混凝土路面设计

根据所给资料，拟定水泥混凝土路面及以下各结构层，计算水泥混凝土路面板的厚度；确定水泥混凝土板的平面尺寸和接缝构造形式，绘制路面构造图及计算路面工程数量。

4. 为了提高学生的公路设计应用能力，应当安排学生进行公路勘测实训。在有条件的情况下可结合承接的公路勘测生产任务，由实习指导教师指导学生实地完成公路外业勘测和内业设计工作。无条件的情况下亦应进行仿真公路勘测实训。

5. 按照现行的《公路沥青路面设计规范》（JTG D50—2006）的规定，沥青路面的厚度只能采用专门的电算程序进行计算，建议各学校均应购买该专用软件，以便于教师教学。

参考文献

[1] 中华人民共和国行业标准. 公路工程技术标准(JTG B01—2003),北京:人民交通出版社,2004.

[2] 中华人民共和国行业标准. 公路路线设计规范(JTG D20—2006),北京:人民交通出版社,2006.

[3] 中华人民共和国行业标准. 公路路基设计规范(JTG D30—2004),北京:人民交通出版社,2005.

[4] 中华人民共和国行业标准. 公路路基施工技术规范(JTG F10—2006). 北京:人民交通出版社,1995.

[5] 中华人民共和国行业标准. 公路土工试验规程(JTJ 051—93). 北京:人民交通出版社,1993.

[6] 中华人民共和国行业标准. 公路沥青路面设计规范(JTG D50—2006),北京:人民交通出版社,2006.

[7] 中华人民共和国行业标准. 公路沥青路面施工技术规范(JTG F40—2004),北京:人民交通出版社,2005.

[8] 中华人民共和国行业标准. 公路水泥混凝土路面设计规范(JTG D40—2002),北京:人民交通出版社,2003.

[9] 中华人民共和国行业标准. 公路排水设计规范(JTJ 034—2000). 北京:人民交通出版社,2000.

[10] 张雨化. 道路勘测设计. 北京:人民交通出版社,1997.

[11] 朱永明. 公路勘测设计. 北京:人民交通出版社,1997.

[12] 于书翰. 道路工程. 武汉:武汉工业大学出版社,2000.

[13] 何景华. 公路勘测设计. 北京:人民交通出版社,1993.

[14] 金仲秋,夏连学. 公路设计. 北京:人民交通出版社,2002.

[15] 邓学钧. 路基路面工程. 北京:人民交通出版社,2000.

[16] 张登良. 沥青路面. 北京:人民交通出版社,1998.

[17] 陈方晔. 公路勘测设计. 北京:人民交通出版社,2005.

[18] 夏连学,赵卫平. 路基路面工程. 北京:人民交通出版社,1997.

[19] 梁富权,刘毓栋主编. 路基路面工程. 北京:人民交通出版社,1994.

[20] 周宪华,姚代禄,李峻利. 路基设计原理与计算. 北京:人民交通出版社,1989.